미디어 생태학 사상
문화, 기술, 그리고 커뮤니케이션

미디어 생태학 사상

문화, 기술, 그리고 커뮤니케이션

캐이시 맨 콩 럼 엮음 | 이동후 옮김

미디어 생태학 사상: 문화, 기술, 그리고 커뮤니케이션

엮은이 | 캐이시 맨 콩 럼
옮긴이 | 이동후
펴낸이 | 한기철
편집인 | 이리라

2008년 4월 30일   1판 1쇄 박음
2008년 5월 10일   1판 1쇄 펴냄
2011년 4월 15일   1판 3쇄 펴냄

펴낸 곳 | 한나래출판사
등록 | 1991. 2. 25. 제22 – 80호
주소 | 서울시 서대문구 냉천동 182, 냉천빌딩 4층
전화 | 02) 738 – 5637 · 팩스 | 02) 363 – 5637 · e-mail | hannarae91@naver.com
www.hannarae.net

Perspectives on Culture, Technology and Communication: The Media Ecology Tradition
edited by Casey Man Kong Lum
copyright ⓒ 2006 Hampton Press, Inc.
Korean translation copyright ⓒ 2008 Hannarae Publishing Co.
All right reserved. This Korean edition was published by arrangement with Hampton Press, Inc.,
Cresskill through Agency-One, Seoul.

ISBN 978-89-5566-079-1 94330

* 이 도서의 국립중앙도서관 출판시도서목록(CIP)은 e-CIP 홈페이지
(http://www.nl.go.kr/ecip)에서 이용하실 수 있습니다. (CIP제어번호: CIP2008001174)
* 이 책의 한국어판 저작권은 에이전시 원을 통해 저자와의 독점 계약으로 한나래출판사에 있
습니다. 저작권법에 의해 한국 내에서 보호를 받는 저작물이므로 어떤 형태나 어떤 방법으로도
무단 전재와 무단 복제를 금합니다.

이 책은 사랑하는 스승이자 조언자 그리고 훌륭한 사상가였던
닐 포스트먼(1931~2003)에게 바친다.

일러두기

- 한글 표기를 원칙으로 하되, 필요에 따라 외국어와 한자를 병기하였다.
- 한글 맞춤법은 '한글 맞춤법' 및 '표준어 규정'(1988), '표준어 모음'(1990)을 적용하였으나 혼란이 있는 경우 출판사의 원칙을 따랐다.
- 외래어의 우리말 표기는 개정된 '외래어 표기법'(1986)을 원칙으로 하되, 그 중 일부는 현지 발음을 따랐다.
- 사용된 기호는 다음과 같다.

  신문, 잡지, 논문: < >

  책 이름: ≪ ≫

차례

지은이 소개 *9*
옮긴이의 글 *15*
감사의 글 *29*

1 미디어 생태학의 지성사에 대한 주해 *35*
캐이시 맨 콩 럼

2 미디어 생태학의 휴머니즘 *119*
닐 포스트먼

3 루이스 멈포드와 기술의 생태학 *133*
랜스 스트레이트, 캐이시 맨 콩 럼

4 자크 엘룰: 테크닉, 선전, 그리고 현대적 미디어 *169*
랜돌프 클루버

5 변증법의 신학자 엘룰 *201*
클리포드 G. 크리스천스

6 해럴드 이니스의 유산 *239*
폴 헤이어

7 마셜 맥루언: 현대적 야누스   *269*
제임스 모리슨

8 닐 포스트먼과 미디어 생태학의 등장   *323*
토머스 F. 젠카렐리

9 제임스 캐리: 문화적 균형의 추구   *401*
프레드릭 와이저

10 상징, 사고, 그리고 "실재":
벤저민 리 워프와 수잔 K. 랭어의 공헌   *433*
크리스틴 L. 나이스트롬

11 수잔 랭어의 정신 철학: 미디어 생태학을 위한 몇 가지 함의   *473*
존 파워스

12 구술성 – 문자성 정리定理와 미디어 생태학   *515*
브루스 그뢴벡

13 문화와 커뮤니케이션에 미친 활판 인쇄술의 영향:
몇 가지 미디어 생태학적 해석   *561*
조셉 애시크로프트

14 맺음말: 차세대   *593*
캐이시 맨 콩 럼

찾아보기   *603*

∷ 지은이 소개

브루스 그뢴벡 Bruce E. Gronbeck은 아이오와대의 A. 크래그 베어드 공공 연설 특훈 교수이자 미디어 연구 및 정치 문화 센터 소장이다. 아이오와대에서 박사 학위를 받았고, 캐나다의 콩코디아대, 스웨덴의 웁살라대, 그리고 핀란드의 이위베스퀼레대에서 명예 박사 학위를 받았다. 미디어 이론과 비평, 대통령 선거 캠페인, 수사 비평, 논쟁, 공공 연설 등에 관해, 열 권의 책을 집필 또는 편집했으며 수많은 논문을 썼다. 그의 연구는 근대 및 현대에 수사와 정치, 그리고 미디어가 교차하는 지점에 관심을 갖고 있다. 그는 토머스 패럴 그리고 폴 스쿱과 함께 ≪미디어, 의식, 그리고 문화: 월터 옹의 사상 탐구Media, Consciousness, and Culture: Explorations of Walter Ong's Thought≫(Sage, 1991)를 편집하면서 미디어 생태학에 기여했다.

크리스틴 L. 나이스트롬 Christine L. Nystrom은 1973년 박사 과정을 마친 후 전임 강사로 일하면서, 닐 포스트먼과 테렌스 모란과 함께 뉴욕대의 미디어 생태학 박사 학위 프로그램을 만들었다. 1980년부터 2001년 퇴임할 때까지 미디어 생태학 대학원의 부교수이자 주임으로 일했고, 포스트먼과 모란과 함께 뉴욕대에 커뮤니케이션학 학사 학위 과정 및 현재의 문화와 커뮤니케이션학과를 만들었다. 그녀는 뉴욕대 미디어 생태학 과정의 설계에 중요한 역할을 한 사람이자 박사 학위 논문의 지도 교수로서, 또한 정보론, 일반 체계론, 벤자민 리 워프와 수잔 K. 랭어와 조지 허버트 미드 연구, 그리고 미디어 생태학의 철학적 기초와 원리에 관해 상세하게 설명하고 정교하게 다듬은 강의 유인물의 저자로서 미디어 생태학자들에게 잘 알려져 있다.

캐이시 맨 콩 럼 Casey Man Kong Lum은 윌리엄 패터슨대의 커뮤니케이션과 미디어학과 부교수로 있다. 새로운 미디어 형태와 이민 문화의 공생 관계를 민속지학적으로 연구한 ≪목소리를 찾아서: 가라오케와 중국계 미국인의 정체성 구성*In Search of a Voice: Karaoke and the Construction of Identity in Chinese America*≫(1996)의 저자이다. 또한 <미디어 커뮤니케이션 비판 연구*Critical Studies in Media Communication*>, <라디오 연구 저널*Journal of Radio Studies*>, <매스컴 연구*Mass Communication Research*>(중국어)에 논문을 실었고, ≪대대로: 오랫동안 문화 정체성 유지하기*From Generation to Generation: Maintaining Cultural Identity Over Time*≫(2006), ≪우리들의 목소리: 문화, 인종, 커뮤니케이션*Our Voices: Essays in Culture, Ethnicity, and Communication*≫(2004), ≪전 세계의 가라오케: 전 지구적 테크놀로지, 지역의 노래 부르기*Karaoke Around the World: Global Technology, Local Singing*≫(1998) 등과 같은 책에 글을 썼다. 뉴욕대의 미디어 생태학에서 박사 학위를 받았다. 그의 연구는 미디어 생태학, 커뮤니케이션 연구의 지성사, 전 지구적 미디어 연구, 미디어와 교육, 아시아와 미국계 아시아 미디어 문화 등에 관심을 갖는다. 그는 미디어 생태학회를 창립한 다섯 명 중 한 사람으로서 이 책을 편집했다.

제임스 C. 모리슨 James C. Morrison은 보스턴 에머슨대의 조직 및 정치 커뮤니케이션학과 주재 학자이다. 하버드 공개 대학에서 '출판 개론: 텍스트에서 하이퍼텍스트까지,' 터프츠대의 실험대학에서 '문화와 커뮤니케이션: 미디어론 개론'을 가르치고 있다. 미디어 생태학회의 운영위원이자 웹사이트 편집자이고, 전자 저널 <역풍: 커뮤니케이션과 문화Counterblast: The e-journal of Culture & Communication> 의 편집위원이다. 그는 <미디어 생태학 탐구>, <미디어 생태학회의 발제 논문집>, <역풍>, <기술과 문화Technology and Culture> 등에 글을 실었다.

랜스 스트레이트Lance Strate는 포담대 커뮤니케이션과 미디어학과 부교수이자, 미디어 생태학회 회장이다. 코넬대에서 학사, 퀸즈대에서 석사, 뉴욕대에서 박사 학위를 받았다. ≪커뮤니케이션과 사이버공간Communication and Cyberspace≫(론 제이콥슨, 스테파니 깁슨과 공편), ≪맥루언의 유산The Legacy of McLuhan≫(에드워드 왓첼과 공편), ≪미디어 상업주의 비판 연구Critical Studies in Media Commercialism≫(로빈 앤더슨과 공편)을 공동으로 편집했다. <미디어 생태학 탐구>의 편집자이고 햄튼사의 미디어 생태학 시리즈의 총괄 편집자이다. 또한 <ETC>, <스피치 커뮤니케이션 연감Speech Communication Annual>, <웨스턴 저널 오브 커뮤니케이션Western Journal of Communication> 등에 글을 실었다. 현재 ≪미디어 생태학의 이해Understanding Media Ecology≫라는 책을 쓰고 있다.

조셉 애시크로프트Joe Ashcroft는 1990년 뉴욕대 미디어 생태학과에서 박사 학위를 받았다. 펜실베이니아 주에 있는 이스트 스트라스버그대에 29년간 교수로 재직했고, 1992년 정교수가 되었다. 2001년 이 대학 특훈 교수로 임명되었다. 여러 논문과 20개 이상의 서평을 썼다. 그리고 전국 및 지역 학회에서 많은 논문 발표를 했다. 철학 학사를 받고 정치학 석사를 받으면서, 폭넓은 연구 배경을 가지게 된다. 이러한 배경은 그의 연구에 나타나는데, 그의 발표문이나 논문은 미디어와 정치 그리고 사고에 미치는 미디어의 영향력을 다루고 있다.

프레드릭 와이저 Frederick Wasser의 저서 ≪베니, 비디, 비디오: 할리우드 제국과 VCR *Veni, Vidi, Video: The Hollywood Empire and the VCR*≫(2001)은 2003년 미디어 생태학회가 주는 마셜 맥루언상을 수상했다. 그는 교수가 되기 전, 뉴욕과 할리우드에서 TV 드라마 <뉴욕 특수 수사대*Law & Order*>나 영화 <대특명*Missing in Action*>, <나이트메어 4*Nightmare on Elm Street Part 4*>의 후반 제작에 참여했다. 또한 노르웨이 드라마 <새 애호가*The Bird Lovers*>를 영어로 번역해 출판했다. 일리노이대의 커뮤니케이션 연구소에서 박사학위를 받았고, 컬럼비아대 언론대학원에서 박사 후 연구원으로 있었다. <미디어 커뮤니케이션 비판 연구>와 <시네마 저널*Cinema Journal*> 등에 논문을 게재했다. 현재 브룩클린대의 텔레비전과 라디오학과에서 가르치고 있다.

토머스 F. 젠카렐리 Thomas F. Gencarelli는 몽클레어대 방송학과의 부교수로서 미디어 이론/비평 및 제작 과목을 가르치고 있다. 미디어 교육과 대중 문화 및 대중 음악에 대해 많은 논문과 공저 저서 그리고 발표문을 썼다. 여기에는 <뉴저지 저널 오브 커뮤니케이션> 특별호(2000년 봄호)에 게재된 닐 포스트먼의 연구와 사상에 관한 논문도 포함된다. 뉴욕대의 미디어 생태학 박사 학위를 받은 그는 미디어 생태학회의 회계 이사와 학회의 공식 저널인 <미디어 생태학 탐구*Explorations of Media Ecology*>의 논문 심사 편집위원을 맡고 있고, 뉴욕 주 커뮤니케이션학회와 뉴저지 커뮤니케이션학회에서 회장을 맡은 바 있다.

클리포드 크리스천스 Clifford Christans는 어바나-샴페인에 있는 일리노이대 커뮤니케이션연구소Institute for Communications Research의 교수이다. 여섯 권의 단독 및 공저서를 냈는데, ≪미디어 윤리학: 사례와 도덕적 추적*Media Ethics: Cases and Moral Reasoning*≫(Mark Fackler, Kim Rotzoll, Kathy McKee와 공저, 2004

제7판), ≪희소식: 사회 윤리학과 언론Good News: Social Ethics and the Press≫ (John Ferre, Mark Fackler와 공저, 1993), ≪커뮤니케이션 윤리학과 보편적 가치 Communication Ethics and Universal Values≫(Michael Traber와 공저), ≪공적 삶의 도덕적 참여: 현대 윤리학을 위한 이론가Moral Engagement in Public Life: Theorists for Contemporary Ethics≫(Sharon Bracci와 공저, 2002) 등이 있다. 또한 그는 <엘룰 포럼The Ellul Forum>의 편집자이다. 그는 어바나-샴페인의 일리노이대에서 박사 학위를 받았으며, 기술 철학, 대화 이론, 그리고 직업 윤리학에 관심을 가져왔다.

랜돌프 클루버 Randolph Kluver는 싱가포르의 난양 기술대의 부교수이다. 미국 남가주대에서 박사 학위를 받았다. 그의 연구는 최근 아시아 정치 커뮤니케이션, 전 지구화, 아시아의 문화 및 사회 변동에 관심을 가져왔다. ≪중국 경제 개혁의 정당화: 신화와 정설의 수사학Legitimating the Chinese Economic Reforms: A Rhetoric of Myth and Orthodoxy≫(1996)를 썼고, ≪시민의 담론, 시민 사회, 그리고 중국 공동체Civic Discourse, Civil Society and Chinese≫(1999)와 ≪아시아 닷컴: 아시아가 인터넷을 만나다Asia.com: Asia Encounters the Internet≫(2003)를 공동으로 편집했다.

존 파워스 John Powers는 1992년부터 홍콩 침례대의 커뮤니케이션학과 부교수로 재직했다. 그 이전에는 텍사스 A&M 대학에서 16년 동안 가르쳤다. 1977년 덴버대 스피치 커뮤니케이션학과에서 박사 학위를 받았다. 그의 연구는 커뮤니케이션 학문의 패러다임 구축, 공공 담론 이론 및 비평, 일상 커뮤니케이션에서의 언어의 역할 등에 관심을 가졌다. 그는 랜돌프 클루버와 함께 ≪시민의 담론, 시민 사회, 그리고 중국 공동체≫를 편집했고, ≪대중 연설: 생동하는 예술Public Speaking: The Lively Art≫(1994)을 썼다. 현재 수잔 랭어의 정신 철학에 관한 책을 쓰고 있다.

닐 포스트먼 Neil Postman은 1931년 뉴욕시에서 태어났다. 2003년 10월 5일에 타계하기 전까지 미디어 생태학의 폴렛 고다르 교수이자 뉴욕대의 석좌 교수였다. ≪미국의 언어≫, ≪전복 활동으로서의 교육≫(이상 찰스 와인가트너와 공저), ≪유년기의 소멸≫, ≪양심적인 반대≫, ≪죽도록 즐기기≫ 등을 비롯한 20권 이상의 저서를 썼다. 200편이 넘는 그의 글이 <뉴욕 타임스>, <애틀랜틱>, <하퍼스>, <타임 매거진>, <토요 평론Saturday Review>, <하버드 교육 평론The Harvard Education Review>, <워싱턴 포스트>, <LA 타임스>, <스턴>, <르몽드> 등에 실렸다. 또 <네이션>의 편집위원이었다. 그는 전 세계에서 강연을 했고, 1985년 프랑크푸르트도서박람회에서 기조 연설을 했다. 1986년 전미영어교사협회에서 주는 조지 오웰상을 받았다. 10년 동안 일반 의미론 평론지인 <ETC>의 편집인이었다. 1988년 38년 동안 가르쳤던 뉴욕대의 특훈 교수가 되었다. 1991년 봄 하버드대의 존 F. 케네디 정책대학의 로렌스 롬바드 방문 교수로서 언론과 공공 정책을 가르쳤다. 1995년 이탈리아어로 번역된 ≪교육의 종말≫이 그곳에서 전미도서상에 해당되는 상을 받았고 1999년 ≪18세기에 다리 놓기≫가 출판되었다. 2000년 브링엄 영대에서, 그리고 1년 뒤에는 아테네대에서 명예 박사 학위를 받았다.

폴 헤이어 Paul Heyer는 몬트리올에 있는 콩코디아대에서 지리학 학사, 뒤를 이어 인류학으로 뉴 스쿨에서 석사, 그리고 럿거스대에서 박사 학위를 받았다. 현재 캐나다 온타리오 주에 있는 윌프리드 로리어대의 커뮤니케이션학과에 교수로 있다. ≪커뮤니케이션과 역사: 미디어 지식 이론과 문명 Communications and History: Theories of Media Knowledge, and Civilization≫, ≪타이타닉의 유산: 미디어 이벤트 및 신화로서의 재앙TITANIC Legacy: Disaster as Media Event and Myth≫, ≪해럴드 이니스Harold Innis≫를 썼고, 데이비드 크롤리와 함께 개론서인 ≪커뮤니케이션 역사: 기술, 문화, 사회Communication in History: Technology, Culture, Society≫를 공저했다.

■ 옮긴이의 글

미디어 생태학이 던지는 질문

지적 전통으로서의 미디어 생태학

미디어 생태학이란 용어는 1968년 미국 영어교사협의회의 연례 회의에서 닐 포스트먼이 처음 공식적으로 사용한 것으로, 커뮤니케이션 미디어를 일종의 생태적 환경으로 주목했던 일련의 학자들의 지적 전통 혹은 시각을 가리킨다. 자연 환경의 요소들 간의 상호 작용을 살펴보는 '생태학'이라는 단어를 은유적으로 가져오고, 그 앞에 '미디어'라는 단어를 붙임으로써, 생태계의 구조와 특징, 혹은 환경과 인간의 유기적 관계를 연구하는 생태학적 시각을 미디어 연구에 투사시키고 있는 것이다. 그런데 이 책의 편집자인 캐이시 럼이나 랜스 스트레이트가1 언급하듯이, 미디어 생태학은 그 학문적 경계가 뚜렷이 구별되고 하나의 특정한 기원으로 거슬러 올라갈 수 있는 특정 학문 체계, 학설*doctrine*, 주의*-ism*가 아니다. 대신 우리의 느낌과 행동 양식을 조건 짓고 우리가 보고 말하고 실천하는 것을 구조화하는 미디어 환경을 주의 깊게 살펴보며 "연관과 관계를 극대화시키는" 생태학적 사상[2]을 보여 준 학자들의 지적 전통이나 시각 혹은 공유된 감수성이라고 할 수 있다. 이 책은 미디어 환경에 관해 학문적 관심을 가졌던 학자들의 지적 네트워크를 가시화시키며, 이러한 네트워크를 통해 미디어 생태학의 지적 전통이 어떻게 진화해 왔는지를 보여 준다.

환경으로서의 미디어에 관한 관심은 특정 학문을 중심으로 전개되었다기보다는, 20세기 다양한 학문적 배경을 가진 학자들이 공유하게 된 지적 문제 의식이었다. 고전학, 교육학, 기술 사회학, 도시 연구, 문화인류학, 사이버네틱스, 언어학, 역사학, 영문학, 인지심리학, 정치경제학, 철학, 행동과학 등을 연구한 학자들이 문화를 구성하는 미디어 환경의 힘에 주목하게 되고, 이러한 미디어와 문화, 혹은 언어와 문화의 관계에 관해 전체론적 시각을 갖게 된다. 미디어 생태학적 시각은 이렇게 다학문적 배경을 가진 학자들이 커뮤니케이션 미디어나 언어 혹은 테크닉이 인간의 감정, 사고, 가치, 행동과 갖는 상호 작용에 관심을 가지며 생겨난 것으로서, 미디어를 메시지를 전달하는 도구로 보며 기능주의적으로 접근했던 주류 커뮤니케이션 연구가 간과했던 미디어, 인간, 문화 간의 복합적인 상호 작용을 주시한다.

---

1. Strate, Lance (2006). *Echoes and Reflections: On Media Ecology as a Field of Study*. Cresskill, NJ: Hampton Press, p.2.
2. Ong, Walter J. (2002). Ecology and some of its future. *Explorations in Media Ecology* 1(1), 5~11, p.7.

미디어 생태학이 지난 수십 년간 커뮤니케이션 학문의 주변부에 존재해 왔던 것은, 북미의 주류 커뮤니케이션학 분야 밖에 있는 다양한 학제적 배경을 가진 학자들이 오랜 기간 일관된 학제적 틀을 갖지 않으며 느슨하게 공유했던 시각이었다는 점과 무관하지 않다. 미디어 생태학적 시각은 맥루언과 이니스 등에 의해 산발적으로 알려지기도 했지만, 이들의 개별적인 시각이라기보다는 보다 포괄적인 의미를 지닌다. 이 책은 미디어 생태학적 사상을 배태시켰던 이른바 1세대 미디어 생태학자들의 사상, 이론, 혹은 문제 의식을 살펴본다. 다시 말해, 미디어 생태학적 시각을 배태한 1세대 학자들의 사상과 지적 네트워크를 통해 가시화시키면서, 주류 커뮤니케이션 학문의 지성사에 산발적으로 다루어져 있거나 아예 빠져 있는 미디어 생태학 전통에 대한 이해를 돕는 일종의 출발점을 제공하고자 한다.

이 책이 미디어 생태학의 탄생에 기여했다고 주목하는 주요 사상가들은 닐 포스트먼, 루이스 멈포드, 자크 엘룰, 마셜 맥루언, 해럴드 이니스, 제임스 캐리, 벤저민 리 워프, 수잔 랭어, 에릭 해블록, 월터 옹, 엘리자베스 아이젠슈타인 등이다. 이 책은 기술과 문화의 관계, 혹은 언어와 문화의 관계에 관해 이들 각자가 가졌던 미디어 생태학적 사상을 살펴보면서, 이러한 사상을 이들이 살아간 사회적, 정치적, 지적 맥락과 함께 설명한다. 또한 이들 간의 지적 상호 작용이 어떻게 이루어졌는지 혹은 이들 사상이 어떠한 유사성과 차이를 가지고 있는지를 보여 준다. 사회 변동을 미디어 테크놀로지로 설명하기 때문에 '기술 결정론'이라고 단순하게 폄하거나 개인의 독특한 시각으로 파편화시켜 이해하기 쉬운 미디어 생태학적 시각을 함께 묶어 살펴보면서, 1세대 미디어 생태학자들이 공유했던 시각과 문제 의식을 재조명한다. 이 책의 각 장들은 이들의 지적 일대기를 상세하게 서술하고, 이들의 학문이 미디어 생태학의 이론적 시각의 등장에 어떠한 역할을 했는지를 알아본다. 특히 이 책의 편집자인 캐이시 맨 콩 럼이 쓴 1장은 미디어 생태학적 시각의 지적 맥락과 계보에 대한 전반적인 지도를 제공하며, 미디어 생태학적 시각이 개별 장에서 다룬 학자들에 의해 어떻게 공유되고 발전되었는지를 보여 준다.

이 책에서 다루는 미디어 생태학 1세대의 삶과 사상은, 단순하게 이들의 연구를 원작 그대로 인용하는 형식이 아닌, 이들 연구에 정통한 미디어 연구자들에 의해 재구성되고 있다. 다시 말해, 이들로부터 학문적인 영향을 받은 학자들이 이들의 사상계를 정리하고 이들의 미디어 생태학적 시각이 현재 어떠한 함의를 갖는지를 재해석하고 있다. 그래서 이 책은 미디어 생태학 1세대에 속한 개별 학자들의 미디어 생태학적 사상을 가지게 된 배경과 이들 1세대 간의 상호 관계와 공유된 문제 의식을 보여 줌과 동시에, 각 장을 기술한 저자와 1세대 미디어 생태학자들과의 관계, 더 나아가 미디어 생태학 전통에서의 학자들의 지적 관계망을 보여 준다. 그럼으로써 개별 사상가의 연구가 아닌, 지적 전통으로서의 미디어 생태학을 보여 주고 있다.

1세대 미디어 생태학자들의 유산

1세대 미디어 생태학자들이 공유했던 미디어 생태학적 시각 중 무엇보다 두드러진 점은 미디어를 단순한 기계가 아닌 역사적 연속성을 가진 복합적인 환경으로 바라보면서 미디어 발달과 사회 변동에 관한 보다 전체론적인 관점을 제공한다는 것이다. 전통적인 커뮤니케이션 학자들이 미디어의 메시지(내용)나 이것에 영향을 미치는 사회 문화적 조건에 주목한 반면, 1세대 미디어 생태학자들은 커뮤니케이션 환경의 변화가 사회·문화적 생태계의 변화를 주도한다고 보며 맥락으로서의 미디어 환경에 관심을 갖는다. 다시 말해, 이들은 미디어가 사용자의 목적에 따라 작동하는 중립적인 도구라기보다는, 미디어 테크놀로지의 물질적 형태와 상징적 구조에 따라 특정한 내적 논리를 가지고 있고, 이러한 내적 논리는 사회 문화적 변화를 이루는 중요한 기반이 된다고 본다. 따라서 이들은 미디어가 사회적으로 내면화되면서 갖게 되는 인간과 커뮤니케이션 미디어의 상호 작용에 대해, 그리고 미디어와 인지적 혹은 문화적 변화의 상관 관계에 대해 관심을 가진다.

이들의 시각에서 새로운 커뮤니케이션 미디어의 도입은 기존 미디어 환경에 새로운 미디어가 더해지는 것이 아니라, 새로운 커뮤니케이션 환경을 만들어지는 것이다. 다시 말해 새로운 미디어가 기존 미디어와 커뮤니케이션 환경의 지배적 지위를 놓고 경쟁을 벌이게 되면서 미디어가 선호하는 혹은 암시하는 문화 양식이나 스타일 간의 경쟁이 벌어지게 되고, 전체 커뮤니케이션 시스템이 변화를 겪게 되는 것이다. 이 책은 다양한 학문적 배경을 가진 1세대 미디어 생태학자들이 어떻게 미디어 환경의 특성, 미디어와 사회적 인지 구조의 상호 작용, 미디어의 사회적 사용에 상응하는 문화의 특성 등에 주목하게 되었는지를 보여 주면서, 동시에 이들의 미디어에 관한 관심사가 궁극적으로 미디어 생태학적 시각을 어떻게 구성하게 되었는지를 보여 준다.

이 책이 담고 있는 1세대 미디어 생태학자의 지적 일대기와 학문적 도전은 오늘날 미디어와 인간 혹은 미디어와 사회·문화의 관계에 관심을 가진 커뮤니케이션 학자나 독자들에게 몇 가지 중요한 시사점을 제시한다. 우선 1세대 미디어 생태학자들은 미디어를 환경으로 보며 미디어의 물리적, 상징적 구조가 인간의 지각, 이해, 감정, 가치 등에 미치는 영향을 밝히고 있다. 이들은 인간의 경험을 새롭게 재구성하고 특정한 문화 양식을 선호하는 미디어의 구조에 관심을 가지면서, 또한 미디어를 보다 폭넓게 정의한다. 인간 감각의 확장으로서의 미디어에서부터, 인간 경험을 개념화하고 표현하는 상징으로서의 미디어, 기존 미디어와 상호 역학 관계를 갖는 미디어, 기기device 개념에서 벗어나 인간의 행동이나 사고방식을 구조화하는 제도나 기법과 같은 사회적 환경을 포함시킨 보다 포괄적인 개념의 미디어에 이르기까지, 인간의 소통이나 상호 작용을 특정한 방식으로 이루어지게 유도하는 모든 물질적, 탈물질적 조건을 미디어로 논의한다. 이러한 미디어 환경에 대한 이해는 단순히 미디어의 객관적인 특성 자체를 파악하려는 시도가 아니라, 미디어와 인간, 혹은 미디어와 문화 간의 관계에 초점을 맞추며, 인간이란 무엇인가, 더 나아가 인간의 문화란 무엇인가에 대한 근본적인 앎을 추구하는 것이다. 미디어가 구성하는 감각 및 상징 환경과 인간의 유기적 관계를 주의 깊게 살펴보고 전체론적인 시각으로 이해하면서, 인간의 진화와 인간 문화의 방향성을 함께 논의한다.

또한 이들이 미디어 환경의 효과에 전체론적인 시각이나 인간 문화에 영향을 미치는 미디어의 역사에 비판적 시각을 갖는 과정은 가시적인 현상을 가지고 가설 검증을 해나가는 과학적 논증의 과정이라기보다는, 철학적 사고 과정이라고 볼 수 있다. 배경으로서의 미디어의 문화적 효과를 가시화시키고 인간주의적 입장에서 미디어와 인간 혹은 미디어와 문화의 상관 관계를 논의하는 과정은, 맥루언의 말대로 때에 따라선 예술가의 민감함과 인문학적 상상력이 필요한 과정이다. 예를 들어, 1세대 미디어 생태학자들이 '과감히' 미디어에 따른 시대 구분을 하며, 현재의 미디어 환경을 이해하기 위해 구어 문화, 문자 문화, 활판 인쇄 문화 등 과거의 미디어 환경을 주목하고, 미디어 환경에 대한 포괄적인 이해를 도모한다. 이들은 미디어가 특정한 방향으로 세상을 지각하고 상호 작용하는 방식을 유도하거나 특정한 사회적 인식론을 선호하기 때문에, 새로운 지배적 미디어의 출현은 새로운 문화적 시스템을 만든다고 주장한다. 이들은 커뮤니케이션 환경의 변화가 커뮤니케이션 정보를 처리하는 사회적 능력이나 현실을 지각하고 구성하는 방식에 영향을 미치며 문화를 변화시킨다고 보고 있고, 그렇기 때문에 종종 미디어를 중심으로 사회·문화 변동의 단계를 구분한다.

이러한 시대 개념이나 역사의 일반화는 지적으로 위험을 감수하는 일이라고 할 수 있다. 이와 같은 시대 구분은 여러 역사적 요인 가운데 미디어 테크놀로지에 특권을 부여하며, 사회 문화적 맥락과 상관없이 미디어가 사회 문화적 변동을 이끈다는 인상을 주기에(물론 이 책의 저자들은 이러한 인상이 오해에서 비롯된 면이 있다고 지적한다), 미디어 결정론이라는 비판을 쉽게 받는다. 또한 자신들의 이론을 뒷받침하는 경험적인 자료를 체계적으로 접근하는 방법론이나 치밀한 이론적 정립 과정에 다소 소홀했던 점도 발견된다. 하지만 이들의 연구가 통찰력을 주는 이유는 완벽하거나 세세한 부분까지 정확하게 정의 내리고 해석을 해내서가 아니라, 보다 큰 그림과 개념을 통해 커뮤니케이션 미디어가 인간의 삶에 필수 불가결하고 보다 폭넓은 문화적 함의를 갖는다는 점을 일깨워 준다는 점이다. 이들이 지역의 특수한 문화적 맥락과 미디어 이용 과정을 무시한다기보다는, 지역의 미디어 사례로부터 사유를 위한 증후들을 발견하며 커뮤니케이션 미디어와 사회의 상호 작용 혹은 관계에 관해 전체론적으로 접근하는 일반화의 '위험을 무릅쓰는 사람들*risktakers*'이라고 볼 수 있다.

이들이 제시한 개념은 보편성과 특수성의 관계를 변증법적으로 인식하며, 미디어와 인간 혹은 문화의 공생 관계에 관한 이해를 돕는 학문적 통찰력의 도구라고 할 수 있다. 이들의 미디어 생태학은 파편화된 실증 연구나 사회 문화적 맥락의 특수성에 매몰된 연구가 보기 어려운 커뮤니케이션 미디어, 인간, 문화 간의 상호 작용에 관한 보다 근원적인 성찰을 제공하고 있다. 또한 이들의 시각은 운명론적 시각이라기보다는 역사적 불확정성에 열려 있는 인문학적 시각으로서, 구체적인 사례나 사회 문화적 변화에 따라 언제나 도전받고 새롭게 재정립될 수 있다. 무엇보다 이들의 가장 도발적인 기여라고 할 수 있는 점은 미디어 환경을 비판적인 시각으로 가시화시킴으로써 인문학적 사유의 대상으로 만든다는 것이다. 미디어의 문화적 효과, 혹은 미디어와 문화의 관계를 분석하고 이해하는 것에서 그치는 것이 아니라, 이러한 이해를 인간주의적 가치 생산을 위한 과정으로 보는 것이다. 미디어 환경에 대한 초연하거나 상대적인 태도를 내세우기보다는, 인간 문화에 영향을 미치는 미디어 환경의 불균형의 문제 또는 미디어 신화의 문제를 비판하고 이에 대응하는 실천의 문제를 고민한다.

예를 들어, 멈포드는 현대의 '거대 기계'가 갖는 인간 소외와 파멸의 문제를 비판하며 유기적 이데올로기의 부활을 호소하고, 엘룰은 현대 사회에 만연한 기술의 효율성이나 필연성의 신화를 폭로하며 이러한 신화의 노예가 된 인간성을 회복하기 위해 종교적 세계관을 재조명한다. 포스트먼도 모든 미디어가 인간 문화에 파우스트식 거래를 하고 있다고 보며, 문화의 상징적 균형을 유지하기 위해 질문해야 할 인간주의적 쟁점이 무엇인지를 구체적으로 제시한다. 맥루언은 미디어를 축복하는 새 시대의 예언자가 되기보다는, 다양한 은유와 개념적 틀을 통해 미디어의 문화적 효과에 관한 의식을 높이고자 했다. 이니스는 미디어의 편향성에 따라 문화적 균형성이 어떻게 바뀌는지를 살펴보며, 미디어 체계의 불균형과 지식의 독점화 문제를 본격적으로 논의한다. 캐리는 지식의 독점에 관한 이니스의 논의를 이어가며 공동체의 가치를 지향하는 공적 문화의 보전을 역설한다. 옹은 커뮤니케이션 기술에 의한 정보의 확장 과정에 인간의 의지 또는 의식이 개입해야 한다고 주장한다. 대부분의 1세대 미디어 생태학자들은 특정 미디어 문화 생태계의 불균형 혹은 통제 불능에 대해 비판적으로 진단하고 인간주의적 도덕성을 회복하거나 보존하기 위한 방법을 제안하고 있다. 그리고 실제 대중적 글쓰기나 교육적 실천 등을 통해 미디어 환경에 대한 '의식화' 노력에 적극 개입하기도 한다. 사회과학적 훈련을 받은 커뮤니케이션 학자들의 연구가 대부분 도덕적 논의를 배제하거나 객관적인 사실만을 '안전하게' 전달하려는 경향을 갖지만, 1세대 미디어 생태학자들은 미디어 환경에 대한 연구에 인간주의적 가치에 관한 논의를 포함시키고 있고, 미디어 체계의 문화적 균형성을 갖기 위한 구체적인 제안을 하고 있다.

따라서 1세대 미디어 생태학자들은 미디어에 대해 질문하는 방식에 있어 큰 통찰력을 준다. 이들이 보여 준 미디어 환경에 대한 질문은 왜, 무엇을 위해 그러한 질문을 해야 하는가라는 문제 의식을 동반하고 있다. 이들의 연구는 미디어 생태학적 시각을 모범적으로 보여 주는 동시에, 미디어 환경에 대한 더 깊은 탐구를 위해 무엇을 재고해야 하는지를 알려준다. 그런 의미에서 이 책은 미디어 생태학이 멈포드, 포스트먼, 엘룰, 이니스, 맥루언 등 몇몇 학자들의 미디어 생태학적 선구적인 안목에 기초하고 있다는 것을 보여 주지만, 동시에 그것이 맥루언 연구, 포스트먼 연구, 엘룰 연구 등 개별 학자들에 관한 연구가 아니라 이들이 가진 문제 의식을 재조명하고 도전하며 확장시키는 것이라는 것을 보여 준다. 1세대 미디어 생태학자들은 미디어에 관한 적절한 질문이 무엇이고 무엇을 성찰해야 하는지에 대해 큰 영감을 준다.

한국에서 미디어 생태학을 생각하기

지역에서의 미디어와 문화의 관계를 미디어 생태학적 시각에서 추적하는 작업은 단순히 미디어가 갖는 보편적, 전 지구적 효과를 지역 사회 속에 그대로 검증해 보는 것이 아니라, 지역에서 구성된 미디어 환경과 문화적 균형 상태에 대해 세심하게 살펴보고, 이러한 지역적 미디어 환경과 전지구적 미디어 환경의 관계를 간과하지 않는 것이라고 할 수 있다. 1세대 미디어 생태학자들이 제시한 미디어 이론은 지역의 사회 문화적 맥락에 열려진 문제 의식으로서, 지역의 문화 형성에 맥락으로 작용하는 미디어 환경의 특성과 신구 미디어 간의 역학 관계를 어떻게 탐구하고 가시화시킬 것인가에 관해 영감을 준다. 미디어를 사회 변화를 일으킨 하나의 요인으로 객체화시키거나 그것의 단선적이고 직접적인 효과와 기능에 주목하기보다는, 미디어가 다양한 수준에서 맺는 관계의 방식에 주목하고 미디어 간의 역학 관계나 미디어 환경이 진화해 온 과정을 살펴봄으로써 현재의 문화에 대해 보다 성찰적인 이해를 할 수 있게 해준다. 뿐만 아니라, 새로운 미디어 테크놀로지가 문화 체계를 어떻게 구성 또는 재구성하는지를 살펴볼 때, 이러한 미디어가 기존 문화 체계에서의 어떠한 문제 혹은 필요성에 대한 해답이었는가라는 맥락이나 문화적 관계의 역학을 고려해 보게 한다.

또한 미디어 생태학적 시각은 단순히 환경으로서의 미디어에 대한 이해를 돕는데서 그치는 것이 아니라, 미디어와 문화의 관계에 무엇을 질문하고 어떠한 문제 의식이 가치 있는 것인지, 또 이러한 문제 의식을 갖는 데 인문학적 사유와 도덕적 감수성이 얼마나 중요한지를 알려준다. 이러한 시각은 현재 우리 사회에 팽배한 신자유주의와 결합된 기술주의 신화에서부터 테크놀로지의 효과에 대한 피상적이고 도구적인 이해에 이르기까지, 우리 사회가 테크놀로지에 대해 가진 인식의 틀을 문제시하며, '인간이 중심이 되는 조화로운 삶과 문화'를 지향하기 위한 우리의 도덕적 선택과 실천이 무엇인지를 생각해 볼 수 있는 질문의 틀을 제공한다. 다시 말해, 새로운 미디어 환경을 지엽적으로 이해하거나 그것이 갖는 효과를 단선론적으로 평가하기보다는, 우리 사회가 가진 미디어에 대한 기대감 혹은 신화에 도전하고, 미디어 환경의 변화에 따른 문화 생태계의 변화에 대해 보다 근원적이고 인간주의적인 문제 의식과 실천을 해보라고 한다. 이런 점에서 미디어 생태학적 시각은 상당히 급진적인 비판적 시각이라고 할 수 있다.

번역을 시작하기 전에는 '왜 내가 이 작업을 하고 있지'라는 질문을 이렇게 많이 하게 될 줄은 몰랐다. 이 책의 번역 작업은 안식년을 보내면서 과거에 배웠던 것을 정리해 보고 제대로 소개해 보자는 다소 단순한 시각에서 시작한 것이었는데, 예상치 못한 많은 고민과 질문에 부딪치게 되었다. 국내 학계에서 번역은 학문적으로 거의 보상을 받지 못하는 작업이고, 학문의 식민화, 종속화라는 이데올로기적 질문으로부터 자유롭지도 못하다. 주제면에 있어서도 하루가 다르게 변화하는 뉴 미디어 테크놀로지 환경에 관한 연구처럼 화려하게 시선을 끄는 것이 아닐 수도 있다. 때에 따라선 이 책의 저자들이 옹호하는 몇 가지 주장에 동의하기 힘들 때도 있었다. 하지만 번역을 해나가면서 자주 부딪히는 고단함과 무력감 속에서도 번역의 기쁨을 발견해갈 수 있었던 것은, 무엇보다 각 장의 논문에서 다루는 미디어 생태학자들의 삶과 문제 의식이 흥미진진했기 때문이다. 번역 과정의 느린 속도에 맞춰 이들과 아주 천천히, 하지만 성찰적으로 대화를 나눌 수 있는 기회를 갖게 되었고, 언제나 설명하는 데 곤혹감을 갖게 만들었던 미디어 생태학의 학문적 근원을 정리해 보는 시간을 갖게 되었다. 나는 1980년대 말과 1990년대 초중반 뉴 스쿨 포 소셜 리서치의 미디어 연구 과정과 뉴욕대의 미디어 생태학 과정에서 각각 석사와 박사 학위 공부를 하면서 배웠던 미디어 생태학 1세대의 사상적 타래를 재검토해 보고, 그때 미처 이해하지 못했던 이들의 사상이 갖는 가치를 재발견하기도 했다. 당시에 미국적 시각이라고 다소 거리감을 느꼈던 이들의 문제 의식이 지금은 신기하게도 살갑게 다가왔다.

이들의 일대기와 이들을 둘러싼 사회 문화적 맥락에 대해 조금씩 이해해 가면서, 이들의 미디어 생태학적 시각이 매우 현실적인 것으로, 그리고 이들의 삶은 하나의 은유처럼 읽히기 시작했다. 특히 새로운 미디어 테크놀로지에 매우 적극적이고, 커뮤니케이션 학문이 이러한 테크놀로지의 도구적 활용을 연구하는 데 많이 경도되어 있는 한국 사회에서, 한 사람의 커뮤니케이션 학자로서 내가 무엇을 문제 삼고, 어떠한 학문적 실천을 해야 하는지를 다시 생각해 보게 만들었다. 비록 옮긴이의 능력 때문에 이 책의 번역이 매끄럽지 못하더라도, 독자들은 이들의 삶과 사상으로부터 많은 영감을 얻을 수 있으리라 믿는다.

이 책의 편집자인 럼 교수는 내가 뉴 스쿨에서 첫 대학원 수업을 들었을 때, 피터 해러토닉 교수와 함께 미디어 이론 기초를 강의했던 나의 선생님이다. 그 이후 럼 교수는 나에게 연구와 삶에 대해 언제나 친절한 조언을 해주었다. 이 책을 소개해 주고 번역하는 과정에 끊임없이 격려를 보내준 럼 교수에게 감사드린다. 또한 안식년을 보냈던 일리노이대의 크리스천스 교수에게도 감사를 드린다. 그가 직접 설명해 준 엘룰의 사상은 단순한 지적 차원을 떠나 삶의 방식을 생각해 보는 통찰력을 주었다. 럼 교수를 비롯한 이 책의 저자들이 전하는 1세대 미디어 생태학자들의 사상을 최대한 이해하기 쉽게 번역하려고 노력했는데, 혹시 오역이나 어색한 문장으로 누가 되지 않았는지 우려가 된다. 그리고 다소 딱딱한 이론서의 번역을 선뜻 허락해 주신 한나래 출판사에 감사드린다. 오랜 번역 기간을 조바심내지 않고 끝까지 기다려 주며 책이 나오기까지 꼼꼼하게 살펴봐 주신 이리라 편집장님과 스텝 분들께 감사드린다. 마지막으로 균형의 의미를 생활 속에서 느끼게 해주며 많은 것을 배우게 해주는 나의 가족에게도 고마움을 전하고 싶다.

2008년 2월
옮긴이

감사의 글

이 책은 내가 뉴욕대의 미디어 생태학 박사 과정을 밟으며 지식 사회학과 사상사, 그리고 커뮤니케이션 학문의 지적 역사에 관심을 많이 갖게 되면서 착상하게 되었다. 당시 나는 아주 운이 좋게도 닐 포스트먼 교수, 테렌스 모란 교수, 크리스틴 나이스트롬 교수, 헨리 퍼킨슨 교수 등의 스승들로부터 지적 가르침을 받았다. 이들은 무엇보다 교육과 학습에 대한 인간주의적 접근, 그리고 훌륭한 학문이 어떻게 연구 도구보다 훌륭한 질문으로 시작해야 하는지를 가르쳐 주었다.

특히, 위대한 이야기꾼이었던 닐 포스트먼은 일주일에 두세 번 학생들이나 동료들과 뉴욕대 쉼킨홀에 있는 학과 사무실에서 회의를 갖거나 봅스터 도서관의 교직원 식당에서 함께 점심 식사를 할 때, 그가 어떻게 마셜 맥루언, 루이스 멈포드와 같은 사람들을 알게 되었는지에 대한 흥미로운 이야기를 많이 해주었다. 이러한 이야기가 흥미로웠던 것은 가장 심오한 미디어 생태학 이론의 일부를 내게 보여 주었기 때문이기도 하지만, 그 사상이 처음 생겨나기 시작했던 맥락을 생생하게 이해시켜 주었기 때문이다. 게다가 그를 만나러 온 훌륭한 학자들을 만날 기회를 가지면서, 내가 공부하는 일부 이론에 얼굴(혹은 그들의 인격)을 그려 넣을 수 있게 해주었다. 또한 나는 이러한 학자들과의 상호 작용을 보면서 주류 커뮤니케이션 학문에 잘 알려지지 않았던 비가시적인 미디어 생태학자들의 동아리를 볼 수 있었다. 요컨대, 포스트먼 교수가 수년 동안 내게 해주었던 모든 이야기와 훌륭한 가르침에 대해 깊은 존경과 애정과 함께 찬사를 보내드린다. 내가 이 책과 관련해 가장 후회가 되는 점은 그가 이것을 보고, 느끼고, 새 잉크 냄새를 맡을 수 있을 때 책을 끝내지 못했다는 것이다. 하지만 다시 강조하고 싶은 것은 포스트먼이 모든 이야기를 잘 '알고' 있다는 것이다.

내가 뉴 스쿨 포 소셜 리서치(지금은 뉴 스쿨)의 미디어 연구학과 석사 과정에서 공부할 때부터 나의 스승이자 조언자였던 피터 해러토닉 역시 포스트먼의 학생이었고, 내게 미디어 생태학의 세계를 소개시켜 주었다. 그 또한 미디어 교육과 미디어 생태학이 미국에서 어떻게 진화해갔는지에 여러 가지 재미있는 이야기를 들려주었다. 그는 내가 처음 학회에 참여하는 것을 격려하고 지원해 주었고, 이를 통해 나는 커뮤니케이션 학문이 어떻게 무엇보다 먼저 인간의 기획이 되는지를 직접 보기 시작했다. 그는 내가 가장 신뢰하고 애정을 갖는 스승 중 한 사람이 되었다.

이 책은 여러 사람들이 함께 기고해서 만들어졌다. 랜스 스트레이트(포담대)는 햄튼 출판사 '미디어 생태학 시리즈'의 총괄 편집자로서 이 책이 발전되는 동안 끈기 있게 지지해 주었다. 나는 이 프로젝트에 지원과 재원을 아끼지 않은 햄튼 출판사 사장인 바버라 번스타인에게 진심으로 감사드린다.

이 책의 모든 장은 출판을 허락받기 전, 무기명 심사 및 수정 과정을 거쳤다. 나는 통찰력이 있는 심사와 유익한 검토 의견을 준 동료 학자들에게 감사드린다. 이들은 매리 알렉산더(매리스트대), 조 애시크로프트(이스트 스트라스버그대), 조지 백(로완대), 클리포드 크리스천스(어바나-샴페인의 일리노이대), 로널드 디버트(토론토대), 톰 패럴(미네소타-덜루스대), 톰 F. 젠카렐리(몽클레어 주립대), 레이 고치, Jr.(이타카대), 폴 그로스와일러(메인대), 피터 해러토닉(뉴 스쿨), 폴 헤이어(캐나다의 월프리드로리어대), 졸리 얀센(툴사대), 주디스 야로스 리(오하이오대), 웬디 리즈-허위츠(위스콘신-파크사이드대), 폴 리퍼트(이스트 스트라스버그대), 휴 매카니(웨스턴 코네티컷 주립대), 에릭 맥루언(토론토대), 제임스 C. 모리슨(에멀슨대), 크리스틴 L. 나이스트롬(뉴욕대), 토니 팔메리(위스콘신-오시코시대), 존 폴리(세인트루이스대), 윌리엄 페카나스(웨스턴 코네티컷 주립대), 닐 포스트먼(뉴욕대), 폴 스쿱(산타클라라대), 폴 테일러(아델파이대), 폴 도널드 시엘(캐나다의 트렌트대)이다. 이들은 심사 과정 중에 논평과 수정 사항을 제안했지만, 마지막 편집 결정은 내가 하였기 때문에, 책에 있을 수 있는 모든 편집상 오류는 내 책임이다.

전문가 정신을 보여 준 이 책의 모든 저자들에게 감사드린다. 또한 책 만드는 작업이 처음 예상했던 것보다 길어졌는데도 내게 인내심과 신뢰를 보여 준 것에 대해서도 감사드린다. 이들과 함께 일하면서 나는 많은 것을 배웠다.

특히 폴 테일러(아델파이대)는 지난 몇 년 동안 이 책에 대한 내 생각이 분명히 무엇인지에 관해 고심하고 있을 때 여러 가지 사려 깊은 의견을 제시해 주었고 끊임없이 격려해 주었다.

웬디 리즈-허위츠(위스콘신-파크사이드대)는 나의 첫 번째 책을 함께 편집하면서 알게 된 동료로서, 그 이후 훌륭한 동료 학자이자 격의 없는 조언자가 되었다. 나는 특히 국제 커뮤니케이션의 지성사에 관한 그녀의 연구에 큰 영감을 받았다. 그녀의 연구는 이 책의 개념적 틀의 일부를 구축하는 데 도움을 주었다.

이 프로젝트를 위한 내 연구는 2003년 봄 안식년에 이루어졌고, 윌리엄 패터슨대의 연구비 지원을 받았다. 이 점에 대해 매우 감사드린다.
나는 포스트먼의 2000년 미디어 생태학 창립 학술 대회 연설문인 "미디어 생태학의 휴머니즘"을 2장에 재판할 수 있도록 허락해 준 셸리 포스트먼 부인에게 심심한 감사를 드린다. 출판되지 않은 자신의 시 "모범적인 미디어 생태학자"를 1장에 온전하게 실을 수 있도록 허락해 준 로버트 블레크먼(세인트조지대)에게도 감사드린다. 또한 랜스 스트레이트와 나의 논문 "루이스 멈포드와 기술 생태학"과 크리스틴 나이스트롬의 논문 "상징, 사고, 그리고 '실재': 벤저민 리 워프와 수잔 K. 랭어의 공헌"을 각각 3장과 10장에 재판할 수 있도록 허락해 준 <뉴저지 저널 오브 커뮤니케이션>(현재 the Atlantic Journal of Communication)과 저널 편집장 개리 래드포드(페어레인 디킨스대)에게 감사드린다. 이 두 논문은 내가 객원 편집자로 참여했던 "미디어 생태학의 지적 근원"이라는 주제의 2000년 봄 저널 특별호에 실렸다. 나는 폴 헤이어가 해럴드 이니스에 관한 자신의 책(2003)에서 자료를 차용해 4장을 쓸 수 있도록 허락해 준 로완과 리틀필드 출판사에게 감사를 표하고 싶다. 한편 내가 초창기 미디어 생태학 프로그램의 발전 과정을 연구하기 위해 학교의 기록 보관소를 출입할 수 있도록 허락해 준 뉴욕대 스타인하트 교육 대학의 가브리엘 W. 캐라스와 데이비드 재포토키에게도 감사드린다.
나는 사랑과 헌신 그리고 우정을 보여 준 내 아내 제니 치아 첸 류에게 큰 신세를 지고 있다. 그녀는 언제나 영감과 용기를 주었다. 두 아들 수아민 럼과 하우민 럼은 언제나 지성과 힘과 기지로 나를 대해 주었다. 내 아내와 아이들은 지난 몇 년간 이 책에 전념했던 나를 위해 행복한 가족의 시간을 희생했다. 마찬가지로, 일생 동안 내 행복을 염려해 주신 어머니인 시우 링 라우에게도 감사드린다. 내 어머니는 내게 영원히 부모로서의 도덕적 이정표가 될 것이다. 마지막에 이야기하지만 아주 중요한, 돌아가신 내 아버지 치 카우 윙을 기억하고 싶다. 내가 아버지를 미처 이해해 보기도 전에 너무 어릴 때 돌아가셔서, 그가 내 곁에 있었다면 내 삶이 어떠했을까 하고 언제나 생각해 본다.

미디어 생태학의 지성사에 대한 주해

캐이시 맨 콩 럼

나는 모범적인 미디어 생태학자라네.
나는 내가 신학자와 다르다는 것을 알고 있다네.
난 멈포드도 좀 읽었고, 맥루언도 좀 읽었다네.
와츠라위크가 한 것도 어느 정도 알고 있다네.
레비스트로스와 자크 엘룰에 대해서는 어설프게 아는 것 같고,
에임스와 캔트릴1의 연구는 종종 치켜세우지.

---

1. 해들리 캔트릴Hadley Cantril(1906~1969)은 미국의 사회 심리학자이자 여론 조사 전문가로서, 1938년 오슨 웰스의 <우주 전쟁>이라는 라디오 방송이 불러일으켰던 정신적 공황 상태를 실증적으로 연구하는 것과 같이 집단 의식과 행동에 관심을 가졌다. 특히 그는 1946년 사다리꼴로 왜곡된 방을 정상적인 직사각형의 방으로 보는 착시 현상 등의 실험을 통해 시각에 대한 심리학적 연구를 해왔던 아델버트 에임스 Adelbert Ames(1880~1955)와 공동 연구를 시작한다. 지각, 행위, 행동 간의 상호 관계를 연구한 이들은

체계 이론과 수학적 모델은 환히 알고 있어,
내 안식년이 시작할 때까지 당신과 논쟁할 수 있네.

[합창]
난 새논-위버가 어떻게 채널 소음을 극복하려고 노력했는지 안다네.
난 하야카와가 상원 친구들과 가까이 지낸 것을 잘 알고 있지.
인류학자였다면 더 좋았겠지만, 난 모범적인 미디어 생태학자라네.

난 라디오와 전화기의 역사를 암송할 수 있고
또 코르지브스키2의 유령을 놓지 않는 이유를 말할 수 있다네.
난 침묵의 언어와 미디어의 편향성을 공부했고
구조주의 개념에 대해서는 진짜 박식하다네.
난 근접 공간학, 동작학, 논쟁적인 언어학 스타일을 배웠다네.

특정 상황에 대한 개인의 지각이 해당 상황에 대한 개인의 경험이나 가정에 영향을 받는다는 것을 밝혀낸다. 그들은 환경을 지각하는 과정이 환경과의 "상호 작용"이라기보다는 "교섭*transact*" 과정이라고 본다. 다시 말해, 개인과 환경의 구분을 전제하는 상호 작용의 개념보다는, 이 둘의 상호 의존성을 강조하는 '교섭'의 개념을 사용함으로써, 환경에 대한 지각이 단순히 환경에 대한 기계적인 반응이 아니라, 기존 경험을 바탕으로 개인이 환경에 의미를 부여하면서 존재하게 된다고 보았다. 이 두 학자의 공동 연구는 1955년 에임스가 사망할 때까지 지속되었다. (Albert J. Cantril, 2007, "Hadley Cantril: Perception, Polling, and Policy Research," Society 44:3, 65~72 참조.) — 옮긴이

2. 철학자이자 과학자인 알프레드 코르지브스키Alfred Korzybski(1879~1950)는 일반 의미론을 제창한 학자이다. 그는 인간이 세상을 직접적으로 경험하기보다는, 인간의 감각 기관, 신경 체계, 언어 구조 등에 의해 걸러지고 매개되는 것, 즉 "추상화"된 것만을 경험할 수 있다고 주장한다. 그는 우리가 사용하는 언어나 표상은 실재와 다르거나 실재의 많은 부분을 걸러내고 있기 때문에, 실재에 대한 보다 나은 이해를 하기 위해서는 인간 지각과 언어의 추상화 과정에 대한 의식이 필요하다고 본다. 다시 말해, 이른바 "추상화를 의식"하는 훈련을 통해 의미의 오도나 왜곡으로부터 자신을 보호할 수 있다고 보는 것이다. 일반 의미론의 내용은 코르지브스키의 일반 의미론을 체계화한 하야카와의 다음 문장에 잘 나타나 있다. "상징은 그것이 상징하는 사물이 아니고, 단어는 그것이 정의하는 사물이 아니며, 지도는 그것이 나타내는 영토가 아니다"(S. I. Hayakawa, 1949, *Language in Thought and Action*, New York: Harcourt, p.31). — 옮긴이

난 왜 그리스인이 구어적이고 수도사들이 학구적인지를 알고 있지.
그래서 구텐베르크가 만든 성서의 다섯 절을 암송할 수 있고
당신이 하이젠베르크의 연구를 알고 있을지를 추측할 수 있다네.

[합창]
초기 텔레비전은 즉각적이고 당신의 우뇌를 마사지하지.
하지만 담론적인 기능은 언젠가 사라질 거라네.
어류학자였으면 더 좋았겠지만, 난 모범적인 미디어 생태학자라네.

내가 "더빙"과 "복사본 테이프" 그리고 "마스터 테이프"의 차이를 말할 수 있을 때,
와플 판으로부터 영화 필름 접착기에 대해 이야기할 수 있을 때,
영화나 비디오를 보여 주는 것이 더 이상 나의 최선이 아닐 때,
내가 전기의 작용에 관한 지식을 보여 줄 수 있을 때,
레이저 빔과 홀로그램이 더 이상 신기하게 보이지 않을 때,
필름을 접착하고 붙이려는 시도가 그리 비참하지 않을 때,
요컨대, 내가 현대의 기술에 대해 어설픈 지식을 가졌을 때,
미디어 생태학을 안다고 말하면 기분이 좋아진다네.

[합창]
비록 내가 용감하고 대담하지만, 나의 현대적인 하드웨어 교육은
세기 초까지만 다루고 있다네.
부인과 의사였으면 더 좋았겠지만,
난 모범적인 미디어 생태학자라네.

— 로버트 블레크먼의 "모범적인 미디어 생태학자"(1976)에서[3]

---

3. "모범적인 미디어 생태학자*Very Model of a Media Ecologist*"의 저작권을 가진 로버트 블레크먼

나는 위의 시를 처음 봤을 때 매혹되었다. 로버트 블레크먼Robert Blechman
이 길버트와 설리번의 '현대적인 육군 소장Modern Major General'을 풍자해
이 시를 썼을 때, 그는 뉴욕대 대학원생이었다. 그 당시 그는 미디어
생태학에 중점을 둔 뉴욕대의 새로운 박사 과정 프로그램에서 공부하고
있었다. 시는 3분짜리 비디오의 노래 가사 부분으로서, 그는 카메라에
립싱크를 하며 미디어 생태학에 대한 자신의 해석을 덧붙였다. 미디어
생태학 박사 과정은 1970년 당시 영어교육학과 교수였던 닐 포스트먼
이 만든 지 몇 년 안 된 과정이었다. 그전까지만 하더라도 그런 문구를
가진 학과 과정이 없었다. 사실 그 용어가 학자들에게조차 너무 새롭고
난해하게 들려서, 종종 사교 모임에서 일종의 분위기를 풀거나 돋우기
위해 사용되었다고 한다. 용어가 너무 모호해서 늘 외부 사람의 논평이
나 토론을 야기했고, 커뮤니케이션에 대해 무언가 안다고 생각했던 사
람들은 미디어 생태학이라고 불리는 것이 무엇인지에 대해 관심을 가지
며 궁금해했다.

하지만 1960년대 후반 용어가 만들어지고 30년의 진화 과정을 겪
었어도 미디어 생태학은 여전히 커뮤니케이션학회장에서 실례가 되지
않을 정도의 호기심을 일으켰고, 좋건 싫건 여전히 바에서 분위기를 푸
는 용어가 되고 있다. 한편으로는 미디어 생태학이 학문 분야로서 지난

(1976)은 미디어 생태학 과정 1977년도 동기생 가운데 한 사람이다. 이 장에서 실을 수 있도록 허락해
준 저자에게 감사의 말을 전한다. 블레크먼은 동료들에게 "미디어 생태학에 대한 나의 은유"에 관해 3분짜
리 이야기를 준비하자고 제안했고, 이를 1977년 미디어 생태학회에 발표하기 위해 비디오 녹화를 하려고
했다. 그럼으로써 "우리는 각각 3분의 명성을 얻을 수 있을 뿐만 아니라 학회에 참석할 수 없는 이들도
'마음'으로 참석할 수 있을 거라고 보았다. 이렇게 여럿이 참여한 발표는 '당신 고유의 일을 하라'는 당시
분위기를 많이 따라가는 것이었다. 그것을 만들면서, 우리는 또한 우리가 누구이고 언제 무슨 생각을 했는지
에 관한 미니 타임 캡슐을 만들었다"(블레크먼과의 개인적인 대화, 2003년 6월 27일).

30년간 존재해 왔지만 여전히 커뮤니케이션 연구의 주변부에 남아 있다. 예를 들어, 주류 학술지라고 할 수 있는 < 저널 오브 커뮤니케이션 Journal of Communication > (JOC)이 펴낸 "커뮤니케이션 분야의 동요Ferment in the Field"(1983)라는 특집호에서 10개국의 학자가 커뮤니케이션 연구의 현황에 대해 나름대로 평가를 했다. 지금은 전설이 된 이 JOC 특집호가 커뮤니케이션 학문을 정의하거나 정당화시켰을 때, 미디어 생태학은 이러한 "커뮤니케이션 분야"에 존재하지 않았다. 이 학술지는 커뮤니케이션 연구가 대부분 행정적(혹은 실증적) 커뮤니케이션학과와 비판적 커뮤니케이션학과 간의 논쟁(Rogers, 1982), 혹은 방법론적으로는 양적 연구와 질적 연구 간의 논쟁에 몰두해 있다는 인상을 뚜렷이 남겼다. 10년 뒤 JOC는 "커뮤니케이션 분야의 미래 I The Future of the Field I"(1993a)와 "커뮤니케이션 분야의 미래 II The Future of the Field II"(1993b)라는 두 권의 특집호를 더 내며 커뮤니케이션학 현황을 평가했다. 또다시 미디어 생태학은 정식으로 인정받는 데 실패했다. 커뮤니케이션학의 지성사를 전반적으로 다룬 다른 여러 저서도 이와 유사하게 미디어 생태학을 빠뜨리고 있다(예를 들어, Delia, 1987; Dennis & Wartella, 1996; Dervin, Grossberg, O'Keefe, & Wartella, 1989).

하지만 미디어 생태학의 탄생에 기여했던 주요 사상가들이 전적으로 무시되었다고 할 수는 없다. 주목할 만한 예로 미디어 생태학에서 가장 눈에 띄는 기본 사상가 가운데 하나였던 허버트 마셜 맥루언Herbert Marshall McLuhan을 들 수 있다. 1960년대 말과 1970년대에 맥루언의 미디어 이론 및 탐침probes과 경구는 학술적으로나 대중적으로나 폭넓은 관심을 끌었고, 그는 미디어 도사media guru로 불렸다(예를 들어, Finkelstein, 1968; J. Miller, 1971; Molinaro, McLuhan, & Toye, 1987; "Playboy interview ……," 1969; Stearn, 1967; Theall, 1971). 1980년 그의 사망 직후 JOC는 8명의 학자가 맥루언의 미디어 연구에 관해 쓴 ≪살아 있는 맥루언의 유산The Living McLuhan≫(1981)이란 논총을 출판했다.4 1980년대 후반 이후 맥루언에 대한 관심이 되살아났다(예를 들어, Levinson, 1999; Marchand, 1989; E. McLuhan & Zingrone, 1995; Molinaro et al., 1987; Sanderson & Macdonald, 1989; Strate & Wachtel, 2005; Theall, 2001).

또한 다른 전형적인 미디어 생태학 사상가의 학문적인 작업, 예를 들어 자크 엘룰Jacques Ellul(Chirstians & Van Hook, 1981; Gozzi, 2000),5 해럴드 A. 이니스Harold A. Innis(Acland & Buxton, 1995; Garey, 1988b; Heyer, 2003; Stamps, 1995), 루이스 멈포드Lewis Mumford(Carey, 1981; D. Miller, 1989; Strate & Lum, 2000), 월터 옹Walter Ong(Farrell, 2000; Farrell & Soukup, 2002; Gronbeck, Farrell, & Soukup 1992; Soukup, 2004), 그리고 포스트먼(Gencarelli, 2000; Jensen, 1990; Strate, 1994, 2003b) 등의 이론이 다양한 수준에서 주목을 받았다. 최근의 랜스 스트레이트Lance Strate(2004)의 비평문 또한 미디어 생태학의 여러 기초 사상가들의 학문과 몇 가지 주요 주제에 대해 잘 소개하고 있다.

그럼에도 불구하고, 이 책이 제안하듯이, 미디어 생태학은 단순히 맥루언 연구나 엘룰 연구, 이니스 연구, 멈포드 연구, 옹 연구, 포스트먼 연구, 또는 이와 비슷한 연구가 아니다. 사실 이 책은 문화, 기술, 커뮤니케이션에 대한 이론적인 문헌과 시각을 체계적으로 다룬 지적 전통으로서의 미디어 생태학에 관해 역사적으로 이야기하려 한다. 이 책은 다이애나 크레인Diana Crane(1972), 벨버 그리피스Belver Griffith와 니콜라스 C. 멀린스Nicholas C. Mullins(1972)가 말한 "비가시적인 집단," 즉 다양한 학문적 관심에 있어 비슷한 생각을 가진 사람들의 가깝게 엮었지만 비공식적

---

4. 또한 "맥루언의 유산"에 관한 JOC의 심포지엄은 맥루언과 파워스(1981)의 글을 싣고 있다.
5. 또한 국제 자크 엘룰 협회(http://www.ellul.org/)를 참조하라.

인 집단의 네트워크를 통해 미디어 생태학의 지적 전통이 어떻게 진화해 왔는지를 보여 주고자 한다. 이러한 다양한 학문적 관심에는 앞의 블레크먼의 시가 언급하거나 제시한 이름만 말하더라도, 미디어와 문화(McLuhan, 1951, 1962, 1964), 역사와 기술(Mumford, 1934, 1967, 1970)과 도시 연구(Mumford, 1938, 1961), 행동과학(Watzlawick, Bavelas, & Jackson, 1967; Watzlawick, 1976), 구조주의 인류학(Levi-Strauss, 1966), 기술 문화의 사회학(Ellul, 1964)과 선전(Ellul, 1975), 인지 심리학(Cantril, 1960), 정보 체계 이론(Shannon & Weaver, 1949; Wiener, 1948, 1950),[6] 일반 의미론(Hayakawa, 1964; Korzybski, 1933), 문화 인류학(예를 들어, Hall, 1959), 커뮤니케이션 역사(예를 들어, Innis), 미디어의 시공간 연구(Innis, 1951, 1952), 비언어적 커뮤니케이션(예를 들어, Birdwhistell, 1952, 1970), 고전학(예를 들어, Havelock, 1963, 1976), 활판 인쇄술의 역사(예를 들어, Eisenstein, 1979), 그리고 물리학과 철학(Heisenberg, 1962) 등이 있다. 그래서 이 책은 미디어 생태학의 지적 근원에 대한 여러 가지 해석적, 역사적, 이론적 설명으로 구성되어 있다. 더 구체적으로 이 책은 문화, 기술, 커뮤니케이션에 관한 몇 가지 중요한 미디어 생태학적 사상, 이론, 혹은 주제를 설명하고자 한다. 이러한 사상가와 사상이 태어난 사회적, 정치적, 지적 맥락, 그리고 우리가 이 시대에 어떻게 어느 정도 이러한 사상을 활용해야 하는지에 대해서 설명하고자 한다.

하지만 미디어 생태학은 그 쟁점과 시각, 그리고 해석의 복잡성과 다양성 때문에 이야기하기가 쉽지 않다. 내가 이 장의 제목에 '주해'[7]란

---

6. 또한 제레미 캠벨Jeremy Campbell(1982)이 정보과학에 관해, 특히 사이버네틱스와 정보 이론의 등장에 관해 언론 보도 방식으로 훌륭하게 종합한 것을 참조하라.
7. 이렇게 '주해'란 단어를 사용한 것은 웬디 리즈허위츠Wendy Leeds-Hurwitz(1990)의 국제 커뮤니케이션의 지성사에 관한 혁신인 글에서 영감을 받았다.

단어를 쓴 것도 그 전부를 알지 못하기 때문이다. 그래서 내가 할 수 있는 건 다소 피상적이고 부족하지만 미디어 생태학의 이해를 위한 역사 기술적 틀을 서두에 내놓는 것이다. 또한 열두 명의 다른 학자를 초대해 미디어 생태학의 다양한 면을 이야기하고 이들의 해석을 제공하는 것이다. '해석'이란 단어가 책 제목에 사용될 때는 두 가지 차원을 갖는다. 그 한 차원은 이 책에서 주로 다루는 엘리자베스 아이젠슈타인 Elizabeth Eisenstein, 자크 엘룰, 제임스 W. 캐리James W. Carey, 에릭 해블록 Eric Havelock, 해럴드 A. 이니스, 수잔 K. 랭어Susanne K. Langer, 맥루언, 루이스 멈포드, 월터 옹, 포스트먼, 벤저민 L. 워프Benjamin L. Whorf 등의 주요 사상가의 학문에 반영된 문화, 기술, 커뮤니케이션의 상호 관계에 대한 다양한 해석을 의미한다. 다른 한 차원은 이러한 사상가의 해석에 대한 각 장의 저자들의 해석, 말하자면 메타해석을 의미한다. 이들의 집단적 지혜가 궁극적으로 미디어 생태학의 다양한 면을 잘 이해하는 데 도움이 되었으면 한다.

미디어 생태학의 역사 기술에 대해

제임스 W. 캐리(1996)는 "시카고학파와 매스 커뮤니케이션 연구"에 대해 통찰력 있는 역사 기술적 설명을 해나가면서, 커뮤니케이션 연구의 역사는 없다고 주장한다. 그가 미국 미디어 연구 및 문화 연구에 있어 가장 매력적인 이야기꾼이자 지적인 역사가 가운데 한 사람이었기에 자조적인 반어임을 내비치는 것 같은데, 그는 나중에 다음과 같은 말을 꺼낸다.

매스 커뮤니케이션 연구의 역사는 비록 미미하지만 최근의 학문 유형이다. 그것은 축적된 학문의 파편을 조사하고 분류하고 재정리하여 일관성 있는 서사로 만드는 자의식이 강한 창조(그리고 지금은 끊임없는 재창조)이다. 신생 서사는 대개 20세기 발명품인 매스 미디어에 초점을 맞춰 이를 정당화하거나 합법화하고, 이와 같은 제도에 관한 전문 교육과 연구의 방향 및 지적 지위를 주는 등 궁극적으로 여러 가지 목적을 만족시킨다. 하지만 그것은 충성을 하고, 논쟁을 해결하고, 공공 정책을 이끌고, 반대파를 혼란에 빠뜨리고, 제도를 합법화시키는 등 정치적 이유로 만들어졌기 때문에, 결코 순수한 역사가 아니다. 요컨대 그 신생 역사는 20세기 사회 정치적, 이데올로기적 투쟁속의 작은 에피소드였다(Carey, 1996, pp.21~22).

캐리의 말이 북미 매스 커뮤니케이션 연구에 초점을 맞추고 있는 것 같지만, 이 책이 다루려는 미디어 생태학 이야기를 포함해 다른 유형의 학문 연구에도 두 가지 차원에서 적용될 수 있다.

첫 번째, 앞서 이야기했듯이 지적 전통으로서의 미디어 생태학은 북미 커뮤니케이션 연구의 계보에서 이야기되지 않았다. 따라서 이 책은 커뮤니케이션 연구의 지성사와 사회학에서 미디어 생태학이 목소리를 갖도록 의식적으로 노력하는 것이다. 그와 같은 입장에서 이 책은 기존 미디어 생태학자뿐만 아니라, 특히 미디어 생태학의 주요 사상가에 관해 역사 기술적으로 설명한 윌리엄 쿤스William Kuhns의 ≪후기 산업 사회의 예언자: 기술의 해석The Post-Industrial Prophets: Interpretations of Technology≫(1971)과 <뉴저지 커뮤니케이션 저널the New Jersey Journal of Communication>의 특집호에 실린 "미디어 생태학의 지적 뿌리"(Lum, 2000a), 그리고 2002년 출범한 미디어 생태학회의 공식 저널인 <미디어 생태학 탐구Explorations in Media Ecology>에서 영감을 받았다. 또한 미디어 생태학의 지적 뿌리에 대해 캐리가 이야기해 준 진행형의 흥미진진한 이야기에도 경의를 표한다. 캐리가 이니스, 맥루언, 멈포드에 관해 쓴 대부분의 글에서(예를 들어 Carey, 1968, 1981, 1988b) 미디어 생태학이란 용어를 사용하지 않았지만, 최근의 연구에서는 이 용어가 등장하는 것 같다 (예를 들어, Carey, 1997, 2003a, 2003b).

두 번째 차원으로, 미디어 생태학의 지성사에 관해 이야기하거나 구성/재구성하는 것은 "순수한 역사" 혹은 "꾸밈없는 역사"라고 주장하는 것이 아니다. 어쨌든 학문을 한다는 것은 다양한 학문 분야의 지식 사회학이 상기시키듯이, 항상 구체적인 사회적 맥락에 놓인 인간의 일이다. 거트루드 J. 로빈슨Gertrude, J. Robinson은 커뮤니케이션 연구의 지성사를 이해하기 위한 역사 기술적 접근에 대해 "학문 분야의 발전은 결국 여러 연구자 집단이 자신의 학문적 해석의 패권을 위해 경쟁하는 사회적 과정이라고 봐야 한다"(1996, p.158)고 주장한다.

따라서 요약을 하자면, 이 책은 미디어 생태학을 북미 커뮤니케이션과 문화 연구 전통의 일부로서 역사 기술적으로 다룬 책이다. 이러한 이야기 혹은 서사 유형은 포스트먼이 말한 사회과학의 "논픽션부*non-fiction division*"의 틀을 따른다.8

이론 집단으로서의 미디어 생태학

모든 이야기에는, 적어도 학자의 이야기에는, 언제나 주장이 있다. 이 책이 하려는 이야기는 이 책의 부제가 제안하듯이 미디어 생태학이 지적 전통을 가지고 있다는 주장에서 시작한다. 물론 "미디어 생태학 전

---

8. 스트레이트(2003a)는 농담조로 미디어 생태학을 미디어 연구의 한 "장르"로 생각할 수 있다고 말했다.

통"이 있다고 주장하는 것이 위험천만한 까닭은 이 책의 주요 목적 가운데 하나가 미디어 생태학이 무엇인가를 밝히거나 거기에서 시작하려고 하기 때문이다. 나는 논의가 이루어질 수 있도록, 다음 세 가지 연관된 가정을 독자가 당분간 믿어 주었으면 한다. 첫 번째, 미디어 생태학은 학자들이 어느 정도 공유했다고 기록할 수 있는 뚜렷한 지적 역사를 가지고 있다고 가정한다. 두 번째, 이러한 지성사의 재구성은 19세기 말 이후의 사회적, 경제적, 정치적, 문화적 맥락에서 이루어졌다고 가정한다. 연장선상에서 세 번째로, 이러한 학자들의 연구는 미디어 생태학의 전형적인 내용이라고 생각될 수 있는 문화와 기술과 커뮤니케이션에 관한 일련의 유사한 이론적 기반과 시각 그리고 질문을 공유한다고 가정한다. 다시 말해, 연구 분야의 내용과 성격을 정의하는 이론적 쟁점과 연구 방법의 유형을 공유한다고 가정한다.

이러한 가정을 살펴보고 미디어 생태학을 지적 전통으로 개념화하기 위해, 나는 과학사회학에서 나온 "이론 집단"이라는 개념을 빌렸다(예를 들어, Fleck, 1979; Kuhn, 1962). 이전에 비가시적 집단이란 용어를 사용한 그리피스와 멀린스(1972)는 이 이론의 변형을 제안했고, 스티브 O. 머레이Steven O. Murray(1994, 1998)의 북미 이론 집단의 사회사와 언어 연구는 이를 검증하고 공식화했다. 이론 집단의 개념은 각자의 연구가 해당 주제의 전형적인 내용을 구성하는 사상가들이 집단을 형성해 가는 것을 설명한다. 이 개념은 왜 어떤 이론 집단이 처음 형성된 후 지속되지 못하고, 왜 어떤 이론 집단은 가시적인 이론 집단을 형성하는 데 성공하지 못했는지를 이해하는 데 도움을 준다(Murray, 1994).

전형적으로 하나의 이론 집단은 일련의 일관된 사상이나 이론적 시각을 공유한 학자들을 가깝게 엮는 공동체이다. 그리고 이들의 현재 연구와 교육은 자신의 분야 혹은 "정상 과학*normal science*"(Kuhn, 1962) 내의 이론적, 방법론적 발전을 도모하게 된다. 흔하지는 않지만, 이론 집단이 옹호하는 사상, 이론, 연구 방법 등은 학문 분야 전체 패러다임이 전환하는 것을 촉진할 수 있다. 예를 들면, 뉴턴의 물리학에서 양자 물리학으로 전환되었던 것처럼, 문제의 학문 분야에서 연구되는 내용(그것의 인식론)의 본질을 개념화하는 방식을 근본적으로 변화시킬 수 있다. 양자 물리학 같은 경우는 이른바 "혁명 과학"이라고 한다.

머레이(1994, 1998)는 이론 집단의 이해를 위해 기능주의 모델과 혁명/연속성의 수사학 모델(혹은 "갈등 모델")이란 두 가지 모델을 체계화시켰다. 기능주의 모델은 이론 집단이 형성되기 위해 훌륭한 아이디어와 지적 지도력 그리고 조직적 지도력과 같은 세 가지 필요 조건이 충족되어야 한다고 한다. 여기서 훌륭한 아이디어란 "과학자들이 기존의 문제를 해결하거나 새로운 연구 분야를 열 것이라고 판단한 사상"이다(Murray, 1994, p.24). 하지만 이러한 "훌륭한 아이디어"는 종종 그것을 훌륭하다고 여기는 연구자들의 주장에서 시작된다. 따라서 경쟁적인 "훌륭한 아이디어"가 많이 있는 그 분야에서 이러한 아이디어가 어떻게 그리고 어느 정도 받아들여질지의 문제는 이러한 아이디어가 어떻게 명료화되고 유포되는지에 달려 있게 된다.

그러기 때문에 이론 집단의 형성에는 지적 지도력이 필요하다. 머레이의 개념에 따르면 다음과 같다.

> 지적 지도력은 (1) 연구 방향의 개념적 기초를 깔고, (2) "훌륭한 아이디어"가 연구를 위해 갖는 함의를 설명하며, (3) 다른 사람들의 연구가 자격을 갖추었거나 적절한지 또는(그리고) 구조의 테두리 안에서 있는지를 승인하고 확인하는 일을 한다. 또한 지적 지도자는 (4) 프로그램의 선언서를 만들면서, 어떠한 연구가 이루어져야 되고, 그러한 연구가 어떻게 기본 이론과 조화를 이루는지

를 상세히 알려주거나(알려주고), (5) 모범적인 연구를 함으로써 연구가 어떻게 이루어져야 하는지를 보여 준다. 한 명 이상의 과학자가 특정 시점에서 이러한 '과제'를 할 수 있다. 또한 특정 집단의 역사에 지도자의 계승이 있을 수 있다(1994, p.22).

하지만 효과적인 지적 지도력을 위해 다양한 행정 업무가 수행되어야 한다. 그럼으로써 훌륭한 아이디어가 효과적으로 공식화되고, 인가되고, 보급되고, 이용되고, 시간이 흐르면서 영속화될 수 있다.

마찬가지로 조직의 지도력도 이론 그룹의 형성에 필수적이다. 이 점에 있어서 조직의 과제는 자금 획득, 연구 및 강의 프로그램 운영, 출판 관리, 학회 기획 등과 같은 일을 포함할 수 있다. 뛰어난 한 연구자가 지적 지도자와 조직적 지도자의 역할을 모두 맡을 수도 있고, 이론 집단이 "두 종류의 지도자를 한 명 이상"(Murray, 1994, p.23) 가질 수도 있다. 요컨대, 지적 지도력과 조직적 지도력 모두가 이론 집단의 형성에 있어 필수적이다. 하지만 한 명의 학자가 이 두 가지를 다 가질 필요는 없다.

한편, 혁명/연속성의 수사학 모델(또는 "갈등 모델")은 이론 집단 간의 상대적이고 지적인 자리매김을 개념화하려고 한다. 머레이에 따르면, 혁명의 수사학은 "기성 세력의 힘으로 처단/폐기를 주장하는 것이 아니라, (집단 구성원들이) 주요 불연속성을 주장하는 것을 의미한다"(Murray, 1994, p.23). 간단히 말하면, 갈등 모델은 이론 집단 각각의 패러다임 내용 *paradigm content*이 어떻게 그리고 어느 정도 정상 과학("연속성의 수사학")에 귀중한 발견이나 큰 발전을 가져왔는가, 또는 패러다임의 전환("혁명의 수사학," Kuhn, 1962 참조)을 대표하는가의 문제를 둘러싸고 이론 집단 간의 주장이 갈등하는 것을 말한다.

따라서 기능주의 시각에서 우리는 다음과 같은 질문을 던질 수 있다. 미디어 생태학이 어떻게 이론 집단으로 생겨났는가? 미디어 생태학의 이론적 기초이자 패러다임 내용인 문화, 기술, 커뮤니케이션에 관한 "훌륭한 아이디어"는 무엇인가? 이러한 아이디어가 어떻게 생겨났고 그것이 왜 "훌륭하다"고 생각되었는가? 또한 미디어 생태학의 이론적 체계화에 있어 누가 지적인 지도력을 가졌으며, 이러한 지도력이 어떻게 표현되었는가? 미디어 생태학을 체계적인 이론 집단을 발전시키기 위해 필요한 조직적 지도력을 누가 제공하였는가? 그리고 갈등 모델의 시각에서 우리는 이론 집단으로서 미디어 생태학이 커뮤니케이션 연구 패러다임에 큰 발전을 가져왔다는 주장이 있었는지를 질문해 볼 수 있다.

이러한 질문을 다루기 위해, 우선 오늘날의 북미 커뮤니케이션 연구가 형성되기 시작한 20세기 전반의 사회 역사적 맥락에서 패러다임 이전의 흐름을 논의하려 한다.

미디어 생태학의 전사 前史

이론 집단으로서의 미디어 생태학의 이야기는 1960년대 그 용어가 생겨나면서 공식적으로 시작된다. 나와의 개인적인 대화에서(1999년 3월) 포스트먼은 맥루언이 그의 주요 저서인 ≪구텐베르크 갤럭시 The Gutenberg Galaxy≫(1962)와 ≪미디어의 이해 Understanding Media≫(1964)의 출판할 즈음 그 용어를 처음 사용했다고 믿고 있었다. 포스트먼은 2000년 미디어 생태학회 창립 총회에서 기조 연설을 하면서, "내가 알기로는 맥루언이 클래어 부스 루스 Clare Booth Luce에게 썼던 편지에서 '미디어 생태학'이라는 용어를 사용했다. 이 편지에서 맥루언은 문화가 미디어 생태의 균형을 갖기 위해 특정 미디어의 사용을 제한할 필요가 있다고 했다"(Postman, 2000, p.6).⁹

하지만 맥루언이 "미디어 생태학"이라는 용어를 만들어 냈다거나, 극작가이자 출판업자 헨리 루스의 미망인인 클래어 부스 루스에게 보내는 편지에서 처음 사용했다는 것은 사실이 아닌 것 같다. 이들은 1972년 호놀룰루에서 처음 만나 교신을 하기 시작했기 때문이다(Molinaro et al., 1987, p.474 참조). 만일 맥루언이 그 용어를 진짜 만들었다 하더라도, 포스트먼이 그 용어를 처음 공개적으로 사용했던 1968년 이전의 다른 맥락에서 만들었어야 했다. 지금까지 누구 말을 들어도 사실상 그 용어를 만든 이는 포스트먼이다. 그 용어는 토머스 F. 젠카렐리Thomas F. Gencarelli가 관찰한 것처럼, "자신의 연구 아이디어를 만들고 조사해 내기 위해 그리고 자신이 중요하다고 생각하거나 영향을 받았다고 생각하는 학자들을 절충적으로 읽어 내고 그 일관성을 간파해 나가기 위해," 일종의 방향을 잡아 주는 은유metaphor 역할을 했다(Gencarelli, 2000, pp.91~92).

시작

포스트먼이 1950년대 맥루언을 처음 만났을 때 그는 컬럼비아대 사범대학(Teacher's College, 약자로 TC)의 대학원생이었다. 맥루언은 당시 토론토대의 영문학 및 문학사 교수로서, TC에 있는 포스트먼의 교수 중 하나

---

9. 이 인용문은 포스트먼이 이 책에 포함하도록 준 기조 연설문에 나온다. 이 연설문은 이후 미디어 생태학회(http://www.mediaecology.org)의 2000년 창립 학술 대회 온라인 발제집에 포함되었다. http://www.mediaecology.org/publications/proceedings/v1/humanism_of_media_ecology.html에서 찾아볼 수 있다.

였던 루이스 포스데일Louis Forsdale[10]의 초대로 연례 특강을 하고 있었다 (Culkin, 1989). 이후 포스트먼과 맥루언이 오랜 우정을 나누기 시작한 이유 가운데 하나는, 이들이 미디어와 문화에 대해 독특한 생태학적 시각을 공유했기 때문이다. 이러한 시각은 문화에 대한 미디어의 영향력이 형식적이고 환경적이며, 사람들의 사고나 사회 조직은 내면화한 커뮤니케이션의 지배적 양식에 따라 형성된다고 보았다. 이는 미디어 생태학의 패러다임 내용 가운데 중심 주제였다. 사적인 대화에서 포스트먼은 "학교는 문화의 주요 사상을 전달하는 하나의 미디어이고, 문화 안에 그러한 일을 하는 미디어가 더 있다는 시각을 갖게 된 것이 기억난다"고 말했다(1999년 3월). 포스트먼은 그가 1953년 학사 학위를 받은 뉴욕 주립대(프레도니아)를 다닐 때부터 이런 생각을 하기 시작했다. 그러한 생태학적 시각은 찰스 와인가트너Charles Weingartner와 쓴 영향력 있는 저서인 ≪전복 활동으로서의 교육Teaching as a Subversive Activity≫(Postman & Weingartner, 1969)에서 잘 나타난다.

≪전복 활동으로서의 교육≫의 출판을 준비하는 동안, 그는 '1968년 미국 영어교사협회 연례 회의'에서 연설을 했고 여기서 미디어 생태학이라는 용어를 처음 공식적으로 소개했다. 이 연설문은 그 후 "개선된 영어 프로그램the Reformed English Program"이란 제목으로 출판되었다 (Postman, 1970, Strate 인용, 2002). 이때는 포스트먼이 컬럼비아대에서 교육학 박사를 받은 지 10년이 지난 시기였고, 그는 격동의 1960년대에 있었던 학교 프로그램 개혁과 교사 교육 논쟁[11]의 미국 내 권위자로 자리를 잡

---

10. 포스데일은 교육학과 교수로 있으면서, 오랫동안 커뮤니케이션에 큰 관심을 가졌다 (예를 들어, Forsdale, 1981).
11. 1980년대 미국이 또 다른 교육 개혁 논쟁에 돌입할 무렵에 나온 "대토론 인물 사전Who's Who in

아가고 있었다. 여기서 포스트먼은 미디어 생태학을 "환경으로서의 미디어 연구"(1970, p.161)라고 정의했다. 이것은 "미디어를 환경으로서 연구하기"라는 절에서 더 상세하게 설명했던 주요 개념이었다. 분명히 하자면, 당시 포스트먼의 지적 의제는 커뮤니케이션 미디어에만 초점을 맞추었던 것이 아니었다. 그보다는 문화와 교육이 사회적 환경의 빠른 변화에 어떻게 영향을 받는지에 관심을 가졌다. 하지만 포스트먼은 그러한 변화가 인쇄술에서 전자 기술로 바뀌면서 촉진되었다고 생각했다. 이러한 주제는 그의 학문의 결정적인 특징을 이룬다(예를 들어, Postman, 1979, 1982, 1985, 1999).

여기서 다소 미묘하지만 중요한 점을 강조할 필요가 있다. 맥루언을 포함하여 사람들은 미디어 생태학이란 용어를 은유로(커뮤니케이션 미디어가 만든 혹은 정의하는 환경으로) 사용해 왔다. 많은 사람들은 시적인 말놀이를 통해 새로운 관점에서 미디어와 문화를 볼 수 있었다. 그런데 포스트먼이 미디어 환경에 "관한 연구"라고 용어의 공식적인 정의를 내리면서, 그 의미는 은유에서 미디어 연구의 새로운 분야를 지칭하는 고유 명사, 즉 은유보다 크거나 포괄적인 의미로 바뀌게 된다. 이런 점을 고려할 때, 학문 분야로서 그리고 이론 집단으로서의 미디어 생태학의 공식적인 이름이 생긴 때는 1968년이다.

하지만 20세기 미디어 생태학을 탄생시킨 "훌륭한 사상"이나 패러다임을 특징짓는 쟁점은 무엇이었나? 미디어 생태학의 기틀을 마련한

---

the Great Debate"에서 포스트먼의 인적 사항으로 ≪전복 활동으로서의 교육≫과 ≪보존 활동으로서의 교육Teaching as a Conserving Activity≫이 기재되어 있다(Gross & Gross, 1985). 또한 당시 학교 논쟁에 대한 포스트먼과 와인가트너(1973)의 입장을 진술한 ≪학교: 불평이 무엇인지 알고 싶어 하는 사람들을 위해≫를 참조하라.

사상가들이 무엇에 관심을 가졌는가? 왜 생태학적 시각인가? 왜 미디어 생태학이 1960년대 북미의 맥락에서 이론 집단으로 등장하게 되었는가?

20세기 기술과 변화: 패러다임 이전의 흐름

미디어 생태학의 기원은 북미 커뮤니케이션과 문화 연구의 등장이란 큰 맥락에서 이해되어야 한다. 이러한 등장은 격동의 20세기를 만든 주요 사회적, 경제적, 정치적, 문화적 흐름에 대한 다양한 지적 반응의 결과였다. 예를 들어 로빈슨은 "미국 커뮤니케이션 연구의 기원은 20세기 초 산업화와 사회 변화의 문제를 씨름하던 사회학자와 사회 심리학자들의 연구에서 찾아야 한다"고 했다(Robinson, 1996, p.159). 이러한 연구는 진보적인 시카고학파 사회학의 특징이었다(예를 들어, Cooley, 1909; Dewey, 1916; Mead, 1934; Park, 1922; 또한 Carey, 1996 참조). 산업화와 근대화로 인해 농업 중심의 구舊경제 사람들이 알고 있는 생산과 삶의 양식이 재정의되었고, 또한 그들 주변 세계까지는 아닐지라도, 그들이 서로 관계 맺는 방식이 크게 달라진다(Berger, Berger, & Kellner, 1973). 이로 인해 도시화 속도가 빨라졌고, 미국 전역의 지역 사회와 공동체적 삶의 변화가 가속화되었다(Stein, 1960). 20세기 초 유럽으로부터의 이민과 같이 미국 도시 지역으로 사람의 대규모 이동이 광범위하게 일어나면서 새로운 공동체 형성에 관한 사회적 소통*sociocommunicative* 연구가 활발하게 이루어졌고(Carey, 1996; Czitrom, 1982), 특히 새 이민자들의 삶에 신문이 갖는 역할에 관한 연구가 이루어졌다(예를 들어, Park, 1920, 1922, 1925). 미국 기업의 생산과 상업적 이익을 향상시키고 지원하기 위해 등장한 현대 광고와 홍보는 직업 현장뿐만 아니라 행동주의 연구에 관해 관심을 키우는 원동력이 되었다(Bernays, 1965; Ewen, 1976, 1996; Marchand, 1985; Pope, 1983). 또한 두 차례 세계 대전과 같은 세계 규모의 군사 갈등이 있는 동안, 다양한 정치적, 학문적 배경의 학자들이 선전*propaganda*이 가졌던 역할과 영향력에 대해 관심을 가졌다(예를 들어, Ellul, 1965; Fraser, 1957; Lasswell, 1927; A. Lee & Lee, 1939; E. Lee & Lee, 1979; Lerner, 1951; Lippmann, 1922).

    동시에 전신, 전화, 축음기, 윤전기, 영화, 자동차, 비행기, 라디오, 유성 영화, 텔레비전 등 19세기 후반기에 시작된 수송 수단과 전자 커뮤니케이션의 연이은 혁신은 사회 변화의 강력한 동인이 되었고, 여러 미디어 연구를 촉발시켰다. 이러한 새로운 수송 수단과 미디어 기술로 인해 인간의 이동성 혹은 정보 전달의 새로운 방법이 생겨났을 뿐만 아니라, 예기치 않은 사회적, 경제적, 정치적 쟁점과 문제도 나타났다. 전신의 발명가인 새뮤얼 모스가 의구심을 가졌지만 예측치 못했던 전신의 효과는(Frommer, 1987), 장거리로 메시지를 신속하게 보내는 방법뿐만 아니라, 제조업과 사업의 새로운 관행, 새로운 사회적 관계, 그리고 새로운 국제 외교나 전쟁의 방식을 가져왔다(Standage, 1999). 마찬가지로, 전신은 새로운 사회 정치적 지형, 반드시 정보라고는 할 수 없지만 새로운 뉴스의 개념, 형이상학적으로 새로운 시공간의 개념 등을 낳았다(Carey, 1988b). 다른 한편, 근대 매스 미디어의 탄생으로 이른바 대중 사회에 미친 매스 미디어의 영향력에 관한 논쟁이 가열되었다(예를 들어, Rosenberg & White, 1957, 1991).

    2차 세계 대전 직후 미국이 기술과 경영 노하우를 새로 독립한 전 세계 개발도상국에 수출하고 있을 때, 커뮤니케이션 발달 연구(예를 들어, Lerner, 1958; Schramm, 1964)와 이와 관련된 기술 혁신의 확산 연구(예를 들어, Rogers, 1995)와 같은 연구가 급증했다. 또한 이 시기에 해외 주둔 미국 군인과 기업 경영인 그리고 산업 기술자가 늘어나고, 외국에 있는 상대방과 접촉하며 더 나은 커뮤니케이션 기술이 필요해지면서, 문화 간 커뮤니케이션intercultural communication이라고 알려진 학문 분야가 생겨났다(Leeds-Hurwitz, 1990). 또 일련의 학자들이 전 세계에 미국 커뮤니케이션의 지배력이 커지는 것을 보면서, 비판 커뮤니케이션 연구의 의식이 높아지기도 했다(예를 들어, Schiller, 197, 1969/1992; A. Smith, 1980; Tunstall, 1977). 요컨대, 지금까지 전신과 전자 혁명의 뉴 미디어 기술(인터넷도 포함)과 함께 나타난 많은 문제들이 미디어와 커뮤니케이션 연구의 촉매 역할을 하고 있다.

그러나 북미 커뮤니케이션 연구는 다양한 학문에 뿌리를 둔 신생 학문 분야로서 어느 정도 이론적 결속력이 적기 때문에, 언제나 이론적 논쟁이 생긴다(Merton, 1967, Robinson, 1996). 그래서 로버트 T. 크레그Robert T. Craig는 "커뮤니케이션 이론은 아직 체계적인 학문 분야가 아니다"라고 주장한다(Craig, 1999, p.120).[12] 이론 집단의 "갈등 모델"이 제시하듯이(Murray, 1994), 이론적 논쟁의 대부분은 미디어 작용의 원인과 다양한 방법론적 정향성에 관한 경쟁적인 시각들 간의 의견 차이에서 생겨났다. 예를 들어, "커뮤니케이션 분야의 동요"(1983)에서 드러난 행정적 커뮤니케이션학파와 비판적 커뮤니케이션학파 간의 이론 논쟁은 그러한 의견 차이를 나타낸다.

행정적 혹은 실증적 학파는 "정량적 경험주의, 기능주의, 실증주의"(Rogers, 1982, p.125)로 특징지을 수 있는 미디어 효과 연구와 주로 연관된다. 그러한 미디어 효과 연구는 대체로 미디어 내용이 그 이용자나 소비자의 행동에 단기간 미치는 영향을 경험적으로 검증하는 것에 관심을 갖는다(Bryant & Thompson, 2002). 미국의 주류 커뮤니케이션 연구는 몇

---

12. 같은 연구에서 크레그(1999)는 커뮤니케이션 연구가 어떻게 연구 분야가 될 수 있고, 그리고 되어야 하는지를 이야기한다.

가지 기존 미디어 효과 연구가 "이정표milestones"가 되었다며 이들에게 갈채를 보냈다(Lowery & DeFleur, 1995). 이러한 연구에는 1920년대 어린이에게 미치는 영화의 영향력에 관한 페인 기금 연구the Payne Fund Studies, 1938년 오슨 웰스의 <우주 전쟁>이란 라디오 프로그램을 둘러싼 집단 히스테리 현상에 관한 사회 심리학적 연구, 1930년대 말과 1940년대 라디오 연속극에 관한 이용과 충족 연구, 2차 세계 대전 기간의 선전 연구, 1940년대 이후 정치 캠페인 연구, 1950년대 말 어린이와 텔레비전 연구, 1960년대 텔레비전 폭력 연구 등이 포함된다.

비판적 미디어 학자이자 사회평론가인 토드 기틀린Todd Gitlin(1970)이 "지배적 패러다임"이라고 말한 주류 매스 미디어 효과 연구에서, 매스 미디어 내용이 수용자에게 얼마다 힘을 갖거나 영향을 미칠 수 있는지에 관한 논쟁이 벌어졌다. 매스 미디어가 수동적이고 무방비한 수용자에게 영향을 미칠 수 있다는 '탄환 이론magic bullet theory'에서부터, 매스 미디어와 수용자 사이에 있다는 의견 지도자라는 매개 세력에 관한 연구(Katz, 1957; Katz & Lazarsfeld, 1955), 그리고 대중이 자신이 보고 듣고 싶은 것 혹은 자신의 기존 믿음을 강화하는 것만을 선별하며 자신을 방어하는 데 필요한 것을 취하는 방식에 관한 연구(Klapper, 1960)에 이르기까지 여러 논쟁이 벌어졌다.

한편, 1960년대 미국 내의 정치 불안 속에서 나중에 비판 커뮤니케이션 연구의 출현과 연관될 마르크스주의 연구가 부활한다(Marcuse, 1965). 비판학파도 사회에 미치는 미디어 내용의 영향력에 관심을 갖지만, 이들은 행정적 학파의 지배적인 패러다임과 정반대되는 정치-이데올로기적, 이론적 시각을 유지한다(Ferment in the Field, 1983; Rogers, 1982). 프랑크푸르트학파와 네오마르크스주의(Lum, 1992)[13]에서 일부 비롯된 비판학파의 연구는 미디어 소유권을 주목하는 미디어 정치경제학에 폭넓은 관심을 가지며 미디어에 대한 정치 및 기업의 통제가 미디어 생산과 유통 및 접근에 어떤 중요한 역할을 하는지의 문제에 주시한다(예를 들어, Adorno & Horkheimer, 1977; Enzenberger, 1974; Schiller, 1976). 이들의 관심 중 하나는 집중형 소유 구조가 어떻게 그리고 어느 정도 사회적, 문화적 감수성과 정치적, 이데올로기적 다양성을 제한하는 정보 환경을 만들 수 있는지, 다시 말해 정치와 산업 및 기업 엘리트의 이익을 대변하는 정보의 독점informational monopoly이 어떻게 이루어지는지의 문제였다.

미디어 생태학적 시각의 부상

비록 미국의 커뮤니케이션 연구 분야에 매스 미디어 내용의 효과 연구가 지배적이고, 미디어 정치경제학의 비판 학파 연구가 이와 경쟁을 벌이고 있지만, 미디어와 기술이 문화 및 사회에 미치는 형태적, 근본적 영향력을 이해하기 위한 생태학적 접근은 이미 다양한 학문 분야에서, 혹은 더 포괄적으로 20세기 초반부터 시작된 사상계에서 움트고 있었다. 미디어 생태학의 지적 역사 및 사료 편집에 혁신적인 연구라고 생각될 수 있는 《후기 산업 사회의 예언자: 기술의 해석》에서 윌리엄 쿤스(1971)는 미디어 생태학의 이론적 기반을 세우는 데 도움을 준 일곱 명의 주요 사상가의 간학제적 학문을 훌륭하게 종합하고 있다. 이들은 멈포드(1934, 1967, 1970), 지그프리트 기디온Sigfried Giedion(1948, 1967), 노버트 위너Norbert Weiner(1948, 1950), 이니스(1950, 1951), 맥루언(1951, 1962, 1964), 엘룰(1964, 1965), R. 벅민스터 풀러R. Buckminster Fuller(1963, 1969a, 1969b)이다.[14]

---

13. 모든 비판학자가 마르크스주의자는 아니라는 점을 쓸 필요가 있다.

쿤스는 이와 관련된 첫 번째 전기 작가나 역사가는 아니다. 쿤스 이전에도 이미 이들에 관한 해설이 이루어지기 시작했다(예를 들어, Carey, 1968). 하지만 ≪후기 산업 사회의 예언자≫는 기술이 문화에 미치는 형식적이고 근본 변화에 대해, 해석은 다를 수 있지만 공통의 관심사를 가진 주요 생태학적 사상가 집단을 처음으로 의식적으로 모으려고 했다.

쿤스는 미디어 생태학이라는 용어를 사용하지도 않았고, 이러한 사상가들을 미디어 생태학자로 파악하지도 않았다. 그의 책은 포스트먼이 뉴욕대의 대학원 과정을 만들면서 학생들에게 이와 같은 학자들을 읽으라고 한다는 사실을 의식하지 못했다.15 하지만 쿤스의 책에 깔린 개념은 분명 미디어 생태학적이다. 예를 들어, ≪후기 산업 사회의 예언자≫의 마지막 부분이 제시한 열두 가지 가정 가운데 하나는 이니스, 맥루언, 그리고 이들 앞의 사람들을 부연 설명을 하면서 이 "커뮤니케이션은 환경적"이라고 말한다. 또한 쿤스는 "텔레비전이 본질적으로 커뮤니케이션 미디어인가, 환경적 현상인가"와 같은 질문을 던졌다(Kuhns, 1971, p.257).

또 하나 놀라운 것은 쿤스의 담론에 등장한 일곱 명의 "후기 산업 사회의 예언자"(혹은 현재 담론에선 미디어 생태학자)는 비록 해석은 다르지만, 기술이 어떻게 사회와 문화에 광범위한 환경적, 형식적, 구조적 영향을 미칠 수 있는지에 유사한 관심을 가졌다. 전반적으로 20세기 상반기의 학계에서는 크리스틴 L. 나이스트롬Christine L. Nystrom(1973)이 이야기한

---

14. 풀러의 사상을 좀 더 포괄적으로 개관하기 위해, 중(Zung, 2001)은 스무 권이 넘는 그의 책에 중요한 장을 발췌한 선집을 만들었다.

15. 뉴욕대 미디어 생태학 과정의 초기 교수진 중 한 사람이었던 돈 하우스도르프Don Hausdorff(1970)가 만든 여섯 장짜리 "커뮤니케이션의 예비 참고 문헌"에 쿤스(1971)가 말한 "후기 산업 사회의 예언자들"의 저서가 포함되어 있었다.

대로, 지식의 지위와 조직과 적용이 구획화된 학문 연구에서 간학제적, 다학제적, 혹은 초학제적 연구로 옮겨가는 획기적 변화가 일어났다. 다학제적, 간학제적 연구가 등장하면서, 물리과학과 사회과학 간의 통합이 늘어나는 것이 보였다.

다학제적, 간학제적 연구의 등장은 세계 생태학에 비판적 의식이 등장하는 것과 동시에 일어났다. 다시 말해, 20세기 상반기 동안 발전한 생태학적 의식은 학계, 정치적 장, 공적 지식인 사이에서 다학제적, 간학제적 생각을 등장하게 한 사회-과학적 촉진제라고 생각할 수 있다. 다양한 학문적 배경을 가진 쿤스의 후기 산업 사회 예언자들은 사회 내 빠르게 전개되는 기술적 혁신과 확산의 도전과 기회에 관한 일종의 공적 논의에 참여했다. 기술적 혁신과 확산의 속도가 빨라지면서, 20세기는 충격적이진 않더라도 다수의 근본적인 변화를 목격하게 된다.

변화가 불가피했다고 하지만, 그에 따른 대가도 치러야 했다. 세계 환경이 점차 악화되는 것이었다. 천연 자원은 빠르게 고갈되었고, 한때 때 묻지 않았던 수로가 지금은 산업의 화학 유해물로 오염되었으며, 숲과 습지대는 파괴되었다. 더 많은 고속도로가 지어지면서 도시 거리는 더욱 나빠진 교통 상황으로 막히게 되고, 도심의 공기는 자동차와 산업 배기물에서 나온 오염 물질로 가득 찬다. 인간의 희생 또한 확대된다. 예를 들어, 미국 자체에만 매년 자동차 관련 사망자가 수십만 명이 된다. 이러한 사망자는 산업 관련 사망, 상해, 그리고 온갖 종류의 사회적, 심리적 질환과 같은 수천 명의 또 다른 기술적 사상자를 포함하지 않고 있다. 이러한 사례는 더 열거될 수 있다.

중요한 것은 20세기 초반에 기술의 빠른 발전으로 생겨난 환경적 결과를 삶의 문제와 상호 연결해 생각해 보는 생태학적 패러다임 혹은 방식을 촉진시켰다는 점이다. 옹(2002)은 다음과 같이 표현한다.

> 전체적으로 상호 연결된 우주와 그것의 역사에 대한 현재의 집약적이고 상세한 지식을 고려해 볼 때, 우리는 생태학적 시대라고 부를 수 있는 시대에 살고 있다. 상호 연결성은 최소한의 인간 감성으로도 감지되는 우리 시대의 징후이고, 이러한 상호 연결성은 외관상 다음 시대에까지 좀 더 대규모로, 그리고 세부적으로 발전하게 될 것이다. 이어지는 시대는 마찬가지로 인간 의식 안에 서로를 더 대규모로 상호 연결시킬 것이다(p.11).

'생태학적' 시대의 출현이라는 보다 큰 지적 맥락 속에서, 다양한 학문적 배경을 가진 사람들이 미디어 생태학의 패러다임 내용 가운데 주요 쟁점인 기술의 근본적이고 생태학적 영향력을 이해하려는 데 관심을 모았다는 점을 주목할 필요가 있다. ≪후기 산업 사회의 예언자≫는 이러한 지적 에너지의 통합을 연대순으로 기록하고 있다.

하지만 모든 후기 산업 사회의 예언자들이 비판적이거나 비관적인 예측을 하지는 않았다. 예를 들어, 벅민스터 풀러는 새로운 기술이 가져올 수 있는 어마어마한 생태학적 변화를 충분히 의식하고는 있지만, 이것을 인간의 진보 기회 혹은 인간의 조건 향상이라고 생각했다. 따라서 쿤스에 따르면, 이들의 기술 생태학적 학문은 적어도 세 가지 주요 입장 또는 '학파'로 구분될 수 있다. 이러한 세 입장은 "기계의 침략"(예를 들어, 멈포드, 기디온, 엘룰, 위너), "미디어가 문화에 영향을 미친다"(예를 들어, 이니스와 멈포드), "기술이 이상향을 낳는다"(예를 들어, 풀러) 등이다.

한편 엘룰, 이니스, 맥루언, 기디온 등이 일곱 명의 후기 산업 사회 예언자에 포함되었다는 사실은 미디어 생태학적 시각이라는 문화와 기술에 관한 시각의 출현이 미국에만 국한되지 않았음을 보여 준다. 예를 들어, 1950년까지 나이아가라 폭포 북쪽에서 다양한 학문 분야의 일련의 학자들이 공동 관심사를 중심으로 모였고, 토론토대에서 일하게 된다.

여기서 가장 주목할 만한 네 명의 학자는 시카고대에서 정치경제학으로 박사 학위를 마친 후 1952년 사망할 때까지 토론토대에서 가르쳤던 이니스(Heyer, 2003), 1929~1947년 사이 토론토대의 빅토리아대학에서 고전학 부교수로 있었던 에릭 해블록,16 이니스로부터 많은 영감을 받고, 위스콘신대(1936~1937), 세인트루이스대(1937~1944), 윈저의 어섬션대(1944~1946)에서 가르친 후, 1946년 토론토대 세인트 미카엘대학에서 교수가 된 맥루언(Kuhns, 1971, p.171) 등이 포함된다. 또한 이들 가운데에는 젊은 인류학자이자 고고학자 에드먼드 카펜터Edmund Carpenter도 있다. 카펜터는 맥루언과 함께 < 커뮤니케이션 탐구Explorations in Communication > 라는 학술지를 편집했으며(예를 들어, Carpenter & McLuhan, 1960), 그의 책 ≪오오, 저 유령이 내게 먹인 한방 참 대단하네!Oh, What a Blow That Phantom Gave Me!≫(Carpenter, 1972)는 원시 문화에서의 기술 전파와 적응 문제에 관한 민속지학적 자료와 인류학적 통찰력을 제공한다.17 카펜터는 자신 및 동료들이 어떻게 관찰과 분석에 임했는지를 언급했는데, 이 점이 흥미롭다. "토론토에서 그러한 일이 일어나는 것을 볼 수 있다. 그것은 마치 섬에서 살면서 본토를 연구하는 것과 같다. 당신은 모든 쇼를 보았다. 그 쇼의 주된 사건은 전자 혁명이다"(Theall, 2001, p.251 인용)18. 이러한 '쇼'

---

16. 해블록은 토론토대의 고전학과 교수(1929~1947)로 합류하기 전에 노바 스코티아에 있는 아캐디아대(1926~1929)에서 가르쳤다. 토론토대를 떠난 후에는 하버드대(1947~1963)로 갔고 그 후에는 예일대(1963~1971)로 갔다. 좀 더 자세한 해블록의 대학 임용 연대기를 알아보려면 패럴(Farrell, 2000, n. 1, pp.198~199)을 참조하라.

17. 도널드 시엘Donald Theall(1988)은 비슷한 생각을 가진 여러 사람들이 토론토대에 모여 연구함으로써 이른바 토론토 커뮤니케이션 학파의 기반이 형성되었다고 말한다.

18. "전자 혁명"이란 용어는 캐나다에서 맥루언과 함께 가르쳤던 토머스 L. 맥파일Thomas L. McPhail(2002)이 1950년대 부르기 시작한 "전자 식민주의"와 동시에 생겨났다. 맥파일에 따르면, 전자

의 하위 줄거리 중 하나는 전자 커뮤니케이션 혁명이 한창 진행되는 가운데 전 지구적 권력의 소재지가 어떻게 유럽에서 신생 미제국으로 넘어가고 있는지였다. 말하자면, 카펜터와 그의 동료들은 바깥에서 쇼를 보는 반면, 나이아가라 폭포 남부에 있는 학자들은 말 그대로 그러한 쇼 안에 살면서 이를 내부에서 살펴보았다.

"무슨 일이 일어나고 있습니까?"[19]

여기서 우리는 이론 집단으로서 미디어 생태학이 출현한 시기를 주목해야만 한다. 그러한 시기를 주목하는 것은 1960년대가 여러 면에서 미국 역사의 충격적인 10년이었기 때문이다. 어떻게 되었는지 모든 사회적, 정치적, 미디어 기술적 변화, 그리고 이와 동반된 흥분, 긴장, 혼란이 그 10년에 집중되었다. 트랜지스터와 VTR에서 위성에 이르는 미디어 기술의 발전과 전파가 빠르게 이루어지면서, 미디어 산업의 큰 변화가 촉진되었다. 대니얼 부어스틴Daniel Boorstin(1961/1987)이 말하는 그래픽 혁명, 그리고 좀 더 구체적으로 텔레비전과 같은 이미지 중심의 전자 미디어의 등장이 문자성과 인쇄의 지배에 도전하기 시작했다. 부분적으로는 광범위한 사회 환경과 미디어 환경에 있어 그래픽 커뮤니케이션의 지배력이 커졌기 때문에, 포스트먼과 그의 동료들과 같은 인쇄 중심의 교육자들은 학생들이 세계를 배우거나 이해하는 방식에 미묘하지만 심각한

식민주의는 "저개발국이 엔지니어, 기술자, 관련 정보 규약과 함께 커뮤니케이션 하드웨어와 외국산 소프트웨어를 수입하면서 만들어진 서구와의 의존 관계를 나타낸다. 이것은 국내의 문화, 습관, 가치, 사회화 과정 자체 등을 다양하게 바꿔 놓는 일련의 이질적인 규범, 가치, 기대를 정착시킨다"(p.14).

19. 마빈 게이Marvin Gaye의 1971년 팝 음악 *Mercy Mercy Me(The Ecology)* 가사를 인용한 것이다.

변화가 일어난다는 것을 발견하기 시작했다. 사실상 학교 개혁 논쟁과 운동은, 인쇄 중심의 문자성 및 교육에서 일어나는 일에 대해 일부 교육자들이 놀라워하며 지르는 집단적인 외침이라고 볼 수 있다.

정치적으로 예를 들면, 미국은 1965년 3월 베트남에 전투 부대를 처음 보냈고, 얼마 지나지 않아 악화일로의 베트남 전쟁에 대한 의견이 점점 분열되었다. 샌프란시스코 거리에서 뉴욕 주 북부의 우드스톡에 이르기까지, 그리고 서부 해안의 버클리대에서 중서부의 켄트주립대, 동부의 컬럼비아대에 이르기까지, 전쟁 반대 데모가 커지고 반대의 목소리가 대륙에 울려 퍼졌다. 인종 차별을 하는 남부에서 시작된 인권 운동은 최고조에 이르러, 국가 조직적 차원의 인종 차별 정책과 미국 사회에 팽배한 인종주의에 도전을 했다. 이와 함께 여성 해방 운동, 흑인 지위 향상 운동, 미국 인디언 운동, 게이 및 레즈비언 운동, 아시아계 미국인 운동, 신좌파 운동(Gitlin, 1980) 등을 비롯한 다수의 반체제 운동이 일어났다. 이에 못지않게, 자연 생태학의 악화로 환경 운동이 생겨났고, 원자력의 발전과 사용에 대해 적지 않은 반대가 일어났다(멈포드는 큰 목소리로 원자력을 반대하던 초기 비평가 중 한 사람이었다). 이와 비슷한 다수의 시끄러운 사건들이 1960년대 말 너무도 빠르게 그리고 격렬하게 일어나서, 기틀린(Gitlin, 1987)은 1967년에서 1970년 기간의 미국 역사를 "바람굴의 대형 회오리 바람"(p.242)이라고 상기한다.

어떤 이에겐 해답이 간단하게 바람에 날리고 있는지 모르지만, 이 시기에 미디어 생태학 운동이 등장한 중요한 이유는, 다양한 학문적 배경을 가진 다수의 미디어 생태학적 사상가가 자기 주변의 세계에서 목격한 근본적인 변화에 새롭고 중요한 질문을 던지기 때문이다. 쿤스의 탈산업 사회 예언자들과 같은 사상가들은 사회에서 빠르게 전개되는 미디어 기술의 혁신과 확산으로 인해 생겨난 도전과 기회를 자신의 글을 통해 공적으로 논의하게 된다.

    요컨대, 1960년대 말 미디어 생태학이 이론 집단 및 이론적 시각으로 등장하게 된 것은, 20세기가 되면서 시작된 사회적, 경제적, 정치적, 지적 맥락 내 변화와 미디어 기술에 관해 비슷한 관심을 공유하던 사상가들이 서로 연결되면서 생겨난 결과라고 볼 수 있다. 좀 더 구체적으로 학제적 측면 혹은 이론 집단의 갈등 모델의 시각에서 살펴볼 때, 그것은 비판학파가 북미 커뮤니케이션 연구의 지배적인 패러다임에 반대해 생겨난 것과 마찬가지로, 지배적인 주류 (매스 미디어 내용) 효과 전통에 대한 일종의 대응이었다.

미디어 생태학의 초기 제도화

1970년에서 1992년까지 약 20년 동안 미디어 생태학은 처음 공식적으로 조직적인 본거지를 갖게 되었고, 따라서 이 기간은 미디어 생태학이 이론 집단으로 형성되는 데 아주 중요한 시기였다. 머레이(1994, 1998)의 기능주의 모델에 따르면, 지식 발전을 위해 중요하고 유용한 질문을 구현하는 관념이나 패러다임 내용이 필수 조건이지만, 이론 집단의 형성과 보존을 위해 지적 조직력과 조직적 지도력의 강하고 지속적인 공존도 중요하다. 이러한 점에서 다음 절은 이론 집단으로서 미디어 생태학이 어떻게 형성되고, 왜 1960년대 말 뉴욕에서 이루어졌는지를 다루고자 한다. 좀 더 구체적으로 닐 포스트먼과 그의 뉴욕대 동료들의 지적, 조직적 지도력이 미디어 생태학의 등장에 어떠한 역할을 했는지를 구체적으로 살펴보고자 한다.

닐 포스트먼과 미디어 생태학 과정의 설립

1968년 닐 포스트먼이 미디어 생태학을 미디어 연구의 새로운 분야로 정의했을 당시, 그는 뉴욕대 교육대학 영어교육학과 정교수로 승진되었다.[20] 비슷한 시기인 1967~1968년에 맥루언은 존 컬킨John Culkin(1989)의 주선으로[21] 포담대 인문학과의 앨버트 슈바이처 학과장으로 뉴욕에 있게 되었다. 포스트먼(2000)은 자신이 뉴욕대에 생태학적 시각에서 미디어와 문화를 연구하는 정규 과정을 설립하는 데 맥루언으로부터 많은 격려를 받았다고 한다. 이러한 연구 과정은 훗날 미디어 생태학 과정, 즉 이론 집단으로서의 미디어 생태학의 첫 제도적 근거지로 진화한다.

    1966~1967년 말까지, 포스트먼은 여섯 개 대학원 강좌의 강사로 영어교육학과에 소속되어 있었다. 이들 강좌는 세 개씩 각각 구어 및 문자 커뮤니케이션의 언어학적 기초('언어 연구,' '언어와 인간 행동,' '언어와 문화')와 교육에서의 커뮤니케이션('대중 정신,' '미국의 문화와 커뮤니케이션 혁명,' '커뮤니케이션의 언어')으로 묶을 수 있다(≪뉴욕대 교육대학 편람≫, 1966).[22] 편람

---

20. 전모를 드러내자면, 나는 1985년에서 1989년까지 닐 포스트먼, 테렌스 모란, 크리스틴 나이스트롬, 헨리 퍼킨스 밑에서 공부를 했고, 1989년 미디어 생태학 과정에서 박사를 받았다. 이 장에서 뉴욕대 대학원 과정의 발전을 논의하는 이유는 이것이 이론 집단으로서의 미디어 생태학이 처음 제도화되었던 중요한 장이었기 때문이다. 따라서 여기서의 논의를 특정 기관의 선전이라고 해석해서는 안 된다.

21. 예수회 신부이자 미디어 교육자였던 컬킨은 맥루언이 1968년 토론토로 돌아가자 포담대를 떠났고 '미디어 이해 센터'라는 비영리 조직을 설립했다. 1975년 그는 현재의 뉴 스쿨인 뉴 스쿨 포 소셜 리서치에 "맥루언의 사상에 전적으로 기초한"(Culkin, 1989, p.109) 미디어 연구 과정을 만들었다. 불행하게도 미디어 생태학 전통의 미디어 교육자이자 활동가였던 컬킨의 연구가 문헌에서 너무 인정받지 못하고 있다.

22. 뉴욕대에서의 포스트먼의 학위 과정과 강좌 개발을 알아보기 위해, 1966년부터 2003년까지의 ≪뉴욕대 교육대학 편람≫을 참조하였다. 이 연구에 인용된 것은 몇 권에 불과하다. 또한 1960년대 중반까지 교수진에 있었고 테렌스 모란의 지도 교수였던 조지 N. 고든이 교과 과정 개발 및 강의에 중요한 역할을

에 나타난 강좌의 개요를 보면, 이 단계에 포스트먼의 활동에 나타났던 미디어 생태학적 시각을 감지할 수 있다.23 예를 들어, '언어의 연구'는 "현대 미디어의 언어와 커뮤니케이션의 양식에 대한 연구"이며, "위너, 셀데스, 하야카와, 맥루언, 리처즈"에 주목한다고 설명되어 있다(≪뉴욕대 교육대학 편람≫, 1966, p.145). 마찬가지로, '언어와 문화' 강좌는 "워프, 리, 사피르, 카펜터, 맥루언의 연구"를 특별히 주목하며, "언어, 지각, 문화의 상호 관계"를 살핀다(p.145). '커뮤니케이션의 언어'는 "부족의 서사나 동굴 벽화에서 현대의 라디오, 신문, 영화, 텔레비전에 이르기까지, 자신의 생각, 정서, 예술적 감정을 다른 사람에게 전달하려는 인간의 기본적 충동이 주로 나타는 것"에 대한 연구를 수반한다(p.123). 흥미롭게도, 이러한 강좌 설명은 이후 포스트먼의 대학원 과정에서 다루어질 이른바 "미디어의 시대사"(같은 제목의 절을 참조)나 미디어 생태학 연구에 결정적인 이론 기반의 흔적을 담고 있다.

1967~1970년 사이 영어교육학과의 교과 과정 패러다임에서 포스트먼이 만든 교과 과정은 명시적으로 커뮤니케이션 중심의 교육을 지향하였다. 이 시기 커뮤니케이션과 교육으로 묶어지는 세 개의 강좌('대중 정신,' '커뮤니케이션의 언어,' 그리고 제목이 약간 수정된 '커뮤니케이션 혁명과 미국의 문화')는 새롭게 커뮤니케이션이란 이름으로 묶어진다. 한편, 이 기간에 '언어 환경,' '언어와 설득' 등의 새로운 커뮤니케이션 기초 강좌가 소개된다. 예를 들어, '언어와 설득'은 훗날 '커뮤니케이션과 설득,' 그리고 '사

했다는 것을 주목할 필요가 있다. 그의 강좌가 가졌던 주안점은 그의 학술서에 반영되어 있다(예를 들어, Gordon, 1965, 1969, 1971, 1975, 1977). 고든은 후에 포담대의 커뮤니케이션학 교수로 은퇴한다.

23. 이러한 포스트먼의 교과 과정 활동과 이 책의 젠카렐리가 쓴 장에서 논의한 포스트먼 저서의 네 단계를 비교하면 도움이 될 것이다.

회학적 선전과 커뮤니케이션 및 정치 선전' 등의 두 개 강좌로 확장된다.

1970~1971년도 포스트먼의 커뮤니케이션 중심 교과 과정에 두 가지 중요한 발전이 있다는 점을 주목할 필요가 있다. 우선 첫 번째는 커뮤니케이션에 박사 과정 세미나(두 학기에 6학점)가 처음 등장한다. 비록 미디어 생태학이라는 문구가 1971~1972년도 ≪뉴욕대 편람≫(1971)에 처음 모습을 드러낼 때까지 공식적으로 채택되지는 않았지만,24 포스트먼의 미디어 생태학 박사 과정이 실제 시작되었다는 것을 알려준다. 이 때문에 학교 요람에는 미디어 생태학 프로그램의 창립 연도가 1970년으로 표기되어 있다. 학위 과정의 명칭이 공식적으로 등장하면서, 문화와 기술에 관한 지식의 집합체로서의 미디어 생태학이 구체화되기 시작했고, 동시에 제도적인 교육 과정으로서 향후 20년 이상 자리 잡게 된다.

두 번째는 포스트먼이 학위 과정의 책임자로서 미디어 생태학의 초기 제도화에 지도자 역할을 한다는 점이다. 따라서 포스트먼은 이러한 과정에 주요 원동력이 된다.

뉴욕대 3인방: 지도자, 조직자, 이론가/체계화하는 사람

미국 내 미디어 생태학이 생긴 이후 첫 10년 동안 포스트먼이 지적 지도자와 공적 대변인 역할을 했다면, 테렌스 모란Terrence Moran과 크리스틴 L. 나이스트롬은 막후에서 뉴욕대 학위 프로그램을 만든 주요 인물이라 할 수 있다. 이들 세 사람은 1970년 학위 과정이 만들어진 후 30년 이상 대들보 역할을 했고, 이들 대들보 위에 1세대 미디어 생태학자를

---

24. ≪뉴욕대 편람≫에서 1970~1971년도 박사 과정은 '커뮤니케이션'이란 이름으로 되어 있다. 이 이름은 1년 뒤 공식적으로 미디어 생태학으로 바뀐다.

위한 학위 과정이 만들어졌다. 모란과 나이스트롬 둘 다 1960년대 포스트먼의 영어교육학과 대학원 제자였고, 그의 지도 아래 각각 1971년과 1973년에 언어와 커뮤니케이션을 주제로 박사 학위를 받았다. 비록 이들이 학위 프로그램을 만드는 데 얼마만큼 공헌을 했는지 양으로 재기는 어렵지만, 이들은 각자 특유의 방식으로 이러한 과정에 공헌했다고 말하는 편이 공정할 것이다.

박사 학위를 취득한 후 1년 만에 모란은 영어교육학과 조교수로서 1972~1973년도 미디어 생태학 과정(석사 및 박사 과정)의 주임으로 임명되었고, 1992년까지 이 자리에 재직했다.25 모란은 미디어 생태학을 뉴욕대에 하나의 학문 분야로 처음 제도화시키는 데 조직적 지도자 역할을 했다. 그는 강좌 설계 및 제공, 예산 계획 및 기금 분배, 교직원 충원 및 스케줄 짜기 등 포스트먼의 지적 전망을 학과 과정으로 개발하고 교과 과정으로 수행해 나가는 데 필요한 일상적인 행정적 지원을 했다(모란과의 대화, 2003년 5월 6일). 1970년대 중반 포스트먼이 대학원 신입생들 앞에서 지나가는 말이지만 친밀한 말투로 모란의 조직적 지도력과 탁월함을 이야기했다. "닉슨은 이를테면 테렌스 모란이 학과에 가졌던 통제력보다 못한 통제력을 가진 기술 제국의 일원이라고 말할 수 있다"(Postman, 1975, p.5). 유능한 선생이자 박사 논문 지도 교수로서26 그리고 엘룰의 학문적 연구에 깊은 관심을 가졌던 학자로서(예를 들어, 1964, 1962, 1965, 1980, 1981, 1985, 1990), 모란은 학위 교과 과정에 미디어와 선전을 주로 가르쳤

---

25. 모란은 2005년 여름 뉴욕대 미디어 생태학과의 석사 과정 주임을 그만두었다.
26. 내가 선생이자 논문 지도 교수로서 모란이 유능하다고 평가한 것은 1985~1989년까지 내가 박사 과정에 있을 때 그에 대해 관찰한 것과 내 박사 학위 논문의 지도 교수로서 개인적으로 경험했던 것에 기초한다.

다.27 그는 1986년 포스트먼과 나이스트롬과 함께 커뮤니케이션학의 학사 학위 과정을 만드는 데 앞장섰다. 이러한 학부 과정으로의 확장은 그 뒤 미디어 생태학 대학원 과정을 지원하는 중요한 수입원이 된다.

마찬가지로 유능한 선생이자 박사 논문 지도 교수였던 나이스트롬은 학위 과정의 이론가이자 체계화한 사람이라고 불린다. 실제 그녀의 1973년 박사 논문인 < 미디어 생태학의 과학을 지향하며: 인간 커뮤니케이션 체계 연구의 통합된 개념적 패러다임의 체계화Toward a Science of Media Ecology: The Formulation of Integrated Conceptual Paradigms for the Study of Human Communication Systems > 는 신생 미디어 연구 분야로서의 미디어 생태학을 다룬 첫 번째 주요 논문이었다. 사피르, 워프, 랭어와 같은 학자의 연구에 깊은 관심을 가진 나이스트롬은 학위 과정에 언어와 문화를 주로 가르쳤다. 그녀는 1980년부터 2001년 은퇴할 때까지 대학원 과정 주임으로 재직했다. 또한 그녀는 정보 이론, 일반 체계 이론, 워프, 랭어, 허버트 미드의 연구, 미디어 생태학의 철학적 토대와 원칙 등을 상세하게 설명한 다수의 수업 관련 유인물을 만들었고, 미디어 생태학의 기초적인 이론적 명제를 설명하는 책임을 맡았다(이러한 이론적 명제 목록은 뒤에서 소개할 것이다). 이론가, 체계가로서 나이스트롬은 학위 과정의 지적 뼈대를 구성하는 것을 도왔고, 포스트먼이 수년간 여러 책에서 미디어 생태학의 이론적 체계 내용을 구체화시키는 데 도움을 준다.28 요컨대, 포스트먼, 모란, 나이스트롬은 미디어 생태학의 초기 이론을 체계화하고 뉴욕대에 학위 과정을 제도화했던 지적 3인방을 이루었다.

---

27. 모란은 자신이 선전에 관심을 갖는 데에는 이전 학과 교수 중의 한 사람이었던 고든(예를 들어, 1971)의 영향이 컸다고 말한다.

28. 나이스트롬은 2001~2002학년도 말에 뉴욕대에서 은퇴했다.

미디어 생태학의 고안

> 만일 당신이 교수진 중의 한 명이었고 미디어 생태학을 고안하려고 했다면, 무엇을 포함시키겠는가?(Postman, 1975, p.3)

1975년 포스트먼은 박사 과정 신입생들에게 이들 교육의 일부가 미디어 연구의 새로운 분야를 고안하는 데 도움을 준다고 말했는데, 지금 생각해 보면 결코 말로만 그런 것 같지 않다. 미디어 생태학이 어느 정도 일관성 있는 이론적 문헌을 가진 지적 전통이라고 하지만, 1970년대 초 이런 지적 토대(전통이라기보다는 토대)는 적어도 연구의 체계화 과정에 관한 한 여전히 시작 단계였다. 일례로, 1976~1977년도 ≪뉴욕대 편람≫(1976)이 나올 때까지, 공식적인 학과 과정에 대한 설명이 없었다. 포스트먼이 20년 뒤 개인적인 대화(1999년 3월)에서 회상하였듯이, 학위 과정의 초기 몇 년은 주로 미디어 생태학의 지적 성격이 만들어졌던 탐구와 실험의 시기였다.

포스트먼의 지적 지도력 아래, 그리고 학과 과정의 제도적 필요성에 따라, 교수진이 천천히 확장되었고, 이질적인 학문 분야의 유사한 사상과 이론을 모은 강좌가 등장했다. 포스트먼이 영어교육학과에서 가르쳤던 강좌는 1967년과 1970년 사이에 커뮤니케이션 중심 강좌로 바뀌었고, 이것은 다시 새로운 학위 과정을 위해 개발한 강좌로 수정되거나 통합되었다. 1970년부터 돈 하우스도르프(1970)가 정리해 박사 과정 신입생에게 배포한 "커뮤니케이션의 예비 참고 문헌"이란 미발표 강독서 목록이 존재했다. 이후 주기적으로 수정되었던 강독서 목록은 쿤스(1971)의 책이나 블레크먼의 가사에 포함되었던 사람을 비롯해 여러 저자들을 알렸고, 이들 저자들의 연구가 모이면서 1세대 미디어 생태학자들의 교육에 있어 가장 중요한 지적 자원을 형성하게 된다. 예를 들어, 미디어 생태학 과정의 첫 몇 년 동안 조교수로 재직했던 로버트 영Robert Young은 폴 와츠라위크Paul Watzlawick와 팰로 알토 집단Palo Alto Group의 동료들이 했던 연구(Watzlawick et al., 1967; Watzlawick, 1976)를 교과 과정에 소개했다.29 이러한 형성기의 강좌들은 비슷한 사상과 강독서로 종종 중복되었다(포스트먼과의 개인적인 대화에서, 1999년 3월). 하지만 이 시기에 문화, 기술, 커뮤니케이션 간의 상호 관계를 이해하기 위한 미디어 생태학이 무엇인지 혹은 무엇일 수 있는지에 대한 체계적인 시각이 생겨났다.

학위 과정의 내용 개발 및 제도화와 함께, 이론 집단이 만들어지는 중요한 두 현장을 주목할 필요가 있다. 첫 번째는 미디어 생태학 학술 대회이다. 1980년대 말까지 학회는 뉴욕 주 북부에 있는 캣스킬의 작은 휴양 호텔에서 1년에 두 번 열렸다. 학술 대회는 교수, 대학원생, 초청 강사 등을 위한 비공식적인 지적 피정이었다. 수년 동안 데이비드 볼터 David Bolter(1984), 제롬 S. 브루너Jerome S. Bruner(1962, 1983, 1986), 캐리(1988a, Munson & Warren, 1977 참조), 엘리자베스 아이젠슈타인(1979, 1983), 해블록 (1963, 1976, 1982, 1986), 줄리안 제인스Julian Jaynes(1976), 셰리 터클Sherry Turkle(1985, 1995), 조셉 와이젠바움Joseph Weizenbaum(1976), 멈포드(1934, 1967, 1970) 등의 저명한 학자들이 학회에서 강연을 했다. 학회는 지적 생각을 공유하지만 서로 떨어져 있던 주요 학자들이 함께 모이는 활기찬 만남의 장소였다. 또한 대학원생들은 미디어 생태학자로서의 싹을 키워가며, 학계의 네트워크를 알게 되는 귀중한 기회를 얻게 된다. 초청 연사는

---

29. 영은 1974년도 첫 박사 학위를 받았던 사람 중 하나인 휴 매카니Hugh McCarney(개인적인 대화, 2003년 4월 8일)와 모란(개인적인 대화, 2003년 5월 6일)과 협력하여 미디어 생태학 교과 과정에 와츠라위크의 학문을 소개했다.

이론적 시각으로서의 미디어 생태학에 대해 좀 더 풍부한 이해를 하며 학회를 마쳤을 것이고, 아마도 각자의 학문 분야에 이를 가져갔을 거라고 생각된다. 이런 점에서 학회는 학위 과정의 사람들이 학문 분야로 뻗어나가는 연결 고리 역할을 했고, 동시에 뉴욕대라는 제도적 테두리 바깥에 새로운 연구 분야로서의 미디어 생태학을 가시화시켰다.

뉴욕대에 미디어 생태학이 형성되던 시기에 중요한 역할을 했던 또 다른 현장은 포스트먼이 1977~1986년까지 편집인으로 있었던 학술 잡지 <ETC: 일반 의미론 평론*A Review of General Semantics*> 이다. 학술 잡지는 연구 분야 내에서 학문을 공유하고 알릴 뿐만 아니라, 이를 정의하고 정당화하는 가장 중요한 채널이다(Fleck, 1979; Kuhn, 1962; Murray, 1994). 이 점에서 포스트먼은 편집인 역할을 통해 학문적 교류와 미디어 생태학적 접근의 정통성을 세우는 데 중요한 공개 토론장을 연다.

포스트먼은 늘 대학원 학생들에게 학위 과정의 기본 과제가 맥루언의 ≪미디어의 이해≫(McLuhan, 1964)에서 처음 언급한 "미디어는 메시지다"라는 유명 경구를 탐구하는 것이라고 이야기해 왔다. 따라서 이러한 경구의 이론적 본질과 정신은 1976~1977년도 ≪뉴욕대 편람≫(1976)에 처음으로 공표된 미디어 생태학 과정의 개요에 부분적으로 표현되고 있다.

> 미디어 생태학은 사람들 간의 상호 교류, 그들의 메시지, 그리고 메시지 체계를 연구하는 것이다. 좀 더 구체적으로, 미디어 생태학 연구는 커뮤니케이션 미디어가 어떻게 인간의 지각, 감정, 이해, 가치에 영향을 미치는지를 연구한다. 미디어 생태학은 미디어에 대한 우리의 가정을 구체적으로 이야기하고, 다양한 미디어가 우리에게 밀어붙이는 역할을 발견하며, 미디어가 보고 행동하는 것을 어떻게 구조화시키는지를 설명하고자 한다(p.114).

포스트먼이 미디어 생태학이란 용어를 처음으로 소개하고 그것의 주요 내용을 간결하게 설명한 지 11년 만에, 학문 분야로서의 미디어 생태학에 대한 첫 주요 진술문이 ≪보존 활동으로서의 교육≫(1979)에 공표된다. 여기서 "프로그램 진술문*program statement*"은 뉴욕대의 학위 과정에 국한된 것이 아니라, 포스트먼이 미디어 생태학의 이론적 틀이라고 믿는 내용을 정의하는 진술문이라는 점을 주목할 필요가 있다. 이후 포스트먼은 일련의 책을 통해 미디어 생태학의 이론적 틀에 대한 해석을 한층 더 다듬어 여러 측면에서 상세하게 다룬다(예를 들어, Postman, 1982, 1985, 1992, 1999).

미디어 생태학의 확장

앞에서 나는 1980년대 하반기까지 미디어 생태학이 커뮤니케이션학계에 잘 알려지지 않았던 이론적 시각이었다고 언급했다. 미디어 생태학이 당시 알려지지 않았던 이유 가운데 하나는 아직 최근에 생겨난 새로운 이론 집단이었기 때문이다. 또한 미디어 생태학의 주요 내용을 만든 사람들 중 한 사람이고 이론 집단의 중요한 지적 지도자 및 대변인 역할을 했던 닐 포스트먼이 영어교육학과 출신이었고, 그의 연구는 커뮤니케이션 학계에 당장 알려지지 않았다. 1960년대 말에서 1980년대 사이에 그를 공적 지식인이자 전국적 명사로 자리 잡게 해준 것은 학교 개혁 운동에 관한 그의 선구적이고 도발적인 연구였다. 포스트먼은 주로 전미영어교육자협의회의 연례 학회나 이와 비슷한 교육 관련 전문 학회에 참석했다. 하지만 뉴욕대에 박사 과정을 받들면서, 포스트먼은 야심찬 미디어 생태학자들의 독특한 관심을 만족시킬 학회를 만들었다. 미디어 생태학의 초기 형성기 동안, 주류 커뮤니케이션 연구 공동체로 뻗어나

가는 것이 주요 관심사는 아니었다. 결국 미디어 생태학적 시각의 등장은 실제로 기틀린(1978)이 말했던 당대 커뮤니케이션 학계의 지배적인 패러다임에 대한 반란이었다.

1985년 ≪죽도록 즐기기: 쇼 비즈니스 시대의 공적 담론*Amusing Ourselves to Death: Public Discourse in the Age of Show Business*≫의 출판으로 포스트먼의 지위 그리고 더 나아가 그의 뉴욕대 학위 과정이 전기를 맞이했다. 포스트먼의 미디어 생태학은 1970년대 이후 그의 언어와 교육 관련 글에서 점점 뚜렷하게 드러났고, 미국의 텔레비전 문화를 미디어 생태학적으로 비평한 ≪죽도록 즐기기≫를 통해 교육학계 외부의 폭넓은 관심을 받게 된다. 이 책은 미국에서 학문적 책이자 일반용 책으로 성공을 거뒀고, 북미 바깥에서도(특히 독일에서) 비평가들의 호평을 받았다. 독일에서 이 책은 몇 주간 베스트셀러였고, 포스트먼이 강연을 하러 갔을 때 큰 환대를 받았다.30 한편으론, ≪죽도록 즐기기≫의 성공은 미디어 생태학이 커뮤니케이션 학계, 적어도 북미 주류 커뮤니케이션 연구에 진출하는 것을 돕는 수단이 되었다.

미디어 생태학에 대한 학계의 관심을 불러일으키는 데 도움이 되었던 또 다른 책은 조수아 마이로위츠Joshua Meyrowitz(1985)의 ≪장소 감각의 상실*No Sense of Place*≫이었다. 마이로위츠는 포스트먼의 지도를 받으며 뉴욕대에서 교육받은 초기 미디어 생태학자 중의 한 사람이다. 이 책은 자신의 박사 학위 논문을 기반으로 맥루언(1964)의 미디어 이론과 어빙 고프만Erving Goffman의 사회적 상호 작용에 대한 연출 방식 분석을 종합하여, 전자 미디어(특히 텔레비전)가 다양한 인간 상호 작용 및 행동의

---

30. 1980년대 말 포스트먼은 자신이 초청 연사로 독일에 갔을 때 ≪죽도록 즐기기≫의 젊은 독자들이 호텔 앞에 사인을 받기 위해 기다렸다는 것을 박사 과정 학생들에게 여러 차례 이야기했다.

영역을 어떻게 재정의하는지를 통찰력 있게 살펴보았다. 이 책으로 마이로위츠는 비평가들의 호평을 받았고[31] 학계에서 성공적인 경력을 갖게 되었으며, 동시에 미디어 생태학을 널리 알리는 데 도움을 주었다.

포스트먼과 그의 뉴욕대 동료들이 샌프란시스코에서 열리는 국제 커뮤니케이션학회International Communication Association의 1984년도 연례 학술 대회에 참석하며 주류 커뮤니케이션 학회에 처음 모습을 드러냈을 때는 아마도 ≪죽도록 즐기기≫가 나오기 직전이었을 것이다. 언어, 미디어, 교육과 관련된 쟁점에 대해 포스트먼, 크리스틴 나이스트롬, 테렌스 모란 등이 참여했던 토론은 당시 뉴 스쿨 포 소셜 리서치의 미디어 연구 대학원 과정의 주임이었던 피터 L. 해러토닉Peter L. Haratonik이 기획한 것이었다. 해러토닉도 포스트먼의 제자로서 주류 커뮤니케이션 연구 공동체에 나가는 것을 시도했던 1세대 미디어 생태학자 가운데 한 사람이었다.

1990년대 뉴욕대 졸업생들이 미국 전역에서 대학 교수직을 맡기 시작하며 보다 많은 사람들에게 미디어 생태학을 알렸는데 반해, 뉴욕대 박사 과정의 학문적 초점은 점차 근본적으로 변화하기 시작했다. 1990년 중반과 후반에 각각 허버트 L. 실러와 토드 기틀린을 스카우트한 것은 문화와 커뮤니케이션으로 새롭게 개명한 학과의 변화를 예시하고 있다.[32] 실러와 기틀린은 맥루언의 연구를 비정치적이라고 혹독하게

---

31. 마이로위츠의 ≪장소 감각의 상실≫(1985)은 1986년 전미방송인협회 및 방송교육협회로부터 "전자 미디어에 관한 우수 도서" 상을 받았다.

32. 1990년 실러는 샌디에이고대의 명예 교수로 은퇴한 후, 1990년대 문화와 커뮤니케이션학과의 외래 교수로서 봄 학기에 몇 번 가르쳤다(≪뉴욕대 편람≫, 1994). 그는 2000년 1월 29일 세상을 떠났다(실러의 지적 일대기는 Maxwell, 2003 참조). 기틀린은 버클리대에서 1990년대 말에 초빙되었다(≪뉴욕대 편람≫, 1997). 그는 교육대의 문화와 커뮤니케이션학과, 예술과 과학 대학원의 저널리즘과 매스 커뮤니케

비난했던 비판 학파와 오랫동안 연관되어 있었고, 그래서 사람들의 호기심을 쉽게 자극할 수 있었다. 그 후에 교수 임용을 보면 학과가 미디어 사회학과 문화 연구에 대한 관심을 점차 넓혀가는 것을 살펴볼 수 있다.

뉴욕대 학위 과정의 학문적 관심이 다양해지는 것이 이론 집단의 학자들에게 놀라운 일은 아닐 것이다. 머레이(1998)가 이야기했듯이 "대학은 전문가의 다양성을 추구하기 때문에, 한 대학에서 아주 많은 학자들이 아주 오랫동안 비슷한 종류의 연구를 하도록 유지하기가 불가능하다"(p.251). 학과 과정이 원래의 궤도에서 벗어날 때, 이 과정을 졸업한 첫 미디어 생태학자 집단은 다양한 학계의 무대에서 교수나 경영자로 자리를 잡게 된다.

하지만 이러한 미디어 생태학자들이 뉴욕대라는 출생지에서 흩어지게 되는 것은 좋을 수도 있고 나쁠 수도 있다. 한편으론 이러한 학자들이 자신의 연구, 강의, 전문가적인 외부 활동 등을 통해 미디어 생태학의 이론적 시각과 정전과 같은 문헌을 커뮤니케이션학계 전반에 퍼지도록 도울 수 있다(맺음말 참조). 하지만 다른 한편으로는 이들의 분산이 미디어 생태학이 일관성 있는 이론 집단으로 지속되거나 심지어 생존하는 것을 방해할 수 있다. 머레이(1998)의 말대로, "지리적 분산이 집단 형성에 치명적일 필요는 없지만, 학문적 분산은 그럴 수 있다. 승진이나 명성이 학제 내부에서 결정되고 교육과 전문적 사회화가 주로 학문 분야 내의 학제에서 이루어지기 때문에, 간학제적 위치는 집단 형성을 어렵게 만든다"(p.252).

이선학과 등을 포함한 몇 개 학과에 공동 임용되었다. 그는 2002년 컬럼비아대 언론대학원으로 떠났다.

사실상 포스트먼의 학위 프로그램은 30년 동안 포스트먼, 모란, 나이스트롬의 삼인방과 같은 핵심 교수진의 견고하고 지속적인 결속이 있었고, 미디어 생태학에만 초점을 맞추었기 때문에, 학문 분야로서 높은 일관성을 유지할 수 있었다. 하지만 2002년 나이스트롬의 은퇴와 2003년 10월 포스트먼의 갑작스런 사망, 그리고 뉴욕대 출신 미디어 생태학자들이 뉴욕시 바깥으로 흩어지고 있다는 사실이 겹쳐지면서, 이론 집단으로서의 미디어 생태학이 지적 일관성을 유지할 수 있는지는 염려된다.

미디어 생태학의 등장: 요약

여기서 염두에 둘 점은, 이 논의가 특정 기관이나 연구소 혹은 학문 과정(뉴욕대의 미디어 생태학 과정, 토론토대의 맥루언 문화와 기술 연구소 등), 그리고 개인(포스트먼과 맥루언 등)을 특권화하고, 선전하며, 신화화하려는 것이 아니다. 대신, 우리의 목적은 미디어 생태학의 형성 과정을 이론적 노력과 사회적 과정으로 설명하려는 것이다. 그것은 진화의 "자연적" 과정이 아니라, 어떤 유동적인 지적, 제도적 맥락 속에서 개인들의 맞물린 교류 활동과 관련된다. 또한 그것은 "순수한" 과정이 아니다. 그 안에는 여러 가지 사회적, 경제적, 정치적, 문화적, 그리고 이데올로기적 쟁점을 전달하는 의식적인 지적 의제가 내재되어 있기 때문이다.

또한 중요한 점은 비슷한 생각을 가진 많은 개인이 그러한 지적 노력에 오랜 시간 기여했다는 것이다. 이런 점에서 포스트먼은 분명히 중요한 인물이다. 또한 미디어 생태학이 이론 집단으로 등장하는 데 여러 가지 중요한 역할을 했던 그의 전문가 동료들의 인맥(뉴욕대의 안과 밖 모두), 사상가, 대학원생 등의 활동을 인정하는 것도 중요하다. 미디어 생태학은 여러 학문 분야의 많은 사상가들이 집단적으로 지혜를 축적한 것이다. 달리 말하자면, 미디어 생태학은 포스트먼 연구, 맥루언 연구, 멈포드 연구, 엘룰 연구와 같을 수 없다(필시 같아서도 안 될 것이다). 미디어 생태학의 지적 총체는 그것의 이론적 부분의 합보다 크다.

요컨대, 머레이(1994)의 이론 집단의 개념과 특성화 문제를 다시 인용하자면, 포스트먼은 학자, 교육자, 그리고 공적 지식인으로서, 미디어 생태학이 이론 집단으로 구체화되고 설립되는 데 필요한 지적 지도력을 제공했다. 뉴욕대에서 그와 그의 동료들, 특히 모란과 나이스트롬은 박사 과정을 만드는 데 중요한 조직적 지도력을 발휘했고, 이를 통해 미디어 생태학 연구가 형식을 갖추게 되었다. 이것은 미디어 생태학 연구에 집중하면서 박사 학위를 주는 첫 학위 과정이 되었고, 따라서 그것의 근본적인 중요성은 두 가지가 있다. 첫 번째, 학위 과정은 대학원 과정, 논문 연구, 학위 수여 등을 통해 학문적 실체로서의 미디어 생태학의 정통성을 제도화시켰다. 두 번째, 1세대 미디어 생태학자가 이러한 공식적인 학문 제도적 구조 안에서 배출되었다. 그들은 어떤 한 기관의 한계를 넘어 미디어 생태학을 지속시키고 발전시킬 것이다.[33]

환경으로서의 미디어 연구

포스트먼이 1968년 미디어 생태학을 환경으로서의 미디어에 관한 연구라고 공개적으로 소개하고 정의했을 때, 그는 미디어를 복합적인 메시지

---

33. 이 책의 맺음말에서 논의하겠지만, 뉴욕대 박사 과정 졸업생들이 나중에 미디어 생태학회를 만든다. 이 학회를 이론 집단으로서의 미디어 생태학이 가진 두 번째 제도적 토대라고 생각해 볼 수 있다.

체계라고 하고, 그리고 미디어 생태학은 미디어의 내재된 본질적인 구조와 인간의 지각, 이해, 감정에 미치는 영향을 밝히려는 노력이라고 말한다. 환경이 어떻게 사람에게 영향을 미칠 수 있는지에 대한 개념은 늦어도 20세기 초 생태학적 사상가로부터 추적해 볼 수 있다. 예를 들어, 패트릭 게데스Patrick Geddes(1904, 1915)는 자연 및 인공 환경 그리고 인간 문화 간의 상호 관계에 관한 연구를 개척했다. 게데스의 가장 유명한 제자이자 미디어 생태학의 초석을 제공한 사상가인 멈포드는 인간과 인류 문명에 영향력을 미친 도시와 같이(예를 들어, Mumford, 1938, 1961), 인간이 만든 환경의 영향력에 관해 많은 글을 썼다. 다른 한편 랭어(1942), 워프(1956)와 같이 언어와 문화를 연구하는 학자들은 우리가 주변 세계와 상호 작용하는 방식에 있어 우리가 물려받고 내면화시킨 상징적 체계의 형태와 구조가 어떠한 영향을 미치는지를 탐구했다. 맥루언(1962)도 마찬가지로 구어에서 필사 혹은 인쇄로 전환될 때와 같이 사회의 지배적인 커뮤니케이션 미디어가 변화할 때 발생하는 기본적인 상징의 변화를 지적했다. 또한 그러한 변화는 매개된 환경에 사는 사람들의 감각 기관에 근본적인 변화를 수반한다고 말한다. 이런 점에서 우리는 환경 연구로서의 미디어 생태학을 적어도 두 가지 수준에서 이해해 볼 수 있다.

감각 환경으로서의 미디어

생리-지각적 수준에서 우리는 모든 커뮤니케이션 미디어를 감각 환경이라고 개념화할 수 있다. 대개 우리는 우리의 모든 감각을 사용해 당면한 환경을 지각한다. 우리가 생리적 수준에서 어떻게 그리고 어느 정도 우리의 환경을 지각하는지는, 부분적으로 우리가 물려받은 감각 기관에 의존하게 된다. 다른 감각 기관을 가진 사람들이 자신의 환경을 다르게 지각하는 이유는 부분적으로 이들의 감각이 주변 세계에 대해 상대적으로 다른 감각 정보를 주기 때문이다. 예를 들어, 시각 장애자는 보통 시각의 부재에 대한 보상 작용으로 강화된 청각, 촉각, 후각, 미각을 갖게 된다. 이것은 생리 기능이 우리의 욕구 및 과거 경험과 함께 우리 지각의 기초를 형성하는 세 가지 주요 요소이기 때문이다(예를 들어, Cantril, 1960).

이와 같은 시각에서, 맥루언(1964)이 지적했듯이, 커뮤니케이션은 우리의 (감각의) 확장이다. 모든 미디어는 일련의 감각적 특성을 구현한다. 각 커뮤니케이션 미디어를 사용할 때, 사용자는 이러한 미디어의 특성이 정의하는 방식대로 자신의 감각을 쓰게 된다. 읽기 행위는 우리의 시각을 확장하거나 중시한다. 라디오를 청취하는 행위는 우리의 청각을 확장한다. 비디오 게임은 시각, 촉각, 청각이 결합된 것을 확장시킨다. 다르게 표현하자면, 우리가 미디어를 통해 느끼거나 재/구성하는 "현실"은 우리가 환경과 우리 "중간에*in between*"에 놓인 무언가로서, 미디어의 지각 기관적 특성에 따라 여과된 "현실" 판이다. 물론 이 점은 변화된 감각을 보상하려는 시도에 대해 이야기하지 않는다(예를 들어, 우리가 라디오의 야구 경기를 "시각화" 하려고 하는 것). 그렇지만 특정 미디어를 사용하는 행위는 우리의 (생물학적으로 정의된) 감각 기관을 재구조화한다. 이것은 맥루언 (1964)이 "미디어는 메시지다"라고 관찰한 근본적인 지각 수준이다. 이러한 경구를 통해 맥루언은 미디어의 변화가 어떻게 우리의 감각 기관을 재구조화하는지, 그리고 그러한 감각 변화로 인해 우리가 주변 세상을 이해하고 재/구성하는 감각적 정보를 수용하는 방식이 어떻게 변화시키는지를 가리킨다. 이러한 수준에서 환경으로서의 미디어를 연구한다는 것은 세계를 이해하기 위해, 특히 우리의 미디어(혹은 주어진 미디어)가 부호화 혹은 해독화하는 감각 정보로 구성된 세계를 이해하기 위해, 우리가 미디어를 사용할 때 관여하는 감각 환경을 살펴보는 것이다.

상징 환경으로서의 미디어

두 번째 상징적 수준에서, 우리는 모든 커뮤니케이션 미디어를 일련의 독특한 부호와 구문으로 체계적으로 구성된 상징 환경이라고 개념화할 수 있다. 예를 들어, 표준 성문 영어를 커뮤니케이션 미디어로 사용하기 위해, 우리는 단어(즉 그것의 상징과 지정된 의미)와 문법(의미의 구성을 지배하는 문장 구성의 규칙과 규정 등)을 습득해야 한다. "능숙한" 영화 제작자가 되기 위해, 우리는 영화 언어 및 문법의 시청각적 요소에 정통할 필요가 있다. 하지만 이러한 미디어 또는 어떤 다른 미디어를 습득하게 될 때, 우리는 미디어 자체의 상징 환경에 적응하게 된다. 우리가 시각, 청각, 후각, 촉각, 미각 등을 통해 주변의 물리적 세계를 느끼지만, 미디어의 상징 세계로부터 그것을 생각하고, 지각하고, 이야기하거나 재현하게 된다. 비트겐슈타인의 말을 빌리자면, 우리 언어의 한계가 우리 세계의 한계이다. 언어 내부의 상징적 구조 혹은 논리는 규정 요소로서, 우리는 이 안에서 우리 주변 세계라고 믿는 것, 즉 우리가 "생각하는" 세계와 "아는" 세계에 대해 개념화하고 생각하게 된다.

위와 같은 시각에서, 작가에게 세계는 책처럼 "쓰여 있고," 영화 제작자에게 세계는 일련의 병치된 이미지와 소리처럼 "보인다." 이렇게 "환경으로서의 미디어"를 미시적 상징 수준에서 이해해 본다면, 우리는 커뮤니케이션 미디어를 "사용"할 때, 그것의 외부에 있는 것이 아니라, 그 한가운데 있게 된다. 이 점에서 미디어 생태학은 커뮤니케이션 미디어의 본질적인 상징 구조가 인간의 지각, 의식, 또는 생각 과정에 맡는 역할을 이해하는 데 관심을 갖는다. 예를 들어 특정 쓰기 체계가 사용자 경험의 개념화와 표현 방식을 어떻게 구조화하거나 정의하는지에 관심을 보인다.

현실에서 사람들이 정보를 수집하거나 다른 사람과 대화하기 위해 미디어를 사용할 때, 감각적인 것과 상징적인 것을 항상 의식적으로 분리하지 않는다는 점을 주목할 필요가 있다. 따라서 상징적 수준의 연구는 좀 더 복잡해질 수 있다. 미디어를 두 가지 종류의 환경(감각 환경과 상징 환경)으로 이해하는 것이 아니라, 사람들이 자신의 상황을 구성하는 데 이 두 환경이 어떻게 상호 작용하는지를 이해할 필요가 있기 때문이다.

단일 미디어 혹은 멀티미디어 환경

환경으로서의 미디어 연구는 더 복잡해질 수 있다. 우리는 하나의 수준에서 단일 커뮤니케이션 미디어의 감각적-상징적 환경이 갖는 본질적 성격을 살펴볼 수 있다(예를 들어, Meyrowitz, 1994). 하지만 현실적으로 우리는 커뮤니케이션 목적을 위해 다수의 미디어와 상징 체계를 결합시켜 사용하는 멀티미디어 사회에 살고 있다. 사람들은 서로 정도는 다르지만, 일상 생활에서 뉴스, 정보, 오락, 커뮤니케이션을 위해 하나 이상의 미디어에 노출되어 있다. 추측해 볼 수 있듯이, 이러한 멀티미디어의 감각적-상징적 환경은 성격상 훨씬 복잡하고 하나의 감각적-상징적 환경보다 연구하기 어렵다. 이러한 수준에서 우리의 이론적 관심은 사람들이 일상 생활에 사용하는 다수의 미디어 각각의 본질적인 감각적-상징적 환경에 대한 것에 그치지 않는다. 대신 우리의 과제는 공존하는 미디어 간의 역학, 그리고 이들의 상호 작용이 어떻게 감각적-상징적 부분의 합과 질적으로 다른 전체로서의 감각적-상징적 환경을 형성하고 구성하는지를 조사하는 것이다. 예를 들어, 구어적이었던 사람들 사이에 문자가 등장하고 전파되었을 때 이들의 정신 역학에 무슨 일이 생겼을까? 마찬가지로 인터넷을 일부는 쓰기로, 일부는 이미지로, 일부는 소리로, 일부는 컴퓨터로, 일부는 전화로 개념화할 수 없다. 대신 그것은 독특한 상징 환경으로서, 카펜터(1960)도 그렇게 제안했겠지만, 그것의 복합적인 새로운 언어는 아직 해독되지 않고 있다.

환경을 미디어로 이해하기

또한 "환경으로서의 미디어"에 대한 이해를 멀티미디어 사회의 수준에서 하는 것도 중요한다. 여기서 우리는 "미디어로서의 환경"을 개념화할 수 있다. 전통적으로 커뮤니케이션 학자가 미디어에 대해 이야기할 때, 라디오, 신문, 텔레비전, 영화, 녹음기, 컴퓨터 등과 같은 정보 기기를 지칭하는 경향이 있다. 미디어 생태학은 이런 것들을 관심의 대상으로 삼지만, 사회적 환경과 같은 환경의 상징적 구조가 인간의 상호 작용 또는 문화의 생산을 어떻게 정의할 수 있는지를 살펴본다. 이와 같은 수준에서 환경은 이론상 미디어로 간주될 수 있다. 포스트먼의 말을 빌리자면, 학교라는 제도는 독특한 언어와 규칙을 가진 복합적인 멀티미디어 상징 환경이다. 이러한 언어와 규칙은 거기 있는 사람이 하는 일, 일하는 방식, 서로와 관계를 맺는 방식, 이러한 환경 바깥의 모든 것과 상호 작용하는 방식 등을 특정 짓는다. 여기서 어빙 고프만(1959, 1963, 1974)의 사회학적 사고와 미디어 생태학적 접근 방식이 연결되는 것을 볼 수 있다. 예를 들어, 그의 연출법 연구는 사회 무대의 상징 구조가 인간의 행동과 상호 작용 방식을 어떻게 규정하는지를 이해하는 데 큰 도움을 주었다(Goffman, 1959). 이러한 점에서 우리는 극장, 참배 장소, 사교 클럽, 침실 등과 같은 사회-상징적 환경을 커뮤니케이션을 위한 미디어로 개념화해 볼 수 있다.

이러한 논의에는 사람들과 미디어 간의 관계에 관한 두 가지 개념이 내재되어 있다. 첫 번째 개념은 커뮤니케이션 학문의 "정규 과학"에 따라, 커뮤니케이션 미디어를 주로 라디오, TV, 신문, CD 플레이어 등과 같은 정보 기기로 이야기한다. 반면, 두 번째는 미디어를 환경으로, 또는 환경을 미디어로 이해하는 미디어 생태학적 개념이다. 이러한 개념에 따르면, 우리는 미디어의 상징적 구조 안에 놓이게 된다. 즉 우리는 커뮤니케이션 목적을 위해 미디어에 "관여하게" 된다.

미디어 생태학의 기본적인 이론적 명제

"환경으로서의 미디어"에는 세 가지 서로 연결된 이론적 명제가 있다.

이론적 명제 1

우선 미디어 생태학은 커뮤니케이션 미디어가 자료나 정보를 한 장소에서 다른 장소로 옮기는 중립적이거나, 투명하거나, 객관적인 연결 도관 *conduit*이 아니라고 가정한다. 대신 미디어 본래의 물리적 구조와 상징적 형태가 정보의 부호화되는 내용 및 방식 또한 해독되는 방식을 구체화하는 데 결정적인 역할을 한다. 이러한 이론에 있어, 미디어의 상징적 형태는 정보가 제공되는 부호의 특성(예를 들어, 유추적 상징 대 디지털 상징) 그리고 상징이 결합되는 구조(예를 들어, 명제적 구조 대 표상적 구조)를 필요로 한다. 마찬가지로, 미디어의 물리적 구조는 부호를 운반하는 기술의 특성과 정보의 부호화, 전송, 저장, 회수, 해독화, 유포 등을 위해 필요한 물리적 조건을 가리킨다.

이러한 이론적 명제가 중요한 이유는 미디어의 구조가 정보의 성격을 규정한다고 주장하면서 미디어 생태학 패러다임의 주된 측면을 정의하고 있기 때문이다. 예를 들면, 자신이 좋아하는 소설을 영화가 잘못 각색했다고 불만스러워하는 독자를 쉽게 볼 수 있다. 물론 마음에 들지 않은 각색이 영화의 극작가, 감독, 제작자, 배우 등의 무능력 때문이라고 불평하거나 주장할 수 있다. 이것이 합리적인 설명일지 모르지만, 미디어 생태학의 첫 번째 이론적 명제는 소설과 영화라는 두 미디어에 "담긴" 것을 똑같은 정보라고 보는 것이 무의미하다고 제안할 것이다. 대신 소설과 영화는 서로 다른 상징적 물리적 구조나 형태를 구현하고 있고, 따라서 이들이 똑같은 정보원(소설 속에 담긴 "이야기")에 기반을 하더라도, 수용자, 독자, 관객에게 전달되는 것은 일련의 서로 다른 정보 혹은 "현실"이다.

이론적 명제 2

첫 번째 명제의 논리적 연장선상에서, 미디어 생태학은 각 미디어의 물리적 그리고 상징적 특성이 일련의 편향성을 수반한다고 가정한다. 이해를 돕기 위해 나이스트롬이 고안한 이론적 일반론을 참조할 수 있다.

- 서로 다른 미디어는 정보를 부호화하는 상징적 형태가 다르기 때문에, 서로 다른 지적, 정서적 편향성을 갖는다.
- 서로 다른 미디어는 정보를 부호화하고, 저장하고, 전송하는 물리적 형태가 다르기 때문에, 서로 다른 시간적, 공간적, 감각적 편향성을 갖는다.
- 서로 다른 미디어는 정보를 부호화하는 상징적 형태의 접근성이 다르기 때문에, 서로 다른 정치적 편향성을 갖는다.
- 서로 다른 미디어는 그것의 물리적 형태가 참여 조건에 영향을 미치기 때문

에, 서로 다른 사회적 편향성을 갖는다.
- 서로 다른 미디어의 시간과 공간을 조직하는 방식은 서로 다른 형이상학적인 편향성을 갖게 한다.
- 서로 다른 미디어는 그 물리적, 상징적 형태가 다르기 때문에, 서로 다른 내용적 편향성을 갖는다.
- 서로 다른 미디어는 그 물리적, 상징적 형태가 다르고, 그 결과 지적, 정서적, 시간적, 공간적, 정치적, 사회적, 형이상학적, 내용적 편향성이 다르기 때문에, 서로 다른 인식론적 편향성을 갖는다.

(Lum 인용, 2000b, p.2)

요컨대, 서로 다른 커뮤니케이션 미디어의 물리적, 상징적 형태는 이에 상응하는 서로 다른 편향성을 가정한다.

이러한 이론적 명제를 좀 더 광범위한 맥락에 놓고 설명할 필요가 있다. 부분적으로는 어떠한 커뮤니케이션 미디어도 진공 상태에서 생겨나거나 존재하지 않기 때문이고, 커뮤니케이션 미디어의 물리적, 상징적 형태가 언제, 어디서, 왜 구성되었는지 정확히 서술할 필요가 있기 때문이다. 본질적으로 모든 커뮤니케이션 기술에는 과거나 현재 혹은 인지된 커뮤니케이션 쟁점을 검토하는 어떤 인간적 개념이 내재되어 있다. 다시 말해, 어떠한 커뮤니케이션 기술의 개념과 발전 뒤에는 항상 어떠한 인간적 근거와 의도가 있다. 그리고 이러한 인간적 근거와 의도는 문제의 커뮤니케이션 기술의 물리적, 상징적 형태의 결정을 돕는다.

이론적 명제 3

두 번째 명제의 연장선상에서, 미디어 생태학은 미디어의 본질적 편향성에 따라 다양한 사회적, 경제적, 정치적, 문화적 결과가 촉진된다고 가정한다. 이러한 이론적 명제는 미디어 생태학의 주요 이론적 쟁점 중 하나인 기술과 문화의 관계(혹은 그 반대의 관계), 특히 커뮤니케이션 기술이 문화에 어떻게 영향을 미칠 수 있는지의 문제를 직접적으로 이야기한다.

이론적 연속체를 따라:
연성 결정론, 기술/문화 공생론, 경성 결정론

우리는 위의 이론적 명제를 연속체로 보며, 연속체의 양끝에 서로 다른 두개의 해석적 시각을 놓을 필요가 있다. 이러한 연속체의 한쪽 끝은 이른바 "연성 결정론soft determinism"으로서, 레빈슨(1997)의 말을 빌리자면, 미디어가 일을 만들지만, 그 형태와 영향력이 "가까이에 있는 정보 기술 이외의 요소에서 비롯된다"(p.3). 다시 말해, 인간의 행위agency가 미디어의 발전, 전파, 이용 등의 결과에 결정적인 역할을 한다. 연속체의 다른 끝은 "경성 결정론"으로 기술이 불가피한 사회적 변화, 더 넓게는 역사를 결정하는 가장 중요한 인자라고 주장한다(예를 들어, M. Smith, 1994).

그리고 이러한 이론적 연속체의 중간쯤의 시각을 "문화/기술 공생론Technology/Culture Symbiosis"이라고 이름을 붙일 수 있다. 이러한 시각은 인간의 문화를 사람과 그들의 기술 혹은 미디어 간에 진행 중인 독립적이며 상호 영향력을 미치는 상호 작용의 결과라고 본다(예를 들어, Lum, 1996). 본질적으로 "문화/기술 공생론"의 개념은 이론적 연속체의 중간에 위치하며, 미디어/기술과 인간 행위의 공생 관계를 이해하기 위해 이들 중 어느 한쪽에 특권을 주거나 치우치지 않는다.

요컨대, 이러한 시각들은 문화 혹은 인간 커뮤니케이션에서 커뮤니케이션 기술이 갖는 결정적인 역할을 인정하지만, 인간 행위가 기술의 전파 혹은 미디어의 변화에 따른 사회적 변화에 어떠한 역할을 할지에 대해서 해석이 다르다. 이러한 시각들은 미디어 생태학의 이론적 토대를 이해하기 위한 개념적 보조 도구이지, 흑백 양자택일의 엄격하고 구획화된 범주는 아니라는 점을 지적할 필요가 있다. 어떻게 이러한 이론적 명제 혹은 "결정론적" 해석의 시각이 가장 적절하고 효과적으로 활용될 수 있는지는, 검토하고 있는 구체적인 질문과 쟁점이 제기된 특정한 사회적, 역사적 맥락에 달려 있을 것이다.

미디어의 시대사

여기서 간략하게 설명한 세 가지 이론적 명제를 기초로, 커뮤니케이션 미디어의 변화가 어떻게 문화의 근본적이고, 광범위하며, 생태학적인 변화를 촉진할 수 있는지에 대한 연구를 살펴볼 것이다. 이것은 미디어 생태학의 전형적인 내용이 갖는 중심적이고 결정적인 주안점 중 하나이다. 미디어 생태학은 부분적으로 멈포드(1934, 또한 Innis와 Strate & Lum, 2000 참조)가 소개한 기술의 시대사에 영향을 받으며, 역사의 진화 또는 이른바 "미디어의 시대사"를 독특한 방식으로 분석한다. 인간의 역사를 네 가지 주요 커뮤니케이션 시대, 즉 구어 문화에서의 구술성, 문자 또는 필사 문화에서의 문자성, 활자 문화에서의 활판 인쇄, 그리고 전자 커뮤니케이션 기술이 지배하는 문화의 전자 미디어 등에 따라 개념화한다.

첫 번째 커뮤니케이션 시대: 구술성

미디어 생태학은 "구술성-문자성" 연구로 알려진 연구 덕분에 구술성과 문자성이 인간 발전의 역사에 갖는 시대사적-역사적 중요성을 연구할 수 있게 된다. 이러한 연구는 미디어 생태학 내의 하나의 연구 영역으로서, 고고학, 고전학, 민속학, 일반 의미론, 언어학, 언어 인류학, 미디어 연구와 같은 다양한 학문 분야로부터 영감을 받는다. 여기에는 잭 구디Jack Goody(1968, 1977), 해블록(1963, 1976, 1982, 1986), S. I. 하야카와(1964), 로버트 K. 로건Robert L. Logan(1986/2003), 옹(1967, 1982), 포스트먼(1982), 데니스 슈만트 베세라트Denise Schmandt-Besserat(1996), 에드워드 사피르Edward Sapir(1921), 워프(1956) 등이 포함된다. 이 연구는 구어 문화의 다양한 심리적, 사회적, 경제적, 정치적, 문화적, 인식론적 특성을 검토한다. 이러한 맥락에서 구어 문화 연구는 주로 제1의 구어 문화로 알려진 문화에 집중한다. 제1의 구어 문화는 쓰기를 갖지 않은 문화이다. 중요한 것은 이러한 문화의 사람들은 글이 존재하는 것조차 알지 못하고, 이들이 말하는 모든 단어는 시각적 혹은 문자적 요소를 지니지 않는다.

달리 말해, 제1의 구어 문화가 정보를 부호화하고, 기록하고, 전송하거나 운반하고, 회수하고, 해독하기 위해 가진 주요 커뮤니케이션 수단은 구어로 말하기와 그림, 얼굴 표현이나 손동작과 같은 신체 언어, 그리고 사물의 배치 등의 비문자적 보조물이다. 따라서 기본적인 미디어 생태학적 질문 중 몇 가지는 다음과 같다. 제1의 구어 문화 사람들은 주변의 세계(현실)를 어떻게 생각하고 개념화하는가? (그들은 분명 말할 때 마음속으로 단어를 "보지" 않을 것이다. 문자 문화의 사람들이 마음속으로 구어의 문자적 요소를 보거나 볼 수 있는 반면에, 이들의 구어는 순수하게 소리이기 때문이다.) 제1의 구어 문화 사람들은 어떠한 사회적, 경제적, 정치적, 문화적 체계를 유지하는가? (예를 들어, 이러한 체계는 공식적인 문자 체계가 존재하는 문화의 것과 상당히 다를 것이다.) 또한 제1의 구어 문화가 어떠한 문자 기록도 갖고 있지 않은데, 우리는 이들의 특징을 어떻게 아는가?

두 번째 커뮤니케이션 시대: 문자성

미디어 생태학자는 문자의 전파 정도가 다른 문자 문화를 연구하게 될 때, 비슷한 질문을 받게 된다. 예를 들어, 문자의 등장은 해당 사회의 권력을 어떻게 그리고 왜 다시 정의하게 되는가? 제1의 구어 문화 사람들의 사고 과정, 즉 월터 옹이 정신역학이라고 말한 것이 쓰기에 노출되면서 (쓰기를 배우기 시작할 때와 같이) 어떻게 변화하게 되는가? 그리고 이러한 변화가 그들 주변 세계를 이해하는 방식을 어떻게 변화시키는가? 구어가 지배적인 사회에서 문자의 등장에 누가 가장 득을 보는 경향이 있는가, 그리고 왜 그러한가? 어떻게 공식적인 문자 체계의 등장이 사람들의 정보 개념을 정교하게 만드는가, 그리고 왜 그러한가? 거꾸로 왜 어떤 문화는 다른 문화보다 문자를 받아들이는 데 더 오랜 시간이 걸리는가? 다시 말해, 왜 문자의 전파가 모든 문화에 동일하지 않은가? 그리고 다시, 어떻게 구어 문화에 대한 문자성의 영향력을 발견할 것인가? 이러한 질문들은 문화 변동에서 있어서의 미디어 역할을 검토할 때 미디어 생태학자들이 던지는 많은 질문 가운데 몇 가지에 불과하다.

  우리는 한 가지 사례를 통해 문화 변동에 있어서의 미디어 역할을 이해하려는 미디어 생태학적 접근을 보여 줄 수 있을 것이다. 미디어의 시대사적 구분에 따르면, 제1의 구어 문화 혹은 구어가 지배하는 문화에서는 연장자가 사회적 엘리트인 경향이 있다. 이들은 이러한 문화의 가장 중요한 정보 미디어이기 때문이다. 그들은 수년간의 삶의 경험을 통해 지식과 기술을 축척해 왔다. 이 점에서 연장자는 구어 문화에 있어 정보, 지식, 지혜 및 실용적인 기술을 위해 가장 존중되는 정보원이다. 이것은 예를 들어 구어가 지배적이었던 중국 문화에 "집에 노인이 있는 것은 주변에 보배를 갖고 있는 것과 같다"는 전통적인 관용구가 있는 주요 이유 중 하나이다.

하지만 문자의 도입은 점차 사회에서의 연장자의 특권화된 역할을 빼앗는다. 문자 문화에서 연장자는 더 이상 구어 문화에서 했던 것과 같은 정보 통제력을 누리지 못하기 때문이다. 문자 문화에서 사람들은 읽고 쓰기를 배우고 적절한 독서 자료에 접근할 수 있는 한, 젊을 때에도 더 많이 더 빠르게 배울 수 있게 된다. 현재의 "대학생 나이"를 기준으로, 문자 사회의 개인은 21세가 될 때까지 적당한 수준의 전문 지식을 발전시킬 수 있다. 구어 문화의 개인이 이것을 이루려면 훨씬 더 오랜 시간이 걸렸을 것이다. 따라서 이러한 미디어 변동은 구어 문화에 커다란 사회적 영향력을 갖게 되는데, 여기서 사회 계급 전체(구어 문화의 보배로서의 연장자)의 지위가 바뀐다거나, 이니스의 개념대로, "지식의 독점" 자리가 하나의 계급에서 다른 계급으로 바뀌게 된다.

세 번째 커뮤니케이션 시대 : 활판 인쇄

미디어 생태학의 미디어 역사에 있어 세 번째 커뮤니케이션 시대는 활판 인쇄 혹은 활판 인쇄 문화이다. 인쇄기의 발전과 전파는 여러 가지 면에서 인간 커뮤니케이션의 중요한 기술적 개선이었다. 인쇄술로 인해 하나의 원본에서 똑같은 정보를 대량으로 재생산할 수 있게 되었기 때문이다. 초기 유럽 구텐베르크의 금속 활자 인쇄술의 전파는 사회에 상당한 단기적인 변화 혹은 좀 더 즉각적인 변화, 예를 들어 새로운 직업(예, 활판 제작자, 식자공, 인쇄공 등), 새로운 전문가(예, 작가, 편집자, 서적상 등), 그리고 심지어 새로운 산업(예, 인쇄기 제작, 잉크 제작, 활판 주조 등)을 낳았다 (Eisenstein, 1983).

또한 인쇄술의 전파는 좀 더 광범위한 사회적, 경제적, 정치적, 문화적 결과를 촉진시킬 수 있었다. 예를 들어, 어떻게 인쇄술의 전파가 정보의 본질에 대한 사회적 개념을 재정의했는가? 여기서 어떤 사람은 정보의 대량 소비를 위한 정보 재생산 수단의 한계(그리고 의향의 부족) 때문에 정보가 사회적, 종교적, 정치적 엘리트에 제한되었는데, 인쇄 기술이 이를 민주화시켰다고 주장할 수 있다. 이러한 주장이 맞다면, 정보의 민주화가 기존 문화의 사회적, 경제적, 정치적 질서나 체계를 어떻게 재정의했는가? 은퇴 전까지 미시간대에서 역사학자로 있었던 엘리자베스 아이젠슈타인(1979, 1983)은 이 부분의 미디어 역사에 공헌했던 주요 학자 중 한 사람이다. 구텐베르크의 인쇄기에 관한 상세한 역사 연구를 통해 아이젠슈타인은 인쇄술이 초기 근대 유럽의 광범위한 변화를 자극했다고 주장한다. 특히, 그녀는 구텐베르크의 인쇄기가 종교 개혁, 근대 과학의 출현, 르네상스 등 유럽의 근본적인 정치적, 문화적, 인식론적 변화를 일으키는 데 도움을 주었다고 제시한다. 하지만 이니스(1950, 1951), 맥루언(1962), 포스트먼(1982) 등 다른 많은 학자들도 이러한 미디어 생태학에 크게 공헌하고 있다.

네 번째 커뮤니케이션 시대: 전자 미디어

미디어 생태학의 미디어 시대사 중 네 번째 커뮤니케이션 시대는 19세기 초 전신에서 시작된 전자 미디어의 출현으로 열리게 된다. 좀 더 넓은 역사적 시각에서 볼 때, 특히 인간이 구어를 발전시키는 데에 수백만 년이 걸렸고, 문자를 발전시키는 데에 수천 년이 걸렸으며, 인쇄술을 발전시키는 데에 이보다 적은 시간이 걸렸다는 것을 고려해 본다면, 기술의 빠른 변화가 이러한 전자 커뮤니케이션 시대를 정의하고 있다. 100

년을 약간 넘는 동안, 전신, 전화, 축음기, 윤전 인쇄기, 영화, 자동차, 비행기, 라디오, 유성 영화, 트랜지스터, 텔레비전, 컴퓨터, 위성, 레이저, 비디오디스크, VTR, 비디오 게임, 인터넷, 월드 와이드 웹, 무선 개인 커뮤니케이션 등 다수의 새로운 미디어 기술이 소개되었다.[34] 변화가 일상화되고, 변화의 속도와 성격 자체가 바뀌어 버린 전자 커뮤니케이션의 시대는 인간의 역사를 갑자기 떠미는 것처럼 보인다.

전자 커뮤니케이션 기술이 가진 시간적, 공간적, 상징적, 물리적 구조의 편향성이 전혀 새로운 방식의 인식과 지각을 가져 왔다고 이야기해도 큰 무리는 없을 듯싶다. 전자 미디어가 촉진시킨 변화는 사람들이 이야기하는 대상인 "내용"이 아니라, 사람들이 생각을 알고 이야기하게 되는 방식의 변화라는 점에서, "미디어는 메시지다"를 말한 맥루언(1964)은 탁월하다. 전자 미디어는 인간 커뮤니케이션과 문화에서의 전통적인 시간과 공간 개념을 완전히 없애 버렸다. 문자 및 인쇄 문화의 결정적 특성 중 하나인 선형적, 이성주의적 사고 방식은 지금 포스트모던 문화의 징후인 다각적이고 직관적인 방식의 생각하기, 보기, 알기에 의해 도전을 받고 있다. 이러한 문화에는 텔레비전, 인터넷, 멀티미디어와 같은 모든 종류의 전자 미디어가 영향력을 행사하고 있다.

하지만 전자 미디어가 어떻게 그리고 어느 정도 문화에 영향을 미칠지의 문제는 다양한 학문 분야에서, 그리고 앞에서 말한 이론적 연속체를 따라, 학자들 사이에 아직도 뜨겁게 논의되는 주제이다. 다음 연구 사례는 이 점에 관한 다양한 미디어 생태학적 접근을 소개하기 위해 수록했다. 이러한 몇 가지 사례로는 위너(1948), 이니스(1951), 맥루언(1964), 부어

---

34. 빠르게 변화하는 전자 미디어 시대의 성격에 대해 1980년대 말 포스트먼과 나이스트롬이 함께했던 박사 과정 세미나에서 관찰해 보고 주목해 보았다.

스틴(Boorstin, 1961/1987), 슈와츠(Schwatz, 1973), 와이젠바움(1976), 섀퍼(Schafer, 1980), 볼터(1984), 마이로위츠(1985), 포스트먼(1985), 베니거(Beniger, 1986), 검퍼트(Gumpert, 1987), 캐리(1988a), 맥루언과 맥루언(1988), 퍼킨슨(Perkinson, 1991), 테일러(Thaler, 1994, 1997), 럼(1996), 디버트(1997), 볼터와 그러신(1999), 고치(Gozzi, 1999), 레빈슨(1999), 스트레이트와 제이콥슨과 깁슨(Strate, Jacobson, & Gibson, 1996), 반즈(Barnes, 2001), 스트레이트(출판 예정) 등이 있다.

책의 구성

이 책은 이론 집단 및 지적 전통으로서의 미디어 생태학의 기본적인 내용을 정의하는 몇 가지 쟁점, 이론, 주제, 그리고 이들 뒤에 있는 주요 사상들을 이해하기 위한 전반적인 역사적 틀을 제공하고자 마련되었다. 우리는 관심이 이론에만 전적으로 집중되는 것은 아니다. 이들 뒤의 역사적, 지성적 배경을 앎으로써, 우리 시대의 미디어와 문화를 설명하기 위한 이론의 상대적인 강점과 약점 그리고 적용에 좀 더 근거 있는 이해를 돕고자 한다.

편집 원칙

이러한 목적을 이루기 위해, 2장부터 13장까지 몇 가지 미디어 생태학의 기본적인 사상가와 그들이 공유하는 주요 이론적 쟁점에 집중했다. 이러한 사상가들에게 정도는 다르지만 두 개의 주제, 즉 기술과 문화의 관계, 그리고 언어와 문화의 관계가 분명히 나타난다.

책의 논의는 포스트먼의 "미디어 생태학의 휴머니즘"(2장)에서 시작한다. 이 장에서 이론 집단으로서의 미디어 생태학의 지적 창시자인 포스트먼은 미디어 생태학의 초기 개념과 휴머니즘의 토대를 살펴볼 수 있는 기회를 준다. 3장에서 13장까지는 아이젠슈타인, 엘룰, 해블록, 이니스, 랭어, 맥루언, 멈포드, 옹, 포스트먼, 워프와 같은 전형적인 미디어 생태학 사상가의 학문적 연구를 종합하고 분석한다. 특별히 언급하고 싶은 점은 게데스, 알프레드 코르지브스키Alfred Korzybski, 노버트 위너 등과 같이 미디어 생태학이 이론적 시각으로 등장하는 데 공헌한 미디어 생태학의 주요 사상가를 지면의 한계상 유감스럽게도 다룰 수 없었다는 것이다. 맺음말에서는 특히 미디어 생태학의 제도적 발전 영역에서 일어나는 몇 가지 최근의 발전을 간단하게 논의할 것이다.

이러한 장들을 배열하는 데 두 번째 편집 원칙이 있다. 비록 모든 장이 기술과 문화에 관심을 갖지만, 10장에서 13장까지는 언어와 문화에 특별히 초점을 맞춘다. 10장과 11장은 각각 워프/랭어와 랭어에 집중하면서 언어, 사고, 문화 및 상징 철학의 기본적인 개념에 이론적 안내를 담당한다. 12장과 13장은 어느 정도 미디어 생태학의 시대사적 미디어 역사 기술에 따라 미디어 생태학의 세 가지 주요 주제를 다룬다. 12장은 해블록, 옹, 페리 등에 초점을 맞추며 구술성과 문자성을, 그리고 13장은 아이젠슈타인, 맥루언, 포스트먼 등에 집중하며 활자 인쇄 문화를 각각 다룬다. 여기서 다룬 미디어 생태학의 전형적인 사상가 대부분이 전자 미디어와 관련된 쟁점을 다루지만, 독자들은 전자 미디어의 영향력을 이해하는 미디어 생태학적 시각을 위해 특히 맥루언에 관한 모리슨의 7장과 포스트먼에 관한 젠카렐리의 8장을 참고할 수 있다.

또 다른 편집 원칙은 다양한 장간의 주제와 형식의 일관성을 갖기 위해 적용되었다. 비록 각 장마다 저자의 개별적인 목소리를 담고자 노력했지만, 모든 저자에게 각 장의 전반적 전개와 형식에 관한 일반 지침을 주었다. 독자는 서론과 미디어 생태학자의 논의 부분에서 짤막한 지적 일대기를 볼 수 있다. 이러한 일대기는 이들의 교육 그리고 사회적, 정치적 배경이 어떻게, 어느 정도 이들의 사상이 발전하는 데 역할을 했는지를 잘 보여 줄 것이다. 각 장은 대개 해당 미디어 생태학자와 관련된 주제와 이론에 따라 조직되었다. 또한 각 장은 몇몇 주요 미디어 생태학자들 간의 연구를 비교 분석하고 있고, 뿐만 아니라 살펴본 이론의 강점과 약점을 평가하고 있다.

각 장에 대한 간략한 소개

다음은 저자들의 제공한 요약문을 기초로 열두 개의 장을 간단하게 개관한 것이다.

2장 닐 포스트먼의 "미디어 생태학의 휴머니즘"은 2000년 미디어 생태학 학회의 창립 학술 대회에서 기조 연설로 발표한 것이다. 이 글은 학술 대회의 전자 발제문을 약간 수정한 글로서, 그가 미디어 생태학의 개념과 뉴욕 대학의 학위 프로그램이 처음 제도화될 때의 모습을 살펴볼 수 있게 해준다. 하지만 이 장의 중요성은 미디어 생태학의 인간주의적 차원을 분명히 한다는 점에 있다. 포스트먼(1988)에게 미디어 생태학은 도덕 신학의 한 가지로서, 도덕적 혹은 윤리적 맥락 없이 미디어를 연구한다는 것은 무의미하다. 그는 미디어 생태학자들에게 문화에 대한 미디어의 영향력을 검토할 때 인간주의적 입장을 취하라고 요구한다. 이러한 목적을 위해 포스트먼은 네 가지 지침이 될 만한 질문을 제공한다. 미디어는 이성적 사고를 사용하거나 발전시키는 데 어느 정도 기여하는가? 미디어는 민주적 과정의 발전에 어느 정도 기여하는가? 새로운 미디어는 의미 있는 정보에 대한 더 나은 접근을 어느 정도 제공하고 있는가? 새로운 미디어는 어느 정도 우리의 도덕 관념이나 미덕을 위한 능력을 향상 또는 감소시키는가? 포스트먼의 휴머니즘 혹은 도덕주의적 관심은 혁신적인 학자이자 교육가로서, 그리고 유능한 사회 비평가이자 공적 지식인으로서의 그의 생각과 글에 토대가 된다.

3장 "루이스 멈포드와 기술 생태학"에서 랜스 스트레이트와 나는 비록 멈포드의 학문이 커뮤니케이션 미디어 자체에 특별히 집중하고 있지는 않지만, 인간 문명의 발전에 미친 기술의 생태학적 그리고 근본적인 영향력에 관한 그의 연구는 미디어 생태학의 이론적 토대에 크게 이바지한다고 보았다. 또한 우리의 연구는 멈포드의 스승이자 인간 생태학이란 말을 만들어 내며 20세기 초 생태 운동을 창시했던 게데스가 어떻게 멈포드의 연구에 영향을 미쳤는지를 밝힌다. 이 장은 멈포드를 미디어 생태학의 기초를 이룬 가장 초기 학자 중 한 사람으로 소개한다. 이 장은 그의 학문이 위치한 문화적 역사적 맥락에 역점을 두며 그의 일대기를 살핀 후, 멈포드의 수많은 연구가 가진 세 가지 측면, 즉 기술의 시대사, 그리고 기술과 인간 발전에 관한 기술-유기론과 거대 기계에 대한 비판을 집중적으로 분석한다. 이 장은 멈포드의 연구, 삶, 그리고 실천주의에 내재된 휴머니즘과 생태학적 윤리에 대해 논의하는 것으로 결론을 맺는다.

많은 사람들은 종종 사회학자인 자크 엘룰의 기술과 조건에 관한 해석을 보며 그를 강경한 기술 결정론자로 간주하곤 한다(예를 들어, M. Smith, 1994). 하지만 엘룰의 사상에 대한 이러한 개념은, 영적 자유와 기술의 구속으로부터의 해방을 이야기한 그의 신학적 연구를 무시하고, 복잡한 그의 학문을 이해하지 못하게 할 수 있다. 이 책은 엘룰의 변증법적 사고를 검토하기 위해 그에 관한 두 개의 장을 포함시키고 있고, 그럼으로써 사회학자이자 신학자였던 그에 대해 보다 나은 이해를 돕는다. 또한 그가 겉보기에 정반대로 보이는 두 개의 시각을 통해 인간의 조건을 어떻게 이해하려 했는지와 종종 간과되었던 미디어 생태학의 영적 차원을 알아보는 기회를 갖고자 한다(Gozzi, 2000 참조).

4장   "자크 엘룰: 테크닉, 선전, 그리고 현대 미디어"에서 랜돌프 클루버는 엘룰을 현대 세계의 사회학적, 정치적 체계를 통찰력 있게 그리고 흥미롭게 분석한 주요 사상가이자, 그 학문 분야 학자들 사이에 잘 알려지지 않았던 인간 커뮤니케이션의 쟁점에 깊은 관심을 가졌던 학자로 인정한다. 또한 그는 기술 질서의 성격, 특히 매스 미디어와 근대 사회에 관련된 문제에 대한 엘룰의 사회학적 통찰력을 탐구한다. 이러한 통찰력은 미디어 소비에 깔린 가정에 대한 반가운 도전이라고 할 수 있다. 이 연구는 엘룰의 가장 심오하고 영향력 있는 두 개의 사회학적 이론, 즉 테크닉*la technique*과 선전의 기초가 되는 주요 개념들을 살펴보고, 이들이 미디어 생태학의 이론적 토대의 특성에 어떻게 기여하는지를 보여 준다. 이 장은 현대 사회와 사회에서의 미디어의 역할을 이해하기 위해 엘룰의 사회학적 사상을 개관해 본다. 또한 그의 학문이 미디어 생태학 전통 내 다른 주요 학자들의 학문과 어떻게 연관되는지를 설명한다.

5장   클루버가 엘룰의 사회학적 연구에 분석의 초점을 맞추었다면, 클리포드 크리스천스는 엘룰의 학문을 변증법적으로 설명하는 과제, 즉

그의 학문적 연구를 그의 사회학적 이론뿐만 아니라 신학적 이론의 맥락에서 평가해 보는 책임을 맡았다. "변증법의 신학자 엘룰"에서 크리스천스는 엘룰의 초기 지적 교육을 역사적으로 설명하며 분석을 시작한다. 그는 마르크스주의가 당대의 정치적, 경제적, 사회적 문제에 대한 그의 시각에 커다란 영향을 끼쳤다고 이야기한다. 또한 엘룰이 <로마서>를 읽은 후 기독교로 개종했다는 사실의 중요성을 지적한다. 개종 후, 엘룰은 기술 사회와 현대성의 인간적 조건을 영적으로 이해하려는 일생의 탐구를 시작하게 된다. 이 글은 칼 바르트Karl Barth의 변증법적 신학에 영향을 받는 엘룰이 자신의 주요 사회학적 이론에 신학적인 대조점을 제공하려 했다고 제시한다. 크리스천스는 엘룰의 변증법적 학문이 사회학적인 것과 신학적인 것을 융화시키려는 노력이라기보다는, 테크닉의 폭정으로부터 진정한 인간적 회복을 찾기 위해 둘 사이의 외관상 모순을 이해하는 방식이었다고 말한다. 크리스천스는 엘룰의 연구를 멈포드, 맥루언, 포스트먼의 연구와 연관시키고, 엘룰에 대한 비판을 간단하게 평가하면서 글을 맺는다.

6장   폴 헤이어의 "해럴드 이니스의 유산"은 해럴드 이니스의 삶과 연구에 대한 지적 일대기를 살펴보고, 그의 학문이 미디어 생태학의 이론적 시각의 등장에 어떠한 역할을 했는지를 알아본다. 이 장은 정치경제학에 관한 이니스의 초기 연구를 그 자체로 평가해 보고 또한 역사 속에 미디어 커뮤니케이션의 역할을 탐구하는 그의 개념적 출발점으로도 평가해 본다. 이 장은 이니스의 역사 기술 방법론이 커뮤니케이션과 문화의 관계를 연구하는 혁신적 접근 방식의 기초라고 본다. 또한 이러한 이니스의 연구 기획을 통해 개발한 몇 가지 주요 개념, 다시 말해 시간 편향성, 공간 편향성, 구어 전통, 지식의 독점, 문화의 기계화 등을 설명한다. 마지막으로 이 장은 이니스의 연구가 제임스 캐리, 대니얼 시트롬Daniel Czitrom, 조수아 마이로위츠, 닐 포스트먼과 같은 학자에 의해 어떻게 활용되는지를 간단하게 살펴보면서, 그가 커뮤니케이션 연구 및 미디어 생태학의 전통에 미친 영향을 생각해 본다.

7장 "마셜 맥루언: 현대적 야누스"에서 제임스 C. 모리슨James C. Morrison은 미디어 생태학의 가장 두드러지고 영향력 있는 공인 중 한 사람인 마셜 맥루언의 연구를 살펴본다. 맥루언은 미디어 생태학의 가장 중요한 지적 창시자 중 한 사람이다. 미디어와 문화에 대한 그의 독창적이고 때에 따라선 예언자적인 생각은 미디어 생태학 학문 연구의 초석이 되었다. 또한 저자는 맥루언의 학문이 논쟁의 여지가 있었던 이유 중 하나가, 그의 학문이 독창적이고 아마도 당대 기성 학계를 위협했기 때문이라고 주장한다. 하지만 맥루언의 전통에 얽매이지 않는 사고와 절충적인 표현 방식은 종종 많은 지지자와 비평가를 똑같이 실망시켰다. 이러한 이유에서 모리슨은 맥루언의 연구와 씨름하는 학자나 방금 연구를 시작한 초심자를 위해, 맥루언의 연구에 관한 몇 가지 일반적인 오해를 풀려고 한다. 그는 외관상 도덕과 관계가 없어 보이는 맥루언의 입장, 그리고 근대주의, 탈뉴턴의 과학, 고대 및 중세의 수사학 등에 기초한 그의 지적 토대, 또한 이것들이 그의 미디어학에 표현되는 방식 등을 조심스럽게 분석한다. 또한 이 장은 오늘날의 전자 커뮤니케이션 환경을 이해하기 위해 맥루언의 개념이 타당한지를 밝히고 있다.

8장 "닐 포스트먼과 미디어 생태학의 등장"에서 토머스 F. 젠카렐리는 미디어 생태학이 이론 집단으로 등장하게 되는 지적 역사의 중요한 장을 통찰력 있게 분석한다. 첫 번째, 포스트먼의 사상과 글이 미디어 생태학의 이론을 어떻게 구현하는가? 첫 번째 질문을 다루면서, 그는 포스트먼의 학문을 미디어 생태학의 정전이라는 보다 넓은 맥락에서 검토한다. 이 장의 첫 번째 부분은 그의 20권 이상의 주요 저서 중 17권의 책을 검토하고 각각의 책이 그의 미디어 생태학 이론에 어떻게 기여했는지를 살펴보면서, 포스트먼의 사상적 진화를 기록했다. 이 장의 두 번째 부분은 이러한 저서에 반복적으로 나타나는 주제와 이러한 주제에 담겨진 포스트먼의 주요 개념을 설명한다. 젠카렐리는 이러한 주제와 개념이 오늘날 미디어 생태학이라고 부르는 것의 기본적인 내용을 구성하게 되었다고 이야기한다.

제임스 W. 캐리는 미디어 생태학보다는 미국 문화 연구와 저널리즘에서 더 잘 알려져 있다. 하지만, 2003년 미디어 생태학 학회에서 그가 미디어 생태학 분야에 우수한 교육자에게 주어지는 루이스 포스데일 상을 받을 정도로, 40년 이상 쓴 대부분의 그의 글이 미디어 생태학적 관심을 가진 사람들에게 읽히고 있다.[35] 많은 사람은 미국 문화 연구의 최고참자인 캐리가 멈포드, 이니스, 맥루언와 같은 주요 미디어 생태학 사상가, 그리고 북미 커뮤니케이션 연구의 토대에 기여한 시카고학파의 학자들에 관해 가장 통찰력 있는 해설을 제공하는 사람 중 한 사람이라고 생각한다. 캐리는 커뮤니케이션학 분야에 가장 독창적인 사상가 중 한 사람이고, 그의 연구는 미디어의 단기적인 영향에 관한 실증주의 연구에 몰두하는 커뮤니케이션학 분야에 문화적인 전환을 고취시키고 촉진한다(예를 들어, Carey, 1975, 1988a). 한편, 그는 맥루언의 미디어 연구에

---

35. 캐리는 1990년대 중반 이후 뉴욕대의 미디어 생태학 학회와 미디어 생태학회의 연례 학술 대회(뉴욕대와는 별개)에 특별히 초대받아(기조 연설 포함) 참석했다(예를 들어, Carey, 2003a). 또한 플레이한(Flayhan, 2001)은 캐리의 문화 연구와 미디어 생태학의 관계를 주목했다.

정치적 감수성이 크게 부족하다고 혹평하고, 멈포드의 휴머니즘이 갖는 부적당한 점이나 희망이 부재한 엘룰에 대해 불만을 느끼면서, 좀 더 인간적이고 참여적인 사회를 건설하기 위한 미디어 생태학의 토대로서 민주주의의 윤리와 도덕을 주장한다.

9장   위와 같은 맥락에서 프레드릭 와이저의 "제임스 캐리: 문화적 균형의 추구"가 적절하다고 이해될 수 있다. 와이저는 캐리의 학문적 연구가 갖는 세 가지 동시 발생적이고 상호 연관적인 사고 경향을 분석 조사한다. 이 세 가지는 커뮤니케이션의 의식儀式 기능에 관한 캐리의 설명, 기술과 커뮤니케이션 간의 상호 결정적 관계 그리고 커뮤니케이션 역사를 이용한 경제와 문화 간의 긴장 관계 탐구, 언론 교육의 활용에 대한 지속적이고 영향력 있는 그의 고찰 등이다. 캐리의 제자였던 와이저는 토크빌, 듀이, 이니스, 멈포드, 맥루언과 같은 사상가의 지성사를 자신의 방법론의 일부로 풍부하게 인용한 캐리의 설득력을 강조한다.

10장   앞에서 잠깐 언급한 대로, 미디어 생태학의 주요 이론적 관심 중 하나가 언어, 사고, 문화의 상호 관계였다. "상징, 사고, 그리고 '실재': 벤저민 리 워프와 수잔 랭어의 공헌"의 크리스틴 나이스트롬에 따르면, 미디어 생태학은 우리의 상징 체계 및 미디어 기술이 "현실"을 구성하는 방식과 그것이 사회 제도, 문화적 실천, 가치 등에 갖는 함의를 규정하는 방식을 연구하는 것이라고 말한다. 이 장은 20세기 초 물리학의 앨버트 아인슈타인과 베르너 하이젠베르크의 연구를 논의하면서, 특히 우리의 기술 및 상징 재현 체계의 '현실' 구성 역할에 관한 지적 근원에 초점을 맞추며 시작한다. 그리고 나서 이러한 생각이 워프와 같은 언어 인류학자와 랭어와 같은 상징 철학자의 혁신적인 연구에 의해 언

어, 문화, 그리고 커뮤니케이션의 연구에서 부각되는 과정을 살펴본다. 이 글은 워프와 랭어가 자신의 연구에서 보여 준 주요 사상이 미디어 생태학의 사상적 기초와 지적 토대의 일부가 되었다는 것을 강조하고 설명한다.

11장 나이스트롬의 장이 랭어의 주요 사상과 그것이 미디어 생태학의 주요 내용과 연관되는 방식을 설명했다면, 존 파워스의 "수잔 랭어의 정신 철학: 미디어 생태학을 위한 몇 가지 함의"는 랭어의 상징 철학을 설명하고, 미디어 생태학의 체계적이고 포괄적인 이론적 틀에 공헌할 만한 개념과 이론을 도출하고자 했다. 이 장은 ≪철학의 실천*The Practice of Philosophy*≫(1930)에서 시작해, 세 권의 ≪정신: 인간 감정에 관한 소고 *Mind: An Essay on Human Feeling*≫(1967, 1972, 1982)에서 정점에 이른 50년 이상에 걸친 그녀의 아홉 개 주요 저서를 다루며, 랭어의 연구 전반을 소개한다. 몇 가지 쟁점으로는 그녀의 철학 개념, 미디어와 상징주의에 대한 접근 방식, 이러한 이론에서 미디어 형태의 체계적인 분류법을 어떻게 발전할 수 있는지, 분리된 이론들을 지금보다 좀 더 밀접하게 상호 연대하도록 만들기 위해 랭어의 철학을 어떻게 활용할 수 있는지, 그리고 어떻게 그 외 철학을 경쟁적인 이론을 비판하고 평가하는 기준으로 활용할 수 있는지를 살펴본다.

12장 "구술성-문자성 정리와 미디어 생태학"에서 브루스 그뢴벡은 커뮤니케이션 미디어의 변화가 인간의 의식과 문화 작용의 변화에 영향을 미칠 것이라는 미디어 생태학의 주요 이론적 정전 중 하나를 분석적으로 소개한다. 여기서 그는 거시적 차원과 미시적 차원에서 이른바 구술성-문자성 정리를 체계화시킨 고전학자 에릭 해블록의 학문적 연구

와 맥루언과 옹의 저서, 그리고 인류학자 에른스트 마이어Ernst Mayr, 클로드 레비스트로스, 잭 구디와 이언 와트Ian Watt 같은 학자의 연구를 검토한다. 거시적 수준에서의 구술성-문자성 정리는 사회 전반에 지배적인 미디어의 역할과 관련된 쟁점을 다룬다. 예를 들면, 구어 사회, 문자 사회, 활자 사회, 전자 사회에서의 미디어 결정론 혹은 실용주의에 관한 질문을 다룬다. 미시적 수준에서의 구술성-문자성 정리는 인지 과정 이론에 관심을 갖으며, 특히 마음이 청각적, 문자적, 시각적 채널을 통해 메시지를 처리하는 과정에 주의를 기울인다. 이 장은 이들 정리를 종합하면서, 이들의 여러 가지 강점과 약점에 대해 평가하고, 이러한 정리를 오늘날의 멀티미디어 환경의 구술성과 문자성 관련 쟁점을 이해하기 위해 어떻게 생산적으로 활용할 수 있는지를 이야기한다. 구술성과 문자성은 미디어 시대사에 있어 첫 두 시대를 구현하고 있다.

13장   활자 인쇄술은 미디어 시대사에 세 번째 단계이다. 조셉 애시크로프트의 "문화와 커뮤니케이션에 미친 활판 인쇄술의 영향: 몇 가지 미디어 생태학적 해석"은 구텐베르크가 인쇄기를 발명한 후 수세기 동안 인쇄술이 문화에(주로 서구 세계의 문화에) 미친 영향에 관해 논의한 미디어 생태학적 이론을 개괄하고 있다. 아이젠슈타인, 해블록, 맥루언, 옹, 포스트먼, 뤼시엥 페브르Lucien Febvre와 앙리 장 마르탱Henri-Jean Martin(1976) 등의 학문을 종합하면서, 저자는 종교 개혁, 민족주의의 출현, 근대 과학의 발생과 변화, 개인주의와 민주주의의 등장 등과 관련된 활자 인쇄술 전파의 여러 가지 장기적인 영향력을 논의한다. 이 장은 또한 인쇄술이 어떻게 읽는 대상과의 관계와 다른 사람과의 관계, 그리고 자기 주변과의 관계에 대한 개념을 바꿔 놓을 수 있는지, 또한 유년기의 개념이 인쇄술의 결과일 수 있는지를 생각해 본다. 인쇄술에 관한 미디어 생태학적

연구를 종합하고 분석하면서, 저자는 미디어 생태학자가 미디어의 개별적인 효과보다는 광범위한 문화적 효과에 관심을 가질 필요가 있다고 제안한다. 또한 미디어 생태학의 방법론은 주로 이론을 검증하기보다는 만드는 질적인 것이라고 말한다. 개인이 어떻게 미디어의 영향을 받는가는 개인이 살고 있는 문화적 환경의 맥락 속에서 연구되어야 한다고 제안한다.

맺음말   나는 책의 마지막에서 미디어 생태학 분야의 몇 가지 근황을 간단하게 논의하면서 책을 마무리하고 있다. 여기에는 미디어 생태학 학회의 창립과 이러한 창립이 어떻게 이론 집단으로서의 미디어 생태학의 지적 역사에 새로운 장을 알리고 상징하는지가 포함된다.

요약

이 책은 어느 정도 체계적인 이론적 토대와 다학제적 지적 전통을 가진 미디어 생태학의 발전 과정을 이해하기 위한 역사적 틀을 제공하고자 했다. 13개의 장(그리고 맺음말)은 미디어 기술이 문화와 인간 커뮤니케이션에 미치는 형태적, 근본적, 생태학적 영향력에 관한 미디어 생태학의 몇 가지 주요 사상, 이론, 주제 등을 밝히고, 종합하고, 분석하려고 했다. 또한 이러한 사상 배후의 사상가와, 이러한 사상이 생겨난 지적 맥락, 그리고 어떻게 어느 정도 이러한 사상을 우리 시대에 활용할 수 있는지의 문제를 이야기한다. 이러한 장들 간에는 이론 및 주제 면에서 어느 정도 중복이 있다. 하지만 이러한 중복이 다음 두 가지 점에서 불가피하고 본질적이다. 첫째, 이러한 중복은 저자들이 각각의 목소리를 가지고 있고 어떤 경우에는 서로 다른 해석을 하더라도, 장들 간의 서사적 일관성을 만들고 유지시킨다. 두 번째 그러한 중복이 불가피하고 본질적인 이유는 앞에서 이야기했듯이, 이론 집단이자 지적 전통으로서의 미디어 생태학이 일관성 있는 다학제적 문헌과 이론적 시각에 의해 부분적으로 드러나기 때문이다.

종합적으로 이 책은 북미 커뮤니케이션 학문의 지성사에 빠져 있는 미디어 생태학 전통에 관한 첫 이해를 돕는 출발점을 제공할 수 있다. 요컨대, 이 책은 미디어 생태학의 전통을 잇는 다양한 이론적 실마리를 종합하면서, 문화, 기술, 그리고 본질적으로 현대 기술 사회 내 우리의 위치에 관해 중요한 세계관을 제공하는 학자들의 흥미로운 역사를 서술하고자 한다.

참고 문헌

Acland, C. R. & Buxton, W. J. (eds.) (1995). *Harold Innis in the new century: Reflections and refractions*. Montreal, Canada: McGill-Queen's University Press.

Adorno, T. & Horkheimer, M. (1977). The culture industry: Enlightenment as mass deception (abridged). In J. Curran, M. Gurevitch, & J. Woollacott (eds.), *Mass communication and society* (pp.349~383). London: Edward Arnold (Publishers) Ltd. & The Open University Press.

Barnes, S. (2001). *Online connections: Internet interpersonal relationships*. Cresskill, NJ: Hampton Press.

Beniger, J. R. (1986). *The control revolution: Technological and economic origins of the information society*. Cambridge, MA & London: Harvard University Press.

Berger, P., Berger, B., & Kellner, H. (1973). *The homeless mind*. New York: Random House.

Bernays, E. (1965). *Biography of an idea: Memoirs of public relations counsel Edward L. Bernays*. New York: Simon & Schuster.

Birdwhistell, R. L. (1952). *Introduction to kinesics*. Louisville, KY: University of Louisville Press.

Birdwhistell, R. L. (1970). *Kinesics and context: Essays on body motion communication.* Philadelphia: University of Pennsylvania Press.

Blechman, R. (1976). *Very model of a media ecologist.* Unpublished poem.

Bolter, J. D. (.1984). *Turing's man: Western culture in the computer age.* Chapel Hill: University of North Carolina Press.

Bolter, J. D. & Grusin, R. (1999). *Remediation: Understanding new media.* Cambridge, MA: MIT Press.

Boorstin, D. J. (1987). *The image: A guide to pseudo-events in America* (25th anniversary edition). New York: Atheneum. (Original work published 1961 as *The image: What happened to the American dream*)

Bruner, J. S. (1962). *On knowing: Essays for the left hand.* Cambridge, MA: Belknap Press of Harvard University Press.

Bruner, J. S. (1983). *Child's talk: Learning to use language.* New York: W. W. Norton.

Bruner, J. S. (1986). *Actual minds, possible worlds.* Cambridge, MA: Harvard University Press.

Bryant, J. & Thompson, S. (2002). *Fundamentals of media effects.* New York: McGraw-Hill.

Campbell, J. (1982). *Grammatical man.* New York: Touchstone.

Cantril, H. (ed.). (1960). *The morning notes of Adelbert Ames, Jr.* New Brunswick, NJ: Rutgers University Press.

Carey, J. W. (1968). Harold Adams Innis and Marshall McLuhan. In R. B. Rosenthal (ed.), *McLuhan: Pro and con* (pp.270～308). New York: Funk & Wagnalls.

Carey, J. W. (1975). Communication and culture. Communication Research, 2, 176～197.

Carey, J. W. (1981). McLuhan and Mumford: The roots of modern media analysis. *Journal of Communication*, 31(3), 162～178.

Carey, J. W. (1988a). *Communication as culture: Essays on media and society.* Boston: Unwin Hyman.

Carey, J. W. (1988b). Space, time, and communications: A tribute to Harold Innis. In J. W. Carey (ed.), *Communication as culture: Essays on media and society* (pp.142～172). Boston: Unwin Hyman.

Carey, J. W. (1996). The Chicago School and mass communication research. In E. E. Dennis & E. Wartella (eds.), *American communication research: The remembered history* (pp.21～38). Mahwah, NJ: Erlbaum.

Carey, J. W. (1997). *Harold Innis and the origins of media ecology.* Unpublished keynote

speech to the Media Ecology Conference, Rosendale, NY.
Carey, J. W. (2003a). *At the scene of creation: Toronto, 1948*. Unpublished keynote speech given at the fourth annual convention of the Media Ecology Association, Hempstead, NY.
Carey, J. W. (2003b). The democratic dimensions of media ecology. Remarks made on a panel on "he philosophical dimensions of media ecology" at the annual convention of the National ommunication Association.
Carpenter, E. (1960). The new languages. In E. Carpenter & H. McLuhan (eds.), *Explorations in communication: An anthology* (pp.162~179). Boston: Beacon.
Carpenter, E. (1972). *Oh, what a blow that phantom gave me!* Toronto, Canada: Bantam Books.
Carpenter, E. & McLuhan, H. M. (eds.) (1960). *Explorations in communication: An anthology*. Boston: Beacon.
Christians, C. G. & Van Hook, J. M. (eds.) (1981). *Jacques Ellul: Interpretive essays*. Urbana: University of Illinois Press.
Cooley, C. H. (1909). *Social organization: A study of the larger mind*. New York: Scribner's.
Craig, R. T. (1999). Communication theory as a field. *Communication Theory*, 9, 119~161.
Crane, D. (1972). *Invisible colleges*. Chicago: University of Chicago Press.
Culkin, J. (1989). Marshall's New York adventure: Reflections on McLuhan's year at Fordham University. In G. Sanderson & F. Macdonald (eds.), *Marshall McLuhan: The man and his message* (pp.99~110). Golden, CO: Fulcrum.
Czitrom. D. J. (1982). *Media and the American mind: From Morse to McLuhan*. Chapel Hill, University of North Carolina Press.
Deibert, R. (1997). *Parchment, printing, and hypermedia: Communication and world order transformation*. New York: Columbia University Press.
Delia, J. G. (1987). Communication research: A history. In C. Berger & S. Chaffee (eds.), *Handbook of communication science* (pp.20~98). Newbury Park, CA: Sage.
Dennis, E. E. & Wartella, E. (eds.) (1996). *American communication research: The remembered history*. Mahwah, NJ: Erlbaum.
Dervin, B., Grossberg, L., O'Keefe B. J., & Wartella, E. (eds.) (1989). *Rethinking communication* (Vols. 1~2). Beverly Hills, CA: Sage.
Dewey, J. (1916). *Democracy and education*. New York: Macmillan.

Eisenstein, E. L. (1979). *The printing press as an agent of change: Communications and cultural transformations in early modern Europe*. Cambridge, England: Cambridge University Press.

Eisenstein, E. L. (1983). *The printing revolution in early modern Europe*. Cambridge, England: Press Syndicate of the University of Cambridge.

Ellul, J. (1964). *The technological society* (J. Wilkinson, trans.). New York: Vintage Book. (Original work published, 1954 as *La Technique, ou l'enjeu du siecle*. Paris: Armand Colin)

Ellul, J. (1965). Propaganda: The formation of man's attitude (K. Kellen, trans.). New York: Knopf. (Original work published 1962 as *Propagandes*. Paris: Armand Colin)

Ellul, J. (1980). *The technological system* (J. Neugroschel, trans.). New York: Continuum.

Ellul, J. (1981). *Perspectives on our age* (J. Neugroschel, trans.) New York: The Seabury Press.

Ellul, J. (1985). *The humiliation of the word* (J. Hanks, trans.). Grand Rapids, MI: Eerdmans.

Ellul, J. (1990). *The technological bluff* (G. Bromiley, trans.). Grand Rapids, MI: Eerdmans.

Enzensberger, H. M. (1974). *The consciousness industry*. New York: Seabury Press.

Ewen, S. (1976). *Captains of consciousness: Advertising and the social roots of the consumer culture*. New York: McGraw-Hill.

Ewen, S. (1996). *PR! A social history of spin*. New York: BasicBooks.

Farrell, T. J. (2000). *Walter Ong's contributions to cultural studies*. Cresskill, NJ: Hampton.

Farrell, T. J. & Soukup, P. (eds.). (2002). *An Ong reader: Further challenges for inquiry*. Cresskill, NJ: Hampton Press.

Febvre, L. & Martin, H. (1976). *The coming of the book: The impact of printing 1450~1800* (D. Gerard, trans.). London: Humanities Press

Ferment in the field [Special issue]. (1983). *Journal of Communication*, 33(3), 1~368.

Finkelstein, S. (1968). *Sense & nonsense of McLuhan*. New York: International Publishers.

Flayhan, D. (2001). Cultural studies and media ecology: Meyrowitz's medium theory and Carey's cultural studies. *The New Jersey Journal of Communication*, 9(1), 21~44.

Fleck, L. (1979). Genesis and development of a scientific fact. Translated by F. Bradley and T. J. Trenn. Chicago: University of Chicago Press. (Original work published 1935 as *Entstehung und Entwicklung einer wissenschaftlichen*

Tatsache: Einfuhrung in die Lehre vom Denkstil und Denkkollektiv. Basel, Switzerland: Benno Schwabe)

Forsdale, L. (1981). *Perspectives on communication.* New York: Random House.

Fraser, L. (1957). *Propaganda.* London: Oxford University Press.

Frommer, M. (1987). How well do inventors understand the cultural consequences of their inventions? A study of: Samuel Finley Breese Morse and the telegraph, Thomas Alva Edison and the phonograph, and Alexander Graham Bell and the Telephone. Unpublished doctoral dissertation, New York University.

Fuller, R. B. (1963). *Ideas and integrities, a spontaneous autobiographical disclosure.* Edited by R. W. Marks, (ed.). Englewood Cliffs, NJ: Prentice-Hall.

Fuller, R. B. (1969a). *Operating manual for spaceship earth.* Carbondale: Southern Illinois University Press.

Fuller, R. B. (1969b). *Utopia or oblivion: The prospects of humanity.* New York: Bantam Books.

The future of the field Ⅰ [Special issue]. (1993a). *Journal of Communication,* 43(3), 1~238.

The future of the field Ⅱ [Special issue]. (1993b). *Journal of Communication,* 43(4), 1~190.

Geddes, P. (1904). *City development: A study of parks, gardens and culture institutes: A report to the Carnegie Dunfermline Trust.* Edinburgh, Scotland: Geddes and Colleagues.

Geddes, P. (1915). *Cities in evolution: An introduction to the town planning movement and to the study of civics.* London: Williams & Norgate.

Gencarelli, T. F. (2000). *The intellectual roots of media ecology in the work and thought of Neil Postman.* The New Jersey Journal of Communication, 8(1), 91~103.

Giedion, S. (1948). *Mechanization takes command.* New York: Oxford University Press.

Giedion, S. (1967). *Space, time and architecture* (rev. ed.). Cambridge, MA: Harvard University Press.

Gitlin, T. (1978). Media sociology: The dominant paradigm. *Theory and Society,* 6, 205~253.

Gitlin, T. (1980). *The whole world is watching.* Berkeley: University of California Press.

Gitlin, T. (1987). *The Sixties: Years of hope, days of rage.* New York: Bantam.

Goffman, E. (1959). *The presentation of self in everyday life.* New York: Doubleday.

Goffman, E. (1963). *Behavior in public places: Notes on the social organization of gatherings.* New York: The Free Press.

Goffman, E. (1974). *Frame analysis.* New York: Harper Colophon Books.

Goody, J. (1968). *Literacy in traditional societies.* London: Cambridge University Press.

Goody, J. (1977). *The domestication of the savage mind.* Cambridge, England & New York: Cambridge University Press.

Gordon, G. N. (1965). *Educational television.* New York: Center for Applied Research in Education.

Gordon, G. N. (1969). *The languages of communication: A logical and psychological examination.* New York: Hastings House.

Gordon, G. N. (1971). *Persuasion: The theory and practice of manipulative communication.* New York: Hastings House.

Gordon, G. N. (1975). *Communications revolution: Constructing a cross-discipline.* New York: Hastings House.

Gordon, G. N. (1977). *The communications revolution: A history of mass media in the United States.* New York: Hastings House.

Gozzi, R., Jr. (1999). *The power of metaphor in the age of electronic media.* Cresskill, NJ: Hampton Press.

Gozzi, R., Jr. (2000). Jacques Ellul on technique, media, and the spirit. *New Jersey Journal of Communication,* 8(1), 79-90.

Griffith, B. C. & Mullins, N. C. (1972). Invisible colleges: Small, coherent groups may be the same throughout science Science, 177, 959~964.

Gronbeck, B. E., Farrell, T. J., & Soukup, P. A. (eds.). (1992). *Media, consciousness, and culture: Explorations of Walter Ong's thought.* Newbury Park, CA: Sage.

Gross, B. & Gross, R. (eds.). (1985). *The great school debate: Which way for American education?* New York: Simon & Schuster/Touchstone.

Gumpert, G. (1987). *Talking tombstones & other tales of the media age.* New York: Oxford University Press.

Hall, E. T. (1959). *The silent language.* New York: Doubleday.

Hausdorff, D. (1970). *A preliminary bibliography in communications.* Unpublished reading list for doctoral students in the Media Ecology Program, New York University.

Havelock, E. A. (1963). *Preface to Plato.* Cambridge, MA & London: Belknap Press of the Harvard University Press.

Havelock, E. A. (1976). *Origins of western literacy*. Toronto, Canada: The Ontario Institute for Studies in Education.

Havelock, E. A. (1982). *The literate revolution in Greece and its cultural consequences*. Princeton, NJ: Princeton University Press.

Havelock, E. A. (1986). *The muse learns to write: Reflections on orality and literacy from antiquity to the present*. New Haven CT: Yale University Press.

Hayakawa, S. I. (1964). *Language in thought and action*. (4th ed.). New York: Harcourt Brace Jovanovich. (Original work published 1939)

Heisenberg, W. (1962). *Physics and philosophy*. New York: Harper & Row.

Heyer, P. (2003). *Harold Innis*. Boulder, CO: Rowman & Littlefield

Innis, H. A. (1950). *Empire and communication*. New York: Oxford University Press. [Rev. ed. published 1972 by University of Toronto Press.]

Innis, H. A. (1951). *The bias of communication*. Toronto, Canada: University of Toronto Press.

Innis, H. A. (1952). *Changing concepts of time*. (Reprinted in 2003 with a Foreword by J. W. Carey.) Boulder, CO: Rowman & Littlefield.

Innis, H. A (n.d.). *A history of communications: An incomplete and unrevised manuscript*. Montreal, Canada: McGill University's McLennan Library.

Jaynes, J. (1976). *The origins of consciousness in the breakdown of the bicameral mind*. Boston: Houghton Mifflin.

Jensen, J.(1990). *Redeeming modernity: Contradiction in media criticism*. Newbury Park, CA: Sage.

Karnow, S. (1983). *Vietnam: A history*. New York: Viking.

Katz, E., (1957). *The two-step flow of communication: An up-to-date report on an hypothesis*. Public Opinion Quarterly, XXI, 61~78.

Katz, E. & Lazarsfeld, P. (1955). P*ersonal influence: The part played by people in the flow of mass communications*. Glencoe, IL: The Free Press.

Klapper, J. T. (1960), *The effects of mass communication*. Glencoe, IL: The Free Press.

Korzybski, A. (1933). *Science and sanity*. Lancaster, PA: Science Press Printing Co.

Kuhn, T. S. (1962). *The structure of scientific revolution*. Chicago: University of Chicago Press.

Kuhns, W.(1971). *The post-industrial prophets*. New York: weybright & Talley.

Langer, S. K. (1930). *The practice of philosophy*. New York: Henry Holt.

Langer, S. K. (1942). *Philosophy in a new key: A study in the symbolism of reason, rite, and art.* Cambridge, MA: Harvard University Press.

Langer, S. K. (1967). *Mind: An essay on human feeling,* (Vol. Ⅰ, Parts 1～3). Baltimore: Johns Hopkins University Press.

Langer, S. K. (1972). *Mind: An essay on human feeling,* (Vol. Ⅱ, Parts 4). Baltimore: Johns Hopkins University Press.

Langer, S. K. (1982). *Mind: An essay on human feeling,* (Vol. Ⅲ, Parts 5 & 6). Baltimore: Johns Hopkins University Press.

Lasswell, H. (1927). *Propaganda techniques in the world war.* New York: Knopf

Lee, A. M. & Lee, E. B. (1939). *The fine art of propaganda.* New York: Harcourt, Brace.

Lee, D. (1954). The self among the Wintu. *Explorations,* 3, 89～95.

Lee, D. (1959). *Freedom and culture.* Englewood Cliffs, NJ: Prentice-Hall.

Lee, E. B. & Lee, A. M. (1979). The fine art of propaganda analysis — then and now. *ETC.: A Review of General Semantics,* 36(2), 117～127.

Leeds-Hurwitz, W. (1990). Notes in the history of intercultural communication: The Foreign Service Institute and the mandate for intercultural training. *Quarterly Journal of Speech,* 76, 262～281.

Lerner, D. (ed.). (1951). *Propaganda in war and crisis.* New York: George W. Stewart. (Reprinted in 1972 by Arno Press, New York)

Lerner, D. (1958). *The passing of traditional society.* Glencoe, IL: The Free Press.

Levinson, P. (1997). *The soft edge: A natural history and future of the information revolution.* London & New York: Routledge.

Levinson, P. (1999). *Digital McLuhan: A guide to the information millennium.* New York: Routledge.

Levi-Strauss, C. (1966). *The savage mind.* Chicago: University of Chicago Press.

Lippmann, W. (1922). *Public Opinion.* New York: Macmillan.

The living McLuhan [Symposium]. (1981). *Journal of Communication,* 31(3), 116～199.

Logan, R. K. (1986). *The alphabet effect: The impact of the phonetic alphabet on the development of western civilization.* New York: Avon. (Later edition published in 2003 as *Alphabet effect: A media ecology understanding of the making of Western civilization* by Hampton Press, Cresskill, NJ)

Lowery, S. A. & DeFleur, M. L. (1995). *Milestones in mass communication research: Media effects* (3rd ed.). White Plains, NY: Longman.

Lum, C. M. K. (1992). Captains and corporals: The debate between the neo-Marxist and the reflective perspectives on advertising. *The Speech Communication Annual*, 6 (50th Anniversary Edition), 31~44.

Lum, C. M. K. (1996). *In search of a voice: Karaoke and the construction of identity in Chinese America.* Mahwah, NJ: Erlbaum.

Lum. C. M. K. (Guest ed.) (2000a). The intellectual roots of media ecology [special issue]. *The New Jersey Journal of Communication*, 8(1).

Lum, C. M. K. (2000b). Introduction: Intellectual roots of media ecology. *The New Jersey Journal of Communication*, 8(1), 1~7.

Mannheim, K. (1945). American sociology. In G. Gurvitch & W. Moore (eds.), *Twentieth century sociology* (pp.507~537). New York: Philosophical Library.

Marchand, P. (1989). *Marshall McLuhan: The medium and the messenger.* New York: Ticknor & Fields.

Marchand, R. (1985). *Advertising the American dream: Making way for modernity, 1920~1940.* Berkeley: University of California Press.

Marcuse, H. (1965). *One dimensional man.* Boston: Beacon Press.

Maxwell, R. (2003). *Herbert Schiller.* Lanham, MD: Rowman & Littlefield.

McChesney, R. W. (2000). *Rich media, poor democracy: Communication politics in dubious times.* New York: The New Press.

McLuhan, E. & Zingrone, F. (eds.). (1995). *Essential McLuhan.* New York: Basic Books.

McLuhan, H. M. (1951). *The mechanical bride: Folklore of industrial man.* Boston: Beacon Press.

McLuhan, H. M. (1962). *The Gutenberg galaxy.* Toronto, Canada: University of Toronto Press.

McLuhan, H. M. (1964). *Understanding media: The extensions of man.* New York: McGraw-Hill.

McLuhan, H. M. & McLuhan, E. (1988). *Laws of media: The new science.* Toronto, Canada: University of Toronto Press.

McLuhan, H. M. & Powers, B. (1981). Ma Bell minus the Natucket gam: Or the impact of hight-speed data transmission. *Journal of Communication*, 31(3), 191~199.

McPhailm T. L. (2002). *Global communication: Theories, stakeholders, and trends.* Boston: Allyn & Bacon.

Mead, G. H. (1934). *Mind, self, & society from the standpoint of a social behaviorist.*

Chicago: University of Chicago Press.

Merton, R. K. (1967). On the history and systematics of sociological theory. In R. K. Marton (ed.), *On theoretical sociology* (pp.1~37). New York: The Free Press.

Meyrowitz, J. (1985). *No sense of place: The impact of electronic media on social behavior.* New York: Oxford University Press.

Meyrowitz, J. (1994). Medium theory. In D. Crowley & D. Mitchell (eds.), *Communication theory today.* Stanford, CA: Stanford University Press.

Miller, D. L. (1989). *Lewis Mumford: A life.* New York: Weidenfeld & Nicolson.

Miller, J. (1971). *McLuhan.* London: Fontana.

Molinaro, M., McLuhan, C., & Toye, W. (eds.) (1987). *Letters of Marshall McLuhan.* Toronto, Cannada: Oxford University Press.

Mumford, L. (1934). *Technics and civilization.* New York: Harcourt Brace.

Mumford, L. (1938). *The culture of cities.* New York: Harcourt, Brace.

Mumford, L. (1961). *The city in history: Its origins, its transformations, and its prospects.* New York: Harcourt Brace & World.

Mumford, L. (1967). *The myth of the machine: I. Technics and human development.* New York: Harcourt Brace & World.

Mumford, L. (1970). *The myth of the machine: II. The pentagon of power.* New York: Harcourt Brace Jovanovich.

Munson, E. S. & Warren, C. A. (eds.) (1997). *James Carey: A critical reader.* Minneapolis: University of Minnesota Press.

Murray, S. O. (1994). *Theory groups and the study of language in North America.* Amsterdam: John Benjamins.

Murray, S. O. (1998). *American sociolinguistics: Theorists and theory groups.* Amsterdam: John Benjamins.

New York University Bulletin: School of Education, 1966~1967. (1966). New York: New York University.

New York University Bulletin: School of Education, 1970~1971. (1970). New York: New York University.

New York University Bulletin: School of Education, 1971~1972 (1971). New York: New York University.

New York University Bulletin: School of Education, 1976~1977 (1976). New York: New York University.

New York University Bulletin: School of Education, 1997~1999 (1997). New York: New York University.

Nystrom, C. L. (1973). Towards a science of media ecology: The formulation of inte-grated conceptual paradigms for the study of human communication systems. Unpublished doctoral dissertation, New York University.

Ong, W. J. (1967). *The presence of the world: Some prolegomena for cultural and religious history*. New Haven, CT: Yale University Press.

Ong, W. J. (1982). *Orality and literacy*. London: Methuen.

Ong, W. J. (2002). Ecology and some of its future. *EME: Explorations in Media Ecology*, 1(1), 5~11.

Park, R. (1920). Foreign language press and social progress. Proceedings of the National Conference of Social Work, 493~500.

Park, R. (1922). *The immigrant press and its control*. New York: Harper & Brothers.

Park, R. (1925). Immigrant community and immigrant press. *American Review*, 3, 143~152.

Perkinson, H. (1991). *Getting better: Television and moral progress*. New Brunswick, NJ: Transaction.

Playboy interview: Marshall McLuhan. (1969, March). *Playboy*, pp.26~27, 45, 55~56, 61, 63.

Pope, D. (1983). *The making of modern advertising*. New York: Basic Books.

Postman, N. (1970). The reformed English curriculum. In A. C. Eurich (ed.), *High school 1980: The shape of the future in American secondary education* (pp.160~168). New York: Pitman.

Postman, N. (1975). Unpublished remarks to new graduate students at New York University, New York.

Postman, N. (1979). *Teaching as a conserving activity*. New York: Delta.

Postman, N. (1982). *The disappearance of childhood*. New York: Delacorte Press.

Postman, N. (1985). *Amusing Ourselves to Death*. New York: Viking Penguin.

Postman, N. (1988). *Conscientious objections: Stirring up trouble about language, technology, and education*. New York: Alfred A. Knopf.

Postman, N. (1992). *Technopoly: The surrender of culture to technology*. New York: Vintage Books.

Postman, N. (1999). *Building a bridge to the 18th century*. New York: Vintage Books.

Postman, N. (2000). The humanism of media ecology. Keynote speech at the first annual convention of the Media Ecology Association, New York.

Postman, N. & Weingartner, C. (1969). *Teaching as a subversive activity*. New Yokk: Delacorte Press.

Postman, N. & Weingartner, C. (1973). *The school book: For people who want to know what all the hollering is about*. New York: Delacorte Press.

Robinson, G. J. (1996). Constructing a historiography for North American communication studies. In E. E. Dennis & E. Wartella (eds.), *American communication research: The remembered history* (pp.157~168). Mahwah, NJ: Erlbaum.

Rogers, E. (1982). The empirical and critical schools of communication research. In M. Burgoon (ed.), *Communication yearbook* (pp.125~144). New Brunswick, NJ: Transaction.

Rogers, E. (1995). *Diffusion of innovations* (4th ed.). New York: The Free Press.

Rosenberg, B. & White, D. M. (eds.) (1957). *Mass culture: The popular arts in America*. New York: The Free Press.

Rosenberg, B. & White, D. M. (eds.) (1957). *Mass culture revisited*. New York: Van Nostran Reinhold Co.

Sanderson, G. & Macdonald, F. (eds.) (1989). *Mashall McLuhan: The man and his message*. Golden, CO: Fulcrum.

Sapir, E. (1921). *Language*. New York: Harcourt, Brace.

Schafer, R. M. (1980). *The tuning of the world*. Philadelphia: University of Pennsylvania Press.

Schiller, H. I. (1976). *Communication and cultural domination*. White Plains, NY: International Arts & Sciences Press.

Schiller, H. I. (1991). *Culture, Inc.: The corporate takeover of public expression*. New York: Oxford University Press.

Schiller, H. I. (1992). *Mass communication and American empire* (2nd ed.). Boulder, CO: Westview. (Original work published 1969 by Augustus M. Kelley Publishers)

Schmandt-Besserat, D. (1996). *How writing came about*. Austin: University of Texas Press.

Schramm, W. (1964). *Mass media and national development: The role of information in the developing countries*. Stanford, CA: Stanford University Press.

Schwartz, T. (1973). *The responsive chord*. New York: Doubleday.

Shonnon, C. E. & Weaver, W. (1949). *The mathematical theory of communication*. Urbana:

University of Illinois Press.
Smith, A. (1980). *The geopolitics of information: How western culture dominates the world.* New York: Oxford University Press.
Smith, M. R. (1994). Technological determinism in American culture. In M. R. Smith & L. Marx (eds.), *Does technology drive history?* (pp.1~35). Cambridge, MA: MIT Press.
Soukup, P. A. (2004). Walter J. Ong, S. J.: Aretrospective. Communication Research Trends, 23(1), 3~23.
Stamps, J. (1995). *Unthinking modernity: Innis, McLuhan and the Frankfurt School.* Montreal Kingston, Canada: McGill-Queen's University Press.
Standage, T. (1999). *The Victorian internet: The remarkable story of the telegraph and the 19th century's on-line pioneers.* New York: Berkley Books.
Stark, W. (1958). *The sociology of knowledge.* Glencoe, IL: The Free Press.
Stearn, G. E (ed.) (1967). *McLuhan hot & cool: A critical symposium.* New York: The Dial Press.
Stein, M. R. (1960). *The eclipse of community.* Princeton, NJ: Princeton University Press. (Harper Torchbooks edition, 1964)
Strate, L. (1994). Post(modern)man, or Neil Postman as postmodernist. *ETC.: A Review of General Semantics*, 51(2), 159~170.
Strate, L. (2002). Media ecology as a scholarly activity. Unpublished President's Address to the third annual convention of the Media Ecology Association, New York.
Strate, L. (2003a). Form archetype to cliche. Unpublished President's Address to the fourth annual convention of the Media Ecology Association, Hempstead, New York.
Strate, L. (2003b). Neil Postman, defender of the word. *ETC.: A Review of General Smantics*, 60(4), 341~350.
Strate, L. (2004) A media ecology review. *Communication Research Trends*, 23(2), 3~48.
Strate, L. (in press). *Understanding media ecology.* Cresskill, NJ: Hampton Press.
Strate, L., Jacobson, R., & Giboson, S. (eds.) (1996). *Communication and cyberspace.* Cresskill, NJ: Hampton Press.
Strate, L. & Lum, C. M. K. (2000). Lewis Mumford and the ecology of technics. *The New Jersey Journal of Communication*, 8(1), 56~78.
Strate, L. & Wachtel, E. A. (eds.) (2005). *The legacy of McLuhan.* Cresskill, NJ: Hampton Press.

Thaler, P. (1994). *The watchful eye: American justice in the age of the television trial*. Westport, CT: Praeger.

Thaler, P. (1997). *The spectacle: Media and the making of the O. J. Simpson story*. Westport, CT: Praeger.

Theall, D. F. (1971). *The medium is the rear view mirror: Understanding McLuhan*. Montreal. Canada: McGill-Queen's University Press.

Theall, D. F. (1988). McLuhan, telematics, and the Toronto School of Communication. Canadian *Journal of Political and Social Theory*, 10(1~2), 79~88.

Theall D. F. (2001). *The virtual Marshall McLuhan*. Montreal, Canada: McGill-Queens University Press.

Tunstall, J. (1977). *The media are American*. London: Constable.

Turkle, S. (1985). *The second self: Computers and the human spirit*. New York: Touchstone.

Turkle, S. (1995). *Life on the screen*. New York: Simon & Schuster.

Watzlawick, P. (1976). *How real is real? Confusion, disinformation, communication: An anecdotal introduction to communication theory*. New York: Random House.

Watzlawick, P., Bavelas, J. B., & Jackson, D. D. (1967). *Pragmatics of human communication: A study of interactional patterns, pathologies, and paradoxes*. New York: W. W. Norton.

Weizenbaum, J. (1976). Computer power and human reason. San Francisco: W. H. Freeman.

Whorf, B. L. (1956). *Language, thought and reality: Selected writings of Benjamin Lee Whorf*. Cambridge, MA: MIT Press.

Wiener, N. (1948). *Cybernetics, or control and communication in the animal and the machine*. Cambridge, MA: MIT Press.

Wiener, N. (1950). *The human use of human being: Cybernetics and society*. New York: Avon.

Zung, T. T. K. (ed.). (2001). *Buckminster Fuller: An anthology for a new millennium*. New York: St. Martin's Press.

(2) 미디어 생태학의 휴머니즘

닐 포스트먼

다음 본문에서도 말하겠지만, 이 연설문은 닐 포스트먼이 미디어 생태학회의 창립 학술 대회에서 발표한 것이다. 여기서 그는 미디어 생태학이라는 이름과 뉴욕대의 미디어 생태학 프로그램이 만들어진 배경에 대해 설명하고자 했다. 그는 미디어 연구를 유익하게 하는 시각을 이야기하려 했다.[1]

---

1. 2003년 말 그의 예기치 않은 사망 전, 닐 포스트먼 교수는 자신의 연설문을 책에 포함시키는 것을 처음 승낙하면서 요약문을 주었다. 이후 셸리 포스트먼 부인이 이 책에 글이 재수록되는 것을 허락해 주었다.

나는 미디어 생태학회 창립 학술 대회의 기조 연설을 해달라는 부탁을 받고 참으로 영광스러웠다. 내가 해줄 수 있는 사람이어서가 아니라, 이를 할 수 있는 적당한 사람으로 평가받았다는 생각에 조직위원회에 감사드린다. 하지만 적당하다는 것이 항상 최상은 아닐 수 있다. 자크 엘룰이 더 나을 수도 있지만 그는 죽었고, 더 나쁜 것은 그가 프랑스어로 말한다는 것이다. 맥루언도 죽었다. 에릭 해블록과 수잔 K. 랭어도 죽었다. 내가 이들 대학자와 나를 비교하려는 것은 아니다. 그들은 어쨌든 미디어 생태학의 아브라함이고 모세고 다윗이고 에스더이다. 이들이 유태인이라서가 아니라 이들이 미디어 생태학의 기본적인 문제 의식을 형성했다는 점에서 그렇다. 나는 이들이 정신적으로 이 자리에 있다는 것을 알지만, 이들 중 누구라도 오늘 저녁 이 자리를 함께할 수 있었더라면 학회에 더할 나위 없이 좋았을 것이다. 또 누가 기조 연설자로 좋을 것인가의 문제에 대해 덧붙이자면, 여러 젊은 학자들이 있을 것이다. 이들 중 몇몇은 뉴욕대의 미디어 생태학 프로그램의 졸업생이고, 몇몇은 아니지만, 이들은 미디어 생태학의 사상을 나보다 한층 더 이해하고 그래서 이의 없이 나보다 더 잘 해낼 수 있는 사람들이다.

그럼에도 불구하고, 내가 크리스틴 나이스트롬과 테렌스 모란과 함께 미디어 생태학이라는 이름을 건 대학원 프로그램을 최초로 만드는 것을 도왔다는 점에서, 내가 그리 나쁜 선택은 아니라고 본다. 그래서 나는 우리가 그 용어를 사용함으로써 무엇을 의미하고자 했는지에 대해 우선 이야기하고 싶다. 그렇다고 우리의 의미를 여러분에게 강요하려는 뜻은 없다.

여러분은 우리가 학과에 대해 처음 생각한 것이 생물학적인 은유를 따른다는 점에 놀랐을 것이다. 여러분은 세균 배양용 접시에 대해 들어보았을 때, 미디어를 배양균이 자라나는 물질로 정의한다는 것을 기억할 것이다. '물질'이란 단어를 테크놀로지로 바꾼다면, 그 정의는 미디어 생태학의 기본 원칙이 될 것이다. 미디어는 테크놀로지로서, 그 안에서 문화가 커간다. 다시 말해, 한 문화의 정치, 사회적 조직, 습관적 사고 방식이 형성된다. 그런 생각과 함께, 우리는 또 다른 생물학적 은유, 즉 생태학이라는 은유를 가져왔다. 이 단어의 어원을 살펴보면 우리가 현재 사용하는 방식과 전혀 다른 의미를 가졌다. 아리스토텔레스에게서 찾아보듯이, 그것은 '살림살이 *household*'를 의미했다. 그는 살림살이를 순조롭게 유지하는 지적 평정심의 중요성에 대해 이야기했다. 근대적 의미로 처음 사용된 것은 19세기 말 독일 동물학자인 에른스트 해켈 Ernst Haeckel에 의해서였다. 그는 우리가 현재 사용하듯이 자연 환경의 요소들 간의 상호 작용을 지칭하기 위해, 특히 이러한 상호 작용이 어떻게 균형적이고 건강한 환경에 이르게 되는지를 강조하면서, 그 단어를 사용하였다. 우리는 '생태학'이라는 단어 앞에 '미디어'라는 단어를 붙임으로써, 미디어뿐만 아니라 미디어와 인간의 상호 작용이 문화의 특성을 구성하고 문화의 상징적 균형을 돕는 방식에 관심을 가졌다는 것을 보여 주고자 했다. 고대의 의미를 근대적 의미와 연결시켜 본다면, 그 단어는 우리의 지구 살림을 질서 있게 유지할 필요가 있다는 것을 시사한다고 말할 수 있다.

학과의 초기 시절 우리는 '미디어 생태학'이라는 용어 사용에 대해 때에 따라선 완곡하게, 때에 따라선 심하게 조롱을 많이 받았다. 용어가 너무 유행을 따르고 있고, 무엇보다 사회 연구보다는 생물학에 적합해 거기에 속해 있어야 한다고 반대했던 것 같다. 하지만 우리는 적절한 용어를 선택했다고 보는 이유는 인간이 두 종류의 환경에 살고 있다는 사실을 좀 더 사람들이 의식하기를 바라기 때문이다. 이러한 두 종류의 환경 중 하나는 자연 환경으로서 공기, 나무, 강, 애벌레와 같은 것들로 이루어져 있다. 다른 하나는 미디어 환경으로서 언어, 숫자, 이미지, 홀로그램, 기타 모든 상징, 기법, 기계 장치 등 현재의 우리를 만들게 하는 것들로 이루어져 있다.

처음부터 우리는 도덕주의자 집단이었다. 우리의 미디어 생태학이 우리를 어떻게 더 낫게 할 것인지 더 나쁘게 할 것인지를 이해하는 데 특별한 관심을 가지면서, 미디어 환경에 주의를 기울이는 학과를 만들려고 생각했었다. 이러한 생각을 모두가 반기지는 않았다. 마셜 맥루언도 이들 중 하나였다. 맥루언은 뉴욕대에서 그런 학과를 시작하라고 제안했지만, 우리가 전자 미디어와 같은 뉴 미디어가 우리를 더 좋게 혹은 더 나쁘게 할 것인지에 대해 관심을 가져야 한다고 생각하지는 않았다. 그는 내게 스티븐 빈센트 비네의 장편 시 "존 브라운의 몸"의 구절을 몇 번이고 상기시켰다. 비네는 시의 마지막에 산업 혁명에 대해 언급하면서 다음과 같은 시구로 마무리한다.

그것이 축복인지 저주인지 말하지 말라.
단지 "여기에 있었노라"라고만 말하라.

거기에 도덕주의자를 위한 자리는 없다. 맥루언은 현대 미디어에 대해 그와 같은 시각, 즉 그것은 축복도 저주도 아니고, 단지 여기에 있을 뿐이다라는 시각을 가져야 한다고 주장했다. 그는 이러한 도덕적 중립을 통해 뉴 미디어의 작용하는 방식을 정확하게 배우는 최선의 기회를 가질 수 있다고 생각했다. 뉴 미디어의 작용이 좋은지 아닌지의 문제에 매달리다 보면 미디어에 대한 진정한 이해에서 벗어날 수 있다. 그렇기 때문에 맥루언이 나를 좋아했다고 믿지만, 내 책은 별로 좋아하진 않았을 것이라는 느낌이 든다. 그는 내 책이 너무 도덕주의적이고 랍비식이고 그렇지 않다면 너무 판단을 내린다고 생각했을 것이다.

　미디어에 대해 생각할 때 좋은지 나쁜지의 문제를 피하는 맥루언의 시각에는 상당한 장점이 있다고 생각한다. 하지만 나는 그런 시각을 가질 수 없었다. 솔직히 말해 나는 도덕적 혹은 윤리적 맥락에서 미디어를 연구하지 않는다면, 그 연구에서 별다른 의미를 발견하지 못한다. 나만 이렇게 믿고 있는 것은 아니다. 위대한 미디어 학자 중 몇 사람은, 예를 들어 루이스 멈포드와 자크 엘룰과 같은 학자가 테크놀로지에 대해 글을 쓸 때는 언제나 테크놀로지의 인간주의적인 혹은 반인간주의적인 결과에 대한 통찰을 이야기했다. 나머지 연설에서 그 문제에 대해 좀 더 이야기해 보고 싶다.

　인간주의적 관점에서 미디어에 대해 생각해 볼 때 사람들은 자신에게 무엇이 좋고 무엇이 나쁜지에 대한 다양한 의견을 가질 것이라는 당연한 사실을 생각해 보아야 한다. 올해 우리는 요하네스 구텐베르크 탄생의 600주년을 기념하고 있다. 2000년 우리는 모든 걸 고려해 볼 때 구텐베르크의 활자 인쇄술이 좋은 것이었다는 것, 즉 커뮤니케이션 역사에 인도적인 진보였다는 것에 동의할 수 있다. 하지만 그것의 발명 초기만 하더라도 특히 로마 가톨릭 교회의 분열에 미친 역할 때문에, 사람들은 그것에 동의하지 않았다. 인쇄술은 모든 신자의 식탁에 하느님의 말씀을 갖다 놓았다. 그랬을 때, 하느님의 말씀을 중개하는 교황과 신부를 누가 필요로 했겠는가? 따라서 마르틴 루터는 인쇄술이 "복음을 밖으로 나가게 한 최고의 하느님 은총"이었다고 말했던 것이다. 16세기 그러한 판단에 수긍하는 헌신적인 교인을 찾기란 어려웠을 것이다. 가톨릭과 개신교 간의 분쟁 혹은 인쇄술에 의해 유발된 분쟁이 누그러지기까지 200년이 걸렸다고 이야기할 수 있다. 이는 또 하나의 시사점을 갖는다. 뉴 미디어의 인간주의적 결과를 판단하는 데 있어 시간이라는 요소를 반드시 고려해야 한다. 여러분 중 몇몇은 텔레비전의 매우 부정적인 결과 가운데 하나가 어린이라는 제도를 쓸모없게 만든 것임을 알고 있을 것이다. 나는 이를 도덕적 퇴보라고 말하고 싶다. 물론 특히 장사꾼과 같이 어린 시절이 사라진 것이 좋은 개념이라고 생각하는 사람도 있다. 하지만 나처럼 그것이 재앙이라고 생각하는 사람은 100년 뒤엔 그러지 않을 수도 있다는 점을 유의해야 한다. 사실 사람들은 어린 시절이라는 개념이 어느 시대 젊은이 혹은 노인 누구에게도 크게 이롭지 않았고, 텔레비전이 하루빨리 그 개념을 없애는 것이 더 나을 것이라고 믿을지도 모른다.

그래서 우리는 우선 사람들이 무엇이 자신에게 좋은지 그리고 나쁜지에 대해 다르게 여길 수 있다는 것과 두 번째, 시간의 흐름에 따라 변화하면서 사물이 처음 나타났을 때와는 다르게 보게 된다는 것을 명심해야 한다. 이런 점을 염두에 두고 도덕적 상대주의의 입장을 취하는 것인가? 꼭 그런 것은 아니다. 예를 들어, 사람들이 뉴 미디어의 도덕적 의미에 대해 의견을 달리 했을 때 한 집단은 틀렸다고 이야기할 수 있다. 또한 시간이 흘러 뉴 미디어의 효과에 대한 사람들의 판단이 변할지 모르지만, 시간의 문제가 아닐 수도 있다. 이를테면 미디어의 부정적인 효과가 여전히 문제이고, 시간이 흘렀음에도 불구하고 문제로 남아 있을 수 있다는 것이다. 다시 말해, 시간이 항상 미디어의 부정적인 면을 없애지는 못한다. 그렇다고 긍정적인 면을 꼭 약화시키는 것도 아니다. 이것에 대한 적절한 예를 문자에 대한 소크라테스의 예언에서 찾을 수 있다. 많은 분이 아시다시피, 소크라테스는 《파이드로스*Phaedrus*》에서 글이 우리의 기억을 약화시키고, 개인적인 것으로 남아 있으면 좋을 것을 공적인 것으로 만들며, 교육 방식을 변화시킬 수 있다는 점에서 반대했다. 그는 학생들이 글 때문에 토론에 참여하기보다는 따라가게 된다고 말했다. 2500년이 지났음에도 그러한 부정적인 영향력은 변화하지 않았다고 본다. 덧붙여 플라톤이 봤던 긍정적인 영향력 또한 분명하다.

다른 예로 미디어에 관한 고대 예언을 더 들어 보겠다. 십계명의 두 번째 계명에 암시적인 예언이 있음을 기억해 주길 바란다. 그 계명은 세상에 어떤 것이든지 그 모양을 본 딴 우상을 만들지 말라고 유대인에게 명했다. 그 계명의 저자는 구상적이고 시각적인 이미지가 추상적인 개념, 특히 물적 실체 없이 말씀 안에 그리고 말씀을 통해서만 존재하는 신과 같은 개념에 대한 사람들의 이해력을 약화시킨다고 믿은 것 같다. 인간 심리에 미치는 미디어의 효과에 대한 그런 생각은 3000년 전과 마찬가지로 지금도 신뢰할 수 있다.

내가 이야기하려는 것은 무엇이 이득이고 손실인지에 대한 의견이 모두 일치하지 않는다는 점과 시간이 미디어의 효과에 대한 우리의 판단을 바꿔 놓을 수 있다는 점을 명심하면서도, 여전히 미디어가 인간주의 개념에 공헌할 것인가 혹은 훼손할 것인가에 대해 분명한 견해를 가질 수 있다는 것이다. 여기서 인간주의 개념이 무엇을 의미하는지에 대해 이야기해 보겠다. 맥루언과 해럴드 이니스에서 시작해 보자. 아시다시피 맥루언은 종종 그것을 부정했고 이니스는 부정하지 않았지만, 이들 모두 미디어와 관련하여 사람들에게 유익한 것이 무엇인지에 대해 분명하게 생각하고 있었다. 맥루언은 사람들이 사용하는 미디어가 감각기관의 균형을 가져다준다면 더 나을 것이라고 생각했다. 이니스는 미디어가 사람들의 시간 및 공간 관념의 균형을 가져다준다면 더 나을 것이라고 믿었다. 내가 알기로는 맥루언이 클래어 부스 루스에게 썼던 편지에서 "미디어 생태학"이라는 용어를 사용했다.[2] 이 편지에서 맥루언은 문화가 미디어 생태의 균형을 갖기 위해 특정 미디어의 사용을 제한할 필요가 있다고 말했다. 한편 이니스는 시간보다 공간을 강조하는 미디어가 군사적 정복에 사로잡힌 문화를 만드는 경향이 있다고 걱정했다. 다시 말해, 이들 모두 미디어와 미디어의 변화를 평가하는 데 있어 도덕적 차원을 가졌다.

그렇다면 미디어를 이해하는 데 고려해야 되는 인간주의적 쟁점들은 무엇이 있을까? 나는 일련의 질문 형태로 몇 가지를 말하고 싶고, 내 이야기가 끝났을 때 내가 생각하는 인간주의적 진보가 무엇인지를 이해하길 바란다.

첫 번째 질문은 이렇다. 미디어가 이성적 사고의 사용과 발전에 어느 정도 기여하는가?

이 질문은 이성적 사고가 인류의 가장 위대한 능력 중 하나이고, 따라서 이것을 촉진하는 글과 인쇄술과 같은 미디어는 높이 평가해야 한다는 내 믿음을 보여 준다. 텔레비전처럼 그렇지 않은 미디어는 염려할 필요가 있다. 이것은 글이나 인쇄술은 손해를 입히지 않고 텔레비전이 유익하지 않다는 것을 이야기하려는 것은 아니다. 단지 인류의 발전이라는 중요한 면에서 이를 보조하는 미디어의 경우와 이를 해치는 미디어의 경우가 있게 된다. 이 문제에 대해 좀 더 이야기해 보겠다. 예를 들어 전신에서 인터넷까지 전자 세계의 창조를 도운 모든 사람들이 거의 오로지 문자로 쓰거나 인쇄된 글을 통해, 즉 펜, 종이와 책으로 교육받았다는 점을 상기시키고 싶다. 그들이 어떻게 그렇게 똑똑해졌는가?

---

2. 맥루언이 '미디어 생태학'이라는 용어를 만들어 냈다거나, 극작가이자 출판업자 헨리 루스의 미망인 클레어 부스 루스에게 보내는 편지에서 처음 사용했다는 것은 사실이 아닌 것 같다. 이들은 1972년 호놀룰루에서 처음 만난 후 교신을 시작했기 때문이다(Molinaro et al., 1987, p.474 참조). 맥루언이 이 용어를 만들었다고 한다면, 1968년 미국 영어교사협회의 연례 회의에서 이 용어를 널리 알린 닐 포스트먼의 기조연설 이전에 이루어졌어야 한다. ― 편집자

글쎄, 여러분은 내 대답을 알고 있다. 그들의 지적 능력은 추상적인 사고력을 갖게 하는 미디어에 의해 개발되었다. 이와 같은 시각에 대해 좀 더 검토하고 싶다면 18세기에 관해 알아보라고 제안하고 싶다. 우리가 추구하는 인간주의적 사상의 대부분, 예를 들어 종교적 자유, 언론의 자유, 귀납적 과학, 여성의 권리, 어린 시절, 노예 제도에 대한 반대, 위정자를 선택하는 권리, 심지어 진보의 개념, 그리고 여러분이 놀랄지도 모르지만 행복의 개념에 이르기까지, 그 당시에 배태되었다. 우리는 인쇄술이 촉진시킨 사고 방식인 이성주의 덕분에 이러한 사상을 갖게 되었다. 데이비드 리스먼David Riesman은 인쇄술이 정신의 화약이라고 말한 적이 있다. 너무 많이 가진 것을 위험하다고 걱정할 필요는 없다.

두 번째 질문이다. '미디어가 민주적 과정의 발전에 어느 정도 기여하는가?'

인쇄물이 민주주의의 출현에 중요한 요인이었다는 것은 의심할 여지가 없다. 특히 인쇄술은 구술 전통을 약화시키고 개인을 크게 강조했다. 알렉시스 드 토크빌Alexis de Toqueville은 ≪미국의 민주주의Democracy in America≫라는 저서에서 인쇄물이 미국인의 공동체감을 약화시키고 이른바 이기주의를 만든다고 걱정했다. 토크빌은 라디오, 텔레비전이나 인터넷을 알지 못했지만, 알았더라도 다음과 같이 질문했을 것이다. 이들이 인간주의적 민주주의에 필요한 사회적 결속감과 개인 간의 균형을 유지하는 데 도움을 주는가? 그는 소외를 부추기는 미디어에 감명 받지 않았을 것이다. 아무튼 우리는 혼자 음악을 들을 수 있고 텔레비전이나 비디오를 혼자 볼 수 있다. 또 지금은 컴퓨터 덕분에 집에서 혼자 쇼핑을 하고, 선거를 하고, 대학에 다닐 수 있다. 물론 읽을 때도 혼자 읽는다. 앞에서 언급했듯이 이는 개인주의 발전에 중요한 요소이다. 하지만 뉴 미디어에 의한 불균형은 민주주의에 대한 우리의 이해나 실천에 중요한 영향을 미치는 문제를 일으킨다. 몇 년 전 로렌스 그로스먼Lawrence Grossman은 ≪전자 공화국The Electronic Republic≫이란 책에서 대의 민주주의가 미래에는 이른바 참여 민주주의로 대체될 것이라고 예측했다. 그는 디지털 테크놀로지 덕분에 국민 투표를 매주 실시하는 것이 가능해졌다는 뜻으로 말했다. 다시 말해, 시민들이 보스니아에 파병을 할 것인지, 대통령을 탄핵할 것인지, 또는 사회 보장 제도를 바꿀 것인지 등에 대해 투표를 할 수 있다는 것이다. 상원이나 국회가 대개 불필요하게 될 것이다. 즉 우리는 쟁점에 대해 논의할 시간이나 장소 없이 홀로 투표를 하는 익명의 시민이 될 것이다. 이러한 가능성에 대한 내 논평은 한마디로 만일 이러한 시스템이 채택되었다면, 매디슨, 제퍼슨, 워싱턴 모두 나라를 떠났을 것이라는 것이다.

두 번째 질문 연관하여 세 번째 질문은 뉴 미디어가 의미 있는 정보에 어느 정도 더 접근하게 하는가이다.

19세기 우리는 분명 정보 부족의 문제를 겪었다. 1830년대 정보는 인간의 속도, 즉 급행 열차로 35마일 정도로만 이동할 수 있었다. 그래서 어떻게 좀 더 많은 정보를 얻고, 좀 더 많은 사람과 더 빠르고 다양한 형태로 연락할 수 있는지의 문제를 제기했다. 우리는 1830년 말과 1840년대 초 전신과 사진의 발명으로 이 문제를 풀기 시작했다. 모든 사람이 문제를 풀어 보려는 초기 시도에 열렬했던 것은 아니다. 헨리 데이비드 소로Henry David Thoreau는 ≪월든Walden≫에서 "우리는 메인에서 텍사스까지 전신을 구축하는 것을 몹시 서둘렀다. 하지만 아무리 메인과 텍사스일지라도 중요하게 커뮤니케이션할 것이 없다…… 우리는 대서양 해저에 터널을 파서 구세계를 몇 주 더 가깝게 가져오고 싶어 했다. 하지만 미국인의 귀에 흘러들어간 첫 번째 뉴스는 아마도 애들레이드 공주가 큰 기침을 했다는 것일 것이다." 그렇지만 무엇이 중요하고 혹은 유용한 정보라는 쟁점에 대해서는 별로 논의된 바가 없었고, 이후 170년 동안 우리는 정보의 폭포에 빠르게 접근할 수 있는 기계에 집착해 왔다. 인터넷이 분명 그 일을 했고 우리는 그것의 효율성에 대해 응당 칭찬해 줘야 한다. 하지만 그것은 무엇이 중요한 정보인가의 문제를 푸는 데 도움을 주지 않았다. 텔레비전이나 다른 19세기와 20세기 미디어도 (아마 전화는 제외하고) 그렇지 못했다. 내가 말할 수 있는 것은 뉴 미디어가 우릴 정보 중독자의 나라로 만들었다는 것이다. 다시 말해 170년 동안의 우리의 노력이 정보를 쓰레기 형태로 만들었다. 정보 접근 문제에 대한 내 대답은 적어도 지금은 사용 가능한 정보의 속도와 양 그리고 다양성이 주의를 산만하게 하고, 도덕 의식의 부족을 가져온다는 것이다. 우리는 우리 시대의 심각한 사회 문제가 더 많은 정보를 좀 더 많이 갖기만 하면 풀 수 있을 것이라고 착각하고 있다. 하지만 세계의 어린이들과 많은 사람들이 굶주리고 있다는 것이 우리가 정보를 불충분하게 가지고 있어서가 아니라는 것을 여러분에게 굳이 이야기할 필요도 없다고 본다. 거리에 범죄가 범람하는 것이 우리가 정보를 적게 가지고 있어서가 아니다. 아동 학대와 여성 폭력도 정보 부족과는 아무 상관이 없다. 이러한 문제의 해결은 다른 곳에 있고, 빌 게이츠나 니콜라스 니그로폰테가 아직 이를 알아채지 못하고 있고, 앞으로도 그러지 않을 것 같다.

    마지막 질문이다. 뉴 미디어가 우리의 도덕이나 선을 위한 능력을 어느 정도 향상시킬 것인가 혹은 감퇴시킬 것인가?

    여러분 중 몇 분에게는 이러한 질문이 이상하고 대답할 수 없는 것처럼 들릴 것이다. 어쨌든 이 질문이 테크놀로지 지향적 사람들이나 교수들이 관심가질 만한 것은 아니다. 하지만 이것은 장 자크 루소가 1749년 출판한 에세이에서 물었던 질문이다. 이 에세이는 그를 유명하게 만들었고 이른바 낭만주의 사조를 태동시켰다. 루소는 과학적 진보가 도덕의 타락 혹은 정화에 기여하는지를 질문하였다. 내가 이 질문을 다시 생각하게 된 것은 이 질문이 지금과 마찬가지로 과학과 기술의 커다란 발전이 있었던 때, 그리고 모든 발명에 큰 관심이 쏟아졌을 때, 그러면서 기술 혁신이 인간의 진보와 같은 것이라는 믿음이 현저했을 때 물었던 것이기 때문이다. 그의 에세이에서 루소는 문명의 진보가 인간 정신의 품위를 떨어뜨리는 물질주의와 무신론을 낳는다고 비판했다. 그는 종교와 정신주의의 입장에 섰고, 그의 사상을 따랐던 많은 낭만파 시인들도 그랬다. 워즈워드, 키츠, 블레이크, 콜리지, 바이런, 하이네, 보들레르, 그리고 누구보다도 퍼시 셸리는 과학과 기술이 도덕적 기본 없이 나아가고 있기 때문에 도덕적 품위를 수용하는 정신을 만들고 있지 않다고 주장했다. 셸리는 물론 시가 그러한 정신을 만든다고 생각했다. "도덕적 선의 가장 위대한 도구는 상상력이다. 그리고 시는 원인에 작용하여 효력을 갖는다."

나는 셸리처럼 무엇이 도덕적 선의 도구이고 무엇이 도덕적 악의 도구 혹은 도덕적 무관심의 도구인지 분명히 안다고 이야기하지 않겠다. 하지만 미디어 생태학에 관심 있는 우리들이 루소의 말처럼 우리의 도덕성을 타락시키거나 정화시키는 미디어의 역할을 다루는 데 현재보다 더 많은 시간을 보내야 할 것 같다. 아무튼 기술의 대약진이 다른 어느 세기보다도 20세기에 이루어졌다는 점을 어느 누구도 부인할 수 없다. 그렇지만 이전 세기보다 전쟁과 폭력에 의해 학살된 사람이 수백만의 어린이를 포함하여 20세기에 훨씬 많다는 사실을 어떻게 설명할 수 있는가? 20세기의 가장 영향력 있었던 세 이데올로기가 나치즘, 파시즘, 공산주의였다는 사실을 어떻게 설명할 수 있을까? 이들 이데올로기는 인간 정신의 중요성을 약화시켰고 그래서 사람들은 될 수 있으면 이들을 피하려고 했다. 기술 발명품의 눈부심 뒤에 어둡고 사악한, 혹은 인간의 좋은 본성에 끔찍한 그림자를 드리우는 무언가가 숨어 있는 것이 가능하지 않는가?

테크놀로지 발전에 저명한 치어리더 중 한 명인 에스터 다이슨 Esther Dyson이 최근 저서에서 전자 세계에 대해 너무 걱정하는 사람들은 인간 본성이 똑같을 것이라고 확신할 때 안심할 수 있을 거라고 말했다. 그가 논의의 핵심을 놓쳤다는 것이 별로 놀랍지 않다. 인간 본성은 변함 없이 남아 있을지도 모른다. 하지만 증오와 살인을 하는 것도 인간 본성의 일부이고 사랑과 보호를 하는 것도 인간 본성의 일부이다. 문제는 어떤 부분이 해방되고 계발될 것인가? 어떤 부분이 억눌리고 움츠러들 것인가? 또한 우리의 기술에 대한 집착과 우리의 도덕적 성장을 위한 능력 간에 어떤 연관이 있는가? 이러한 마지막 질문에 대해 루소, 셸리, 블레이크, 칼라일, 헉슬리 등이 생각을 하고 글을 썼다. 우리도 그러고 있는가?

이러한 질문을 무시하고, 테크놀로지의 치어리더나 역사적 혹은 철학적 도덕적 시각을 거의 제시하지 않는 중립주의자를 만들기를 바라는 커뮤니케이션학과는 어딘지 천박하고, 빈약하고, 매우 부적절한 것 같다. 내 말은 미디어 생태학이 정확히 인문학의 한 분야라고 생각한다.

물론 미디어와 인간주의적 진보라는 대 주제에 관해 다른 많은 질문이 있다. 여러분도 알다시피, 내가 예술적 표현의 발전에 미디어가 기여하는지에 대해 이야기하지도 않고, 미디어가 인간 상호 작용의 질을 향상 시킬 것인지 혹은 약화시킬 것인지에 대해서도 별로 이야기하지 않았다. 그렇다고 뉴 미디어가 역사적 경험에 대한 관심을 어느 정도 증가시킬 것인지 혹은 감소시킬 것인지에 대해 이야기하지도 않았다. 이 모두가 중요한 문제이고 여러분 중 누군가 관심을 갖고 답변해 주길 바란다.

나는 미디어 생태학의 핵심이 우리가 어떻게 인간으로 살아나가고, 선택한 인생행로에서 어떻게 도덕적으로 행동할 수 있는지에 대해 통찰력을 높이는 데 있다고 말하면서 연설을 끝마칠까 한다. 여러분 중에 자신을 미디어 생태학자로 생각하지만 내가 지금 말한 것에 동의하지 않는 분도 있을 것이다. 그렇다면, 당신은 틀렸다.

참고 문헌

Molinaro, M., McLuhan, C., & Toye, W. (eds.) (1987). *Letters of Marshall McLuhan*. Toronto, Canada: Oxford University Press.

3

루이스 멈포드와 기술 생태학

랜스 스트레이트
캐이시 맨 콩 럼

신생 학문 분야로서 미디어 생태학에 관한 첫 주요 논문이었던 <미디어 생태학에 대하여: 인간 커뮤니케이션 체계 연구의 통합된 개념적 패러다임의 체계화>에서 나이스트롬(Nystrom, 1973)은 루이스 멈포드(1934)의 ≪기술과 문명Technics and Civilization≫이 이 분야의 기초 연구라고 밝혔다. 마찬가지로 쿤스(Kuhns, 1971)는 주요 미디어 생태학자를 검토하면서 멈포드를 후기 산업 사회의 첫 예언자라고 했다.[1] 그의 연구가 건축 연구와 비평에까지 확장되었던 사실을 고려할 때, 그는 미디어 생태학

---

1. 쿤스(1971)가 미디어 생태학이라는 전문 용어를 사용하지 않았지만, 미디어 환경과 정보 생태학은 언급했다.

이라는 집의 초석이라고 할 수 있다. 하지만 건물을 지을 때 초석이 보통 그것이 지탱하는 건물에 의해 가려지듯이, 미디어 생태학의 토대를 닦은 멈포드의 역할이 종종 잊혀지고 있다.

집은 초석에 짓고 물려준다는 점에서 구조와 계보로 이해할 수 있다. 이런 점에서 멈포드는 미디어 생태학이라는 말을 공식적으로 소개하고 이를 뉴욕대의 대학원 프로그램으로 만든 닐 포스트먼이나(Nystrom, 1973; Postman, 1970; Postman & Weingartner, 1971), 미디어를 논의하며 환경적, 생태학적 은유를 소개하고 이러한 시각을 대중화시켰던 마셜 맥루언(예, McLuhan, 1964), 그리고 맥루언이 커뮤니케이션 테크놀로지의 영향력에 관한 연구를 처음 시작했다고 인정한 해럴드 이니스(Innis, 1950, 1951) 등에 의해 종종 가려졌다. 이니스는 맥루언, 에릭 해블록, 에드먼드 카펜터 등을 포함하여 토론토대와 관련 있던 미디어 생태학자 집단인 토론토학파의 첫 번째 학자로 인정받고 있다.

미디어 생태학 이론의 초기 발전에 있어 토론토학파가 중요한 역할을 했다는 것을 부인할 수 없고, 이니스가 미디어 생태학 전통의 훌륭한 선구자라는 점에 대해 의심할 여지가 없지만, 이니스보다 멈포드가 먼저였고, 멈포드는 뉴욕학파의 창시자라고 볼 수 있다(Strate, 1996). 여기서 뉴욕학파는 한 대학(예를 들어, 뉴욕대)을 의미하는 것이 아니라 도시 전체를 지칭한다. 뉴욕학파의 초기 구성원을 보면, 컬럼비아대의 루이스 포스데일Louis Forsdale, 포담대와 뉴 스쿨의 존 컬킨John Culkin, 퀸스대의 개리 검포트Gary Gumpert와 찰스 와인가트너, 뉴욕대의 닐 포스트먼과 크리스틴 나이스트롬, 맨해튼에 기반을 둔 미디어 제작자 토니 슈와르츠Tony Schwartz 등이 있다. 여기서 이야기하고자 하는 것은 지역이나 계보를 다른 걸로 대신하자는 것이 아니라, 미디어 생태학의 학풍을 복잡하고 국제적인 지적 관계의 네트워크로 이해하자는 것이다.

선구자로서의 멈포드의 위치가 자주 잊혀지는 것은 용어의 변화와 연관이 있다. 그가 미디어 생태학이라는 용어를 접하는 것은 주요 연구 업적을 쓰고 난 생애 말기였다. 실제로 그는 미디어와 커뮤니케이션을 전면에서 이야기한 적이 없다. 물론 자신의 주요 연구 주제였던 기술과 도시와 관련해 예술과 문화와 함께 논의한 적은 있지만 말이다. 도시와 관련하여 오늘날의 사람들은 19세기와 20세기에 대중 매개 커뮤니케이션과 도시 중심지의 연관 관계가 얼마나 강했는지 쉽게 잊어버린다. 대중 커뮤니케이션과 도시화는 대중 사회의 주요 구성 요소이다. 토론토 학파는 물질적이고 기술적인 것(제도적이고 조직적인 것을 포함하지 않음)으로 제한된 미디어의 개념을 모든 인공물의 방식(커뮤니케이션 미디어만을 지칭하지 않음)을 포함하는 개념으로 확대시켜 소개하였다. 이런 점에서 기술에 대한 멈포드의 연구는 미디어 이론의 윗부분에 속해 있다.

멈포드는 뒷문을 통해 미디어 연구를 했을지 모르지만, 생태학과의 관계는 전향적이었다. 다른 많은 미디어 생태학자들이 생태학을 기껏해야 은유적으로 사용한데 반해, 멈포드는 구체적이고 실천적인 방식으로 인류의 생물학적이고 기술적인 환경에 관심을 가졌다. 멈포드는 스물두 살에 도시 발전의 생태학에 관한 첫 번째 책의 기획안을 썼다.

> 멈포드는 미국 도시에 대해 쓴 여느 책과는 다른 책을 제안하였다. 1893년 시카고 박람회 이후 미국에서 진행된 도시 르네상스로 인해, 임대, 세금, 예산, 특허, 교육, 주택 등에 초점을 맞추며 도시의 문제를 모든 각도에서 다룬 도시 조사, 도시 역사, 도시 가이드북 등에 관한 서적이 많이 나왔다. 하지만 멈포드는 한 가지가 "이상하게도 소홀하게 다루어졌다"는 것을 발견했다. 아무도 도시가 속한 지역의 환경(멈포드는 이를 생태학적 역사라고 함)이나 "도시의 환경과 관련하여 도시의 문제를 구체적으로 기술"하고자 하지 않았던 것이다 (Miller, 1989, p.84).

멈포드가 도시에 관한 주요 연구를 실제로 쓰기까지는 20년이 더 걸렸지만(Mumford, 1938), 그의 생태학적 역사 개념은 '기술*technics*'의 생태학으로 진화될 수 있었다. 이 글은 멈포드가 쓴 많은 저서에 나타난 그의 미디어 생태학의 두드러진 특성, 즉 기술의 시대사, 기술 유기체론 techno-organicism, 거대 기계*mega machine*에 대한 비판, 그리고 생태학적 윤리 등에 대해 논의할 것이다. 하지만 이에 앞서 멈포드 자신의 개인적, 지적 생태학을 살펴볼 것이다.

멈포드의 생애와 업적

루이스 멈포드는 1895년 퀸즈 플러싱에서 태어난 뉴욕 토박이이다. 그의 어머니 엘비나는 노동 계급의 독일 개신교 이민 가정 출신이었다. 루이스 멈포드가 태어나기 12년 전 존 멈포드라는 영국인과 잠깐 결혼하고 이혼했지만 그의 이름을 유지했다. 루이스 멈포드의 아버지는 루이스 맥으로 독일계 유태인 가정 출신이다. 엘비나는 그의 삼촌인 제이콥 맥의 하녀로 일했고, 그녀의 첫 결혼처럼 루이스 맥과도 짧은 만남을 갖는다. 루이스 멈포드의 법정 후견인은 루이스 맥이 아닌 제이콥 맥이었고, 그는 멈포드의 어린 시절 동안 아버지 역할을 대신해 주려고 했다. 하지만 무엇보다 루이스 멈포드는 맨해튼의 아들이었다. 그가 말했듯이, "뉴욕은 내 가족이 해준 것보다 더 지대하고 지속적인 영향을 미쳤다"(Mumford, 1982, p.25). 그는 성장기와 포부를 지닌 작가로서의 시기를 보내면서, 도시와 세계 전반이 직면한 빠르고 충격적인 변화를 목격한다. 새로운 형태의 건축, 교통, 커뮤니케이션이 도시의 모습뿐만 아니라 그 문화의 구조를 강력하게 바꾸고 있을 시기에 성장을 한다. 그가 태어나는 해에는 마르코니가 라디오 전신을 발명했고, 뤼미에르 형제가 영화 카메라를 발명했다. 그가 여덟 살이었던 1903년에는 라이트 형제가 인류 사상 최초로 동력 비행에 성공했다. 1년 뒤 뉴욕시 지하철이 생겨났고, 아더 콘은 뮌헨에서 뉴럼버그까지 처음으로 사진을 전송하였다.

어린 시절부터 할아버지와 뉴욕의 거리를 걸어 다니며 많은 시간을 보냈던 멈포드는 굉장한 물리적, 인구학적 변화를 겪고 있는 뉴욕시의 동네를 관찰하는 것을 즐겼다. 20세기 초 초고층 빌딩이나 새로운 개발 프로젝트, 도로 공사 등으로 인해 동네들이 철거되었다. 그리고 드라마처럼, 이민자 유입으로 맨해튼의 로워 이스트 사이드와 같은 새로운 동네가 생겨났다. 권위 있는 밀러의 전기(Miller, 1989)가 잘 보여 주듯이, 멈포드는 이 시기의 경험과 관찰을 통해 도시, 건축, 기술 등에 깊은 관심을 가지게 된다.

1912년 멈포드는 스타이브센트 고등학교를 졸업하고 뉴욕시립대의 저녁 강좌에 등록했다. 박사 공부를 해볼까도 잠시 생각했지만, 공식적인 학사 과정에 얽매이고 싶지 않아 학사 학위를 마치기도 전에 자퇴를 했다. 후에 뉴 스쿨 포 소셜 리서치, 컬럼비아대, 뉴욕대 등에서 수강했지만, 혼자서 학문의 세계를 탐구하는 쪽을 선택했다. 멈포드는 뉴욕시립 도서관을 세속 교회라고 생각하며 많은 시간을 보냈고, 다양한 분야의 책을 폭넓게 읽었다. 이는 멈포드의 사상과 학문이 지닌 간학제적인 성격과 해박한 지식의 폭을 설명한다. 또한, 그가 체계적 이론이나 학설을 개발하지 않았다는 사실을 설명할 수도 있다.

멈포드에게 어머니 같은 도시가 그의 교실이 되었다면, 그는 1915년과 1916년 사이 패트릭 게데스의 도시 계획에 관한 글을 읽으면서 그의 선생이 되어 줄 아버지 같은 인물을 찾았다. 스코틀랜드 생물학자인 게데스는 식물학, 생태학, 화석학에서부터 사회학, 인구학, 경제학, 인류학, 종교학, 도시학에 이르는 다양한 연구를 한다. 1854년에 태어난 게데스는 ≪도시 발전City Development≫(1904), ≪진화하는 도시Cities in Evolution≫(1915) 등을 포함해 몇몇 저서를 출판했다. 하지만 게데스의 가장 큰 영향은 대인 관계에서 이루어졌다.

> 게데스는 우선 소크라테스처럼 구술 선생이자 끊임없이 이야기하는 좌담가였다. 그의 텁수룩한 빨간 수염 때문에 때때로 말이 들리지 않았지만 말이다. 또한 그는 너무도 계획적이지 않아, 수많은 프로젝트와 과제를 완성하지 못한 채 남겨두었다. 그에게서 아이디어가 마치 불덩어리의 불똥처럼 튀어나왔다. 게데스는 그것들을 충분히 발전시킬 만큼 인내심이나 자제심을 가지고 있지 않았고, 그의 가장 독창적인 생각 대부분을 다른 사람들이 가지고 가 추진시켰다(Miller, 1989, p.52).

게데스의 사상은 미국 땅에 뿌리를 내렸고, 20세기 초 몇몇 저명한 지식인에게 영감을 주었다.

> 미국에서 그는 존 듀이John Dewey, 제인 애담스Jane Addams, 토스타인 베블런 Thorstein Veblen 등과 함께 논의된다. 루이스 멈포드는 게데스의 주요 제자가 되었고, 새로 구성된 미국지역계획협회에서 게데스의 프로그램이 구체화되었는데, 여기에는 기포드 핀쇼, 헨리 라이트, 스튜어트 체이스 등이 포함되어 있다. 이 집단에서 게데스는 공공 전기와 공동체 계획을 주된 목적으로 한 운동을 벌인다(Carey, 1989, p.129).

멈포드는 게데스의 사상이 갖는 힘이 그의 생물학적, 진화론적, 생태학적 시각에서 나온다고 봤다.

특정한 생물학적 법칙이 인간 문화에 대한 연구에 어떻게 지식을 제공할 수 있는지를 보여 준 게데스는 멈포드의 생각과 저작 활동에 결정적이고 광범위한 영향을 미쳤다. 토머스 헉슬리 실험실에서 생물학자로 훈련받은 게데스는 식물, 동물, 인간과 같이 자연 환경 전반에 존재하는 관계에 관심을 갖게 된다. 게데스의 "인간 생태학"이란 개념은 멈포드의 역사적 분석 방법이나 관심의 폭에 큰 영향을 미친다. 사실 멈포드는 게데스가 다른 어느 철학자보다 "인간 문화의 체계적 생태학을 위한 토대를 깔았다"고 주장한다(Novak, 1995, p.25).

인간 생태학은 시카고학파의 유명한 학자들이 가져간 게데스의 사상 중 하나였다. 이 개념은 시카고대 사회학자인 로버트 E. 파크Robert E. Park, 어니스트 버제스Earnest W. Burgess, 로드릭 D. 매켄지Roderick D. McKenzie 등과 연관되지만, 게데스의 기여는 종종 간과되었다(예를 들어, Hawley, 1986). 이런 면에서 인간 생태학의 아버지인 게데스와 미디어 생태학의 선구자인 멈포드는 놀랄 만한 유사성을 갖는다. 또한 게데스는 뉴욕학파와 토론토학파 간의 잃어버린 연결 고리로서, 해럴드 이니스의 연구에 직접적으로, 그리고 시카고학파에 간접적으로 영향을 미쳤다(Carey, 1989). 게데스의 인간 생태학은 기술의 역사를 포함했고, 그는 전자 기술의 혁명적 잠재력, 즉 캐리가 말한 "전자의 숭고함electronic sublime의 신화"(1989, p.139)를 논의한 첫 번째 사람 중 하나였다. 이 주제는 멈포드의 초기 연구(Mumford, 1934)에서 다루어졌고, 맥루언의 ≪미디어의 이해≫(1964)의 주요 테마가 되었다. 멈포드는 게데스가 "미래를 사회 사상에서 정식적으로 다뤄야 할 영역으로"(Carey, 1989, p.185 인용) 소개했다고 생각했다. 다시 말해, 게데스는 첫 번째 미래주의자이다. 이니스는 게데스로부터 "대화와 토론 그리고 가치와 철학적 사고를 강조했던 구어 전통이 감각과 이동성의 기술 문화에 대항하는 문화라는 것"을 알게 된다(Carey, 1989, p.135). 게데스의 사상은 구술성에서부터 전기까지 다루고 있고, 그래서 멈포드나 이니스보다 게데스가 미디어 생태학의 진정한 창시자였다는 주장이 가능할 수 있다.2

노백(Novak, 1995)은 게데스가 멈포드에게 미친 영향을 정리하면서 세 가지 요인을 지적한다. 첫째는 게데스의 생태학적 시각이었다. 두 번째는 도시 계획 연구뿐만 아니라 사고와 학문에 대한 게데스의 간학제적이고 일반론적 접근이다. 세 번째는 지식인을 활동가로 보는 게데스의 시각이다. 게데스는 학자들이 도시의 삶을 향상시키기 위해 자신이 연구한 것을 실천에 옮겨야 한다고 믿었다. 이러한 사상을 통해 우리는 멈포드가 미국지역계획협회의 창립자 가운데 한 사람으로서, 생태학적 지역주의를 적극적으로 추진했던 것을 이해해 볼 수 있다. 또한 이는 멈포드가 반세기 동안 뉴욕시 건설의 황제 노릇을 하며 고가 도로, 공원, 그리고 다른 주택 및 건설 프로젝트를 통해 뉴욕의 얼굴을 바꾸어 놓은 로버트 모제스Robert Moses와 벌였던 토론을 설명하기도 한다(Caro, 1975).

게데스만 멈포드에게 영향을 미친 것은 아니다. 멈포드의 지적 발전에 중요한 영향을 미친 또 한 명의 학자는 시카고대의 경제학자인 토스타인 베블린이었다.3 멈포드의 전기를 쓴 밀러에 따르면, "멈포드가 그의 저서를 열심히 읽었고, 베블린이 '전문화된 특정 영역에 경계를 나타내는 출입 금지 표시를 인정하길' 거부했다는 점에서 게데스와 비슷하다는 것을 발견했다"고 한다(p.1899). 베블린은 언어학자, 사회학자,

---

2. 창시자를 확인하는 것은 종종 논리적 필요성보다는 문화적 의무감에 기초한다는 것을 여기서 인정할 필요가 있다. 지성사는 간텍스트적 실천이다. 이것은 역사의 타당성이 없어서가 아니라, 특성상 종결을 거부한다. 예를 들어, 게데스도 러시아 왕족인 표트르 크로포트킨Petr Kropotkin의 연구에 영향을 받는다.
3. 베블린 또한 해럴드 이니스의 교육에 영향을 미쳤고(Stamps, 1995), 그래서 토론토학파와 뉴욕학파 간의 지적 연결 지점이 된다.

민족학자, 인류학자, 역사가, 철학자, 민속학자이자 경제학자였다. 멈포드는 대학 시절에 읽은 베블린의 ≪유한 계급론The Theory of the Leisure Class≫(1899)과 그 이후의 저서로부터 영향을 받는다. 베블린의 자본주의에 대한 비판과 사회주의 대안에 대한 탐구는 마르크스주의의 대안으로서 멈포드의 흥미를 끌었고 그의 저서에 반영되었다(Mumford, 1934, 1967, 1970 참조). 멈포드는 뉴 스쿨 포 소셜 리서치에서 베블린의 강의를 들었고, 이후 1919년 <다이얼The Dial>이라는 문예 비평지에 자리를 얻으면서 그와 존 듀이와 함께 일했다.

이 일을 얻기 전에 멈포드는 1년 동안 해군에 있으면서 매사추세츠 주 캠브리지에 있는 라디오 기술 훈련소에 배속되었다. <다이얼>에서 1년 동안 일한 뒤 <사회학 리뷰Sociological Review>의 편집인으로 잠시 있었다. 1920년대 멈포드는 ≪유토피아 이야기The Story of Utopias≫(Mumford, 1922), 건축에 관한 그의 첫 번째 책인 ≪막대기와 돌멩이Sticks and Stones≫(Mumford, 1924), ≪황금기The Golden Day≫(Mumford, 1926), 그리고 ≪허먼 멜빌Herman Melville≫(Mumford, 1929) 등 네 권의 책을 내놓으며 미국 지성계에 등장했다. 또한 이 기간 그는 미국지역계획협회를 창립했고 이를 통해 퀸즈 지역의 서니사이드 가든Sunnyside Gardens[4]과 뉴저지 주 페어론의 래드번Radburn[5]을 계획하는 데 참여했다. 1920년대 말에는

---

4. 서니사이드 가든은 집 장만에 재원이 부족한 이들에게 건축비를 최소화시키면서도 공동 정원을 가질 수 있게 해주었다. 공동 정원을 빙 둘러 개인 주택이나 아파트를 지음으로써 주민들은 집에서 정원을 접할 수 있게 된 것이다. 이 프로젝트 참여한 멈포드는 서니사이드 가든의 초기 거주자 중의 한 사람이었다.
― 옮긴이
5. 래드번은 1929년 미국에서 처음으로 계획적으로 개발된 "자동차 시대의 도시" 중 하나였다. 거대한 주택 단지를 만들고, 이곳에서는 보행로가 주요 자동차 도로를 만나지 않도록 교통을 분리시켰다. 대부분의 주택이 공원에서 끝나는 "막힌 도로cul-de-sac"에 집합 배치되었으며, 주택들의 정문은 공원이나 보행로를

다트마우스대의 초빙 교수직을 받아들였고 1931년에는 <브라운 데케이즈_The Brown Decades_> 와 <뉴요커> 잡지에서 일하게 되었다. 1934년에 주목할 만한 것은 멈포드가 그의 낙관주의적인 '삶의 갱생_Renewal of Life_' 시리즈 중 첫 번째 책인 ≪기술과 문명≫을 출판했고 뉴욕시 교육 위원으로 임명이 된 것이다. 시리즈의 두 번째 책인 ≪도시의 문화_The Culture of Cities_≫는 1938년 출판되었다. 미국이 2차 세계 대전에 참전하기까지 몇 년 동안 멈포드는 미국의 참여를 옹호하던 활동가로 열심히 일하면서, 고립주의자였던 프랭크 로이드 라이트_Frank Lloyd Wright_를 비롯한 몇몇 친구들을 잃게 된다. 그리고 그는 전쟁에서 외아들을 잃게 된다. 그의 아들은 1944년 이탈리아 전투에서 전사했다. 이후 군사력에 관한 멈포드의 비판이 거세졌다는 것은 놀라운 일이 아니다. 2차 세계 대전 동안 그는 ≪사람은 행동해야 한다_Men Must Act_≫(1939), ≪삶을 위한 신앙_Faith for Living_≫, ≪건축에서의 남부_The South in Architecture_≫(1941), '삶의 갱생' 시리즈의 세 번째 책인 ≪인간의 조건_The Condition of Man_≫(1944), 그리고 ≪도시 개발_City Development_≫(1945) 등을 펴냈다. 또한 그는 잠시 동안 스탠포드대 인문대학 학장으로 재직했다.

전후 멈포드는 핵무기 개발에 반대하는 운동에 참여하고 로버트 모제스와 "20세기에 가장 중요했던 도시 정책 토론 중 하나"(Miller, 1989, p.47; Caro, 1975 참조)를 벌이면서 격동의 시기를 보냈다. 1951년 펜실베이니아대에 초빙 교수로, 그리고 1957년에는 매사추세츠 공과대학에 초빙 교수로 재직했다. 그는 계속해서 ≪생존을 위한 가치_Values for Survival_≫(1946), 아들의 전기인 ≪초록빛 기억_Green Memories_≫(1947), '삶의 갱생'

마주했다. ― 옮긴이

시리즈 중 마지막 책인 ≪삶의 행위The Conduct of Life≫(1951), 컬럼비아대에서 강의했던 것에 기초한 ≪예술과 기술Art and Technics≫(1952), ≪온전한 정신으로In the Name of Sanity≫(1954), ≪처음부터 다시From the Ground Up≫(1956a), ≪인간의 변화The Transformation of Man≫(1956b), 전미도서상을 받은 ≪역사 속의 도시The City in History≫(1961), ≪고속도로와 도시The Highway and the City≫(1963) 등을 출판했다.

1960년대 그는 반전 운동에 참여했고, 대통령이 수여하는 자유 훈장을 받았다. 1960년대 말에는 기술과 문화의 역사에 대한 두 권의 책, ≪기계의 신화 I: 기술과 인간 발전The Myth of Machine I: Technics and Human Development≫(1967)과 ≪기계의 신화 II: 펜타곤의 권력The Myth of Machine II: The Pentagon of Power≫(1970)을 완성했다. 이 책은 여러 면에서 그의 최고 업적이었지만 어떤 사람들한테는 그의 기술 비판이 너무 공격적으로 보였다. 이 두 책 사이에 그는 도시에 관한 마지막 주요 저서인 ≪도시의 전망Urban Prospect≫(1968)을 발간했다. 그의 마지막 저서로는 편집서인 ≪해석과 예측Interpretation and Forecasts≫(1972)과 세 권의 자서전 ≪발견과 보존Findings and Keepings≫(1975), ≪나의 일과 생애My Works and Days≫(1979), ≪삶의 단상Sketches from Life≫(1982) 등이 있다. 그는 마지막 20년 동안 많은 상과 명예를 누리게 된다. 1972년에는 국가에서 주는 문학 훈장을 받았고, 1986년에는 예술 훈장을 받았다. 루이스 멈포드는 1990년 94세의 나이로 그의 놀라운 삶을 마감했다.

멈포드의 기술 시대사

과거를 서로 다른 시대로 구분하는 아이디어가 새로운 것은 아니지만, 멈포드가 인간의 역사를 정권이나 왕조, 전쟁이나 혼란, 또는 사상이나 시대정신이 아닌 기술 발전에 기초해 구분했다는 점에서 주목할 만하다. ≪기술과 문명≫(1934)에서 멈포드는 단순히 발명의 역사를 제공하기보다는, 기계에 기초한 역사 기술, 즉 그의 표현을 빌자면 "모든 기술 복합체technological complex"(p.12)를 보여 주고자 했다. 여기서도 멈포드는 그의 스승의 뒤를 따른다. 게데스는 고생물학, 특히 초기와 말기 구석기 시대 개념을 모델로 삼아, 증기력에 의존한 초기 산업 사회 시대를 구기술paleotechnic 시대로, 전기력이 특징인 후기 산업 사회 시대를 신기술 neotechnic 시대로 명명하였다. 멈포드는 이를 좀 더 세분화하여 세 번째 시대를 포함시키고 산업화보다 기계화에 중점을 둔다. 그는 기계 문명의 전개를 "세 개의 연속된, 그렇지만 중복되고 상호 침투적인 단계 phases"(Mumford, 1934, p.109), 즉 원시 기술eotechnic 단계(대략 A.D. 1000에서 1750년 사이), 구기술 단계(1750년 이후), 그리고 신기술 단계(20세기 초)로 나눈다. 멈포드에 따르면 각 단계는,

> 특정 지역에서 시작되고 독특한 자원과 원자재를 사용하는 경향이 있다. 각 단계는 에너지를 활용하고 발생시키는 특유의 수단과 생산 형태를 가지고 있다. 마지막으로 각 단계는 특별한 노동자 유형을 탄생시키고, 특별한 방식으로 이들을 훈련시키며, 특정한 능력을 개발시키는 반면, 다른 능력을 막고, 특정한 사회적 유산에 의존하며, 이를 더욱 발전시킨다(Mumford, 1934, pp.109~110).

멈포드는 에너지와 재료를 강조하면서 원시 기술 단계를 물과 나무의 복합체로, 구기술 단계를 석탄과 철의 복합체로, 신기술 단계를 전기와 합금의 복합체로 불렀다(Mumford, 1934, p.110). 세 단계는 각각의 에너지원, 원료, 생산 양식 등이 자연 환경(따라서 인간 생태학)을 변화시키는 정도에 있어 차이가 난다. 원시 기술 단계를 특징짓는 물, 바람, 나무 등은 재생 가능한 천연 자원이다. 이 단계의 경제 활동은 물과 바람을 가장 손쉽게 많이 얻을 수 있는 곳, 예를 들어 수로나 운하가 건설될 수 있는 곳에 집중되어 있다. 그 결과, 사람들은 이러한 지역에 정착하게 된다. 한편, 구기술 단계의 석탄과 철은 고갈성 자원으로서 그것을 추출할 때(예를 들어, 채광) 생태학적 손상을 가져온다. 이 단계 중공업은 멈포드가 가장 비인간적인 환경이라고 말한 광산이나, 운하나 강과 같은 값싼 수송이 이루어질 수 있는 지역 등에 주로 가까이 있다. ≪기술과 문명≫에서 멈포드는 구기술의 반전을 의미하는 신기술 단계의 가능성, 특히 전기에 대해 조심스러운 낙관론을 펼친다. 그에 따르면 신기술 단계는 "마치 흰색이 검은색과 다르듯이" 구기술 단계와 다르다고 한다(p.212). 멈포드는 전기가 상대적으로 싸고 깨끗하며 활동을 분산시키는 에너지원으로서, 자본가의 착취로부터 보호할 수만 있다면 생태학적 균형을 회복시킬 수 있을 것이라고 믿었다. 이후 그는 새로운 신기술이 중앙집권화된 권력을 여전히 지지하거나 심지어 확장시키고, 공급된 전기가 환경을 크게 위협하는 것을 보게 되면서, 이러한 생각을 바꾸게 된다(Mumford, 1967, 1970 참조).

세 단계는 또한 인간 삶과 문화에 미치는 영향력에 있어 다르다. 구기술 시대의 장인은 원료로서의 나무나 상대적으로 원시적인 도구의 융통성 때문에 자신의 재료를 자유롭게 실험하며 정교하고 특유한 기술을 발전시킬 수 있었다. 이들은 공장 체제에서 기계와 일하는 후대의 기술자에 비해, 생산 과정에 있어 좀 더 고도의 창조성, 융통성, 자율성 등을 누리게 된다. 대조적으로 구기술 단계는 양화quantification, 기계화, 그리고 궁극적으로 산업화의 특징을 지닌다. 석탄과 증기 같은 새로운 형태의 에너지로 인해, 산업의 중심이 기능공과 장인의 작업장에서 중공업 공장으로 바뀌었고, 엘리트 권력뿐만 아니라 사회적으로나 경제적으로 새로운 계급이 생겨난다. 한편 공장의 임금 노동자는 교환될 수 있는 기계의 인간 부품으로 전락했다. 삶은 구기술 단계의 기계에 따라 양식화된다. 멈포드(1934)는 신기술 단계로부터 구기술 단계의 기계적, 비유기적, 비인간적 특징에서 벗어날 가능성을 보았다. 그는 에너지의 형태로서 전기가 갖는 유기적인 성격에 대해 썼고, 인간이 기술을 섬기기보다는 기술이 인간을 섬기며 기술이 삶을 따라 양식화될 가능성에 대해 기술했다. 이러한 멈포드의 초기 낙관론은 2차 세계 대전 이후 사라진다.

멈포드가 말한 기술 역사의 특성은 1934년 때보다 현재 더 널리 알려져 있지만, 그의 의미 있는 업적은 기술의 역할을 중요하게 보며 인간의 역사를 그리는데 있다. 쿤(1971)이 주목했듯이, 멈포드는 그의 뒤를 잇는 다른 미디어 생태학자처럼 기계를 그것의 내부 구조가 아닌, 그것의 효과에 기초해 정의 내린다. 그래서 문명의 여러 가지 단계는 결과이고, 기술의 여러 가지 형태는 원인이 된다. 그의 연구는 그 뒤 기디온의 《기계 문화의 발달사Mechanization Takes Command》(Giedion, 1948), 엘룰의 《기술 사회Technological Society》(1964), 볼터의 《튜링의 사람 Turing's Man》(Bolter, 1984), 베니거의 《통제 혁명Control Revolution》(1986), 포스트먼의 《테크노폴리Technopoly》(1992) 등 기술에 관한 다양한 연구의 초석이 된다. 포스트먼은 저서에서 도구 사용, 테크노크라시 technocracy, 테크노폴리 등 세 개의 기술 단계로 나누는데, 이는 멈포드의 원시 기술, 구기술, 신기술 단계와 어느 정도 일치한다.

이니스는 게데스와 멈포드의 영향을 받았지만 시대 구분을 하는 데에 볼터(1984)가 말한 "결정 기술*defining technology*"을 아주 다르게 파악하고 있다. 이니스는 ≪제국과 커뮤니케이션*Empire and Communication*≫(1950)과 ≪커뮤니케이션의 편향*Bias of Communication*≫(1951)에서 에너지와 원료보다는 커뮤니케이션 미디어를 강조했다. 이니스와 멈포드에서 비롯된 미디어 환경의 개념은 맥루언(McLuhan, 1951, 1962, 1964; McLuhan & McLuhan, 1988; McLuhan & Parker, 1969), 해블록(1963, 1976, 1978, 1986), 옹(1967, 1977, 1982), 구디(1977, 1986, 1987), 포스트먼(1979, 1982, 1985), 아이젠슈타인(Eisenstein, 1980), 마이로위츠(1985), 레빈슨(Levinson, 1988, 1997) 등을 비롯한 여러 사람의 연구에서 직간접적으로 발견된다.

멈포드는 커뮤니케이션 미디어를 짚어 내거나 하나의 특정 결정 기술을 분리해 내지 못했고, 결국 세부적인 것에 몰두하며 기술 변화에 관한 체계적인 이론을 발전시킬 수 없었다. 또한 특정 기술 혁신의 혁명적인 영향력을 강조하는 다른 미디어 생태학자에 비해 그의 연구는 다소 눈에 덜 띄고 자극적이지 않다. 한편, 미디어와 기술적 혁명을 부각시키는 것은 종종 어느 정도의 과장이나 기술 결정주의의 경향을 동반한다. 멈포드는 사실 기술 결정론자가 아닌데도, 가끔씩 그렇게 오해받고 있다(예를 들어, Smith, 1994). 그는 술이 통제가 안 되는 것은 그렇게 허용이 되었기 때문이라고 주장하며, 확실하게 비결정론적인 태도를 취한다. 그는 쿤이 지적했듯이 생태학적 항상성과 점진적 혁명을 강조한다. "멈포드는 기술을 지속적인 큰 구조 내의 변형의 원리로서 간주하고 있다. 그가 말한 기술 발전의 세 단계는…… 변화의 중요성보다는 지속성을 우선적으로 강조한다"(Kuhns, 1971, p.29) 무엇이 지속하는 것인가? 쿤이 설명하듯이, 인류 자체이다.

인간주의적 시각은 멈포드의 비범한 능력이자 함정이다. 변화보다 지속성을 강조함으로서 기술 혁신의 화려한 위용을 광대한 지대보다는 지층의 변화로 보여 준다. 지대는 그 지세가 변했지만 같은 장소에 남아 있고, 똑같은 바위에 지탱한다. 멈포드는 인간을 환경 변화의 흐름에 반하는 불변의 원칙으로 만들었다. 하지만 그렇게 함으로써, 그는 의도하지 않게 인간을 기계와 대비시키게 된다. 이러한 시각에는 사람과 기술을 대한 기본 태도, 즉 환경이 얼마큼 변화하더라도 사람은 본질적으로 그대로 남아 있다는 태도가 함축되어 있다. 멈포드는 변화의 발단이 다시 말해, 기술이 하나의 종으로서의 인간에게 영향을 미칠 정도로 인간을 변화시킬 수 있는 것은 아니라고 본다. 그래서 종의 기술적 혹은 문화적 진화라는 부류의 생각은 멈포드에게 여전히 낯설다 (Kuhns, 1971, p.58).

이것이 멈포드의 시각이 가진 결점인가? 쿤(1971)에 따르면 그렇지만, 캐리(1997)는 이것 때문에 멈포드가 맥루언보다 더 나은 학자이자 더 중요한 문화 이론가가 된다고 본다.

멈포드의 기술 유기체론

과학적 원리이자 미학적 원리로 기술적인 것과 생물학적인 것을 결합시키는 것을 포스트모던 문화라고 간주하는데(Bukatman, 1993; Gray, 1995; Haraway, 1991), 멈포드는 '기술 유기체'란 용어를 구체적으로 사용하지는 않았지만, 그의 사상에 그러한 개념이 많이 나타나고 있다. 멈포드에게 기술적인 것과 생물학적인 것의 분리는 인위적인 것이며, 기계화와 산업화의 결과이다. ≪예술과 기술≫(1952)에서 멈포드는 기술과 생물학의 밀접한 관계에 대해 언급한다. "인간의 기술적 발명품은 생명체가 보여 주는 생물 활동과 유사하다. 벌은 공학 원리에 따라 벌집을 짓고, 전기뱀장어는 높은 전압의 전기 충격을 만들 수 있으며, 박쥐는 인간보다 훨씬 전에 야간 비행을 위한 자신만의 레이더를 개발했다"(p.17). 여기서 그는 기술과 유기체를 유사한 것으로 표현했지만, ≪기술과 인간 발전≫(1967)에서는 기술이 유기체의 일부라고 주장하며 한층 더 나아간다.

> 기술을 적절하게 정의하려면, 호모 사피엔스가 출현하기 전까지 수많은 곤충과 새 그리고 포유 동물들이 잘 얽은 둥우리, 기하학적인 벌집, 도시와 같은 개미탑과 개미집, 비버 굴 등으로 용기를 만들며, 인간이 도구를 만들 때보다 급진적인 기술 혁신을 이루었다는 점을 분명히 해야 한다. 요컨대, 만일 기술적 숙달 능력만으로 지능을 확인하고 향상시킬 수 있다면, 인간은 오랫동안 다른 많은 종에 비해 뒤처졌다. 이러한 인식의 귀결은 분명하다. 즉 언어적 상징, 미적 디자인, 사회적으로 전수된 지식 등이 도구 제작의 성격을 바꿔 놓을 때까지 인간에게만 유일했던 도구 제작이란 없었다. 그런 점에서 인간의 손이 아닌 뇌가 심오한 차이를 만드는 것이었다. 뇌를 단순히 손이 만든 산물이라고 할 수 없을 것이다. 손가락 사용이 자유롭지 않은 쥐와 같은 네발 동물에게도 그러한 산물은 이미 잘 발달되어 있기 때문이다(p.5).

멈포드(1952, 1967)는 미드, 카시러, 호이징가와 같은 대가들을 인용하여 인류를 유일하게 만드는 것은 도구나 산업 또는 노동이 아니라, 언어와 예술 그리고 놀이라고 주장한다. 심지어 예술과 기술 간의 대립이 인위적이라고 하였다.

> 오늘날까지 기술은 인간이 언제나 인간으로 기능했던 문화 전체와 관련 없던 적이 없었다. 고대 그리스어 '테크네techne'는 특성상 산업적 생산과 '순수' 예술 혹은 상징 예술을 구분하지 않았다. 인류의 역사에서 이들은 분리될 수

없었다…… 처음에 기술은 대체로 생활 중심의 기술이었지, 일이나 권력 중심의 기술은 아니었다. 다른 생태학적 복합체처럼 인간의 이해 관계나 목적, 그리고 여러 가지 유기적 필요는 어느 한 구성 요소가 지나치게 크는 것을 억제했다.

멈포드는 유기적인 것, 미적인 것, 기술적인 것 사이에 균형이 존재했던 상황을 기술한다. 이러한 균형은 자동 기계 장치와 증기력의 출현으로 기술적인 것을 지나치게 중요시하면서 깨진다. 게데스가 그랬던 것처럼, 멈포드(1934)도 처음에는 캐리가 말한 전자의 숭고함의 신화에 마음이 끌려, 신기술이 구기술의 편향성을 역전시키며 삶을 새롭게 할 수 있을 거라고 봤다.

모든 분야에서 생기가 넘치고 유기적인 것이 되살아나면서 완전히 기계적이었던 것의 권위가 약화되고 있다. 항상 비용을 부담하던 사람이 이제는 자기 생각대로 지시하기 시작했다.…… 근대 기술의 실마리는 유기적이고 살아 있는 것을 인위적이고 기계적인 것이 대신했다는 것이다. 기술 자체 내에서 이러한 과정은 전반적으로 역전되고 있다. 우리는 유기적인 것으로 돌아가고 있다. 우리는 더 이상 기계적인 것이 모든 것을 포괄하고 충족시킨다고 생각하지 않는다(Mumford, 1934, pp.371~372).

기술적 역전이라는 주제는 맥루언(1964)이 관심 가질 만한 주제이지만, 멈포드(1934)는 맥루언이 하지 않은 정치적 영역으로 이 주제를 끌고 갔다. 그는 유기적 이데올로기가 기계적인 것을 대체하고 있다고 말했다. 민주적 사회주의에 대한 멈포드의 제안은, 당시 과학적 사회주의라고 알려졌던 소비에트의 마르크스-레닌주의나 독일의 국가 사회주의를 포함한 다른 사회주의 프로그램이 그랬듯이, 기술 유기체론에 뿌리를 두고 있다. 그리고 멈포드의 인간주의적 사회주의는 자본주의의 과잉에 대해 반대한 것처럼, 그러한 전체주의 체제에 대해 반대했다. 하지만 20세기 초 유기체의 은유가 널리 퍼져 있다는 것을 보면 흥미롭다.

캐리(1997)는 멈포드(1934)가 여러 면에서 맥루언(1964)의 기술 유기체론을 앞서 생각했다고 이야기한다. 이러한 생각에는 기술이 생물학적인 것의 확장이다, 커뮤니케이션 미디어가 감각 기관의 확장이자 지각 작용을 바꿔 놓고 있다, 미디어의 내용이 다른 미디어의 내용이 된다, 인쇄기가 서구의 기계화에 있어 중요한 역할을 했다(물론 멈포드가 기계식 시계의 효과를 강조하며 인쇄기가 이차적인 역할을 했다고 주장하지만), 전기가 유기적 조화와 생태학적 균형을 회복시키고 있다 등의 개념이 포함된다. 맥루언과 다른 미디어 생태학자가 미디어를 비가시적인 환경으로서 정의했듯이, 멈포드는 ≪역사 속의 도시≫(1961)에서 커뮤니케이션 시스템이 "비가시적 도시"(pp.563~567)를 구성한다고 주장했다. 맥루언은 정치적인 입장에서 멈포드의 오른 편에 있지만 그의 연구에 많이 의존하며 전자 혁명을 찬양했다. 멈포드(1967, 1970)는 신기술의 현실에서 "기계의 신화"가 계속되고 있는 것을 보게 되면서, 입장을 바꿔 신기술에 반대하게 되었다.6 현대 기술에 대한 그의 비판에는 당연히 맥루언에 관한 날카로운 비판도 포함된다(Mumford, 1970 참조).

---

6. 캐리(Carey, 1997)는 멈포드가 전기 기술에 대해 입장을 바꾼 것과, 맥루언이 ≪기계 신부 The Mechanical Bride≫(McLuhan, 1951)와 ≪미디어의 이해≫(McLuhan, 1964) 사이에서 입장을 바꾼 것이 대조를 이룬다고 지적한다. ≪전복 활동으로서의 교육≫(Postman & Weingartner, 1969)에서 ≪보존 활동으로서의 교육≫(Postman, 1979)으로 입장을 바꾼 포스트먼은 멈포드의 입장과 유사하다. 초기 책은 맥루언처럼 전자 미디어를 찬양했지만, 후자는 문화와 인식에 미치는 텔레비전의 효과에 대해 비판적이다. 포스트먼의 태도 변화는 정치적인 것으로 간주되지만, 실제로 자유주의적 정향성을 유지했고, 따라서 그는 이데올로기적 측면에서 맥루언보다 멈포드에 더 가깝다.

멈포드의 기술 유기체론은 생태학적 시각 전반과 그 세부 내용에 있어 체계 이론*systems theory*(Nystrom, 1973)보다 앞서 이야기되었다. 그는 게데스로부터 기술, 문화, 도시에 관한 전체론적인 시각을 전수받았다. "잰 스머츠Jan Smuts가 이 용어를 만들기 전부터 게데스는 우리가 현재 전체론*holism*이라고 부른 것을 실천하고 있었다. 그는 모든 살아 있는 유기체를 그것이 기능하는 전체 환경을 통해 이해할 수 있다고 주장했다. 이것이 게데스가 루이스 멈포드에게 전해 준 가장 중요한 사상 중 하나이다. 멈포드는 곧 미국의 선도적인 전체론적 사고의 주창자가 되었다"(Miller, 1989, p.54). 전체가 부분의 합보다 크고, 부분의 상호 작용이나 시너지로부터 현상이 생겨난다고 체계 이론이 주장했던 것처럼, 멈포드(1934)는 "기술적 융합주의*technical syncretism*" 사상에 대해 논의한다. 사이버네틱스*cybernetics*가 커뮤니케이션과 피드백을 통한 제어의 과학을 기술한 반면, 멈포드(1934)는 인간 활동을 제어하고 조정하는 기계 장치로서의 시계를 기술한다. 체계 이론이 체계와 그것의 환경을 분리하는 경계의 개념을 포함시킨 반면, 멈포드(1961, 1967)는 용기*container*를 기술로서 강조했다. 멈포드에 따르면, 용기 기술은 인간의 확장인 도구나 무기와 달리 종종 간과된 기술 형태로서, 여성적인 것의 확장이라고 한다.

> 여성에게 부드러운 내장은 그녀 삶의 중심이다. 팔과 다리는 동작보다는 사랑하는 사람이건 아이이건 이들을 안거나 감싸주는 데 의미 있게 사용된다. 그리고 여성 개인의 성적 활동은 구멍과 주머니에서, 즉 입, 외음부, 질, 가슴, 자궁 등에서 일어난다. 여성이 지배했던 원시 기술 단계는 분명 용기의 시기였다. 돌과 도기 용구의 시대이자, 항아리, 병, 통, 수조, 광, 헛간, 창고, 집 등의 시대였고, 특히 관개 수로와 마을과 같은 중요한 집단 용기의 시대였다. 모든 기술적 발전을 기계로 평가해 버리는 현대 학자들은 종종 이 시대의 훌륭하고 중요한 기여에 대해 간과하고 있다(pp.15~16).

용기, 건축, 도시 등과 마찬가지로 유기체와 생물학적 재생산은 여성적인 것으로 코드화되어 있는데 반해, 도구, 무기, 기계 등은 문화적으로 남성적인 것으로 코드화되어 있다. 멈포드(1961)는 도시를 "모성적인 둘러싸기_enclosure_"(p.15)와 "용기의 용기"(p.16) 또는 메타용기(Strate, 1996)라고 말한다. 용기 기술이 강조되면서 멈포드의 기술에 관한 연구는 도시 연구와 연관된다. 게다가 확장으로서의 미디어와는 달리, 용기로서의 기술은 미디어 환경이나 기술 체계의 개념과 좀 더 밀접하게 관련된다.

거대 기계에 대한 멈포드의 비판

앞에서 말했듯이, 멈포드는 ≪기술과 문명≫(1934)에서 기술의 이데올로기와 유기적 이데올로기를 대립시킨다. 반세기 뒤 포스트먼은 "모든 도구에는 이데올로기적 편향성, 즉 세상을 다른 세상이 아닌 특정한 세상으로 만들고, 다른 것보다 특정한 것을 가치 있게 평가하며, 다른 감각이나 기술 혹은 태도보다 특정한 감각이나 기술 혹은 태도를 확장시키는 경향이 내재되어 있다"고 말한다(1992, p.13). 다시 말해 기술은 중립적이지 않고, 그렇다고 물질로 환원될 수 있는 것도 아니다. 모든 기술에는 사상, 접근 방법, 조직 원리가 연관되어 있다. 이것은 포스트먼이 지적했듯이 개별 기술만 그런 것이 아니고, "기계" 혹은 "모든 기술 복합체"에 적용된다(Mumford, 1934, p.12). 기계의 이데올로기는 질서, 제어, 효율성, 그리고 권력에 기초 한다(Mumford, 1934, 1967, 1970). 대조적으로 유기적 이데올로기는 삶과 생존 그리고 재생산에 뿌리를 두고 있다. 공교롭게도 기계 이데올로기는, 사실상 유기적 이데올로기의 확장이다. 맥루언의 말을 빌리자면, 그것은 결국 자신이 확장시켰던 것을 잘라내고 그 반대편으로 역전하는 확장이다. 멈포드는 다음과 같이 말한다.

기계는 에너지를 전환하고, 일을 수행하며, 인간 몸의 기계적 혹은 감각적 능력을 확장시키거나, 삶의 과정을 측정 가능한 순서나 규칙으로 환원하기 위해, 비유기적인 인자의 복합체로부터 발전했다. 자동 장치는 인간 몸의 일부를 도구로 이용하는 것에서 시작된 과정의 마지막 단계이다. 도구와 기계 발전의 배후에는 인간 유기체를 강화하고 유지하는 방식과 같이 환경을 개조하려는 시도가 있다. 그 노력은 무장하지 않은 유기체의 힘을 확장시키거나, 평형 상태 유지와 생존 보장에 좀 더 유리한 조건을 신체 외부에 만드는 것이다 (Mumford, 1934, pp.9~10).

언제 유기적 이데올로기의 확장이 기계의 이데올로기로 전환되었는가, 다시 말해 기술-유기적인 것이 기술-기계적인 것이 되었는가? 처음에 멈포드(1934)는 그 기원을 중세 시대라고 밝혔으나, 나중에는 고대와 선사 시대까지 거슬러 올라간다. ≪역사 속의 도시≫(1961)에서 기계적 이데올로기의 기원은 문명과 도시의 기원과 연관되어 있다:

의식적인 인간의 지시에 따라 자연의 거대한 힘을 가져왔다. 수만 명의 사람이 마치 중앙 집권화된 명령을 따르는 기계처럼 동원되어, 관개수로, 운하, 도시 제방, 지구라트, 사원, 궁전, 피라미드 등을 지금까지도 놀라운 규모로 만들었다. 새로운 권력 신화의 직접적인 결과로 기계 자체가 발명되었다. 이 기계가 오랫동안 고고학자의 눈에 띄지 않은 이유는 그것을 구성하는 실체가 인간과 함께 분해되고 소멸되었기 때문이다(p.34).

기계의 기원에 대한 멈포드의 놀라운 통찰력은 기계를 형태보다는 효과로(Kuhns, 1971), 그리고 필요한 용구보다는 내재된 이데올로기로 정의했다는 데 있다. 첫 번째 기계는 인간 기계로서, 그 발명은 새로운 인간 생태학 때문에 가능했다. 멈포드(1967, 1970)는 두 권의 ≪기계의 신화≫ 시리즈에서 이러한 생각을 훨씬 상세히 설명했다. 밀러가 요약했듯이, 여기서 "멈포드는 인간의 기원과 기술적 발전에 관한 복잡하고 급진적으로 추론적인 이론을 전개하며, 가장 논쟁적일 만한 논제, 즉 근대적 권력 국가는 이른바 거대기계라는 고대의 관료적-군사적 체계를 갱신하여 방대하게 확대한 변형에 불과하다는 것으로 결론을 맺는다. 여기서 거대 기계는 이집트의 파라오가 거대한 피라미드를 짓기 위해 동원한 인간 부품으로 만들어진 노동 기계이다"(Miller, 1986, p.301). 피라미드를 만들기 위해 수많은 노동자가 필요했고 수십 년 동안 이들을 조정하고 제어할 필요가 있었다. 멈포드는 다음과 같이 지적한다(1967).

> 가족과 공동체 그리고 친숙한 업무로부터 떼어놓은 사람들, 혹은 각각 의지를 가지고 있거나 적어도 개별 기억을 가진 이들의 임의적인 집단을 명령에 따라 움직일 수 있는 기계화된 집단으로 만드는 것은 어려웠다. 기계적인 제어의 비결은 조직의 수장을 향해 한마음을 갖게 하는 것과 메시지를 중간 관리자를 거쳐 가장 작은 단위에까지 전달할 수 있는 방법을 갖는 것이다. 메시지의 정확한 재생과 절대적인 순응이 필수적이었다(pp.191~192).

순응은 적어도 위협의 형태로서의 어떤 강제적 수단을 필요로 했다. 그래서 조직된 군사력은 인간 기계의 한 형태인 "군사 기계"를 구성할 뿐만 아니라, "노동 기계"를 창설하고 유지할 책임을 가졌다(Mumford, 1967, p.188). 또한 기계 이데올로기는 기계 언어, 즉 군사와 노동 기계의 인간 부품이 시공간적으로 분리된 단일 단위로 기능할 수 있게 하는 커뮤니케이션 체계를 필요로 했다. 그래서 기계와 도시와 문명의 기원은 기록의 역사와 강하게 연관되어 있다.

이 같은 큰 기계가 강권과 건설 업무 모두에 효력을 가질 수 있도록 단 하나의 발명품이 필요했다면, 아마도 쓰기의 발명이었을 것이다. 말을 문자 기록으로 옮기는 방법은 체제에 자극과 메시지를 전할 수 있을 뿐 아니라, 문자로 쓴 명령이 집행되지 않았을 때 책임을 물을 수 있다. 역사적으로 회계와 글은 많은 인원수를 통제하는 것에 함께했다. 쓰기를 최초로 사용한 것은 종교나 다른 사상을 전하기 위해서가 아니라, 비축하거나 사들인 곡식, 소, 도기, 직물 등에 관한 사원 기록을 보존하기 위해서였다(Mumford, 1967, p.192).

이런 점에서 쓰기는 물질이 아닌 정보와 생각을 담는 용기 기술이기도 하였다. 그리고 이러한 정보와 생각은 첫 번째 인간 컴퓨터로 기능했던 '용기의 용기'인 도시에 의해 가공 처리되었다(Strate, 1996 참조). 인간 기계는 또한 "수학과 천문학적 관찰, 쓰기와 문서, 그리고 마지막으로, 천체 관찰을 통해 추론하는 우주의 질서에 관한 종교적 사상, 혹은 왕에게 신권을 주어 천상의 명령을 수행케 하는 사상"과 같은 정신적 발명품을 요구했다(Miller, 1989, p.522). 왕권 제도가 도입되면서 권력과 지식의 독점이 성 안에 형성되었다(Mumford, 1961). 성은 신의 명령과 통제의 중심으로서 인간을 기계의 자동 장치로 만드는 질서와 권력, 칙령과 법, 군사적 강권과 관료 조직 등의 원천이 되었다. 멈포드(1967)는 모든 기계마다 발명가가 있듯이, 인간 기계의 발명가는 신적인 왕이라고 보았다.

신화이자 실제 제도였던 신성 왕권의 막대한 힘과 능력의 이치를 살펴보면서, 보다 면밀한 관찰을 위해 남겨놓은 한 가지 중요한 면은, 신성 왕권의 가장 두드러지고 가장 오래 남아 있는 기여라고 볼 수 있는 원형 기계의 발명이다. 이 놀라운 발명품은 그 무게 중심이 점차 인간 노동에서 좀 더 믿을 수 있는 기계 부품으로 바뀌었지만, 사실상 후대의 모든 복합 기계를 위한 가장 초기의 실용 모델이었다. 왕권의 유일한 행동은 과거 시도되지 않은 규모로 일을 시킬 수 있도록, 인력을 모으고 조직을 훈련시키는 것 이었다(p.188).

또한 멈포드는 인간 기계 혹은 원형 기계를 "비가시적 기계"(1970, p.188)라고 하고, "정치적, 경제적, 군사적, 관료적 그리고 왕권의 모든 요소가 다 포함될 때는 '거대 기계,' 쉽게 말하자면 큰 기계Big Machine"라고 부른다(1967, p.188~189). 거대 기계가 다른 모든 기계의 원형이자 모델 역할을 하는 한, 그것은 메타기계라고 말할 수 있다.

≪기술과 문명≫(1934)에서 멈포드는 기계가 12, 13세기 베네딕트 수도원에서 발명된 시계에서 시작되었고, 거대 기계라는 확장된 시각에서 보았을 때, 시계는 기계 이데올로기를 확산하는 중요한 전환점이 될 수 있다고 말한다. 멈포드의 분석에 따르면 기계식 시계의 발명은 부분적으로 수도원 일과의 규칙성을 유지하려는 욕망에서, 그리고 한편으론 인간 행동에 질서를 부여하려는 욕망에서 비롯되었다고 한다. 멈포드는 "베네딕트가 성무 일과에 일곱 번째 주기를 더하였고, 7세기에는 사비니아노 교황의 교서가 수도원의 종이 24시간에 일곱 번 울리도록 포고하였다. 이렇게 하루 시간에 구두점을 찍는 것을 정시과定時課7라고 하였고, 이것을 계속해서 세고 규칙적으로 반복하는 수단이 필요해졌다"고 했다(1934, p.13).

기계식 시계는 정시과를 놓치지 않고 따라가거나 알리는 수단으로 간주되다가, 결국 수도원 내의 인간 활동을 통제하는 규칙이 되었다. 멈포드는 이와 같은 수도원의 발명품이 "인간의 일에 기계의 규칙적인 집단 리듬과 박자를 제공했다. 시계는 시간을 놓치지 않고 따라가는 수단일 뿐만 아니라, 인간 활동을 동시화시키는 수단이었기 때문"이라고 관찰했다(1934, pp.13~14). 한때는 유기적 이데올로기와 관련되었던 시간

---

7. 하루 일곱 번의 기도 시간. — 옮긴이

의 개념이나, 정해진 형태나 한도가 없었던 일련의 주관적인 인간 경험의 개념, 그리고 안정적이고 보살펴 주는(모든 것이 자신만의 만족스러운 시간을 갖는) 환경의 개념이 기계 이데올로기에 부합하기 위해 재정비되었다. 시, 분, 초로 이루어진 시계는 "시간을 인간사에서 분리하고, 수학적으로 측정 가능한 수열의 독립 세계, 즉 전문적인 과학 세계에 대한 믿음을 생겨나게 했다"(Mumford, 1934, p.15).

시계가 수도원 밖에서 울려 퍼지고, 그 이데올로기가 세속적인 사회에 확산되면서, "규칙적으로 치는 종이 노동자와 상인의 삶에 새로운 규칙성을 가져왔다. 시계탑의 종은 도시의 생활 양식을 거의 결정했다. 시간 지키는 것이 시간당 일하기와 시간 계산하기 그리고 시간 나누기 등으로 바뀌었다"(Mumford, 1934, p.14). 1760년경 증기 기관의 발명으로부터 자본주의 시대가 시작되었다는 대중적인 견해나, 1450년대 인쇄기의 출현이 대량 생산과 소비의 기초가 되었다는 이니스(1950, 1951), 맥루언(1962, 1964), 아이젠슈타인(1980) 등과 같은 미디어 생태학자의 견해와는 대조적으로, 멈포드는 자본주의가 기계식 시계의 산물이라고 제안한다. 그는 이에 대해 다음과 같이 말한다.

> 새로운 종류의 권력-기계에서 힘의 발생과 전달은 작업 내내 에너지의 흐름을 고르게 보장해 주고 규칙적인 생각과 표준화된 생산품을 가능하게 해주는 성격을 가지고 있다. 에너지량의 결정, 표준화, 기계적인 행위, 정확한 시간 조절 등과 관련하여, 시계는 근대적 기술 중 선두적인 기계였다. 시기마다 시계는 선두에 있으면서 다른 기계가 열망하는 모범이 되었다(1934, pp.14~15).

시계는 기계적, 산업적, 자본주의 시대, 즉 구기술 시기의 "결정 기술"(Bolter, 1984)이었다. 이 시기에 기계의 이데올로기는 유기적 이데올로기를 대신하여 널리 확산되고 채택되었다. 밀러가 관찰했듯이, "조직, 규칙성, 표준화, 제어 등을 강조하는 사상적 틀 안에 주체성, 직관, 느낌 등의 자리"는 없었다. 멈포드는 이와 같은 유기적인 것의 부정으로 서구 사회가 기계에 복종하게 되고, 중국과 같은 다른 문화가 풍부하게 가졌던 발명품과 기계 장치가 이른바 "기계"로 바뀌게 되었다고 생각했다 (1986, p.300).

멈포드는 ≪기술과 문명≫(1934)에서 보여 주었던 유기적 이데올로기로의 복귀 가능성에 관한 초기 낙관론에서 멀어지면서, 전기와 다른 20세기 기술이 사실상 기계 이데올로기를 확장시키고 강화하며, 고대의 거대 기계를 새로운 외관으로 부활시키고 있다고 결론을 짓는다.

> 새로운 거대 기계가 사실상 만들어졌다는 첫 번째 암시는 1차 세계 대전 직후 러시아와 이탈리아를 비롯한 전체주의 국가가 탄생하면서 나타났다…… 새로운 형태의 파시스트 또는 공산주의 독재 정권은 단독 정당 조직으로서, 자기가 임명한 혁명 정권에 기반하고 있고, 나폴레옹처럼 신의 부름을 받지 않고 스스로 왕위에 오른 옛 "신성 왕권적 왕"의 살아 있는 화신, 예를 들어, 불법적으로 정권을 잡고도 권력의 합법성을 선언한 냉혹한 독재자(레닌), 악마 같은 총통(히틀러), 잔혹한 폭군(스탈린) 등이 이끌었다(Mumford, 1970, p.244).

피라미드 시대의 전임자와 마찬가지로, 근대적 거대 기계는 질서, 통제, 효율, 힘 등을 강조했다. 또한 근대적 거대 기계는 인간적인 것과 인위적인 적인 것을 결합시키며, 효과적인 기능을 위해 커뮤니케이션 기술에 의존한다.

쓰기의 발명 없이 고대 거대 기계를 생각할 수 없지만, 초기 전체주의 정권은 커뮤니케이션이 느려서 계속 무너졌다. 옛 거대 기계의 주요 관심 중 하나는 달리는 사람과 말의 계주 혹은 노예가 기계처럼 노를 젓는 돛배로 도로와 바다의 커뮤니케이션을 향상시키는 것이다. 전신이 발명되고 전화와 라디오가 그 뒤를 따르자, 원거리의 효과적인 제어를 제한하는 것이 없어졌다. 이론적으로 지구의 어느 지점에서라도 다른 지점과 즉각적인 구두 커뮤니케이션을 할 수 있게 되었고, 어디서나 즉각적인 시각적 교류도 조만간 이루어질 것이다. 사람의 수송도 거의 같은 가속도가 붙고 있다…… 힘과 스피드 그리고 제어는 모든 시대 전제 군주의 주요 특징이었다. 이 분야에 이전의 자연적 제약을 없애는 것은 고대와 근대의 거대 기계를 통합하는 공통 주제이다(Mumford, 1970, p.258~259).

이 구절은 멈포드가 이니스, 맥루언, 엘룰의 통찰력을 어느 정도 자신의 기술 생태학에 수용하는지를 보여 준다. 또한 멈포드는 군사적 강제력의 역할을 지적하면서, ≪기계의 신화≫의 두 번째 책을 ≪권력의 펜타곤The Pentagon of Power≫(1970)이라고 제목 붙였다. 2차 세계 대전과 냉전의 결과로, 조직의 사람이 자본주의를 위해 일하는 군사-산업적 거대 기계가 미국에 만들어졌다. 또한 멈포드(1970)는 피라미드의 건설과 우주 프로그램이 유사하다고 언급하면서, 무덤의 미라와 우주선 캡슐의 우주인의 유사성을 지적했다. 이 두 경우 모두 소수를 선정해 하늘이라고 생각되는 곳에 보내는 목적을 가졌다. 이런 방식으로 신적인 왕권과 유사한 것이 부활되었다. 하지만 고대와 근대적 거대 기계가 공유한 가장 중요한 특징은 "고대와 근대의 거대 기계에 기반하고 이 둘을 하나로 만드는 이데올로기가 권력 복합체를 강화하고 그 지배력을 확대하기 위해, 삶의 필요와 목적을 무시하는 것"이라고 했다(Mumford, 1970, p.260). 멈포드는 일생 동안 자신의 삶을 바쳐 이 이데올로기에 반대했다.

멈포드의 생태학적 윤리

결론을 위해 멈포드의 연구와 삶에 내재된 생태학적 윤리에 대해 생각해 볼 필요가 있다. 멈포드는 거대 기계에도 불구하고 그런 조건 하에서도, 인간 행위자와 개인적 책임을 궁극적으로 확신했다. 탈선된 기차처럼 기술이 제어되지 않을 때, 문제를 해결하기 위해 다시 제어를 하고 운전석에 앉는 것이다. 윤리가 세상과의 연대성을 의미할 때, 멈포드는 결코 학문적 성 안에 갇혀 상아탑에서 숨어 지냈던 사람이 아니었다. 오히려 그는 거대 기계가 작동하는 동안 가만히 있지 않고, 태도를 취하며 반대 운동을 조직했던 공적 지식인이자 운동가였다.

멈포드는 합리성과 계획의 옹호자였다. 오늘날에 보면, 이것이 냉소적으로 포스트모던했다기보다는 독특하게 근대적이었다고 할 수 있다. 의심할 여지없이 세상에 대한 이성적, 논리적 접근은 근대적 기술과 기계 이데올로기의 확산과 관련되어 있지만, 멈포드는 그 핵심에 권력(그리고 이익)에 대한 비이성적 욕구가 있다고 보았다. 권력의 부조리는 사람들의 소외와 비인간화, 전쟁을 통한 전멸과 환경 파괴로 몰고 있는데, 멈포드가 생각하는 유일한 해결 방법은 이성적인 생각과 지침을 의식적으로 적용하는 것이었다. 그는 게데스로부터 계획과 논리의 이용을 통해 더 안정적이고, 지속 가능하며, 공정한 합의를 만들어 낼 수 있다는 것을 배웠다. 그래서 멈포드는 계몽 윤리의 옹호자가 되었고, 이러한 입장은 나중에 포스트먼이 받아들인 것 같다(Postman, 1985, 1992, 1999; Strate, 1994).

하지만 이성 하나만으로는 충분하지 않을 수 있다. 멈포드는 도시 개발에 있어 지역주의를 염두에 둔 계획을 옹호했다. 다시 말해 거대 도시의 추진에 저항하며, 도시 공동체의 규모를 제한하고, 지역 환경과 조화로운 공존을 주장했다. 생태학적 윤리는 조화, 균형, 그리고 균형 감각을 의미한다. 게다가 멈포드는 유기적 이데올로기의 부활을 호소하는데, 이것은 생명과 그것의 욕구, 즉 생존과 재생산 그리고 물론 즐거움이 우선한다는 윤리를 의미한다. 육감적이고 감각적인 것, 혹은 예술과 사랑은 이러한 이데올로기의 일부이다. 멈포드의 윤리 관점에서 보면 전통적 도덕은 불필요하게 억압적이다.

끝으로 멈포드는 거대 기계와 거대 기술에도 불구하고 변함없이 유기체를 통해 구원이 가능하다고 보았다.

> 유기적 모델이 모든 인간 활동에 퍼져 있는 한, 그것은 많은 어려움으로부터 기계화를 구할 수 있다. 마치 마을의 관습과 전통 그리고 더 오래된 동물의 충성 등이 종종 **빠져나갈** 구멍이 없는 혹독한 법을 고치듯이…… 만일 우리가 거대 기술이 인간 문화의 모든 면을 더욱 통제하고 변형시키는 것을 막으려 한다면, 살아 있는 유기체와 복합체(생태계)로부터 직접 파생된 다른 급진적인 모델을 가져야 할 것이다. 이러한 새로운 모델은 때가 되면 거대 기술을 생명 기술로 대체할 것이고, 이것이 힘*power*으로부터 충만함*plenitude*으로 넘어가는 첫 번째 단계이다. 일단 유기적 세상이 우세해지면, 충만함의 경제가 갖는 실천 목표는 더 많은 인간 기능을 기계에게 내주는 것이 아니라, 자기실현과 자기 초월을 위해 인간의 무한한 잠재력을 더 개발할 것이다(Mumford, 1970, p.35).

기술-유기적 미래에 대한 멈포드의 희망과 비전에는 기계가 사라지는 것이 아니라, 인간의 통제 하로 돌아와 유기적 조화와 생태학적 균형을 만들어 내는 것이다. 여기서 진보가 끝나는 것이 아니라, 기술적 확대 대신 인간 조건을 지향하게 된다. 또한 모두가 살 수 있는 집, 모두가 번성할 수 있는 생태학, 사람이 기계 부품으로 전락하지 않는 전체가 만들어질 수 있는 것이다.

참고 문헌

Beniger, J. R. (1986). *The control revolution: Technological and economic origins of the information society*. Cambridge, MA: Harvard University Press.

Bolter, J, D. (1984). *Turing's man: Western culture in the computer age*. Chapel Hill: University of North Carolina Press.

Bukatman, S. (1993). *Terminal identity: The virtual subject in postmodern science fiction*. Durham, NC: Duke University Press.

Carey, J. W. (1989). *Communication as culture: Essays on media and society*. Boston: Unwin Hyman.

Carey, J. W. (1997). *James Carey: A critical reader* (E. S. Munson & C. A. Warren, eds.). Minneapolis: University of Minnesota Press.

Caro, R. A. (1975.) *The power broker: Robert Moses and the fall of New York*. New York: Vintage.

Eastham, S. (1990). The media matrix: Deepening the context of communication studies. Lanham, MD: University Press of America.

Eisenstein, E. L. (1980). *The printing press as an agent of change*. New York: Cambridge University Press of America.

Ellul, J. (1964). *The technological society* (J. Wilkinson, trans.). New York: Vintage. (Original work published 1954)

Geddes, P. (1904). *City development: A study of parks, gardens and culture institutes: A report to the Carnegie Dunfermline Trust*. Edinburgh, Scotland: Geddes and Colleagues.

Geddes, P. (1915). *Cities in evolution: An introduction to the town planning movement and to the study of civics*. London: Williams & Norgate.

Giedion, S. (1948). *Mechanization takes command*. New York: Oxford University Press.

Goody, J. (1977). *The domestication of the savage mind*. Cambridge, MA: Cambridge University Press.

Goody, J. (1986). *The logic of writing and the organization of society*. Cambridge, MA:

Cambridge University Press.

Goody, J. (1987). *The interface between the written and the oral.* Cambridge, MA: Cambridge University Press.

Gray, C. H. (ed.) (1995). *The cyborg handbook.* New York: Routledge.

Haraway, D. J. (1991). *Simians, cyborgs, and women: The reinvention of nature.* New York: Routledge.

Havelock, E. A. (1963). *Preface to Plato.* Cambridge, MA: The Belknap Press of Harvard University Press.

Havelock, E. A. (1976). *Origins of western literacy.* Toronto, Canada: The Ontario Institute for Studies in Education.

Havelock, E. A. (1978). *The Greek concept of justice: From its shadow in Homer to its substance in Plato.* Cambridge, MA: Harvard University Press.

Havelock, E. A. (1986). *The muse learns to write: Reflections on orality and literacy from antiquity to the present.* New Haven, CT: Yale University Press.

Hawley, A. H. (1986). *Human ecology: A theoretical essay.* Chicago: University of Chicago Press.

Innis, H. A. (1950). *Empire and communication.* New York: Oxford University Press.

Innis, H. A. (1951). *The bias of communication.* Toronto, Canada: University of Toronto Press.

Kirk, G. S. (1983). *The nature of Greek myths.* New York: Penguin Books.

Kuhns, W. (1971). *The post-industrial prophets: Interpretations of technology.* New York: Weybright & Talley.

Levinson, P. (1988). *Mind at large : Knowing in the technological age.* Greenwich, CT: JAI Press.

Levinson, P. (1997). *The soft edge: A natural history and future of the information revolution.* New York: Routledge.

Luccarelli, M. (1995). *Lewis Mumford and the ecological region: The politics of planning.* New York: Gufolford.

McLuhan, M. (1951). *The mechanical bride: Folklore of industrial man.* Boston, MA: Beacon Press.

McLuhan, M. (1962). *The Gutenberg galaxy: The making of typographic man.* Toronto, Canada: University of Toronto Press.

McLuhan, M. (1964). *Understanding media: The extensions of man.* New York:

McGraw-Hill.

McLuhan, M. & McLuhan, E. (1988). *Laws of media: The new science*. Toronto, Canada: University of Toronto Press.

McLuhan, M. & Parker, H. (1969). *Counterblast*. New York: Harcourt Brace & World.

Meyrowitz, J. (1985). *No sense of place*. New York: Oxford University Press.

Miller, D. L. (ed.) (1986). *The Lewis Mumford reader*. New York: Pantheon.

Miller, D. L. (1989). *Lewis Mumford: A life*. New York: Weidenfeld & Nicolson.

Mumford, L. (1922). *The story of Utopias*. New York: Boni & Liveright.

Mumford, L. (1924). *Sticks and stones: A study of American architecture and civilization*. New York: Boni & Liveright.

Mumford, L. (1926). *The golden day: A study in American experience and culture*. New York: Boni & Liveright.

Mumford, L. (1929). *Herman Melville*. New York: Harcourt Brace.

Mumford, L. (1931). *The brown decades: A study of the arts in America, 1865~1895*. New York: Harcourt Brace.

Mumford, L. (1934). *Technics and civilization*. New York: Harcourt Brace.

Mumford, L. (1938). *The culture of cities*. New York: Harcourt Brace.

Mumford, L. (1939). *Men must act*. New York: Harcourt Brace.

Mumford, L. (1940). *Faith for living*. New York: Harcourt Brace.

Mumford, L. (1941). *The south in architecture*. New York: Harcourt Brace.

Mumford, L. (1944). *The condition of man*. New York: Harcourt Brace.

Mumford, L. (1945). *City development*. New York: Harcourt Brace.

Mumford, L. (1946). *Values for survival: Essays, addresses, and letters on politics and education*. New York: Harcourt Brace.

Mumford, L. (1947). *Green memories: The story of Geddes Mumford*. New York: Harcourt Brace.

Mumford, L. (1951). *The conduct of life*. New York: Harcourt Brace.

Mumford, L. (1952). *Art and technics*. New York: Columbia University Press.

Mumford, L. (1954). *In the name of sanity*. New York: Harcourt Brace.

Mumford, L. (1956a). *From the ground up*. New York: Harcourt Brace.

Mumford, L. (1956b). *The transformations of man*. New York: Harper.

Mumford, L. (1961). *The city in history: Its origins, its transformations, and its prospects*. New York: Harcourt Brace & World.

Mumford, L. (1963). *The highway and the city*. New York: Harcourt Brace & World.

Mumford, L. (1967). *The myth of the machine: I. Technics and human development*. New York: Harcourt Brace & World.

Mumford, L. (1968). *The urban prospect*. New York: Harcourt Brace & World.

Mumford, L. (1970). *The myth of the machine: II. The pentagon of power*. New York: Harcourt Brace Jovanovich.

Mumford, L. (1972). *Interpretations and forecasts*. New York: Harcourt Brace Jovanovich.

Mumford, L. (1975). *Findings and keepings: Analects for an autobiography*. New York: Harcourt Brace Jovanovich.

Mumford, L. (1979). *My works and days: A personal chronicle*. New York: Harcourt Brace Jovanovich.

Mumford, L. (1982). *Sketches from life: The autobiography of Lewis Mumford*. New York: Dial.

Novak, F. G., Jr. (ed.) (1995). *Lewis Mumford and Patrick Geddes: The correspondence*. London: Routledge.

Nystrom, C. (1973). Towards a science of media ecology: The formulation of integrated conceptual paradigms for the study of human communication systems. Unpublished doctoral Dissertation, New York University, New York.

Ong, W. J. (1967). *The presence of the word*. Minneapolis: University of Minnesota Press.

Ong, W. J. (1977). *Interfaces of the word*. Ithaca, NY: Cornell University Press.

Ong, W. J. (1982). *Orality and literacy*. London: Methuen.

Postman, N. (1970). The reformed English curriculum. In A. C. Eurich (ed.), *High school 1980: The shape of the future in American secondary education* (pp.160~168). New York: Pitman.

Postman, N. (1979). *Teaching as a conserving activity*. New York: Delacorte.

Postman, N. (1982). *The disappearance of childhood*. New York: Delacorte.

Postman, N. (1985). *Amusing ourselves to death*. New York: Viking.

Postman, N. (1992). *Technopoly: The surrender of culture to technology*. New York: Alfred A. Knopf.

Postman, N. (1999). *Building a bridge to the eighteenth century: How the past can improve our future*. New York: Alfred A. Knopf.

Postman, N. & Weingartner, C. (1969). *Teaching as a subversive activity*. New York: Delta.

Postman, N. & Weingartner, C. (1971). *The soft revolution: A student handbook for turning *schools around.* New York: Delacorte.

Smith, M. R. (1994). Technological determinism in American culture. In M. R. Smith & L. Marx (eds.), *Does technology drive history?* (pp.1～35). Cambridge, MA: MIT Press.

Stamps J. (1995). *Unthinking modernity: Innis, McLuhan, and the Frankfurt school.* Montreal, Canada: McGill-Queens University Press.

Strate, L. (1994). Post(modern)man, or Neil Postman as a postmodernist, *ETC.: A Review of General Semantics* 51(2), 159～170.

Strate, L. (1996). Containers, computers, and the media ecology of the city. media ecology [online]. Available via World-Wide Web: http://raven.ubalt.edu/features/media_ecology.

Veblen, T. (1899). *The theory of the leisure class: An economic study of institutions.* New York: MacMillan.

4

자크 엘룰
테크닉, 선전, 그리고 현대 미디어

랜돌프 클루버

자크 엘룰은 현대 세계의 사회학적, 정치적 체계를 흥미롭고 통찰력 있게 분석한 주요 사회 이론가로 널리 인정받고 있지만, 인간 커뮤니케이션 문제에 관한 그의 깊은 관심은 이 분야 학자들에게 거의 알려져 있지 않다. 그의 주요 글은 쓴 지 30년 이상이 되었지만, 커뮤니케이션학 분야 내에서 엘룰에 대해 이야기하는 사람은 소수에 지나지 않는다(예를 들어 Christians, 1976, 1981, 1995; Christians & Real, 1979; Real, 1981). 그럼에도 매스 미디어, 미디어 생태학, 그리고 현대 사회에 대한 그의 통찰력은 미디어 소비를 뒷받침하는 가정들에 대해 반가운 도전을 제공한다. 많은 경우 엘룰은 주류 커뮤니케이션 연구에서 수년 동안 중요하게 다뤄지지 않았던 핵심 주제를 명확히 표명했으며, 미디어 과정을 사회적 분석의 맨 앞에 놓고 있다.

이 장에서 나는 엘룰의 테크닉 *la technique*과 선전 *propaganda*에 나타난 핵심 개념을 서술하고, 그의 개념이 미디어 생태학에 얼마나 유용한지를 보여 줄 것이다. 현대 사회와 미디어의 사회적 역할을 이해하는 데 엘룰의 사상이 갖는 유용성을 보여 줌으로써, 엘룰이 미디어 생태학 전통의 다른 주요 사상가와 어떤 관계를 갖는지를 보여 주고 싶다.

일 대 기

자크 엘룰은 프랑스에서 태어나 보르도대와 파리대에서 교육을 받았다. 그 세대의 많은 사람이 그렇듯이, 엘룰은 파시즘, 공산주의, 사회주의와 같이 1930년대와 1940년대 유럽을 결정지었던 전 지구적 힘에 영향을 받게 된다. 엘룰은 10대에 두 가지에 귀의하는데, 하나는 그에게 경제 권력과 사회 구조 간의 관계를 설명해 주었던 칼 마르크스의 세계관이고, 다른 하나는 그에게 인간의 본성과 좀 더 광범위한 삶의 실존 문제를 설명해 주었던 예수 그리스도이다. 나머지 생애 동안 엘룰은 이 두 사상이 융화될 수 없다고 보면서, 이 두 사상에 변증법적으로 전념하게 된다. 그는 마르크스로부터 경제적, 사회적 현실을 해석하고 이해할 일관성 있는 사고틀을 얻었고, 기독교로부터 인간의 미래에 대한 희망이 무엇이고 사회와 인간의 삶이 어때야 하는지에 대한 비전을 얻었다 (Clendenin, 1989, pp.xxi~xxiii).

엘룰은 1936년 법학으로 박사 학위를 받았고 가르치기 시작했다. 그는 유럽에서 고개를 들기 시작한 파시스트 운동으로부터 많은 방해를 받았고, 나치의 영향을 받는 프랑스의 비시 정부로부터 추방당한다. 아버지가 체포된 후에, 그는 보르도를 떠나 비시 정부에 대항하는 프랑스 저항 운동에 가담하게 된다. 그는 전쟁의 혼란이 프랑스를 사회적, 정치적 구조의 측면에서 '빈 서판'으로 만들었다고 생각하며, 후에 잠시 보르도의 대리 시장으로도 일한다. 그러나 똑같은 사회 구조가 되풀이되자, 그는 이러한 압도적인 사회적 힘 앞에 가치 있는 정치 행동이란 불가능하다고 확신하게 되었다.

엘룰은 보르도대의 법학 및 정치학 교수가 되었고, 그 이후 현대 사회 문제, 특히 테크닉, 선전, 대중 사회의 전체화된 성격에 대해 글을 쓰면서 생애를 보내게 된다. 그의 잘 알려진 초기작인 ≪세상 속의 그리스도인The Presence of the Kingdom≫(Ellul, 1948/1989a)은 기독교 지성인의 역할에 관한 자신의 신념을 보여 주었고, 나중에 그를 유명하게 만든 여러 주제를 미리 암시한다.

남은 생애 동안 엘룰은 자신의 사회적, 지적 원칙을 구체화시켰다. 그는 계속해서 환경 활동과 청소년 범죄와 탈선을 줄이는 조직에 참여하였다. 사회 질서에 대한 그의 환멸에 부합하듯이, 청소년 갱에 대한 그의 접근은 청소년을 당대 사회에 '적응'시키는 게 아니라 '긍정적으로 부적응'하도록 만드는 것이었다. 대부분의 엘룰의 글(학문적 혹은 대중적으로 펴낸 50여 권의 책과 1000편 이상의 논문)은 커뮤니케이션과 기술 그리고 선전과 관련된 문제를 중심으로 쓰여졌다. 엘룰은 오랜 병고 끝에 1994년 사망한다.

테크닉, 선전, 그리고 미디어

엘룰의 최대 관심은 매스 미디어가 아니라, 매스 미디어가 중요한 일부를 이루는 현대 사회에서 그가 목격했던 커다란 변화, 특히 사회가 기술, 정치, 그리고 미디어에 의해 "비인간화"되는 방식이다. 비록 그가 "정보 사회"에 대한 최근 연구가 등장하기 전에 죽었지만, 후에 이루어질 분석을 많은 부분 예상했다. 엘룰의 주요 논점은 현대 사회의 기술적 방법과 심적 태도가 기술적 환경을 만들고, 이를 통해 인간 사회, 사고 과정, 커뮤니케이션이 바뀐다는 것이다. 그는 현대 사회의 복잡성이 기술의 등장을 필요로 하였을 뿐만 아니라, 그 과정에 경험이 비인간화되었다고 보았다. 현대 매스 미디어는 인간에게 좀 더 효과적인 영향을 미치는 채널을 추구하면서, 민주주의와 비판적 지성을 훼손하고 있다. 중요한 문제에 대한 지적인 논쟁이 선전으로 대체되고, 의미 있는 인간 커뮤니케이션이 상투적인 이야기, 반쯤의 진리, 상징적으로 강력한 표어, 그리고 궁극적으로는 이미지들로 대체되고 있다. 엘룰은 이미지와 여타의 기술적으로 우수한 정보 전달 체계 및 메시지 형식이 가치, 목적, 수단에 관한 인간의 담론을 빼앗고 있다고 주장한다.

테크닉

엘룰의 연구는 주로 테크닉과 선전이라는 두 가지 핵심 개념으로 이해될 수 있다. 그는 테크닉을 스스로 지시하고 확장해 가는 사회적 과정으로 본다. 나는 엘룰이 말한 테크닉*la technique*이란 프랑스어로 표현된 고유 개념을 좀 더 일반적인 영어 단어에 해당되는 기법*technique*이나 기술

*technology*과 구분해 사용하기 위해, 이탤릭체로 표기했다.1 엘룰은 기법 또는 기술 자체보다는, 비판적인 도덕 담론을 기술적 수단과 가치로 대체하는 인간의 심적 태도에 대해 논쟁을 벌인다. 기술적으로 발전한 사회에 내재된 과정은 효율성에 대한 사회적 가치를 만들었다. 유전자 복제가 현대적 사례가 될 것이다. 일단 기술적 질문(할 수 있을까?)을 우선적으로 고려하는 순간, 가치론적 질문(해야만 할까?)을 못 보며 놓치게 되고, 궁극적으로 순수하게 기술적인 질문(할 수 있는 가장 효율적 방법은 무엇인가?)을 하기 시작한다. 최근에 유럽의 과학자들은 기술이 존재하기 때문에 사회에서 복제를 받아들일 수밖에 없다면서, 인간 복제에 대한 도덕적 비판을 뒷전에 미루기 시작했다. 이는 엘룰의 주요 논점을 생생하게 보여준다. 인간의 삶의 어떤 영역이라도 테크닉에 종속되는 순간, 이러한 과정의 능률과 효능은 기술적 기준을 위해 인간주의적, 도덕적 기준을 결국 포기하게 만든다. 엘룰은 효율성 패러다임, 즉 좀 더 효율적 기술에 모든 과제를 떠넘기는 태생적 경향이 결국 공공 정책에서의 도덕적 담론을 부적절한 것으로 만들고, 사회의 비인간화를 직간접적으로 이끌게 된다고 주장한다.

엘룰(1954/1994)은 "기술적 현상이 우리 시대의 주요 급선무여서, 모든 분야의 사람들이 가장 효율적인 방법을 찾으려고 애쓴다"고 말한다(p.21). 그는 인간이 "최고의 효율성을 주는 기술을 위한 결정만을"(p.80) 할 수 있다고 주장한다. 그러면서 경제적, 정치적, 사회적, 상업적 조직과 인간의 영향력을 포함한 모든 인간의 삶이 테크닉에 양도되고 있다고 주장한다. 주로 ≪기술 사회*The Technological Society*≫에서 발전시킨 이

---

1. 본문에서는 technique를 기법, technology를 기술로 번역하고, la technique를 이와 구분하기 위해 테크닉으로 표기했다. — 옮긴이

러한 논의는 ≪선전: 인간 태도의 형성*Propaganda: The Formation of Men's Attitudes*≫(Ellul, 1962/1965) 그리고 ≪기술 체계*The Technological System*≫(Ellul, 1977/1980)와 같은 그의 주요 후기 연구에 토대가 된다.

커뮤니케이션 분야에서 테크닉은 공적 담론, 특히 미디어에서의 공적 담론을 압도한다. "새로운 미디어는 본질적으로 그리고 우선적으로 기술적 미디어"(Ellul, 1977/1980, p.9)이기 때문에, 현대 매스 미디어의 성격은 기술 사회 전체의 성격과 같다. 인간 심리를 자극하는 힘에 관해 심리학, 사회학, 인간 관계의 분야에서 주로 나온 과학적 발견은 현대적 미디어 체계를 이끄는 기법을 제공한다. 이러한 '과학'은 인간을 이해하고 영향을 미치기 위한 가치를 위해 존재하고, 한편 미디어 채널의 효과에 관한 현대적 연구는 인간의 비판적 인식력을 박탈하는 '과학적' 기초가 되고 있다. 심리학은 광고가 되고, 사회학은 마케팅이 된다.

선전

현대 사회에 대한 엘룰의 시각을 정의하는 두 번째 비판 개념은 선전이다. ≪선전*Propaganda*≫(Ellul, 1962/1965)은 커뮤니케이션 학자들 가운데 가장 잘 알려진 책으로서, 이 책에서 엘룰은 테크닉이 정치와 설득의 영역을 침범했고, 미디어 체계와 정부와 같이 공적 논의를 책임지는 사람들이 지금은 이성적 담론과 비판적 사고에 우선하여 선전 기법을 사용하고 있다고 주장한다. 인간의 마음을 움직이는 능력을 가진 매스 미디어의 힘은 인간의 동기에 대해 전례 없는 이해를 제공하는 사회과학과 통합되었고, 개인에 대해 인간 역사에 어느 것과 비할 데 없는 힘을 갖게 된다.

엘룰이 글을 쓸 당시, 선전에 관해 글을 썼던 대부분의 연구자들은 2차 세계 대전 이전의 독일 나치당이나 단순한 모델에 기댄 선전 연구에서 사용했던 수사학적 기법 및 미디어 기법에 제한된 개념에 의존했다(Sproule, 1987). 엘룰(1962/1965)은 이러한 개념이 선전을 너무 단순화시켰다고 폐기하며, 선전을 다음과 같이 정의한다. 선전은 "개인들의 집단에 대한 활동에 능동적이거나 수동적인 참여를 유도하며, 심리적 조작을 통해 심리적으로 통일시키고 조직에 편입하는…… 일련의 방법이다"(p.61). 선전은 일련의 제한적인 수사학적 기법이라기보다는, 미디어의 대중적 전파와 같이 순종적인 수용자들로부터 맹종을 이끌어 내는 사회과학적 통찰력과 기법으로 이루어진다. 엘룰이 기술 결정론적인 입장을 취하지는 않지만, 기술과 기술적 방법이 인간사를 움직이도록 인간이 기꺼이 허용한다는 주장은 주목할 만하다.

앞에서 언급했듯이, 엘룰의 주요 관심사는 미디어라기보다는 국가와 개별 인간의 관계였다. 하지만 미디어가 집단적 신념과 현실을 유포시키는 주요 수단이기 때문에, 엘룰의 논의에서 매스 미디어의 역할은 중요하다. 현대 사회에서 매스 미디어는 집단적 삶을 경험하고 집단 의식을 만드는 수단이 되었다. 게다가 중앙 집권화된 매스 미디어의 성격은 사고를 진작시키기보다는, 심하게 손상시키는 사회적 통제력이 되고 있다. 엘룰(1954/1964)은 만일 개인이 "규칙적으로 라디오를 듣고, 신문을 읽으며, 영화를 본다면, 과학적으로 유도되고, 점점 더 저항할 수 없는"(p.372) 동기에 따라 행동하게 될 것이라고 주장한다.

모든 미디어 유형이 특정한 사회적 가정이나 현실을 지지하고 강화시키기 때문에, 개인은 대중 사회의 가정에 반反하는 경험을 하기 힘들다. 엘룰(1954/1964)은 이 점을 극장 영사기의 수렴 현상에 비유한다. "각각 특정한 색과 명암 그리고 방향을 가졌지만, 비춰진 사물에 기반하였을 때에만 각각의 개별적 기능을 수행할 수 있다"(p.391). 게다가 현대의 커뮤니케이션이 기법으로 전락했다는 것은, 기술자에 불과한 사람이 사회적 쟁점을 전달하는 가장 중요한 사람이 되고 있다는 것을 의미한다. 예를 들어, 유명한 뉴스 진행자에게 명사(신과 같은)의 지위가 주어진다. 정치적 담론이 주로 비정치적으로 영민한 기자(앵커)에 의해 매개되기 때문에, 공공 정책을 틀 짓는 엄청난 힘을 갖게 된다. 러브킨(Lovekin, 1991)이 주장했듯이, "명사인 아나운서는 20세기 무당의 일종으로, 기법의 미덕을 찬양하는 동시에 이를 상징한다"(p.195).

선전의 목적은 이해와 용인이 아닌 맹종이다. 엘룰은 개인이 선전에 동의하는가의 문제보다는 이들이 선전에 응답한다는 점이 중요하다고 주장한다. 이해보다는 본능과 반사 작용이 핵심 문제이다. 패스트푸드 체인은 당신이 합리적인 가격에 양질의 음식을 얻는다고 생각하는지에 대해서는 별로 관심이 없고, 사람들이 자신들의 음식을 사는지에만 신경 쓴다. 따라서 인간적 두려움, 욕망, 탐욕, 분노 등등에 대한 사회적, 과학적 통찰력은 특정한 조건 반사를 불러일으키기 위한 가장 효과적인 방법이다. 인간의 동기 부여에 대한 과학적 이해가 매스 미디어의 강력한 전체주의적 성격과 융합되면서, 개인은 진보, 자유주의, 다양한 이데올로기 등의 현대 신화가 주로 유도하는 대중 심리학에 종속된다. 현대 기술 사회에서 가장 중요한 것은 사회의 동원이다. 이러한 동원은 특정한 목적이 있는 것이 아니라 동원 자체를 위해 이루어진다. 엘룰(1962/1965)은 다음과 같이 주장한다.

> 아직도 선전을 1850년대의 모습으로 보는 것은 인간과 인간에 영향을 미치는 수단에 관해 폐기된 개념에 집착하는 것이다…… 현대 선전의 목적은 더 이상 사상을 바꾸는 것이 아니라, 행동을 선동하는 것이다. 어떤 원칙에 매달리는

것을 바꾸는 것이 아니라, 개인이 행위 과정에 비이성적으로 집착하게 만드는 것이다. 더 이상 선택을 이끄는 것이 아니라, 반사 작용을 풀어놓는다. 의견을 변화시키는 것이 아니라, 적극적이고 신화적인 믿음을 환기시킨다…… 선전은 효과를 위해 끊임없이 모든 생각과 결정을 방해한다(pp.25~27).

엘룰은 인간의 면 대 면 상호 작용이 대중 사회의 불가항력적인 힘에 대한 유일한 방어 수단이라고 주장한다. 사실 사회적 삶에 침입하는 테크닉의 특성 중 하나는 인간 커뮤니케이션 전반의 체계적 타락이었고, 궁극적으로 메시지의 타락이었다. 엘룰(1954/1964)은 선전이 "정치적 원칙을 프로그램으로, 프로그램을 슬로건으로, 슬로건을 영상(반사적이고 자극적인 직접적인 이미지)으로 환원"시키고 있다고(p.365) 주장한다. 특히 정치적, 상업적, 종교적 메시지가 대중 채널에 양도되면서 사소한 것이 되어 버린다. 영상 미디어는 인간의 정치, 종교, 철학을 무기력하게 만드는 마지막 단계이다. 엘룰(1948/1989a)은 매스 미디어가 편의를 제공하지만, 현대적 채널의 매개 기능에 의해 진짜 커뮤니케이션이 파괴되었다고, 다시 말해 기술 자체가 사람들 간에 실재하는 조정 과정을 대체하고 있다고 주장한다(p.94). 해결 방법은 "새로운 언어"를, 즉 매스 미디어의 전체주의적 효과를 피하고 인간이 진실로 상호 작용할 수 있도록 해주는 것을 찾는 것이고, 엘룰은 이를 성령의 작용에서 찾는다(p.106).

엘룰(1977/1980)은 인간 커뮤니케이션이 "기술화"된 결과로써, 인간 커뮤니케이션의 상징적 토대가 기술적 토대로 대체되고 있다고 주장한다(p.36). 매스 미디어(기술)가 사람들 간의 유일한 중개자가 되면서, 우리들의 상호 작용으로부터 인간 '친교'의 가치가 제거되어 왔다. 게다가, 현재 인간 의식은 과거의 커뮤니케이션 형태의 특징을 이루었던 중재적인 사고 없이, 매스 미디어의 직접적 영향을 받고 있다.

엘룰은 선전과 정보를 구분하는 시도가 비현실적이라고 주장한다. 기술 사회에서 '정보'는 편재하고 개인을 압도한다. 정보가 증가하면서, 그것을 해석하기가 점점 더 어려워지고 있다. 시민들은 엄청난 양의 담론을 떠안게 되고, 그래서 광고주, 교육자, 정치가 등 선전가들이 만들어 놓은 해석에 기대게 된다. 또한 선전은 우리가 살고 있는 미디어 환경 전반의 일부분이고, 현대화된 대중 문화의 특성 안에서 자신의 잠재력을 발견하고 있다. 예를 들어, 선전은 개인주의적 사회에서만 기능할 수 있다. 이런 개인주의적 사회에서 개인은 전통적으로 의사 결정 과정에 사회적 본보기와 토대를 제공했던 1차적인 사회 집단과 소속감으로부터 분리된다. 인간은 마을, 교회, 길드와 같이 사회적 길잡이와 지원을 해주었던 소규모 집단을 버리고, 철저하게 자율적이고 자립적인 존재가 되었다. 도시화와 기술화에 의해 촉발된 개인주의가 널리 퍼졌을 때, 역설적으로 "대중 사회"는 불가피한 결과였다. 개인은 미디어로부터 정보와 의견을 얻게 되고, 여론에 전적으로 의존하는 집단의 가치와 의견을 받아들인다(Ellul, 1962/1965, p.90).

엘룰은 선전이 반드시 필연적으로 정치적이지는 않지만, 사회학적 발현에 있어 더욱 영향력이 있다고 주장한다. "사회적 맥락"에 의해, 즉 교묘한 수단을 통해 이데올로기를 부과하고 강화하는 사회학적, 문화적, 경제적 구조에 의해 "이데올로기가 침투"한다는 뜻이다(p.63). 그것은 계획적인 활동에 거의 관여하지 않고, 대개 비정치적으로 보인다. 대중 오락을 예로 들 수 있다. 대중 오락은 예컨대 상업주의와 같은 이데올로기적 혹은 문화적 입장을 취하면서도, 그러한 사실을 환기시키지 않은 채 자신의 입장을 지속시킨다.

뿐만 아니라, 선전은 항상 사회를 동요시키기보다는, 사회적, 경제적, 혹은 정치적 통합에 유용하다. 통합을 위한 선전은 편안하고 세련되고 유익한 분위기에서 그리고 전통적으로 그것에 저항적이라고 생각되는 지식인에게 가장 효과적이다. "지식인은 촌부보다 통합의 선전에 더 민감하다. 사실상 그들은 사회에 정치적으로 대립할 때조차 사회의 스테레오타입을 공유한다"(Ellul, 1962/1965, p.76). 다시 말해, 선전과 매스 미디어에 가장 면역되어 있을 것 같은 사람들조차, 어쩌면 촌부보다 더 미묘하게, 그것의 영향을 받고 있다.

엘룰은 사회과학과 미디어 제작 기법에서 나타난 테크닉이 어떻게 이성적이고 비판적인 사고를 파괴시키고 있는지의 문제에 주로 관심을 가졌다. 그는 선전이 일단 시작되면 어느 사회라도 개인은 자신의 판단력과 창조성을 잃게 되고, 그 사회는 결국은 쇠약하게 된다고 주장한다. "선전이 사라지게 하는 것은 무엇인가? 비판적이고 개인적인 판단이 가진 본질의 모든 것이다"(Ellul, 1962/1965, p.169). 개인이 선전에 길들여진 후에는 더 이상 진정으로 이의를 제기할 수 없다. "그의 (원문 그대로) 상상은 고정된 선으로부터 작은 탈선과 일탈만 할 뿐이지, 틀에서 벗어나지 못하는 사전 준비된 반응을 보일 것이다"(p.169). 엘룰은 선전이 전통적 담론 및 민주주의 개념에 장애라는 점을 공개적으로 확인하면서, 민주주의가 현대에 와서 많이 손상되었다고 주장한다.

> 민주주의의 원칙(특히 개인에 대한 개념)과 선전의 과정 간에 분명히 갈등이 있기 때문이다. 생각을 하고 이성에 따라 살 수 있는 사람, 자신의 열정을 제어할 수 있고 과학적 패턴에 따라 살 수 있는 사람, 그리고 선과 악의 사이에서 자유롭게 선택할 수 있는 이성적 사람 등의 개념이 선전의 특성인 비밀스런 영향력, 신화의 동원, 비이성적인 것의 즉각적인 소구 등과 대립한다(p.233).

사회적 수준에서 그 결과는 파괴적이다. 미디어와 선전의 전체주의적 특성은 진정한 의미의 경쟁 담론을 허용하지 않기 때문에, 진실한 검토가 이루어지지 않는다. 민주주의 사회는 통치권을 유지하기 위해 선전을 이용해야 하지만, 그렇게 함으로써 민주주의의 이상 자체를 저버린다. 민주주의를 포함한 이데올로기, 철학, 심지어 종교적 신앙마저 사회적 삶을 지배하는 선전 기제의 도구로 전락한다. "유일하게 문제가 되는 것은 유효성과 효용성이다. 요는 어떤 경제적 혹은 지적 원칙이 타당한가를 질문하기보다는, 그것이 지금 여기서 대중을 동원할 수 있는 효과적인 선전 문구를 제공할 수 있는가의 문제만을 묻는다"(Ellul, 1962/1965, p.197).

설득력 있는 담론에 필수적인 비판적 요소가 상실되고 전체주의적 미디어나 사회과학의 힘에 맡겨지기 때문에, 대중은 자극에 응답하는 정도의 힘만 갖게 된다. 더군다나 개인 혹은 공동체에게 선전의 압도적인 힘에 대항할 어떠한 자원도 남아 있지 않다. 어느 정도의 이견이 허용되더라도, 현실성 없는 쟁점으로 전달된다. 사회의 기본 가치에 대한 질문이 이루어지지 않고 있고, 작은 의견 출동은 장식에 불과하다.

미디어에 대한 엘룰의 비판은 다차원적이지만, 몇 가지 중요한 쟁점만을 강조해 보고자 한다. 첫째, 엘룰은 크게 비판적 미디어 연구가 매스 미디어에 내재된 중앙 집권적인 과정에 개입해야 한다고 본다. 하지만 미디어 독점에 관한 관심과 같이 비판적 쟁점을 지나치게 단순화시키는 것에서 벗어나려고 한다. 만일 500개 케이블 채널과 모든 라디오 방송 그리고 신문이 특정한 사회 문화적 가정과 스테레오타입을 재생산한다면, 그것을 누가 소유하고 통제하는지는 중요하지 않다. 어떠한 채널도 문화적, 정치적 가정에 도전하지 않고 있기에, 사회 내 진정한 비판이 설 자리는 더욱 부족하게 된다.

또한 매스 미디어가 사회적 과정을 중앙 집권화하고, 사회를 "수용자 단위"로 분할함으로써, 민주주의적 의미의 진정한 집단적 행동이 일어날 가능성이 줄어들게 된다. 엘룰(1962/1965)은 "선전이 많아질수록, 더 많은 분할이 이루어진다"고 주장한다(p.213). 엘룰은 "자기 집단의 신문을 읽고 자기 집단의 라디오를 듣는 사람들이 계속해서 자신의 신념을 다지게 되고…… 그 결과 사람들이 점점 더 서로를 무시하게 된다"(p.213)면서, 이러한 분할이 실제로 선전의 장악력을 키운다고 본다. 따라서 상이한 의견은 압도적인 미디어 체계에 대항할 힘을 갖지 못한 채 눈에 띄지 않게 된다.

마지막으로, 테크닉, 특히 현대의 과학적 방법론과 커뮤니케이션 기술의 통합은 인간의 자유와 민주주의에 관해 방심할 수 없는 함의를 갖는다. 지난 세기의 기법이 물질 세계의 기계화와 조작에 한정된 데 반해, 현대 미디어는 내부의 정신적 삶을 파고들어 선전 기법의 활용이 광범위하게 이루어지도록 한다. 지금 개인은 미디어와 선전 기법에 지속적으로 종속되어 있어, 단순히 방에서 나간다고 이러한 영향력을 피하지는 못한다. "볼 필요 없어" 식의 매스 미디어 비판에 대한 일반적인 반응이 적용될 수 없는 이유는 방을 나간다고 해서 전체주의적 미디어의 영향력에서 벗어나는 것이 아니기 때문이다. 이러한 특정 채널을 시청하지 않더라도, 같은 메시지가 사회 구조 전체뿐만 아니라 신문, 영화, 책 등 다른 모든 채널을 통해 강화될 것이다.

엘룰이 현대 미디어를 불신하는 사례는, 교육에서의 컴퓨터의 역할이나 학생들에게 컴퓨터 기술을 익히게 만드는 사회적 공동 노력에 관한 그의 논의에서 찾아볼 수 있다. 엘룰(1990b)은 이러한 "교육의 테러 행위"가 결국 개인과 사회에 해롭다고 주장한다. 기술적 능력에 대한 교육을 과도하게 강조한다는 것은 학생들이 편협한 기술적 영역 외에 아무것도 배우지 않는다는 것이고, 이는 비판적 사고와 인간의 창조적 다재다능함, 그리고 궁극적으로 진정한 다양성을 상실하는 것을 의미하기 때문이다.

대부분의 엘룰의 연구는 인간 커뮤니케이션에 대해 깊은 관심을 드러낸다. 그는 인간 커뮤니케이션을 그것의 근본을 이루는 인간 "친교"와 연결시키고 싶어 했다. 다수의 그의 연구가 진정한 담론과 선전 간의 갈등이나 이미지와 세계와의 갈등을 이야기하지만, 그 중 ≪언어의 수치 Humiliation of the Word≫(Ellul, 1981/1985)가 가장 상세하게 논의한다. 이 책에서 엘룰은 과거에 인간의 상호 작용을 매개했던 언어적, 상징적 세계가 이미지와 도상으로 대체되고 있다고 주장한다. 그는 이러한 이미지와 도상이 논리와 추론의 지름길보다는 우회로 역할을 하고 있다고 본다.

엘룰은 언어의 힘과 사진, 영화, 그래픽 삽화 등의 이미지의 힘이 근본적으로 다르다고 본다. 각 미디어 형태는 인간 의식에 영향을 미치는 고유의 성격을 가지고 있다. 인간 의식에 미치는 시각의 효과는 청각과 근본적으로 다르다. 여기서 시각적 이미지에 많이 의지하는 보기는 현실의 영역이고 우리 주변의 즉각적인 경험인 반면, 듣기(그리고 읽기)는 진리의 영역이다. 일례로 사진은 정서적 힘을 전달하지만, 그러한 힘은 사진의 의미가 말로 설명될 때까지 방향성을 갖지 못한다.

엘룰은 보기가 "현실" 혹은 직접적인 시각적, 정서적 맥락에 관한 것이라고 본다. 하지만, 언어는 진리 혹은 추상적 규칙에 관한 것이다. 현실은 직접적이지만 또한 현혹적이다. 보기는 인간을 전문적 기능과 방법을 뜻하는 테크닉에 위임한다(Ellul, 1981/1985, p.11). 구어 및 문어의 담론에 내재된 의미는 이미지의 정서적 힘과 근본적으로 다르다. 언어는 비판적으로 평가되거나 질문될 수 있고, 그럼으로써 듣는 사람이 일

말의 자유를 갖지만, 이미지일 경우 그러한 의뢰 과정이 없다.

여기서 엘룰은 보기 혹은 이미지를 부적절한 것으로 도외시하지 않는다. 그는 단지 이미지가 언어와 균형을 이루어야 한다고 주장한다. 이미지가 진리를 전하지 못하기 때문에, 매스 미디어가 사회에서 더욱 중요해지면서 시민들은 합리적인 토론의 수단으로부터 한층 멀어진다. "이미지에 압도되어" 있기 때문에, 다른 커뮤니케이션 수단의 가치를 인정하고 반응하기가 점점 어려워졌다. 엘룰의 말을 빌리자면(1981/1985), "이미지의 증거가 다른 종류의 표현을 쓸모없게 만든다"(p.114).

따라서 텔레비전과 영화와 같은 영상 미디어는 사회적 삶에 있어 불균형적으로 큰 역할을 담당하고 있다. 텔레비전은 사회화의 주요 수단이 되어 체제 순응주의와 사회적 삶의 표준화를 초래하는 반면(p.140), 영화는 자연스런 저항을 좌절시키며 관객이 "영향력과 형태 그리고 신화"(p.119)를 순순히 받아들이게 만든다. 궁극적 결과는 "언어의 수치"로서, 이미지의 불가항력적인 영향력 때문에, 언어조차 자신의 의미를 상실하고 선전의 노예로 전락하게 된다(p.156).

가능한 조화를 모색해 보는 논의에서, 엘룰은 신학적 가정을 전면에 놓는다. 사실상 미디어 형태에 대한 그의 신학적 태도를 올바로 이해하지 않고 엘룰을 완전히 이해하기란 어렵다(Gozzi, 2000; Nisbet, 1981, p.vii). 엘룰(1981/1985)은 이미지가 인간의 삶에 있어 고유한 역할을 가지고 있다고 주장한다. 여기서 이미지는 예언자들의 비전에서처럼 현실의 무엇인가를 계시하는 역할을 한다. 또한 창세기에서 언어와 이미지는 조화롭기 때문에, 인간의 삶에서 어느 하나만을 버린다는 것은 불가능하다(p.252).

엘룰과 미디어 생태학

엘룰의 연구는 커뮤니케이션에서 신학 그리고 정치학에 이르기까지 광범위한 범위의 학문을 다루고 있고, 이러한 학문의 폭 때문에 여러 가지 면에서 그는 미디어 생태학 전통의 중요한 인물이다. 그가 비록 매스 미디어의 역할에 대해 무척이나 부정적이고, 많은 미디어 연구를 시시하고 현학적이라고 보는 것 같지만, 미디어나 미디어와 사회의 관계에 관한 그의 초점은, 예를 들어 매스 미디어의 사회적, 정치적 맥락의 이해에 대한 관심이나 문자 해독력, 담론, 미디어에 관한 논의는 미디어 생태학 전통의 중요한 주제를 예시하거나 확대시키고 있다. 엘룰은 커뮤니케이션 기술이 사회 조직과 정신에 큰 변화를 가져다준다고 주장하면서, 미디어 생태학자들의 일반적인 논의에 동의한다. 엘룰의 글은 맥루언과 다른 학자들에게 확실히 영향을 미쳤다. 맥루언(1965)은 엘룰의 연구가 "효율과 방법을 열렬하게 추구하면서 무시되었던 쟁점을 시적이고 통찰력 있는 방식으로 맨 앞에 부각시켰다"고 썼다(p.5). 엘룰 또한 여러 차례 맥루언과 멈포드의 영향을 받았다. 다음은 사회 내 매스 미디어와 선전, 기술, 그리고 인간 의식에 있어서의 구술성 및 문자성의 영향이라는 세 가지 핵심 쟁점을 중심으로, 엘룰과 미디어 생태학 전통 내 다른 학자들과의 관계를 논의하겠다.

물론 현대 미디어에 대한 엘룰의 분석은 출판이 된 지 30년이 넘어 시대에 뒤처진 것 같다. 엘룰의 주요 연구가 완성된 시기는, 광고 산업을 중심으로 미디어가 통합되기 시작했지만 상업 광고가 미디어를 완전히 장악하기 전이었다. 나중에 나와 잘 알려지지 않은 그의 ≪기술의 허세 *The Technological Bluff*≫(1990b)에서 엘룰은 현대 사회와 현대 기술을 가장 날카롭게 관찰한다. 하지만 포스트먼을 포함한 많은 저자들도 몇 가지 동일한 주제를 성찰했다. 포스트먼은 자신의 대표적인 저서 ≪죽도록 즐기기≫(1985)에서 텔레비전 매체가 본질적으로 정치와 종교와 같은 의미 있는 담론에 부적합하다고 주장했다.

또한 이니스와 맥루언과 같은 저자는 미디어가 포화 상태를 이룬 환경에서, 혹은 맥루언이 말한 지구촌에서, 문화 의식의 융합이 필연적이라고 주장했다. 이러한 주장은 많은 비판적 매스 미디어 연구에 토대가 되고 있다. 엘룰이 이를 부정적으로 바라보지만, 전반적으로 엘룰의 시각은 이들과 노선을 같이 한다. 뿐만 아니라, 엘룰(1977/1980)은 맥루언이 미디어를 과도하게 강조하고, 너무 결정론적이며, 보다 광범위한 사회적 환경을 충분히 강조하지 않았다고 주장한다(p.9). 특히 맥루언이 미디어 때문이라고 생각했던 것을 엘룰은 기술화의 문제라고 생각했다. 많은 사람들이 우리가 더 많이 소통할수록 서로를 더 잘 이해하게 된다고 주장하는 데 반해, 엘룰(1962/1965)은 우리가 커뮤니케이션의 기술적 수단에 더 많이 의존할수록 이해를 점점 더 못하게 된다고 주장한다(pp.93~95). 미디어가 국경을 넘어 상호 이해를 넓히기보다는, 신중하고 사려 깊은 사고를 방해하는 기능을 하며, 인간이 직면한 현실의 문제로부터 멀어지게 하고, 진정한 커뮤니케이션을 갖기 어렵게 만들고 있다는 것이다.

하지만 엘룰이 미디어가 편재하고 필연적으로 선전으로 전락하고 있다는 주장에서 다른 미디어 이론가와 생각을 같이한다. 매스 미디어의 세계는 기존의 사회 구조와 현실을 강화시키는 데에만 적절할 뿐, 그것에 도전하지는 못한다. 또한 미디어의 융합은, 기법의 면에서는 아닐지라도, 적어도 이데올로기적인 면에서 필연적인 결과이다.

엘룰과 미디어 생태학의 다른 이론가를 연결하는 두 번째 중요한 지점은 기술을 현대 사회를 결정하는 특성으로 강조한다는 점이다. 엘룰은 이러한 점에서 루이스 멈포드와 함께 분류된다(Strate & Lum, 2000). 멈포드(1934)는 엘룰의 주장에 앞서 기계(기술)가 질서, 통제, 효율 등의 자신만의 의식과 이데올로기 차원을 가지고 있다고 저술했다. 하지만, 멈포드는 기술 자체에 좀 더 직접적으로 초점으로 맞춘 반면, 엘룰은 테크닉, 즉 기술 수단에 과잉 의존하는 데 내재된 의식의 양식에 주로 관심을 갖는다. 멈포드는 실재했던 기술의 유형에 따라 역사를 구분한 반면, 엘룰은 기술의 유형보다는 기술에 대한 인간의 의식을 중심으로 역사를 개괄한다. 엘룰은 사람들이 극초단파에 의존하는지, 혹은 마술에 의존하는지가 중요하다기보다는, 사람들이 인간주의적 가치와 윤리적 선택에 대한 믿음과 대조되는 기술을 신뢰한다는 점이 핵심 쟁점이라고 본다. 초기 기술의 특성은 기법 자체의 고유한 특징으로 규정되기보다는, 어느 정도 기술에 관한 의식이 존재했다. 예를 들어, 초기 기술에는 확실히 현대 기술 사회의 특성인 자율적이고 자기 강화적인 면이 분명히 나타나진 않는다(Ellul, 1954/1964, pp.23~60). 포스트먼(1992)은 자신의 책 ≪테크노폴리≫에서 기술적 가정이 문화적 가치를 어떻게 앞질러갔는지에 관한 엘룰식 해석을 반영한다. 여기서 포스트먼은 엘룰처럼 기술 담론의 자율적 성격이 커지면서, 순수한 기술적 판단 밖의 결정 사항에 대해 기술주의자들의 주장을 강화하고 있다고 주장한다.

엘룰의 쟁점은 기술이 아니다. 그의 쟁점은 인간 의식이다. 엘룰은 특정한 기법이나 기술에 초점을 두지 않고, 언제나 인간 의식 그리고 미디어 기술과 같은 기술에 대한 인간의 반응에 관심을 두었기 때문에, 다른 미디어 생태학자보다 조금은 덜 기술 결정론적이라고 말할 수 있다.

마지막으로, 엘룰과 미디어 생태학 내 다른 저자를 묶는 세 번째 주요 관심사는 언어의 문제, 즉 서로 다른 커뮤니케이션 기술의 수단 문제이다. 맥루언(1962)와 옹(1982) 등 많은 저자들은 구술성과 문자성이 크게 다르다고 주장한다. 이러한 이론가들이 각각 강조하는 점은 다르지만, 이들은 전형적으로 구어(문자 이전의) 문화가 특정한 의식 틀의 영향을 받았고, 일단 문화가 읽고 쓸 수 있는 능력을 갖게 되면, 다른 형태의 의식이 생겨난다고 주장한다. 다시 말해, 문자 해독력을 갖게 되면서 우리가 사고하는 방식에 실제적이고 중요한 변화가 생겨난다. 사고와 논쟁이 복잡해지면, 그것을 기록하고 기억하기가 사실상 불가능해지기 때문에 장애가 된다. 그것이 한순간에 흘러가는 흥미로운 생각일지라도, 커다란 문화적 변화를 일으키지는 못한다. 따라서 쓰기 기술이 문화에 도입될 때, 과거에 가능하지 않았던 사고 구조와 과정이 가능하게 된다(Ong, 1982, p.36).

엘룰은 이와는 다른 시각을 가진다. 그는 글이건 구어이건 간에 언어는 이미지가 가질 수 없는 특정한 비판적 시각과 실재감을 전달한다고 본다. 옹과 다른 학자들은 구술성의 기술과 문자성의 기술이 결정적으로 다르다고 본다. 하지만 엘룰은 감각적인 것, 즉 청각과 시각(여기서 보는 것은 글보다는 이미지를 의미한다)이 결정적으로 다르다고 본다. 엘룰은 구어건 글이건 모든 언어는 비판적 성찰을 가져오고 복잡한 논쟁을 만든다. 하지만 이미지는 이러한 비판적 사고를 손상시키며 인간이 감정에 압도되게 만든다. 그는 인간 의식에 영향을 미치는 텔레비전의 역할에 관한 맥루언의 분석에 찬성하며 인용하지만(Ellul, 1977/1980, p.73), 시각적인 것과 선형적인 것을 연결시키는 것은 잘못된 해석이라고 보며 의견을 달리한다. 엘룰(1981/1985)은 이 둘이 서로 대립한다고 주장한다(p.26).

엘룰은 서로 다른 커뮤니케이션 기술이 인간 의식에 영향을 미친다고 생각하지만, 언어에 의한 담론이 순차적이고, 조직적 사고를 요구하며 추상화와 성찰을 갖는다고 주장한다는 점에서 남다르다(p.36). 한편 이미지는 즉각적이고 강력한 존재이기 때문에, 비판적 사고를 요구하거나 고양시키는 수단을 가지고 있지 못하다.

부어스틴(Boorstin, 1973) 역시 공공 담론 특히 정치적 영역에서의 이미지의 역할을 다룬다. 하지만 기본적인 차이는 부어스틴이 선전과 이미지를 구분하고 있고, 엘룰에 비해 선전을 훨씬 제한적으로 정의하고 있다는 데 있다. 그럼에도 부어스틴이 정의하는 "의사 사건*pseudo-event*"은 엘룰에겐 바로 기법, 즉 정치적 담론을 더 영향력 있게 만드는 방식이기 때문에, 부어스틴의 개념은 보다 포괄적인 엘룰의 개념으로부터 도움을 받을 수 있다. 엘룰은 현대 정치적 담론이 이러한 기법에 의해 피폐화되었다는 부어스틴의 주장에 필시 찬성하겠지만, 우리가 살고 있는 사회 맥락에서 이러한 기법이 사실상 필연적이라는 점을 서둘러 부언할 것이다.

지금까지 미디어 생태학 사상가들의 틀 안에서 엘룰을 간단하게 살펴보았는데, 이는 단지 가장 두드러진 연관성만을 개략적으로 적은 것이다. 어떤 학자에겐 중요한 주제였던 생각과 논쟁을 어떤 학자는 거의 다루지 않기 때문에, 이질적인 사상가 집단의 시각을 통합적으로 정리하는 것은 아직 많은 연구가 필요하다. 새로운 기술적 사고 방식의 정치적, 사회학적 차원에 주로 관심을 가졌던 엘룰은 자신의 분석에 내재되어 있는 특정한 커뮤니케이션의 문제에 충분히 주의를 기울이지 않았다. 거꾸로, 옹이나 다른 학자들은 기술적 의식의 영향에 관한 엘룰의 거시적 전망을 충분히 다루지 않았다. 따라서 이러한 저자들을 좀 더 비교해 본다면 아직까지 연구되지 않았던 많은 점을 설명해 줄 것이다.

엘룰과 그의 연구에 대한 비판

엘룰이 커뮤니케이션 학문과 확실히 관련되어 있음에도 불구하고, 엘룰의 영향력에 대해, 특히 북미 커뮤니케이션과 미디어 학자들에 대한 영향력에 대해 너무도 이야기되지 않았다고 생각한다. 나는 엘룰의 연구에 대한 주요 비판을 간단하게 서술하며, 그의 연구가 갖는 약점을 설명해 보고자 한다. 또한 엘룰의 연구에 대한 대부분의 비판이 그를 잘못 이해하거나 그의 의도를 잘못 이야기하고 있다는 것을 보여 주고자 한다. 첫째는 엘룰의 이단적인 방법론과 관련되어 있다. 엘룰은 인간의 상황 가운데 하나의 작은 부분 혹은 커뮤니케이션의 한 단면을 살펴보는 것에 만족하지 않고, 그것을 체계적이고 포괄적으로 이해하려고 했다. 그는 경험적 증거 없이 광범위한 일반화를 시도하고 있다. 엘룰(1981)은 자신의 학문이 현실의 대립과 모순을 살펴봄으로써 현실 전체를 이해해 보려는 일종의 변증법이라고 본다(pp.291~308). 또한 엘룰은 이러한 변증법적 과정의 일부로 사회학적 분석과 신학적 논쟁을 끊임없이 대조하고, 이것이 그의 방법론의 가장 핵심적인 부분이라고 주장한다.

엘룰의 방법론은 대부분의 현대 사회과학 연구가 갖는 귀납적 접근보다는, 연역의 논리적 과정에 더 의지하고 있다. 또한 엘룰의 연구는 명확히 정의된 도덕적 중심에 기반하고 있고, 현대 사회의 치명적인 특성이라고 생각하는 것에 대해 열렬히 논쟁을 펼친다. 여기에는 전형적으로 "학문적"이라고 간주되는 객관적이고 비인간적인 방법론이 포함된다. 현대 문화를 비난하는 엘룰이 실제 스스로 인용한 구약의 예언자에 비유되기도 했다(Hall, Christians 인용, 1981, p.147).

예를 들어, 엘룰의 ≪선전≫이 출간되었을 때, 그의 분석이 "불평하는" 톤을 가졌고 경험적 자료나 증거를 성의 없이 사용했다는 이유로 심하게 비난을 받았다. 주요 선전 연구가였던 대니얼 러너Daniel Lerner (1964)는 엘룰의 연구가 "독창적이지 않고, 과장되며, 논쟁적인 명제를 매우 확신에 찬 목소리로" 이야기한다고 말한다(pp.793~794). 더 나아가 러너는 엘룰이 "자료 수집과 자료 분석을⋯⋯ 회피"하며 엘룰이 최근 실증 연구 전통을 오용하고 있다고 비난했다. 러너의 비판은 사례를 과장해서 말하는 것 같지만, 그렇게 함으로써 오히려 엘룰의 중심 논제, 즉 "기법"의 사고 방식이 우리의 시각을 바꿔 놓아 더 이상 비경험주의적이거나 "비과학적인" 연구를 신뢰하지 않게 만든다는 것을 보여 준다. 러너는 엘룰이 경멸하는 것을, 즉 효율성과 양화의 관료주의적 가치 체계에 몰입하는 것을 하지 않았다고 비난한다. 러브킨(Lovekin, 1991)은 엘룰을 강하게 비판하는 사람들이 종종 문제를 회피하며 "기술 의식의 진부한 말을 반영"하고 있다고 적는다(p.38). 스프라울(Sproule, 1987)은 엘룰과 같은 비판적 선전 분석이 1930년대와 1940년대 수사학 연구를 위한 사회과학의 일반적인 틀이었지만, 그 인기가 떨어진 이유 가운데 하나가 커뮤니케이션 연구의 전문화와 실증주의 움직임 때문이라고 말하면서 이러한 논의를 뒷받침한다. "커뮤니케이션 연구의 논리와 이론 체계의 출발점은 방법론"이었다(p.68).

따라서 엘룰이 미디어 연구에 미친 영향력이 제한적이었던 이유 중 하나는 러너의 평론이 보여 주듯이 사회과학적 경향을 가진 학자들이 엘룰의 인본주의적이고 비판적 접근에 이의를 제기했기 때문이다. 다른 이들은 엘룰의 논쟁이 동어 반복적이고, 선전의 힘을 일단 가정한 뒤 그것을 증명해 갔다고 주장한다.

엘룰에 대한 두 번째 비판은 그의 논쟁이 기술에 적극적인 우리의 반응에 부합하지 않는다는 것이다. 엘룰이 비판하는 바로 그 기술 체계가 인간의 삶을 실제로 향상시키는 혁신과 기술의 기초를 제공한다는 것이다. 그것이 선진국의 발달된 의학 기술이든, 개발도상국에 깨끗한 물을 제공하는 새로운 기술이든 말이다. 엘룰이 너무도 경멸하는 "체계"가 어떻게 그러한 유용한 발전의 원천이 될 수 있는가? 이것을 미디어와 커뮤니케이션 기술의 맥락으로 바꿔 놓고 보면, 우리는 미디어와 커뮤니케이션 기술이 좋기 때문에 사용하는 것 같다. 어쩌면 우리는 영화 관람, 텔레비전 시청, 멀리 있는 친구 및 친척과 대화를 나누기 위한 이메일 사용 등을 즐기고 있다. 따라서 엘룰이 논의한 기술 사회의 하향식 나선형 진행 과정은 우리가 향유하는 긍정적인 이득에 부합하지 않는다.

하지만, 특정 기술의 긍정적 이로움을 인정한다고 해도 기술적 사고 방식에 대한 그의 논의가 손상되지는 않는다. 그는 "개별적 기법의 발전이 본질적으로 선도 악도 아닌 '애매한' 현상"이라고 분명히 주장했다(Ellul, 1963, p.40; 1990b, p.37). 엘룰은 자신이 아팠을 때 최선의 의학 기술을 이용했고, 자신의 글을 유포하기 위해 현대 미디어 체계를 이용했다. 사실상 그의 책을 펴낸 출판사는 그가 활발하게 비난했을 미디어 체계의 일부이다. 엘룰(1992)은 심지어 우리가 정치적 행동을 취하기 전에 "기술적 분석"을 할 것을 권한다(pp.44~45). 엘룰이 이야기하는 것은 특정한 기관이나 혁신이 아니라, 우리가 계발하는 습관과 사고 방식으로서, 이러한 습관과 사고 방식은 기술적 해결이 필연적인 해결책이라고 제시한다. 우리가 기술적 해결과 답변을 최우선의 기준을 삼을 때, 우리는 또다시 스스로를 종속의 위치에 놓게 된다.

세 번째 엘룰에 대한 비판은 그의 연구에 내재된 비관론과 관련된다. 엘룰이 주장한 대로 세상이 그렇게 어둡다면, 무엇이 요점인가? 예를 들어, 히크먼(Hickman, 1985)은 엘룰의 ≪기술 사회≫를 비판하면서

"약 500쪽에 이르는 비관론"에 관해 불평을 한다. 게다가 엘룰은 아무런 해결책을 제안하지 않는 것 같다. 예를 들어, ≪선전≫과 ≪기술 사회≫를 읽는 독자는 비난이 지나치게 많지만 해결책이 거의 없는 것에 놀란다.

하지만 엘룰은 해법을 찾는 것이 자신의 글쓰기 기획의 중요한 부분이라고 생각했다. 엘룰은 기술적 사고 방식에 빠졌을 때의 본질을 날카롭게 의식하지만, 해결책을 찾는 것도 중요한 과제라고 생각했다. 크리스천스(Christians, 1981)가 지적한 대로, 그의 해법을 알기 위해서는 그의 연구 전부를 읽을 필요가 있다. 그를 유명하게 만든 저서에서는 활동에 대한 상세한 계획을 이야기하지 않기 때문이다. 실은 엘룰이 ≪세상 속의 그리스도인≫(1948/1989a)과 같은 몇몇 저서에서 무엇이 필요한지에 관해 그의 전망을 개략적으로 이야기한다. 첫 번째 단계는 사회의 본질에 대해 정확하게 이해하는 사실주의이다. 다음 단계는 세상을 사는 데 의식적인 결정을 하는 "새로운 인간성"이다. 그렇다고 기독교의 개념은 아니다. 마지막으로 엘룰은 행동하는 삶, 즉 인간이 직면한 현실적 문제에 개인적으로 참여하는 것을 지지한다.

하지만 엘룰은 인류의 타락을 확신하기 때문에, 자신의 상황을 바꾸려는 인간의 노력에 대해 결국은 부정적이다. 신으로부터의 인간의 소외는 인간의 노력을 결국 무력하게 만드는데, 엘룰(1948/1989a)은 성령의 인도 아래 인간의 의식을 고양하고, 좀 더 인간적인 질서를 세우기 위해 행동해야 한다고 주장하며, 행동을 위한 프로그램을 이야기한다. 이 책은 신학적 성격을 공개적으로 띠기 때문에, 엘룰의 책 가운데 별로 읽히지 않는 책이 되었고, 따라서 사람들은 엘룰이 어떠한 건설적인 기여도 하지 않았다는 인식을 갖게 된다.

마지막으로 엘룰에 관한 비판 중 기술 결정론을 이야기하고자 한다. 엘룰이 테크닉에 대해 강하게 비난하기 때문에 종종 "반기술적"이고 엄격한 결정론자라는 혐의를 받는다. 예를 들어, 히크먼(1985)은 기술의 자율성에 관한 엘룰의 시각이 결정론적 시각이라고 주장한다(pp.217~220). 엘룰이 "서구 사회의 사회 정치적 문제 전반에 있어, 유일하진 않지만 주요한 결정 요인은 기술 체계"(p.55)라고 주장하기 때문에, 때때로 결정론자인 것처럼 보인다. 엘룰이 종종 신기계화 반대주의자neo-Luddite나 엄격한 기술 결정론자라고 간주되지만, 결코 그렇지 않다. 그는 원시적 기술로 돌아가거나 현대적 기술을 버리자고 주장하지 않았다.

오히려 그는 테크닉이라는 기술적 사고 방식이 인간의 성찰성과 삶의 질을 망가뜨린다고 주장한다. 게다가 체계가 스스로 탄력을 받아 질적으로 다른 세계를 만들게 하는 "자율적인 기술"이 가장 중요한 쟁점이다(Ellul, 1954/1964, pp.133~137). 엘룰은 자율적인 기술을 강조함으로써 "테크닉"이 아닌 도구를 가졌던 이전 시대로부터 현재의 시대를 구별한다. 러브킨(1991)이 말했듯이, "의식의 형태로서의 테크닉"이라는 엘룰의 개념은 잘못 이해되고 있고, 따라서 연구가 이루어지지 않고 있다(p.31).

엘룰에게 기술은 문제의 사례일 뿐, 문제 자체는 아니다. 엘룰이 분명히 기술 자체보다는 기술에 대한 인간의 사고 방식, 실천, 반응 등이 사회적 질서를 만든다고 주장하기 때문에, 기술 결정론의 혐의를 고집하기는 어렵다. 엘룰(1977/1980) 스스로가 인간의 삶을 과도하게 결정론적으로 설명하는 것을 반대하고(p.67), 1960년대 이후 서구에서 기술과 같은 요소가 지배적일 수는 있지만, 사회 변화를 촉진하는 요소는 항상 다양하다고 주장한다. 더욱이 그는 "기술이 존재하는 유일한 이유는 그것에 참여하고, 그것을 기능하게 만들고, 발명하고, 선택하는 인간이 있기 때문"이라고 주장한다(p.84).

이러한 엘룰에 대한 비판은 그의 연구에 내재된 몇 가지 문제를 보여 준다. 그의 글은 엄밀하기보다는 광범위하고, 그래서 사례를 과장해서 말했을 수도 있다. 그리고 만일 사회가 선전과 기법에 의해 체계적으로 타락했다면, 엘룰은 자신이 그렇게 강력하게 비판한 바로 그 미디어 체계에 의해 유포되는 자신의 글에 대해 어떠한 희망을 가졌겠는가? 그의 논쟁은 말 그대로 수십 권의 책으로 전달되고 있고, 그의 연구를 완전히 이해하기 위해서는 이들 책을 다 읽을 수밖에 없다. 기술과 선전에 관한 그의 시각은 미디어 소비와 기술을 선택적으로 해나가는 사람들에게 별다른 가치를 부여하지 않는 것 같지만, 그래도 그러한 선택이 해방적이라는 것은 알고 있다.

이러한 약점에도 불구하고, 엘룰의 시각은 기술과 미디어가 본질적으로 해방적인 효과를 갖는다는 이상주의자들에게 "사실주의"라는 유익한 약이 되고 있다. 세기가 바뀌면서 이상주의자들의 목소리가 더욱 지배하는 가운데, 엘룰의 예언적인 경고는 종종 도덕적인 지침 없이 기술이 모든 인간의 삶을 변화시키고 있다는 주장에 대해 의심하게 만든다.

후속 연구를 위한 제안

이 장은 엘룰의 주요 논제를 간단하게 소개하면서, 그가 어떻게 미디어 전통 내의 다른 저자 및 학자로부터 영감을 받았거나 주었는지를 보여 주고자 했다. 마지막으로 나는 엘룰이 특히 커뮤니케이션과 미디어 분야에서 앞으로 더 연구될 필요가 있다고 제기했던 몇 가지 주제를 설명해 보고, 엘룰에 관한 후속 연구에 대해 구체적인 조언을 해보고자 한다.

엘룰의 연구를 좀 더 읽어 보고자 하는 이들은 다음 세 권의 책을 더 살펴 볼 필요가 있다. ≪기술 사회≫(Ellul, 1954/1964), ≪선전≫(Ellul, 1962/1965), ≪세상 속의 그리스도인≫(Ellul, 1948/1989a)은 엘룰의 학문을 이해하는 데 기초가 된다. 이미지 기반의 의식과 글 기반의 의식을 대비해 연구한 ≪언어의 수치≫(Ellul, 1981/1985)는 미디어 생태학 틀 안에서의 그의 주장을 가장 명료하게 담고 있다. ≪기술의 허세≫(Ellul, 1990b)는 엘룰이 기술의 거짓 약속과 광고, 스포츠, 텔레비전과 같은 현대 미디어의 성격을 어떻게 이해하고 있는지를 잘 보여 준다. ≪정치적 환상The Political Illusion≫(Ellul, 1965/1967)은 정치가 어떻게 광범위한 이데올로기 의식에 결국 빠지게 되는지를 연구한다. 마지막으로, ≪내가 믿는 것What I Believe≫(Ellul, 1989b)과 ≪존재의 이유Reason for Being≫(Ellul, 1987/1990a)는 그의 신학적 전망과 정통 기독교에 대한 헌신이 그의 사회 분석을 어떻게 뒷받침하는지를 잘 보여 준다.

기술 사회에 대한 시각 외에 많은 사상이 아직 연구되지 않은 채 남아 있다. 예를 들어, 기술 의식이 사회 전반에 널리 퍼져 있듯이 현대 미디어 산업에도 널리 침투해 있다. 이러한 주장을 확인하기 위해서는, 예를 들어 "효율성"이 어느 정도 미디어의 실제 제작 과정, 편집 결정, 혹은 가치 정향에 토대가 되는지를 알아봐야 한다. 이러한 현대 미디어 산업의 과정에 대해 엘룰의 설명보다 더 나은 설명이 존재할까? 기술의 자율성에 대한 엘룰의 시각은 지상파 텔레비전, 영화, 음악, 신문, 온라인 미디어와 같이 현실 세계의 맥락에서의 현대 미디어 과정을 설명하는 데 도움을 주는가?

또한 현대 사회에 대한 분석은 "기술 사회"보다는 "지식 사회" 혹은 "정보 사회"에 초점을 맞춘다. 그리고 정보 기술이 개인, 회사, 그리고 정부를 과거의 제약으로부터 해방시킨다고 가정한다. 하지만 엘룰

(1962/1965)은 정보가 우리가 예상하듯이 중립적 형태로 존재하지 않고 선전이 내재되어 있다고 주장한다. 엘룰은 컴퓨터가 일상 생활에서 어떠한 역할을 할지는 예상하지 못했다. 물론 1960년대 어느 저자도 이를 예상하지는 못했다. 대부분의 정보 사회 이론가는 엘룰의 연구를 간과하고 있다(예를 들어, Webster, 1991). 내가 생각하기에 이는 결정적인 실수라고 본다. "정보 사회"에 대한 진지하고 면밀한 조사를 위해 기술과 정보를 이데올로기로 보는 엘룰의 생각을 고려해 볼 필요가 있다.

엘룰이 별다른 호응을 얻지 못하는 가운데 가장 걱정스러운 점은 오랜 시간이 흘렀고 그의 사상에 대한 적용이나 실험이 거의 없었다는 것이다. 몇몇 이론가들이 대중 오락의 이데올로기 역할과 같은 몇 가지 엘룰의 주제를 반영하고 있지만, 대부분 엘룰이 제안하는 이론적 틀 밖에서 이루어지고 있고, 따라서 전체주의적인 미디어 체계에 대한 그의 시각이 현대 사회에 어느 정도 적용될 수 있는지에 대해 별로 알려진 바가 없다. 이와 같이 엘룰의 사상의 정확성을 판단하기 위한 자료는 별로 없고, 그의 주장은 대부분 그대로 남아 있다.

엘룰의 사상을 좀 더 응용하고 연구하기를 바라는 마음에서 이 장을 썼다. 그의 논제를 되풀이하는 것만으로는 부족하다. 이러한 논쟁을 한층 더 심도 깊게 생각해 볼 필요가 있다. 특히 미디어 산업 자체가 산업 합병 및 기술 융합과 같은 커다란 변화를 겪고 있기 때문에, 20세기 예언자의 말을 심각하게 받아들이고, 다른 사람이 계획한 필연적인 기술 진보에 대한 이상주의적 전망이나 신화에 쉽게 빠져들지 말아야 한다.

참고 문헌

Boorstin, D. (1973). *The image*. New York: Athenaeum.

Christians, C. G. (1976). Jacques Ellul and democracy's 'vital information' premise. *Journalism Monographs*, 45, 1~42.

Christians, C. G. (1981). Ellul on solution: an alternative but no prophecy. In C. G. Christians & J. M. Van Hook (eds.), *Jacques Ellul: Interpretive essays* (pp.147~173). Urbana: University of Illinois Press.

Christians, C. G. (1995). Propaganda and the technological system. In T. L. Glasser & C. T. Salmon (eds.), *Public opinion and the communication of consent* (pp.156~174). New York: Guilford.

Christians C. G. & Real, M. (1979). Jacques Ellul's contributions to critical media theory. Journal of Communication, 29, 83~93.

Clendenin, D. (1989). Introduction. In J. Ellul, *The presence of the kingdom* (Rev. ed.). Colorado Springs, CO: Helmers & Howard.

Ellul, J. (1963). The technological order. In C. Stover (ed.). *The technological order: Proceedings of the Encyclopaedia Brittanica Conference* (pp.10~24). Detroit: Wayne State University Press. Reprinted in L. Hickman (ed.). (1985). *Philosophy, technology, and human affairs*. College Station, TX: Ibis Press.

Ellul, J. (1964). *The technological society* (J. Wilkinson, trans.). New York: Vintage Books. (Original work published 1954)

Ellul, J. (1965). *Propaganda: The formation of men's attitudes* (K. Kellen & J. Lerner, trans.). New York: Alfred A. Knopf. (Original work published 1962)

Ellul, J. (1967). *The political illusion* (K. Kellen, trans.). New York: Alfred A. Knopf. (Original work published 1965)

Ellul, J. (1980). *The technological system* (J. Neugroschel, trans.). New York: Continuum. (Original work published 1977)

Ellul, J. (1981). Epilogue: On dialectic (G. Bromiley, Trans.) In C. G. Christians and J. M. Van Hook (eds.), *Jacques Ellul: Interpretive essays* (pp.vi~ix). Urbana: University of Illinois Press.

Ellul, J. (1985). *The humiliation of the word* (J. M. Hanks, trans.). Grand Rapids, MI: Wm. B. Eerdmans. (Original work published 1981)

Ellul, J. (1989a). *The presence of the kingdom* (Rev. ed.). Colorado Springs, CO: Helmers & Howard. (Original work published 1948)

Ellul, J. (1989b). *What I believe* (G. W. Bromiley, trans.). Grand Rapids, MI :Wm. B. Eerdmans.

Ellul, J. (1990a). *Reason for being* (J. M. Hanks, trans.). Grand Rapids, MI: Wm. B. Eerdmans. (Original work published 1987)

Ellul, J. (1990b). *The technological bluff* (G. Bromiley, trans.). Grand Rapids, MI: Wm. B. Eerdmans.

Ellul, J. (1992). Technology and democracy. In L. Winner (ed.), *Democracy in a technological society* (pp.35～50). Dordrecht, The Netherlands: Kluwer Academic.

Hickman, L. (Ed.). (1985). *Philosophy, technology, and human affairs*. College Station, TX: Ibis Press.

Gozzi, R. (2000). Jacques Ellul on technique, media, and the spirit. *New Jersey Journal of Communication*, 8, (1), 79～90.

Lerner, D. (1964). Propagandes [Review of the book *Propagandes*]. *American Sociological Review*, 29, 793～794.

Lovekin, D. (1991). *Technique, discourse, and consciousness: An introduction to the philosophy of Jacques Ellul*. Bethlehem, PA: Lehigh University Press.

McLuhan, M. (1962). *The gutenberg galaxy: The making of typographic man*. London: Routledge & Kegan Paul.

McLuhan, M. (1964). *Understanding media: The extensions of man*. New York: Mentor.

McLuhan, M. (1965, November 28). Big transistor is watching you [Review of the book *Propaganda: The formation of men's attitudes*]. *Book Week*, p.5.

Mumford, L. (1934). *Technics and civilization*. New York: Harcourt Brace.

Nisbet, R. (1981). Foreword. In C. G. Christians & J. M. Van Hook (eds.), *Jacques Ellul: Interpretive essays* (pp.vi～ix). Urbana: University of Illinois Press.

Ong, W. (1982). *Orality and literacy: The technologizing of the word*. London: Methuen.

Postman, N. (1985). *Amusing ourselves to death*. New York: Viking.

Postman, N. (1992). *Technopoly: The surrender of culture to technology*. New York: Vintage.

Real, M. (1981). Mass communications and propaganda in technological societies. In C. G. Christians & J. M. Van Hook (eds.), *Jacques Ellul: Interpretive essays* (pp.108～127). Urbana: University of Illinois Press.

Sproule, J. M. (1987). Propaganda studies in American social science: the rise and fal of the critical paradigm. *Quarterly Journal of Speech*, 73, 60~78.

Strate, L. & Lum, C. (2000). Lewis Mumford and the ecology of technics. *New Jersey Journal of Communication*, 8(1), 56~78.

Webster. F. (1995). *Theories of the information society*. London: Routledge.

변증법의 신학자 엘룰

클리포드 G. 크리스첸스

자크 엘룰은 변증법학자*dialectician*이다. 그는 자신의 학문적 성격에 있어 변증법적 사고가 중심이 된다고 말한다(1981, p.292). 그에게 있어 변증법은 단순히 질문과 답변을 이용하거나 찬성과 반대를 모두 주장하는 추론의 양식이 아니다. 이 말의 어원인 dialegein은 교환 혹은 관계 속에서 이야기하는 것을 의미하지만, 여기서 dia는 또한 모순을 뜻한다. "부정적인 설명 다음에 긍정적 설명을 하면 효과적인 순간을 갖게 되지만, 이것은 극단적인 긍정이나 부정을 배제하는 새로운 현상이다"(Ellul, 1981, p.293). 전통적인 선형적 추론은 비非모순의 법칙(검정은 하얀색이 될 수 없다)을 가정하나, 마르크스, 키르케고르, 바르트에 영향을 받은 엘룰은 긍정과 반박을 서로 배제시키지 않는 다른 길을 택하게 된다. "부정은 오직 긍정과의 관계에서 존재하고, 긍정은 오직 부정과의 관계에서 존재한다"(p.306).

변증법에 대한 엘룰의 복잡한 이해 방식은 그것이 다른 전통과 강조점을 가진다는 것을 보여 준다. 그의 생각은 헤라클레이토스, 헤겔 및 마르크스, 키르케고르, 구약의 유대인 사상, 바르트의 신학 등에 기초한다.1 그는 변증법에 대한 글을 다음과 같이 요약하며 마무리하는데, 이 글은 왜 엘룰에 관한 진지한 연구가 사회학과 함께 신학이란 양극단을 포함해야 하는지를 보여 준다.

> 내가 이미 보여 주었다고 생각하는데, 만일 기술 체계가 모든 활동을 포괄하고, 자신만의 논리를 가지며, 모든 문화를 점진적으로 동화시키는 총체적인 체계라고 한다면, 그것과 관련된 변증법적 요소란 더 이상 존재하지 않는다. 그것은 전체 혹은 단일체가 되는 경향이 있다. 하지만 만일 변증법적 과정이 삶과 역사에 있어 필수적이라고 믿는다면, 이러한 변증법적 요소의 존재가 절대적으로 필요하다. 만일 기술적 체계가 전부라면, 이러한 요소는 그 바깥에 존재해야만 한다. 초월적인 것만이 기술이 제공하는 구체적인 상황 속에서 삶을 지속하고, 역사를 전개하며, 한 마디로 인간이 인간으로 존재하게 하는 필수 조건이다. 그러나 이러한 초월적인 것이 자존적인 미지의 무엇일 수는 없다. 만일 인간이 기술의 자율성과 보편성에도 불구하고 변증법적 노정을 시작할 이유와 기회를 갖는다면, 그것은 계시된 초월성이어야 할 것이다. 이렇게 말한다고 내가 결코 호교론을 펼치는 것은 아니고, 다만 사회학과 신학이라는 두 가지 내 연구의 흐름에 불가피한 결과라는 것을 지적하고자 한다 (Ellul, 1981, p.308).

---

1. 엘룰(1981)은 책의 개요에서 1970년대 자신의 방법론을 한층 더 다듬어가는 데 도움을 준 참고 문헌을 포함시켰다. 엘룰의 변증법에 대한 요약이나 인용을 보려면 고다드(Goddard, 2002, pp.52~57)를 참고하라.

엘룰은 사회학자로서 "사실주의적이고 구체적이며 엄밀한 방법을 사용하는" 반면, 신학자로서는 "같은 정도로 비타협적이며, 계시에 대해 가능한 엄밀한 해석을 제시"한다고 주장한다. 그래서 그는 각 입장이 "다른 쪽에 의해 오염되는 것으로부터 가능한 면역되기"를 바라고 있다. 하지만 변증법에 충실하기 위해, "전체는 상관없는 두 부분으로 이루어지지 말아야 한다. 상관 관계가 반드시 있어야 한다…… 그 둘은 음악의 대위법에서처럼 상호적으로 자신의 역할을 하고 있다"고 말한다 (Ellul, 1981, p.306).

면역과 상호 관계라는 변증의 두 가지 차원은 엘룰의 지적 수행 및 학문적 전략일 뿐만 아니라, 개인 경험에 뿌리를 두고 있다. 보르도대에서 공부하는 동안, 마르크스의 자본론은 고향의 경제적 대변동이나 보르도의 부두와 선창에서 성장하며 목격했던 가혹한 불공평을 극적으로 설명했다. 엘룰(1970a)은 다음과 같이 이야기한다. "내가 열아홉 살 때 마르크스주의자가 되었고, 많은 시간을 그의 글을 공부하며 보냈다…… 마르크스는 내게 정치적, 경제적, 사회적 문제를 '바라보는' 특정한 방식, 다시 말해 해석의 방법 혹은 사회학을 가져다주었다"(p.5). 그 후 스물두 살에 그는 기독교로 개종했다. "그것은 내게 대단한 경험이었다…… 그것은 개인적인 수준과 총체적인 수준 모두에서 내게 응답해 주었다. 나는 유한한 역사를 초월하는 시각을 보았다"(Ellul, 1982, p.15). 1994년 5월 19일 그가 타계할 때까지 이 두 개종은 융화되진 못했지만, 그에게 끊임없는 영감을 주었다. 그는 "마르크스를 배제할 수 없었고, 성서의 계시도 배제할 수 없었으며, 그렇다고 둘을 통합시키지도 못했다. 내가 이 둘을 종합하는 것은 불가능했다. 내 사고는 이러한 모순에서 출발했다고 말할 수 있다"(Ellul, 1982, p.16).[2] 그가 실험적인 정신으로 처음 썼던 글은 점진적으로 나아지는 구조를 가정했고, 그의 연구의 근본적인 성격을 이루게 되었다(Ellul, 1970c, p.201).

점점 더 세속화되는 시대이고 엘룰의 학문 세계를 살펴보기 위해 공유되고 있는 신학적 도구가 없는 상태에서, 그에 대한 분석은 그의 사회학에서 적당히 출발한다. 하지만 그가 미디어 생태학에 기여한 점을 정확하게 평가하기 위해서, 엘룰의 변증법을 사회학적 차원에서 신학적 차원으로 확장할 필요가 있다. 신학은 분석을 재구성하는 동시에 완성한다. 그는 '테크닉*la technique*'과 선전이란 개념을 통해 미디어 생태학과 관련을 맺게 되지만, 그림을 완성시키기 위해 이런 개념의 변증법적 역逆을 생각해 볼 필요가 있다. 엘룰이 보기에, 테크닉의 효율성 및 필연성이 갖는 전체주의적 특성은 우리 존재의 변화를 요구하고 있고, 어떠한 해답도 신뢰할 수 없다. 매스 미디어 시대에 팽배해 있는 선전은 그것 없이 인간답게 사는 자유를 요구하지만, 이러한 자유는 초월적으로만 가능하다. 게다가 미디어 생태학적 시각에서 엘룰의 사회학적 연구가 비관적이고 결정론적이라는 비판은 그의 변증법적 "긍정*Yes*"을 살

---

2. 엘룰은 세르비아계 귀족 집안에 태어났고 1929년 세계 공황 때 집안이 가난해질 때까지 부유한 조선업 명문가의 일원이었다. 10대 때 보드로의 선창을 돌아다니면서, 항구 도시의 항만 노동자와 선원의 죽음 및 착취를 직접적으로 보게 된다. 이러한 경험에서 생겨난 개인적 질문과 씨름하면서, 엘룰은 마르크스가 불완전하다는 것을 깨닫는다. 그는 "나의 인간적인 조건, 죽음을 면하지 못하는 상태, 고통을 겪거나 사랑하는 능력, 또는 다른 사람들과의 관계"를 설명할 수 없었다(Ellul, 1982, p.15). 동시에 그는 공산당 당원의 신분을 그것의 사소한 행령 강령 때문에 경멸했다. 엘룰은 다음과 같이 설명한다. "공산당과의 관계가 좋지 않았다. 그들은 나를 소시민 계급의 지식인이라고 보고…… 나는 그들이 마르크스의 사상에 대해 진정한 지식을 갖지 않은 것 같아 대수롭지 않게 여겼다. 그들은 1848년 선언문을 읽었지만, 그것이 전부이다. 나는 모스크바 재판 이후 그들과 완전히 결별했다"(Ellul, 1991, p.2). 하지만 그는 계속해서 마르크스의 사상을 심각하게 받아들였고, 신의 존재를 생각하는 것이 쓸모없다는 마르크스의 주장에서 벗어날 수 없었다. 게다가 마르크스가 "경제 및 정치 외의 모든 차원을 거부하는 것"(Ellul, 1982, p.15)은 성서와의 어떠한 타협도 이루어질 수 없고, 단순한 융화도 불가능하다는 것을 의미한다. 그는 일생 동안 둘 사이에서 망설였고 그의 변증법은 언제나 근본적인 대립의 차원을 포함하고 있다(Ellul, 1988).

펴봄으로써 자극을 받고 미묘한 차이를 가질 필요가 있다.

이 장에서는 그를 이해하고 미디어 생태학에서의 그의 역할을 알아보기 위해 엘룰의 신학이 중요하다는 주장을 설명할 것이다. 그러면서 또한, 엘룰과 미디어 생태학 전통의 주요 인물과의 관계를 해석하기 위해 그의 신학적 요소가 필요하다는 것을 보여 줄 것이다. 마셜 맥루언은 엘룰의 《언어의 수치》의 이론적 틀을 짜는 기초가 되었고, 구어 커뮤니케이션을 특별하게 다루는 엘룰의 결론은 포스트먼의 《죽도록 즐기기》(1985)와 부분적으로 일치한다. 사실 엘룰은 자신의 연구에서 맥루언을 긍정적으로 인용했고, 단지 특정한 논의에서만 논쟁을 벌였다. 엘룰을 사회학자로 이해함으로써 충분히 연관성과 특성을 찾아 낼 수 있다. 하지만, 앞에서 이야기했듯이, 루이스 멈포드와 같은 미디어 생태학의 지적 선구자들과 엘룰을 비교하려면, 신학적 자료가 필수적이다. 엘룰은 종종 자신을 비판하는 사람들이 자신의 모든 연구를 읽지 않고 자신의 변증법적 생각을 이해하지 못하고 있다고 말했다.3 엘룰을 가장 잘 해석했던 이들 중 한 사람은 다음과 같이 결론을 내린다. "두 가지 요소 중 한 가지에만 과도하게 집중하거나 요소 간의 관계를 무시하면서 그의 사고를 이해하려는 시도는 그의 생각을 왜곡하는 경향이 있다"(Goddard, 2002, pp.53~54).4 엘룰을 사회학적으로 다룬 4장과 함께, 이

---

3. 1981년 엘룰은 "나는 실제로 다양한 책을 쓰기보다는 각각의 '개별적인' 책이 한 장을 이루는 한 권의 장서를 썼다. 36권의 책이 어떻게 한 세트가 되는지를 알 만큼 인내심을 가진 독자가 있을 거라고 믿는 것은 도박이고 어느 정도 정신 나간 짓이다"(Ellul, 1998, p.22). 고다드(2002)는 다음과 같이 지적한다. "엘룰은 이런 짧은 문장으로 그의 사상을 이해하고 싶어 하는 사람들이 직면할 어려움을 요약한다. 아마도 '그의 연구 전부를 읽는 일이 힘들지언정, 전부 읽어 보아야 한다'(고다드는 존 볼리 베넷을 인용한다)는 주장은 어느 정도 극단적일지 모르지만, 엘룰의 사상이 가진 면을 진지하게 검토하고 적절하게 해석하려면, 엘룰의 모든 연구의 맥락에서 접근할 필요가 있다"(p.52).

장은 엘룰의 신학적 변증법 전반과 특히 그의 바르트식 신정교주의新正
敎主義를 설명하면서, 엘룰 스스로가 상술한 개념으로 그를 평가해 볼
수 있도록 하겠다.

변증법

그의 이중적인 관련성을 고려할 때, 엘룰은 의식적으로 "변증법적 구성
composition"을 선택한다. 그는 사회학이 성서적 혹은 신학적 분석에 의해,
즉 다른 극단에 응답하는 형태가 아니라, 이러한 극단을 진지하게 받아
들임으로써 답을 얻는다고 본다. 그의 고전적인 세 권의 책에는 각각에
상응하는 신학적 연구가 있다. 현대 국가의 정치에 관한 엘룰의 ≪정치
적 환상≫(1967)은 열왕기 하편을 분석한 ≪신의 정치와 인간의 정치The
Politics of God and the Politics of Man≫(1972b)에 상응한다. ≪도시의 의미The
Meaning of the City≫(1970b)는 ≪기술 사회Technological Society≫(1964)와 대비
를 이룬다. ≪요나의 판단The Judgement of Jonah≫(1971a)은 ≪선전≫(1965)
과 대조되는 성서의 커뮤니케이션을 보여 준다. 그의 말에 따르면, "나
는 성서적…… 지식과 사회학적 분석을 인위적 혹은 철학적으로 통합

---

4. 고다드(2002)는 다음과 같은 예를 든다. 1973년 로널드 레이의 박사 학위 논문이 "탁월하지만, 엘룰의 윤리만을 검토하고 있고," 데이비드 러브킨David Lovekin의 ≪테크닉, 담론, 의식: 자크 엘룰 철학 개론 Technique, Discourse, and Consciousness: An Introduction to the Philosophy of Jacques Ellul≫ (1991)과 D. J. 웬너맨D. J. Wennemann의 학위 논문 <기술 사회에서의 주관성의 의미: 변증법적 행위자로서의 인간에 대한 자크 엘룰의 시각The Meaning of Subjectivity in a Technological Society: Jacques Ellul's View of Man as Dialogic Agent>(1991)은 "그의 신학을 신학으로 진지하게 받아들이기를 명백히 거부하는 데서 문제가 생긴다"(p.54).

시키려 하지 않으면서 서로 마주보게 한다. 대신 무엇이 사회적인 실재이자 영적인 실재인지를 밝히기 위해, 둘을 정면으로 맞서게 한다"(Ellul, 1970a, p.6; cf. 1981, pp.304~308). 엘룰은 살면서 자신 안에 이러한 두 가지 차원을 허용하며, 한쪽을 위해 다른 한쪽을 굴절시키는 것을 거부한다. 그는 대면의 신학을 구성하며, 그의 연구는 "현대 세계의 진화와 성서적 계시 내용 간의 모순"을 지향한다.

도시의 의미

《도시의 의미》는 기술 사회에 대비를 이루는 책으로서, 엘룰의 이중적 해석을 구체적으로 보여 준다. 테크닉을 신학적으로 설명하기 위해, 그는 성서에 나온 도시를 추적한다. 그의 여행은 에녹이라는 도시를 세운 가인에서 시작한다. 엘룰은 처음 도시를 세운 자가 살인자였다는 중요한 사실을 강조한다. 창세기의 그 부분에서 묵시록에 이르기까지, 한결같이 모든 도시는 동일한 저주에 괴로워했고, 하느님이 모든 도시를 저주했다. 엘룰은 이러한 저주가 도시의 근본적인 구성에 영향을 미쳤고, "그것이 제공할 수 있는 사회학과 환경을 오염시켰다"고 말한다 (Ellul, 1970b, p.48). 도시에 대한 동일한 판단과 평가가 "7세기 혹은 8세기 동안의 모든 시점에" 나타났다(p.8). 하느님은 "나는 파괴할 것이다"라고 말하며, 성서 한쪽 끝에서 다른 끝까지 저주를 표현했다.5 엘룰은 "하느

---

5. 엘룰은 《도시의 의미》(pp.8~9) 초반에 "이러한 성서 전반의 일치된 교리"가 회의적인 토지 균등 분할론의 결과, 또는 서사에 우연적인 것이거나 단지 독특한 해석에 의해 부과된 것이라는 점을 부정하려고 애썼다. 그것은 "인간의 삶, 운명, 신과의 관계에 부정할 수 없는 관계"를 가지고 있고, 너무도 충만하고 너무도 "철저하며 일관적"이기에 진실된 "교리"였다.

님은 오직 재난을 가져온다는 말만 했고, 죽음으로 이끌었다…… 도시는 그것이 나타내는 모든 것 때문에 죽음을 선고 받았다"(p.45).6 하느님은 도시를 심하게 비난하고 분열을 선포한다. "도시는 하느님과 이 세상 간의 갈등이 최고조에 이른 곳으로 나타났고, 이곳에 모든 반항 세력이 모였다…… 이러한 도시는 신의 힘을 바라는 인간의 모든 소망을 품고 있다"(p.60). 이와 같이 인간이 자신의 에덴동산으로 하느님의 것을 대신하려 했기 때문에, 하느님은 저주할 수밖에 없었다. 그리고 신은 너무도 철저하게 재난을 가져왔기 때문에, 도시의 존재 자체나 구조가 영향을 받게 된다. 도시는 더 이상 "저주와 떨어뜨려 생각할 수" 없다(Ellul, 1970b, p.60).

테크닉이 기술이나 관료 제도 혹은 정치적 선전이 아닌 이들 바탕에 깔린 기본적인 성격*ethos*을 의미했던 것처럼, 엘룰이 도시에 대해 가졌던 비관적인 태도는 스모그, 쓰레기 문제, 부패한 정부 등에 집중하지 않는다. 그는 다른 것을 이야기한다. 도시의 저주는 간단하게 테크닉에 대한 또 다른 시각이다.7 엘룰(1951)은 사회학적으로 수단의 지배라고 말한 것을, 성서의 언어로는 "죄의 상태"라고 부른다. 거주자와 독립된 특유의 존재이자 자가 발전적인 자율성을 가졌다고 보는 도시는 "악에 갇혀" 있다(Galatians 3:22).8

---

6. iyr("도시"의 헤브라이어)의 어원은 알려지지 않았지만, 엘룰(1970b)은 "아마도 고대 이스라엘 사람들이 팔레스타인에 와서 도시에 살기 시작했을 때 차용된 셈어일 것"이라고 제시한다. 종종 불분명하기는 하나, 내포된 의미는 "적," "타오르다," "분노한," "예감" 등이다(p.10).

7. 도시는 기술 사회에 대비될 뿐만 아니라, "그것의 중심으로서" 그리고 "국가 권력의 종합"으로서 그것과 연관된다. "모든 국가적 힘은 대도시에 집중된다"(Ellul, 1970b, p.50).

8. 엘룰(1970b)은 신약을 폭넓게 참고하며 자신의 관찰을 강화해 갔다. 예를 들어, 예수는 도시에 대해 타협을 보이지 않았다. "그는 인간의 작품에 결코 은총을 내리지 않았다. 그가 인식했던 모든 것은 그것의

테크닉을 "죄"로, 도시를 인간의 죄가 압축된 것으로 설명하면서, 엘룰은 개인의 죄나 단순한 집단적 책임에 대해 이야기 하지 않는다. 그는 두 가지 가능성을 모두 부인한다. 그는 개인이 "도시의 죄에 압도 당하고 있다…… 그것은 인간을 개인적이라고 할 수 없는 죄로 이끈 다"(Ellul, 1970b, p.67). 개인과 집단의 죄뿐만 아니라, 도시를 받치는 사악하고 다루기 힘든 힘이 존재한다. 신학적으로 말해, 테크닉은 인간의 모든 삶을 훼손하는 내재된 죄 혹은 구조화된 악이다. 엘룰은 "작고한 폴 틸리히가 '악마적'이라고 부른 것, 그리고 사도 바울이 '권품천사와 권능'이라고 말한 것에 큰 관심을 갖는다. 엘룰은 20세기 사람으로서, 아직도 이런 이상한 사람들을 믿는 대담함을 가지고 있다"(Cox, 1971, p.354). 이러한 사탄의 영역은 예외 없이 모든 사람들의 가장 중요한 삶의 장이다. 그리고 "우리의 모든 노력과 신심에도 불구하고, 그것 때문에 인류는 여느 전쟁의 전투처럼 혹독하게 영적 갈등을 갖게 된다"(Ellul, 1951, pp.16, 78).[9]

엘룰은 그의 변증법적 전략을 "도시의 과학"이라고 부른다. 이것은 분명히 "도시에 대한 객관적이고 순수한 기술 과학이…… 아니라" "진리를 위해 투쟁하는" 과학이다(Ellul, 1970b, p.148). 이러한 과학의 목적은

악마 같은 성격이었다"(p.113). 세례를 받은 후 예수는 (의미심장하게도 악마에 의해) 예루살렘으로 가게 된다. "이것은 첫 도시와의 만남(악마의 도장이 찍힌 만남)이었다, 여기서 도시는 어떠한 긍정적 가치도 확인할 수 없었고, 오히려 유혹의 도구였다"(p.114). 최고의 성서 도시로서 예루살렘은 예수를 십자가에 못 박는 최악의 비극적인 죄를 저지르고, 서기 70년 전례에 없던 파괴가 이루어진다(pp.135~138, 145). 또한 신약은 도시를 전쟁의 동인이라고 본다. 도시가 군사적 현상이듯이, 전쟁은 도시의 현상이다. "하나를 완성하는 것은 다른 하나의 완성을 이끈다"(p.51). 특히 신약이 "타락한 천사"를 이야기할 때 그를 "도시의 천사"라고 일컫는다(p.45).
9. 엘룰은 구조적 악으로서의 테크닉의 만행과 힘을 보여 주기 위해 계속해서 현대의 전쟁을 계속해서 언급한다.

도시 문제의 "영적 중심," 즉 모든 다른 문제를 발산하는 핵심을 밝히는 것이다. 그것의 기본적인 공리는 "도시의 실재가…… 세상의 구조물로서, 오직 계시로부터 이해될 수 있다"는 것이다(Ellul, 1970b, p.148).

이러한 변증법적 방법으로 우리가 "자연적인 방법이나 역사와 사회학을 통해 도시를 배우고, 심리학과 소설을 통해 도시의 인간을" 배우는 것이 "연결되어 있고, 조화를 이루며, 강하게 결합된다. 그 결과 우리의 자연스런 자원은 계시에 의존하게 된다"(Ellul, 1970b, p.148).

엘룰이 말한 "영적 중심"은 도시가 자신의 존재 이유로 제시하며 시민의 참여를 기대하는 희망과 의미의 핵심이다. 엘룰의 과학이 밝히려고 하는 것은 이러한 주장들의 미심쩍은 부분이다. 엘룰은 영적 실현(즉 희망과 의미)을 제공한다는 도시의 주장이 갖는 정체를 오직 성서만이 보여 줄 수 있다고 본다. 진리를 위해 투쟁하는 이러한 "과학"의 목적은 해결하는 것, 즉 기술 도시의 허장성세에 도전할 기독교적 윤리를 탄생시키는 것이다(Fasching, 1981, pp.10~11 참조).

이와 같은 반대의 도시 과학을 수행하는 과제는 두 가지 전문성을 필요로 한다. 분석자는 현실을 검토하는 두 가지 서로 다른 방식, 혹은 두 가지 서로 다른 분석 언어에 참여하게 된다. 그들은 상호 관계를 갖지만, 하나에서 다른 하나로의 당연하고 객관적인 이행이란 없다.

> 이러한 두 가지 수준은 결합될 수 없고, 그렇다고 자연스럽게 그리고 객관적으로 공존하지도 않는다. 두 영역에 살고 있는 사람에게 두 활동은 양립한다. 나는 사회과학자이자 기독교인으로서 두 가지 탐구를 수행해 나갈 수 있다. 나는 사람이 나쁜 짓을 한다, 그는 죄인이다, 그가 불운하다, 그리고 그는 하느님으로부터 떨어져 있다고 말할 수 있다. 그러한 상호 관계가 삶의 경험을 통해 내 사고 속에 이미 자리 잡고 있다. 그것은 개인과 관계없는 것, 혹은 양도할 수 있는 것이 아니다(Ellul, 1973, p.158).

엘룰은 이러한 도시의 과학을 수행하는 과제가 성서에 정통한 삶을 사는 사람들만이 취할 수 있는 독특한 사명이라고 본다.

바르트식 신정교주의

엘룰이 칼 바르트의 신정교주의에 도움을 많이 받고 있는 점은 그의 변증법적 전략의 신학적 측면을 이해하는 데 중요하다.[10] 사실상 하느님의 타자성과 자유에 대한 바르트식 이해가 엘룰의 신학에 중요한 요소가 된다. 엘룰은 하느님을 자주 완전 타자 *the Wholly Other*로 묘사한다. 그는 바르트가 현대 신학에 기여한 점 중의 하나가 "근본적인 초월성을 가진 완전 타자 하느님을 역설"하는 데 있다고 본다(Goddard, 2002, p.64; cf. Ellul, 1986, pp.44~45). 엘룰은 "하느님의 자유로운 결정 안에서의 인간의 자유로운 결심이라는 바르트의 이론적 틀 속에서" 하느님의 자유를 강조한다(Goddard, 2002, p.66; cf. Ellul, 1972b, p.15). 기술적 질서의 비인간적인 구속에 대한 대안으로, 엘룰은 테크닉의 필연성과 효율성으로부터 전적으로 떨어져 있는 완전하고 초월적인 하느님에게 인간의 진정한 자유를 정박시킨다.

바르트는 인간의 자유가 하느님의 자유로운 결정 안에 있다고 본

---

10. 엘룰은 오늘날의 중요한 신학적 쟁점 대부분이 "《교회 신학》에 함축, 정리…… 논의되어 있다"고 본다(p.8). 바르트의 《교회 신학》에 대한 자세한 설명이나 엘룰이 이를 어떻게 활용했는지를 알아보려면, 브로밀리(Bromiley, 1981, pp.32~51)를 참조하라. 대럴 패싱Darrell Fasching은 칼 바르트를 루돌프 벌트만Rudolf Bultmann(1952, 1957), 라인홀드 니버Reinhold Niebuhr(1960, 1941/1943/1964), 그리고 폴 틸리히Paul Tillich(1951/1957/1963/1967)와 함께 20세기 주요 신학자에 포함시킨다. 그들의 공통 주제가 "현대 기술이 등장하면서 가져온 사회의 변화"였지만, 엘룰은 하느님의 자유와 타자성에 대한 바르트의 역설에 동조하는 것이 가장 자연스러웠다(Fasching, 1981, pp.4~6 참조).

다. 그러한 역설을 숙고하면서, 엘룰은 인간의 자유와 신성 주권 간에 갈등이 없다고 본다. 하느님의 목적은 항상 이루어지지만, 그것이 우리의 운명이나 필연성을 구성하지는 않는다. 여전히 인류는 그리스도 안에 주어진 자유를 실현하는 여지를 갖고, 사실상 하느님의 활동은 인간 행위에 역사와 미래를 준다(Ellul, 1976, p.14ff).

엘룰은 결코 인간의 결심이 쓸모없다고 생각하지 않는다. 그는 자유로운 결정과 진정한 자유의 장을 인간에게 맡기라고 주장한다. 그는 모든 사람들이 자유롭게 결정하지 않는다는 것을 잘 알고 있다. 우리가 자유롭다고 생각하는 많은 결정이 사실은 인간의 삶을 통제하는 힘에 의해 결정되고 있다. 그는 이 문제를 결코 가볍게 보지 않았다. 그는 "아직도 필연성이 역사의 과정 속에 널리 통용되고 있다…… 역사와 사회는 아직도 구속받기 쉽다." 마찬가지로, 자유의 힘은 "십자가에서 해방되었고," 우리가 진짜 자유로운 행동을 할 수 있도록, 즉 신의 자유 안에 포함될 행동을 할 수 있도록 해준다(Ellul, 1972b, p.187). 그는 바르트의 제1 명제를 주장한다. "인간의 자유는 신의 자유를 침해할 수 없다. 그리고 항상 모든 점에서 후자는 전자에 우선한다. 하지만 한편, 신의 자유는 인간의 자유를 파괴하거나 중지시킬 수 없다"(Church Dogmatics, vol. I. part 2, p.170).

이러한 자유에 대한 관심사로 인해 기독교의 메시지는 근본적으로 해방의 메시지가 된다. 이 주제는 바르트의 《교회 신학Church Dogmatics》에서 계속해서 상기되고, 엘룰은 이를 활발하게 다룬다. 그는 현 시대에 해방이 구원에 대한 보다 나은 정의를 제공하고 있다고 생각한다(Ellul, 1976, p.66). 복음을 전도하는 것은 정부의 변화에 의한 정치적, 경제적 해방을 목표로 하지 않는다. 문제는 그보다 깊은 것이다. 어떠한 정부 밑에서도 우리는 우리를 노예로 만드는 힘에 종속된다. 이러한 비극적 상황에서 철학자는 자유에 대해 떠들었고, 신학자는 상투적인 공허한 말을 내뱉었으며, 혁명가는 그들이 역사적 결정을 위해 일하면서도 해방을 이룰 수 있을 거라는 미망에 고통을 겪고 있다. 하지만 유혹 속에서 자신의 자유를 보여 준 그리스도만이 진정한 해방을 가져올 수 있다. 예수가 주장한 것처럼, 우리의 해방자는 삶의 사회학적 결정과 죽음을 넘어서는 것으로부터 와야 한다. 예수는 이러한 해방자이고, 예수를 통해 자유의 속성 혹은 상태가 주어지는 것이 아니라, 자유 안의 새로운 존재가 되는 것이다(Ellul, 1976, pp.51~53, 69~72).

이러한 자유의 삶을 현실화시키는 주제는 ≪자유의 윤리Ethics of Freedom≫(Ellul, 1976)의 내용을 구성한다. 그것을 논의하면서, 엘룰은 하느님을 위한 자유, 즉 하느님의 일을 위한 자유에 관해 바르트를 아주 가깝게 따른다.11 여기서의 실패는 사회적 행위를 포함한 우리가 시도하는 모든 다른 것을 약화시킨다. 신에 대한 자유로운 인간의 복종으로서의 자유는 무엇보다 하느님을 위한 자유를 의미한다. 엘룰은 사회학적 결정에 예속된다는 것이 운명에 종속되는 것이 아니라, 집단적으로 죄에 빠져 있는 상태를 의미한다. 따라서 엘룰은 깊은 의미의 해방은 특정 표면적 형태로부터의 해방이 아니라, 결정 자체로부터 벗어나는 것으로서, 복음의 본질을 구성한다. 그것은 또한 집단 구조에 의해 부과된 필연성으로부터의 해방을 의미하고 있고, 따라서 구조의 변화에 상관없이

---

11. 신적, 인간적 자유에 대한 바르트의 사상에 관해, 엘룰은 "칼 바르트가 ≪교회 신학≫에서 그 문제를 다양한 관점에 매우 꼼꼼히 다루었고…… 내가 그의 제안에 전적으로 동의하기 때문에 굳이 그것을 되풀이할 필요가 없어 보인다"고 말한다(Ellul, 1976, p.120). ≪자유의 윤리≫는 41개의 참고 문헌을 가졌는데, 바르트가 마르크스에 이어 두 번째로 많이 참조되었다. 마르크스의 소외에 대한 시각은 그 책의 첫 번째 장에서 상세하게 분석되었다.

기독교인은 진정한 자유를 알고 실천할 수 있다.

신학적 내용에 있어 엘룰은 완전한 자유이자 진정한 인간 자유의 원천 및 보증자로서의 하느님에 대한 바르트의 교리를 따른다. 신학적 방법론에 있어 그는 칼 바르트와 관련된 변증법적 신학의 전통을 수행해 나간다. 엘룰은 "아주 사소한 글에서조차 성서 전반의 주목할 만한 변증법"을 표현한 바르트의 신학을 높이 평가한다(Ellul, 1972a, p.9; cf. 1981, pp.297~304). 엘룰은 성서 강독을 통해 개종했다. 성서는 그의 두 번째 축을 붙잡아 준다.

그리고 엘룰은 그 계시의 특성을 받아들이기 위해 다시 한 번 바르트를 가까이 따른다. 바르트는 하느님이 성서를 통해 스스로 이야기할 때만이 하느님의 말씀이라고 보면서, 성서에 대한 역동적인 개념을 주장했다. 엘룰은 열왕기 하편을 해석하고 설명할 때, "우리는 삶에 직면하고 있고, 하느님은 행하며, 그의 행동이 하느님의 말씀이다"라고 말한다(Ellul, 1972b, p.14).

《자유의 윤리》에서 말씀의 통한 하느님의 자유가 강조된다. 바르트는 그의 《교회 신학》(1권 2부)의 주요 부분을 하느님 말씀의 자유에 할애하고 있다. 이러한 교리를 따라, 엘룰은 특별히 바르트의 "주목할 만한 분석"을 따른다. "유일하게 진실하고, 완전하며, 절대적이고, 본질적인 자유는 하느님 말씀의 자유"이고 이것은 "우리 자유의 기초이자 토대이다"(Ellul, 1976, pp.63~64). 이런 말을 통해, 엘룰은 자신의 연구를 위한 결정적인 결론을 끌어 낸다. "성서의 증언이 수용되고 받아들여질 때마다, 사람은 자유와 힘을 갖게 되고, 이러한 자유와 힘은…… 하느님 말씀 자체의 자유와 힘에 해당한다"(p.66).

이러한 성서적 변증법은 세상에 대한 하느님 말씀의 부정 No 과 긍정 Yes 모두를 말하는 것이다. 그럼으로써 하느님의 판단과 은총 모두가 변증법적으로 일어나고, 이러한 변증법은 예수 그리스도의 죽음과 부활에서 가장 잘 표현되어 있다. 엘룰이 보기에, 현대 신학의 유혹은 이렇게 항구적인 긍정과 부정의 변증법을 분리시키며, 이것을 역사에 대한 이중적인 해석으로 만들어 버린다. 이러한 해석에서는 세상에 대한 하느님의 부정적인 판단이 예수 그리스도의 부활을 통한 조건 없는 긍정으로 바뀐다. 이렇게 되었을 때, 엘룰은 복음이 현상 유지를 위해 이데올로기적으로 자기 정당화를 하게 된다고 경고한다. 그러한 역사적 이원론은 변증법적 조화를 이루어야 하는 것을 분리시키고 있다(Fasching, 1981, pp.6~7 참조).

> 우리는 엄격한 변증법을 유지할 필요가 있다. 하느님의 "긍정"은 과거의 "부정"과 관련하여 선언되었다. "부정"없이 "긍정"은 없다…… 하지만 그리스도인의 삶에서 항상 회개가 새롭게 이루어져야 하듯이…… 그리스도가 세상 종말까지 십자가에 못 박혀 있듯이, 하느님이 인간과 그의 작업 및 역사에 선언한 "부정"은 총체적이고, 근본적이며, 언제나 현존하는 "부정"이다…… 우리는…… "부정"과 "긍정"의 변증법을 유지해야 한다…… "긍정"은 "부정"이 없는 한 이해가 되지 않는다. 그리고 유감스럽게도 "부정"이 먼저 오고, 부활 전에 죽음이 왔다(Ellul, 1972a, pp.23~24).

이렇게 바르트의 변증법은 엘룰의 신학적 접근 방법을 알려준다. 이를 통해 복음은 세상을 판단할 뿐만 아니라 새롭게 한다. 신정교주의 신학은 엘룰의 변증법의 성서적 관점으로서, 제도의 역사와 사회학에 몰두하는 사회학자로서의 역할로부터 그를 자유롭게 한다. 그는 마르크스를 축으로 막스 베버Max Weber와 에밀 뒤르켕Emile Durkheim을 포함한 고전 사회학 전반에게 큰 덕을 보고 있다. 그의 접근 방식은 참신하지만, 그를 사로잡은 문제는 사회학 전반의 학문적 관심사이다.

수단의 승리

엘룰은 사회 제도를 역사적으로, 이론적으로 조사하면서 변증법적 신학에 동참하였기에, 자신이 살고 있는 20세기 산업 사회에 대한 독특한 결론을 이끌어 낸다.

엘룰은 기술적 현상이 결정적이라고 본다. 엘룰은 그것이 하나의 설명 요소로서, 마르크스의 해석에 있어 자본이 맡았던 역할을 하고 있다고 주장한다. 기술이 자본과 똑같은 기능을 가지고 있다거나, 자본주의 체계가 과거의 것이라는 것을 의미하는 것은 아니다. 그것은 여전히 존재하지만, 자본은 더 이상 마르크스가 주장했던 역할을 수행하지 않고 있다. 마르크스는 노동이 가치를 생산한다고 본 반면, 극도의 기술 사회에서는 테크닉이 결정 요인이다. 그것은 현재 가치를 만들어 내는 힘이고, 자본주의 특유의 것은 아니다. 정치적, 경제적 권력을 위한 투쟁의 성격이 바뀌고 있다. 엘룰은 초기에 마르크스주의자로서 사회를 자본가와 노동자로 나누었지만, 현재는 상황이 완전히 다르고 좀 더 추상적인 수준에서 작동되고 있다고 본다. 엘룰은 우리가 사는 세상을 자본주의의 구조보다는 기술의 관점에서 읽어야 한다고 결론을 내린다(1982, pp.175~177). 우리는 현재 한편으로는 기술 조직을, 다른 한편으로는 인간성을 가지고 있고, 전자는 필연성에 의해 움직이지만, 후자는 자유를 요구하고 있다.

엘룰의 시각에서 볼 때, 우리는 현재 기술 문명으로 들어갔다. "기술이 인간을 압도하는 우주를 구성하고 있고, 인간은 마치 고치 안에 있는 것처럼 그 안에 있게 된다"(Ellul, 1965, p.xvii). 기술적 인공물은 철학자와 사회학자의 조사를 해나가야 할 또 다른 활동 장소일 뿐만 아니라,

자아, 인간의 제도, 그리고 궁극적으로는 현실을 이해하는 새로운 토대이다. 기술적 효율성은 너무나 강력한 힘이 되어 다른 모든 원칙을 폐기시키고 있다. 인간이 기술 문화의 인공적 환경 바깥에서 의미 있는 삶을 만들어 갈 수 없자, 모든 궁극적 희망을 거기에 걸고 있다. 다른 안전을 보장하는 자원을 보지 못하고, 자신의 기술적 자유가 갖는 환영을 깨닫지 못한 채, 그들은 효율성의 가혹한 결정에 노예가 되었다.

엘룰은 인류가 지난 5000년 동안 경험했던 그 어느 것보다 기술 사회로의 이행이 근본적인 것이라고 본다.

> 기술 환경의 탄생은 기존의 두 가지 것을 혁신적으로 없앤다. 물론, 자연과 사회는 여전히 존재한다. 하지만 그들은 권력이 없고, 더 이상 우리의 미래를 결정하지 않는다. 여전히 지진과 화산 폭발과 태풍이 일어난다. 하지만 그러한 재난에 직면했을 때 인간은 더 이상 무기력하지 않다. 인간은 대응하는 기술적 수단을 가지고 있다⋯⋯ 그래서 자연은 부차적이고 더 이상 기본이 아닌 환경으로, 항상 위협적으로 존재한다. 동일한 문제가 사회에도 적용된다. 사회는 이차적인 환경으로 남게 된다⋯⋯ 기술이 자신의 법칙을 여러 사회 조직에 부과하며, 영속적이라고 생각되었던 것(예를 들어, 가족)을 근본적으로 흔들어 놓고, 정치를 전혀 무익한 것으로 만들어 버린다. 정치가는 기술적으로 실현 가능한 것만을 결정할 수 있다. 모든 결정은 기술 발전의 필연성에 의해 결정된다(Ellul, 1989, pp.134~135).[12]

---

12. 엘룰(1989)은 인간 실존의 주요 세 시기를 각각 "선사 시대와 자연 환경"(pp.104~114), "역사 시대와 사회 환경"(pp.115~132), "후기 역사 시대와 기술 환경"(pp.133~140)이란 장으로 나누어 살펴본다.

갈릴레오의 유산

엘룰은 멈포드(1934)와 마찬가지로, 좀 더 직접적인 기술 사회의 역사가 16세기 중세 과학에서 근대 과학으로의 과도기에 시작된다고 한다. 이러한 변동의 중심적인 인물은 이탈리아의 갈릴레오 갈릴레이(1564~1642)로서, 그는 현실을 새로운 방식으로 나타냈다. 갈릴레오는 세계를 물질과 수학의 제1의 세계와, 이와 분리된 초자연적이고 형이상학적인 제2의 세계로 나눈다. ≪황금계량자*The Assayer*≫에서 갈릴레오는 "이런 위대한 책인 우주는…… 수학의 언어로 쓰여 있고, 그것의 문자는 삼각형, 원, 기하학적 형태이다"(pp.238~239). 오로지 물질만이 그에게 중요했고 다른 모든 비물질적인 것은 실체가 없다고 간주했다. 우주는 차갑고, 활기 없고, 침묵하게 된다. 코페르니쿠스의 세계상*World-Picture*에 매료된 갈릴레오는 태양 중심설을 천문학자의 예측이 아닌, 현실 구조의 광범위한 진실로 지지하였다.

갈릴레오의 비범한 이원론은 경험주의 과학의 기본 공리가 되어, 과학과 철학을 분리시켰고, 모든 초자연적인 것을 인간 경험의 주변으로 내쫓았다. 갈릴레오의 접근을 "기계화된 세계상"(pp.51~76)이라고 묘사한 루이스 멈포드(1970)는 이를 "갈릴레오의 범죄"(pp.57~65)라고 비난한다. 갈릴레오의 이원화는 종교적 세계가 무력해지기 시작하는 것을 허용한다. 예를 들어, 데카르트는 갈릴레오의 제1 세계, 제2 세계를 물질과 정신의 이원론으로 만들었다. 데카르트는 요컨대 우리가 잴 수 있는 것만 진리로 보여 줄 수 있다고 주장했다. 그러한 측정을 넘어서는 정신의 영역은 신앙과 직관의 문제이지, 진리가 아니었다. 데카르트의 영적 세계는 대부분 데카르트 철학의 편견, 즉 자신의 추론이 덧없는 추구라는 것을 공유하는 신학자들에게 맡겨진다.

엘룰은 테크닉을 통해 갈릴레오의 과학적 이론 체계와 근대성의 주요 차원을 파헤친다. 엘룰은 테크닉이란 개념으로 쟁점을 재고하고, 종교를 쟁점에 참여하기 위한 풍부한 자원으로 대하도록 우리를 안내한다. 엘룰은 현재 기술적 필연성에 직면한 인간의 자유와 함께, 동체 matter-in-motion의 이론 체계가 현대에 얼마나 파괴적인지를 명확히 했다.

갈릴레오는 그의 모델이 순수하다고 생각했고, 그의 헌신적인 문하생들은 물질계에 정통하는 것이 인간 존재에 위협이 될 수 있다는 것을 결코 예상하지 못했다. 하지만 엘룰은 정확하게 그러한 가능성을 제안하고 있고, 그의 논제는 불가피한 것이다. 기술화가 지배함에 따라, 건강한 삶이 사라진다. 17세기 이후 우리는 체계적으로 인간 경험의 전체성을 거래해 버렸고, 결국 현재 남아 있는 아주 작은 부분은 모든 사회적 목적을 잃은 기술적인 도덕성만을 만들어 내고 있다. 루이스 멈포드(1952)는 엘룰의 관심사를 의문형으로 제시한다. "왜 우리의 내적 삶은 그렇게 무기력하고 텅 비어 있고, 왜 우리의 외적 삶은 그렇게 거대해졌지만 주관적인 만족감은 더욱 결여되어 있는가? 왜 우리는 기술적으로 신이지만 도덕적으로 악마이고, 과학적으로 초인이지만 심미적으로 바보가 되었는가?"(pp.137~138).

아무리 기계적 성취가 인간의 생존을 위해 중요했더라도, 엘룰은 인간의 자유와 온전함에 수반되는 고통스런 희생을 반복해서 강조한다. 갈릴레오가 도입하고 특히 18세기 이후 존중되어 온 기계적 규칙성은 스스로 탄력을 갖는다. 엘룰은 테크닉이 고유의 과정에 복종하는 잡식성의 문명을, 즉 외부의 영향력을 받지 않는 닫힌 유기적 조직체를 만들어 낸다고 주장한다. 인간은 결과를 기록하기 위해 남겨진다. 테크닉은 "본질적으로 인간으로부터 독립되어 있고, 인간은 그것 앞에 벌거벗고 무장해지 되어 있음을 발견한다"(Ellul, 1964, p.306). 엘룰이 보기에 "인간 생산자가 여전히 생산의 주인"이라고 믿는 것보다 더 위험한 것은 없다 (p.93). 고귀한 목적을 얻기 위해 최고의 수단을 선택하는 도전은 "마치 석기 시대의 도끼로 탱크와 싸우는 것처럼 오늘날 부적당하다"(Ellul, 1951, p.74).

테크닉은 결합한 기술적 요소와 함께 스스로의 양식에 따라 자가 확대되는 성질을 가지고 있다. 다시 말해 인간의 참여와 관리가 명백하게 존재하지 않는 과정이다. 엘룰(1964)의 결론은, "완벽한 총체를 향하는 다양한 세부 항목의 증가가…… 자료를 모으고 몇 가지 요소를 첨부하는 개인의 개입보다 훨씬 더 결정적이다"(p.86)라는 것이다. 수단이 승리를 거두면서, 우리의 목적은 방법을 완전하게 하려는 분주함 속에 사라진다. "우리에게 맡겨진 수단의 중대성" 때문에, 우리는 목적이 없는 문명에 살고 있다"(p.430).[13] "우리는 우리의 집단적 목적을 잊어버렸다…… 이렇게 풀어놓은 수단이 무섭게 춤을 추는 가운데, 어느 누구도 우리가 어디로 가는지 모르고 있고, 삶의 목표가 잊혀지고 있다…… 사람은 아무데도 없는 곳을 가려고 엄청난 속도로 출발했다"(Ellul, 1951, pp.63, 69). 물론 우리는 행복이나 정의와 같은 고상한 목적을 여전히 기원하고 있다. 하지만 엘룰은 이러한 목적이 더 이상 영감을 주지 않고 있고, 이것의 생성력은 흩어져 사라졌다고 주장한다. 그것은 진지하게 고려하기 어려운 죽은 환상이고, "아무도 그것을 위해 목숨을 바치지 않을 것이다"(p.67). 한편 수단은 교육에서 무기류에 이르기까지 모든 분야에 새로운 수단을 만들어 내며" 우리 문명에 절대적으로 중심이 된 문제를 제기한다(p.61). 루이스 멈포드(1970)의 말대로, 기계화된 세계상이 지배

---

13. 엘룰(1951)에 따르면, 목적은 "문명의 집단적 목적들을 의미 한다." "개인은 여전히 경쟁에서 성공하거나 더 높은 급여를 받는 것과 같이 자신만의 목적을 갖고 있기 때문이다"(p.63).

하는 사회는 마침내 "권력의 펜타곤," 즉 정치적 전제주의, 기계 에너지, 대량 생산력, 금전적인 이익, 조작적인 선전이 포화된 상태에 이른다.

종교를 통한 활성화

하지만 엘룰이 수단과 목적에 관해 고민한 것이 진정한 기여인가? 서구 사상에 있어 수단-목적 분석은 풍부한 전통을 가져왔다. 엘룰이 무언가 의미 있는 것을 추가했는가? 아리스토텔레스는 자신의 ≪정치학≫과 ≪니코마코스 윤리학≫에서 그리스 철학의 성숙을 위해 신학적 틀을 가져오면서, 자아 실현의 윤리를 개발하고, 모든 것의 본질이 그것의 궁극적 목적 혹은 완성에 있다고 주장한다. 존 듀이(1922)는 목적과 수단을 신중하게 분리함으로써 두 번째 주요 흐름을 소개하는데, 도덕성은 목적과 수단에 대한 의식적인 숙고로서, 그리고 지적 행위는 계획된 목적을 향해 나아가는 것으로서 간주한다(pp.25~38, 225ff). 이 두 가지 경우가 아니더라도, 신학적 고려는 역사에 걸쳐 다른 방식으로, 예를 들어 토마스 아퀴나스나 막스 베버 등에 의해 두드러지게 표면화된다.

엘룰은 수단과 목적에 대한 이런 광범위하고 복잡한 논의에 관해 관련 이론적 틀을 바꾸어 다룬다. 그에게 쟁점이 된 것은 "목적이 수단을 정당화한다," "올바른 목적, 올바른 수단," 혹은 "수단에 선재先在하는 목적"에 대한 철학적인 질문이 아니다. 우리의 실존 문제는 목적 자체의 소멸이고, 우리가 현재 직면하는 혁명적인 상황이다. 아리스토텔레스를 보면, 목적은 그 자체가 수단화되었기 때문에 인간에게 실현될 수 없다. 또한 듀이의 말처럼, 인간은 선한 혹은 악한 목적의 선택에 직면하고 있는 것이 아니고, 집단적 목적이 모두 사라졌다. 엘룰은 이러한 논의의 두 가지 주요 흐름이 전적으로 부적절하다고 주장한다. 이들은 정당화하는 것 없이 형이상학적 시각을 가정하고 있고, 이들의 철학적 추구는 우리가 "겉보기에 똑똑해 보이지만 이해하는 게 없다고" 비난한다. "사실상 오늘날 문제는 완전히 바뀌고 있다…… 그것은 테크닉을 고려해 봐야 한다"(Ellul, 1951, p.62).

인간은 고상한 목적이라고 널리 알려져 있지만 실제 "사용 가능한 자원" 혹은 수단을 위해 일하는 "수단의 수단"이 되었다(Ellul, 1951, p.63). 테크닉에 압도된 인간은 살아 있는 인간을 소비자, 노동자, 시장, 납세자 등 추상적인 사람으로 탈바꿈하고 "인위적인 낙원에 들어가도록 정확하게 재단된다(Ellul, 1964, p.227). 가까이하기 어려운 내면적인 삶은 피폐하게 되고, 효율성이 도덕적 것을 대치하게 되고, 자동성이 창조성을 밀어내며, 소외적인 테크닉은 인간성을 가로막고 있다. 이것은 기계적 질서가 최고가 되었을 때의 걱정스런 결과이다(Ellul, 1990).

기술화 현상이 스스로 탄력을 받으면서, 즉 자기 충족적인 순환을 하게 되면서, 엘룰의 유일한 희망은 "외부의" 개입이다. 그는 현재의 기계화를 극복하기 위해 종교가 위대한 회복력, 즉 최고의 내적 영양분 및 창조적 자산을 제공한다고 강하게 믿는다. "가치와 종교적인 것의 유대는 깨뜨릴 수 없는 것 같다"며(Ellul, 1969a, p.156), 종교가 도덕적 원칙이라고 엘룰은 말한다. 엘룰은 종교적인 사상을 개념적으로 중요하게 여긴 고전 사회학 이론에 관여함으로써 종교에 의욕을 보인다. 마르크스와 엥겔스는 기독교의 초기 역사에 매료되었다. 오거스트 콩트는 "인간성의 종교"를 추천했다. 사회적 결속력에 관한 뒤르켕의 주목할 만한 설명은 신화, 의례, 성사, 토템 신앙 등에 의존한다. 짐멜은 사회적 현상을 적절하게 이해하는 데 신앙심이 필수적이라고 생각했다. 막스 베버의 카리스마와 유럽 자본주의의 등장에 관한 연구는 그의 가장 도발적인 업적 중 하나이다. 종교적인 것은 사회학이 형성되는 시기 동안 그것의 근간을 이룬 기본 사상이었다. 이 시기 종교는 정신적, 사회적 삶을 뿌리 깊게 구성하는 것으로 간주되었다.

고전주의자의 관심사는 추상적으로 지적이라기보다는, 매우 개인적이고 도덕적이었다. 그들은 위협받고 있는 사회 체계를 재건하기 위해 애썼다. 그들이 생각했던 사회과학의 궁극적인 기여는 조작적으로 일률적인 설명이 아니라, 사회의 조화였다. 고전 이론과 관련해 포괄적이고 창조적이고 본질적인 것으로 남아 있는 것은 경험주의적인 주장이 아니라, 사회가 쇠퇴기로 들어간다는 자각에서 생겨난다. 종교적인 것이 본질적으로 부차적이라는 개념을 거부함으로써, 종교적 현상이 사회적 활성화를 위한 원천으로 드러날 수 있다. 이들은 사회가 도덕적 존재라고 가정하며, 사회를 인간답게 만들기 위한 근본을 발견하려고 노력했다. 엘룰은 이러한 사회학 이론가들의 의도를 이들이 종교적인 것에 몰두했다는 점을 통해 이해한다. 이들이 당대에 했던 것처럼, 엘룰은 20세기 사회적 삶을 위협하는 것을 인식했다. 그는 이들이 가졌던 사회의 도덕적 재조직화에 대한 관심, 그리고 사상 및 지적 방향성의 원천으로서의 종교적인 것에 대한 활발한 관심을 공유했다. 이와 같이 그는 종교를 의미와 성취를 얻어 내는 결정적인 인간의 기획으로서 이용했다. 그는 이러한 종교적 원천에서 인간 정신을 활성화하는 희망을 가장 잘 키워 갈 수 있다고 제안한다. 여기에서 인간 신앙의 상징은 통합과 목적 의식을 제공한다.

하지만 엘룰의 종교적 시각은 비타협적인 분위기의 완고한 고집을 부리는 것이 아니다. 종교에 대한 그의 관심이 구식 형태를 되살리는 시도라고 거부될 수는 없다. 그는 계몽 사조 이후 조직화된 기독교가 사회적 삶의 기본적인 자극이나 통합적 힘이 되질 못했다고 깨닫는다. 그는 "종교의 시대가 끝나고 있다"고 말하는 사람들에게 신중하게 동의했다(Ellul, 1970b, p.175). 그는 제도 자체가 복구되거나 다시 활기를 띨 수 없다고 말하는 이유는 이들이 한때 해결책을 제공했던 상황이 역사적으로 되풀이되지 않기 때문이다. 엘룰은 제도적 종교를 강조하는 기독교국의 콘스탄티누스 모델에 별로 관심을 갖지 않는다. 그 이유는 이러한 체계화가 폐기되었다고 간주하고, 결정적인 쟁점이 다른 곳에 있다고 생각했기 때문이다. 프랑스 혁명이 1793~1794년 비기독교화 법령을 부가하면서, 고전주의 시대에 비가시적인 종교적 실천은 냉소의 대상이 되었다. 지적 용기를 가진 엘룰은 유사한 방식으로 제도적 실천의 배후를 더듬어보고, 종교 정신이 적용될 수 있는지를 생각해 보았다.

엘룰은 현대 성직자의 무능력함을 인정하지만, 그렇다고 이성의 개조가 신앙을 재구성하지는 못한다고 인식했다. 앞서 아우구스티누스가 그랬듯이, 엘룰은 조직적 형식과 유기적 실재 간의 구별이 중요하다는 것을 발견했고, 후자에 자신의 지적 토대를 둔다.14 존 듀이(1934)가 다른 맥락에서 깨달았던 것처럼, 현대 "종교들"의 상태가 사회 결속력의 주요 쟁점에 관한 활발한 연구를 위해 종교적인 것에 몰두하는 것을 막지는 못한다. 엘룰(1970b)은 삶에서 빛을 발하는 영적 토대를 포함시키기 위해 창조적 방식을 찾아야 하고, 그렇지 않으면 "우리 도구의 모든 변덕" 혹은 "죽음의 불모"(p.148)에 운명을 맡기게 된다고 보았다.

엘룰은 종교적 자극이 인간 정신의 생명력을 유지하고, 수단이 성공하는 시대에 도덕적 감수성을 허용한다고 단언한다. 진정성의 정의 혹은 선택의 궁극적 기준(종교 연구가 제공하려고 노력하는 것)이 없다면, 인간

---

14. 아우구스티누스는 ≪신국론City of God≫(19~22장)에서 순수주의 도나투스파를 다루고 기독교가 로마제국의 멸망에 원인이 아니라는 것을 논의하면서, 유기체로서의 교회와 조직으로서의 교회를 구분해 설명한다.

의 존재는 본질적인 임의성, 즉 무의미함을 가질 수밖에 없다. 삶의 부조화에 대한 답은 "오직 모든 나머지 것을 결정하는 초월적, 절대적 가치를 받아들이는 사람"에게만 분명하고, 다른 곳에서는 혼란에 빠져 헤매게 된다고 엘룰은 강조한다(Ellul, 1969a, p.146). 엘룰은 "선한 삶"이 확고한 시각을 갖지 않았을 때 혼돈이 예상된다고 봤다. 그는 뒤르켕이 "아노미 현상"을 설명하며 날카롭게 간파했듯이, 자아는 도덕에 항소하는 최고 법정이 없을 때 와해된다고 본다. 그는 우리의 인간적 성취와 공동체에 대한 관심에 종교적인 것을 포함시켜야 한다고 강조한다. 종교적인 것은 도덕적 근거가 집중된 것으로서, 충돌하는 가치를 궁극적으로 판결할 수 있고, 그럼으로써 사회와 문화를 견실하게 하는 모든 것의 진가를 알게 만든다. 역사 속의 종교는 우리를 기계화된 실존에서 구할 수 있는 신앙의 근본, 목적, 기초 등에 관심을 기울여 왔다.

하지만 엘룰은 단순히 종교적인 것 전반에 호소하지는 않았다. 그는 문화적 가치가 인간 자신에게서 시작되었다는 것을 강하게 믿고 있다. 의미가 충만한 삶을 위해서는 변화된 인간의 혁명이 필요하다.15 엘룰의 종교적 시각에 따르면, 인간의 진정한 혁명은 계시적 차원을 갖는다. 그것은 기계화된 문화 밖으로 나와 정반대 방향으로 우리를 움직여야 한다. 엘룰은 제도와 효과적인 착취 수단에 대한 반감에 의해서가 아니라, 교화된 의식을 통해 사회가 재정비된다고 본다. 우리 안에서 결실을 맺지만, 우리를 넘어서 생겨난 결정적인 힘만이 현대적 환경을 바꿀 수 있다고 본다. 그보다 못한 것은 오늘날의 압도적인 테크닉을

---

15. 엘룰은 생애 내내 양축에 따른 혁명에 관심을 가져 왔다(*Presence of the Kingdom*, *Violence*, *Autopsy of Revolution*, *Critique of the Christianity*, *Hope in the Time of Abandonment*, *The Subversion of Christianity*, *Anarchy and Christianity* 참조).

간파할 수 없다. 영적 실재는 물질적 수단에 의해 복구될 수 없다. 변증법의 신학자로서 엘룰은 자신의 관심사를 종말론적으로 정리한다. 그는 목적과 수단 사이의 모든 이분법을 넘어서길 바라면서, 개인 안에서 "수단과 목적이 동일"하게 결합되는 세계를 다시 한 번 강조한다(Ellul, 1951, p.79). 그러한 상황만이 오늘날의 우리 상황에 반대가 된다. 그리고 역사의 종말에 가서 목적은 완전히 그리고 공개적으로 실현될 것이다. 하지만 궁극적으로 목적이 지배하는 종말의 첫 번째 결실을 보여 주는 징표는 지금 나타날 수 있다. 사실상 인간은 목적의 존재를 자신 안에 받아들이고, 체화하며, 구성할 수 있다.

이런 면에서 사람들은 단순히 숭고한 행동을 하거나 어떤 목적을 이루도록 격려를 받지 않는다. 엘룰(1977)이 보기에 목적은 확립되었고, 인간은 그것을 나타내야 한다. 예를 들어, 우리는 정의를 가져오도록 요구받는 것이 아니라, 그것을 드러내도록 요구받는다. 엘룰은 평화를 위한 투쟁을 요구하는 것이 아니다. 우리 스스로 평화로워야 한다고 말한다. 초자연적으로 확립된 목적은 불가사의하게 존재하기 때문에, 우리는 진정하게 살 수 있고, 행동하기보다는 "존재be"할 수 있다. 그것은 선행을 하는 문제가 아니라, 신앙을 체화하는 문제이고, 이것은 근본적으로 다르다(Ellul, 1970b, pp.118~119). 막스 베버에게도 그랬듯이, 엘룰에게 중요한 문제는 기존 상태에 저항하며, "영혼으로부터 분리되는 것이나 관료적인 삶의 방식이 궁극적으로 지배하는 것에서" 우리를 보호하는 것이다(Ellul, 1951, p.18). 구현된 삶만이 수단의 지배에서 벗어나는 길이다.[16]

---

[16] 신교의 잘못된 개인주의를 되살리려고 한다고 비난하는 것을 반박하는 엘룰을 참조하라(Ellul, 1951, pp.82~85). 엘룰(1968)의 개인주의는 자유의지론이 아니다. 그는 그러한 개인주의가 "시대에 뒤처져 있

필연성과 타락

수단이 지배하는 세계는 필연성에 의해 움직인다. 엘룰에 보기에 필연성은 "자유의 반대"이자, "타락한 세계의 첫 번째 특징"이다. "필연성은 그에게 사회학적 개념이자 신학적 개념이다. 테크닉의 초기 형태는 인간의 타락 이후 필연성의 요소로 나타났다"(Gill, 1984, p.110). 엘룰의 신학적 방법의 주요 주제는 "자유와 필연성 간의 변증법적 상호 작용이고…… 이것은 그의 사상의 해석학적 열쇠 기능을 하는 귀중한 실마리이다"(Clendenin, 1987, p.xi).

현대 세계에서 테크닉은 필연성의 포괄적인 특성이 되었다. "절대 타자인 하느님으로부터 멀어진 인간의 삶은 조건과 결정에 의해 지배된다"(Gill, 1984, p.110). 타락한 세계는 선이나 정의보다는, 자기 자신의 규범에 복종한다. 엘룰(1976)은 그것을 운명이라고 부르거나 "사회를 기계론적으로" 보는 것을 거부하지만, "우리가 피할 수 없는 필연성이 있다"고 주장한다(pp.37~50). 그것은 테크닉에 대한 우리의 속박에서 가장 잘 명시된다.

이러한 필연성의 세계는 기술적 가공물의 세계가 아니라, 문화, 도덕성, 정치 그리고 교육의 인간 질서에 대한 기술적 사고 방식의 지배이

고" "그것을 복구하려는 노력은 쓸모없다"고 말한다(p.748). 그렇다고 "순수하게 개인적인 위안"으로 물러나는 것도 아니다. 그는 이것이 "자살과 같은 해결"이라는 것을 잘 알고 있다(Ellul, 1951, p.103). 어떠한 도덕적인 판단도 정의상 선택과 관련되게 마련이고, 진정한 선택은 초자연적으로 변화된 사람만이 시작할 수 있다. 거기에는 공동체가 불가피하게 따르게 된다. 엘룰(1976)이 상상하는 결과는 기술화된 힘에 완전히 독립되고 그것에 반대할 수 있는 "사회적, 정치적, 지적, 예술적 집단의 등장"이다(p.221). 이러한 새로운 인간은 테크닉의 감독 하에 있지 않은 새로운 양식과 같이하면서, 이들의 새롭게 정립된 의식은 기술적 필연성의 획일적인 구조를 저지하기 시작할 것이다.

다. 우리가 테크닉의 결과와 보편성을 주장하며 그것을 부정할 수 없는 존재로 숭배할 때, 그것의 타락성이 가장 극명하게 나타난다. 우리는 기술에 성스러운 권위의 기운을 불어넣고 있고, 이러한 사회적 변화가 우리를 노예로 만든다.

사회학적 차원에서 엘룰은 테크닉의 막강한 침략에 대해 근본적인 현실주의를 주장한다. 오늘날 우리가 처한 상태의 가혹함이 우리를 피상적인 것이나 후퇴로 내몰고 있지만, 엘룰은 냉정한 솔직함을 옹호한다. 신학적인 차원에서 엘룰은 ≪새로운 악마 The New Demons≫에서 주장했듯이, 필연성의 타락한 세계를 탈신성화시켜야 한다고 본다. 우리는 우리의 현대적 우상을 타파하고, 테크닉을 위해 만들어진 그릇된 주장을 폭로하며, 기술 능력에 대한 오늘날의 환상을 탈신화화해야 한다. 우리가 도덕적 의무를 위해 혁명을 추진하는 것은 반드시 기술 및 관료적 영역에 의해 예언된 주장을 무너뜨리는 극적인 평가에서 시작되어야 한다.

엘룰은 주류 교회와 기술 전문가가 타협해 만든 싸구려 잡동사니 해법에 반대한다. 4세기 콘스탄티누스주의에 넘어갔고 "17세기 이후 잡종화되었던" 기독교가 현상 유지 세력과 결합해 해방을 이끌지 않고 있다. 일반적인 자유 민주주의는 과학적 진보를 자랑한다. 이러한 종교 및 정치적 수사는 결국 막다른 길만을 제공할 뿐이다(Ellul, 1975, ch.1).[17]

공상적인 사회 개혁론자의 작은 행동주의가 표면상 그리고 주변적으로 어느 정도 운동을 만들어 낼 수 있다. 하지만 엘룰은 이들이 "우리

---

17. ≪왕국의 잘못된 현존 False Presence of the Kingdom≫은 전적으로 기독교도, 특히 프랑스 신교도에 대한 비판을 다룬다. 그는 특히 ≪혁명에 대한 비판 분석 Autopsy of Revolution≫에서 정치적 자유주의를 공격한다(4장).

의 세계 상황에서 결정적으로 중요한 힘, …… 구성 요소"를 건들지 않고 있다고 주장한다(Ellul, 1951, p.33). 그는 대부분의 운동이 가치 있는 변화를 만들지 않고, 기존 제도를 견고히 지키거나 권력을 인정할 뿐이라고 말한다. 교회나 정치 자체의 개혁이 효과 없다. 피상적인 이미지를 다룸으로써 그들은 자신의 에너지를 허구적인 논쟁과 그릇된 해답, 그리고 부적절한 정의에 낭비하고 있다. 엘룰은 경멸적인 어투로, 억압받은 사람을 해방한다는 명목 하에 "유일한 결과가 국가를 막강하게 만드는 것이라면, 이 무슨 시기이고 속임수인가"라고 말한다(Ellul, 1973, p.278).

하지만 탈신성화는 단지 분개에 따른 변덕스런 우상 파괴주의를 의미하지 않는다. 오히려 우리는 잘못 인도하는 길을 막아 내기 위한 결심을 해야 한다. 진정한 혁명은 모든 합리적인 가능성이 막혔을 때, 혹은 화해가 불가능하다는 것을 인식했을 때 비로소 일어난다(Ellul, 1971b, pp.245~246). 만일 우리가 단지 결함이 있는 부분만 제거하거나, 사회적 질서를 좀 더 단단하게 조직하고, 혹은 정치 및 경제의 불균형을 바로잡거나, 가시적인 격차를 막아 낼 필요가 있다고만 가정한다면, 우리는 우리 시대에 팽배한 잘못된 상태에 대해 심각하게 관여하는 대신, 이러한 개혁을 추구하게 될 것이다. 기술은 인류의 오래된 구속을 제거했지만, 우리를 자유롭게 하지 못한다. 기술의 행정적인 개혁보다는 테크닉의 파괴 행위가 변화의 출발점이 되어야 한다(Ellul, 1991).

엘룰의 비관론을 공격하는 사람은 그의 강력한 탈신성화가 보다 광범위한 시각의 한 요소이고, 보다 긴 여정의 첫 단계라는 것을 깨닫지 못하는 사람이다. 위기에 대해 엘룰이 폭로하는 것은 의심과 실망이 아닌 구원에 초점을 맞추고 있다. 엘룰(1975)은 "삶을 유지하는 데 적절한 삶의 이유와 정말 만족스럽고 분명한 답이 주어졌을 때만이 탈신성화가 이루어질 수 있다"고 말한다(p.208). 우리는 우리가 만든 난국을 타개해야 하고, 우리가 제기한 문제를 풀어야 한다. 겉은 반대로 보여도, 엘룰은 "선을 이야기하고 삶을 제공할 수 있는" 개선적인 선택, 즉 "문제를 바로 잡을 진정한 변화"를 찾고 있다(Ellul, 1951, p.31). 초자연적으로 입증된 종말이 가능함으로써, 우리는 그 힘을 통해 새로운 존재 양식을 살 수 있다. 가장 혁명적인 힘은 기술화된 자연 바깥에서 생기고 그 반대 방향으로 움직인다. 이러한 힘은 "다른 도시에 속해 있고," "다른 주인을" 갖는다(Ellul, 1970b, pp.118~119). 그것이 아니라면 압도적인 테크닉을 침투할 수 없다. 영적 실재는 물질적 수단에 의해 복구될 수 없다. 그리고 기독교인 독자를 대상으로 이야기할 때 엘룰은 "오직 예수 그리스도의 자기 희생으로 인간은 인간답게 살게 되었다"는 표현을 숨김없이 사용한다(Ellul, 1969b, p.167). 하느님 성령의 개입과 부활의 힘으로 우리는 자유를 구현하고 악을 극복할 수 있게 된다.

엘룰의 변증법에서 비난의 "부정"은 속죄의 "긍정"이 된다. 신성한 절대 타자는 폐쇄된 필연성의 질서에 안티테제로 제시된다. "절대 타자의 자유"는 인간 자유의 중심이고 창조자이지만 "사회학적 권력으로 동화시킬 수 없다." 신의 독립성이 우리의 보증인이다(Ellul, 1972b, p.142). "종말은 세상에 이미 현존하고 있다······ 그것은 우리 활동의 결과가 아니다. 그것은 눈에 보이지 않은 힘으로 여기에 이미 존재하며, 우리의 수단을 환기시키는 동시에 자극하고 있다. 우리는 종말을 도달되어야 할 목적이 아니라, 주어진 사실이자, 거기에 이미 있는 것, 그리고 활동 중인 실재로 순응해야 한다"(p.136).

결론

엘룰과 멈포드는 기술 질서 안에 삶이 기계화되고 비인간화되었다는 신념을 공유한다. 그들은 핵심 문제가 "우리를 자기 파멸의 길로 이끌면서도 모든 인간의 요구와 욕망을 만족시켜 주겠다고 거짓 약속을 하는, 성스런 힘으로서의 기술에 대한 무비판적인 숭배"에 있다는 데 의견이 일치한다(Fasching, 1997, p.2). 멈포드와 엘룰 모두 기계 자체보다는 "기계 숭배"가 악마적이라고 주장한다. 거기에 "거대 기계의 신화"를 떠받치는 악마적 힘이 놓여 있다고 본다. 그들은 "기술 문명을 탈신화화하고, 인간의 삶과 선에 대한 좀 더 광범위하고 유기적인 시각에서 기술의 적당하고 건설적인 역할을 복원하려는 보편적 목적을 공유한다"(Fashing, 1997, p.2).

멈포드는 기술의 위협에 대해 유신론적 반응보다는 인문주의적 반응을 전개해 나갔다는 점에서 엘룰과 구별된다. 몇몇 인문주의자는 멈포드의 전략적인 자제에 공감을 한다. "다음 동작은 우리의 것이다, 기술주의 감옥의 문은 그 경첩이 녹슬었지만 우리가 나가길 선택하는 순간에야 비로소 자동적으로 열릴 것이다"라고 멈포드는 결론을 맺는다(Mumford, 1970, p.435). 그는 우리의 주요 업적이 우리 기계나 조직의 마법이 아니라, 우리 자신의 인간성 창조라고 주장한다. 이런 지점에서 엘룰의 이론 체계는 멈포드의 그것과 다르다. 엘룰의 시각에서는 오직 하느님의 원리를 유지함으로써 인간주의적 가치를 보호할 수 있다. 인간적인 절대 원리가 아니라면, 사회는 계속해서 임의적인 것을 세우게 된다.

엘룰은 그의 사회학적 개념, 즉 테크닉과 선전을 통해 미디어 생태학 전통의 분석력을 풍부하게 만들었다. 그는 맥루언과 상호 작용을 했고, 닐 포스트먼의 연구를 보완했다. 엘룰의 기술적 책략artifice은 해럴드 이니스의 제국과 지식 독점을 반향한다. 하지만 엘룰이 다른 사람과 다르게 이바지한 점은 진정한 혁명을 위해 변화된 인간성이 필수적이라고 주장한 것이다. 하지만 미디어 생태학 연구에 건넨 이러한 선물은 모호하고 논쟁의 여지가 있다. 그가 말하는 변화와 참된 자유의 의미를 일관성 있게 재발견하기 위해서는, 그의 연구 대부분에 대해 정밀한 내용 분석이 필요하다. 엘룰은 연구 활동 초기부터 문제를 이해하고 있었지만, 20년이 지난 후에야 해결 방법을 분명하게 인식하기 시작했다. 그의 1971년 이전 글을 읽었던 이들이 쉽게 오해할 수 있는 까닭은 그 이전에 나타났던 그의 유명한 글들이 해결 방법을 별로 제시하고 있지 않기 때문이다.18

또한 엘룰의 변증법적 방식은 항상 규칙적으로 기능하지 않는다. 예를 들어, ≪도시의 의미≫에서 엘룰은 바빌론과 예루살렘 간에 포괄적인 변증법을 사용했다. 하지만 그가 전반적으로 강조했던 것은 첫 번째 도시였다. 마지막 페이지에 이르기까지 "신의 도시"를 조명하지 않았고, 현재 진행 중인 "긍정"과 "부정" 간의 긴장은 사실상 책 어디에도 존재하지 않았다. 효율성이 모든 것을 필연성 아래 가두어 버리면서, 해방은 유일한 대안이다. 문제는 폭정이고 폭정에 반대하는 것은 자유이다. 허나 그러한 해결 방법은 사정없이 몰아간 이론 체계의 맨 마지막에서야 나타난다.

---

18. 그 이후에 희망과 해결에 좀 더 관심을 기울인 책들이 나오기 시작한다(예를 들어, *Autopsy of Revolution*[1971b], *Hope in the Time of Abandonment*[1973], *Ethics of Freedom*[1976], *Living Faith*[1983]). 하지만 엘룰의 가장 중요하고 대중적인 3부작(*Technological Society*[1964], *Propaganda*[1965], *Political Illusion*[1967])은 좀 더 희망적인 것을 강조하기 이전에 나왔다.

따라서 독자들이 호의를 갖지 않고 평가를 내리는 경향은 적어도 부분적으로는 엘룰의 방법론에 기인한다. ≪자유의 윤리≫(1976)에서 엘룰은 개인의 의식에서 생겨난 해법에 집중했고, 이것과 사회 혹은 집단적 의식을 책 중간까지(p.270) 언급했지만, 이들을 잘 융화시키지 못했다. 더군다나 그의 독특한 정의(기도, 기다림, 익명 등에 부여했던 활동가적 분위기)는 쉽게 애매한 말로 오해를 받을 수 있다. 그는 종종 그의 생각을 무조건 공식화시켰다. 변증학자인 그를 교조주의적 합리주의자로 부르는 것은 분명 부정확하다. 그의 한쪽 논의에 집착하는 이들이 주로 그렇게 하고 있다. 하지만 엘룰 스스로도 항상 사태를 돕지는 않았다. 그의 개괄적인 식견은 미묘한 차이나 반포용적인 요소를 경시하는 경향이 있다.19

비난하는 사람은 엘룰이 사회학적으로 가장하고 있지만 본질적으로는 신학적인 이유에 의해 자신의 선택을 해나간다고 보는 경향이 있다. 엘룰의 독자가 점점 더 기독교인으로 이루어지자, 그는 서슴없이 그러한 역할을 취했다. 그러한 과정에서 그의 현대 문화와의 대결은 더 쉽게 주변부로 밀릴 수 있다. 예를 들어, ≪자유의 윤리≫에서 엘룰(1976)은 명시적인 믿음과 진정한 자유 간의 절대적인 상관 관계를 주장한다. 신앙만이 그리스도의 자유를 허용하고 실현할 수 있도록 해준다고 한다(p.89).

다른 모든 사람처럼 기독교인은 여전히 압력, 유혹, 결정, 필연성 등에 종속되어 있다. 다른 모든 이들처럼 기독인은 배고픔이 무엇인지를 분명히 안다. 하

---

19. G. W. 브로마일리G. W. Bromiley는 ≪살아 있는 신앙Living Faith≫의 역자 서문에서 엘룰의 스타일과 방법론에 대해 "과장과 모순의 위험한 결합"이라고 말한다. 하지만 "논란의 여지가 없는 학식, 날카로운 통찰력, 열정 때문에 엘룰을 읽을 만한 가치가 있다"고 말한다(Ellul, 1983, p.vii).

지만 그의 특유한 능력은 비밀스런 지배력에 참여하는 것이고, 이러한 참여는 같은 조건에서 다른 이들과 다르게 답변을 할 수 있도록 해주고, 극도의 속박에 자유의 힘을 알리도록 허용해 준다. 이것이 그에게 가능할 수 있는 것은 필연성이 그리스도 안에서만 극복되기 때문이고, 따라서 이것은 그리스도의 활동과 명백히 관련되었을 때만 가능한 것이라고 생각한다(p.87).

사회학자로서 엘룰은 기술적 고안물을 현대의 인간 환경으로 봄으로써, 미디어 생태학과 관련된다. 하지만 그의 독특한 공헌은 혁명적인 변화를 위해 변화된 존재가 필수 조건이라는 그의 신학에 뿌리를 둔다. 그를 변증법의 신학자로서 진지하게 받아들여지기 위해, 기독교인에 한정된 엘룰의 소구력이나 제대로 기능을 하지 못하는 변증법을 근본적으로 재구성할 필요가 있다. 변증법적 긍정과 부정이 동시에 작용하고, 타락을 보다 넓은 창조의 맥락에서 생각할 때, 변화된 삶에 대한 엘룰의 주장은 좀 더 신뢰받을 수 있다. 엘룰의 명시적인 기독교 이론 구조는 하느님의 영역이 순수한 신앙 바깥에서 긍정적으로 작용하고 있음에 호소하고 있다. 바르트는 교리 현상(모든 사람을 위해 확보된 하느님의 포괄적이고 세속에 앞선 "긍정"으로서의 약속)과 그것에 대해 신앙인만이 갖는 실제 지식을 신정교주의적으로 구별한다(Church Dogmatics, vol. IV, part 2; Outka, 1981, pp.210~215 참조).

신앙인의 자유와 모든 다른 종류의 것 간의 불연속성은 엘룰이 제시한 것처럼 완전하지 않다. 자신의 기독교관에서조차 그렇지 않다. 사실 본질적으로 다른 세계관 간에 연대 의식과 의견 일치가 종종 존재한다. 엘룰이 단언하는 변화된 삶은 그것이 질적으로 새로운 사건이기 때문에 구별된다. 그것은 그 안에서 이해되어야 하고, 자신의 온전함을 가지고 있으며, 다른 어떤 것으로 환원될 수 없다. 이러한 개념의 성격과 이론적 내용을 구축해 갈 때, 신학적 이론들을 피할 수 없다. 만일 엘룰의 변증법적 모델이 재구성되고 다시 활성화된다면, 엘룰의 규범적인 설명은 그러한 개념을 이야기해 줄 수 있다. 그러한 과정에 엘룰의 신학은 설득력을 갖기 위해 종교적 다양성의 기준에 부응해야 한다.20 대화를 돕고 미디어 생태학을 총체적으로 강화하기 위해, 기술에 대한 엘룰의 유신론적 접근은 그 깊이와 온전함을 보장해 주지만, 학문적 다원주의에서는 벗어나 있다.

참고 문헌

Bromiley, G. W. (1981). Barth's Influence on Jacques Ellul. In C. G. Christians & J. Van Hook (eds.), *Jacques Ellul: Interpretive essays* (pp.32~51). Urbana: University of Illinois Press.

Bultmann, Rudolf (1952). *Theology of the New Testament.* (K. Grobell, trans.). London: SCM Press.

Bultmann, Rudolf (1957). *History and eschatology.* New York: Harper Torchbooks.

Clendenin, D. B. (1987). *Theological method in Jacques Ellul.* Lanham, MD: University Press of America.

Cox, H. (1971). The Ungodly City: A Theological Response to Jacques Ellul. *Commonweal*, 94, 352~357.

Dewey, J. (1922). *Human nature and conduct.* New York: Henry Holt.

Dewey, J. (1934). *A common faith.* New Haven, CT: Yale University Press.

Ellul, J. (1951). *The presence of the kingdom* (O. Wyon, trans.). Philadelphia: Westminster.

Ellul, J. (1964). *The technological society* (J. Wilkinson, trans.). New York: Knopf.

Ellul, J. (1965). *Propaganda: The formation of men's attitudes* (K. Kellen & J. Lerner,

---

20. 원칙적으로 이것은 엘룰이 이루기 어려운 기준이 아니다. 그는 칼 바르트보다 더 적극적으로 보편적 구원을 옹호했다(Ellul, 1983, pp.188~209). 엘룰의 *Un Chrétien pour Israël*은 기독교 외에 유대교도 기술 문명에 자유를 널리 알릴 수 있는 또 다른 공동체라고 논의한다.

trans.). New York: Knopf.

Ellul, J. (1967). *The political illusion.* (K. Kellen, trans.). New York: Knopf.

Ellul, J. (1968). *A critique of the new commonplaces* (H. Weaver, trans.). New York: Knopf.

Ellul, J. (1969a). *To will and to do* (C. Edward Hopkin, trans.). Philadelphia: Pilgrim Press.

Ellul, J. (1969b). *Violence: Reflections from a Christian perspective* (C. G. Kings, trans.). New York: Seabury Press.

Ellul, J. (1970a). Form Jacques Ellul. In J. Y. Holloway (ed.), *Introducing Jacques Ellul* (pp.5~6). Grand Rapids, MI: William B. Eerdmans.

Ellul, J. (1970b). *The meaning of the city* (D. Pardee, trans.). Grand Rapids, MI: William B. Eerdmans.

Ellul, J. (1970c). Mirror of These Ten Years. *The Christian Century, 87,* 200~204.

Ellul, J. (1971a). *The judgment of Jonah by* (G. W. Bromiley, trans.). Grand Rapids, MI: Eerdmansj.

Ellul, J. (1971b). *Autopsy of revolution.* (P. Wolf, trans.) New York: Knopf.

Ellul, J. (1972a). *False presence of the kingdom* (C. Edward Hopkin, trans.). New York: Seabury Press.

Ellul, J. (1972b). *The politics of God and the politics of man.* (G. W. Bromiley, trans.). Grand Rapids, MI: William B. Eerdmans.

Ellul, J. (1973). *Hope in the time of abandonment.* (C. Edward Hopkin, trans.). New York: Seabury Press.

Ellul, J. (1975). *The new demons.* (C. Edward Hopkin, trans.). New York: Seabury.

Ellul, J. (1976). *Ethics of freedom.* (G. W. Bromiley, trans.). Grand Rapids, MI: William B. Eerdmans.

Ellul, J. (1977). *Apocalypse: The book of Revelation.* (G. W. Schreiner, trans.). New York: Seabury Press.

Ellul, J. (1981). On dialogue. In C. G. Christians & J. Van Hook (eds.), *Jacques Ellul: Interpretive essays* (pp.291~308). Urbana: University of Illinois Press.

Ellul, J. (1982). *In season and out of season: An introduction to the thought of Jacques Ellul.* New York: Harper & Row.

Ellul, J. (1983). *Living faith: Belief and doubt in a perilous world* (P. Heinegg, trans.). New York: Harper & Row.

Ellul, J. (1985). *The humiliation of the word.* (J. M. Hanks, trans.). Grand Rapids, MI: Eerdmans.

Ellul, J. (1986). *The subversion of Christianity* (G. W. Bromiley, trans.). Grand Rapids, MI: William B. Eerdmans.

Ellul, J. (1988). *Jesus and Marx : From gosepl to ideology*. (J. M. Hanks, trans.). Grand Rapids, MI: William B. Eerdmans.

Ellul, J. (1989). *What I believe*. (G. W. Bromiley, trans.). Grand Rapids, MI: William B. Eerdmans.

Ellul, J. (1990). *The technological bluff.* (G. W. Bromiley, trans.). Grand Rapids, MI: William B. Eerdmans.

Ellul, J. (1991). *Anarchy and Christianity*. (G. W. Bromiley, trans.). Grand Rapids, MI: William B. Eerdmans.

Ellul, J. (1998). *Jacques Ellul on religion, technology, and politics: Coversations with Patrick Troude-Chastenet*. (J. M. France, trans.). Atlanta, GA: Scholars Press.

Fasching, D. J. (1981). *The thought of Jacques Ellul: A systematic exposition.* Toronto: Edwin Mellen Press.

Fasching, D. J. (1997). Lewis Mumford, Technological Critic. Sepecial Issue of *The Ellul Forum*, 18, 9~12.

Galileo, G. (1957). *Discoveries and opinions of Galileo.* (S. Drake, trans.). Garden City, NY: Doubleday.

Gill, D. W. (1984). *The word of God in the ethics of Jacques Ellul.* Metuchen, NJ: The Scarecrow Press.

Goddard, A. (2002). *Living the word, resisting the world: The life and thought of Jacques Ellul*. Cumbria, UK: Paternoster Press.

Lovekin, David (1991). *Technique, discoure, and consciousness: An introduction to the philosophy of Jacques Ellul.* Bethelem, PA: Lehigh University Press.

Mumford, L. (1934). *Technics and civilization.* New York: Harcourt Brace.

Mumford, L. (1952). *Art and technics.* New York: Columbia University Press.

Mumford, L. (1970). *The myth of the machine: The pentagon of power.* New York: Harcourt Brace Jovanovich.

Niebuhr, R. (1960). *Moral man and immoral society.* New York: Charles Scribner's Sons.

Niebuhr, R. (1964). *The nature and destiny of man.* (2 vols.). New York: Charles Scribner's Sons. (Original works published 1941, 1943)

Outka, G. (1981). Discontinuity in the Ethics of Jacques Ellul. In C. G. Christians & J. Van Hook (eds.), *Jacques Ellul: Interpretive essays* (pp.177~228). Urbana:

University of Illinois Press.

Postman, N. (1985). *Amusing ourselves to death*. New York: Viking.

Tillich, P. (1967). *Systematic theology* (3 vols.). Chicago: University of Chicago Press. (Original works published 1951, 1957, 1963)

Wenneman, D. J. (1991). The meaning of subjectivity in a technological society: Jacques Ellul's view of man as dialogic agent. Ph. D. Dissertation. Marquette University.

6
해럴드 이니스의 유산

폴 헤이어

> 여기서 새로운 커뮤니케이션 기술이 새로운 사고의 대상일 뿐만 아니라, 새로운 사고의 도구를 제공한다는 해럴드 이니스의 원리를 생각해 볼 필요가 있다.
> — 닐 포스트먼(1982)

이 장은 20세기 북미 커뮤니케이션 및 미디어 연구에 있어 가장 독창적이고 심오한 사상가 중 한 사람인 해럴드 애덤스 이니스의 유산에 대해 이야기하려 한다. 좀 더 구체적으로 말하자면, 이니스의 정치경제학과 커뮤니케이션 학문은 미디어 생태학이 지적 전통 및 이론적 시각으로 등장하는 데 어떻게 기여했는지를 연대순으로 기록하고 분석하려 한다.[1]

그의 이름이 토론토대의 동료이자 정신적 제자였던 마셜 맥루언만큼 잘 알려지지 않았을지 모르지만, 해럴드 이니스(1894~1952)는 현대

비판 미디어 및 커뮤니케이션 연구에 맥루언만큼 깊은 영향을 미쳤다. 대니얼 시트롬(Czitrom, 1982, p.147)이 미국의 미디어 학자 중 "가장 급진적이고 복잡한 미국의 미디어 이론을 이해하기 위해 해럴드 애덤스 이니스와 마셜 맥루언이란 두 캐나다인의 연구를 살펴보아야 한다"고 관찰했는데, 그만이 그러한 관찰을 한 것은 아니었다. 제임스 캐리(1989)는 맥루언이 아닌 이니스의 연구가 "대륙 커뮤니케이션학 분야에 위대한 업적"이었다고 말하며, 한쪽에 좀 더 치우친 시각에서 이러한 유산을 바라본다. 닐 포스트먼(1992)도 이니스가 "현대 커뮤니케이션 연구의 아버지"라고 선언하며(p.9) 비슷한 경향을 보인다. 따라서 이니스의 유산은 미디어 생태학의 전통 안에서 이 책에서 논의한 선각자들의 만신전에서 중요한 부분을 차지한다.

이니스가 기여한 바를 충분히 알아보기 위해, 초기 정치경제학 연구에서부터 나중에 미지의 커뮤니케이션 연구 분야로 진출한 것까지, 그의 지적 발달 과정을 살펴보고, 그의 사상을 형성시킨 몇 가지 개인적, 학문적 영향력을 생각해 볼 필요가 있다. 그렇지만 이 장의 대부분은 그의 비판적 미디어 연구과 커뮤니케이션 역사 연구에 초점을 맞춘다. 내 목적은 이니스가 기여했던 것뿐만 아니라, 신생 미디어 생태학 전통과의 관련성을 살펴봄으로써 독자들의 보다 나은 이해를 돕고자 한다.

이니스의 후기 연구의 특징은 세 가지 연관된 주제에서 찾아볼 수 있다. 첫째 그는 커뮤니케이션 역사 혹은 미디어 역사라고 알려진 연구의 주요 특징을 발전시켰다. 이 분야에서 그는 결정적인 지도 제작자로 남아 있다. 둘째, 그는 커뮤니케이션과 문화 연구를 위한 몇 가지 이론적

---

1. 이 장에서 이용한 자료는 폴 헤이어(Heyer, 2003)의 책에 게재된 바 있다. 출판사에서 재출판의 허락을 받았다.

개념, 예를 들어 미디어, 시간 편향성, 공간 편향성, 구어 전통, 지식의 독점 등을 상세하게 설명했다. 세 번째, 그는 역사에 대한 그의 접근 방식이나 최근 미디어 생태학 혹은 미디어 이론이라고 지칭되는 시각이 어떻게 현대 세계의 문화와 기술에 대한 비판을 제공할 수 있는지를 제시한다.

물론 다른 주요 사상가들의 경우와 마찬가지로, 1차 자료의 해독을 대신할 만한 것은 없다. 공교롭게도 이니스의 후기 연구는 많은 의미를 갖는 만큼, 어렵기로 유명하다. 연구자들은 어려움의 본질이 개념에 있기보다는 문체에 있다는 사실에서 약간의 위안을 얻을 수 있을 것이다. 이 점에서 이니스의 경우 해석 전문가는 없고, 그의 기본 개념은 충분히 접근가능하기에, 거의 모든 이가 똑같은 기반 위에 있게 된다. 그렇지만 나는 (잠재적 독자를 위해) 이니스를 좀 더 쉽게 가까이할 수 있게 해주는 그에 대한 해독 혹은 재해독의 몇 가지 전략을 제안하려고 한다.[2]

정치경제학의 길

그는 도시가 아닌, 흙의 아들이었다. 올더스 헉슬리와 올리버 웬델 홈즈와 같이 1894년에 태어난 해럴드 이니스는 캐나다의 가장 존경받는 학

---

[2] 이니스의 학문을 알기 위해 크리스천(Christian, 1980, 1981), 드라체(Drache, 1995), 해블록(Havelock, 1982), 헤이어(Heyer, 2003) 등을 참조하라. 이니스의 몇 가지 주요 글을 연대적으로 꼼꼼하게 소개받고 싶다면, 이니스(Innis, 1923/1971, 1930, 1930/1962b, 1940/1954, 1942, 1945, 1946, 1950/1975, 1951/1995, 1952, 1962b)와 이니스, 하비, 퍼거슨(Innis, Harvey, & Ferguson, 1969)의 글을 참조하라. 여기 기재된 것 중 '/' 이전의 연도는 원래의 출판 연도를 나타낸다.

자 중 한 명이 될 운명이었다. 전하는 이야기에 따르면, 그의 출생 증명서에 이름이 "선구자*Herald*"라고 써있었다고 한다. 만일 그렇다면, 이것은 그의 초기 연구가 제시한 정치경제학의 새로운 방향과, 1952년 암으로 때 이른 죽음을 맞기 전까지 커뮤니케이션을 연구하며 확장해 갔던 지적 전망을 미리 암시하는 것이었을 것이다.

그의 삶은 20세기 초반 주요 환경과 밀접하게 관련되어 있다. 이니스는 수송 수단과 커뮤니케이션의 주요 기술 혁신을 목격했을 뿐만 아니라 논평하고 있다. 그의 목전에 펼쳐진 세계에서는 기차 여행이 절정에 달하고, 전기가 일상 생활화되었으며, 라디오의 황금기, 텔레비전의 등장, 두 세계 대전의 군사적, 개인적 참변이 일어났다(그는 1차 세계 대전을 군인으로서 경험했다).

그는 온타리오 주 서북쪽 농장 지역에 있는 오터빌이란 작은 시에서 자랐다. 이곳에서 동쪽으로 90마일 떨어진 곳엔 토론토라는 지역 중심지이자 가장 큰 도시가 위치하고 있고, 그는 여기서 대학을 다니게 된다. 이와 같은 가능성은 대지에 매여 살던 어린 시절엔 가능해 보이지 않았다. 어린 시절 그의 삶은 땅에 의존하고 있었다.[3]

예측할 수 없는 날씨와 시장의 현실을 포함한 농장의 경험은 어린 시절 그의 의식에 영향을 미쳤다. 그는 전통적인 교실 하나짜리 학교에 다녔고, 당시 기준으로 좋은 교육을 받았던 어머니가 그의 교육을 크게 격려했다. 그가 마침내 고등학교에 다닐 수 있었던 이유 중 하나는 그 집에 집안일을 도울 수 있는 다른 형제들이 있었기 때문이다. 그는 그랜드 트렁크 철도로 통학했고, 이것은 그의 일대기에 있어 결코 사소한

---

3. 그의 일대기에 대해 좀 더 상세한 설명을 원한다면, 크레이턴(Creighton, 1978)과 헤이어(2003)를 참조하라.

사실이 아니었다. 그가 이러한 수송 수단과 커뮤니케이션 양식에 접하고 철도 사람들이 즉석에서 이야기한 서사를 꾸준히 수집하면서, 훗날 그의 연구에 좀 더 완전하게 재등장하는 역사적, 지리학적 관념을 생각하게 되었다.

결국 그는 배움에 대한 목마름으로, 당시 토론토에 있었지만 오늘날엔 온타리오 주 해밀턴에 위치한 침례교 계통의 맥매스터대에 다니게 된다. 그는 역사와 정치경제학 과목을 좋아했고, 교수 중 제임스 텐 브로크James Ten Broeke와 W. S. 월러스W. S. Wallace를 좋아했다. 브로크가 지식의 본질에 대해 던진 "왜 우리는 우리가 주의하는 것을 주의하게 되는가"라는 성찰적인 질문은 언제나 이니스의 마음속에 남아 있었고, 마침내 1951년 그의 유명한 ≪커뮤니케이션의 편향성Bias of Communication≫(Innis, 1951/1995)의 서문을 장식했다. 이니스는 대학원 공부를 하고 연구 경력을 가지기 시작했을 때, 역사에 대한 경제적 해석이 유일한 해석을 아니더라도 시사하는 바가 아주 많다고 주장하는 월러스로부터 좀 더 직접적인 영향을 받았다. 그러나 그러한 가능성이 나타나기도 전에 전쟁이 터졌다.

그는 맥매스터대를 졸업하면서 군에 입대했고, 그 경험은 그의 정신력을 최대한 시험했을 것이다. 통신대에 배치된 것은 나중에 그의 미디어 역사 연구를 고려할 때 의미를 가질 수 있다. 1차 세계 대전에서 수송을 위해 짐을 싣는 동물에서부터 항공기에 이르는 모든 것이 이용되고, 커뮤니케이션을 위해 전서구傳書鳩에서 무선 전신에 이르는 모든 것이 활용되면서, 기술과 커뮤니케이션 역사의 횡단면을 확인해 볼 수 있다. 그는 곧 전선으로 보내지고 그 끔찍한 연극의 주요 막이었던 비미 릿지 전투에 참가하게 되었다. 그가 정찰을 돌때 포탄이 가까이 터져 다리를 심하게 다쳤다. 그의 전쟁은 끝이 났다.

그는 고향으로 돌아가기 전 영국에서 건강을 회복해 갔다. 그 시기에 그는 경제학 책을 읽었고, 전쟁이 캐나다의 젊은 세대 전체를 유린한 것에 대해 ≪돌아온 군인≫이라는 석사 학위 논문을 썼다. 모교인 맥매스터대는 이 논문을 받아들였다. 그는 여전히 경제학에 흥미를 가졌지만, 그가 학부 때 갈고 닦은 토론 기술을 고려해 볼 때 그다음 논리적 단계는 법조계 직업인 것 같았다. 경제학에 대한 욕망을 만족시키기 위해, 그는 1918년 시카고대에서 경제학을 공부하며 여름을 보내기로 결정했다. 과목은 그의 스승인 프랭크 나이트에게 맡겨졌다. 이니스는 만족하진 않았지만, 영감을 받았다. 그는 곧 계획되었던 법조계 직업 대신 경제학 박사 과정에 정식 학생으로 등록했다.

이니스가 주로 정치경제학과 경제 역사에 관심을 가졌던 시카고 시절, 어쩌면 또 다른 직접적인 지적 영향이 있었을지 모른다. 미국이 자신을 발견해 가고 있었다. 미국의 역사, 지리, 문학이 학문적으로 진지하게 연구될 필요가 있다고 생각되었다. 캐나다는 아직 그러한 도약을 하지 못하고 있었다. 결국 10년이 지났을 때, 이니스는 식민지 시절부터 교육의 보금자리를 지배했던 영국 중심의 유럽적 세계관에 도전하는 주요 인물로 떠올랐다. 시카고대의 박사 논문 지도 교수였던 경제역사학자 체스터 W. 라이트는 이와 같은 그의 경향을 격려해 주며 캐나다에 대한 논문 주제를 다뤄 보라고 권했다. 그 결과가 ≪캐나다 태평양 철도의 역사 A History of the Canadian Pacific Railway≫이다. 시카고에 있는 동안 이니스는 경제학 개론을 가르칠 기회를 몇 번 가졌고, 이러한 경험을 통해 나중에 자신의 운명이 될 직업을 확인하게 된다. 그러한 운명의 일부에는 시카고대의 학부 학생이었던 메리 퀘일과의 행복한 결혼이 포함된다.[4]

졸업을 하면서 그는 미국에 있을 가능성이 있었음에도 불구하고 토론토대의 정치경제학과에 자리를 잡았다. 1930년대 중반까지 시카고대는 계속해서 좋은 조건을 제시하며 그를 다시 데려오려고 했지만 실패했다. 1923년 그의 박사 학위 논문은 책으로 출판되었다(Innis, 1923/1971). 연구는 과장되었지만, 그럼에도 나라가 만들어지면서 캐나다 태평양 철도와 같은 수송 체계(인구, 상품, 정보 등의 이동을 책임짐)가 어떻게 지형 조건을 극복하거나 적응했는지를 새롭게 보여 주었다.

이니스는 철도가 미친 영향을 평가하면서, 캐나다에 철도용 대못과 침목이 있기 전에는 노와 육로로 모피 무역이 가능했고, 이것이 땅을 개척하고 이민과 농업 발전을 촉진하는 데 도움을 주었다는 것을 알게 되었다. 이러한 연구는 1930년 그의 정치경제학의 대표작인 ≪캐나다의 모피 무역 The Fur Trade in Canada≫(Innis, 1962b)이 출판되면서 절정에 이른다. 연구 과제를 진행하면서 그는 사료 보관소에 갔을 뿐만 아니라, 그가 연구하는 역사가 펼쳐졌던 땅을 찾아갔다. 그는 원래의 노선을 따라 증기선과 카누로 여행을 하였고, 마침내 모피 무역의 수송 수단과 커뮤니케이션으로 이용되었던 수로가 탐험과 무역 경쟁 그리고 정착을 통해 어떻게 신생 국가의 활력이 흐르는 도관이 되었는지를 기록했다.

그는 이후 10년 이상을 목재, 광석, 수산물, 밀 등 다른 주요 산물을 연구하는 데 열중하였고, 그러한 자원에 대한 의존이 종종 어떻게 대도시 중심의 경제 독점과 지역 불균형을 일으키는지를 연구하면서 "주요 산물의 명제 staples thesis"를 내놓게 된다. 1940년 ≪대구 어업: 국제 경제의 역사 The Cod Fisheries: The History of an International Economy≫(Innis, 1954)를 출판하면서 그는 캐나다 너머로 영역을 확장시켰다. 그는 통찰력 있는 상세한

---

4. J. 데이비드 블랙(Black, 2003)은 메리 퀘일 이니스 부인의 영향력을 좀 더 자세하게 기록하고 있다.

기술을 통해 대구 어업이 어떻게 수산물 그 이상에 관한 것인지를 보여준다. 그것은 국내 무역 경쟁뿐만 아니라 국제 경쟁을 만들어 냈다. 이것은 무역 노선(수송과 커뮤니케이션을 위한 노선 기능을 함)의 개발과 정착을 이끌어 냈고, 이것은 여러 국가 간의 전쟁, 조약, 경제 정책 등을 유발했다.

커뮤니케이션의 역사

2차 세계 대전이 발발할 때까지 이니스는 많은 존경을 받게 된다. 그는 정교수가 되었고 학과장이 되었다. 전쟁 동안 그는 후방에서 전쟁을 관리했던 정치가나 민간인을 믿지 않았다. 그는 대신 자신의 자리에 남아 가르치고 출판하는 학자들의 권리를 보호하는 쪽을 (이들 시각 중 일부가 평이 좋지 않더라도) 선택했다. 1941년 그는 경제사학회와 이 학회의 정평이 난 <경제사 저널The Journal of Economic History>의 출판을 돕는다. 하지만 그는 이러한 학문 분야에서 앞으로 싹 틔우고 키워야 할 새로운 하위 학문 분야를 인지하고 있었다.

그가 주요 산물에 관한 연구를 통해 상품과 정보 수송의 중요성을 접하게 되었는데, 이러한 주요 산물 중 하나인 펄프와 종이 연구는 커뮤니케이션학의 새로운 연구 분야를 열었다. 그는 펄프와 종이를 신문 및 언론, 책, 광고 등과 같은 그 이후의 단계를 통해 추적했다. 다시 말해, 그는 천연 자원에 토대를 둔 산업을 살펴보는 것에서 문화 산업으로 관심을 돌리게 된다. 이러한 문화 산업에서 정보, 그리고 궁극적으로는 지식은 일상용품으로 순환하고 가치를 갖게 되고, 그것의 통제자는 권력을 갖게 된다. 그는 수많은 메모를 적기 시작했고, 이러한 메모는 마침

내 "커뮤니케이션의 역사" 원고라고 알려진, 광대하지만 미발표된 개론으로 만들어진다.5

그가 새로 발견한 관심사의 요지는 1946년에 처음 출판된 ≪정치경제학과 현대 국가*Political Economy and the Modern State*≫의 첫 번째 글인 "경제 발전에서의 신문"에서 찾을 수 있다. 이니스는 3세기 동안의 신문 진화를 34페이지에 걸쳐 살펴보았다. 만일 그가 이전에 모피와 수산물에 관해 했던 것처럼 모든 시사적인 연관성을 충분히 맥락화하고 확대해 해석했다면, 300페이지의 책이 될 수 있었을 것이다. 하지만 신문은 그가 탐구하길 원했던 여러 미디어 중의 하나에 불과했고, 따라서 나무를 싹 베어 태워 버리는 식의 접근 방식이었다. 그럼에도 논제를 가로지르는 전형적인 사례를 통해 그것을 새로운 시각으로 제시했다. 그는 기존 역사가 비슷한 문제를 다루고 있으나, 이러한 역사는 역사 속에서 신문이 가졌던 정치적 영향력, 특히 언론의 자유의 존재 여부와 관련된 쟁점을 강조하고 있다고 생각했다.

그의 관심을 끌었던 미디어 양상에는 19세기 상반기에 페니 신문 *the penny press*이 등장하면서 증가한 광고의 힘이 포함된다. 그는 광고가 소비자를 끄는 상품과 서비스의 범위를 넓히면서, 신문 값을 낮추는 데 도움을 주었다고 말한다. 우리는 페니 신문 자체와 그것의 일반적인 영향력을 알고 있는데, 그의 글은 뉴스의 공급을 늘릴 수 있게 하고 AP와 같은 뉴스 통신사가 생기게 했던 증기 인쇄기의 등장 및 전신(나중엔 해저 케이블)의 중요성과 같은 관련 쟁점을 논의해 간다.

1차 세계 대전에서의 그의 경험을 고려할 때 놀랄 만한 일은 아니

---

5. 이러한 연구 계획에 대한 상세한 검토를 위해 윌리엄 벅스턴(Buxton, 2001)을 참조하라.

지만, 그는 미국의 남북 전쟁 때부터 전신과 언론의 결합이 어떻게 원거리 뉴스에 대한 수요를 가속화시켰고, 보다 광범위한 독자층에 접근할 수 있도록 간결한 기사 스타일을 만들었는지를 주목한다. 굵은 제목의 사용을 포함한 이런 변화는 세기가 바뀌기 직전 시작된 조셉 퓰리처와 윌리엄 랜돌프 허스트 간의 경쟁을 부추겼다. 그는 아마도 이 시기를 극화한 오슨 웰스의 1941년 영화 <시민 케인>에 매료되었을 것이다.

이니스는 20세기 초로 넘어가면서 1919년 뉴욕의 <데일리 뉴스>와 1924년 허스트 소유의 뉴욕 <미러>에서 시작된 타블로이드판 신문의 등장을 검토했다. 그는 당시 백화점 광고까지 뉴스가 되었던 방식, 그리고 정치적 세력으로서 신문이 쇠퇴하였던 방식을 주목했다. 그의 난해한 문장은 신문사에 관한 여러 가지 인상적인 설명을 담고 있다. 이 중에는 라디오의 역할과 그것이 어떻게 독재자의 효과적인 전달 수단이 되었는지에 관한 짧은 절을 포함하고 있고, 이 개념은 맥루언(1964)의 ≪미디어의 이해≫에서 상세하게 탐구된다.

이니스가 커뮤니케이션, 특히 그것이 고대 및 현대 문명사에서 가졌던 역할에 관심을 갖게 되었던 또 다른 요인은 고전학 연구의 영향이다. 토론토대의 고전학과는 북미에서 가장 정평이 나있던 학과 중 하나였다. 만일 찰스 노리스 코크레인Charles Norris Cochrane, 에드워드 토머스 오웬Edward Thomas Owen, 에릭 해블록과 같이 고전학 분야의 주요 학자들이 그 대학에 없었다면, 이니스가 그와 같은 연구를 추구하지 않았을 수 있다. 특히 코크레인이 영향을 미쳤다. 온타리오 주의 신교도 농촌 출신이자 토론토대 졸업생인 그는 역시 1차 세계 대전 동안 병역에 복무했었다. 그가 대학에서 수집된 지식을 좀 더 접근하기 쉽게 만들려고 기울였던 노력과, 죽기 1년 전 출판한 ≪기독교와 고전 문화Christianity and Classical Culture≫ (Cochrane, 1944)는 이니스에게 영감을 주었다. 1950년 이니스는 ≪제국과 커뮤니케이션≫의 서문에서 "C. N. 코크레인 교수와 고 E. T. 오웬 교수가 전반적인 문제에 관심을 갖도록 자극을 주었다"며 그에게 공식적으로 사의를 표했다.

1947년 이니스는 대학원 학장으로 임명되었고, 곧 옥스퍼드대에서 영국 제국의 경제사와 관련된 주제를 마음대로 선택해 연속 강의를 해달라는 제의를 받았다. 베이트 기금의 지원을 받은 강의는 다음해 이루어졌으며, 마침내 ≪제국과 커뮤니케이션≫으로 출판된다. 강의는 그의 '커뮤니케이션 역사' 원고에서 끌어오고 여기에 고대 및 고전 문명에 관한 자료를 첨가하면서, 비교와 체계적인 방식으로 조직되었다. 커뮤니케이션과 문화에 관한 일련의 개념이 광범위한 역사 기술을 뒷받침했고, 이러한 개념은 1년 뒤 커뮤니케이션의 편향성에서 따로 상세하게 다뤄진다.

≪제국과 커뮤니케이션≫은 강의에 기초하지만, 비교 역사를 다루는 주요 문헌에서 기대해 볼 수 있는 구조적 형태와 상세한 분석을 보여준다. 이 책은 서론에 이어, 이집트, 바빌로니아, 구어 전통과 그리스, 문자 전통과 로마, 중세에서의 양피지와 종이의 역할, 인쇄 미디어의 초기 역사 등에 관한 장들로 이루어진다. 아마도 책이 연속 강의에 기초하기 때문에 다른 미디어 관련 글보다 쉽게 접근할 수 있다. 그렇다고 ≪제국과 커뮤니케이션≫이 간단한 읽을거리라는 뜻은 아니다. 수많은 참고 문헌과 지적 범위는 지적인 독자에게도 도전적일 수 있다. 하지만 여기서 독자는 설득력 있는 아홉 페이지의 서론을 통해, 그의 다른 어떤 책보다 연구의 요지에 대한 유용한 도움을 받을 수 있다. 커뮤니케이션에 관한 이니스의 글을 살펴보고자 하는 연구자는 이 서론에서 시작하는 것이 좋겠다.

시간 공간 그리고 구어 전통

≪제국과 커뮤니케이션≫이 이니스의 주요 개념들을 사용해 새롭게 부상하는 미디어 역사 분야를 탐구하지만, 더 잘 알려진 ≪커뮤니케이션의 편향성≫은 역사적 사례 연구보다는 개념 자체를 중심에 부각시킨다. 이러한 개념을 다듬는 이니스의 글은 어렵다. 그의 글은 상세한 설명으로 독자를 압도했지만, 그 논의는 일정한 방향성을 가졌던 정치경제학에 관한 초기 연구와 대조를 이룬다. ≪커뮤니케이션의 편향성≫에서는 개념 때문에 자세한 설명이 희생되고 추론은 일관되게 전개되지 않았다. 시사적인 연관성을 꺼낸 후 과도적인 과정 없이 같은 단락에서 천년을 뛰어넘거나 새로운 주제를 소개했다면, 독자들은 쉽게 화낼 수 있다. 아무튼, 이것이 도깨비불 형태의 금언적인 설명을 이해해 보려는 사람들을 어디로 이끄는가? 말하자면 희망을 갖고 이니스의 광범위한 관찰을 기꺼이 연결시켜 보려는 사람 말이다. 하나의 절에 많은 시간을 보내다 보면 실망할 수 있다.

그의 후기 커뮤니케이션 연구가 그렇게 메모 같은 이유 중 하나는 그것이 가진 표제적인 성격 때문이다. 이들은 진지한 학문 연구의 새로운 광대한 분야를 약술하고 있다. 이니스는 아마도 나빠진 건강으로 인한 절박감 때문에, 이전 정치경제학 연구와 같이 상세한 연구를 시도하기보다, 그것의 시간적, 개념적 폭을 개략적으로 써내려 가는 것이 더 중요하다고 생각했을 것이다.

이니스가 몇 가지 핵심 용어에 대한 즉각적인 정의를 제공하지 않았던 것도 놀라운 일은 아니다. 그의 가장 영향력 있는 책의 제목은 독특한 방식으로 편향성이라는 용어를 커뮤니케이션에 연결시킨다. 보통 우리는 웹스터 사전에 나온 대로 편향성을 "편견" 혹은 "개인적이고 때때로 불합리한 판단"이라고 알고 있다. 사실 이니스는 종종 이와 같은 방식으로 용어를 사용했는데, 예를 들어, 자신은 캐나다의 민족주의와 구어 전통을 선호하는 "편향성"을 가졌다고 언급한다. 그 용어를 좀 더 근래의 미디어와 관련시켜 생각해 보면, 특정한 시각에 따라 작성된 편견을 가진 보도 개념을 떠올리게 된다. 하지만 의외로 이니스는 이런 방식으로 용어를 사용하지 않았다. 그는 내용의 문제(매스컴의 편향성이라고 설명될 수 있는 것)보다는 커뮤니케이션의 형태가 내용에 미칠 수 있는 영향력("미디어의 편향성medium bias"이라고 부르길 원하는 것)에 더 많은 관심을 가졌다. 따라서 이니스가 커뮤니케이션의 편향성이란 용어를 사용하는 방식은 맥루언의 유명한 문구, "미디어는 메시지"의 조금은 덜 현란한 전신前身이라고 볼 수 있다.

책의 제목과 같은 "커뮤니케이션의 편향성"이라는 장은 진흙 서판에서 탁상용 라디오에 이르기까지, 이러한 개념이 미디어와 문화 간의 관계를 평가하는 데 어떻게 이용될 수 있는지를 보여 주려고 했다. 이 장은 책의 나머지 부분에서 이러한 관계를 검토하기 위해 사용한 개념들(맥루언은 이것을 "탐침probes"이라고 불렀을 것이다)을 풀어놓는다. 가장 중요한 두 가지 개념은 시간 편향성과 공간 편향성이다. 이니스에 따르면 과거의 모든 문명은 다양한 방식으로 시간과 공간을 통제하려고 했다. 이와 같은 두 가지 관심사가 균형을 유지했을 때에는 사회적 안정성을 갖게 된다. 한쪽이 지나치게 강조되었을 때에는 붕괴가 불가피하다. ≪제국과 커뮤니케이션≫에서 상세하게 기술되었던 과도하게 "공간 편향적인" 로마제국의 경우에서처럼 말이다.

이니스는 특정 문명에 특정한 시간적 혹은 공간적 정향성의 형태를 "선호"하는 지배적인 커뮤니케이션 미디어가 있다고 본다. 예를 들어, 돌, 진흙, 양피지와 같이 수송하기 어렵고 내구력이 있는 미디어는 공간보다는 시간에 대해 편향성을 갖는다. 이들은 관습, 가계의 연속성, 신성한 것에 대한 강조를 "용이하게 한다." 이것은 혁신의 원동력으로서의 개인주의는 방해하지만, 표현적인 커뮤니케이션과 관련해서는 그것을 허용한다. "시간 편향적" 문명은 보통 바빌로니아의 사제나 중세 시대의 가톨릭 성직자와 같은 엘리트 집단이 지식의 독점에 배타적인 접근을 가진 권력층이 될 수 있도록 하는 위계적 사회 질서를 갖는다.

이처럼 문명의 지배적인 미디어와 그것의 문화적 정향성에 관한 관계는 처음엔 지나치게 단순하고, 심지어 결정주의적인 것처럼 보인다. 하지만 이니스의 논의를 꼼꼼히 읽어 보면 커뮤니케이션 미디어라는 용어는 단순히 돌, 진흙, 양피지, 종이 같이 사용된 원자재뿐만 아니라, 상형 문자, 쐐기 문자, 알파벳 등 그러한 매체에 구체적으로 나타나는 커뮤니케이션 형태를 의미한다. 따라서 그것은 커뮤니케이션 형태와 결합된 미디어로서, 문제의 사회가 특정한 방식으로 지식을 조직하고 통제하는 경향을 갖게 한다. 예를 들어, 이집트와 로마는 둘 다 파피루스를 사용했지만, 이들의 커뮤니케이션과 그 결과는 매우 달랐다. 같은 미디어라도 서로 다른 필사본을 활용하는 것은 사실상 정확하게 같은 것이 아니기 때문이다. 미디어와 커뮤니케이션에 관한 이니스의 관심은 문화의 자율적인 면을 연구하는 것이 아니라, 물질적 요소가 중요한 역할을 한다는 초기 정치경제학적 관심이 발전한 결과이다. 그가 특정 미디어의 생산과 관련 경제, 그리고 그것을 사용하는 사회의 노동 분업 규제에 대한 미디어의 기능에 관심을 가졌다는 것은 이 점을 확실히 보여 준다.

이니스가 시간 편향적이라고 추론한 첫 번째 문명은 사실상 수메르, 이집트, 바빌로니아 등 첫 번째 세계 문명이다. 첫 번째와 세 번째는 진흙을 사용했고, 두 번째는 돌을 사용했다. 그는 각 문명에서 발달한

달력 체계와, 사회 질서를 유지하는 데 필요한 시간의 범주를 통제했던 종교의 역할을 개괄했다. 그리고 정치경제학자였기에 커뮤니케이션 미디어보다 많은 것을 고려해야 했다. "관개에 의존한 농업 체계에서 시간의 측정은 홍수 시기 그리고 파종기 및 수확과 같은 한 해의 중요한 날짜를 예측하는 데 점점 더 중요해진다"(Innis, 1951/1995, p.65).

그 뒤를 또 다른 역사적 사례가 잇는다. 그는 어쩌면 가장 주목할 만한 사례를 유럽의 중세 시대에서 든다. 양피지(영구적이지만 생산에 많은 비용이 드는 동물 가죽)를 지배적인 미디어로 사용했던 가톨릭교 지배 하의 중세 문화는 매우 시간 편향적이다. 달력의 시간 계산은 처음에는 물시계, 그리고 마침내 기계적 장치를 사용해 매일 시간을 측정하는 것으로 확대된다. 여기서 기계적 장치는 오늘날 우리가 알고 있듯이 시간을 보편적으로 사용하게 만들고, 일하는 날을 조정했다. 이러한 시간의 조정은 수도원에서 시작되었지만, 14세기에는 마침내 도시 일상 생활의 일부가 되었다. 여기서 이니스의 주요 자료 출처 중 하나는 루이스 멈포드(1934)의 ≪기술과 문명≫이었다.

마침내 종이와 인쇄기의 등장으로 세속적 이익과 교회의 이익이 갈등을 일으키게 된다. 무엇보다 시간의 통제를 위한 교회와 국가 사이의 싸움을 촉진했다. 이니스는 헨리 8세와 튜더 왕가를 참고로 이와 같은 사실을 조사했다.

이니스는 현대 세계가 좀 더 그 가치를 인정해야 할 문화적 정향성의 국면이 바로 시간이라고 본다. ≪커뮤니케이션의 편향성≫의 한 장인 "공간의 문제"에서 그는 공간을 우리가 지나치게 가지고 있어 억제될 필요가 있는 것으로 경고한다. 시간의 경우처럼, 공간도 오랜 역사를 가지고 있다. 공간에 대한 관심은 문명이 제국의 건설을 열망하면서 생겨난다. 시간과 공간의 관계가 후자를 강조하는 쪽으로 기울어 가는 상황을 검토하면서, 이니스는 다시 한 번 근동, 그리스, 로마, 중세에서 근대로 전환되는 과정을 예로 든다. 각 사례에서 제국의 열망은 원거리 통치에 적당한 파피루스나 종이 같은 가벼운 휴대용 미디어를 사용함으로써 촉진된다.

예를 들어, 이니스가 초기 근대주의의 결정 기술이라고 보는 인쇄의 출현으로 후기 중세 사상의 공간 편향성이 가속화되었다. 하지만 15세기부터 인쇄가 근대성과 관련된 거의 모든 것, 예를 들어, 민족주의, 개인주의, 과학적 방법, 시각 중심의 문화적 논리 등을 출현시켰다고 주장하는 ≪구텐베르크 은하계≫의 맥루언(1962)과는 달리, 이니스는 인쇄가 이러한 요소를 확장시키고 있다고 보았다. 그는 1세기 전 종이 제조가 널리 보급되면서 이러한 요소가 이미 옹호되었다고 관찰했다. 또한 인쇄가 근대성의 공간 편향성에 유일하게 기여한 미디어는 아니다. 그는 여기에 발견의 시대에서의 나침반의 역할, 천문학적 지식을 연 망원경, 예술과 건축에서의 수학과 원근법의 역할 등을 더했다.

이니스는 20세기에 공간 편향성의 개념을 확대시키면서, 전자 미디어 문제를 간단히 언급만 했다. 라디오에 대해 몇 가지 관찰을 하고 텔레비전에 대해 간략히 언급하는 것을 제외하고 말이다. 텔레비전은 공교롭게도 이니스가 죽은 지 한 달 뒤인 1952년 12월 캐나다에 들어왔다. 그는 그러한 미디어가 인쇄에 내재된 공간적 편향성을 악화시키고 있다고 시사한다. 이러한 미디어는 지식에 더 많이 접근할 수 있게 해주고 그것을 민주화한다는 것을 빙자하지만, 과거 시대 일어났던 것과 여러 가지로 닮은 지배 양식을 영속화시키려는 경향이 있다.

그가 공간 편향적 미디어의 결과에 애석해했던 점은 그것이 구어 전통의 중요성을 약화시킨다는 것이다. 이니스는 시간 편향적 사회의 제1의 구술성(월터 옹의 용어를 빌리자면)이 본질적으로 민주적이진 않더라도 그러한 경향이 강한 커뮤니케이션 형태라고 본다. 그것은 대화를 선호하고 지식의 독점이 형성되는 것에 저항한다. 위압적인 국가가 내구력이 강한 미디어를 사용해 그러한 문명의 저항을 압도했다. 이니스는 글에서 기원전 5세기 말 이전의 그리스의 경험에 관한 자신의 가정을 근거로 구술성의 긍정적인 면을 언급한다.

이니스(1950/1975)는 문서를 통해 얻은 구술성에 대한 이해가 불완전할 것이라는 것을 예리하게 의식하고 있었다. "구어 전통 위에 세워진 문화를 이해하는 작업은 문어 전통에 빠져 있는 학자에겐 불가능하다"(p.55). 아직도 구술성에 대한 이론적 틀을 만드는 작업이 이루어져야 한다. 그 결과는 사회학자 막스 베버의 말대로 "이상적 유형"이라고 부를 수 있다. 귀납적으로 얻어 낸 모델은 비록 특정한 역사적 사례에 정확하게 들어맞지 않을 수 있지만, 현상을 일반적인 역사적 범주로 이해하는 도구로서는 가치는 있다.

사람들은 때때로 구술성에 대한 이니스의 생각이 구술성의 가치를 과장하는 순진함을 가졌다고 해석한다. 사실이지만, 그가 가장 존경하는 구어 전통은 표음 문자의 해독력에 기대고 있다. "알파벳은 신성한 문서가 함축하는 바를 벗어난다. 소리를 효과적으로 재현하게 해주면서 그리스인의 풍부한 구어 전통을 보존할 수 있도록 해준다"(Innis, 1950/1975, p.53). 그가 회복하고자 했던 이러한 종류의 말하기와 쓰기의 "균형"(이니스의 주요 개념)은 어떤 잃어버린 낙원이 아니다. 예를 들면 그는 ≪커뮤니케이션의 편향성≫에서 교육 개혁에 대해 논평을 하며, "문자 전통과 구어 전통의 연결"을 만들어 낼 수 있도록 "책을 대화 및 구어 교육에 결합"시키라고 선생들에게 주장한다(Innis, 1951/1995, p.214).

지식의 독점과 문화 비판

이니스는 그의 미디어 역사 연구가 두 세계 대전에 의해 황폐화되고 지금은 매스 미디어 및 거침없는 상업주의의 기계적인 경향에 의해 포위된 세계를 비판적으로 평가하는 토대를 마련한다고 보았다. 그는 근대성이 세계에 큰 편의를 주었지만, 모든 약속을 지키진 않았다고 본다. "사상의 자유는 과학, 기술, 지식의 기계화, 그리고 더불어 서구 문명에 의해 파괴될 위험에 처해 있다"(Innis, 1951/1995, p.190). 그는 역사의 바깥에 있는 것 같고 마침내 그것을 초월했다고 가정하는 우리의 오만함에 대해 문제를 제기한다. 이집트, 바빌로니아, 로마와 경우처럼, 우리도 몰락을 향해 나아가고 있는지 모른다. 이러한 고대 문명이 쉽게 붕괴하도록 만들었던 "편향성"이 우리 문명에 없는 것이 아니기 때문이다. 따라서 "지식의 독점"은 후기 이니스의 글에 있어 중요한 용어가 된다. 그는 "경제학 전문 분야의 관념, 특히 독점 개념"을 지식의 영역에 확장한 것이라고 제시하는 것 외에는 이것에 대한 공식적인 정의를 내놓지 않고 있다(Drache, 10995, p.85 인용). 대체로 말해서 이 용어는 통상적으로 교양이나 과학과 같은 지식 자체로 범주화되는 것과, 좀 더 일반적으로 경제 기록이나 인구 조사 자료와 같이 정보라고 가정되는 것을 망라하기 위해 사용된다. 때때로 수송과 시장 조직과 같은 좀 더 특수한 경제적 요인이 지식의 독점에 포함되기도 한다.

  그는 동시대에 대해 간단하면서도 많을 것을 시사하는 평가를 해나가기에 앞서, 역사적 사례 연구를 통해 몇 가지 선례를 제시한다. 예를 들어, 문자 해독력을 위해 장시간 학습이 필요했던 이집트와 바빌로니아에 비해 그리스에서는 상대적으로 알파벳을 배우기가 쉬웠고, 그러기에 독점적 통제가 처음에는 힘을 받지 못했다. 하지만 구어와 문자 전통이 균형을 이루었던 그리스의 초기 상황은 결국 "사법적 통제와 조세 징수"라는 억압적인 특징을 이끌어 낸 성문법의 등장으로 끝이 났다(Innis, 1950/1975, p.82). 로마는 그 전철을 밟으며, 문자 해독력의 광범위한 보급에도 불구하고, 수집한 광대한 문서를 학습하기보다는 신분 과시를 위해 사용했다. 쓰기 자체가 더욱 복잡해진 법을 성문화하는 데 더욱 집중하게 된다. 그 이후 "교회의 통제 아래 지식의 독점이 이루어졌던" 중세는 더욱 구속적이었다(Innis, 1950/1975, p.139). 여기서 필경사/성직자는 문자 해독력의 습득 및 양피지의 생산뿐만 아니라, "지식"이라고 간주되는 문서의 복사 그리고 다른 방식으로 소유된 지식의 억압과 파기를 관리하였다.

종이는 결국 양피지에 의존한 교회의 지식 독점에 도전했으며, 16세기 인쇄로 인해 수도원의 필경사나 일반 필경사는 사실상 쇠퇴한다. 이니스는 지식의 독점이 역사적 형성 과정에 불가피하게 나타나기 때문에, 활판 인쇄술이 제공하는 것을 빼앗아갈 수 있다고 본다. 여러 출판업자가 향유했던 검열 제도와 경제 독점은 "독점의 성장을 도왔던 인쇄 산업의 막대한 팽창과 출판의 자유에 대한 강조"에서 나온 문제였다(Innis, 1950/1975, p.167).

이니스는 20세기를 간단하게 다룬다. 커뮤니케이션의 편향성의 "미국의 기술과 여론"이란 글에서 그는 "AP의 독점적 위치"와 뉴스 계열망 구축의 포부를 가졌던 윌리엄 랜돌프 허스트와의 충돌에 대해 살펴보았다. 마지막 책인 ≪변화하는 시간 개념Changing Concepts of Time≫에서 이니스(1952/2004)는 최근 많은 논평을 야기하는 매스 미디어의 변화를 연대순으로 기록한다. 미디어 독점이 한때 정치적 이해 관계와 직접적으로 연관되었다면, 지금은 또 다른 의제가 존재한다. 그는 이것이 캐나다에 강력한 영향을 미친다고 본다. "우리는 삶을 위해 싸운다. 특히 정기 출판물에 나타난 미국 광고의 치명적인 영향력과 지속되는 상업주의의 강력한 효과는 캐나다인 삶의 모든 세부적인 부분에 드러나고 있다"(Innis, 1952, p.19).6 그가 "지식의 독점"이란 용어를 포괄적으로 사용하지만, 그것은 정확히 "지식의 독점" 자체라기보다는 그 이상의 것으로서, 미국 자본주의를 대신해 정보 통제나 선전 활동을 기도한다.

≪변화하는 시간 개념≫의 첫 번째 글 "문화의 전략"은 이러한 주제를 보다 효과적으로 끄집어내고 있다. 여기서 이니스는 문화와 관련된 쟁점에 대해 이야기하는데, 오늘날 이러한 쟁점은 북미 자유 무역 협정이나 세계 무역 기구가 어떠한 결정권을 가져야 하는가를 둘러싼 논의로 뉴스에서 많이 다루어진다. 그는 미국 문화 산업이 어떻게 캐나다 문화 산업의 발전을 압도하거나 방해하는지를 주목하며 20세기 중반의 캐나다 사례에 대해 논의한다. 오늘날 다른 나라들이 특히 이니스가 고려하지 못했던 텔레비전과 영화와 같은 미디어에 관해 이러한 우려를 공감하고 있다.

이니스가 미국의 문화적 영향력의 확산과 관련된 위험 중 일부는 그것의 군사주의적 배경이다. 그는 ≪변화하는 시간 개념≫의 "미국 헌법의 군사적 함의"라는 글에서 이 점을 논의한다. 이 글은 오늘날의 지정학에 비추어볼 때 선견지명이 있다. 이니스는 미국 문화를 꿰뚫어보는 제3자의 역할을 하면서, 조지 워싱턴에서 드와이트 아이젠하워 직전까지 미국 대통령의 정책을 살펴보고 미국의 군사주의 역사를 추적한다. 그는 그 역할을 프랑스인 알렉시스 드 토크빌과 브라이스 경의 역할에

---

6. 제임스 W. 캐리가 서문을 쓴 개정판 ≪변화하는 시간 개념≫을 참조하라.

비유한다.

하지만 민족주의적 의제 이외에, 현대 문화는 기계 산업과 전문화에 토대를 두기 때문에, 기계화라는 또 다른 위험에 자리를 내주고 있다. 이니스는 기계화를 기술에서 작동하고 시작하는 과정으로서, 지금 우리의 일상 생활의 거의 모든 면에 퍼져 있다고 보았다. 여기서 그의 연구는 지그프리트 기디온(그의 1948년 책 ≪기계화 문화의 발달사 Mechanization Takes Command≫는 인용되지 않음), 자크 엘룰(1948), 루이스 멈포드(1934)와 같은 학자를 포함한 기술 비판 전통과 분명한 유사성을 보여 준다. 문화에 미친 기계화의 영향을 논의하면서, 그가 가장 직접적인 영향을 받았고 많이 공감하며 인용했던 책은 그레이엄 월러스Graham Wallas의 ≪사회적 판단 Social Judgement≫(Wallas, 1934)이다.

이니스는 월러스를 따라, 구어 커뮤니케이션이 그전만큼 강조되지 않는 이유가 기계화 때문이라고 했다. "읽기는 듣기보다 빠르고, 논쟁의 찬반 설명보다 개인의 생각에 더 집중한다. 인쇄기와 라디오는 개인 대신 세상에 말을 건다"(Innis, 1950/1975, p.191). 이니스는 사고의 방해물로서 책을 언급한 쇼펜하우어의 경고를 인용한다. 그는 또한 비슷한 시각을 지지하는 키르케고르와 니체를 언급했을지도 모른다. 이니스와 같이 인쇄물에 의존하는 학자가 자신의 수작업이 의존하는 손을 비난하는 것처럼 모순일 수 있다. 그의 시각은 극단적인 것 같지만, 그렇다고 책이나 기계 반대자는 아니다. 그의 목적은 균형이다. 그가 단지 몇 가지 모호한 답변을 내놓지만, 계속되는 질문은 매우 분명하다. 커뮤니케이션 기술과 기계화로부터 얻은 이득은 손해를 동반하기 때문에, 우리가 어떻게 후자를 최소화시키면서도 이를 최대한 인간답게 이용할 수 있을까?

미디어 생태학의 등장에 미친
이니스의 지속적인 영향

1952년 이니스가 죽자, 사람들은 대부분 그의 정치경제학 연구를 칭송하며 그를 기렸다. 캐나다에서조차, 많은 동료들이 그의 후기 커뮤니케이션 연구에 당황했다. 몇몇은 이러한 연구를 캐나다에 존재하지 않았던 연구 분야에 진출하려는 말년의 집착으로 보며, 그의 진짜 주요 이론을 흐리는 장애가 된다고 생각했다. 하지만 주목할 만한 예외가 있었고, 토론토대의 커뮤니케이션 연구는 이니스와 함께 사라지지 않았다. 마셜 맥루언을 떠올려 보라. 그는 어느 정도 논쟁의 여지가 있지만, 주목받는 이니스 유산의 옹호자이다. 그는 이니스보다 훨씬 더 유명했고, 일반인에겐 잠시나마 미디어 연구 분야와 거의 동일한 의미를 가졌다. 또한 많은 논평을 불러일으켰다. 특히 이니스와 맥루언의 유산을 함께 연관시킨 연구는 이니스를 치켜세우며 그의 연구를 신생 미디어 생태학 전통의 중심에 놓는다.

1967년 당시 일리노이대에 있던 제임스 캐리는 "해럴드 애덤스 이니스와 마셜 맥루언"이란 제목의 글을 <안티오크 평론*the Antioch Review*>에 싣는다. 당시 맥루언과 비교하지 않고 이니스에 대해 글을 쓰는 것은 별다른 흥미를 불러일으키지 못했을 것이다. 캐리는 맥루언에 대해 경의를 표하면서도 가차 없이 비판하는가 한편, 이니스가 먼저 커뮤니케이션 기술의 중심성을 인식했고 그것을 더 잘 이해했다고 평가했다. 캐리는 두 캐나다 커뮤니케이션 이론가의 주요 유사성을 인정했지만, 이들의 의제가 주목할 만한 차이를 갖는다고 설명한다. "이니스는 커뮤니케이션 기술이 주로 사회 조직과 문화에 영향을 미친다고 보는데 반해, 맥루언은 그것이 주로 감각 기관 및 사고에 효과를 갖는다고 보았다"(Rosenthal, 1969, p.281 재인용).

캐리는 이후 10년마다 이니스를 다양한 방식으로 논의하는 글, 예를 들어 이니스가 시카고학파, 미국의 지리적 사고, 커뮤니케이션 연구의 최근 경향 등과 어떠한 관계를 가졌는지를 살피는 글을 썼다. 나를 포함하여 과거와 현재 세대의 이니스 연구자 대부분은 캐리의 연구가 이니스 학문의 평가 기준이자 그의 유산에 대한 더 깊은 이해를 위한 출발점이었다고 생각한다. 하지만 이니스에 대한 캐리의 평가는 논평에만 한정되어 있지 않았다. ≪문화로서의 커뮤니케이션 Communication as Culture≫(1989)이라는 글 모음집의 제목이 보여 주듯이, 캐리는 이니스의 개념을 미디어와 현대성에 관한 독창적인 시각에 결합시켰다. 그 책에서 유명한 글인 "기술과 이데올로기: 전신의 사례"는 이니스가 지나가면서 언급했던 주요 커뮤니케이션 기술에 대해 많은 것을 시사해 주는 분석을 해낸다. 좀 더 최근에 그는 이니스의 2004년판 ≪변화하는 시간 개념≫의 서문을 썼다.

맥루언이 주제에 대한 대중적인 관심을 불러일으키는 가운데, 캐리에 의해 부활하기 시작한 이니스의 커뮤니케이션 연구는 윌리엄 쿤스의 책 ≪후기 산업 사회의 예언자≫에서 더욱 확장된다. 쿤스는 이니스와 맥루언의 연구를 20세기에 발전하기 시작한 지적 전통과 연결시킨다. 이러한 전통은 비관 혹은 낙관적 방식으로 자연 및 사회 환경에 대한 기술의 영향, 그리고 기술 자체가 환경이 되는 방식을 평가한다. 이 책은 주요 사상가들의 만신전을 만들고 검토한다. 비관적인 쪽에는 루이스 멈포드, 지그프리트 기디온, 자크 엘룰 등이 포함되고, 낙관적인 쪽에는 노버트 위너와 벅민스터 풀러가 포함된다. 이니스와 맥루언은 미디어 환경 연구에 기여했던 점으로 평가받고 있는데, 이니스는 비판하는 쪽으로 기울어져 있고, 맥루언은 좀 더 미래주의적이고 덜 경계적인 사상가들과 관련되었다고 보았다.

1980년대에 이니스에 대한 수많은 평가가 이루어지면서 그를 커뮤니케이션 연구의 주요 인물로 자리매김했다. 그리고 단순한 해석 대신 그의 개념에 대한 응용이 이루어지기 시작했다. 캐리의 선례를 따라, 대니얼 시트롬, 닐 포스트먼, 조수아 마이로위츠 등은 이니스가 지나가는 말로 운을 떼거나 직접적으로 언급하지 않았던 개념을 학문 분야에 적용시켰다. 그들은 또한 맥루언(그의 명성은 1970년대에 시들해졌다)을 부활시켰고 미디어 생태학의 전통을 세웠다.

시트롬의 ≪미디어와 미국의 정신Media and the American Mind≫(Czitrom, 1982)은 흥미로우면서도 효과적인 2부의 구조를 가진다. 1부는 미국 역사에 중요했던 세 가지 주요 커뮤니케이션 미디어, 즉 전기의 시대를 열었던 전신, 초기 영화, 라디오 방송의 기술 발달 및 제도적 발전을 검토했다. 그리고 2부는 커뮤니케이션 사상의 세 가지 주요 전통을 살폈다. 첫 번째는 찰스 호튼 쿨리Charles Horton Cooley, 존 듀이, 로버트 파크Robert Park 등 현대 미디어의 '전체론적인 성격'을 탐구한 시카고학파의 연구를 살펴보았고, 두 번째는 "효과" 연구를 포함시켰는데, 여기서는 현재의 미국 커뮤니케이션 연구에 지배적인 실증주의 이론 체계 전통의 가장 중요한 인물로 폴 라자스펠드Paul Lazarsfeld를 그렸다. 그리고 세 번째는 미디어의 사회적, 심리적 조직에 대한 영향력을 살펴본 이니스와 맥루언에 대해 역사적으로 연구한다.

1980년 중반, 거의 10년간 현대의 매스 미디어, 특히 텔레비전과 일상 생활의 관계에 대해 생각해 온 조수아 마이로위츠(Meyrowitz, 1985)가 ≪장소 감각의 상실: 전자 미디어가 사회 행동에 미치는 영향≫이란 책을 출판했다. 그의 연구 과제는 두 가지 주요 연구로부터 영향을 받았다. 미디어 관점에서는 맥루언과 이니스, 그리고 (미시) 사회적 관점에서는 면 대 면 사회 행동에 대한 연구로 유명한 어빙 고프만(Goffman, 1959)의 영향을 받았다. 마이로위츠는 이러한 각각의 전통을 교차시키며, 성 역할에서 정치적 이미지 형성에 이르는 모든 것에 관해 상세하고 놀라운 분석을 해낸다. 에드먼드 카펜터(Carpenter, 1960, 1972), 잭 구디(Goody, 1968, 1977), 에릭 해블록(Havelock, 1963, 1976), 월터 옹(Ong, 1967, 1982)과 함께, 맥루언과 이니스의 유산(종종 커뮤니케이션 연구의 '토론토 학파'라고 지칭된다)은 마이로위츠에게 이른바 '미디어 이론medium theory'이라는 이론적 접근의 기본 틀을 제공한다. 그는 "미디어 이론"이 "각각의 커뮤니케이션 미디어가 만든 서로 다른 문화에 관한 역사적, 비교 문화적 연구"라고 정의했다(p.29).

마지막으로 이니스를 참고한 많은 미디어 학자 중에 고故 닐 포스트먼(1931~2003)만큼 능변으로 생산적인 메시지를 제시한 사람은 없다. ≪유년기의 소멸The Disappearance of Childhood≫(Postman, 1982)을 통해 그는 주로 교육에 관해 글을 썼던 것에서 벗어나 현재의 문화에서의 미디어의 역할에 대해 역사적 지식을 가지고 탐구하게 된다. 이후 그는 ≪죽도록 즐기기≫(Postman, 1985), ≪테크노폴리≫(Postman, 1992), ≪18세기에 다리 놓기Building a Bridge to the 18th Century≫(Postman, 1999)를 펴내며 우리 시대에 미치는 기술의 영향력을 가장 집요하게 다루었고, 대중적인 호응을 얻은 사람이 되었다. 이러한 연구를 통해 그는 "커뮤니케이션 기술의 변화는 언제나 세 가지 종류의 효과, 즉 그것의 관심의 구조(사고할 대상), 상징의 특징(사고의 도구), 공동체의 성격(사고가 전개되는 영역)을 변화시킨다"고 역설한 해럴드 이니스의 가르침을 미디어 생태학 연구자들이 "안내서"로 받아들이도록 지속적으로 영감을 준다(Postman, 1985, p.23).

결론

후기 연구에 있어 이니스는 분명히 역사학의 역사학자가 아니다. 그의 개념적 틀은 전 시대를 아우르는 광범위한 일반화를 위해 상세한 분석을 피하고 있다. 또한 그는 역사를 위한 역사 보여 주기보다는, 현재를 측정하기 위해 과거를 활용한다. 또한 이 장에서 간단하게 다뤄진 그의 정치 경제학적 배경은 언제나 주요 자원, 수송, 커뮤니케이션 기술 등의 물질적 요인이 역사적 변화에 중요한 역할을 한다는 것을 뒷받침해 줬다.

그는 새로운 미디어가 기존 미디어에 도전하면서 이루어진 커뮤니케이션과 문화의 충돌로 인해 사회적 구성물(때론 문명 전체)이 어떻게 융성하고 쇠퇴하는지, 그 변화를 변증법적으로 이해한다. 그는 이렇게 밀고 끄는 과정을 검토하면서, 시간 편향성, 공간 편향성, 구어 전통, 지식의 독점, 문화의 기계화 등 시사하는 바가 많은 일련의 개념을 사용했다.

하지만 이니스에 있어 전체는 언제나 부분의 합보다 컸다. 그의 연구 과제를 커뮤니케이션 역사나 미디어 이론, 혹은 미디어 생태학의 초기 해석이라고 부르건 간에, 그것은 표제적이다. 그것은 그의 일생 동안 미완성의 상태로 남아 있었고, 아마도 그가 10년을 더 살았더라도 그와 같은 상태였을 것이다. 그것이 본질적으로 종결을 추구하기보다는, 더 깊은 탐구를 제안하는 새로운 연구 영역의 약도略圖로서 재고의 여지를 남겨두고 있기 때문이다. 자신의 연구를 존중하고 싶은 사람은 해석에 머무르지 말고 그것을 도전하고 확장시켜야 한다고 니체가 말한 바 있고, 그 후 푸코도 그렇게 이야기했다. 아마 해럴드 이니스도 똑같은 생각을 했을 것이다.

참고 문헌

Black, J. D. (2003). The contributions of Mary Quayle Innis. In P. Heyer, Harold Innis (pp.113~121). Boulder, CO: Rowman & Littlefield.

Buxton, W. J. (2001). The bias against communication: On the neglect and non-publication of the "Incomplete and Unrevised Manuscript" of Harold Adams Innis. *Canadian Journal of Communication*, 26(2/3), 114~117.

Carey, J. (1967). Harold Adams Innis and Marshall McLuhan. *Antioch Review*, 27(1), 5~39.

Carey, J. (1989). *Communication and culture: Essays on media and society*. Boston: Unwin Hyman.

Carpenter, E. (1960). The new languages. In E. Carpenter & H. M. McLuhan (eds.), *Explorations in communication: An anthology* (pp.162~179). Boston, MA: Beacon.

Carpenter, E. (1972). *Oh, what a blow that phantom gave me!* Toronto, Canada: Bantam Books.

Christian, W. (1980). *The idea file of Harold Adams Innis*. Toronto, Canada: University of Toronto Press.

Christian, W. (ed.) (1981). *Iinnis on Russia: The Russian diary and other writings*. Toronto, Canada: The Harold Innis Foundation.

Cochrane, C. N. (1944). *Christianity and classical culture*. London: Oxford University Press.

Creighton, D. (1978). *Harold Adams Innis: Portrait of a scholar*. Toronto, Canada: University of Toronto Press. (Original work published 1940)

Czitrom, D. J. (1982). *Media and the American mind*. Chapel Hill: University of North Carolina Press.

Drache, D. (ed.) (1995). *Staples, markets, and cultural change: Harold Innis*. Montreal, Canada: McGill-Queen's University Press.

Ellul, J. (1964). *The technological society* (J. Wilkinson, trans.). New York: Vintage Book

Giedion, S. (1948). *Mechanization takes command*. New York: Oxford University Press.

Goffman, E. (1959). *The presentation of self in everyday life*. New York: Doubleday.

Goody, J. (1968). *Literacy in traditional societies*. London: Cambridge University Press.

Goody, J. (1977). *The domestication of the savage mind*. Cambridge, England & New York: Cambridge University Press.

Havelock, E. A. (1963). *Preface to Plato*. Cambridge, MA & London: Belknap Press of the Harvard University Press.

Havelock, E. A. (1976). *Origins of western literacy*. Toronto, Canada: The Ontario Institute for Studies in Education.

Havelock, E. A. (1982). *Harold A. Innis: A memoir*. Toronto, Canada: The Harold Innis Foundation.

Heyer, P. (2003). *Harold Innis*. Boulder, CO: Rowman & Littlefield.

Innis, H. A. (ed.) (1930). *Peter Pond: Fur trader and adventurer*. Toronto, Canada: Irwin & Gordon.

Innis, H. A. (1942). The newspaper in economic development. *Journal of Economic History*, 2/s, 1~33.

Innis, H. A. (1945). The English press in the nineteenth century: An economic approach. *University of Toronto Quarterly*, 15, 37~53.

Innis, H. A. (1946). *Political economy and the modern state*. Toronto, Canada: The University of Toronto Press.

Innis, H. A. (1952). *Changing concepts of time*. Toronto, Canada: The University of Toronto Press.

Innis, H. A. (1954). *The cod fisheries: The history of an international economy*. Toronto, Canada: University of Toronto Press. (Original work published 1940)

Innis, H. A. (1962a). *Essays in Canadian economic history* (M. Q. Innis, ed). Toronto, Canada: The University of Toronto Press.

Innis, H. A. (1962b). *The fur trade in Canada*. New Haven, CT: Yale University Press. (Original work published 1930)

Innis, H. A. (1971). *A history of the Canadian Pacific Railway*. Toronto, Canada: University of Toronto Press. (Original work published 1923)

Innis, H. A. (1975). *Empire and communications*. Toronto, Canada: University of Toronto Press. (Original work published 1950)

Innis, H. A. (1995). *The bias of communication*. Toronto, Canada: The University of Toronto Press. (Original work published 1951)

Innis, H. A. (n.d.). *A history of communications*: An incomplete and unrevised manuscript. Montreal, Canada: McGill University McLennan Library.

Innis, H. A. (2004). *Changing concepts of time*. Boulder, CO: Rowman & Littlefield.

Innis, H. A., Harvey, D. C., & Ferguson, C. B. (eds.). (1969). *The Diary of Simeon Perkins*.

Westport, CT: Greenwood Press.

Kuhns, W. (1971). *The post-industrial prophets: Interpretations of technology.* New York: Weybright & Talley.

McLuhan, M. (1962). *Gutenberg galaxy.* Toronto, Canada: University of Toronto Press.

McLuhan, M. (1964). *Understanding media.* New York: McGraw-Hill.

Meyrowitz, J. (1985). *No sense of place: The influence of electronic media on social behavior.* New York: Oxford University Press.

Mumford, L. (1934). *Technics and civilization.* New York: Harcourt Brace.

Ong, W. J. (1967). *The presence of the word: Some prolegomena for cultural and religious history.* New Haven, CT: Yale University Press.

Ong, W. J. (1982). *Orality and literacy.* London: Methuen.

Postman, N. (1982). *The disappearance of childhood.* New York: Viking Penguin.

Postman, N. (1985). *Amusing ourselves to death.* New York: Viking Penguin.

Postman, N. (1992). *Technopoly: The surrender of culture to technology.* New York: Knopf.

Postman, N. (1999). *Building a bridge to the eighteenth century: How the past can improve our future.* New York: Knopf.

Rosenthal, R. (ed.). (1969). *McLuhan pro and con.* Baltimore: Penguin.

Wallas, G. (1934). *Social judgment.* London: Allen & Unwin.

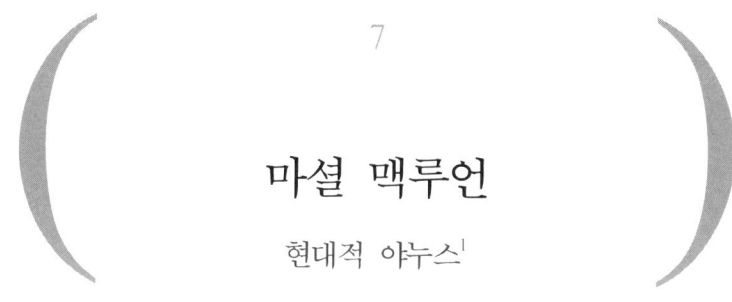

마셜 맥루언

현대적 야누스[1]

제임스 모리슨

미디어 생태학은 인쇄나 글이 위험에 빠졌을 때 다른 미디어로 구하거나 보강시켜 줄 수 있다고 이야기한다. 아무런 반작용 *counter activity* 없이 무위로 돌아가게 해서는 안 될 것이다.

— 마셜 맥루언, 컬럼비아대 사범대학, 1978년 7월 17일

---

1. 나는 미디어 생태학회의 첫 번째 학술 대회 발제집(http://www.media-ecology.org/publications/proceedings.html)을 편집하면서, 이 은유와 관련해 폴 레빈슨에게 신세졌다는 사실을 깨달았다. 그는 내가 참석했던 2000년 미디어 생태학 학회의 창립 학술 대회에서 이러한 이미지를 이용해 발표했었다. 나는 이 장을 위해 뉴욕 주 커뮤니케이션학회의 57차 연례 학술 대회에서 발표했던 논문(Morrison, 2000)을 수정했고, 레빈슨의 표현과 의미를 따와 제목을 바꾸었다. 로마의 신인 야누스는 순조로운 시작과 끝의 신이었다. 그의 신전에 있는 두 개의 문은 하루의 시작과 끝을 향하여 동쪽과 서쪽으로 나 있었고, 이

이 장에서는 가장 영향력이 있고, 잘 알려졌으며, 가장 논쟁적인 미디어 생태학자의 사상을 이야기하고자 한다. 그의 학문은 이 분야를 종합적으로 보여 주며 사람들의 이목을 끄는 데 일조했다. 일반적으로 마셜 맥루언이 1960년대 말 미디어 생태학이라는 용어를 만들었다고 생각한다(Gencarelli, 2000, p.91). 그는 1960년대 사람들의 상상력을 자극하며 처음으로 미디어 생태학적 사상에 폭넓은 관심을 불러일으켰기 때문에, 미디어 생태학의 대부일 수 있다. 하지만 그가 미디어 생태학을 알리기 위해 사용한 슬로건과 공식은 많은 오해를 받았고 아직까지도 이러한 오해가 계속되고 있다. 이 장의 목적은 맥루언의 연구에 관한 오해를 없애고, 이해에 어려움을 겪는 이들에게 설명을 해주며, 처음으로 접하는 사람들을 위해서는 이를 소개하고자 한다.

이 장에서 나는 다음과 같은 주요 문제를 다루고자 한다.

1. 맥루언을 텔레비전의 옹호자로 보는 것은 텔레비전에 대한 그의 개인적 태도를 거꾸로 전도하는 것이었다. 그는 텔레비전의 내용을 분석하면서, 미디어의 상징적 형태에 관해 좀 더 객관적인 이해를 원했고, 도덕적인 입장을 취하는 것을 거부했다.
2. 맥루언은 20세기 모더니즘의 전통에 있으면서 현대적이고 탈뉴턴적인 과학에 필적할 만한 것을 발전시켰지만, 그의 지적 기반은 고대와 중세 수사학에 뿌리를 둔다.
3. 맥루언의 생각이 글로벌 텔레커뮤니케이션, 인터넷, 월드 와이드 웹 등에서 증명되면서, 그의 연구가 과거보다 오늘날 더 적절하다고 평가되고 있다.

두 문 사이에 반은 젊은이의 얼굴, 반은 늙은이의 얼굴을 가진 그의 동상이 서 있었다. 한 해를 보내고 새해를 맞이하는 1월은 그의 이름에서 유래했다(Hamilton, 1942/1953, pp.44~45). 따라서 야누스는 과거와 미래를 바라보며, 이를 하나의 시각으로 결합시킨다.

명성의 안과 밖

1965년 리처드 시켈Richard Schickel은 맥루언에 대해 "마셜 맥루언 — 캐나다 혜성"이라는 호의적인 글을 썼고(Marchand, 1998, p.186), 그 이후 10년 동안 그에 대해 경탄과 경멸이 오고 갔다. 그 이전에 클립튼 패디맨 Clifton Fadiman과 베네트 서프Bennett Cerf와 같은 사람들이 TV 게임쇼에서 유명해졌지만, 맥루언과 비교해 볼 만한 지식인은 없었던 것 같다.2 맥루언은 거의 모든 사람들의 입에 이름이 오르내리는 팝 아이콘으로 애매하게 유명해진, 처음이자 유일한 미디어 생태학자이다. 지적 연구에 관련된 사람이건 아니건 간에 많은 사람들이 그의 생각이나 인물을 알게 되었다.

허버트 마셜 맥루언은 1911년 7월 21일 캐나다 알버타 주 에드몬튼 시에서 태어났다. 그의 아버지는 부동산과 보험 판매원이었고, 그의 어

---

2. 맥루언의 명성은 클립턴 패디맨, 프랭클린 P. 애덤스Flanklin P. Adams, 모티머 J. 애들러Mortimer J. Adler, 베네트 서프와 같이 널리 알려졌던 지식인들의 명성을 뒤따른다. 패디맨은 1933~1943년까지 ≪뉴요커≫의 편집인, 1938~1948년까지 <정보를 주세요Information Please>라는 라디오 프로그램의 진행자, 1944~1993년까지 '이 달의 책 클럽'의 편집위원, 1959~1998년까지 ≪브리태니커 백과사전≫의 편집위원이었으며, 많은 저서를 낸 인류학자였다. 현대 대중 신문 논설의 '대부'이자 <정보를 주세요>의 패널이었던 애덤스는 1930년대에서 1950년대 동안 시인이자 재담꾼으로 이름을 알렸다. 철학자, 교육자, 작가, ≪브리태니커 백과사전≫의 편집위원이었던 애들러는 시카고대의 로버트 메이너드 허친스와 함께 시카고대의 '위대한 저서' 프로그램을 만들고, 그와 함께 54권의 ≪서양의 위대한 저서Great Books of the Western World≫와 다른 프로젝트(온라인 백과사전, 2001)를 편집했다. 몇 년 동안 그가 담배 피는 모습이 인쇄 광고에 등장했다. 서프는 랜덤 하우스의 공동 설립자로서, 대중적이거나 '진지한' 현대 문학과 사상을 출판했고, 1933년 제임스 조이스의 ≪율리시스≫에 대한 출판 금지령을 법정에서 뒤집으며 문학 표현과 언론의 자유를 위해 의미 있는 승리를 거둠으로써 유명해졌다. 하지만 서프의 냉소적이지만 호감이 가는 공인으로서의 모습은 1950년대 중반과 1960년대의 <내 대사는What's My Line?>이란 텔레비전 게임쇼의 패널에 출연하면서 더 잘 알려지게 된다.

머니는 북미를 돌아다니며 희곡을 가르치거나 읽어 주던 발성법 강사였다. 그는 매니토바대에서 영문학 학사와 석사 학위를 취득했고, 1934년 캠브리지대 트리니티 홀에 들어갔다. 1936년 학사 학위를 받았고, 그해 위스콘신대 영문과의 강의 조교가 되었다. 여기서 그는 대중 문화를 접하며 자신이 교육받은 고급 문화에 별로 관심이 없는 학생들을 처음 만나게 된다. 그는 학생과의 갭을 메우고 최대한 거부감 없이 문학 방법론을 가르치기 위한 자구책으로, 대중 문화를 배우고 캠브리지에서 배운 분석 기법을 그것에 적용해 보기로 마음먹었다(Marchand, 1998, pp.48~49).

한편 그는 1937년 로마 가톨릭교로 개종하였고, 예수회의 세인트루이스대(pp.50~53)에서 영어 강사로 일했다. 1939년 코린 켈러 루이스와 결혼한 후, 캠브리지로 돌아가 2년 동안 박사 과정을 밟았다. 그리고 나서 세인트루이스대로 돌아왔고, 1943년 박사 학위를 받으면서 조교수가 되었다. 거기 있으면서 그는 루이스 멈포드와 지그프리트 기디온의 연구에 관심을 갖게 되었고, 기술에 관한 이들의 사상으로부터 영향을 받는다(Marchand, 1998, pp.77~78). 그는 <스와니 리뷰The Sewanee Review>와 <케년 리뷰The Kenyon Review>와 같이, 남부 지방의 농업 사회를 향수하며 신비평 운동을 벌렸던 앨런 테이트Alan Tate, 존 크로 랜섬John Crowe Ransom, 클리언스 브룩스Cleanth Brooks, 로버트 펜 워런Robert Penn Warren 등이 활동했던 비평지에 문학 비평문을 싣기 시작했다(pp.75~77).

그는 곧 캠브리지에서 읽은 ≪시간과 서구인Time and Western Man≫의 저자이자 영문학 비평가, 소설가, 화가인 윈덤 루이스Wyndham Lewis(1927)와 개인적인 관계를 갖기 시작했다. 그는 이 관계에서 큰 영향을 받았다고 말한다(Marchand, 1998, p.79). 루이스는 온타리오 주 윈저 시에 있는 어섬션 대학Assumption College에서 가르치고 있었고, 이들의 우정으로 맥루언은 그곳 영문학과 학과장 자리를 제의받게 된다(Marchand, 1998, p.81). 맥루언의 첫 번째 전기 작가는 루이스가 몇 가지 점에서 영향을 주었다고 한다. 루이스는 아주 명쾌하고 정확한 정의가 갖는 긍정적인 가치와 광고 및 대중 과학의 파괴적인 힘을 말하는 맥루언의 예술적, 문화적 태도에 힘을 실어 줬다. 또한 그는 지적으로 성실하고, 해로운 환경을 끊임없이 분석하는 일이 가치 있다는 것을 맥루언에게 보여 줬다(Marchand, 1998, p.84). 게다가 루이스의 ≪미국과 우주적 사람America and Cosmic Man≫(1948)에서 시사했던 전화와 항공 수송 수단에 의한 국제적 연결성이 맥루언의 "지구촌global village" 개념에 영향을 주었을 수도 있다(Marchand, 1998, p.83).

1946년 맥루언은 토론토대의 성 미카엘 대학에 있는 영문학과에서 교수직을 제안 받았다. 그는 동료 교수들에게 자극제 역할을 했고, 또한 광고, 만화, 신문 기사 및 다른 문화 상품들에 나타난 현대 미국 문화에 관해 가르쳤던 강의 시리즈를 정리해, 그의 첫 번째 책인 ≪기계 신부: 산업 사회 인간의 신화Mechanical Bride: Folklore of Industrial Man≫(McLuhan, 1951)를 출판하게 된다. <뉴욕 타임스>(Cohn, 1951, 10월 21일자)에 그 책에 관한 서평이 실렸지만, 그다지 많은 평론가들의 관심을 얻지 못했고, 겨우 수백 권 정도만 팔렸다. 재고본이 생기자 맥루언은 1000권을 사들였고, 개인적으로 서점에 몇 권을 나누어 주거나, 친구들에게 주고, 심지어 그의 강의를 듣는 학생들에게 부탁해 몇 권을 팔기도 했다(Marchand, 1998, p.119).

이 시기 맥루언은 매일 오후 4시경 왕립 온타리오 박물관의 커피숍에서 만나 "문 닫을 때까지 이야기를 하는" 비공식 토론 그룹에 속해 있었다(Carpenter, 2001, p.251). 그 집단에는 인류학자 에드먼드 카펜터와 도로시 리Dorothy Lee, 사회계획자 재클린 몬태규Jacqueline Montagu, 정치경제학자 칼 폴라니Karl Polanyi 등이 포함되어 있었는데, 이들 모두 커뮤니케이션과 문화의 관계에 대한 맥루언의 생각에 큰 영향을 미쳤다(Theall,

2001). 1949년 4월 정치경제학자 해럴드 이니스가 그 그룹을 방문하여 인쇄기와 라디오의 문화적 영향력에 대해 이야기했다(Marchand, 1998, p.121). 맥루언은 자유롭게 이니스의 연구를 차용했고, ≪제국과 커뮤니케이션≫의 서문을 썼다(Innis, 1972, pp.v~xii). 하지만 이니스와 맥루언은 결코 가까운 친구가 되지 못했고, 맥루언은 서문에서 이니스의 접근이 갖는 한계라고 생각되는 점을 지적했다. 맥루언의 전기 작가들은 이니스가 맥루언에게 미쳤을 영향에 대해 강조하고 있지만, 당시 그와 지적으로 가까웠던 이들은 이니스보다 당시 만났던 사람들이 맥루언의 사상적 진화에 더 큰 기여를 했다고 이야기한다(Carpenter, 2001, pp.248~252; Theall, 2001).

1953년 그와 카펜터는 포드 재단 기금을 받아 미디어와 문화에 관한 간학제적 세미나 시리즈를 만들었다. 여기서 <탐구*Explorations*>라는 학술지가 나왔고, 맥루언식 미디어 생태학 연구의 초기 논문들이 출판되었다. 카펜터는 편집장 역할을 맡았고, 맥루언은 1959년에 나온 아홉 호 중 마지막 호를 편집하였다. 당시 맥루언은 국방교육법the National Defense Education Act에 따라 전미교육방송협회National Association of Educational Broadcasters의 기금을 받고 11학년 학생(고등학교 2학년생)의 미디어 인지도를 높이는 교육 과정 개발을 개발했다. 보고서가 제시했던 교육 과정이 교육 대상인 학생들에겐 너무 진보적이었지만(Marchand, 1998, p.157), 맥루언은 이 프로젝트를 통해 문화와 커뮤니케이션 세미나의 참석자들과 함께 개척했던 길을 따라 자신의 연구를 한층 더 발전시킬 수 있었다. 이를 기초로 맥루언은 결국 ≪미디어의 이해≫(McLuhan, 1964)을 쓰게 되었고, 미디어 특히 텔레비전이 개인과 사회에 미친 영향에 관한 후속 연구 성과를 내게 된다.

후자와 관련하여 맥루언의 경력은 아이러니컬하다. 사람들은 그의 명성을 텔레비전이란 미디어와 연관해 생각한 반면, 맥루언은 텔레비전의 효과를 완전히 불신하고 심지어 비난했다. 몇몇 지지자와 대부분의 평론가들이 그를 텔레비전 "도사*guru*," 즉 전자적 믿음의 전도사라고 보았다. 그들은 전자 미디어에 대한 그의 믿음이 환각제의 주창자 티모시 리어리Timothy Leary와 비슷하고 보았고, 때때로 티모시 리어리의 철학, 다시 말해 "마약을 복용하고*turn on*, 환각을 따르고*tune in*, 이탈하라*drop out*"의 철학을 맥루언의 철학과 혼동하기도 했다.3 하지만 미디어의 사회적 영향에 관한 맥루언의 사상을 모두 검토해 보면, 전자 미디어의 열광자라는 이미지가 전자 미디어의 사회적 심리적 변화에 대한 그의 깊은 불신을 가리고 있다는 것을 알 수 있다.

한번은 토론토대 동료이자 친구인 톰 랜건Tom Langan과 텔레비전을 보면서, 맥루언은 다음과 같이 말했다. "내가 저것에 대해 어떻게 생각하는지 정말로 알고 싶어요? 당신이 조금이라도 히브리-그리스-로마-중세-르네상스-계몽주의-근대-서구 문명을 수호하고 싶다면, 도끼를 가지고 모든 수상기를 부셔 버리는 것이 나을 거예요"(Gordon, 1997, p.301). 또한 1976년 자신의 아들인 에릭에게 보낸 편지에서 에릭의 딸을 위해 조언을 해주면서도 이와 비슷한 태도를 보인다. "에밀리를 TV에 장시간 노출시키지 마라. 그것은 아주 나쁜 마약으로서 신경계에, 특히 어린 사람들의 신경계에 스며든단다"(Gordon, 1997, p.212).

---

3. 1950년대 말에서 1960년대 초까지 리어리는 리처드 앨버트와 함께 하버드대서 실로시빈이란 환각 약물에 대해 공식적, 비공식적 실험을 했다. 이들은 실로시빈이 치료의 도구이면서 자아 실현의 수단이라고 보았다. 이들이 대학원생과 불법으로 약물을 사용한 사실이 밝혀지면서 해고되었다. 리어리는 대항 문화*counterculture*의 명사가 되었고, 실로시빈과 LSD를 초월의 수단으로 사용하며, 많은 대중 음악인과 그들의 팬에게 영향을 미쳤다(온라인 브리태니커 사전, 2001).

아마도 이러한 아이러니는 미디어에 대한 맥루언의 주장, 즉 그 시대의 지배적 커뮤니케이션 미디어에 대항하는 의식적인 노력에도 불구하고 미디어의 힘은 거의 불가항력적이라는 그의 주장 때문에 생겨났다고 볼 수 있다. 물론 텔레비전이 맥루언이 선호하는 커뮤니케이션 양식(구어적 충고)에 잘 맞아떨어졌다고 볼 수 있다. 맥루언이 수용자에 의해 완성이 되는 "쿨cool" 이미지의 특성에 대해 예를 들 때, 특히 텔레비전이 알맞은 사례라고 말했다(이 개념에 대한 논의는 이 뒤의 핫 미디어와 쿨 미디어를 참조).

맥루언은 유럽의 커뮤니케이션 양식이 필사 시대에서 인쇄 시대로 변화할 무렵 유명했던 한 인물과 비교될 수 있다. 1494년 독일 마인츠 근처에 있는 슈폰하임Sponheim 수도원의 수도원장인 요한네스 트리테미우스Johannes Trithemius는 필경주의에 도전하는 인쇄술에 맞서 필사본을 베껴 쓰던 수도원의 활동을 옹호하려고 했고, 이를 위해 ≪필경사를 찬양하며De Laude Scriptorum≫라는 책을 출판했다. 하지만 그는 자신의 생각이 큰 효과를 가지려면, 가능한 많은 독자에게 유포되어야 한다고 생각했고, 그러기 위해 자신이 반대했던 바로 그 미디어를 이용해 책을 인쇄했다(Eisenstein, 1979, pp.14~15). 대량 출판에 대한 그의 공격은 여기서 그치지 않았다. 오늘날 그의 책을 편집한 편집인에 따르면, 트리테미우스가 마인츠의 한 인쇄소에 일감을 하도 많이 줘서 "슈폰하임 수도원 출판사라고 불릴 수 있을" 정도였다고 한다(Arnold, 1974, p.15, Eisenstein, 1979, p.15 인용).[4]

---

[4] 쇠퍼와 푸스트의 인쇄소에서 요하네스 구텐베르크의 기술을 사용해 생산한 42행 성경은 개별 글자의 활자로 인쇄된 첫 번째 책으로서 1456년 마인츠에서 출판되었다. 따라서 마인츠는 서구 인쇄책의 요람으로 간주될 수 있다.

마찬가지로 ≪미디어의 이해≫의 출판이 큰 관심을 불러일으키자, 맥루언은 텔레비전에 자주 나와 자신의 메시지를 전했다. 이러한 관심을 불러일으키는 데는 캘리포니아 출신의 자칭 "스카우트 천재"라는 제럴드 페이전Gerald Feigen과 하워드 고사지Howard Gossage가 큰 일조를 하였다. 페이전과 고사지는 맥루언를 홍보하기 위해, 뉴욕에 있는 큰 기업에서 연설할 기회를 갖게 해주거나, 칵테일 파티를 여러 차례 마련해 주었고, 여기서 주요 잡지의 저명한 출판인들에게 그를 소개시켜 주었다. 맥루언은 이러한 모임을 통해 톰 울프Tom Wolfe라는 "새新 기자"를 만났고, 톰 울프는 자신의 이름을 내걸며 맥루언을 홍보했다(Marchand, 1998, pp.182~187; Wolfe, 1968). 이러한 유명세는 미국 문화 주변부에 있는 캐나다 대학의 이름 없는 영문과 교수로서의 삶과 대조된다. 맥루언은 이러한 자신의 위치가 유리하다고 생각했다. 한 문화에 속하지 않으면서 그 문화를 이질적인 환경으로 관찰할 수 있기 때문이다.

실제 맥루언이 기회를 갖게 되고 눈에 띄는 존재가 되기 시작한 것은 1962년 ≪구텐베르크 갤럭시≫를 출판하면서부터였다. 이 책은 ≪기계 신부≫보다 훨씬 큰 영향력을 가졌다. 1962년 논픽션 책 부문에서 캐나다 연방 총독상을 받았고, <뉴 스테이츠맨New Statesman> 과 <인카운터Encounter> 와 같은 권위 있는 지적 잡지에 서평이 실렸다. 역사가인 엘리자베스 아이젠슈타인은 이런 서평으로부터 영감을 받아 책을 읽게 되었고 자신의 대표작인 ≪변화의 동력으로서의 인쇄기The Printing Press as an Agent of Change≫를 쓰게 되었다고 한다(Eisenstein, 1979, p.x).[5] 맥루언은 유명해지면서 <타임스>의 문학 관련 부록에 글을 쓰

---

5. 아이젠슈타인은 언제나 조심스럽게 맥루언의 방법으로부터 자신을 분리해 생각했고, 서구 문화의 구술성과 문자성의 변화하는 관계에 대한 맥루언의 시각으로부터 자신의 노력을 구분했다. 그녀는 주로 중류와

게 되었고, <타임스> 편집자가 "새로운 경지를 개척"했다고 기사화했던 아방가르드 사상가에 포함되기도 했다(Marchand, 1998, p.166). 또한 그는 헨리 루스의 <타임>, <라이프>, <포춘> 등의 잡지에 자문 역할을 맡아 뉴욕 출판계 및 광고계에 명성을 쌓아 갔다(Marchand, 1998, pp.166~168). 하지만 ≪구텐베르크 갤럭시≫는 일반 대중보다 지식인들 사이에 큰 영향을 미쳤다.

이 같은 결과는 부분적으로 그 책이 수년간의 연구 끝에 나온 것임을 반영하듯, 학술 자료를 폭넓게 이용했기 때문이다. 맥루언(1962)은 전기 기술이 형성한 의식의 양식을 반영하기 위해 이른바 '모자이크' 스타일로 책을 썼지만, 그의 의도는 인쇄 문화로부터 물려받은 가치가 손상되고 있음을 환기시키는 것이었다.

> 필사 문화의 의미가 18세기에 생소해졌듯이, 지금 우리는 인쇄 문화의 의미가 생소해지기 시작하는 시대에 살고 있다. "우리는 새로운 문화의 초기 사람들이다"라고 1911년 조각가 보치오니Boccioni가 말했다. 구텐베르크의 인쇄 문화를 경시하기보다는, 그것이 성취한 가치를 계속해서 유지하기 위해 열심히 노력해야 할 것 같다(p.135).

하류 계급에 확대되어 가는 문자성의 심리적 효과보다는, 문자 해독력을 이미 가지고 있고 라틴어를 읽고 말할 줄 아는 엘리트의 활동에 미친 인쇄의 영향력을 살펴보았다(1979, pp.xii~xiv). 맥루언과의 논쟁은 구텐베르크 기술이 초기 근대 유럽의 큰 기폭제였다는 개념에 있지 않다. 대신 그녀는 여러 지역 및 기간에 걸친 다양한 인쇄의 효과를 구체적으로 보여 주는 역사적 정확성이 맥루언에게 부족하다는 점과 그의 방법론에 반대했다(Eisenstein, 1979, pp.129ff). 그녀는 동료들이 자신을 맥루언주의와 연관시켰을 때 당혹감을 가졌다고 언급했는데(p.xvii), 이는 맥루언이 전통적 학계의 전문가로부터 수용되기 어려웠다는 점을 상징적으로 보여 준다.

하지만 1964년 ≪미디어의 이해≫가 출판되고 나서, 맥루언은 효과에 반대하고자 했던 바로 그 미디어에 자주 나오는 인물이 되고 만다. 대니얼 부어스틴Daniel Boorstin이 "유명해져서 알려진 사람"(1961/1992, p.57)이라고 정의한 명사celebrity의 대표적인 사례가 아닐까 싶다. 이러한 상황은 전형적인 텔레비전 프로그램인 <로완과 마티의 코미디 프로그램>에서 헨리 깁슨이 맥루언을 주제로 "마셜 맥루언 뭐하고 계십니까?"라는 시를 지었을 때 절정에 이르렀던 것 같다(Playboy 인터뷰, 1969, p.54). 1969년 <플레이보이>의 인터뷰 제목이 "마셜 맥루언: 대중 문화의 지도자이자 미디어 형이상학자"였다는 것은 그가 리어리, 비틀스, 마하리쉬 마헤시 요기, 피터 맥스, 매리 콴트, 트위기, 로이 리히텐슈타인, 앤디 워홀 등의 인물과 함께 현대 대중 문화의 전당에 올라갔음을 상징적으로 보여 준다. 이러한 위치는 맥루언이 당시 인터뷰에서 "나는 대중 문화 대부분이 끔찍하고 구역질난다. 나는 나 자신의 생존을 위해 그것을 연구했다"라고 말한 것에 비춰 볼 때 상당히 역설적이다("On the Scene," *Playboy*, 1967, Marchand 인용, 1998, p.49).

뉴 미디어 시대

텔레비전이 전후 세대의 대중 문화를 정의하고 촉진하며 널리 전파할 무렵, 맥루언이 부각되었다. 1964년 ≪미디어의 이해≫가 출판되었을 즈음, 텔레비전은 가정에서 국민적 노변爐邊과 극장을 현대적으로 결합시키고 있었다. 몇 개의 획기적 사건이 텔레비전을 통해 방송되면서 많은 시청자들이 텔레비전 앞에 모였고, 이들은 과거에 대중이 경험하지 못했던 공동의 감정적인 경험을 동시적으로 갖게 되었다. <에드 설리

번 쇼>에 엘비스 프레슬리(1956년부터 시작)와 비틀스(1963년과 1964년)가 출연했고, 리처드 닉슨 부통령과 존 F. 케네디 상원의원의 첫 번째 대통령 선거 TV 토론을 벌였으며, 케네디 대통령의 장례식과 암살범 리 하비 오스왈드가 잭 루비에게 암살당하는 장면이 TV로 생중계되었다. 그 결과 맥루언이 ≪구텐베르크 갤럭시≫(1962)에서 언급했고 ≪미디어의 이해≫(1964), ≪미디어는 마사지다 The Medium Is the Massage≫(McLuhan & Fiore, 1967), ≪지구촌의 전쟁과 평화 War and Peace in the Global Village≫(Mcluhan & Fiore, 1968/1997) 등에서 발전시켰던 "전자 지구촌" 개념이 경험되고 있었다.

맥루언이 혜성처럼 등장하면서, 자연스럽게 그에 대한 많은 평론가와 지지자가 생겨나게 되었다.6 많은 대중적 지성인이 그를 옹호해 주었지만, 그의 사상은 곧 다른 이들의 냉소의 대상이 되었고, 학계에서는 대개 지지보다는 경멸의 대상이 되었다. 특히 토론토대에서는 맥루언의 유명세에 대한 거부감이 하도 커서, 맥루언이 학생들에게 학위 논문 심사 때 공격당하는 것을 피하기 위해 논문에 그의 연구 흔적을 지우도록 할 정도였다.7 에릭 맥루언에 따르면, "맥루언의 정년 보장을 철회하도

---

6. 스턴(Stearn, 1967)과 로젠탈(Rosenthal, 1968)은 맥루언에 관한 논평을 가장 포괄적으로 모아 놓고 있다. 전자가 좀 더 균형적인 것처럼 보이는 이유는 맥루언의 비판가에게 지면을 할애한 만큼, 그나 그의 지지자에게도 지면을 제공하고 있기 때문이다. 여기서 맥루언은 그의 비판가들이 갖는 오해에 대해 매우 단호하게 반박한다. 맥루언은 대중 앞에서 습관처럼 그의 비판가를 무시하며 주제를 바꾸는 경향이 있고, 따라서 이러한 인터뷰는 그의 사고에 관해 보기 드문 통찰력을 제공한다. 로젠탈의 책(1968)은 균형적이지 못한 것 같다. 맥루언을 지지하는 주요 논문이 일곱 편이나 있지만, 서론에서의 편집자의 어조 때문에 책 전체가 폭로를 하는 것처럼 보인다. 지지 논문 혹은 비판 논문을 선택하는 데 있어 두 책이 어느 정도 중복되고 있다.

7. 1997년 3월 21일 온타리오 주, 북요크의 요크대에서 맥루언을 재조명하는 학회가 열렸는데, 그 중 "맥루언의 생애"라는 패널 토론회 동안 브루스 파우어 Bruce Powe가 이야기했다.

록 (물론 조용하게) 서명을 받으러 다닌 사람이 적어도 두 명 이상 있었다"고 한다(개인적인 대화, 1998년 8월). 1970년대 동안 왕성하게 책을 펴내고, 우디 앨런의 영화 <애니홀>에까지 카메오로 출연했지만, 맥루언이란 혜성은 사람들의 시야 밖으로 사라졌다. 맥루언의 사상이 처음에는 혁명적이어서 많은 주목을 받았지만, 결국엔 과도하게 노출되고 이용당하게 되었다. 그의 아들 에릭과 공동으로 쓰고 사후에 출판된 ≪미디어의 법칙Laws of Media≫은 주로 학자들을 겨냥한 책으로서(에릭 맥루언과의 사적 대화, 1998년 8월), ≪구텐베르크 갤럭시≫가 가졌던 지적 양식을 회복하면서, 그의 지적 삶의 훌륭한 정점을 보여 준다. 하지만 널리 알려지거나 평가되지 않았다(Sturrock, 1989 참조). ≪미디어의 법칙≫이 출판되었을 때, 어느 누구도 관심을 보이지 않았던 것이다. 사실상, 1980년의 마지막 날 그가 죽었을 때 사람들은 동시대의 인물을 잃은 상실감보다는 "도대체 그에게 무슨 일이 생긴거야"[8] 식의 반응을 더 보였던 것 같다.

하지만 1990년 중반 사람들이 인터넷과 월드 와이드 웹을 좀 더 의식하게 되면서, 맥루언의 명성은 크게 높아졌다. 그에 대한 관심이 다시 높아진 것은 CNN과 같은 전 지구적 텔레비전 네트워크가 만들어지고 월드 와이드 웹이 생겨나면서, 30년 전 맥루언이 이야기했던 현상을 이제 누구나 보고 들을 수 있게 된 것이다. 그가 경고했던 의식의 전 지구화나 그가 말한 문화적 효과가 지금은 일상적인 관심사가 되고 있다. <와이어드Wired> 잡지가 맥루언을 "수호 성인"으로 선택했듯이(Wolf, 1996a. 1996b 참조), 그는 1989년 이후 12개가 넘는 저작물의 주제가

---

8. 이것은 맥루언이 죽기 몇 년 전에 출판된 <뉴요커> 시사 만화의 주제였다. 만화 자막에 다음과 같이 쓰여 있었다. "맥루언에게 무슨 일이 있었는지 물어 보는 게 너무 이른 것은 아닌가요?"(Gordon, 1997, p.301).

되었다. 여기에는 맥루언 재단의 협조를 얻어 최근에 저술된 전기(Gordon, 1997)와 그의 첫 번째 전기의 개정판(Marchand, 1998), 상호 작용 CD 롬(Southam Interactive, 1996), 그의 텔레비전 출연분 및 강좌 녹화분 일부와 그의 전기를 결합시킨 여섯 개짜리 비디오(McLuhan-Ortved & Wolfe, 1996), 맥루언의 사상을 특히 인터넷과 월드 와이드 웹에 연관시켜 설명한 책(Levinson, 1999), 맥루언의 첫 번째 박사 과정 지도 학생이었던 학자가 그의 학문적 전통을 꼼꼼히 고찰한 책(Theall, 2001), 맥루언의 청각 공간 *acoustic space* 및 시각 공간*visual space* 개념을 연구한 책(Cavell, 2002), 캐나다 영화위원회가 그의 사상을 새로운 관객에게 보여 주려고 만든 90분짜리 영화(McMahon & Flahive, 2002) 등이 포함되어 있다.

더군다나 하이퍼텍스트가 구성하는 담론의 다선형적*multilinear* 구조에 관심이 커가면서, 그의 사상의 진가가 한층 더 인정받게 된다. 지금은 맥루언이 테오도르 홈 넬슨Theodor Holm Nelson(1992)의 하이퍼텍스트 개념과 비슷한 방식으로 생각을 하고 글을 썼다고 인정받고 있다. 인쇄 중심의 의식이 다면적인 현상을 추상적으로 분류하고 고정된 선형적인 순서로 풀어 냈다면, 맥루언은 그러한 현상의 연관성을 역설하며 다선형적이고 연상적인 생각의 흐름을 보였다. 사람들은 맥루언을 텔레비전과 관련짓지만, 그는 컴퓨터 네트워크의 발달 초기부터 그것을 의식하고 정기적으로 언급했으며, 지금에서야 그의 의식이 인정받을 수 있게 된 것이다. 사상가로서 맥루언은 당대의 사람이자 그 시대를 앞서간 야누스 같은 인물이었다(Levinson, 2000, p.19).[9] 따라서 우리는 그가 실제로 무엇

---

9. 대니얼 시트롬(Czitrom, 1982, p.165) 또한 이러한 이미지를 이용해 맥루언을 기술했지만, 다른 의미에서였다. 그는 이를 통해 맥루언이 관조자적인 과학적 관찰과 광대의 묘기를 역설적으로 융합하고 있음을 표현하고자 했다.

을 말했는지를 면밀히 검토해 보면서, 그를 유행이나 새로운 것 혹은 "기술적인" 것의 선봉장으로 보는 실수를 피할 필요가 있다.

환경으로서의 미디어

맥루언의 목적은 다가올 전자 유토피아의 예언자가 되는 것이 아니라, 전자 미디어의 심리적, 사회적 효과에 대한 사람들의 의식을 높이는 것이었다. 따라서 우리는 이 점을 고려할 필요가 있다. 더 나아가 그의 목적은 커뮤니케이션과의 관련 여부를 떠나 모든 예술이나 기술과 같은 모든 인간의 "인공물"이 배경이라는 것, 즉 너무 자연스러워 거의 의식하지 못하는 환경적 조건 및 관련 기술의 복합체를 만든다는 것을 의식하게 만드는 것이다. ≪문화는 우리의 일Culture is Our Business≫이라는 책에서 그는 "물고기가 뭍에 오기 전까지는 물의 존재를 모른다"고 했다(McLuhan, 1970, p.191). 물론 비유적으로 한 말이지만, 그는 인간이 운 좋게도 오염과 같은 문제가 생길 때까지 기술이 만든 환경을 의식하지 못하고 있다고 이야기한다.

이런 점에서 맥루언은 확실히 미디어 생태학자이다. 레이첼 카슨 Rachel Carson이 ≪침묵의 봄Silent Spring≫(1962)이라는 저서에서 살충제가 환경에 미친 예기치 않은 영향을 폭로하였듯이, 맥루언은 전기 기술의 간과된 효과에 대해 의식을 높이려고 했다. 1960년대 초 미국 내무부 소속 무명의 과학자였던 레이첼 카슨은 DDT와 같은 살충제의 광범위한 사용이 야생 생태계 상위 포식자의 개체수를 줄게 하고 흰머리 독수리와 같은 야생종을 멸종 위기에 빠뜨렸다는 충격적인 사례를 요약해

＜뉴요커＞에 연재함으로써 세계를 놀라게 했다. ＜뉴요커＞에 연재했던 글은 그 뒤 ≪침묵의 봄≫에 포함되었고, 이 책은 산업 사회에 충격을 던지며 환경 운동을 일으킨다. 맥루언처럼 그녀는 현상을 유지하고자 하는 세력으로부터 그 동기와 방법에 문제가 있다는 비난을 받았지만(Graham, 1976), 그녀의 주장은 결국 설득력을 얻게 된다. 그녀의 선구적인 연구 없이 1970년대 미국 환경보호국의 설립은 생각지도 못했을 것이다. 마셜 맥루언이 미디어 생태학의 레이첼 카슨이라고 간주할 수 있다면, 레이첼 카슨은 환경주의*environmentalism*의 마셜 맥루언이다. 맥루언을 기술 환경주의자라고 볼 때, 그를 대중 문화와 텔레비전의 후원자로 오해했던 비판가들의 편협성이 드러나게 된다. 레이첼 카슨이 DDT의 후원자가 아닌 것처럼, 맥루언도 대중 문화와 텔레비전의 후원자가 아니었다.

하지만 맥루언은 확립된 검증과 반증 과정이 없는 인문학을 연구하는 사람이기 때문에, 문학 비평, 특히 맥루언이 공부했던 캠브리지대의 I. A. 리처즈I. A. Richards(1925, 1929)와 F. R. 리비스F. R. Leavis(1930, 1932)가 기초를 세운 실제 비평*practical criticism*의 인식 방법을 따랐다. 그의 아들 에릭에 따르면, 맥루언이 "실제 비평을 소개했던 주요 서적인 [클리언스] 브룩스와 [오스틴] 워런의 ≪시의 이해*Understanding Poetry*≫(1938) 옆에 자기 책을 놓으려고" 의도적으로 "미디어의 이해"라는 제목을 지었다고 한다(1999년 11월 19일 mediaeoclogy@ube.ubalt.edu의 온라인 게시물).

실제 비평의 본질은 소리와 감각 혹은 내용과 형식을 함께 다루면서, 문학 작품이 언어 형태로 전달되고 그러한 형태가 잠재 의식적으로 의식을 바꾼다고 생각하는 데 있다. 언어적 기교는 언설 스타일을 통해 독자가 그 감각을 반영하거나 강화하는 심리적 반응을 갖게 만드는 데 있다. 이러한 점에서 작품을 만드는 것은 당연히 독자를 지도하고 설득하거나 가르치는 것보다, 이들의 의식을 변화시키고자 하는 경험이다. 작품이 독자에게 미치는 영향력을 생각해 볼 때, 작가의 삶에 대한 상세한 정보나 작가의 입장으로부터 추론할 수 있는 특정 의도는 별 의미 없다. 요컨대, 미디어가 메시지이고, 독자는 미디어의 목적을 수행하는 데 참여하면서 미디어와 메시지 모두의 일부가 되어 버린다. 결국, 독자가 메시지이다.

이러한 참여의 신비는 분명 토머스 쿤(1996)의 말한 "정상 과학"과 같은 것으로 입증할 수 없다. 이것은 관찰자의 미학적 인식력을 훈련시킴으로써 감상하고 경험할 수 있는 것이다. 하지만 그러한 감상은 가르칠 수 있고, 그 근저의 원칙을 통해 논증하거나 설득할 수 있다. 그런데 이러한 귀납적인 과정에서 사용된 증거는 과학의 논리적 실증주의보다는, 중세의 삼학, 즉 문법(언어 및 문학 연구), 논리학(논리와 논쟁), 수사학(언어로 청중을 설득하는 학문) 등으로 구현된 인문학적 전통에 뿌리를 두고 있다. 이러한 삼학은 맥루언이 영국 르네상스 작가인 토머스 내시Thomas Nashe에 대해 박사 논문(1943)을 쓰는 데 기반이 되었다. 키케로 이전부터 19세기 후반 미국 대학이 독일의 학문 개념에 따라 파편화된 학과 구조를 채택하기 전까지, 삼학은 서구 고등 교육의 뼈대를 구성했는데, 오늘날 이러한 사실은 별로 중요시되지 않고 있다(Kernan, 1990, pp.34~35). ≪미디어의 법칙≫(1988)에서 마셜 맥루언과 에릭 맥루언은 이러한 역사를 다음과 같이 기술하고 있다.

> 그리스의 수사학자인 이소크라테스, 키케로, 그리고 그 뒤의 퀸틸리안을 따라 서구 문명의 기본적인 교육 양식이 구축되었고, 이것은 4세기 후 백과 사전식 지식이나 웅변술과 함께 성 아우구스티노에 의해 재확인되었다…… 우리 서구 역사의 대부분인 15세기 이상 동안, 옛 그리스 인문 교육 체계인 "포괄적

교육*egkuklios paideia*"을 되살린 키케로식 학과 과정이 인문 교육과 기독교 인문주의의 기초가 되었다(Marrou의 *A History of Education in Antiquity* 참조). 구텐베르크에 의해 인쇄기가 등장하면서, 시각을 강조하는 알파벳이 새롭게 득세를 하게 되었다. 프랑스 논리학자인 라무스를 선두로 고대 학자(수사학자와 문법학자)와 근대 학자(논리학자) 간의 새로운 투쟁이 벌어졌고, 논리적 "방법"이 전통을 누르게 되었다(pp.124~125).

맥루언은 그의 종교적 신념도 그렇지만, 말이 시작이자, 중간이자, 끝이라고 여겼다. 사실상 서구 교육이 그 시작부터 최근의 125년을 제외한 대부분 기간 동안 이러한 입장을 취했으나, 그 이후 구획을 나누는 지식 체계에 의해 이러한 전통에서 멀어지게 되었다. 지식을 하나의 전체가 아닌 일련의 파편화된 "학문 분야"라고 가정할 때, 맥루언은 괴짜나, 공상가로 보일 수 있다. 그는 서구 문화의 핵심 가치를 회복시키며 이러한 가치가 우리의 진화하는 기술에 의해, 특히 우리를 인간답게 만드는 본질인 언어에 가장 직접적으로 영향을 미치는 기술에 의해 어떻게 조건화되는지를 논의하고 싶어 했기 때문이다. 그런데 서구뿐 아니라 모든 주요 문화의 지적 전통에서 비추어 볼 때, 지식과 경험을 전체로 보지 않고 세분화하고 해부할 수 있다고 생각하는 우리가 바로 괴짜다.

스타일과 본질

이러한 불균형을 교정하기 위해, 맥루언은 인간의 기술이 우리의 다른 모든 인공물과 마찬가지로, 우리 인간의 감각이 "밖으로 나온 것*outerings*" 혹은 "발화된 것*uttering*"(단어의 중세 영어 어원을 참조)으로 인식되길 원했다.

커뮤니케이션에 도움이 되건 안 되건 간에 기술은 SF의 과대망상가가 구상한 차갑고 이질적인 외부의 힘이 아니라, 우리 인간성의 확장이다. 기술을 발화된 것이라고 볼 때, 그것은 인지적, 사회적, 문화적 효과를 읽거나 분석할 수 있는 발화나 수사학적 형태가 된다. 이 때문에, 맥루언은 미디어가 메시지라는 개념을 표현하는 특유의 경구 스타일을 통해 자신의 생각을 전달하고자 했다. 그러한 수단은 지속적이고 선형적이고 이어지는 생각의 흐름을 따라가는 것이 아니라, 생각을 모자이크 양식으로 만들고, 정신적인 모자이크의 각 조각이 전체 양식의 특정한 일면을 반영한다. 맥루언의 마지막 연구 이후에야 알려지기 시작했지만(Briggs, 1992; Gleick, 1987 참고), 각 부분은 프랙탈_fractal_처럼 전반적인 양식을 축소된 형태로 담고 있다. 그는 영국 르네상스의 수필가 프랜시스 베이컨이 독자적인 생각을 자극하는 방법을 가졌다고 보여, 매끄럽고 연속적이며 동질적인 논쟁의 흐름을 좇는 작가들보다는 그를 모델로 삼았다.

> 프랜시스 베이컨은 뜨거운 산문과 차가운 산문을 즐겨 대조해 보았다. 그는 "방법" 혹은 완성된 패키지로 글을 쓰는 것을 아포리즘으로 글을 쓰는 것, 다시 말해 "보복은 일종의 야만적인 정의이다"와 같은 간단한 기록으로 글을 쓰는 것과 대조했다. 베이컨에 따르면, 수동적인 소비자는 패키지를 원하지만, 지식을 추구하고 원인을 찾아 내는 데 관심을 가진 사람들은 아포리즘을 쓸 것이라고 한다. 아포리즘은 불완전하고 높은 참여를 요구하기 때문이다 (McLuhan, 1964, p.31).

맥루언은 이러한 스타일을 선택한 이유는 이것이 현대와 유기적이라고 보았기 때문이다. 현대의 전자 커뮤니케이션의 즉시성은 인쇄술의 시각적 편향성이 강화시킨 매끄러운 사상의 연속성을 압박하고 파편화한다. 따라서 그는 독자들이 자신의 인식의 환경이 변하고 있다는 것을 인지하는 데 필요한 새로운 의식 방식을 슬로건, 경구, 명문구, 반복, 탐침probe 등을 사용하여 자극적으로 보여 주려고 하였다. 에릭 맥루언은 ≪미디어의 법칙≫ 서문에서 다음과 같이 기술했다.

> ≪미디어의 이해≫의 스타일은 거칠고 불연속적인 특성을 갖도록 의도적으로 선택되었고, 수정 과정을 거쳐 그렇게 만들어졌다. 의도적으로 독자를 자극하고 감성에 충격을 주어, 주제를 더 잘 보완하는 의식의 형태를 갖도록 계획한 것이다. 이것은 고도의 시적 기법(과학이라고 말하고 싶으면 과학이라고 말할 수 있다)으로서, 독자를 풍자적으로 공격하며 훈련시키고 있다(McLuhan & McLuhan, 1988, p.viii).

그는 위대한 상징주의자나 현대 예술가가 불연속성을 통해 시대에 대한 통찰력을 제공하고 있다고 보았다. 그는 이것이 "상징주의(그리스어로 symbaline에서 유래함)가 의미하는 것으로서, 사물을 각 조각으로 나누고 일정 양식으로 재조립하는 것이라고" 주장했다(Stearn, 1967, p.282).[10] 그의 생각에 따르면, 말라르메, 조이스, 파운드, 엘리어트, 피카소, 마르셀 뒤샹, 이밖에 다른 위대한 예술가들은 생각의 흐름을 매끄럽게 하거나, 고정된 시각을 제공하거나, 혹은 조리 있는 어조의 담론을 만들어 내지 않으면서, 즉 인쇄술이 조성한 정신적 습관을 따르지 않으면서, 현대 세계 및 현대와 과거의 관계에 관한 통찰력을 제공하고 있다고 한다. 이들은 대신 관찰자에게 현실에 대한 파편적인 이미지를 건네며, 이를

---

10. 그의 어원 설명은 빗나간 것 같다. 아홉 번째 개정판 대학생용 웹스터 사전에 따르면(1991, p.1195), 상징의 어원은 고대 그리스어로 "긁어모아 만들다"의 의미를 가진 symballein이었다가, "다른 반쪽과 비교해 확인된 정체성의 표시"의 의미를 가진 symbolon으로, 그 후 "표시, 기호, 상징"의 의미를 가진 symbolum이 되었다.

의미의 양식으로 결합시키는 과정에 참여하도록 만든다. 따라서 맥루언 스스로도 현대 세계를 이해하기 위해 비슷한 접근 방식을 택하려고 했다.

맥루언의 탐침은 잘 배열된 요소들의 순수한 시각적 개념을 충족시키는 연역적인 논리보다는, 패턴을 인지하는 지각력을 훈련시키는 것을 목표로 삼는다. 이러한 인지를 통해 돋보였던 집중의 대상*figure* 대신, 지각의 배경*ground*이 드러나게 된다. 모든 미디어에 있어, 우리가 의식하고 유일하게 집중하려는 미디어의 내용은 대상이고, 배경은 기술이 제공하는 이익과 폐해의 시스템이 만든 전체 환경이다.

하지만 이러한 불연속적인 방법이 왜 현대 시대에, 그리고 인쇄적 감성과 전자적 감성 간에 예상되는 충돌에 적절한 것인가? 이러한 질문은 다음 두 가지 개념으로 답변된다. (a) 구어 문화와 문자 문화 사이에는 근본적이 차이가 있다. (b) 전자 커뮤니케이션은 구어가 촉진시킨 사고 방식과 문화를 되살리고 있다. 첫 번째 개념은 구어 문화와 문자 문화를 비교하는 현대의 민속지학적, 문학적, 언어학적 연구에서 탐색될 수 있다. 이 부분은 이 책의 다른 장에서 좀 더 자세히 다루고 있다. 두 번째 개념은 맥루언이 대비시킨 구어 문화의 지배적인 "청각적 공간" 감각과 문자와 인쇄 문화를 특징짓는 "시각적 공간"에 기반을 두고 있다(Carpenter & McLuhan, 1960). 맥루언은 이러한 개념이 서로 밀접하게 연결되었다고 보면서, 이러한 개념을 기초로 텔레비전이 "시각적" 미디어가 아닌 "청각적–촉각적" 미디어로서 구어적인 인식 형태나 사회적, 문화적 형태의 많은 부분을 되살리고 있다고 주장한다.

공감각

맥루언이 의식에 미치는 미디어의 영향력을 이해하는 핵심은 공감각의 과정, 즉 감각 간의 자유로운 상호 작용이자, 한 감각의 지각 대상을 다른 감각의 대상으로 바꾸는 정신의 통상적인 방법에 있다. 예를 들어, 독서는 상징을 해석하는 과정으로서, 말이나 개념을 해독해 실물로 바꾸는 것이다. 물론 구두점과 같은 몇몇 상징은 개념화되거나 소리로 나타낼 수 없다.11 맥루언(1964)은 이른바 "감각 중추$sensorium$"가 있다고 가정하는데, 이러한 감각 중추에는 이른바 "촉각$haptic\ sense$"이라는 여섯 번째 감각을 매개로 다섯 개의 감각 기관으로부터 입력된 것들이 집합되어 있다. 맥루언은 촉각을 촉감의 감각뿐만 아니라, 이를 넘어 모든 감각 간의 "상호 작용" 기관으로 확장시켰다.

> 우리의 의식적인 내면 생활에서 감각 간의 상호 작용이 촉각을 구성한다는 것은 너무 당연한 것일지 모른다. 어쩌면 만진다는 것$touch$이 단순히 사물과 피부 접촉을 한다는 것이 아니라, 마음속 사물들의 생명 그 자체가 아닐까? 그리스인들은 개별 감각을 다른 감각으로 전환시키며 의식을 갖게 하는 교감의 개념, 즉 공통의 감각$common\ sense$ 능력 개념을 갖고 있다(p.108).

---

11. "음성 표기의 구두법"이란 빅터 보쥐Victor Borge[덴마크계 미국 엔터테이너 — 옮긴이]의 코미디 연기는 구두점이 갖는 구어 소리의 효과를 극적으로 읽음으로써, 우리가 이런 종류의 상징을 처리하는 방식과 "내용"의 상징이 다르다는 것을 의식하지 못하고 있음을 보여 준다. 우리는 의식하지 못하지만, 우리가 소리 내지 않고 읽는 동안 우리의 성대와 다른 관련 기관이 아주 미세하게 떨리고 있다는 것을 연구자들이 발견했다. "묵독" 중에 우리는 두 종류의 상징을 똑같이 처리하려고 한다(Chaytor, 1945, p.7, McLuhan 1962, p.86 인용).

이상적인 의식의 상태는 감각 중추의 요소들이 서로 균형을 이루는 것으로 "그 결과를 계속해서 하나의 통일된 이미지로 마음속에 나타나게 한다. 사실 감각들 간의 조화로운 비율이 갖는 이미지는 오랫동안 합리성*rationality*의 증거라고 생각되었다……"(p.60). 맥루언은 이와 같은 합리성을 문자 문화의 서구인이 가진 합리성 개념과 구분하고, 후자의 개념이 음성 문자의 확장성, 선형성, 동질성에 의해 만들어지고 인쇄술에 의해 강화된, 시각적인 정신 구조에 기초한다고 보았다. 이상적인 문화에서 언어, 음악, 춤, 조형 예술, 교육 등과 같은 인공물은 그와 같은 균형 잡힌 감각 비율을 촉진할 수 있다. 하지만 인간은 자신의 자연 감각이나 기관을 확대하거나 확장하는 수단으로 기술을 계속해서 개발하였고, 이에 따라 감각 중추가 불균형에 빠졌다. 몸(맥루언은 마음까지 암묵적으로 포함시킨다)이 평형 상태 혹은 항상성을 지속적으로 유지하려고 하기 때문에, 이러한 감각 간의 불균형을 감각 중추에서 완화시키기 위해 이른바 "폐쇄*closure*"(p.45)의 과정을 갖는다(그러나 앞으로 살펴보겠지만 비싼 값을 치른다).

이러한 폐쇄는 확대되거나 확장된 특정 감각을 마비시킴으로써 이루어지고, 이를 통해 외관상(실제는 아니지만) 다른 감각과의 비율을 회복한다.

> 치과에서 사용하는 오디악*audiac*이라는 기기는 전투에서 강력한 소음 때문에 생기는 충격을 활용한 것이다. 환자는 헤드폰을 끼고 드릴의 통증을 못 느낄 때까지 다이얼을 돌려 소음의 수준을 높인다. 강력한 자극에 단일 감각을 선택하기 때문에, 다시 말해 기술에 의해 확장되고, 분리되고, "절단된" 단 하나의 감각을 선택하기 때문에, 그러한 기술이 그 제작자나 이용자에게 감각 마비 효과를 가져다줄 수도 있다. 중추 신경 조직이 특수한 자극의 도전에 대해 전신의 감각 마비라는 반응을 일으키기 때문이다.

표음 문자는 말을 효과적으로 부호화하기 때문에, 그것을 읽는 사람은 거의 눈에만 의존하게 되고, 이에 따라 귀의 기능은 감소하게 된다. 표음 문자가 말을 규칙적이고 효율적으로 부호화하기 때문에, 눈을 확장시키고, 의미를 전달하기 위해 구어적인 기억을 빌릴 필요가 없어진다. 플라톤의 ≪파이드로스≫(1961년 번역)는 테우스 신이 이집트의 타무스 왕에게 자신의 발명품 중 하나인 문자를 보여 주며 이것이 기억과 지혜를 도울 거라고 주장하는 이야기를 들려주면서, 이와 같은 효과를 논의한다.

> 당신의 발명품인 문자에 대한 배려 때문에 (당신은) 문자의 진짜 효과에 정반대되는 것을 주창하고 있습니다. 사람들이 문자를 배우면, 이들 마음에 건망증이 생길 것입니다. 문자로 된 글에 의존하기 때문에 기억력을 사용하지 않게 될 것이고, 자신의 머리보다는 외적 기호를 통해 기억하게 될 것입니다. 당신이 발견한 것은 기억의 비결이 아니라, 기억나게 만드는 것을 위한 비결입니다. 그리고 당신이 제자들에게 준 것은 진정한 지혜가 아니라 그것의 허울뿐입니다. 가르치지 않고 많은 것을 이야기해 주며 많은 것을 아는 것처럼 만들어 줄 수 있지만, 그들은 아는 것이 별로 없습니다. 그들이 지혜가 아닌, 지혜에 대한 자만심으로 가득 차 있기 때문에 그들의 동료들에게 무거운 짐이 될 것입니다(p.520).

요컨대 눈이 지배하는 새로운 감각 비율이 만들어졌다. 이에 따라 문자와 그리고 더욱 강력한 인쇄 미디어는 귀 대신 눈에 의존해 진실을 확인하는 미디어 메시지를 수반한다. 사람은 대질 심문을 해볼 수 있지만, 플라톤의 ≪파이드로스≫가 이야기했듯이, 텍스트는 그렇게 해볼 수 없기 때문에, 구어 문화에서는 듣는 것이 믿는 것인 반면, 문자 문화에서는 "보는 것이 믿는 것"이 된 것이다.

하지만 좀 더 중요한 것은 이러한 메시지가 겉으로 드러나기보다,

잠재 의식적으로 작용한다는 것이다. 해럴드 이니스는 앞에서 언급한 미디어의 메시지를 커뮤니케이션 미디어의 "편향$_{bias}$"이라고 부르고, 닐 포스트먼(1985, p.16~29)은 미디어의 "인식론"이라고 부른다. 이러한 미디어 메시지를 어떻게 부르던 간에 중요한 점은, 그것이 무의식적으로 작동하거나, 아예 작동하지 않을 수 있다는 것이다. 전통적으로 모든 미디어는 단순히 내용을 담아 수용자에게 유포하는 중립적인 용기로 생각되었다. 하지만 맥루언은 이러한 생각이 순진하다고 보았다. 우리의 의식이 겉으로 드러난 내용에 몰두하지만, 우리의 무의식은 미디어의 잠재 의식적 효과에 공격받기 쉬운 상태로 남아 있다는 것이다. 맥루언이 애용하는 비유를 들자면, 미디어의 내용은 미디어라는 강도가 정신을 지키는 개의 주의를 딴 데로 돌리기 위해 사용한 맛있는 고깃덩어리라는 것이다(McLuhan, 1964, p.18). 우리의 감각 중추는 무의식적으로 미디어에 의해 형성되어, 우리가 지각의 대상을 선택하거나 "현실"을 경험하는 필터가 되고 있다. 그러한 필터가 없다면 우리는 입력의 과부하로 미쳐 버렸을 것이다. 동시에 우리는 우리의 특정 필터가 가진 특성을 합리성 자체 혹은, 적어도 지식, 지혜, 진실 등의 "자연스런" 구조와 동일시하게 된다. 상이하거나 경쟁 또는 갈등하는 필터를 갖게 되면, 우리를 설득했던 필터의 "보편적" 특성이 부족해졌다고 여기게 된다. 따라서 그것이 인종적이건, 이데올로기적이건, 혹은 세대적이건 간에, 문화의 충돌이 있게 된다.

인쇄는 막힘없는 연속성, 선형성, 순차성, 동질성, 효율성 등의 편향성을 갖는 반면, 필사의 세계와 불연속적인 전자의 세계는 그 반대의 편향성을 갖는 경향이 있다. 이 점에서 맥루언의 비평가들이 왜 그의 미디어, 즉 모자이크 구조로 배열된 아포리아적인 탐침과 그의 메시지를 이해하거나 받아들이기 어렵고 불가능했는지를 이해해 볼 수 있다.

우리의 정신이 눈에 보이지 않게, 그리고 잠재 의식적으로, 활자의 영향을 받아 왔기 때문이다. 그렇다면 그를 비판하는 사람들뿐만 아니라 전자 미디어의 영향을 많이 받은 정신적 필터를 가진 사이버계의 추종자들도 왜 그의 탐침을 순수한 객관적, 기술적 노력이라고 보지 않고, 전자 미디어를 열렬하게 받아들이는 거라고 착각했는지, 그 이유를 쉽게 이해해 볼 수 있을 것이다. 맥루언은 쓰기, 그리고 구텐베르크의 기술에 의한 쓰기의 확대가 발전시킨 긍정적인 문화적 가치를 항상 지키려고 했다. 하지만 그가 양쪽 집단 모두로부터 전자 은하계를 찬양하는 사람으로 오해 받았던 이유는 미디어가 의식을 "마사지"하는 방식을 사람들이 의식하도록 만들기 위해 탐침을 통해 충격을 주려고 했기 때문이다.

이러한 마비 혹은 "자기-절단"은 기술에 의해 우리의 감각을 확장시킬 때 치러야 할 대가이다. 이러한 현상은 우리가 감각 중추 전체에 미치는 기술의 효과를 의식하지 못할 때 비로소 이루어질 수 있기 때문이다. 기술은 감각 중추에 수용되기 위해 마비나 마취 상태를 일으키기 때문에, 우리는 기술이 만든 지각 환경을 "현실"이라고 받아들인다. 우리가 기술의 가장 큰 잠재적인 효과를 가장 인식하지 못하는 이유는 환경에 적응하는 자연스런 진화 과정이기 때문이다.

그래서 맥루언은 미디어를 기술이 만든 환경에 적응하면서 갖게 되는 무의식적인 효과라고 정의한다. 각 기술이 갖는 특정 지각이나 의식의 편향이 미디어가 전달하는 어떠한 '내용'보다 훨씬 더 강력한 효과를 미치는 것이고, 우리는 이러한 편향성을 잘 의식하지 못하고 있다. 미디어의 내용은 다양하고 모순적일 수도 있는 반면, 미디어의 효과는 내용에 상관없이 동일하게 남아 있기 때문에, "미디어는 메시지다." 사실상 내용은 미디어가 의식을 형성하는 방식을 알아차리지 못하게 주의를 산만하게 만든다. 이 점은 미디어가 우리의 의식 속에 슬그머니 들어

오는 방법, 그리고 마음이 지속적인 만족, 완성, 종결 등을 욕망하기 때문에 그럴 수 있다는 사실을 뒷받침해 준다. 그리고 이러한 욕망 뒤에는 공감각synesthesia의 과정, 즉 감각이 균형 상태를 갖는 통상적인 과정이 존재한다. 이러한 과정은 대부분의 사람들에게 잠재 의식적으로 존재하지만, 이른바 공감각자synesthete의 경우에는 의식의 수면 위로 나올 수 있다. 이들 중에는 문자와 숫자가 계속해서 다른 색깔로 보이는 사람도 있고, 미각이 기하학적 모양을 상기시키는 사람도 있다(E. McLuhan, 1998, pp.160~179, Cytowic, 1993/1998 참조).

    차단closure이 변화하는 환경에 적응한다는 면에서 이득이 될 수 있지만, 실제로는 특히 우리가 그것의 작용을 의식하지 못하기 때문에 불이익을 준다. 차단이 되기 때문에 우리는 미디어의 "악영향fallout," 즉 정신에 미치는 부정적인 효과에 매우 취약할 수 있다. 그러한 부정적인 효과는 지배적인 미디어, 특히 커뮤니케이션 미디어의 편향이 무의식적으로 의식에 스며들면서, 문화의 기존 가치 체계와 충돌하며 의식의 수면 밑에서 이를 와해시킬 때 나타난다. 이러한 상태는 전혀 다른 편향성을 가진 미디어가 출현하여 기존의 지배적인 커뮤니케이션 미디어에 도전할 때, 맥루언과 피오레(1968/1997)가 ≪지구촌의 전쟁과 평화≫의 부제에서 표현한 대로, 문화는 일종의 "경련 상황"에 처하게 된다. 서구에서는 크게 세 차례 이러한 상황이 있었다. 첫 번째는 구어적이고 부족적인 고대 그리스가 페니키아 문자를 개조해 표음 문자인 알파벳을 만들었을 때였다. 두 번째는 구텐베르크가 활판이라는 효율적인 인쇄 시스템을 발명하며 중세 유럽의 필사 문화를 전복하였을 때였다. 그리고 전신의 발명에서 오늘날에 이르기까지, 전자기파의 스펙트럼이 텔레커뮤니케이션 수단으로 광범위하게 적용되면서 인쇄 문화가 도전을 받고 구어 문화의 전형적인 부족주의 상태가 되살아나는 때이다.

핫 미디어와 쿨 미디어

이러한 부족주의의 특성이 무엇인가? 이것이 구어 커뮤니케이션과 무슨 관계가 있는가? 무엇 때문에 이것이 사라졌는가? 왜 오늘날 이것이 다른 형태로 되돌아오고 있는가? 맥루언은 "핫hot" 미디어와 "쿨$cool$" 미디어를 구분하는 이유를 설명한다.

상형 문자나 표의 문자 같은 쿨 미디어는 표음 문자인 알파벳과 같이 외파하는 핫 미디어와 매우 다른 효과를 가진다. 알파벳의 추상적인 시각적 강도를 높였을 때, 알파벳은 활자가 되었다. 전문적 효력을 가진 인쇄 문자는 중세의 집단적 길드와 수도원의 속박을 깨뜨리고, 개인주의적인 기업과 독점의 패턴을 만들어 냈다. 그러나 극단적인 독점이 많은 사람들을 비인간적으로 지배하며 집단성을 돌이키려 하자, 전형적인 역전이 일어난다. 쓰기라는 미디어를 복제 가능한 인쇄의 강도로 가열하게 되자, 민족주의와 종교 전쟁이 16세기에 일어나게 되었다…… 마찬가지로, 전기에서 나타나는 것과 같은 엄청난 속도의 증가로, 열심히 참여하는 부족적인 패턴이 회복되고 있는 것일 수 있다. 예컨대 이러한 패턴은 라디오의 등장으로 유럽에서 일어났고, 오늘날 텔레비전 때문에 미국에서 일어나려고 한다. 전문적 기술은 탈부족화를 초래한다. 탈전문화된 전기 기술은 재부족화를 초래한다(pp.23~24).

맥루언은 대중 속어에서 유래된 단어, 특히 1940년대 말과 1950년대 재즈의 어휘를 빌려왔다(p.27). 핫 미디어는 상대적으로 고밀도$high\ definition$를 가지고 있어, 정보를 명확하게 일괄적으로 제공하고, 완성을 위해 관찰자의 참여를 요구하지 않는다. 마찬가지로 핫 재즈$hot\ jazz$는 꼼꼼하게 기술한 편곡으로 이루어져 있어, 각 연주가들이 정해진 부분을 연주하고, 즉흥 연주는 스포트라이트를 받은 연주자가 맡아 하게 된다. 이와 대조적으로 쿨 재즈cool jazz는 1940년대 말 찰리 파커Charlie Parker, 마일스 데이비스Miles Davis, 디지 길레스피Dizzy Gillespie 등과 같은 혁신적인 연주가들로부터 나타나기 시작했는데, 연주의 거의 전부가 참여적인 스타일로 발전되어 갔다. 이러한 스타일에서는 주제가 처음에 잠깐 선보였다가 마지막에 다시 잠깐 나오지만, 중간 부분은 대부분 연주가들이 즉흥 연주로 작품을 함께 만들어 간다. 각 연주가는 명확하게 정의된 역할보다, 집단의 구도 속에서 역할을 맡게 된다. 쿨 미디어는 이와 유사하게 상대적으로 저밀도를 가지고 있고, 경험을 완성시키기 위해 더 높은 참여와 상호 작용을 요구한다. 우리는 이들을 관찰자라는 용어를 사용하기보다는, 참여자로 보아야 할 것이다.

예를 들어, 대화는 경험을 완성하는 데 많은 참여를 요구하기 때문에, 상대적으로 쿨 미디어이다. 참여하는 사람들은 함께한다는 느낌을 갖기 위해 얼굴 표정, 신체 언어, 의견의 교환 등을 서로 나누고, 어떤 문화에서는 심지어 촉감이나 후각과 같은 다른 감각을 사용하여 상호 작용을 한다. 이와 대조적으로 인쇄술이 상대적으로 핫 미디어인 이유는, 우리가 일반적으로 의식하지 못하는 가운데, 말과 쓰기를 시각으로 바꾸고, 시각 하나만의 감각을 요구하기 때문이다. 필사는 말을 쓰기로 표현하기 때문에 말보다는 좀 더 핫하지만, 어느 정도 촉각성을 가지고 있고 구어의 세계에 좀 더 밀접하게 연관되기 때문에, 인쇄보다는 쿨하다. 유럽에서는 필사 문화의 마지막 단계에서야 페이지상의 단어가 서로 분리되었고, 의미를 해독하기 위해 텍스트와의 많은 상호 작용이 요구되었으며, 큰 소리로 다른 사람들뿐만 아니라 자신에게도 읽어 줄 필요가 있었다(McLuhan, 1962, pp.82~99).

전화는 상대적으로 낮은 밀도의 신호를 전송하기 때문에 쿨 미디어이다. 주파수 영역이 제한되어 있고 메시지의 완성을 위해 면 대 면 대화를 할 때보다도 훨씬 더 참여해야만 한다. 이는 자동차에서 휴대 전화를 사용할 때 핸즈 프리를 사용하더라도 사고율이 느는 이유가 되기도 한다. 사용자의 에너지가 청각적 메시지를 완성하는 데 참여하다 보니 시각적인 일에 대한 집중력이 떨어지게 된다. 대조적으로 라디오, 특히 FM과 최근의 디지털 라디오가 핫 미디어인 것은 청취자가 완성할 필요가 없는 완성된 신호를 제공하려고 노력하기 때문이다. 물론 AM 토크 라디오는 상대적으로 낮은 밀도의 신호로 더 많은 참여와 상호 작용을 장려하기 때문에, 라디오 스펙트럼 중 상대적으로 차갑다. 이러한 차이는 서로 다른 미디어가 자신이 속한 문화와 미디어 환경에 따라 뜨겁거나 차갑다는 사실을 알려준다. 1930년대 히틀러가 이용했던 유럽의 라디오는 2차 세계 대전 종전 후 오락의 수단으로 전락한 영국과 미국의 활자보다 분명 더 뜨거운 미디어이다(McLuhan, 1964, p.31).

　　영화는 특히 기계적 기술과의 관계 때문에 상대적으로 뜨거운 미디어 사례가 된다. 영화가 회전 기계, 셔터, 필름 감는 레버 등을 통해 스크린에 비춰지지만, 관객은 1초에 24프레임의 속도로 완성된 이미지를 제공받게 된다. 인쇄처럼 영화 이미지는 관객으로부터 떨어져 대상화되어 있고, 관객은 그것을 표면에 반사된 빛으로 보게 된다. 반대로 텔레비전 스크린에 투사된 빛은 색유리를 통해 흘러들어온 빛에 견줄 수 있다.

　　텔레비전은 이미지를 완성하기 위해 시청자 쪽에 많은 참여를 요구하기 때문에 영화, 쓰기, 인쇄 등 보다 훨씬 더 차가운 미디어이다. 만화와 마찬가지로 텔레비전은 상대적으로 불분명하고 낮은 밀도의 이미지를 제공한다. 말하자면 시청자의 눈이 빠르게 변하는 텔레비전 이미지의 윤곽을 계속해서 쫓으며 황급하게 재구성하고 있다. 그 결과, 텔레비전 시청은 이미지를 재구성하는 데 최대한의 참여를 요구하며,

인쇄가 발전시킨 이용자와 미디어 간의 객관화된 관계를 무화시키고, 인쇄가 가능하게 했던 개인주의, 초연함, 사적 자유 등의 구조를 침해하고 있다.

구어성의 회복

이 시점에서 그러한 주장에 대한 기술적 토대에 대해 보다 충분히 살펴보는 것이 필요할 것이다. 전자 커뮤니케이션 채널은 이전의 채널과 달리 전달자의 실재가 사실상 순간적으로 없어진다. 텔레커뮤니케이션은 커뮤니케이션과 교통 간의 등식을 폐기할 뿐만 아니라, 메시지의 정보원 또는 발신자를 분리시킨다. 토니 슈와르츠(1973)가 ≪공명하는 심금 *The Responsive Chord*≫이라는 책에 썼듯이, 전자기파는 한 방향으로 선형적으로 전파되는 것이 아니라, 음파처럼 원형으로(사실은 구형으로) 퍼져나가고, 따라서 전송 방식이 구어나 청각적인 것에 가깝다(pp.11~13). 더군다나 메시지의 정보원이 전송 범위 내의(구 주변의) 모든 곳에 즉각적으로 존재함으로써, 중심이 모든 곳에 있고 주변은 어느 곳에도 없다는 파스칼(1669/1961)의 주제를 다시 떠올리게 한다.12 정보원의 탈육화는 커뮤니케이션을 탈중심화시킬 뿐만 아니라, 정보원의 정체성에 광범위한 불연속성을 만들어 낸다. 어떤 점에서는 정보원이 전송이 되고 있는 수신 지역 전체에 모자이크 식으로 존재한다. 어디든지 수신기가 있는 곳에

---

12. "그 중심이 모든 곳에 있고, 그 주변은 어느 곳에도 없는, 무한 영역이다"(p.87). 맥루언은 맥루언과 포스데일(McLuhan & Forsdale, 1974)의 책에서 이와 같이 연관시켰고, 베네데티와 드 하트(Benedetti & de Hart, 1997, p.46)의 책은 이를 인용했다.

서 정보원이 재현되는 것이다.

텔레비전은 수용자에게 이미지의 완성에 참여하도록 요구하는 모자이크 망을 제공함으로써, 라디오보다 훨씬 큰 모자이크 효과를 갖는다. 맥루언은 바로 이 점이 텔레비전을 "시각적" 미디어보다 "청각-촉각적" 미디어로 만든다고 한다. 시각성은 다른 감각의 산물을 순전히 눈으로만 해독할 수 있는 상징적 코드로 바꾸는 과정이다. 따라서 읽기는 마음속으로 소리를 코드화시켰던 형태를 다시 말로 바꾸는 과정이다. 여기서 말은 (쓰기가 인쇄의 내용이 되었듯이) 쓰기의 내용이 되고 있다. 마찬가지로, 버클리 주교의 시각 이론이 이야기하듯이, 원근법으로 3차원적인 사물을 2차원적인 화면에 그린 그림을 바라본다는 것 역시 머릿속으로 해독하는 과정이다.

버클리(Berkeley, 1709/1929)에 따르면, 우리의 눈이 지각하는 것은 실제로 깊이가 없는 평편한 화면의 모자이크이지만, 이러한 지각 대상을 처리하면서 우리의 마음이 이러한 화면을 공간에서 사물을 만졌던 동적 경험과 연관시켜 그 심도를 만들어 낸다고 한다. 맥루언에 따르면, 우리는 인쇄물에서도 그랬듯이, 스스로 알아서 원근법으로 그린 그림의 선이 3차원의 공간을 재현한다고 해독한다. 읽기가 추상적이고 임의적인 형태를 말로 해독하는 것이라면, 평면으로부터 3차원을 시각화시키는 것은 평면적인 선을 공간으로 해독하는 것이다. 인쇄처럼 하나의 감각을 다른 감각으로 바꾸도록 눈을 훈련시키지 않는 문화, 혹은 "부족의 백과 사전"(Havelock, 1963)을 저장하는 주요 수단이 시각적이지 않고 구어적이고 청각적인 문화의 예술은 원근법을 사용하지 않는다. 이들의 예술은 사물을 여러 방향으로 볼 수 있을 뿐만 아니라, 때론 여러 시간대를 동시에 보게 함으로써, 좀 더 촉각적인 것에 가깝다. 어떤 점에서는 눈이 손과 같은 역할을 하도록 만들어져, 사물을 돌려보며 모든 측면을 경험하게 하거나, 그것의 모든 곡선과 각도를 만지며 육감적으로 함께 하도록 한다. 서구 예술의 입체파는 원근법을 깨고 사물의 모든 면을 동시에 보여줌으로써, 평면적인 화면에 이러한 과정을 접합시키려고 노력했다.

맥루언은 마치 손이 조각을 다룰 때처럼, 텔레비전을 볼 때 우리의 눈은 끊임없이 이미지의 윤곽을 살펴보고 재현해야 한다고 한다. 이는 이미지의 내용에 참여하는 것이 아니라, 인간의 감각 기관을 통해 이미지의 조합 과정에 최대한 참여하는 상황을 낳게 된다. 읽기의 과정과 분명이 대조가 된다. 읽을 때는 눈과 뇌가 지속적으로 변화하는 복잡한 이미지를 완성하는 데 관여하는 것이 아니라, 상대적으로 단순하면서 이미 완성된 일련의 형태를 해독하고 해석하는 데 관계하게 된다. 이러한 일련의 형태는 이어지고 결합되면서 의미가 만들어지고, 그것을 훑는 속도는 전적으로 눈과 뇌의 통제 하에 놓여 있다.

알파벳은 말을 구성하는 음소를 가장 가깝게 표기하는 표음식 코드를 가짐으로써, 이러한 과정을 가장 효과적으로 촉진시킨다. 페니키아어, 헤브라이어, 아라비아어 등과 같은 "모음이 없는 음절 문자"나, 이집트의 상형 문자와 중국어 문자와 같은 그림 문자, 표의 문자, 상징화 문장紋章 등을 결합한 혼성 문자와 비교해 볼 때, 알파벳은 독자가 마음 속으로 재생산하는 특정한 음의 표기를 최대한 명료하게 함으로써, 가장 효과적으로 말을 처리한다(Havelock, 1976, pp.22~38). 더군다나 알파벳 문자는 그 자체가 무의미하고, 전체보다는 원자와 같으며, 조합과 순열에 의해서만 의미를 갖는다. 따라서 글자의 판독이 어렵거나, 서예가 혹은 인쇄 디자이너가 아니라면, 그 자체를 깊이 생각해 볼 필요가 없다. 심지어 그렇다 하더라도, 문자는 그 이상의 어떠한 의미를 갖는 것도 아니고, 어떤 다른 개념을 갖는 것도 아니다. 대신, 문자가 의미를 갖도록 연속적으로 배열될 때, 이러한 연속성에 의해 그것의 사전적이고 의미론적인 단위와 구조가 마음으로 처리될 수 있게 된다. 독서는 상징의 연속적인 처리 과정에 장애가 거의 없거나 아예 없는, 순차적이고, 선형적이고, 동질적인 알파벳을 사용할 때, 가장 효과적이고 효율적이다.

기호가 모호하고 기호 자체에 의미가 담길수록, 그리고 연속된 문자를 해독하는 과정이 불연속적일수록, 인간의 감각 기관은 정확한 의미를 선택하기 위해 더 많은 참여를 해야 한다. 이러한 조건에서 기호의 순서는 일종의 기억을 돕는 메모가 되는데, 이는 의미화 과정을 완성하기 위해 구어적으로 습득된 암기의 보조적인 지식 기반을 필요로 한다. 에릭 해블록(1976)의 말을 빌리자면, 그러한 체계에 기록된 생각을 완성하기 위해서는 코드화된 말과는 별개로 높은 정도의 "잔여적 구어성"이 필요하다고 한다. 예를 들어, 중국어는 중국의 서로 통하지 않는 많은 방언들 사이에 공유되고 있고 일부는 한국어와 일본어에도 사용되고 있듯이, 하나의 문자가 각각의 다른 언어에서도 똑같은 개념을 의미하지만, 그것이 해독될 때는 아주 다르게 발음된다. 문자가 표의 문자일 때, 다시 말해, 문자가 순수한 기호로 기능하기보다는 개념을 표현할 때, 음과 표기 형태 간의 불연속성은 더욱 커진다. 예를 들어, 좋다는 것[好]을 뜻하는 중국어는 '하우'라고 발음되지만, 이것은 '뉘'라고 발음되는 여자[女]라는 문자와 '쯔'라고 발음되는 아이[子]라는 문자가 합쳐진 것이다(Ong, 1982, p.87). 이런 경우, 읽기는 해독의 과정이 아니라 암호를 푸는 과정이 된다.

이러한 차이 때문에 알파벳의 독자와 다른 문자의 독자가 전적으로 다른 지적 과정을 갖게 된다. 알파벳의 독자는 상대적이고 가장 효과적인 연속성 과정에 몰두하는 반면, 다른 문자의 독자는 의미론적인 연결을 완성시키기 위해 상징 단위 간의 간격을 계속해서 채워 가야 한다.

마찬가지로, 텔레비전 시청자들은 음극선의 진공관에서 투사된 이미지를 완성해 가면서 불연속적인 과정의 "점들을 연결시키고" 있다.

슈와르츠(1973)는 텔레비전을 시청할 때 우리의 눈이 어떻게 귀의 기능을 하는지를 설명하면서, 맥루언의 "청각적" 미디어로서의 텔레비전 개념에 대한 궁금증을 풀어 준다. 슈와르츠는 자연에 "소리"라는 사물은 없고, 단지 물리적 미디어가 가한 최대치와 최소치의 압력 사이의 일련의 간격이 있어, 우리의 고막이 이것에 따라 공명하며 진동한다는 사실을 일깨워 준다. 고막이 이러한 진동과 유사한 전기 신호를 우리의 뇌에 보내고, 우리가 상대적으로 높거나 낮은 음조의 진동수로 개념화한 일련의 양극과 음극의 압력을 처리하고 조합할 때, 소리가 존재하게 된다(p.12).

마찬가지로, 텔레비전을 시청할 때, 음극선 진공관은 영화처럼 일련의 완성된 이미지보다는 한 번에 하나의 전광점을 제공할 뿐이다. 이것이 하도 빨리 제공되기 때문에, 우리는 고막에 계속되는 압력의 수준을 느끼지 못하듯이, 이러한 움직임을 느끼지 못한다. 눈은 귀처럼 이와 같이 연속되는 빛의 "압력"을 수신하는 역할을 해야 하고, 감각 기관은 꺼진 점과 켜진 점간의 패턴을 재현된 이미지로 해석해 낸다(pp.14~16).

흑백 이미지에서 명암의 정도는 완전히 밝은 점과 완전히 어두운 점의 비율을 어떻게 섞느냐에 따라 결정된다. 컬러 TV에서는 각 점이 빨강, 초록, 파랑 형광체를 가지고 있고, 인접한 점들의 조합이 어떠한 조명의 형광체를 갖느냐에 따라 색깔이 결정된다. 점들은 연속적이지 않고 별개로 존재한다. 이들은 모자이크와 같은 그물 패턴으로 존재하고, 감각 기관은 이미지를 지각할 수 있도록 이들이 조명되는 패턴을 처리하며 이들 간의 공간을 메워야 한다.

매개체를 거치지 않은 지각 활동이나 사진 및 영화 이미지는 이렇지 않다. 뇌가 순간적으로 전체 이미지를 지각한다. 영화에서는 이미지 자체가 본래의 움직임을 갖지는 않는다. 사람들이 지각하는 움직임은 뇌가 제공하는 것으로써, 뇌는 연속적인 프레임 안의 사물의 위치가 갖는 차이를 조화시키며 유추에 의해 이미지를 재현한다. 따라서 영화는 불연속적이다. 하지만 뇌가 초당 24개의 완성된 이미지만 처리하면 되기 때문에, 환영을 재구성할 정도로 어렵게 일하지 않아도 된다. 텔레비전을 볼 때 뇌는 엄청난 양을 처리해야 한다. 화면상의 한 줄 건너 주사선에 60분의 1초마다 만들어지는 수십만 개의 켜지고 꺼지는 화소의 패턴으로부터 새로운 이미지를 재현해야 한다. 컴퓨터 모니터를 볼 때는 작업량이 적어도 두 배 늘어나게 된다. 텔레비전처럼 화소선이 한 줄 건너 배치되어 있지 않으면서도, 60분의 1초마다 제공되고, 재생 속도가 **빠른** 모니터는 75분의 1초나 이보다 더 **빠른** 속도로 처리된다. 우리의 뇌가 일련의 이미지를 재생하는 데 너무 열중하게 되기 때문에, 우리가 텔레비전을 볼 때 멍한 느낌이 들고 컴퓨터 모니터를 사용하고 나서 지친다는 것이 놀랄 일은 아니다.

만일 HDTV처럼 디지털 형식을 통해 짝수·홀수로 나누어지지 않은 1000개 이상의 선을 가진 높은 해상도의 텔레비전의 경우에는 어떨지 질문해 볼 수 있다. 맥루언은 이미 1960년 미국 보건교육복지부의 교육실로부터 기금을 받아 전미교육방송연맹을 위해 쓴 "뉴 미디어의 이해에 관한 프로젝트 보고서"에서 이와 같은 질문을 스스로 예상했다.

…… 기술자들은 1000개의 선을 가진 텔레비전이 현재의 영화 이미지와 거의 같은 고해상도의 이미지를 제공할 것이라고 주장한다. 텔레비전이 망막에 똑같은 해상도의 효과를 가질 수 있다면, 이러한 다점의 모자이크 구조가 망막의 느낌에 미치는 효과는 무엇일까?(McLuhan, 1967, p.154).

"그로 인해 텔레비전이 영화처럼 핫 미디어가 되고 '일반' 텔레비전의 효과를 역전시킬 것"이라는 그럴듯한 대답을 기대해 볼 수도 있다. 하지만 맥루언은 교리문답식으로 특정한 학설을 강요하지는 않았다. 오히려 그는 탐구를 위한 장치로써 이러한 질문을 활용했고, 사람들이 자기 나름대로의 결론을 가져 보길 기대했다. 그는 연구 말년에 고대로부터 내려온 동시적인 인과성 개념을 되살려 이러한 과정을 체계화시키는 방법을 생각해 냈다. 이러한 인과성 개념은 인쇄의 선형성이 발전시킨 실증주의적인 동인성efficient causality 개념에 의해 그 빛을 잃어버리고 있었다. 다음 단락에서는 이른바 테트라드tetrad로 구체화되고 있는 이러한 체계에 대해 논의해 보고자 한다.

비선형적 인과성

맥루언은 인간의 기술 개발 및 채택이 갖는 결과를 탐구하면서, 약 17세기까지 서구에서 지배적이었던 인과성의 4중四重 원칙을 되살리게 된다. 맥루언의 탐침은 문화와 커뮤니케이션 간의 상호 관계를 이해하기 위한 수단으로서 패턴 인식을 목표로 두고 있다. 이것은 문제의 핵심에 대해 선형적이거나 연역적인 설명을 하기보다는, 마치 입체파 그림이 사물의 다양한 면을 한꺼번에 표현하듯이, 다면적인 설명을 한다. 따라서 하나의 시각을 갖도록 하기보다는 동시에 많은 시각을 이끌어 내고, 때론 조화되지 않은 청각적 공간의 불연속성을 위해 원근법이나 시각적 공간이 수반하는 막힘없는 공간적 연속성을 포기한다. 현상을 설명하기 위해 형상인formal cause을 선호하며 동력인efficient cause에만 의존하는 것을 포기한다. 맥루언은 이를 패턴 인식과 같다고 생각했다.

고대에서 계몽주의 시기까지 인과성은 당구대와 같은 우주의 선형적이고 직접적인 활동이라기보다는 네 가지 면을 동시에 갖는 것이라고 인식되었다. 이러한 인과성의 개념은 아리스토텔레스로부터 유래했다. ≪형이상학≫에 다음과 같은 구절이 있다.

> 한편 만일 원인에 대한 여러 개의 과학이 있다면, 혹은 각각 다른 원칙을 위한 서로 다른 과학이 있다면, 그들 중 어떤 것이 우리가 찾는 것이라고 생각할 것인가, 혹은 어떤 과학의 대가로부터 우리가 조사하는 주제에 대해 가장 많이 배울 것이라고 생각할 것인가? 같은 대상에 대해 여러 종류의 원인이 적용될 수 있다. 예를 들어, 집의 경우, 운동의 원인source of motion은 예술과 건축이고, 목적인final cause은 기능이며, 질료는 흙과 돌이고, 형상은 윤곽을 정한다(BK, III, Ch. 2, sec. 996b).

중세 시대에 아리스토텔레스를 추종했던 사람들은 '목적인'을 계속해서 사용하면서 '운동의 원인'을 '동력인'으로, '질료'를 '질료인'으로, '형상'은 '형상인'이라고 말했다. 중세 철학자들은 성 보나벤투라[13]가 설명했듯이, 자연이라는 책the Book of Nature에 적용된 이러한 사중적인 인과성 개념이 성서의 사중적 주해에 "완벽하게 부합"된다고 보았다.

---

13. 성 보나벤투라(1221~1274)는 중세 프란체스코 수도회의 스콜라 신학자이자 철학자로서, 토마스 아퀴나스와 동시대를 살았다. 그는 이성보다는 신비주의적 신앙을 통해 하느님을 한 차원 높게 알 수 있다고 보며, 특히 물질적인 피조물(자연), 영적인 피조물(영혼), 그리고 성서라는 하느님을 읽어 낼 수 있는 책을 통해 관조할 수 있다고 말한다. 따라서 창조자로서의 하느님을 흔적을 담고 있는 '자연이라는 책Book of Nature'은 인간이 영적으로 하느님을 경험할 수 있도록 해준다. — 옮긴이

세속적인 텍스트에 대한 문자 그대로의 직접적인 이해가 있을 뿐만 아니라, 문자가 의미하는 신앙의 진실을 발견하게 하는 우화적인 이해, 역사적 서사 형태의 흐름 뒤에 도덕적인 교훈을 발견하게 하는 교훈적인 해석의 이해, 우리의 영혼에 신에 대한 사랑과 열망을 일깨우는 영적 해석의 이해 등이 있다. 마찬가지로 우리는 창세기에 대한 문자 그대로의 직접적인 이해를 할 것이 아니라, 그것이 지닌 신학적이고, 도덕적이고, 신비스런 교훈의 내적 의미를 찾아야 한다. 실제로 이들 두 영역이 서로 떨어질 수 없다는 점에서 한 영역에서 다른 영역으로 옮기는 것이 한층 쉽게 이루어진다(Gilson, 1938, p.17, McLuhan & McLuhan, 1988, p.218 인용).

맥루언에 따르면, 형상인은 문자 그대로의 수준level에 해당하고, 질료인은 비유적인(우화적) 수준에, 동력인은 교훈적인(도덕적) 수준에, 그리고 목적인은 영적 해석의(내세론적) 수준에 각각 해당된다(McLuhan & McLuhan, 1988, p.218). 이러한 도식은 미디어가 전달하는 내용 혹은 대상에 치중하며 배경 혹은 미디어의 효과를 간과하는 미디어 분석가의 도덕주의를 거부할 명분을 제공한다. 또한 영향력이 컸던 클로드 섀넌Claude Shannon과 워런 위버Warren Weaver(1940)의 선형적 커뮤니케이션 전송 모델이 미디어를 올바르게 이해하는 데 불충분하다는 것을 보여 주기도 한다.

오늘날의 미디어 분석가가 도덕적인 관점에서 고찰하지 않는 것이 불가능하다거나, 이들이 이해보다는 도덕주의로 대신하는 것은 전혀 놀라운 일이 아니다. 구舊과학은 단지 추상적인 방법과 섀넌-위버14의 모델 및 그 변형만을 제공할

---

14. 클로드 섀넌과 워런 위버(Shannon & Weaver, 1949)의 "주요 관심사는 커뮤니케이션 채널이 가장 효과적으로 사용될 수 있는 방법을 만들어 내려는 것이었다. 그들에게 주요 채널은 전화선과 라디오 전파였다. 이들은 주어진 채널을 따라 최대한의 정보를 송신하는 방식과 채널의 정보 전달력을 측정하는 방식이 갖는 문제점에 접근할 수 있게 해주는 이론을 만들었다…… 이들의 기본 커뮤니케이션 모델은 이것을

뿐이다. 이들은 좌반구의 동인 작용에 기초하고 있어 형상인과 다른 원인들과의 상호 작용에 의해 제공되는 배경이 결여되어 있다. 네 가지 원인처럼 네 가지 수준은 동시적이기 때문에, 배경이 없는 시각적 형상처럼 다른 수준들을 배제하고 한 가지 수준만을 수행시키는 것은 심각한 왜곡을 만들어 낸다. 이것은 …… 구과학이나 철학이 새롭게 변화하는 전자 정보의 배경을 다루는 데 있어 무력하다는 것을 잘 보여 준다(McLuhan & McLuhan, 1988, p.218).

동력인은 근대의 논리적 실증주의와 그것이 확대된 것, 예를 들어 사회 "과학" 같은 학문에 기초가 되고 있다. 실증주의 이데올로기는 결코 여기서 멈추지 않고 인문학에도 확대가 되어, 맥루언이 자신의 사례를 증명하지 못했다고 주장하는 비판가들의 태도에 기초가 되고 있다. 증명이라는 단어는 실제 인문학이나 사회과학 안에서 설 자리가 없다. 심지어 아인슈타인, 플랑크, 보어, 슈뢰딩거, 하이젠베르크 등의 신과학이 명백히 보여 주고(McLuhan & McLuhan, 1988, pp.39~66), 혼돈 이론*chaos theory*이 확인을 하였듯이(Gleick, 1987 참조), "경성*hard*" 과학에서도 설 자리가 없다. 그것은 열린 체계의 단어가 아니라, 형식 논리 혹은 닫힌 체계의 단어이다. 여기서 논쟁의 목적은 입증을 해나가는 것이 아니라 동의의 가능성을 높이는 것이다(Toulmin, 1958). 맥루언의 비판가와 그의 몇몇 "제자"는 실증주의적인 태도로 그의 연구 "내용"에 집중했고, 그의 접근법이 확립하려고 했던 의식의 배경은 무시했다.

예를 들어, 셰익스피어나 조이스에 관한 맥루언의 해독을 "오독"이라고 불평하는 것은 그가 증거와 "증명"의 실증주의적 모델에 기초한

단순한 선형적 과정으로 제시한다. 이것의 단순성은 많은 파생 모델을 만들었고, 그것의 선형적 과정 중심의 성격은 많은 비판을 받는다"(Fiske, 1982/1988, p.6). 또한 맥루언의 책을 참조하라(McLuhan & McLuhan, 1988, p.86~91).

표준적인 혹은 표준화된 "해석"을 대신하여 다시 읽기를 제안하고 있다는 점을 완전히 놓치고 있다. 맥루언은 이러한 다시 읽기를 통해 미디어의 변화에 의해 저자의 마음에 형성된 효과, 예를 들어 셰익스피어의 경우처럼 잠재적이거나 조이스의 경우처럼 명백한 효과의 배경을 드러내고자 했다. 비판가들이 맥루언이 연결시키는 것을 못 보았다고 말할 때, 맥루언의 의도를 오인하는 근저에 깔린 이들의 시각적 편향성을 거의 무의식적으로 드러낸다. 맥루언은 적어도 시각적 원칙이 무엇인지를 알기 위해 그것을 완전히 넘어서려고 했다. 그는 즉각적인 의식과 참여가 이루어지는 전자 시대에, 의식의 장안에 이루어지는 관계의 패턴을 이해하거나 인식하는 수단으로서, 동력인 대신 형상인이 회복되고 있다는 점을 깨닫게 해주려고 했다. 맥루언은 현대 사상의 흐름으로부터 동떨어진 것이 아니라, 바로 그 안에 있었다. 그의 이론은 특히 1950년대 초 토론토 세미나에서 발표되었던 에드먼드 카펜터(Carpenter & McLuhan, 1960)의 인류학적 연구를 반영시켰고, 이뉴잇에 관해 뇌반구 연구를 실시한 로버트 H. 트로터Robert H. Trotter(1976)의 연구로부터 확증을 얻고 있다(McLuhan & McLuhan, 1988, pp.67~91).

맥루언과 그의 아들 에릭은 18세기 사회 이론가 지암바티스타 비코Giambattista Vico가 쓴 ≪새로운 과학Scienza Nuova≫이란 책 제목과 영향력을 본따 구과학 대신 신과학을 제안한다. 이러한 신과학의 과정은 인간의 모든 인공물의 사회 문화적 효과를 탐구하기 위한 이른바 테트라드tetrad라는 네 가지 질문으로 이루어져 있다.

이러한 신과학의 기반은 대부분 적절하고 체계적인 절차로 이루어진다. 우리는 비난하거나 지지할 기초 이론이 아니라, 발견을 돕는 장치, 다시 말해 이른바 테트라드라는 네 가지의 질문을 제안한다. 어느 시간과 장소에 있더라도 누구나 모든 인간의 인공물에 대해 이와 같은 질문을 던질 수 있고 그 답을 점검해 볼 수 있다. 테트라드는 "모든 미디어에 관해 일반적이고 입증할 수 있는 (즉 검사해 볼 수 있는) 진술이 무엇일까"를 질문하면서 발견했다. 우리는 놀랍게도 다음과 같은 질문 네 개를 발견하게 되었다.

· 그것은 무엇을 강화 혹은 촉진하는가?
· 그것은 무엇을 쓸모없는 것으로 만들거나 대체하는가?
· 그것은 과거에 버려졌던 어떤 것을 부활시키는가?
· 그것은 극에 도달했을 때 무엇을 만들어 내거나 무엇이 되는가?(p.7)

이러한 질문이 어떻게 적용되는지를 알아보기 위해 ≪미디어의 법칙≫에서 제시한 몇 가지 테트라드를 살펴본다. 이러한 테트라드는 그것의 다선형성, 동시성, 다인성多因性을 강조하기 위해, 동인성에 따라 왜곡될 수 있는 선형적이고 단방향적인 순서보다는 네 개의 부분으로 나눠진 도식으로 제시되었다.

그림 7.1 미디어의 효과가 만들어지는 4중적 인과성의 동시적인 활동을 표현하기 위해 ≪미디어의 법칙≫에서 사용한 도식. 왼쪽 위에서부터 시계 방향으로 강화*enhancement*, 역전*reversal*, 퇴화 *obsolescence*, 부활*retrieval*로 읽는다.

그림 7.2~7.4에서 재현된 테트라드의 일부는 그림 7.1의 도표에 따라 구성된 것이다.

그림 7.2 회화의 원근법(McLuhan & McLuhan, 1988, p.132)

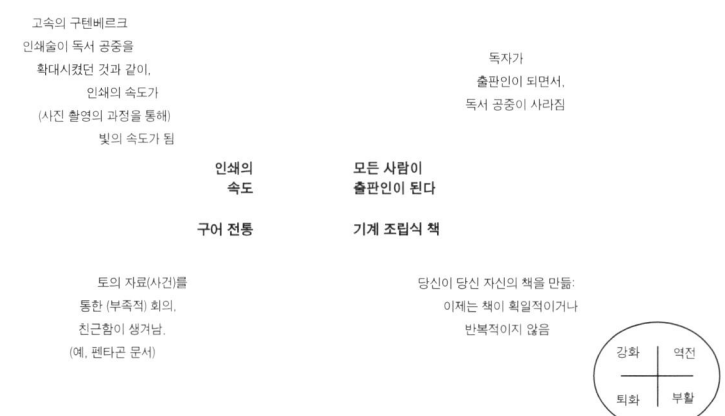

그림 7.3 복사기(McLuhan & McLuhan, 1988, p.145)

여기에 그림 7.5에서 제시된 테트라드를 덧붙일 수 있다.

맥루언의 테트라드는 미디어 환경 안의 변화에 관한 생각을 조직하는데 유용한 발견 도구를 제공한다. 일단 상대적으로 자리 잡은 미디어에 이를 적용해 보고 그 가능성을 조사해 보았다면, 비디오 게임, 주문형 출판, DVD, DVD-오디오와 소니의 슈퍼 오디오 컴팩트 디스크, 웹을 통한 파일 교환, 온라인 게임, 디지털 신문, 잡지, 학술지, 그리고 다른 신생 기술 등 새롭게 등장하는 미디어를 살펴보는 데 유용하게 확장시켜

                                                               오슨 웰스의 <우주 전쟁>

                                               세계가 유성 영화로 역전함:
                                                   수용자가 배우로서
                   '전파' 방송 : 다지역적   수용자 참여에 참여함
                         지구 전체의
                         모든 사람,   지구촌 극장
                        모든 곳에 접근

                         부족적 생태 환경: 유선 및 연결
                         정신적 외상, 편집증   그리고 물리적 신체

              라디오는 서구 문화를   이성적이고 선형적인 것의 종말:
              침략하여 2500년 역사의
              문화와 문자 해독력을   유클리드 공간의 종말:
              붕괴시킴. 술의 위험에
              대한 본능적인   서구식 시공간의
              부족의 감성……   종말
              '독주'에 대한 과민한
              감성을 부상시킴.
              라디오는 금주법의
              부활이라는 대상의
              숨겨진 배경이었음

그림 7.4 라디오(McLuhan & McLuhan, 1988, p.172)

                       미디어를 밖으로 나온 것 혹은
                       발화된 것으로 이해:
                           인간 본성의 확장   새로운 과학

                            자연 철학으로서의   C . P 스노우가 말한
                                  물리학   "두 문화"의 고정적인 이분법

그림 7.5 맥루언의 ≪미디어의 법칙≫. 스노우(1959)는 근대의 지적 세계가 두 개의 상호 소통이 불가능한 문화, 즉 과학적 문화와 인문학적 문화로 나누어졌다고 주장함.

볼 수 있다. 이러한 초기 연구 분야에서 미디어 생태학이 무엇보다 유용한 이유는 딴 방법이 갖지 못했을 효과에 대한 기대의 척도나 어느 정도의 통제를 개입시킬 수 있기 때문이다. 맥루언이 ≪미디어의 법칙≫에서 말했듯이, "자발적으로 주의를 기울인다면, 불가피한 것은 없다"(p.128).

중앙과 변방

전자 커뮤니케이션의 즉각적이고 불연속적인 성격으로 인해 국가가 더 이상 중앙에서 변방으로 권력을 행사하는 중앙 집권적 관료 체계로 운영될 수 없게 된다. 전력망이 생기면서 변방이 중앙이 될 수 있게 되고, 따라서 변방이 없는 중앙의 세계가 생기면서 국민-국가와 같이 인쇄가 촉진시킨 제도에 의미심장한 함의를 갖게 된다. 국민-국가의 권위와 영향력은 양방향에서 한꺼번에 위협을 받게 된다. 그 하나는 내부로부터 받는 위협으로서, 전자적으로 소통하며 자기 정체성을 강화하는 능력을 통해 새롭게 힘을 얻은 분열되고 파편화된 집단으로부터 받는 위협이고, 다른 하나는 외부로부터의 위협으로서, 전통적 통관 절차나 관세의 통제 없이 국경을 넘어 돈과 정보를 순간적으로 움직일 수 있는 거대한 초국가적 기업 집단이 주는 위협이다(Deibert, 1997). 이 모든 것이 "다양한 감각의 전기적인 팽창으로 지구 둘레에 순간적으로 나타난 우주막"에 의해 가능해졌다(McLuhan, 1962, p.32).

맥루언의 전자적 지구촌은 조화로운 유토피아가 아니라, 서로가 깊이 관여하면서 갈등과 테러가 생겨날 가능성이 높아진 곳이다.

> 따라서 만일 이러한 역동성을 인식하지 않는다면, 우리는 부족의 북, 전적인 상호 의존, 서로 겹친 공존 등 작은 세계에 걸 맞는 정신없는 공포 상태에 곧 빠져들게 될 것이다…… 구어 사회에서는 항상 모든 것이 모든 것에 영향을 미치기 때문에, 공포가 모든 구어 사회의 통상적인 상태가 된다(p.32).

전 지구적 커뮤니케이션이 사실상 즉각적으로 이루어지기 때문에, 서로 더 가까이 다가가게 되고, 그럴수록 사람들은 과도하게 연루되는 것에 대해 느끼는 심적 위협의 반작용으로 종족적, 언어적, 종교적, 혹은 가깝게 느껴지는 다른 무언가와 일체감을 갖는다.

맥루언(1962)은 "기계적 구텐베르크 문화"가 "성취한 가치"(p.135)를 보전하는 데 확실히 동조하지만, 만일 그가 더 오래 살았다면, 더 높은 의식의 상태에 올라 감각 간의 균형을 되찾을 만한 미디어의 형태에 마음을 열려고 하였을 것이다. 맥루언은 ≪미디어의 이해≫ 중 "음성 언어"에 관한 장의 마지막 부분에서 평소 때 초연했던 모습과 다르게 이러한 가능성을 이야기한다.

> 감각과 신경을 전 지구적으로 확장시킨 우리의 새로운 전기 기술은 언어의 미래에 대해 함의를 갖는다. 디지털 컴퓨터가 숫자를 필요로 하지 않듯이, 전기 기술도 단어를 필요로 하지 않는다. 전기는 의식 그 자체의 과정이 전혀 언어화되지 않은 상태에서 전 지구적 규모로 확장되는 방식을 보여 준다. 이러한 집단적 의식 상태는 언어 이전의 인간의 상태였을 것이다. 인간의 확장 기술로서의 언어는 사람들이 하늘 꼭대기에 오르려고 이용한 바벨탑이었다고 할 수 있다. 우리는 언어가 가진 분열과 분리의 힘에 대해 잘 알고 있다. 오늘날 컴퓨터는 어떤 종류의 부호나 언어도 다른 종류의 부호나 언어로 즉각 번역할 수 있다고 약속하고 있다. 간단히 말해 컴퓨터는 전 인류의 이해와 통일을 기술로 이루게 하는, 성령 강림과 같은 상태를 약속한다. 논리적으로 다음 단계는 언어를 번역하는 것이 아니라, 보편적인 우주적 의식을 위해 언어를

넘어서는 것일 수 있다. 이런 의식은 베르그송이 꿈꿨던 집단적 무의식과 매우 비슷할지도 모른다. 생물학자들이 육체의 불멸성을 약속해 준다고 말하는 "무중력" 상태는, 집단의 조화와 평화를 영원히 가져다 줄 수 있는 무언의 상태와 유사한 것일 수 있다(p.80).

그렇다면 다음과 같은 질문이 생긴다. 멀티미디어, 하이퍼미디어, 가상 현실과 같이 현재 진화하고 있는 컴퓨터 매개 커뮤니케이션의 형태를 통해 이러한 회복이 가능한가?

아마도 이 질문에 대한 답은 우리가 뉴 미디어로 인해 일어나고 있는 현상, 즉 이들이 감각 기관에 영향을 미치는 방식을 탐구하고 조사하려고 할 때 얻을 수 있다. 그러기 위해 다음과 같은 질문을 좀 더 해볼 필요가 있다. 그들의 인지 효과는 무엇인가? 가상 현실은 진정한 공감각에 다가가게 할 것인가 혹은 멀어지게 할 것인가? 하이퍼미디어는 하이퍼텍스트 저자인 마이클 조이스Michael Joyce(1988)가 말했듯이, 텔레비전에 대한 텍스트의 복수 기회인가, 혹은 단순히 텍스트를 텔레비전화시키는 것인가? 하이퍼미디어는 데이비드 볼터David Bolter(1992)가 주장했듯이(p.39) 이미지와 소리를 단순히 조작 가능한 다른 형태의 텍스트로 만드는 것인가, 또는 그 정반대로 텍스트를 이미지의 형태로 만드는 것인가? 만일 후자라면, 가상 현실과 하이퍼텍스트는 뇌의 우반구 피질을 지나치게 자극하며 좌우 피질 간의 소통을 방해할 것인가? 이러한 불균형적인 사태를 보정하기 위해 교과 과정이 어떻게 변화할 필요가 있는가? 만일 현재의 멀티미디어와 하이퍼미디어 체계가 공감각을 얻는 데 불충분하다면, 그렇게 하기 위해 어떠한 변화와 발전이 이루어져야 할 것인가?[15] 맥루언은 이데올로기나 내용에 도덕주의적으로 안달하기보다는 탐침 및 테트라드를 사용하는 것이 질문에 대해 답을 구할 수 있는 가장 좋은 방법이라고 설명한다.

이러한 방법의 사용은 맥루언이 사실 미디어 "예언자"가 아니었고 그렇게 되려고 하지도 않았다는 것을 드러낸다. 미디어나 다른 기술에 대해 예언하는 방식은 미래학의 오류를 갖는다. 대부분 기술에 매혹되거나 두려움에 위축하고, 미래에 대해 비현실적인 "만일에"라는 각본을 투사시켜 본다. 이러한 접근 방식은 대상을 위해 배경을 간과하고 기술 변화의 환경적 효과를 무시하기 때문에 통찰력을 갖지 못한다. 맥루언의 접근 방식은 그 반대이다. <플레이보이>지 인터뷰에서 말했듯이, 미국의 분할주의에 대한 그의 예측을 묻는 질문에 대해 그는 "사실, 나의 다른 연구에서도 그랬지만 이번 경우도 나는 이미 일어나고 있는 것을 '예언하고' 있고, 단지 현재의 과정으로부터 그것의 논리적 결말을 추론할 뿐"이라고 말했다(<플레이보이> 인터뷰, 1969, p.68).

≪어떤 일이 일어날까What Will Be≫를 자신 있게 말하는 마이클 더투조스Michael Dertouzos(1997)와 같은 컴퓨터 "공상가"와 달리, 맥루언은 항상 현재에 초점을 두었고 거기에 가치를 두었다. 불확실한 미래에 관심을 갖기보다는, 어떤 일이 일어날 것인가를 스스로 측정해 보기 위해 현재를 살펴볼 수 있는 발견적 도구를 제공하였다. 탐침과 테트라드와 같은 방법을 통해 현재의 상황을 평가해 보고, 실시간으로 효과를 예상해 보는 수단을 갖게 된다. 맥루언을 전자 미래의 공상가나 수호 성인으로 바라보는 사람은 그를 실재하지 않는 과거를 동경한다고 보는 이들과 마찬가지로 오해를 하고 있다. 이들은 그의 방법이 갖는 비판적 차원을 보지 못하고 있다.

---

15. 에릭 맥루언(1998)은 상호 작용적 미디어와 의사 공감각적 false synesthesia 가상 현실을 비판하고 있지만, ≪미디어의 법칙≫을 개작한 ≪전자 언어Electric Language≫에서 멀티미디어를 흉내낸 형식으로 이와 같은 쟁점을 다루고 있다.

미디어학 대계 大系

미디어의 도사, 계시자, 선각자, 예언자 등의 명성을 가지고 있지만, 맥루언은 현재에 기반을 두며 우리의 집단 의식에 영향을 미치는 미디어의 효과에 대해 의식을 촉구한 미디어 생태학자였다. 비판가나 몇몇 지지자 모두가 그에 대해 오해했던 이유는 주로 그가 기술의 효과에 대한 의식을 확산시키기 위해 텔레비전과 같이 당대에 가장 앞선 기술을 이용했다는 점, 조사 방법으로 경구적 표현 스타일을 선택했다는 점, 논증을 하는 데 있어 논리적 실증주의의 한계를 피하려고 했다는 점 등 세 가지에서 비롯된다. 그는 효능이 없는 지성의 약을 들고 행상을 하는 외롭고 특이한 인물이 되기보다는, 종종 간과되지만 의미 있는 구어성과 문자성의 관계를 연구하는 학파의 일원이 되었다. 그의 방법론은 1930년대 캠브리지대에서 공부한 실제 비평으로부터 발전된 것으로, 그 이후 그는 사람들에게 모든 기술과 미디어를 인간의 확장으로 인식시키는 데 이와 같은 방법론을 적용했다. 일단 이러한 인식을 하게 되면, 우리가 자신의 말을 수사학적으로 통제할 수 있듯이, 어느 정도 이들을 통제할 수 있게 된다. 맥루언은 미디어를 축복하는 새 시대의 예언자가 되기보다는, 시적 기술을 사용하고, 탐침과 대상-배경 분석 그리고 테트라드 등 미디어의 변화가 갖는 효과를 측정하는 발견의 도구를 제공해, 최악의 사태를 예상하고 저항하고자 했다.

참고 문헌

Benedetti, P. & de Hart, N. (1997). *Forward through the rearview mirror: Reflections on and by Marshall McLuhan*. Cambridge, MA: MIT Press.

Berkeley, G. (1929). An essay towards a new theory of vision. In M. W. Calkins (ed.),

Berkeley: Essay, principles, dialogues: with selections from other writings (pp.3~98). New York: Scribner's. (Original work published in 1709)

Bolter, J. D. (1992). Literature in the electronic writing space. In M. C. Tuman (ed.), *Literacy online: The promise (and peril) of reading and writing with computers* (pp.19~42). Pittsburgh PA: University of Pittsburgh Press.

Boorstin, D. J. (1992). *The image: A guide to pseudo-events in America* (25th anniversary ed.). New York: Random House. (Original work published in 1961)

Briggs, J. P. (1992). *Fractals: The patterns of chaos; A new aesthetics of art, science, and nature.* New York: Simon & Schuster.

Carpenter, E. (2001). That not-so-silent sea. In D. Theall (ed.), *The virtual Marshall McLuhan.* Montreal, Quebec & Kingston, Ontario, Canada: McGill-Queen's University Press.

Carpenter, E. & McLuhan, M. (1960). Acoustic space. In E. Carpenter & M. McLuhan (eds.), *Explorations in communication* (pp.65~70). Boston: Beacon Press.

Carson, R. (1962). *Silent spring.* Boston: Houghton Mifflin.

Cavell, R. (2002). *McLuhan in space: A cultural geography.* Toronto, Canada, Buffalo, NY, & London: University of Toronto Press.

Cohn, D. L. (1951, October 21). A touch of humor wouldn't hurt. *The New York Times.* Retrieved November 6, 1997 from http://www.nytimes.com/books/97/11/02/home/mcluhan-bride.html

Cytowic, R. E. (1993/1998). *The man who tasted shapes.* Cambridge, MA: MIT Press.

Czitrom, D. J. (1982). *Media and the American mind: From Morse to McLuhan.* Chapel Hill: University of North Carolina Press.

Deilbert, R. J. (1997). *Parchment, printing, and hypermedia: Communication in world order transformation.* New York: Columbia University Press.

Dertouzos, M. (1997). *What will be: How the new world of information will change our lives.* New York: HarperCollins.

Eisenstein, E. L. (1979). *The printing press as an agent of change.* Cambridge, England: Cambridge University Press.

Fiske, J. (1988). *Introduction to communication studies.* London & New York: Routledge. (Original work published in 1982)

Gencarelli. T. F. (2000). The intellectual roots of media ecology in the thought and work of Neil Postman. *New Jersey Journal of Communication,* 8(1), 91~103.

Gleick, J. (1987). *Chaos: Marking a new science*. New York: Viking.
Graham, W. T. (1997). *Marshall McLuhan: Escape into understanding; A biography*. New York: Basic Books.
Graham, F., Jr. (1976). *Since Silent spring*. New York: Fawcett.
Hamilton, E. (1953). *Mythology*. New York: Mentor. (Original work published in 1942)
Havelock, E. A. (1963). *Preface to Plato*. Cambridge, MA & London: Belknap Press of Harvard University Press.
Havelock, E. A. (1976). *Origins of western literacy*. Toronto, Canada: Ontario Institute for Studies in Education.
Innis, H. A. (1951). *The bias of communication*. Toronto, Canada: University of Toronto Press.
Innis, H. A. (1972). *Empire and communications* (Revised by Mary Q. Innis with a foreword by Marshall McLuhan). Toronto, Ontario, Canada: University of Toronto Press.
Joyce, M. (1988). Siren shapes: Exploratory and constructive hypertexts. *Academic Computing*, 3(4), 10~14, 37~42.
Kernan, A. (1990). *The death of literature*. New Haven, CT & London: Yale University Press.
Kuhn, T. S. (1996). *The structure of scientific revolutions* (3rd ed.). Chicago & London: University of Chicago Press.
Leavis, F. R. (1930). *Mass civilisation and minority culture* (Minority pamphlet no. 1.). Cambridge, England: Minority Press.
Leavis, F. R. (1932). *New bearings in English poetry: A study of the contemporary situation*. London: Chatto & Windus.
Levinson, P. (1997). *The soft edge: A natural history and future of the information revolution*. London & New York: Routledge.
Levinson, P. (1999). *Digital McLuhan: A guide to the information millennium*. London and New York: Routledge.
Levinson, P. (2000). McLuhan and media ecology. Proceedings of the Media Ecology Association 1, 17~22.
http://www.media-ecology.org/publications/proceedings/v1/levinson01.pdf
Lewis, W. (1972). *Time and western man*. London: Chatto and Windus.
Lewis, W. (1948). *America and cosmic man*. London: Nicholson & Watson.
Marchand, P. (1998). *Marshall McLuhan: The medium and the messenger* (rev. ed.).

Cambridge, MA: MIT Press.

McLuhan, E. (1998). *Electric language: Understanding the message*. New York: St. Martin's.

McLuhan, H. M. (1943). The place of Thomas Nashe in the learning of his time. Unpublished doctoral dissertation, Cambridge University, Cambridge, England.

McLuhan, H. M. (1951). *The mechanical bride: Folklore of industrial man*. New York: Vanguard Press.

McLuhan, M. (1962). *The Gutenberg galaxy: The making of typographic man*. Toronto, Canada: University of Toronto Press.

McLuhan, M. (1964). *Understanding media: The extensions of man*. New York, Toronto, Ontario, Canada, & London: McGraw-Hill.

McLuhan, M. (1967). Is it natural that one medium should appropriate and exploit another? In G. E. Stearn (ed.), *McLuhan: Hot & cool; A primer for the understanding of & a critical symposium with a rebuttal by McLuhan* (pp.146~57). New York: Dial.

McLuhan, M. (1970). *Culture is our business*. New York: McGraw-Hill.

McLuhan, M. (1994). *Understanding media: The extensions of man* (with a new Introduction by Lewis H. Lapham). Cambridge, MA: MIT Press. (Original work published in 1964)

McLuhan, M. & Fiore, Q. (1967). *The medium is the massage: An inventory of effects* (J. Agel, Prod.). New York: Bantam.

McLuhan, M. & Fiore, Q. (1997). *War and peace in the global village: An inventory of some of the current spastic situations that could be eliminated by more feed-forward* (coordinated by Agel, J.). San Francisco: HardWired. (Original work published in 1968)

McLuhan, M. & Forsdale, L. (1974). Making contact with Marshall McLuhan. In L. Brown & S. Marks (eds.), *Electric media* (pp.148~158). New York: Harcourt Brace Jovanovich.

McLuhan, M. & McLuhan, E. (1988). *Laws of media: The new science*. Toronto, Canada: University of Toronto Press.

McLuhan-Ortved, S. (Producer) & Wolfe, T. (1996). *The video McLuhan* [videotapes]. Available from: Video McLuhan Inc., 73 Sighthill Avenue, Toronto, Ontario M4T 2H1, Canada.

McMahon, K. (Director) & Flahive, G. (Producer). (2002). *McLuhan's wake* [film]. Available from the National Film Board of Canada Library: 22-D Hollywood Avenue, Ho-Ho-Kus, NJ 07423.

Morrison, J. C. (2000). Marshall McLuhan: No prophet without honor. New Dimensions in Communication, v. XIII. Proceedings of the 57th Annual Conference of the New York State Communication Association, Monticello, New York, October 8~10, 1999, 1~28.

Nelson, T. H. (1992). Opening hypertext: A memoir. In M. C. Tuman (ed.), *Literacy online: The promise (and peril) of reading and writing with computers* (pp.43~57). Pittsburgh PA: University of Pittsburgh Press.

Ong, W. J. (1982). *Orality and literacy: Technologizing the word*. London & New York: Routledge.

Pascal, B. (1961). *Pensees*. Paris: Garnier. (Original work published in 1669)

Playboy interview. (1969, March). Marshall McLuhan: A candid conversation with the high priest of popcult and metaphysician of media. *Playboy*, pp.53~54, 59~62, 64~66, 68, 70, 72, 74, 158.

Postman, N. (1985). *Amusing ourselves to death*. New York: Penguin.

Richards, I. A. (n.d.). *Principles of literary criticism*. New York: Harcourt, Brace & World. (Original work published in 1925)

Richards, I. A. (n.d.). *Practical criticism*. New York: Harcourt, Brace & World. (Original work published in 1929)

Rosenthal, R. (1968). *McLuhan: Pro & con*. New York: Funk & Wagnalls.

Schwartz, T. (1973). *The responsive chord*. Garden City, NY: Anchor/Doubleday.

Shannon, C. & Weaver, W. (1949). *The mathematical theory of communication*. Urbana-Champaign: University of Illinois Press.

Snow, C. P. (1959). *The two cultures and the scientific revolution*. New York: Cambridge University Press.

Southam Interactive. (1996). *Understanding McLuhan* [CD-ROM]. (Available from Voyager, on-line at http://store.yahoo.com/voyagerco/ltcmcluhh.html)

Stearn, G. E. (Ed.). (1967). McLuhan: Hot & cool; A primer for the understanding of & a critical symposium with a rebuttal by McLuhan. New York: Dial.

Sturrock, J. (1989, February 26). Wild man of the global village. The New York Times Book Review. Retrieved November 6, 1997 from http://www.nytimes.com/books/search/bin/fastweb?getdoc+book-rev+book-r+1 0110+0++

Theall, D. F. (2001). *The virtual Marshall McLuhan*. Montreal, Canada: McGill-Queen's University Press.

Toulmin, S. E. (1958). *The uses of argument*. Cambridge, England: Cambridge University Press.

Trotter, R. H. (1976). The other hemisphere. *Science News*, 109, 218.

Wolf, G. (1996a, January). Channeling McLuhan. *Wired* 4.01, pp.218~231, 186~187.

Wolf, G. (1996b, January). The wisdom of saint Marshall, the holy fool. *Wired* 4.01, pp.122~125, 182, 184, 186.

Wolfe, T. (1968). *What if he is right? in The pump house gang*. New York: Farrar, Straus & Giroux.

8

닐 포스트먼과 미디어 생태학의 등장

토머스 F. 젠카렐리

뉴욕 출신의 첫 번째 미디어 생태학자라고 부를 만한 사람은 새뮤얼 핀리 브리스 모스Samuel Finley Bresse Morse이다. 예술가, 발명가, 기업가, 뉴욕시 시장 후보, 뉴욕대의 미대 교수(Samuel F. B. Morse Biography)였던 모스는 물론 인간 커뮤니케이션에 전자 혁명을 안내한 미디어 기술인 전신의 발명가로 잘 알려져 있다. 1840년 자신의 발명품에 대한 특허를 획득한 이후, 1844년 5월 24일 모스는 워싱턴 D. C.에서 볼티모어로 첫 번째 전신 메시지를 보냈다. 만일 당시 미디어 생태학적 질문이 있었다면, "놀라운 하느님의 작품"이라는 그 유명한 메시지가 그것일 것이다. 모든 가능한 단어 가운데 이러한 네 단어를 선택함으로써, 모스는 시공간의 기존 한계를 넘어 커뮤니케이션하게 해줄 수 있는 새로운 미디어에 대한 경이로움뿐만 아니라, 그것의 결과에 대한 놀라움을 표현했다.

하지만 일반적으로 멈포드가 뉴욕인으로서 첫 번째 미디어 생태학자였다고 인식된다(Nystrom, 1973; Strate, 1996; Strate & Lum, 2000). 멈포드는 두 가지 이유에서 이러한 조건을 충족시킨다. 첫 번째, 그의 막대한 연구 전반에 흐르는 주요 주제가 인류의 문명에 미치는 기술의 영향력(Mumford, 1934, 1952 참조), 특히 그것의 의도되고 예상된 것보다는 간접적이고 종종 숨겨진 영향력에 관한 것이기 때문이다. 두 번째는 그가 퀸스의 도시 외곽에 위치한 플러싱에서 태어났고, "새로운 형태의 건축, 수송 수단, 커뮤니케이션 등이 도시의 모습뿐만 아니라 그 문화의 구조를 강력히 바꿔 놓을 당시"의 맨해튼에 영향을 받았기 때문이다(Strate & Lum, 2000, p.58).

미디어 생태학의 창시자인 마셜 맥루언 또한 뉴욕에서 중요한 시기를 보낸다. 1950년대 컬럼비아대 교육대학의 영어교육학 교수였던 루이스 포스데일이 맥루언의 연구를 옹호해 주었고, 그 이후 맥루언이 ≪구텐베르크 은하계≫(McLuhan, 1962)와 ≪미디어의 이해≫(McLuhan, 1964)의 출판으로 유명해져 지지를 받게 되면서, 뉴욕의 지성계 및 학계 안에 머물게 된다. 여기에는 포담대에서 방문 교수로 (그의 동료 에드먼드 "테드" 카펜터와 함께[Carpenter & McLuhan, 1960]) 1년을 지냈던 것도 포함된다. 이 시기 미디어 연구라는 분야가 새로 생겨나면서 많은 미디어 현업인과 학자들이 그의 영향을 받게 된다.

이러한 학자, 선생, 미디어 전문가 중에는 뉴 스쿨 포 소셜 리서치(New School For Social Research, 지금의 뉴 스쿨)에 미디어 연구 프로그램을 설립했다가 포담대으로 자리를 옮긴 예수회 신부 존 컬킨John Culkin, ≪공명하는 심금The Responsive Chord≫(1973)의 저자이자 광고를 제작하며 린던 존슨의 1964년 대통령 선거 유세를 위해 "데이지"라는 악명 높은 광고를 만든 녹음 기술자 겸 제작자인 토니 슈와르츠, 웨인 주 주립대에서 박사 과정 학생으로 자신의 연구에 관한 텔레비전 프로그램을 제작하고 감독하던 중 맥루언을 처음 만났던 뉴욕 시립 퀸즈대의 개리 검포트Gary Gumpert(1987), 뉴 스쿨 출신으로 비디오 예술가이자 맥루언의 전 조교였고 ≪탄생과 죽음과 사이버국가Birth and Death and Cybernation≫란 책의 저자인 폴 라이언Paul Ryan(1973), 그리고 마지막으로 포스데일 교수의 젊은 대학원생 제자였던 닐 포스트먼이 있다.

1960년대 맥루언의 끊임없는 재담에서 흘러나왔을 "미디어 생태학"이란 단어에 몰두했던 사람은 포스트먼이다. 그는 이 용어가 인간 커뮤니케이션 미디어에 대한 우리의 생각을 담아내고 도약시킬 수 있다고 생각했다. 동시에 포스트먼은 맥루언의 전반적인 사상에 관심을 기울였고, 점차 이러한 사상은 자칭 "교육가"이자 영어 학자로서 포스트먼의 생각이 진화하는 데 촉매제가 되었다(포스트먼은 1958년 컬럼비아대의 교육대학에서 교육학 박사 학위를 받았다). 그의 45년 연구 경력은 저자, 선생, 공적 지식인으로서의 그의 인격과 재능을 보여 주지만, 포스트먼이 맥루언의 탐침probes을 정당화시키고, 기반을 닦고, 명료화하며, 확장시키는 데 이러한 경력을 보냈다고도 할 수 있다.

그런 와중에 포스트먼은 오늘날 미디어 생태학이라고 불리거나 인식되고 이해되는 학문의 기초를 닦는 데 중요한 역할을 하게 된다. 포스트먼은 1970년 뉴욕대에 미디어 생태학이라는 박사 과정을 만들며 그 용어를 제도화시킨 사람이다. 그 용어와 정의는 1968년 ≪개정 영어 교육 과정The Reformed English Curriculum≫(Postman, 1970)이란 제목의 연설문을 인쇄물로 출판하면서 처음 등장한다.1 요컨대, 포스트먼은 미디어 생태학과 그것이 지칭하는 모든 것과 가장 밀접하게 관련된 인물이다. 그리고 미디어에 대한 우리의 이해에 그가 기여해 왔던 모든 것은 결국 미디어와 문화, 그리고 문화로서의 미디어에 관한 응집력 있고 강력하며 생산적인 시각인 미디어 생태학의 일반 이론이 되고 있다.

이 장의 목적은 닐 포스트먼의 연구와 사상에 내재해 있는 미디어 생태학의 일반 이론을 정리하고 설명하는 것이다. 이러한 목적을 위해, 이 장은 두 부분으로 나눠진다. 첫 번째 부분은 15권의 그의 주요 저서에 대한 분석을 통해 포스트먼의 생각이 어떻게 진화했는지를 제시할 것이다. (포스트먼은 전부 25권 분량의 책을 단독 혹은 공동으로 쓰거나 편집했다. 이중 13권의 책은 단독으로 저술한 것이고, 10권의 책은 공동으로 저술한 것이며, 2권의 책은 공동으로 편집했다.) 이 장의 두 번째 부분은 이러한 연구에 반복해서 나타나는 주제와 이러한 주제 속에 두드러진 사상을 분리해 검토할 것이다. 이러한 주제와 사상은 포스트먼을 통해 전해진 미디어 생태학의 개념적 틀에 기본적인 철학적 기반을 구성한다고 본다.

우선 내가 포스트먼의 전 연구를 네 단계로 묶었다는 점을 이야기하고 싶다. 포스트먼이 흥미로운 것에 글을 쓰고 있다고 스스로 밝힌 것과 다음 연구 주제로 관심이 옮겨간 시점을 기초로 그렇게 묶었다 (Gencarelli et al., 2001, p.135).

하지만 이러한 단계에 포스트먼의 모든 책을 포함시키지는 않았다. 포스트먼의 첫 번째 책 ≪텔레비전과 영어 교육*Television and the Teaching of English*≫(1961)은 그의 모든 연구 경력의 시작이라고 말할 수 있다. 그러나 이 책은 주제나 생각 때문이 아니라, 나머지 책과 (여기서는 그 뒤에

---

1. "미디어 생태학은 커뮤니케이션 미디어가 인간의 지각, 감정, 이해, 가치에 어떻게 영향을 미치는지, 그리고 미디어와의 상호 작용이 어떻게 우리의 생존 가능성을 촉진시키는지 혹은 방해하는지의 문제를 연구하는 것이다. 생태학이라는 단어는 환경, 즉 그것의 구조, 내용, 사람에게 미치는 영향력에 관한 연구를 의미한다. 결국 환경은 인간에게 특정한 방식의 생각하기, 느끼기, 행동하기를 부과하는 복잡한 메시지 체계이다"(Postman, 1970, p.161).

나온 일곱 권의 책, 즉 홀트, 라인하트, 윈스턴에서 출판된 "새로운 영어" 교과서 시리즈와) 연대기적으로 분리되어 있기 때문에 동떨어져 있다. "새로운 영어" 교과서는 시리즈의 서문격인 포스트먼의 ≪새로운 영어: 진보적으로 보기 The New English: A Forward Look≫, 포스트먼, 해럴드, 그리고 그레타 모린의 ≪당신의 언어를 발견하기Discovering Your Language≫(1963), 포스트먼과 하워드 데이먼Howard Damon의 ≪언어의 사용The Uses of Language≫(1965c), ≪발견의 언어The Languages of Discovery≫(1965a), ≪언어와 체계Language and Systems≫(1966), 포스트먼의 ≪당신의 언어를 탐험하기Exploring Your Language≫(1966a), ≪언어와 현실Language and Reality≫(1966b) 등이 있다.

"새로운 영어" 교과서는 현 분석에서 빠진다. 포스트먼이 저자로서 발전해 가는 데 중요하지 않아서가 아니라, 영어 교육 교과서로 여겨지고 제시되고 있기 때문이다.2 하지만 ≪텔레비전과 영어 교육≫(Postman, 1961)은 포스트먼의 주요 저서 중의 하나이기 때문에, 그의 경력의 네 주요 단계를 구성하는 저서로 넘어가기 전에 논의될 필요가 있다.

---

2. 또 다른 세권의 책이 본 분석에서 빠져 있다. ≪광신의 뿌리The Roots of Fanaticism≫(Postman & Damon, 1965b)는 홀트, 라인하트, 윈스톤에서 출판되었지만 "새로운 영어" 시리즈의 일부는 아니다. 이 책은 절판되어 구할 수가 없다. 포스트먼과 와인가트너(1973a)의 ≪좋은 학교를 알아내는 방법How to Recognize a Good School≫은 파이 델타 카파 교육 재단에서 출판되었고 제한적으로 유포되었다. 이 분석에서는 빠졌는데, ≪학교The School Book≫(1973b)에 대부분 다시 실리거나 요약되고 있기 때문이다. ≪신화, 사람, 그리고 맥주: 지상파 텔레비전의 맥주 광고 분석Myths, Men, Beer: An Analysis of Beer Commercials on Broadcast Television≫(Postman, Nystrom, Strate, & Weingartner, 1987)은 책이라기보다는 소책자이고, 전미자동차협회의 교통 안전 재단에 의해 제한적으로 출판되고 유포되었다. 이 연구의 상당 부분을 랜스 스트레이트가 썼다. 하지만 이 책을 포스트먼 연구 경력의 세 번째, 과도적인 단계에 포함시킬 수 있다.

텔레비전과 영어 교육

≪텔레비전과 영어 교육≫(1961)의 표지에 저자로 실린 사람은 닐 포스트먼과 "전미영어교육자협회의 텔레비전 연구위원회"이다. 포스트먼은 책의 실제 연구과 저술을 수행했기 때문에 제1 저자로 인정받고 있다. 하지만 그가 책의 구조와 목적을 각별히 그리고 궁극적으로 책임지지 않았다는 점을 주목할 필요가 있다.

전미영어교육자협회 위원회 회장은 루이스 포스데일이었다. 책의 서문에서 포스데일은 위원회 회원이 "프로젝트를 생각해 냈고" "새로운 시도가 있을 때마다" 저자와 긴밀하게 일을 했다고 설명한다(p.vi). 또한 그는 포스트먼이 "책의 전반적인 계획을 발전시키고 몇몇 원고에 대해 비판한 적이 있던 여덟 명의 '상관'(위원회 회원)과 유머를 잃지 않고" 일한 점에 대해 감사를 표하고 있다(p.vii).

≪텔레비전과 영어 교육≫은 모든 교육 단계의 영어 교육자에게 학생들의 "텔레비전 교육"을 위한 "방법, 자료, 활동" 등 지식과 도구를 제공하려고 했다(p.2). 책은 정확히 텔레비전이 성공적인 첫발을 내딛으며 미국인의 삶에 중요하게 개입했던 문화적 순간에 착상되었다. 그래서 책의 이론적 근거는 이미 미국의 교육 체계와 이러한 체계가 봉사하는 문화에 영향을 미치는 텔레비전에 대응하는 것이다.

포스트먼은 서론에서 자신과 같은 영어 교육자가 이러한 교육의 책임을 져야 하는 이유를 설명한다.

이 책의 궁극적 목적은 우리 학생들의 "텔레비전 교육"을 위한 것이다. 책의 직접적인 목표는 학생들이 그러한 교육을 받도록 도와주려는 영어 교사에게 동기와 도움 그리고 자신감을 주기 위한 것이다.

영어 교사를 지목한 이유는 이들이 학생들에게 다양한 커뮤니케이션 형태에 만족감과 지성을 가지고 대응할 수 있는 기술을 갖도록 가르칠 중요한 책임을 있기 때문이다. 다른 이들보다 영어 교사는 우리의 언어와 문학이 형태를 갖게 되는 미디어에 관심을 갖는다(p.1).

이 책이 이 장의 분석에 중요한 것은 다음 두 가지 이유 때문이다. 첫째, 이 책은 포스트먼이 미디어에 대해 지속적으로 가졌던 관심의 근원을 설명한다. 포스트먼은 우선 먼저 교육자, 다시 말해 언어, 문학, 인쇄 문화에 헌신하는 교육자이다. 따라서 당시 미디어에 초점을 둔 교육 프로그램과 연구 대부분이 사회학적 시각에서 문제를 접근했다면(폭력 연구의 경우는 사회심리학적 시각에서), 포스트먼은 문자 문화의 편향성을 가진 교육자의 입장에서 출발한다. 이러한 초기 단계에서, 그의 관심은 문자성에 대한 텔레비전의 위협이었고, 이것은 그의 연구 경력에 지속적인 논제가 된다. 포스트먼과 위원회는 영어 교육 과정에 텔레비전을 도입하는 문제에 대해 중립적이려고(심지어 긍정적이려고) 노력했지만, 포스트먼의 주요 관심은 텔레비전의 실재와 사람을 끌어당기는 힘, 그리고 이것이 언어 체계에 세워진 제도인 교육의 미래에 대해 경고하는 점이다. 무엇보다 그는 이러한 미디어가 우리의 근대적 인쇄 문자의 기초를 압도하고 대체하게 될 때, 인간의 모든 노력 전체에 미칠 영향을 우려하고 있다.

두 번째, ≪텔레비전과 영어 교육≫이 미디어의 역사와 산업, 그리고 효과(예를 들어, Klapper, 1949, 1960; Schramm, 1954 인용) 및 장르(포스트먼은 여기서 "문학"이라고 부름)의 초기 논의에 기여하고 있다. 하지만, 책의 첫 번째 장은 오래 남을 중요한 기여를 하게 된다. 여기서 포스트먼이 처음으로 미디어 생태학의 기본적인 청사진을 내놓는다.

그 장은 텔레비전이 없었던 세계를 여전히 기억하면서, 그러한 세계를 전혀 모르는 첫 세대를 학생으로 맞이한 교사의 사례로 시작한다. 포스트먼은 역사의 중요성과 그것이 갖는 시각에 공감하면서, 인간 커뮤니케이션의 모든 형태의 역사, 즉 구어, 쓰기, 인쇄의 시대 등 지금은 당연하게 여겨지는 도식과 이른바 "커뮤니케이션 혁명"이라는 것을 정리한다. 후자는 "19세기 중반에 이를 무렵, 미디어가 거의 끊임없이 발명되고, 전례에 없던 정보량에 접근이 가능해지며, 새로운 양식의 지각과 미적 경험의 질이 생겨났을 때" 시작된 시대를 말한다(Postman, 1961, p.11). 이후 그의 글에서 커뮤니케이션 역사의 모든 주요 혁신은 "혁명적"이었고 인류를 변화시켰다고 덧붙이면서, 이 시기를 "전자 시대"로 정리하고 재정의한다.

이처럼 인간 커뮤니케이션 역사의 네 시대와 이들의 혁명적 결과를 구체화시킨 그의 연구는 각 시대와 그 영향력에 관한 주요 연구들, 예를 들어 구술성에 관한 밀만 패리와 다른 연구자들의 연구를 지지하고 널리 알린 옹(1967)의 연구, 그리스 알파벳을 통해 서구 문자성의 기원을 연구한 해블록(1963, 1976)의 분석, 그리고 인쇄술의 영향력에 관한 아이젠슈타인(1979)의 보고서와 거의 동시에 나타났다.

1단계: 언어와 교육

포스트먼의 연구 경력에 첫 번째 주요 단계는 가장 많은 여섯 권의 책으로 이루어지는데, 이들 책은 언어나 교육, 혹은 이 둘 모두에 관한 것이다. 하지만 이 단계 동안의 연구 초점이나 결과물의 범위는 그의 사상적 진화 방식, 전반적인 기여, 그리고 미디어 생태학을 평가해 볼 수 있는 중요 요소를 갖는다.

이 책들 가운데 ≪언어학: 교육의 혁명Linguistics: A Revolution in Teaching≫(1966), ≪전복 활동으로서의 교육Teaching as a Subversive Activity≫(1969), ≪부드러운 혁명: 학교를 바꾸기 위한 교육 안내서The Soft Revolution: The Student Handbook for Turning Schools Around≫(1971), ≪학교: 불평이 무엇인지 알고 싶어 하는 사람들을 위해The School Book: For People Who Want To Know What All the Hollering is About≫(1973b) 등 네 권은 찰스 와인가트너와 공저했다.3 다섯 번째 책 ≪미국의 언어: 악화된 상징 환경에 관한 보고서Language in America: A Report on our Deteriorating Semantic Environment≫(1969)는 포스트먼과 와인가트너, 그리고 포스트먼의 전 박사 과정 학생이자 후에 뉴욕대 문화와 커뮤니케이션학과 동료가 된 테렌스 모란이 공동 편집을 했다. 여섯 번째 책 ≪정신 나간 이야기, 어리석은 이야기Crazy Talk, Stupid Talk≫(1976)는 포스트먼의 첫 번째 본격적인 단독 저서이다.

이러한 저서를 출간 순서대로 살펴본다.

---

3. "찰리" 와인가트너가 이러한 문헌에 기여하고 있지만, 명성과 유산을 쌓아간 포스트먼 때문에 유감스럽게도 자주 가려진다. 부분적으로는 포스트먼의 인간성과 자기 표현(유머 감각이나 일화를 이야기하는 선생으로서의 특별한 능력을 포함), 그가 혼자서 썼던 나중 책들, 필자로서의 능력, 그리고 공저의 제1 저자로 인정받기 때문이다. 사실상 이 분석도 이러한 공저를 포스트먼 전작의 일부로 간주하기 때문에, 똑같은 과실을 범한다. 하지만 와인가트너는 포스데일의 제자 시절부터 포스트먼의 지적 동료이자 단짝 친구로서, 포스트먼과 마찬가지의 책임(아마도 어떤 경우에는 더 많은 책임)을 가지고 공저했다는 점을 강조하고 싶다. 후속 연구로 두 사람의 공동 노력에 개개인이 어떠한 기여를 했는지 분석할 것을 제안한다. 더 나아가, 나는 와인가트너가 의당 학문적 관심을 받을 가치가 있다고 주장하고 싶다.

언어학: 교육의 혁명

≪언어학: 교육의 혁명≫(Postman & Weingartner, 1966)은 ≪텔레비전과 영어 교육≫처럼 미디어와 교육에 관한 책이다. 하지만 이 책은 교육의 일차적인 미디어인 구어, 쓰기, 인쇄 형태의 언어를 강조한다.

언어학은 공공 교육에서 언어학 운동이 한창이었을 때 출판되었다. 사실 당시 포스트먼과 와인가트너는 뉴욕대의 '언어학 설명 센터'의 소장으로 일하고 있었다. 따라서 이 책에 대해, 포스트먼이 당시 최첨단 영어 교육 이론에 편승하려 했던 것으로 해석할 수 있지만, ≪텔레비전과 영어 교육≫ 이후 다시 자신의 출발점이자 훈련받았던 것으로 되돌아갔다고 볼 수도 있다.

하지만 다른 두 가지 해석은 포스트먼의 사상적 연대기에서의 이 책의 중요성을 더 잘 설명해 준다. 첫 번째 해석은 언어학이 ≪텔레비전과 영어 교육≫에 대한 대응 역할을 하고 있다는 것이다. 이 책은 텔레비전을 영어 교육에 결합시키려는 생각에서 노골적으로 한걸음 물러난다. 대신 언어 교수법의 중요성을 재확인한다. 그러한 교수법이 읽기, 쓰기, 셈 중 두 가지를 책임지고 있을 뿐만 아니라, 언어의 효과적, 성공적, 참여적 이해와 활용이 모든 교육과 그 결과에 중요하기 때문이다. 바꿔 말하면, 교육을 통해, 배움과 앎의 중심인 공통 교과목 외에 우리가 배우고 아는 수단을 공부하고 이해할 의무가 있다. 그리고 우리의 언어인 미디어가 우리가 알 수 있는 대상과 방식에 어떻게 영향을 미치고, 통제하고, 제한까지 하는가를 깨닫는 것이 무엇보다 중요하다. 포스트먼과 와인가트너가 글을 쓰면서, 언어학적 기획을 다음과 같이 정의하고자 했다.

언어학이 주체를 행동하게 만들며 언어와 학습 태도를 향상시킨다고 정의할 필요가 있다.

"향상된 언어와 학습 태도"란 배울 것을 어떻게 학습할 것인가에 관한 지식과 함께, 학생들이 언어를 사용하는 방식(예를 들어, 읽기, 쓰기, 말하기, 듣기에서)의 향상을 의미한다. 언어학을 인간사에서의 언어 역할에 대해 과학적인 조사 과정을 활용하는 것이라고 정의할 때, 이러한 목적에 중요하게 기여할 수 있을 것이라고 믿는다(p.29).

두 번째 해석은 1966년 여러 학제의 학문 이론이 여전히 구조주의의 패러다임에 영향을 받았던 시기였다는 것을 인식하는 것이다. 언어학은 언어 기술, 언어의 작용 방식, 그리고 우리의 언어 사용 목적을 좀 더 효과적으로 달성하는 방식(예를 들어, 우리의 경험을 표현해서 스스로의 이해를 돕고 다른 이들을 설득시키는 것 등)으로서, 언어의 보이지 않는 기초와 통제 원리를 밝히는 것이다. 그것은 표면적으론 의미를 넘어서지만, 의미를 허용하는(즉 의미를 만들고 이해할 때의 문제를 설명하는) 언어의 규칙과 기초에 관한 것이다.

간단히 말해, 포스트먼과 와인가트너는 우리가 언어를 사용하고 의존할 때 말하고, 듣고, 읽고, 쓰는 것에 열중하는 일반적이고 명백한 겉보기의 상황과 대비되는 언어의 미디어에 언어학적 관심을 이끌어 낸다.

그들 주장의 핵심은 포스트먼의 사상에 두 번째로 중요한 영향력을 미쳤던 이론에서 드러난다. 이 이야기는 서론과 "일반 의미론"으로 알려진 언어학의 하위 분야에 관해 쓴 6장에서 나온다. 이 장에서 포스트먼과 와인가트너는 언어, 사고, 행동에 관한 지성사를 추적한다. 여기에는 오그덴과 리처즈(1923), 카시러(1946), 피어스(1932), 러셀(1953), 화이트헤드(1959), 비트겐스타인(1933), 랭어(1942), 사피어(1921), 워프(Carroll, 1956 참조), 존슨(1946)과 하야카와(1943) 등이 이바지한 점이 포함된다. 그리고 궁극적으로 이러한 역사에 관한 추적은 일반 의미론의 창시자인 알프레드 코르지브스키(1941)에 이르게 된다.

포스트먼과 와인가트너에 따르면, "만일 코르지브스키의 체계가 하나의 요점을 갖는다면, 그것은 언어가 '현실'에 밀접하게 대응하여야 한다는 것이다"(p.131). 이 한 문장이 언어학의 핵심을 나타난다. 그 책에서 포스트먼은 자신이 앞으로 계속해서 되돌아갈 다음과 같은 질문을 대답해 보려고 처음으로 시도했다. 언어는 어떻게 그리고 어느 정도 (코르지브스키의 용어로 현실의 "지도"를 만들기 위해) 현실의 재현을 허용하는가? 동시에, 언어를 통한 현실의 매개와 경험이 어떻게 어느 정도 현실로부터 멀어지게 되는가? 마지막으로, 언어가 이러한 두 가지 방향으로 우리를 이끌 수 있고 이끌어 가고 있다는 사실, 또한 어떻게, 언제, 그리고 왜 그렇게 되는지의 문제, 그리고 이런 문제가 사람들에게 효과가 없게 (보이지 않게) 되었을 때 필연적으로 생기는 문제를 우리는 어느 정도 알고 있는가?

미국의 언어: 악화된 상징 환경에 관한 보고서

≪미국의 언어≫(Postman, Weingartner, & Moran, 1969)의 부제는 "악화된 상징 환경에 관한 보고서"이다. 이러한 부제는 두 가지 이유에서 중요하다. 첫째, 일반 의미론에 대한 포스트먼의 관심의 연속성상에서 책을 소개한다. 하지만 언어학이 이론적 접근 방식으로 (그리고 책의 논제의 전반적 틀 안에서만) 일반 의미론의 목적과 가치를 확립하고 설명했다면, ≪미국의 언어≫의 의도는 좀 더 직접적이고 절박하다. 기능 중인 언어를 살펴보고, 일반 의미론의 접근 방식으로 현실 세계를 검토하려 한다. 두 번째, 부제는 논란의 여지는 있지만 미디어 생태학의 핵심 사상, 즉 미디어를 환경으로 개념화하는 것(여기 경우는 언어)에 집중하면서 포스트먼의 이

름을 내건 첫 번째 주요 저서라는 것을 보여 준다. 이러한 개념화가 미디어 편향성 및 균형의 중요성에 관한 이니스(1950, 1951)의 견해에 의존하지만, 이 책은 이러한 사상을 중심에 놓은 첫 번째 주요 저서이다.

또한 ≪미국의 언어≫는 논문을 모아 놓은 책이다. 포스트먼과 공동 편집자들은 그 주제에서 파생된 다양한 문제에 대해 주요 작가나 사상가로부터 약 22편의 논문을 끌어모았다. 아프리카계 미국인 배우 오시 데이비스의 "인종주의의 언어"에서부터, 신문 칼럼니스트인 피트 하밀의 "새로운 정치의 언어"와 애슐리 몬터규의 "자기 기만의 언어"에까지 여러 글을 싣고 있다. 이 책은 편집서이지만, 포스트먼은 편집자로서의 역할을 넘어, 서문을 공동 저술하고, 첫 번째 글인 "의미의 손상 Demeaning of Meaning"을 쓰는 기여를 한다.

책의 서문에서 포스트먼와 그의 동료는 미국의 언어가 "주제넘게 들릴지는 모르지만…… 인간의 생존에 관한" 것이라고 쓴다(p.vii). 그들은 (코르지브스키를 인용하며) 언어 자체 때문에 그렇다고 주장한다.

(언어는) …… 인간 생존의 열쇠이다. 그것은 코르지브스키가 말했듯이 우리 피부 안팎에서 일어나는 것을 도표화하는 지도이다. 그 지도가 부정확하거나 부적절하다면, 생존의 기회는 줄어들게 된다. 신체적 수준만이 아니다. 우리는 이야기하면서 정서적 죽음 혹은 도덕적 무감각에 이를 수 있다. 심지어 불확실성의 악마를 쫓아내는 시시포스 왕의 과제를 언어에 부과시킬 수 있다. 사실 이것이 끊임없이 변화하는 환경 속에 안전하다는 환상을 만드는, 모든 인간 상징의 근본적이고 가장 위험한 기능이라고 할 수 있다.
어쨌든 인간은 언어를 사용하여 자신이 생존해야만 하는 현실을 부호화한다는 것이 분명하다. 또한 만일 인간이 언어가 생존을 위한 자신의 유일한 수단이라는 것을 알고 그것이 만들어 내는 결과를 계속해서 점검한다면, 언어가 인간 생존의 유일한 수단일 것이 확실하다(p.ix).

이 인용문은 우리가 어떻게 언어를 사용하여 살고 있는 환경과의 관계를 타협하고 관리하는지를 말한다. 그럼으로써 미디어(이 경우는 언어)와 전형적으로 우리의 환경이라고 이해되고 있는 것 간의 관계를 그려낸다. 하지만 나머지 서론과 "의미의 손상"에 관한 포스트먼의 글은 이렇게 단순하고 명백한 관계를 넘어선다. 여기서는 (1) 언어가 이러한 환경과 구별되고 분리되는 무언가가 아니라, 우리가 그렇듯이 그것의 일부라는 점, 그리고 (2) 언어가 사실상 그 자체로 환경을 구성하거나 만들 수 있다는 점을 주장한다. 우리는 우리가 만든 "세계" 속에 공존한다. 이러한 세계는 우리가 언어를 통해 만드는 것으로서, 그것의 관습, 규범, 성문법, 기술에는 우리의 문화 및 사회 구조가 포함된다. 자연 환경이 그렇듯이, 우리가 우리의 목적에 맞춰 이러한 세계를 만들려고 노력함과 동시에 우리는 이러한 세계의 영향을 전적으로 받게 된다.

"의미의 손상"은 사실상 책의 두 번째 서론 역할을 하며 부연 설명을 하는 "오늘날의 언어 오염 지표는?*Or, What's the Language-Pollution Index of Today?*"라는 부제를 달고 있다. 이 글이 책의 주요 초점인 언어의 미디어에 대해 주목하지만, 포스트먼은 여기에 그치지 않는다. 대신 그는 모든 인간 커뮤니케이션의 미디어를 환경으로 보는 개념을 소개하기 시작했고, 그의 논의 속에 이러한 환경 중 몇 가지를 포함시키고 있다.

예를 들어, 그는 우리가 실제로 믿지 않는 진술을 "낭비"와 "쓰레기"와 같은 것으로 보면서, 우리의 "상징 환경의 오염"에 대한 비유를 소개한다. ≪텔레비전과 영어 교육≫에서의 "커뮤니케이션 혁명"에 대한 정의를 그대로 의존하고 있지만, 매스 미디어의 상징 환경에 대해 다음과 같이 적는다.

상징 환경의 생태학을 생각할 때, 우리는 이른바 커뮤니케이션 혁명을 고려해야만 한다. 커뮤니케이션의 새롭고 다양한 미디어가 발명되면서, 많은 사람들이 목소리와 수용자를 갖게 된다. 이러한 발명이 없었다면 이들의 목소리는 유혹적이지 않았을 것이고, 사실상 이들은 공공 쟁점에 대해 기여할게 별로 없다. 이러한 사람들 대부분이 자니 카슨, 휴 다운스Hugh Downs,[4] 조이 비숍 Joey Bishop,[5] 데이비드 서스킨드David Susskind,[6] 로널드 레이건, 바버라 월터스, 조 개러지올라Joe Garagiola[7]와 같은 연예인이다. 커뮤니케이션 혁명이 있기 전에는 그들의 공적 발언이 좀 더 식견 있는 사람들에 의해 작성되거나, 혹은 아예 공적 발언의 기회를 가지 못했을 것이다……

커뮤니케이션 혁명이 만든 또 다른 문제는 미디어의 절대적인 양 때문에 발생한다. 신문, 라디오, 텔레비전이 가장 해박한 시민들의 의견을 유포하고 있지만, 상당량의 쓰레기가 여전히 존재한다. 똑똑한 사람조차 예상한 것보다 할 이야기가 쉽게 바닥난다. 만일 매일 신문 기고문을 쓰거나 매주 논설을 쓰고, 혹은 30초 만에 복잡한 질문을 대답해야 한다면, 평생 추스를 수 있는 양보다 더 많은 헛소리를 책임져야 할 것이다. 다시 말해, 거대 미디어는 많은 내용을 빠르게 요구하며 그 종류를 별로 분간하지 않는다(pp.14~15).

또한 "의미의 손상"에서의 고찰은 훗날 포스트먼의 ≪죽도록 즐기기≫에서 종교와 정치의 언어에 대한 설명과 함께 검토되었고, 그리고

---

4. 휴 다운스(1921~)는 미국 방송인으로서 <20/20>, <투데이쇼> 등의 프로그램을 진행했다. ― 옮긴이

5. 조이 비숍(1918~2007)은 미국 스탠딩 코미디의 대가로서 텔레비전 토크쇼, 게임쇼, 시트콤에 등장했다. ― 옮긴이

6. 데이비드 서스킨드(1920~1987)는 미국 텔레비전 프로그램 연출가이자 토크쇼 진행자로서 자신의 이름을 딴 토크쇼를 진행했다. ― 옮긴이

7. 조 개러지올라(1926~)는 미국 메이저리그 야구의 포수로 활약하다가 후에 방송 진행자로 변신해 큰 인기를 끌었다. ― 옮긴이

≪테크노폴리≫에서는 과학의 언어에 관한 간결한 설명과 함께 재검토된다.

요컨대 ≪미국의 언어≫는 포스트먼의 미디어 생태학에 있어 선구적인 저서이다. 여기서 미디어 생태학이란 용어가 나타나지는 않았다. 하지만 생태학이라는 단어 자체는 "의미의 손상"에서 우리의 상징 환경의 "생태학적 불균형"을 이야기하며 두 번 나타났다(pp.14, 18). 한편, 그 책이 출판되는 해 "개정 영어 교육 과정"이란 포스트먼의 연설이 인쇄물로 등장하게 된다. 따라서 미디어 생태학에서의 기본 개념, 즉 미디어가 환경이고 이러한 환경에 문제가 있을 때 나타난 결과를 소개했다는 점이 선구적이다.

전복 활동으로서의 교육

≪전복 활동으로서의 교육≫(Postman & Weingartner, 1969)은 포스트먼을 공적 지식인이자 교육 이론가로 널리 알린 책이다. 이 책은 무엇보다 당시 미국 공공 교육의 현황에 관한 책이었고 그 목적이 교육과 교육의 성과를 향상시키기 위한 처방을 제공하고자 하였기 때문에, 미국 내 학교나 교육 프로그램의 학자와 학생들에게 베스트셀러가 되었다.

그런 점에서 이 책은 본 분석에서 제시한 사고 방향에서 벗어나고 있다. 그렇다고 책에 미디어 생태학이 없다는 것은 아니다. "언어"에 관한 8장은 언어학과 미국의 언어에서 많은 개념을 뽑아내 다시 제시하고 있다. "새로운 언어: 미디어"에 관한 10장은 ≪텔레비전과 영어 교육≫의 네 가지 커뮤니케이션 혁명에 관한 사례를 다시 소개한다. (여기서 네 번째는 여전히 "커뮤니케이션 혁명"이라고 불리고 있다는 점을 주목하라.)

하지만 전체적으로 볼 때, ≪전복 활동으로서의 교육≫은 두 가지

점에서 미디어 생태학에 기여한다. 첫째, 포스트먼과 와인가트너는 일반 교육의 임무에 텔레비전을 포함시켰던 경우를 넘어서, 지금은 모든 미디어를 검토하고 이해할 필요가 있다고 주장한다. 이것은 미디어 교육 및 미디어 해독력 프로그램을 위해 처음으로 출간된 주장이다. 저자가 적었듯이,

> 새로운 미디어가 환경에서 일어나는 변화와 분리될 수 없다고 할 때, 학교는 인쇄 문자성에 국한되었던 관심을 확장시켜 새로운 형태를 포함시킬 필요가 있다. 다시 말해, 현재 평가가 진행되는 새로운 미디어 효과의 규모를 볼 때, 교육의 적합성을 높이려는 모든 시도는 그것을 실질적으로 고려할 필요가 있다(p.161).[8]

≪전복 활동으로서의 교육≫이 미디어 생태학에 두 번째로 기여한 점은 맥루언과 그의 사상을 소개했다는 것이다. 포스트먼은 맥루언을 참조하면서 이 글에서 다룬 책 중에선 처음으로 그의 영향력을 시인한다. 그리고 그것은 확실한 시인이었다. 이 저서 전반에 맥루언은 명시적으로 그리고 암시적으로 매우 중요하게 생각되었.

맥루언을 처음 인용한 것은, 서론의 네 번째 페이지에서 포스트먼과 와인가트너가 교육 기관이 변화할 필요가 있고, 이러한 변화는 "전복적"이라고 생각될 정도로 근본적이고 혁명적인 사고와 결단을 필요로 한다는 주장을 하면서 나온다.[9] 학교 교육 기관이 "부적절"해졌다면 변

---

[8]. 뉴 미디어라는 용어를 인터넷 시대의 신조어로 주장하는 사람들에게 나는 포스트먼과 와인가트너(1969)가 여기서 텔레비전과 라디오 그리고 LP판, 녹음기, 연재 만화, 만화책, 타블로이드판 뉴스, 전자 컴퓨터, 문고판 책 등을 지칭하기 위해 그 용어를 사용했다는 것을 강조하고 싶다.
[9]. 미디어 생태학에서의 생태학이란 용어의 사용과 마찬가지로, ≪전복 활동으로서의 교육≫의 제목과

화해야만 한다고 말하면서 맥루언이 인용되었는데(p.xiv), 맥루언의 ≪미디어의 이해≫(McLuhan, 1964)가 교육 체계에 새로운 활력을 불어넣는 데 도움을 줄 "충격 요법"의 사례로 인용된다(p.xv).

하지만 이러한 두 번의 인용은 시작에 불과했다. 책은 맥루언의 사상과 경구로부터 혹은 그것에 관해 논의를 전개시키고, 교육, 언어학, 심리학을 포함한 학문 영역의 이론과 접목시키면서, 그것과 이어지게 된다. 예를 들어, "미디어는 물론 메시지이다"라는 장은 제목에 그 유명한 경구를 설명하고 확장시킬 뿐만 아니라, 맥루언을 교육자로 소개한다. 저자들에 따르면, 그의 사상이 다른 교육 이론가의 사상을 확장시켰을 뿐만 아니라, 우리가 알 필요가 있는 것과 왜 이것들을 알아야 하는지에 관한 이해의 범위를 확장시켰기 때문에 교육자라고 한다. 2장은 다음과 같이 시작한다.

> 가장 위험한 사람 중에 (전통적 가정을 전복할 것 같기에 위험함) 한 사람이 마셜 맥루언이다. 그럼에도 이 글을 쓸 당시 그는 지식인과 신문으로부터 교육자들이 별로 얻어 보지 못한 관심을 끌고 있다. 그 이유 중 하나는 그의 논평이 독특하다는 것이다. 또 하나의 이유는 자신의 생각을 보여 주는 태도가 비전통적이다. 세 번째 이유는 그가 대개 교육자로 여겨지지 않는다는 것이다. 하지만 맥루언은 활용이 가능한 교육자이다. 게다가 그가 말한 몇 가지 "탐침 *probings*"이 갖는 은유의 힘은 굉장하다. (교육자로서 그는 보기 드문 재담과 시로 자신을 표현한다.) 그의 관찰 대부분은, 다른 교육자들(예를 들어 존 듀이와 A. N. 화이트헤드)이 이전에 말했던 생각, 혹은 이것에서 덕을 볼 수 있지만 여전히 무시되는 생각을 재확인하고 있다. 특히 우리는 듀이의 신념인 "우리는

주제로 "전복"이라는 용어의 사용은 1960년대 사회적, 정치적 격변의 시대를 나타내는 징표였다고 볼 수 있다.

우리가 하는 것을 배운다"를 두운체로 재진술한 맥루언의 덕을 보고 있다. 맥루언은 자신의 유명한 경구 "미디어는 메시지"를 통해 거의 비슷한 것을 말하려고 했다. 이러한 시각을 통해 인간의 신경 체계에 미치는 가장 중요한 영향력은 신경 체계가 기능하는 환경의 성격과 구조에서 비롯된다는 것을 알려준다. 즉 환경 자체가 거기에 참여하는 사람들의 지각과 태도를 통제함으로써 중요하고 지배적인 메시지를 전달한다는 것을 깨닫게 해준다(pp.16~17).

3장에서는 "호칭label-libel" 작전, "백미러rear-view mirror" 현상, "줄거리story line"(pp.25~29) 등 맥루언의 은유 중 세 개가 더 인용된다. 호칭은 "이름을 붙이는 편법으로 생각의 결말을 내리는 인간의 경향으로 …… 만일 이름을 알게 되면 더 이상 생각할 필요가 없는" 것을 의미한다(p.25). 백미러의 개념은 "대부분의 우리는 우리가 가는 곳 대신 우리가 왔던 곳에 시선을 고정시킨 운전자와 같기 때문에 새로운 미디어의 효과를 이해할 수가 없다"는 주장을 의미한다(p.26). 줄거리라는 은유는, 전기 시대가 "정보 흐름의 선형성을 붕괴시킴으로써 우리의 지각 구조를 고양"하고, 인쇄술에 의해 삶과 사고를 지배받던 사람들처럼 "알파벳 정신이나 순차적이고 구획화된 사고력을 갖고 있지 않다는" 믿음(혹은 언어에 대한 태도)을 높였다는 맥루언의 주장으로부터 나온다(p.27).

마지막으로, "새로운 언어: 미디어"에 대한 장은 사피어-워프 가설 Sapir-Whorf hypothesis을 맥루언이 확장시켰다고 주장하는 것에서 시작한다. 즉 "언어가 '현실'에 대한 우리의 지각 과정을 구조화한다는 시각"에서 출발한다(p.160). 여기서 ≪전복 활동으로서의 교육≫이 미디어 생태학에 기여한 두 가지 점을 연결한다. 포스트먼과 와인가트너는 맥루언을 통해 언어뿐만 아니라 모든 미디어 구조가 우리의 현실 지각을 구조화한다는 것을 인식하도록 촉구한다. 언어학과 미국의 언어가 기여했던 점을 확장시키면서, 언어 연구뿐만 아니라 모든 "미디어 연구가 새로운 교육에 있어 중요해졌다"(p.160).

부드러운 혁명: 학교를 바꾸기 위한 교육 안내서

≪부드러운 혁명≫(Postman & Weingartner, 1971) 또한 교육에 관한 책이지만 ≪전복 활동으로서의 교육≫과 두 가지 점에서 다르다. 첫째, 이 책은 전문 교육자보다는 학생 독자를 지향한다. 두 번째, 이 책은 ≪미디어는 마사지다≫(McLuhan & Fiore, 1967)와 같이 흥미로운 방식으로 제시되고 있다. ≪부드러운 혁명≫은 차례, 색인, 참고 문헌 등을 가지고 있지 않다. 책은 다양한 글자체, 삽화, 재판된 만화, 개요, 때에 따라선 한 장 짜리 "소장chapter-ettes" 등으로 이루어졌다.

≪부드러운 혁명≫의 제목은 다음과 같이 설명될 수 있다. 이 책은 당시 경직된 실천을 전복시키며, 완전히 "혁명적"이라고 생각될 수 있는 미국 교육 체계의 변화를 요구한 ≪전복 활동으로서의 교육≫의 뒤를 잇는다. 하지만 학생들을 독자로 삼고 있고, 1970년 5월 소요 사태와 켄트 주 총격 사건으로 민권 운동을 지지하고 베트남 전쟁을 반대했던 10년간의 학생 데모가 사실상 종결된 직후 발매되었다. 책은 불확실한 시대의 학생들을 소구하면서, 교육 체계에 대한 폭력적인 혁명이 아닌, "부드러운" 혁명을 일으키고자 했다. ≪부드러운 혁명≫은 "우리 모두가 서로의 생존의 위해 함께 하는 것을 돕도록" 의도되었다(Postman & Weingartner, 1971, p.4). 저자들은 다음과 같이 설명한다.

> 부드러운 혁명의 기본 은유는 유도이다. 용어가 말해 주듯이, 이것의 1차적인 활용은 체계에 대한 자기 방어를 위해서다. 당신이 유도할 때, 상대방의 힘에

맞서지 않는다. 당신은 상대방의 힘을 그 자신도 모르게 (사실상 그 자신 때문에) 혹은 그를 향해 사용한다. 이 경우 당신은 맘만 먹으면 그를 산산이 부서뜨릴 수 있다. 하지만 교육의 변화와 관련된 상황은 분명 그렇지 않다. 교육 제도를 지배하는 관료주의가 우리 사회의 다른 무엇보다 강력하진 않더라도, 관례, 법, 학문적 편견, 경제적 압력, 전통, 그들 배후의 타성 등의 힘은 여전히 갖고 있다(p.5).

이 책이 미디어 생태학의 정전 중의 하나로 갖는 가치는 뒤에 있는 "네이더 돌격대"(pp.138~145)라는 장에서 나타난다. 이 장의 서론에서 포스트먼과 와인가트너는 우선 랠프 네이더Ralph Nader가 소비자를 밀어붙이는 강력한 기업 세력의 방식을 환기시키기 위해 국내 법 체계를 활용하고 있기 때문에 "미국의 가장 실질적인 부드러운 혁명자 중의 한 사람"이라고 생각한다(p.138). 그런 다음, 모든 일상적 삶의 영역의 "무지와 엉터리에 대항하는 제1의 방어선을 제공하기 위해 대학원생의 능력과 에너지를 움직일 수 있는" 대학 프로그램을 제안한다(p.139). 그리고 이러한 프로그램에 대한 설명이 뒤따르는데, 이러한 설명은 뉴욕대 미디어 생태학 박사 과정의 실제 설립 계획서에서 이끌어 낸다. 여기에서 포스트먼은 저서 중에는 처음으로 미디어 생태학이란 용어를 사용하고 정의한다.

> 미디어 생태학은 사람들과 그들의 메시지, 그리고 그들 메시지 체계 간의 교류를 연구하는 것이다. 무엇보다 미디어 생태학은 커뮤니케이션 미디어가 인간의 지각, 감정, 이해, 가치에 어떻게 영향을 미치는지, 즉 미디어와의 상호작용이 어떻게 우리의 생존 가능성을 촉진시키는지 혹은 방해하는지의 문제를 연구하는 것이다. 생태학이라는 단어는 환경, 즉 그것의 구조, 내용, 사람에게 미치는 영향력에 관한 연구를 의미한다. 결국 환경은 느끼고 행동하는 방

식을 조절하는 복잡한 메시지 체계이다. 그것은 우리가 볼 수 있고 말할 수 있고, 따라서 행동할 수 있는 것을 구조화한다(p.139).

이 장의 나머지 부분은 이러한 프로그램의 연구 과정을 네 가지 요소, 즉 "미디어 역사, 미디어 해독력과 창조력, 미디어 조사, 그리고 미디어 시각과 비평"(p.140)에 초점을 맞추어 그려 낸다. 미디어 역사와 관련해서 저자들은 학생들이 "기술과 커뮤니케이션의 역사를 연구하고 그것의 미래를 조사해야 한다"고 제안한다(p.140). 학생들이 자신의 역사적 지식을 이용해 예컨대 "미래를 다루는 특정 문제를 해결하길" 희망하면서(p.140), 미래를 역사가 연속되는 것의 일부로 포함시킨다. 미디어 조사는 간단하게 "미지"로 남아 있는 커뮤니케이션과 미디어 연구 영역을 지향한다. 여기서 저자들은 몇 년 전까지만 해도 인쇄물이 지각에 미치는 영향력에 대해 단 한 단락의 글도 발견할 수 없었다는 점을 지적하면서, 맥루언을 인용한다(p.143). 마지막으로, 이러한 프로그램의 "가장 두드러진 특징"은 "미디어 비평에 부단히 참여"하는 것이다(p.143).

학교: 불평이 무엇인지 알고 싶어 하는 사람들을 위해

≪전복 활동으로서의 교육≫이 교육자를 대상으로 쓴 반면, ≪부드러운 혁명≫은 학생들을 대상으로 한다. ≪학교≫(Postman & Weingartner, 1973b)는 일반 시민들을 위해 쓰여졌다. 이 책들은 당대의 학교 개혁 운동에 대해 일관성 있게 다룬 3부작이다. 이들은 그러한 개혁을 이루기 위해 필요한 모든 요소들을 다루고자 했다.

포스트먼의 책 가운데 ≪학교≫는 액면 그대로 미디어 생태학의 원칙과 목적에 가장 관련성이 적다. 다시 말해, 이 저서에서 미디어 생태학은 명시적이고 분명하다기보다는 암시적이다. 그럼에도 불구하고, 이 책은 세 가지 점에서 미디어 생태학의 발전에 기여하고 있다.

첫 번째는 "읽기의 문제"라는 장에서 발견된다. 여기서 저자들은 교육 전문가들이 학생들이 읽지 못한다고 비난하는 문제가 실제로는 보다 큰 문제, 즉 전자 문화에 직면하면서 임박한 문자 문화의 몰락을 가리키고 있다고 말한다. 그들은 다음과 같이 적는다.

> 마셜 맥루언이 존재하지 않았더라고, 전기 플러그는 존재했을 것이다. 현재의 삶에서 인쇄술이 과거보다 덜 중요하다는 뻔한 사실을 지적하기 위해, 미디어 결정론자, 전도사, 또는 다른 무언가가 될 필요는 없다(p.83).

이 장은 포스트먼이 일생 동안 인쇄 문화에 대해 주장했던 것, 즉 인쇄가 인간 경험 과정에 가져온 소중한 모든 것과 그것이 허용했던 것, 그리고 집단적 실존의 건강성을 향상시키지는 않더라도 유지하는 데 필요한 모든 이성 등 기초가 되는 논의를 계속해 간다. 그럼으로써 이 장은 또한 포스트먼의 태도가 변화하기 시작했음을 보여 준다. 시대(1960년대 문화)의 풍조와 동요의 산물로서의 그의 "전복적" 성향이, 그 이후부터는 "보존하기," 즉 전자 문화의 공격에 비추어 인쇄 문자성의 특징을 보존하는 것으로 관심이 바뀌기 시작한다.

"사람들People"에서 포스트먼과 와인가트너는 "현재의 학교에 관한 사고에 기여"한 70여 명의 사람들을 거명하며 각 사람이 기여한 바를 간단하게 설명한다(p.170). 이러한 목록은 미디어 생태학에 매우 중요한데, 여기에는 존 컬킨과 마셜 맥루언이 포함된다. (사실상 맥루언을 가장 많이 다룬다.) 하지만 여기에는 또 수 명의 교육 이론가(Adelbert Ames, John Dewey, Paulo Freire, Ivan Illich, Jonathan Kozol, Maria Montessori, Henry Perkinson)와 심리학자(Bruno Bettleheim, Jerome Bruner, Erik Erikson, R. D. Laing, Abraham Maslow, Jean Piaget, Carl Rogers, B. F. Skinner) 등이 포함된다. 이들은 "위대한 학교 논쟁*the great school debate*"(p.198)에 참여할 뿐만 아니라 이들의 저서는 미디어 생태학의 기본 강독서라고 말할 수 있다.

정신 나간 이야기, 어리석은 이야기: 우리가 어떻게 말로 망하고 있고, 이것에 대해 무엇을 할 것인가

≪정신 나간 이야기, 어리석은 이야기≫(Postman, 1976)는 포스트먼이 찰리 와인가트너와 함께 교육 체계에 대해 쓴 3부작에서 벗어나, 언어와 일반 의미론에 대한 자신의 관심사로 돌아갔다는 것을 보여 준다. 또한 그의 저자로서의 목소리, 유머 감각, 이야기꾼으로서의 능력, 일화 및 예화의 재능 등이 주목받게 된다.

    ≪언어학≫과 마찬가지로 이 책은 일반 의미론의 원리를 가르쳐 준다. 하지만 ≪언어학≫이 영어 교육자를 대상으로 한 학문적 작업인 데 반해, ≪정신 나간 이야기, 어리석은 이야기≫는 일반 시민을 소구하는 ≪학교≫의 선례를 따른다. 다시 말해, 이 책은 포스트먼의 첫 번째 단독 저서이면서 진짜 대중적인 첫 번째 저서이다. 따라서 이 책은 그가 앞으로 공적 지식인이자 미디어 생태학자로서 미디어 연구에 기여하게 될 나머지 책들의 용어와 어조를 보여 준다. 또한 그가 맥루언의 생각을 명쾌하게 해명하고 여과하며 더 광범위한 독자에게 전달한다는 점에서 그의 영향력이 맥루언의 영향력에 필적하게 된다고 말할 수 있다.

    "정신 나간 이야기"와 "어리석은 이야기"는 무엇인가? 포스트먼에 따르면, 어리석은 이야기는 다음과 같다.

…… 혼란스러운 목표나 적절한 어조 혹은 맥락에 맞지 않은 단어를 가진 이야기. 따라서 목적을 달성하지도 못하고 달성할 수도 없는 이야기이다. 사람이 어리석은 이야기를 한다고 비난하는 것은 그가 언어를 효과적으로 사용하지 못한다고, 즉 말할 때 유해하지만 수정 가능한 실수를 하고 있다고 비난하는 것이다. 그것은 심각한 문제지만, 일반적으로 두려운 것은 아니다(p.xi).

정신 나간 이야기는 다음과 같다.

…… 거의 항상 두려운 것이다…… 정신 나간 이야기는 전적으로 효과적이지만, 터무니없거나 사악하고 혹은 때때로 과도하게 사소한 목적을 가지고 있다. 그것은 스스로를 위해 비이성적인 맥락을 만들거나, 비이성적인 인간 상호 작용의 개념을 유지한다(pp.xi~xii).

요컨대, 정신 나간 이야기는 "나쁜 목적을 반영하고" 어리석은 이야기는 "합리적인 목적을 좌절시킨다"(p.74). 어리석은 이야기의 예로는 "안녕, 어떻게 지내"라는 가벼운 인사에 대한 대답으로 그 순간 자기 삶의 잘되고 못된 일을 세세하게 다 말하는 것이다. 정신 나간 이야기의 사례는 현재 우크라이나에 있는 바비 야르에서 3만 명의 유대인 및 러시아인을 학살한 책임으로 뉘른베르크 재판에 기소된 폴 블로벨이 자신을 변호하면서 나온다. 그는 "인간의 생명이 우리만큼이나 그들(즉 러시아인과 유대인)에게도 소중하지 않았다. 이러한 처형에 참가한 우리 병사들은 총을 맞아야 하는 사람보다 더 괴로웠다"(p.78 인용문)라고 변명했다.

≪정신 나간 이야기, 어리석은 이야기≫의 1부는 미국의 언어(Postman, Weingartner, & Moran, 1969)에서 처음으로 다루어졌던 주제인 우리의 상징 환경에 관해 심도 깊게 살펴본다. 상징 환경은 정신 나간 이야기와 어리석은 이야기가 발생하는 환경, 또는 그 자체가 그러한 이야기

의 원인이 되는 환경이다. 포스트먼의 말에 따르면 다음과 같다.

> 상징 환경의 은유는 …… 커뮤니케이션이 내용물이나 비트나 메시지가 아니라는 것을 말한다. 어떤 면에선 사람들이 하는 무언가조차도 아니다. 커뮤니케이션은 오히려 식물이 이른바 성장을 해나가는 방식처럼, 사람들이 참여하는 상황이다…… 만일 태양과 물이 없다면 식물이 자랄 수가 없다. 만일 상징 환경이 없다면, 우리가 커뮤니케이션을 할 수 없게 된다. 커뮤니케이션이 이루어질 때, 우리는 단지 메시지만을 필요로 하는 것이 아니라 메시지가 의미를 가질 수 있는 질서 잡힌 상황이 필요하다(pp.8~9).

이러한 개념적 정리에 이어, 1부는 우리의 상징 환경 전체를 (1) 우리 이야기의 목적, (2) 우리의 관계(우리가 말하는 직접적이고 명백한 맥락), (3) 우리의 이야기인 내용 등으로 정의하고자 했다. 포스트먼은 폴 와츠라위크의 책 ≪변화Change≫에서의 "1차와 2차 사고" 개념을 218페이지에 한 차례 인용했고, ≪정신 나간 이야기, 어리석은 이야기≫는 와츠라위크의 유명 저서인 ≪인간 커뮤니케이션의 실용론The Pragmatics of Human Communication≫(Watzlawick, Beavin-Bavelas, & Jackson, 1967)으로부터 확실한 영향을 받았다. 상징 환경의 요소로서의 관계와 내용에 관한 장들은 와츠라위크와 공저자들의 커뮤니케이션 내용과 관계의 "수준"이라는 개념과 유사하다. 마찬가지로, 와츠라위크와 공저자들은 커뮤니케이션의 관계 수준을 "맥락"이라고 언급했다.

2부에서 포스트먼은 정신 나간 이야기와 어리석은 이야기에 관한 다양한 범주에 대해 분류하고 분석한다. 예를 들어, "커뮤니케이션이란 만병통치약"이란 장에서는 완전히 개방되고 솔직한 커뮤니케이션이 항상 필요하다거나, 관계에 문제가 생겼을 때 필요한 유일한 것이라는 가정이 제한적이고 심지어 잘못된 생각이라고 분석한다. 웬델 존슨Wendell

Johnson의 ≪진퇴양난에 빠진 사람들People in Quandaries≫에 영감을 받은 "IFD(적·아군 식별 장치)병"이라는 장에서는, 우리 자신과 삶에 대해 "이상적"으로 말하는 방식이 그 말대로 잘되지 않았을 때 "좌절"의 원인이 될 수 있고 그 결과 종종 "사기 저하"가 생긴다고 설명한다. "구체화Reification"라는 장에서는 자주 그리고 쉽게 간과되고 있는 말과 사물의 혼동 문제를 다룬다. 포스트먼(1976)의 말에 따르면, 이러한 혼동은 "그 근원이 언어 자체의 구조에 뿌리깊이 내재되어 있기 때문에, 어리석고 정신 나간 이야기 중 가장 끌리는 형태"라고 한다(p.135). 마지막으로 "아이히만주의Eichmanism"라는 장에서는, 나치 강제 수용소의 실무 책임자였던 아돌프 아이히만을 "상황 자체의 전반적인 목적보다 상황 속의 역할과 지위를 유지하는 것이 더 중요"해졌을 때 생기는 정신 나간 이야기 유형의 상징으로 보여 준다.

요컨대, 만일 정신 나간 이야기와 어리석은 이야기의 징후 및 병폐에 대한 대항 수단은 이야기가 발생하는 상징 환경에 대한 인식과 이해라고 했을 때, 포스트먼은 이 점을 주의하고 실천하라고 권고하면서, 우리가 언어를 사용하는 맥락에 대해, 즉 맥루언의 말로 바꿔 말하면, 맥락이 어떻게 메시지가 되는지에 대해 의식을 강화할 때, 언어를 더 잘 이해하고 이용하게 된다고 한다. 포스트먼은 이를 "메타의미론meta-semantics"이라고 부른다.

> 메타의미론은 우리의 마음을 바르게 움직이게 해주는 학문 분야이다. 그것은 우리 자신의 어리석고 정신 나간 이야기의 흐름을 통제하고 최소화시키며 다른 사람의 어리석고 정신 나간 이야기에 덜 접근하게 해주는 가장 좋은 방법이다.
> 메타의미론의 근본적인 전략은, 자신을 심리적으로 상징 환경의 맥락 바깥에

놓음으로써, 그것을 온전히 그대로 보거나, 적어도 다양한 시각에서 볼 수 있게 하는 것이다. 이러한 입장 혹은 입장의 다양성을 가질 때, 이야기의 의미와 질에 상대적으로 많은 거리를 두면서 그것이 발생하는 전체 환경과 관련지어 평가하는 것이 가능해진다. 우리가 상징 환경에 참여하는 데 관심을 적게 가질수록, 그것을 관찰하는 데 더 많은 관심을 갖게 될 것이다(pp.236~237).

하지만 이 책에 대한 논의에 있어 마지막으로 중요한 점이 남아있다. 이 책의 마지막 장인 "의미에 신경 쓰기 Minding Your Meaning"가 끝날 무렵 포스트먼은 학교에서 시작된 "전복"에서 "보존"으로의 변화를 다시 강조하는 단락을 제시한다. 이 단락은 포스트먼의 다음 저서, 그리고 내가 말한 그의 연구 경력의 다음 단계로 이어지게 된다. 그는 다음과 같이 적었다.

> 내가 사회 질서와 그것의 네 기둥, 즉 감정 이입, 전통, 책임감, 예의바름에 높은 가치를 부여하고 있다는 것을 지금까지의 내용에서 알 수 있었을 것이다. 나는 이러한 단어들이 지극히 추상적이고 따라서 정의하기 쉽지 않다는 것을 알고 있다. 나는 여기서 이러한 단어들을 사용해, 대부분의 상징 환경에는 보존할 만한 가치 있는 것이 있다고 보는 사회적으로 보수적인 생각을 제시한다. "상징 환경"이란 결국 오랜 인간 경험에 의해 만들어진 상황이고 이들의 목적과 언어는 결코 가볍게 받아들여지거나 조급하게 수정되는 것이 아니다(pp.250~251).

이 단락을 생각하면서, 포스트먼의 연구의 두 번째 단계 및 그의 다음 책인 ≪보존 활동으로서의 교육≫으로 넘어가겠다.

2단계: 미디어 생태학의 등장

포스트먼의 연구의 두 번째 단계는 그가 미디어 생태학을 발전시켜 나간 주요 연구라고 할 수 있는 세 권의 책으로 이루어진다. 세 책 중 첫 번째 책이 그렇게 잘 알려지지 않은 이유 중 하나는 제목이 ≪보존 활동으로서의 교육≫(Postman, 1979)이기 때문이다. 두 번째 책은 전자 매스미디어 시대에 유년기의 성격과 개념에 관한 주장을 담은 ≪유년기의 소멸The Disappearance of Childhood≫(Postman, 1982)이다. 세 번째 책은 가장 많이 팔리고 널리 알려진 포스트먼의 저서인 ≪죽도록 즐기기≫(1985)이다.

보존 활동으로서의 교육

≪보존 활동으로서의 교육≫(Postman, 1979)은 제목이 그렇지만, 미디어 생태학의 입문서이다. 그것은 교육과 가르치는 것에 관한 것만큼이나 미디어를 다루고 있다. 서론을 제외한 열두 개의 장 중 여덟 개의 장이 전적으로 미디어, 미디어 교육, 그리고/또는 미디어 생태학에 관한 것이다. 나머지 네 개의 장은 미디어를 논의의 일부에 포함시키고 있다.

이 책은 포스트먼이 "교육 개혁 운동의 종말이 시작"(p.4)되었다고 비난하며, 모든 훌륭한 의도, 영감 있는 제안자와 주동자, 진보적이고 자극적인 생각, 수많은 노력에도 불구하고 아무런 변화가 일어나지 않았다고 설명하면서 시작된다. 그리고 책의 마지막은 다음과 같은 선언을 품위 있게 말하며 끝난다. "결국 교육은 생각의 힘이 뜻밖의 헤아릴 수 없는 결과를 가질 것이라고 믿는 행동이다"(p.230). 그 중간은 ≪전복 활동으로서의 교육≫에 대한 시각을 재고하는 논의라고 포스트먼은 시인한다. 아마도 그가 변했기 때문일 수 있고, 사정이 변했기 때문일 수 있고, 혹은 그가 언제나 그랬듯이 항상 다른 쪽 주장의 가치를 인정하고 있기 때문일 수도 있고, 혹은 이 모든 것 때문일 수도 있다. 그는 특히 미디어 교육에 관한 첫 번째 책을 썼다.

"자동 온도 조절 장치thermostatic 시각"에서, 포스트먼은 생태학이란 용어를 재검토하며 미디어 생태학에 대한 논의를 구성하기 시작했다. 그의 시각은 다음과 같다.

> …… 생태학은 근본적으로 DDT, 애벌레, 개울을 딴 데로 돌리는 사향 쥐에 미치는 효과에 관한 것이 아니다. 생태학은 환경 내 변화의 속도, 규모, 구조에 관한 것이다. 그것은 균형, 다시 말해 균형 잡힌 숲뿐만 아니라 정신과 사회의 균형이 어떻게 이루어지는지의 문제에 관한 것이다. 따라서 그것은 자연의 과정, 나무, 강, 왜가리의 생존만큼이나 사회적 제도, 불도저, 고속도로, 가공품에 관한 것이다. 사실 "생태학"이 유래한 그리스 단어는 자연 환경에 별다른 주의를 기울이지 않았다. 처음에 그 의미는 집 또는 집안일이었고, 아리스토텔레스는 예를 들어, 국가가 점점 사회적인 일에 개입하면서 한 집안의 안정이 흔들린다는 식으로 그 단어를 정치적인 용어로 사용했다(pp.17~18).

이어서 포스트먼은 노버트 위너(1950)의 ≪사이버네틱스≫를 계속 인용하여, "교육에 대한 가장 적절한 표현이 자동 온도 조절 활동"이라고 말하면서 균형 중심의 논의를 펴나갔다(Postman, 1979, p.19). 자동 온도 조절 장치의 은유를 제안한 사람은 위너이다.

> 사이버네틱스는 …… 조절과 평형의 과학 혹은 "피드백" 연구로서 …… 우리가 체계 안에서 균형을 유지하는 수단에 주의를 환기시킨다. 피드백의 과학

을 발명한 노버트 위너에 따르면, 대립의 힘을 일으키는 기계 장치인 자동 온도 조절 장치가 저항 상보성相補性 원칙인 사이버네틱스의 가장 명백한 사례이다.

포스트먼은 이러한 은유를 교육에 적용하여 자신의 이데올로기적인 변화를 설명했다. 그는 다른 문화 조건이었다면 잔존했을 것들을 유지하고 보전하는 문제로 교육을 생각하게 되었다.

> 이러한 시각에서 …… 교육은 나머지 환경이 혁신적일 때, 전통을 보존하려고 한다. 또 나머지 사회가 전통에 묶여 있을 때, 교육은 혁신적이다. 사회가 심하게 변동하고 있는지 혹은 정적인지는 중요치 않다. 교육의 기능은 항상 반론, 즉 그림의 이면을 제시하는 것이다. 따라서 교육을 자동 온도 조절 장치로 바라본다는 것은 이데올로기 중심이 아니다. 그것은 균형 중심이다(pp.19~20).

"자동 온도 조절 장치 시각"은 자신이 봉사하려는 문화/사회 내의 균형을 관심의 중심에 둔 교육 철학을 제시한다. 그러한 균형은 당시 문화/사회의 지배적 경향에 대해 질문하거나 대항하라고 한다. 그래서 교육의 1차 목적은 이러한 경향 때문에 잃은 것, 또는 무시되거나 보이지 않게 된 것 혹은 뒤에 버려진 것을 복구하고 유지하는 것이 된다. 포스트먼은 이러한 목적을 "둘 중 어느 한쪽either-or" 명제와 같다고 본다. 즉 교육은 전향적 시대나 그 반대의 시대에 대한 보존적인 대응이어야 한다.

이러한 사고 방식은 1960년대 사회 혁명의 영향을 받은 전향적 교육 개혁 운동에서의 그의 경험과 각성에 뿌리를 두고 있다. 동시에 그가 교육뿐만이 아니라 미디어와 교육에 관해 주장을 내세우고 있다는 것이 더욱 분명해졌다. "자동 온도 조절 장치의 시각" 마지막에 그는 남긴 질문이 이를 보여 준다. "우리 문화/사회의 균형을 위해 무엇이 필요한

가?" 바꿔 말하면, 포스트먼이 구체적으로 이야기한 대로 "어떤 특정한 문화적 편향성이 그대로 방치될 때 우리의 젊은이들에게 무능력한 지성과 왜곡된 인격을 남겨 주게 되는가?"(p.25).

이 질문의 답은 다음 장 제목인 "정보 환경"의 편향성에 있다. 포스트먼은 "항상 문화의 정보 편향성에 균형을 제공할 필요가 있다" 그리고 "이러한 편향성이 무엇인지 또한 무엇과 견주어 볼 것인지를 아는 것이 교육의 주요 업무이다"라고 말한다(p.46). 하지만 이러한 논의의 근거는 생태학적 균형 개념 및 보존과 혁신 간의 균형과 더불어 세 번째 균형 이론을 제공한다. 해럴드 이니스(1951)의 《커뮤니케이션의 편향성》이 장의 마지막에서야 인용되지만(p.45), 포스트먼의 논의는 이니스의 경고에 기초해 만들어진다(임박한 운명에 대해 똑같은 의미를 함축하고 있지는 않는다). 이니스에 따르면, 문명 또는 문화의 파괴가 그러한 문명/문화의 미디어가 가진 편향성 저울이 한쪽으로 기울어져 돌이킬 수 없을 정도로 평형이 깨진 데에서 발단한다고 한다.

포스트먼은 이니스를 포함시킨 세 개의 균형 중심의 이론을 교차시키면서, 마침내 그의 교육 이론 및 미디어 이론 모두의 중심 사상을 갖게 되고, 이를 통해 이들 이론을 연결시키는 개념을 구축하게 된다. 이것은 우리의 매개된 환경의 생태학 혹은 균형에 관한 사상이다. 그리고 우리는 《보존 활동으로서의 교육》에서 미디어 생태학에 대한 또 다른 정의를 만나게 된다.

> 미디어 생태학은 정보 환경에 관한 연구이다. 그것은 커뮤니케이션 기술과 기법이 어떻게 정보의 형태, 양, 속도, 유통, 방향을 통제하고, 그래서 어떻게 그러한 정보의 형태 또는 편향성이 사람들의 지각, 가치, 태도에 영향을 미치는가를 이해하려고 한다(p.186).

하지만 이러한 미디어 생태학, 다시 말해 이러한 균형을 찾는 노력에는 두 가지 구성 요소가 있다는 점이 강조될 필요가 있다. 첫 번째는 미디어, 특히 그 문화와 시대의 주요 미디어의 편향성을 이해할 필요가 있다는 것이다. 이러한 목적을 위해 포스트먼은 위의 인용문에 네 부분으로 이루어진 분석의 도식을 제시한다. 미디어를 이해하기 위해 (1) 특정 미디어가 제공하는 정보의 형태, (2) 이러한 정보의 양 그리고/또는 크기, (3) 정보가 전달되는 속도, (4) 정보 제공자와 정보 접근의 정도 등을 주목할 필요가 있다고 한다. 그러고 나서 그는 미디어에 대한 "첫 번째 교과 과정"이라는 장에서 "우리의 새로운 정보 환경에 가장 강력한 새로운 요소인 텔레비전"에 집중한다(p.47).

포스트먼의 설명에 따르면, 텔레비전은 아이들이 정식 공공 교육의 제도에 들어가기 전에 세상과 사물에 대해 가르치고 있기 때문에 첫 번째 교과 과정이다. "기술의 명제*Technical Thesis*"라는 장에서는 멈포드(1934)와 엘룰(1964)의 도움을 얻어 다음과 같이 주장한다.

> 우리는 영상 이미지, 불연속성, 즉시성, 비논리성을 강조하는 정보 환경에서 자란 세대를 가졌다. 그것은 반역사적, 반과학적, 반개념적, 반이성적이다. 한편 이것이 생기는 맥락은 기술화라는 최고 권력을 지향하는 일종의 종교적 혹은 철학적 편향성이다. 그 의미는 우리가 우리의 생각과 판단 능력에 대한 자신감을 잃으면서 이러한 기능을 기계에게 기꺼이 전가시키고 있다는 것이다. 우리의 기계가 한때 "인간의 확장"이라고 여겨졌지만, 지금은 사람이 "기계의 확장"이 되었다(Postman, 1979, p.100).

포스트먼의 미디어 생태학에 두 번째 구성 요소는 "자동 온도 조절 장치의 시각"의 마지막에 암시된다. 그의 미디어 생태학(또는 현재의 문화와 시대)은 교육의 언어와 인쇄 문화를 되돌아보라고 하기 때문이다.

유년기의 소멸

≪유년기의 소멸≫은 포스트먼이 특별히 교육에 대해서 쓰지 않은 첫 번째 책이다. 대신 미디어 생태학을 교육 주변의 생활 세계, 즉 문화 일반에 적용한다. 우리의 정보 혹은 미디어 환경이 문화에 영향을 미칠 뿐만 아니라, 문화를 만들고 문화 자체가 된다(is)는 생각을 보여 준다. 좀 더 구체적으로 그 책은 두 가지 생각에 관한 것이다. 첫 번째 생각은 우리가 유년기라고 인식하고 지칭하는 인생의 단계는 활자 문화의 산물이라는 것이다. 유년기가 시작된 이유는 인쇄술이 읽고 쓸 수 있는 어른들이 접근할 수 있는 정보에 어린이들이 가까이 가지 못하도록 경계선을 만들었기 때문이다. 두 번째 생각은 우리의 전자 미디어, 특히 텔레비전이 이러한 경계를 다시 없애 버리며 유년기라는 근대적 개념과 경험도 와해시키고 있다는 것이다.

따라서 이 책은 두 부분으로 나뉘어 있다. 첫째 부분에서는 유년기의 '출현'과 이러한 출현의 토대인 활자의 발명 및 전파에 대해 논의를 한다. 두 번째 부분은 전자 미디어의 가용성, 접근성, 영향력 때문에 유년기가 사라지고 있다는 주장을 펼친다. 확실히 첫 번째 논의가 좀 더 대담한 것은 유년기가 기술 결정적 원인의 부산물이라고 하기 때문이다. 따라서 이 책 전반부의 신중한 논의를 정리하고 적절하게 설명하기 위해서는 더 많은 주의와 면밀한 조사가 필요하다.

1장 "아이들이 없었을 때"에서 포스트먼은 우리가 아는 유년기의 개념을 그리스/로마 문화와 중세 시대의 역사를 통해 추적한다. 그는 그리스인이 "유년기를 특별한 연령의 범주로 거의 주의하지 않았다"고 지적하며, "어린이와 젊은이란 단어는 적어도 모호했고 유아기와 노년기 사이 있는 거의 모든 사람을 포함하는 것처럼 보인다"고 말한다(p.6).

그는 또한 현존하는 그리스 조각에서 "아이에 대한 것은 없다"고 덧붙인다(p.6). 마지막으로 그는 다음과 같이 논의한다.

> 그리스인이 학교에 관심을 가졌다고 그들의 유년기 개념이 우리의 것과 유사하다는 의미로 받아들여서는 안 된다. 스파르타인을 제외하더라도 (예를 들어, 그들의 훈육 방식은 현대인에게 고문으로 여겨질 수 있다), 그리스인은 현대인이 정상적으로 여기는 공감과 이해의 기준으로 어린 사람들의 훈육 문제를 접근하지 않았다(pp.7~8).

포스트먼은 계속해서 로마인이 "학교 교육에 대한 그리스인의 개념을 차용해 그리스인의 인식을 능가하는 유년기에 대한 의식을 개발했다"고 언급한다(p.8). 그러한 발전 과정 중에 유년기와 부끄러움shame의 개념이 연관된다는 것이 중요하다. 그는 "잘 발달한 부끄러움의 개념 없이, 유년기는 존재할 수 없다"고(p.9) 적고 있다. 로마인들이 이러한 연관성을 마음에 두면서 아이들을 키웠다는 것은 아니지만, 포스트먼은 이것이 근대적 유년기 개념을 만드는 경계선의 토대, 즉 "어른들의 비밀, 특히 성의 비밀로부터 보호할 필요"(p.9)가 되었다고 주장한다.

중세 시대의 유년기에 대해서 포스트먼은 다음과 같은 단락으로 이러한 역사적 시기의 결과를 정리한다.

> 교육받은 모든 사람들은 북방 이방인의 침략, 로마제국의 멸망, 모습을 감춘 고전 문화, 이른바 어둠의 시대, 그리고 중세 시대로의 유럽의 몰락 등에 대해서 알고 있다. 교과서가 변화 과정을 충분히 보여 주지만, 네 가지 점이 종종 간과되고 이 점들은 특히 유년기 이야기와 관련되어 있다. 첫 번째는 문자성이 사라졌다는 것이다. 두 번째는 교육이 사라졌다는 것이다. 세 번째는 부끄러움이 사라졌다는 것이다. 그리고 네 번째는 다른 세 가지 점의 결과로 유년기가 사라졌다는 것이다(p.10).

포스트먼은 "인쇄술과 새로운 어른" 그리고 "유년기의 여명기"에서 이러한 요지를 잇는 주장을 해나갔다. 만일 유년기가 성인기와 관련하여 이해될 필요가 있다면, 그리고 만일 성인 세계가 활판 인쇄술의 발명과 함께 현격하게 변화했다면, 문자성의 확산, 인쇄 문자성의 문화적 혁명, 그리고 유년기의 개념들은 이러한 역사적 순간과 함께 변화해야만 할 것이다. 여기서 포스트먼은 동료 미디어 생태학자인 엘리자베스 아이젠슈타인의 ≪변화의 동력으로서의 인쇄기≫(1979)로부터 많은 영향을 받는다. 이 책은 그의 책이 출판되기 불과 4년 전에 나왔다. 또한 그는 이니스, 멈포드, 린 화이트Lynn White Jr.(1962)를 논의에 끌어들인다.

"유년기의 여명기"에서, 포스트먼은 "여명기"라는 용어의 어원을 인용하며 은유로서 사용한다. 그는 이 용어를 글자 그대로 번역한다면 "요람기"라고 한다. 그리고 인쇄술이 자신의 여명기 혹은 요람기를 빠져 나왔을 때, "유년기의 개념이 자리 잡게 되었다"고 말한다(p.37). 다시 말해, 16세기 말과 17세기에 "유년기가 존재했고 자연의 질서 중 하나라고 여겨졌다"(p.37). "아이들이 읽고 쓰는 방법, 그리고 인쇄 문화가 요구하는 사람이 되는 방법을 배우는 것이 이들 문화에선 필수적이었기 때문에" 당시 아이들은 하나의 사회 계급으로 분리되게 된다(pp.37~38).

포스트먼은 이 모든 것을 기초로 하여 그의 책의 실제 목적, 다시 말해 현대 전자 미디어 문화가 근대적 삶의 필수적인 시기인 유년기의 존재에 대해 갖는 함의를 논의하게 된다. 유년기가 필요한 것은 진행 중인 문화 패턴을 지속시키기 때문이다. 이러한 문화 패턴에서는 각 세대가 성인이 될 때 인쇄 문화의 유산과 문명화 효과를 향상시키는 역할을 하게 되고, 후속 세대에 책임을 갖게 된다. 하지만,

텔레비전은 세 가지 점에서 유년기와 성인기의 경계를 허물고 있고, 이 모두가 텔레비전의 부분별한 접근성과 관련된다. 첫째, 그 형태를 이해하는 데 훈련이 필요 없기 때문이다. 둘째는 마음이나 태도에 복잡한 요구를 하지 않기 때문이다. 셋째는 자신의 수용자를 차별하지 않기 때문이다. 다른 전기, 비인쇄 미디어 덕분에, 텔레비전은 14세기와 15세기에 존재했던 커뮤니케이션의 조건을 재현하게 된다. 우리는 생물학적으로 이미지를 보고 해석할 수 있고 그러한 이미지 대부분의 맥락을 제공할 수 있는 언어를 들을 수가 있다. 새로 출현한 미디어 환경은 모든 이에게 똑같은 정보를 동시에 제공한다. 언급된 조건을 볼 때 전자 미디어가 어떠한 비밀이라도 보류할 가능성은 없다. 물론 비밀이 없이는 유년기와 같은 것은 있을 수 없다(p.80).

결론에서 그는 다음과 같이 적는다. "문화가 아이들을 필요로 한다는 것을 잊을 것이라고 상상할 수 없다. 하지만 어린 아이들이 유년기를 필요로 한다는 것은 거의 잊혀져 가고 있다. 이를 기억해야 한다고 주장하는 사람은 숭고한 이바지를 하게 될 것이다"(p.153). 따라서 ≪유년기의 소멸≫이 결국 교육에 관한 책이라고 할 수 있는 것은 이 책이 우리의 문화에 대한 이해와 평가, 그 안에서 생산적이고 성공적으로 사는 방식, 그리고 미래에 이것의 연속성을 보장하는 방식 등을 아이들에게 가르치기 위해 우리가 알아야 할 것들을 이야기하기 때문이다.

죽도록 즐기기: 쇼 비즈니스 시대의 공적 담론

≪죽도록 즐기기≫(Postman, 1985)는 ≪유년기의 소멸≫처럼, 현대 미디어 환경의 두드러진 결과 중 하나에 대해 이야기한다. 그것은 텔레비전이 담론에 미치는 영향을 다룬다. 이러한 담론은 우리의 문화가 유지되는 방식이고, 이를 통해 우리는 문화가 긍정적으로 미래에 나아가도록

노력한다. 요컨대, 그 책은 모든 진지한 담론이 텔레비전에 여과되면서, 우리의 주의를 끌고 유지하려는, 즉 우리를 즐겁게 하고 기분 전환시키며 웃기게 하려는 텔레비전의 요구가 어떻게 우리를 구속하는지를 다룬다. 그리고 동시에 이러한 사실의 결과에 대해서도 다룬다.

또한 ≪죽도록 즐기기≫는 대중적 지식인으로서의 포스트먼 경력에 정점을 이룬다. 이 책은 미국뿐만 아니라, 세계 여러 나라, 특히 서구 유럽에서 잘 팔리는 책이 되었다. 서구 유럽에서 이 같은 인기를 끈 주요 원인은, 책이 출판될 당시 많은 유럽 국가가 상업적 미국 모델을 따라 자신들의 텔레비전 체계 일부를 한창 재개발하고 있었기 때문이다. 많은 문화적, 정치적 지도자와 지식인은 당연히 이러한 추이가 자신들의 개별 문화의 지속성(존재 자체는 아니더라도)과 정치적 삶에 갖는 함의에 관심을 가졌다. 포스트먼은 이들의 관심사에 대해 직접적으로 이야기를 했다.

또한 ≪죽도록 즐기기≫는 록그룹 핑크 플로이드의 리드 싱어이자 베이스 기타 연주자, 그리고 제1 작사가였던 로저 워터스에게 영향을 미친 책이다. 그는 자신이 작업하던 레코드에 환멸을 느껴 폐기 처분하고, 새로운 생각과 영감을 가지고 스튜디오에 돌아온다. 이러한 영감은 대서양 횡단 비행기에서 포스트먼의 책을 읽은 후 생겨났다. 그 앨범은 마침내 1992년 "죽도록 즐거운"이란 이름으로 발표되었다.

이전 책처럼 ≪죽도록 즐기기≫는 두 부분으로 나눠진다. 첫 번째 부분에서 포스트먼은 텔레비전 미디어로 대표되는 우리의 현대 미디어 환경이 인쇄 문화 최고의 업적인 진지한 시민적, 정치적, 사회적 담론을 타락시키고 쇠퇴시키고 있다는 자신의 주장에 관해 미디어 생태학적 토대를 깔아놓는다. 포스트먼에 따르면, 이러한 상태가 미디어를 수익 지향의 사업으로 받아들이고 적응시켜나간 우리 방식의 문제라기보다는,

텔레비전 미디어의 본질과 특성에 따른 결과라고 본다. 포스트먼은 텔레비전이 현재의 모습으로 진화한 이유는 우리가 종국적으로 그리고 필연적으로 그것의 기능, 혹은 그것이 가장 잘 제공할 수 있는 것을 최대한 활용하는 법을 배웠기 때문이라고 본다. 책의 두 번째 부분은 텔레비전이 우리 미디어 문화의 중심에 위치하면서 공적 담론의 영역이 어떠한 영향을 받았는지의 문제를 검토한다. 여기에는 모든 텔레비전 프로그램의 오락화, 텔레비전 내용의 불연속성과 파편화, 텔레비전에 나온 종교와 정치의 "수치"(엘룰[1985]의 용어를 인용함), 교육용 어린이 텔레비전의 파우스트적인 거래 등의 문제가 포함된다.

 이 책은 잘 알려졌듯이 20세기 문학에서 나온 두 가지 디스토피아적 예언, 즉 올더스 헉슬리의 ≪멋진 신세계≫(1932)와 조지 오웰의 ≪1984년≫(1949)을 대비하면서 시작된다. 포스트먼은 (1985년에 쓴 서문에서) 헉슬리의 악몽이 실제로 실현되고 있는지를 질문한다. 우리가 오웰이 상상한 전체주의적이고 모든 것을 내다보는 억압적인 힘에 통제된 적이 없었기 때문이다. 대신 포스트먼이 제시하고 헉슬리가 경고했듯이, 우리는 우리를 억압하는 것을 반기고 기꺼이 받아들여 왔다. 우리는 일종의 몽유병적인 상태에 있는 자신을 발견하게 된다. 이러한 상태에서 우리는 즐거움을 추구하는 데 너무도 열중해, 우리가 통제되는 방식이나 사실에 별로 신경 쓰지 않고 있다. 우리는 궁극적으로 우리 스스로의 통제에 책임이 있게 된다. 그리고 오웰식 빅 브라더가 우리를 항상 감시하고 있는 것이 아니라, 충직하고 사랑스런 가족의 일원이 된 우리가 시청하는 텔레비전이 이러한 통제에 희생되도록 만드는 주요 수단이 되고 있다. 우리 시대의 주요 미디어이자 문화적 힘으로서 텔레비전은 가장 강력하게 우리 문화와 소통하고 있고, 가장 강력하게 우리의 문화가 되고 있으며(is), 동시에 그것이 다루는 모든 것을 오락으로 만들고 있다. 그 결과, 우리의 문화적 삶의 세계가 오락에 지나지 않게 된다.

많은 사례와 일화를 담은 이 책의 2부는 어쩌면 책을 읽는 일반 독자에게 좀 더 접근 가능할 수 있다. 반면, 1부는 미디어 생태학자에게 좀 더 가치가 있다. 1부의 처음 두 장은 포스트먼의 미디어 생태학을 확장시킨다기보다는 명료화시키고 있다. 맥루언의 "미디어는 메시지다"라는 경구를 확장시켰다고 할 수 있는 "미디어는 은유이다"라는 장에서, 모든 미디어는 은유이고, 은유를 통해 미디어 편향성(그리고 특정 미디어를 선호하고 특권화할 때의 편향적 표현)은 우리 자신과 시대에 대해 이야기한다고 한다. "인식론으로서의 미디어"라는 장에서 그는 이러한 생각을 상세히 설명하며, 문화의 주요 미디어가 어떻게 "사람들이 알게 되는 것, 알고자 관심을 갖는 것, 알 수 있는 것을 결정하는" 주요 요소가 되는지를 살펴본다. 3장 "활자 문화의 미국"과 4장 "활자 문화의 정신"에서는 다시 인쇄술을 은유로서 검토하고, 그것의 인식론을 설명한다. 이 두 장은 뒤에 1부의 마지막 장인 "아웅 놀이의 세계*The Peek-a-Boo World*"의 토대가 된다. 여기서 포스트먼은 은유로서의 텔레비전과 그것의 인식론에 대해 논의를 펼치고, 동시에 책의 나머지 부분으로 넘어간다. 그는 전자 혁명 전체를 언급하며 다음과 같이 쓰고 있다.

> …… 이러한 전자 기술의 총체는 아웅 놀이의 세계인 새로운 세계를 낳는다. 여기서는 지금 이 사건, 지금 저 사건이 잠깐 동안 돌연 나타났다 다시 사라진다. 그것은 일관성이나 의미가 별로 없는 세계이고, 아이들의 아웅 놀이처럼 전적으로 자기 충족적인 세계이다. 또한 아웅 놀이처럼 끝없이 오락적이다. 물론, 아웅 놀이를 하는 것이 나쁘다는 것이 아니다. 오락에도 잘못은 없다. 어떤 정신과 의사가 말했듯이, 우리 모두가 공중에 성을 짓고 있다. 문제는 우리가 거기에 살고자 할 때 생긴다. 전신과 사진이 중심을 이룬 19세기 말과 20세기 초의 커뮤니케이션 미디어는 아웅 놀이의 세계를 만들었지만, 텔레비

전이 등장할 때까지 우리가 거기 살지는 않았다. 텔레비전은 전신과 사진의 인식론적 편향성이 가장 강력하게 나타나게 만들며, 이미지와 즉시성의 상호작용이 정교하고 위험한 극치에 이르도록 한다. 그리고 이것들을 집으로 가져왔다(pp.77~78).

요컨대, 텔레비전이 "새로운 인식론의 지휘소"가 되었다(p.78). 현대적 삶의 영역의 어떠한 문제도 미디어의 작용 범위와 장악력에서 벗어날 수 없으며, 한 번 포착되면, 그것에 의해 규정되게 된다. 비록 이러한 규정이 모든 문제와 그 중요성의 최소화와 평가절하를 의미하는데도 말이다. 결과적으로, 진지한 공공 담론의 대부분(전부는 아닐지라도)을 텔레비전에서 찾는 일반 시민은 시민보다는 소비자이고, 호기심을 갖고 깨우치기보다는 즐기고 있으며, 활동을 하기보다는 잠자코 있는 자기 자신을 발견하게 된다.

3단계: 과도기 그리고 테크노폴리

포스트먼 연구의 세 번째 단계는 ≪양심적인 반대 Conscientious Objections≫ (Postman, 1988)와 ≪TV 뉴스를 어떻게 볼 것인가 How to Watch TV News≫(Postman & Powers, 1992)로 시작한다. 하지만, 이 단계는 ≪테크노폴리: 기술에 정복당한 문화 Technopoly: The Surrender of Culture to Technology≫(Postman, 1992)로 정점에 이른다.

양심적인 반대: 언어, 기술, 교육에 관해 문제 일으키기

≪양심적인 반대≫(Postman, 1988)는 원래 ≪죽도록 즐기기≫의 광범위한 성공에 편승하려는 시도로 출판되었다. 전작이 여전히 영향을 가지며 논의되었고, 포스트먼이란 별이 특히 서구 유럽에서 여전히 밝게 빛나고 있는 와중에, 이 책은 전작이 출판된 지 3년 만에 출판된다.

이 책은 열여덟 개의 글을 모은 것이다. 이 중 여덟 개는 기존에 출판된 것을 다시 출판한 것이다. 네 편은 연설문이고, 두 편은 이전의 두 책인 ≪유년기의 소멸≫과 ≪죽도록 즐기기≫의 요약으로 볼 수 있다. 이러한 선택들 간의 일관성을 설명하고 정당화시키기 위해, 포스트먼은 서문에서 "이러한 글들을 하나의 전체로 만들며" "30년 동안 내 학문적 관심의 핵심이 되었던 주제"가 정확히 세 가지 있다고 말한다(p.xii).

첫 번째 주제는 "애꾸눈one-eyed 기술의 승리"에 반대하는 것이다(p.xiii). 그는 "애꾸눈"이라는 표현을 통해 기술이 맥락, 역사, 결과뿐만 아니라 "바로 그 앞에 있는 것"도 "볼 수" 없다는 것을 말한다. 이러한 설명보다 더 중요한 것은 책의 첫 번째 주제를 소개할 때 특정 "미디어"에서 좀 더 맥루언적인 "기술"로 용어를 바꿨다는 점이다. 포스트먼은 "족쇄가 풀린 기술의 발전에 의해 우리가 어디로, 누구의 이익을 위해 이끌려 가는지"의 문제에 계속해서 몰두한다.

두 번째 주제는 엘룰(1985)을 다시 차용한 "언어의 수치"(Postman, 1988, p.xiii)이다. 그리고 세 번째 주제는 "기술과 언어의 쟁점에서 결코 멀리 떨어져 있지 않는 주제"인 교육이다(p.xv). 예를 들어, "방어할 수 없는 것에 대한 방어"란 글은 인간과 교육에 관한 글을 되돌아보고, 당시 그의 경력상 이상한 일이지만, ≪전복 활동으로서의 교육≫이 가졌던 전복적인 성향을 다시 찾는다. 포스트먼에 따르면, 이 제목은 "조지 오웰의 유명한 글인 '정치와 영어'에서 유래"한 것으로서, 여기에서 오웰은 "위험하게 타락한 현대 정치 사상의 상황을 이야기한 후, 언어가 주로 '방어할 수 없는 것을 방어'하고 있다고 기술한다"(p.20). 포스트먼은 이러한 개념을 차용해, 우리의 젊은이들이 그러한 언어와 결과에 대해 방어하는 능력을 키우고 키케로의 말대로 "현재의 횡포"(p.22)로부터 자유로워질 수 있도록 가르칠 필요가 있다고 주장한다. 포스트먼의 연구를 확장시킨 글을 생각해 볼 때, "도덕 신학으로서의 사회과학"이 이 책에서 가장 중요한 글이다. 이 글은 책의 첫 번째 글이자, 포스트먼이 박사 과정 세미나에서 자신의 글과 관련해 "가장 좋은 글"이라고 말했던 것이다. 이 글에서 그는 사회과학이 과학이 아니고, 과학과 혼돈해서는 안 되며, 자신이 생산하는 학식과 지식을 정당화하고 존중하기 위해 자연과학과 똑같은 기준을 내세워서는 안 된다고 주장한다. 그의 말에 따르면, 그것은 좀 더 정확하게 그리고 적절하게 "이야기하기"의 문제이다. 그는 자신을 포함하여 사회과학을 실천하는 사람들에 대해 다음과 같이 쓴다.

> 나는 이런 사람들이 하는 작업을 이야기하기라고 부르는 것은 이것을 통해 저자가 일련의 인간사에 대해 독특한 해석을 제공하고 있다는 점, 여러 형태의 사례로 자신의 해석을 입증하고 있다는 점, 그 해석이 증명되거나 부정될 수는 없지만 사용 언어의 힘, 설명의 깊이, 사례의 적절성, 주제의 신뢰성 등으로 소구력을 가질 수 있다는 점이 시사되기 때문이다. 그리고 이 모든 것이 확인해 볼 수 있는 도덕적 목적을 가지고 있다는 점이다. 수학이나 과학에서 사용되는 의미의 "진실"과 "거짓"이라는 단어가 여기에서는 적용되지 않는다. 이러한 해석에 대해 보편적이거나 번복될 수 없는 진실 혹은 거짓은 없기 때문이다. 이들을 확인하거나 그 거짓을 입증할 비판적 테스트도 없다. 이들

이 근거한 자명한 원리란 없다. 이들은 시간과 상황, 그리고 무엇보다 연구자의 문화적 편견의 제한을 받는다. 한 편의 소설처럼(p.13).

이러한 주장에 따르면, 그 또는 그녀의 연구를 입증하는 형태가 양적 자료에 대한 통계학적 처리인지, 신중하게 심사숙고된 논의인지는 문제가 되지 않는다. 이것들은 단순히 우리가 이야기를 전달하기 위해, 그리고 이를 읽고 활용할 이들에게 가치와 동조를 제공하기 위해, 선택한 형태이다. 포스트먼에 따르면, 사회과학자는 "심리학적이고 사회적인 이야기를 전달하는 우리 문화의 가장 중요한 이야기꾼"으로서(p.16), 이들의 진짜 목적은 "사회의 신화를 창조하고 이야기하는 사람"의 역할을 하는 것이라고 한다(p.17). 이들의 의도는 무엇보다 "우리 분야에 기여하는 것이 아니라, 인간의 이해와 품위에 이바지하는 것이어야 한다"(p.17)고 말한다. 특히 미디어 생태학자의 목적은 "기술의 결과에 대해 말하는 것, 다시 말해 미디어 환경이 어떻게 우리의 사고나 삶의 조직 방식을 변화시킬 수 있는 맥락을 만드는지, 어떻게 우리를 더 낫게 혹은 더 나쁘게, 더 똑똑하게 혹은 더 우둔하게, 또는 더 자유롭게 혹은 더 노예 상태로 만드는지를 말하는 것"이어야 한다(p.18).

마지막으로 "뉴스"라는 제목의 글은, 뉴스가 원칙상 사람들이 자신 사는 사회에 대해 찾는 가장 중요한 정보이고 그것의 기능이 사회에 기여하는 시민으로 살아가도록 돕는 것이라고 인식하면서, 텔레비전 뉴스를 다룬다. 이런 점에서 이 글은 포스트먼의 "새로운 영어" 교과서인 ≪언어와 현실≫(Postman, 1966b) 가운데 뉴스에 관한 일련의 장들을 되돌아보고 있다. 뿐만 아니라 그의 다음 책을 기대하게 만든다.

TV 뉴스를 어떻게 볼 것인가

≪TV 뉴스를 어떻게 볼 것인가≫(Postman & Powers, 1992)는 오랫동안 라디오 및 텔레비전 뉴스 기자로 일했고 뉴욕 지역 업계의 인사이자 포스트먼의 박사 과정 학생이었던 스티브 파워스와 공저했다. 또한 이 책은 일반 독자들을 겨냥한 포스트먼의 유일한 "대중용" 책이다.10 이 책은 당시 미디어 비평으로 주로 알려진 학자와 전문적인 텔레비전과 라디오 취재 기자를 의도적으로 공저자로 했고, 그럼으로써 각자의 편향성에 대한 균형을 잡고, 각자의 강점과 지식을 독자들에게 제공하며, 가능한 많은 독자들(이 책으로부터 이득을 얻을 수 있는 모든 사람들)에게 책의 기본 주장을 전하고자 하였다.

책의 기본 주장은 저자들이 각자의 전문적인 시각에서 텔레비전 뉴스의 성격과 결과에 관해 동의하는 데서 나온다. 책의 서문에서 그들은 "몇 년 전 우리는 텔레비전 뉴스가 소개한다고 말하는 것과 실제 전달하는 것이 별개의 것이라는 결론에 다다랐다"고 말한다(p.x). 그래서 이 책은 두 가지를 이야기한다. 첫째, 이 책은 텔레비전 뉴스가 실제 전달하는 것과 뉴스를 제작하고 소개하는 사람들이 전달하려는 것을 대비해 설명한다. 둘째, 이 책은 시청자들에게 일련의 교훈을 제공하여, 텔레비전 뉴스가 무엇이고 아닌지에 대한 이들의 인식과 활용을 도우려고 했다.

예를 들어, "당신이 텔레비전을 보고 있나 혹은 텔레비전이 당신을 보고 있나?"라는 장에서 포스트먼과 파워스는 시청자들이 일반적으로

---

10. ≪죽도록 즐기기≫(Postman, 1985) 또한 그것을 읽는 일반, 해외 독자의 수와 범위를 고려할 때 대중용 책이라고 주장할 수 있다.

텔레비전을 정보와 오락을 제공해 주기 위해 존재하는 장치로 여기지만, 그것은 산업으로서의 광고주가 가정 사생활에 들어와 잠재적 고객의 관심에 접근할 수 있도록 해주는 도구라고 지적한다. "무엇이 뉴스인가"에 대한 장은 그 질문에 대답하기보다는, 그런 질문 자체의 중요성을 제기하면서, 그 질문에 대답하려고 할 때, 즉 뉴스가 무엇이고 무엇이어야 한다고 정의하려고 할 때 생기는 문제를 폭로한다. 3장 "전자 텐트 *Electronic Tent*에 유인하기"는 뉴스 전문가가 그들의 뉴스에 주파수를 맞추도록 시청자를 유인하는 방법을 소개한다. 만일 누가 뉴스를 전달하건 혹은 어떻게 전달하건 상관없이 그 날의 뉴스가 똑같은 거라면, 특정 네트워크나 방송국의 뉴스 프로그램을 선택하는 이유는 만들어지는 것이라고 할 수 있다. 4장에서 6장까지는 보도국 제작 과정, 뉴스 제작자, 이들이 하는 일, 이들이 겪는 제약, 중압감, 자극, 그리고 뉴스와 이것을 둘러싼 큰 기업 구조와의 관계 등 "무대 뒤"를 살펴본다. 미디어 생태학은 8장 "언어의 편향성, 영상의 편향성"에서 분명하게 두각을 나타낸다. 여기서 텔레비전 뉴스는 다른 여느 미디어/매스 미디어에 의해 전달된 뉴스처럼, 매개된 현실을 제공한다는 점이 강조된다. 포스트먼과 파워스는 "텔레비전에서 듣고 보는 뉴스가 사건 자체가 아닌, 실제 사건을 재현하는 것이라는 의미에서 모든 뉴스쇼는 개작물*re-creations*"이라고 말한다(p.97). 8장은 계속해서 이러한 편향성이 명시되거나 감춰지는 방식을 설명한다. 마지막으로 "당신은 무엇을 할 수 있나"라는 장은 사람들이 뉴스 시청에 최대한 이용할 수 있는 여덟 개의 권고 목록을 제공한다.

결국 《TV 뉴스를 어떻게 볼 것인가》는 《양심적인 반대》처럼 《죽도록 즐기기》의 후속 연구이다. 그것은 사실이지만, 이 책은 오늘날의 삶에 영향을 미치는 텔레비전에 대한 또 다른 비판적 보고서를 제시하고 있다. 《죽도록 즐기기》의 주요 논점은 텔레비전이 오락을 제공할 때 제일 낫다는 것이다. 하지만 ≪TV 뉴스를 어떻게 볼 것인가≫는 이러한 교훈을 무시하는 사람들을 위한 것이다. 미국의 75% 이상의 사람들이 텔레비전을 주요 뉴스 출처로 이용하고 있다면, 이 책의 목적은 그러한 사람들(텔레비전이 뉴스에 적절치 못한데도 계속해서 뉴스를 얻기 위해 텔레비전을 시청하는 사람들)이 성공적이고 건강한 목적을 위해 미디어 및 이러한 메시지의 특정 요소와 타협하는 몇 가지 방법을 제공한다. 이런 점에서 이 책 역시 미디어 교육에 관한 것이다.

테크노폴리: 기술에 정복당한 문화

≪테크노폴리≫의 주장은 ≪유년기의 소멸≫의 주장과 마찬가지로 고상하다. 이 책의 내용을 간단히 말하자면, 인간의 문명이 발전하면서 세 개의 문화 단계를 거쳐 진화해 왔다는 것이다. 이것의 첫 번째는 도구 제작의 문화이다. 두 번째는 기술주의*technocratic* 문화이다. 그리고 세 번째 단계는 현재 우리가 살고 있는 테크노폴리이다. 이 책에서 포스트먼은 두 번째와 세 번째 단계가 정확히 어떻게 정의되고, 이들 간의 다른 점이 무엇이며, 우리가 왜 이런 것들을 알아야 하는지, 말하자면 기술이 지배하는 세계의 실태가 갖는 결과가 무엇인지를 분명하게 밝히려고 했다.

또한 이 책의 중요성은 기술에 대한 포스트먼의 관심을 중점적으로 다루며 결실을 맺는다는 것이다. 포스트먼이 맥루언 신봉자였던 만큼, 미디어와 기술의 개념을 동일시한 맥루언으로부터 몇 가지 장점을 발견한다.[11] 미디어와 기술 모두 우리와 우리의 환경 사이에 놓인 "인간의 확장"이다. 이를 통해 우리는 인간으로서 우리가 가진 한계나 환경에 의해 강제된 한계를 능숙하게 다루고, 바꾸며, 초월하는 능력은 아니더라도, 우리의 가능성을 확장시킬 수 있다. 이 책의 초점은 ≪보존 활동으로서의 교육≫의 "기술의 명제"라는 장까지 거슬러 올라갈 수 있다. 또한 ≪양심적인 반대≫가 다룬 주제 가운데 첫 번째로 이야기된 것이다. 하지만 포스트먼이 ≪양심적인 반대≫의 서문에서 썼던 것처럼, 그것은 항상 그의 모든 연구에 함축되고 지속되었던 주제였다. 그가 영어 교육학자로 시작했지만, 그의 접근 방식은 항상 언어를 인간 커뮤니케이션 미디어와 기술 혁신이란 맥락에 놓았다. 그렇게 함으로써, 그는 필연적으로 매스 커뮤니케이션의 전자 기술에 주목하게 되었고, 이것을 모든 인간 커뮤니케이션 형태의 역사적 맥락에 배치시키게 된다. 또한 이러한 맥락을 인간의 모든 발명의 역사, 목적, 영향 등으로 확장시킨 맥루언, 멈포드, 엘룰과 같은 학자를 주시하게 된다.

≪테크노폴리≫에서 정리한 세 가지 단계는, 당면한 문제를 풀며 어느 정도 세상을 통제하려고 노력했던 단순 도구 제작자로서의 우리의 뿌리에서 시작한다. 포스트먼은 그러한 문화에 대해 다음과 같이 서술한다(그리고 그들이 지구상에서 사라졌지만, 몇몇은 아직도 존재한다).

> 모든 도구 사용 문화의 주요 특징은 그들의 도구가 주로 두 가지 일을 위해 발명되었다는 것이다. 한 가지는 수력, 풍차, 큰 바퀴의 쟁기 등의 사용처럼, 물리적 삶의 특정하고 절박한 문제를 해결하기 위해서였고, 다른 한 가지는 성과 대성당의 건설 및 기계식 시계의 개발에서처럼, 예술, 정치, 신화, 제의, 종교 등의 상징 세계를 받들기 위해서였다. 어떤 경우도 도구는 그것을 도입한 문화의 품위와 본래 모습을 공격하지 않았다(혹은 좀 더 정확히, 공격하려고 하지 않았다). 몇 가지 예외는 있지만, 도구는 사람들이 자신들의 전통, 신, 정

---

11. 포스트먼(1985)은 맥루언의 사상을 확장시킨 유추를 좋아했다. "기술과 미디어의 관계는 뇌와 마음의 관계와 같다"(p.84). 기술은 하드웨어 혹은 용기이다. 미디어는 소프트웨어 혹은 기술을 사용하는 방식이다.

치, 교육의 방법, 또는 사회 조직의 정통성을 믿지 못하도록 방해하지 않았다. 이러한 믿음은 사실상 도구의 발명을 지휘했고 그것의 사용을 제한했다(p.23).

한편 기술주의는 우리가 복잡하고 진보된 도구와 기술을 만들게 되면서, 이러한 도구와 기술이 사물의 자연 질서와 인류 모두에게 급진적인 변화를 일으키게 되면서 생겨났다. 포스트먼에 따르면, 기술주의 문화에서 "도구는 문화에 통합되지 않았다…… 그들이 문화가 되었다"(p.28)고 한다. 그리고 나서 그는 중세 유럽에서 생겨난 세 개의 발명품, 즉 기계식 시계, 활판 인쇄술, 망원경이 서구 기술주의 시대의 등장에 주원인이었다고 말한다. 기계식 시계는 시간을 세분화시키고 일상생활을 조직하였다(멈포드의 ≪기술과 문명≫에서 끌어 낸 논점이다). 인쇄술은 교회로부터 기존 지식을 얻어 내고, 평신도가 중세 시대에서 벗어나도록 인도했으며, 당대의 인식론을 바꿔 놓았다. 포스트먼이 변화의 동인으로 가장 강조한 것은 망원경으로서, 이것은 "지구가 우주의 확고한 중심이기 때문에 인류가 신의 특별한 관심 대상"이라는 믿음을 깨뜨렸다.

테크노폴리는 이러한 궤도의 끝이자, 우리에게 주어진 인간성과 우리가 만들어 갔던 인간성이 충돌하는 노정에 있어 피할 수 없는 마지막 단계이다. 테크노폴리는 기술주의가 맹렬한 상태인 "전제주의적 기술주의"(p.48)이다. 포스트먼은 테크노폴리를 "기계와 기술에서 인간적 삶의 의미를 찾는 총체적인 환원주의를 지향"하고, 그 결과 "모든 문화적 삶의 형태가 기법과 기술의 지배 권력에 굴복"하게 되는 삶의 세계라고 설명한다(p.52). 그는 계속해서 이러한 사고 방식을 "테일러주의*Taylorism*"에서 가장 잘 표현하고 있다고 제안한다. 테일러주의는 과학적 경영 관리의 원리로서, 프레드릭 테일러(1947)가 쓴 같은 이름의 책에서 인용되었다. 테일러주의가 제공하는 것은,

테크노폴리의 사상계가 가진 가정에 관한 첫 명시적이고 공식적인 개요이다. 여기에는 인간의 일과 생각의 주요 목적이(유일한 목적은 아니더라도) 효율성이라는 믿음이 포함되어 있다, 기술적 계산이 인간의 판단보다 모든 면에서 우위에 있다, 인간의 판단이 부정확함, 모호함, 불필요한 복잡함에 젖어 있어 사실상 신뢰할 수 없다, 주관성은 명확한 사고에 방해가 된다, 계량화될 수 없는 것은 존재하지 않거나 가치가 없다, 일반인의 문제는 전문가가 가장 잘 안내하고 관리할 수 있다 등의 믿음이 포함되어 있다(p.51).

인간성이 자신의 발명품에 속박되어 있고 극단으로 흐르고 있다는 이러한 시각은 분명 엘룰(1964)의 테크닉 *la technique* 개념에 기초한다. 엘룰은 우리가 세상을 통제하기 위해 발명한 기계가 어떻게 우리를 통제하게 되는지, 어떻게 각 기계마다 의도한 사용 목적과 다른 개념이 적어도 하나는 내재되어 있는지, 기계를 만들어 사용하고 기술적 진보를 추구하는 인간의 추진력이 어떻게 영향력 있는 지배적 세계관이 되는지 등의 문제에 대한 인식을 촉구했다.

요컨대, 이제까지 검토했던 문화로서의 미디어에 관한 포스트먼의 논의를 살펴볼 때, 분명한 점이 드러난다. 기술과 미디어를 융합시켰던 맥루언을 따르면서, 그와 마찬가지로 기술이 우리의 문화가 된다(혹은 문화이다)고 주장한다. 테크닉이라는 용어가 포괄하는 문화에서는 기계에 대한 과도한 의존과 준종교적 숭배 때문에 우리가 그것의 지배를 받게 되고, 그 결과 우리 스스로가 기계와 같아진다. 포스트먼과 엘룰 둘 다 이러한 현재의 횡포, 즉 우리 기계의 횡포에 대해 경고하는 것을 자신들의 사명으로 받아들이고 있다.

4단계: 교육으로의 복귀

그의 연구의 세 번째 단계가 ≪테크노폴리≫라는 기술 연구를 중심으로 ≪죽도록 즐기기≫의 성공을 뒤따르는 기획처럼 보이는 책들로 구성되었다면, 네 번째 단계는 일관성을 되찾을 뿐만 아니라, 교육자로서의 자기 근원으로 돌아간다. 이 단계의 두 권의 책은 ≪교육의 종말≫(1996)과 ≪18세기에 다리 놓기≫(1999)이다.

교육의 종말: 학교의 가치를 재정의하기

≪교육의 종말≫(Postman, 1996)이란 제목은 분명히 지금의 시대를 반영한다. 포스트먼은 포스트모더니즘에 대해 관심이나 관계가 있다는 것을 항상 부인했다. 그럼에도 불구하고 스트레이트(Strate, 1994)는 포스트먼의 "미디어와 기술에 관한 시각"이 "포스트모던 이론이라고" 정리하면서, 포스트먼 연구에 큰 도움을 주고 있다(p.160). 여하간, 제목은 다분히 포스트모던의 조건과 포스트모던 이론이 가져온 결과를 다룬 20세기 후반부의 여러 글로부터 영향을 받았다(예를 들어 Fukuyama, 1993 참조). 예를 들어, 이러한 글은 지식의 추구, 이론과 철학의 진화, 예술의 가능성 등이 "종말"에 이르렀는지도 모른다는 생각을 이야기했다.

사실 이 책에서 포스트먼은 미국의 교육과 관련해 우리가 막다른 곳에 이르렀다고 믿거나 주장하지는 않는다. 그는 냉소주의자보다는 회의론자로서 여전히 희망을 버리지 않고 있다. 그가 제목에 "end"라는 단어를 사용함으로써 두 가지 해석을 가능하게 한다. 다시 말해, 한편으로는 우리가 교육의 기본 목적에 대해, 즉 교육이 무엇을 위한 것인지에 대해 의식을 잃어버린 만큼 그것의 종말에 직면하고 있다는 것이다. 다른 한편으로는 이러한 상실로 인해, 교육 목적이 실제로 무엇인가의 문제, 혹은 교육 목적이 무엇이 되어야 하는가의 문제를 재평가하고 재도입하는 기회를 갖게 한다. 그래서 ≪교육의 종말≫은, 포스트먼이 국가 교육 체계의 단점과 실패를 비판하는 역할로 되돌아 왔음을 보여 준다. 사람들이 자신의 "양심적인 반대"와 생각을 읽고 유념하며, 더 나아가 교정과 개선을 하길, 그는 바라고 희망했다.

  책의 기본 주제는 젊은이들이 미국 교육에 실망한 이유가 이들이 교육으로부터 자신의 삶을 이해하고 의미를 찾을 수 있는 고무적이고 중요한 서사를 제공받지 않기 때문이라는 것이다. 요컨대, 교육은 그들에게 믿을 만한 것을 아무것도 제공하지 않는다. 첫 번째 장인 "신의 필요성"에서, 포스트먼은 니체의 경구인 "사는 이유why를 가진 자는 거의 어떤 방식how이라도 견딜 수 있다"를 인용한다(p.4). 하지만 문제의 핵심은 현대인의 삶에서 이러한 이유를 추구하는 것이(혹은 그러한 목적의 부재에 따른 막연하고 공허한 동경이) 이 나라의 공공 교육 체계에서 다뤄지지 않은 상태로 남아 있고, 다른 현대적 삶의 영역에서도 다뤄지지 않고 있다. 젊은이들에게 종교는 종종 구시대의 별난 문화라고 여겨진다. 여러 면에서 가족과 가족관은 무너졌다. 텔레비전, 오락 일반, 팽배한 물질주의가 젊은이들을 꼼짝 못하게 만들며 이러한 공백을 어느 정도 채우지만, 애석하게도 이것들은 젊은이들의 삶의 실존적 빈자리를 채우기에는 역부족이라는 것이 분명하다.

  책의 초반 부분은 이렇게 실종되고 있어 절실하게 필요한 서사를 왜 학교가 제공해야 하는지에 대해 설명한다. 학교는 그러한 서사가 만들어지는 유일한 원천이 아니다. 하지만 시인 엠마 라자루스Emma Lazarus에 공감하면서, 학교는 미국인이 비옥한 땅을 불행하게 거부하는 것에서 벗어나게 만든다. 학교는 길 잃고 고독한 이들에게 미국의 역사와 미래, 성스런 상징, 자유에 대한 약속을 제공하기 위한 것이다. 학교는 한마디로 말하면, 다양한 전통, 언어, 종교를 가진 사람들로부터 일관성 있고, 견고하며, 통합된 문화가 만들어질 수 있는지의 문제에 대한 적극적인 답변이다(p.14).

그러나 교육이 이렇게 실종된 서사를 제공해야 한다고 기대하는 것이 전체 논지는 아니다. 교육이 제공하는 서사의 실패 또한 중요하다. 이러한 실패에는 교육을 성장하고 살아가는 목적의 수단으로 보는 서사, 즉 좋은 직업이나 돈 많이 버는 직업을 얻기 위한 선행 조건으로 교육이 필요하다는 서사가 포함된다. 또한 다문화주의도 포함된다. 포스트먼은 이것이 문화적 다양성에 대한 "배타적인 관심"이라고 보며, 부족주의와 인종 분리로의 복귀를 가져올 수 있다고 우려한다. 또한 컴퓨터와 컴퓨터 네트워크가 학습 과정에 도움을 준다고 가정하기 때문에, 더 나아가 컴퓨터가 미래의 경제와 직업에 열쇠이고 어느 누구도 그 유명한 "정보 초고속도로"에 뒤쳐져서는 안 되기 때문에, 기술 교육이, 특히 컴퓨터 교육이 교육 체계의 중요한 책임이라는 서사도 포함된다.

마지막 지적을 통해 ≪교육의 종말≫은 미디어 생태학에 큰 기여를 하고 있고, ≪테크노폴리≫에서 제시한 논의를 계속해서 이어간다. 9장 "이야기를 짜내는 사람/세상을 만드는 사람*The Word Weavers/The World Makers*"의 마지막에 포스트먼은 학교의 기술 이야기에 응답이 이루어지거나 포함될 필요가 있다고 보는 열 가지 원칙을 제시한다. 이러한 원칙은 미디어 생태학적 구상의 실질적인 범위, 그리고 지금까지 이 글에서 이야기한 것의 많은 부분을 정리해 준다.

1. 모든 기술적 변화는 파우스트적인 거래이다. 새로운 기술이 제공하는 모든 이득에는 그에 상응하는 손실이 존재한다.
2. 새로운 기술의 이득과 손실이 사람들에게 결코 똑같이 분배되지 않는다. 이것은 모든 새로운 기술이 누군가에겐 이롭고 다른 사람에게 해롭다는 것을 의미한다.
3. 모든 기술에는 하나의, 때에 따라선 두세 개의 강력한 개념이 내재되어 있다. 언어처럼, 기술은 특정한 시각과 소양을 선호하고 중시하며, 다른 것은 하위에 두도록 한다. 모든 기술은 기술로 통해 사람의 마음을 어떻게 활용하는지, 우리 몸으로 무엇을 하는지, 세상을 어떻게 부호화하는지, 어떤 감각을 확대하는지, 어떠한 정서적, 지적 경향을 등한시하는지 등의 문제를 특정하게 표현하는 철학을 가진다.
4. 새로운 기술은 항상 기존 기술과의 전쟁을 벌인다. 그것은 시간, 관심, 돈, 명성, 그리고 "세계관"을 차지하려고 기존 기술과 경쟁을 벌인다.
5. 기술적 변화는 부가적이 아니라, 생태 환경적이다. 새로운 기술은 단순히 무언가를 더하는 것이 아니라, 모든 것을 변화시킨다.
6. 정보가 부호화되는 상징적 형태 때문에, 서로 다른 기술은 서로 다른 지적, 정서적 편향성을 가진다.
7. 정보의 접근성과 속도 때문에, 서로 다른 기술은 서로 다른 정치적 편향성을 가진다.
8. 물리적 형태 때문에, 서로 다른 기술은 서로 다른 감각적 편향성을 가진다.
9. 우리가 참여하는 조건 때문에, 서로 다른 기술은 서로 다른 사회적 편향성을 가진다.
10. 기술적, 경제적 구조 때문에, 서로 다른 기술은 서로 다른 내용적 편향성을 가진다(pp.192~193).

18세기에 다리 놓기: 과거가 미래를 개선할 수 있는 방법

이 책의 안쪽 표지에 나와 있는 마지막 추천문은 이 책이 포스트먼의 이제까지 책 중에서 가장 급진적이라고 말한다. 하지만 이것은 겉으로 보기에 모순적이다. 인쇄 시대 및 문화의 최고 지적 업적인 계몽의 시대를 되돌아보며 그 당시의 사상을 보전 또는 보호하려는 책이 어떻게 급진적이라고 생각될 수 있는가?

이러한 질문에 두 가지 대답이 있다. 첫째 이 책이 급진적이라고 생각될 수 있는 이유는 진보의 신에게 굴복하고 있는 시대에, 특히 기술을 통한 진보에 굴복하며, 교육 기술이 지금까지의 교육이 했던 것보다 학습과 지식을 훨씬 더 향상시키고 힘을 불어넣을 것이라는 슬로건을 가진 시대에, 미래 대신 과거를 되돌아보는 일련의 시도가 일반 문화의 상식적인 시각과 다르기 때문이다. 두 번째 답변은 포스트먼이 이 책을 통해 ≪전복 활동으로서의 교육≫과 ≪보전 활동으로서의 교육≫이라는 책 제목으로 축약된 일생의 연구 주제에 해답을 구했다는 것이다. 시대가 그래서일 수 있고, 단순히 15권의 책과 38년간 생각을 발전시킨 결과일 수 도 있고, 둘 다일 수 있는데, 보수적인 성향과 논의를 보여 줬던 포스트먼의 후기 연구가 이 책을 통해 급진적이고 전복적인 것과 융합된다.

요컨대, ≪18세기에 다리 놓기≫는 교육이 길을 잃고 있어, 우리가 "현재에" 머물려고 애쓸 뿐만 아니라, 가치 있는 존재로 남기 위해, 그리고 전자 시대의 학생들을 끌어들이기 위해, 언제나 앞으로 나가려고 분투한다고 주장한다. 그리고 그렇게 함으로써, 우리는 근대적 공공 교육이 세워졌던 인쇄 문화의 특징을 내버리고 있다. 이러한 사실이 갖는 분명하고도 불행한 결과는 남은 문화와 마찬가지로 역사 의식과 그 의미를 잃게 된다는 것이다. 교수가 10년 이상 된 책을 읽으라고 했을 때, 교수가 한심하게도 최첨단 연구 분야를 따라가지 못한다고 생각하는 대학생들이 있다. 더 중요한 문제는, 우리가 보편적인 사상을, 즉 당대뿐만 아니라 모든 시대에 강력하고 생산적이며 의미를 가졌던 사상을 유지하고 옹호하기보다는, 유행을 좇는 현재의 사상을 옹호한다는 것이다. 물론 보편적인 사상은 우리를 지금에 이르도록 한 바로 그 사상이다.

이런 점에서, 이 책은 포스트모더니즘, 후기 구조주의, 비판 이론, 문화 연구에 대한 비판서이다. 말하자면, 이 책은 학습과 지식의 역사에 있어 "중요한 대화*great conversation*"를 앞으로 움직여 가려는 최근의 운동에 대해 비판적으로 반응한다. 포스트먼은 이러한 운동이 모순적이고 심지어 잘못되었다고 생각한다.

이런 문제를 치유하기 위해 포스트먼은 18세기에 생겨난, 다시 말해 주로 계몽의 시대로 알려진 이성론이 폭발하던(그리고 전복적이던) 시대에 생겨난 유산, 학문, 사상을 재발견하고 개발하라고 처방한다. 그는 1장에서 다음과 같이 말한다.

> 18세기는 괴테, 볼테르, 루소, 디드로, 칸트, 흄, 기번, 페스탈로치, 애덤 스미스의 세기이다. 그것은 토머스 페인, 제퍼슨, 애덤스, 프랭클린의 세기이다. 18세기에 귀납적 과학, 종교적, 정치적 자유, 대중 교육, 합리적인 상거래, 국가 등에 관한 개념이 개발되었다. 또한 18세기에 진보 개념과, 당신이 놀랄지도 모르지만, 현대적 행복 개념이 발명된다. 18세기 초 영국학술원의 차기 회장이었던 뉴턴의 영향을 받아, 작가, 음악가, 예술가는 우주를 질서 정연하고 합리적이며 이해 가능한 우주로 생각했다. 18세기에 베토벤이 그의 첫 번째 교향곡을 작곡했고, 바흐, 헨델, 모차르트, 하이든이 자신의 음악을 작곡했다는 사실도 놀랄 일이 아니다(pp.17~18).

그런데 이러한 단락은 현재 교육, 사상, 학문의 상태를 상징하는 사례를 제시한 후에 등장한다. 그는 장 보드리야르Jean Baudrillard와 후기 구조주의 패러다임에 대해 다음과 같이 말한다.

> 모든 것에 대해 이야기했던 프랑스인 장 보드리야르는 언어가 현실을 잘못 재현할 뿐만 아니라 재현할 현실이 없다고 말한다. (아마도 이 점은 2차 세계 대전 때 독일이 자신의 나라를 침공한 것에 무관심했던 프랑스인의 저항을 마침내 설명 하는지도 모른다. 그들은 그게 현실이라고 믿지 않았다.) 이전 시대에서 언어가 현 실을 나타낼 수 없다는 생각은, 정신병까지는 아니더라도 터무니없다고 생각 되었을 것이다. 사실 그것은 정신병의 종류이다. 그런데도 오늘날 그러한 생 각이 유명한 학과의 조직 원리가 되고 있다. 당신은 이런 종류의 일로 박사 학위를 받을 수 있다(p.8).

이러한 대조에 있어 분명한 점은 이것이다. 보드리야르, 데리다, 푸 코 그리고 그 부류에서 나온 시각이 이성의 추구에 대한 허무주의적이 고 비관적 시각이고, 결국은 교착 상태에 빠진 시각이라고 여긴데 반해, 전통적 가치와 계몽 사상으로 복귀하고 인식함으로써 좀 더 적극적이고 생산적이며 희망적인 길과 가능성을 찾을 수 있을 것이라고 보았다.

또한 ≪18세기에 다리 놓기≫는 다음과 같은 점에서 포스트먼이 수년간 쓰고 생각했던 모든 토대에 의지하고 있다. 이 책은 그동안 포스 트먼이 글을 쓰며 주로 관심을 보였던 주제에 따라 구성되어 있다. 1장 이후의 여덟 개의 장은 진보, 기술, 언어, 정보, 서사, 아이들, 민주주의, 교육 등의 순서로 다룬다. 각 장의 논지는 계몽 시대의 위대한 인물들이 이러한 주제에 관련해 제시한 사상 가운데 무엇이 중요한지, 혹은 무엇을 기억하고, 배우고, 유지하고 더 나아가 확장시킬 만한지를 말하고 있다.

그런 점에서 이 책은 포스트먼의 연구 경력에 적절한 대단원이 되고 있다. 그는 자신이 시작했던 교육으로 되돌아간다. 이 책은 그의 보수주의의 원천이 되는 (그리고 심지어 이를 급진적으로 만드는) 인쇄 문자 문화를 지향하는 편향성을 갖는다. 그리고 여기서 그는 우리를 현재와 같이 문명화시킨 18세기의 사상적 토대를 바탕으로, 자신에게 중요한 문제, 우리 문명에 중요한 문제, 그가 중요하게 만들려고 하는 문제에 관해 글쓰기를 계속한다.

포스트먼의 미디어 생태학이 가진 네 가지 논제

마지막 절에서 나는 이러한 15권이 제시한 주요 사상을 추출해 하나의 일관성 있는 사고 체계로 연결시키고 정리해 보고자 한다. 내 목적은 닐 포스트먼을 통해 우리에게 다가온 미디어 생태학의 의의를 정리해 보고자 하는 것이다. 닐 포스트먼은 자신의 저서에서 미디어 생태학의 개념적 틀과 그것이 내포하는 모든 것을 처음으로 발전시키고 제시했다. 다시 말하자면, 내 궁극적 목적은 포스트먼의 지성, 시각, 목적, 인간성을 통해 우리에게 전달된 미디어 생태학의 "핵심heart"을 분명하게 하는 것이다.

그렇게 하기 위해, 나는 포스트먼의 관심과 기여의 주안점이 된 네 가지 중복, 혹은 반복 논제를 이야기하겠다. 이러한 논제를 통해 나는 중요하고, 눈에 띄며, 가장 자주 반복되는 개념을 열거할 것이다. 이러한 네 가지 논제는 교육과 미디어 교육, 미디어 시각에서 본 언어, 문화로서의 미디어와 기술, 문화 보전 / 보수주의이다.

교육과 미디어 교육

포스트먼은 무엇보다 교육자이다. 사실상 그는 자신의 경력을 초등학교 선생님에서 시작한다. 또한 그의 학문적 경력이 영어 교육에서 시작된 만큼, 그는 영어 교육자이다. 마지막으로 포스트먼은 미국 내 미디어 교육 / 미디어 해독력*media literacy* 운동의 창시자로 간주될 수 있다.

    여기서 중요한 것은 미디어 생태학적 시각에서 이들 셋이 어떻게 서로 연관되는가이다. 포스트먼은 선생일 뿐만 아니라 학자이다. 그는 우리가 문명화된 개인 혹은 문명화된 통일체가 되기 위해 교육이 필요하고, 우리가 이러한 목적에 참여하며 우리 자신과 문화를 교육시킬 방법을 지속적으로 개선할 때, 비로소 그럴 수 있다고 생각하는 교육학자였다. 뿐만 아니라 그는 언어학자다. 언어는 인간의 이해를 위한 유일한 도구로서, 모든 학습과 지식의 기초가 되고, 이를 통해 교육이 집행된다. 게다가, 그는 언어를 성찰하고 충분히 이해하고 잘 사용될 때, 어떻게 부정적인 것보다는 성공적이고 긍정적인 학습과 지식을 가져오는지에 대해 관심을 갖는다. 이러한 관심 때문에 그는 언어의 특성뿐만 아니라, 모든 커뮤니케이션 형태의 특성을 비교와 대조의 수단으로 연구하게 된다. 각 커뮤니케이션 형태가 교육의 수단과 목적에, 그리고 궁극적으로 문명화의 목적에 영향을 미치게 되기 때문이다. 이 점은 지금 우리의 전자 시대에 특히 들어맞는다.

    이것이 그의 미디어 생태학을 구성하는 기초이다. 그리고 이러한 기초적 이해를 바탕으로부터 다음과 같은 사항이 제시될 수 있다.

미디어 생태학은 교육에 근거를 둔다.   미디어 생태학은 미디어가 교육에 영향을 미칠 뿐만 아니라 교육의 주요 주제여야 한다는 시각에서 생겨난다.

미디어는 우리가 알 수 있는 내용과 방식에 직접적으로 영향을 미침으로써 교육에 영향을 미친다. 예를 들어, 구어 세계에서의 학습은 기억할 수 있어야 한다. 간단히 그것을 보존할 수단이나 장소가 없다. 반면, 쓰기와 인쇄 세계에서의 학습은 자료를 계속해서 찾아볼 수 있는 가공품으로 저장할 수 있을 뿐만 아니라, 우리 자신의 생각과 사상에 대한 기록을 저장할 수 있다는 것을 보여 준다. 쓰기와 인쇄 덕분에 우리의 마음은 외우고 기억하기 위해 귀중한 머리를 많이 써야 하는 데서 자유로워지게 된다. 우리는 이러한 에너지를 생각하거나 주어진 정보를 종합하고 통합하고 확장하는 데 쓸 수 있게 된다.

이 점은 인쇄 문자 시대의 교육과 전자 시대의 교육을 대비하면 더욱 분명해진다. 포스트먼은 자신의 첫 번째 책 ≪텔레비전과 영어 교육≫부터 이러한 대비를 해왔다. 전자 혹은 "정보" 시대에는 정보가 폭발하면서 우리가 여기에 파묻히게 되고 빠져 나오기가 어렵게 된다. 여기서 어떤 정보가 귀중하고 가치 있는지를 아는 것은, 구어 세계에서 정보를 기억에 완전히 맡기기 위해 해야 했던 일처럼, 어렵고 수고스러운 일이 되었다.

미디어는 같은 이유로 교육의 주요 주제가 되어야 한다. 만일 맥루언의 말처럼 미디어 자체가 우리에게 "비가시적"이라면, 이것을 가시화시키는 것이 교육 활동의 책임이다. 다시 말해, 교육은 우리가 배우는 주제(내용)뿐만 아니라, 우리가 배우는 수단의 성격 자체에 (그것이 강의 듣는 것이거나 책을 읽는 것 혹은 다큐멘터리를 보는 것을 의미하던 간에) 관한 것이다. 교육에 있어 우리가 어떻게 배우고, 배우기 위해 어떻게 하고, 그러한 학습의 결과가 무엇인지를 이해하는 것이 다른 어떤 주제만큼이나 중요하게 되었다. 이것은 우리의 정식 교육이 끝난 후에도 왜 그리고 어떻게 이러한 것들에 관해 계속해서 교육을 받아야 하는지에 영향을 미치고 있다는 점에서 어쩌면 더 중요하다.

미디어 생태학은 미디어 해독력/미디어 교육의 한 형태이다. 이렇게 미디어 교육을 일반 교육에 포함시키자는 주장은 미디어 해독력 혹은 미디어 교육 프로그램을 위한 첫 번째 논의가 된다. 포스트먼이 1969년 ≪전복 활동으로서의 교육≫을 쓸 때까지 이러한 주장을 충분히 발전시키지 않았지만, 그의 첫 번째 책부터 이런 문제를 지향하며 연구했다는 것은 분명하다. 언어학과 일반 의미론에 관한 그의 모든 연구 그리고 맥루언의 영향은 이런 방향으로 나아가게 했다.

미디어 교육 철학으로서의 미디어 생태학은 ≪전복 활동으로서의 교육≫을 썼던 시기에 충분히 표명되었고 ≪보존 활동으로서의 교육≫에서 잘 서술되었다. 시기적으로 BFI(British Film Institute)에서 출발한 영국의 미디어 교육 운동보다 앞서고 있다. 영국의 미디어 교육은 ≪보존 활동으로서의 교육≫이 나온 무렵인 1970년대 말 중요한 위치를 확보하게 된다(Mediaed.org.uk 2절). 하지만 데이비드 버킹엄처럼 영국 미디어 교육 운동의 주요 인물의 저서는 1980년대 중후반까지 출판되지 않았다. (물론 중요하게 다른 점은 영국의 운동은 지금 "영국 정식 교육의 일부"가 되었다. 하지만 불행하게도 미국에서의 상황은 그와 같다고 이야기할 수 없다.)

포스트먼의 미디어 생태학은 인쇄 문자성을 특별하게 대한다. 포스트먼의 미디어 생태학이 다른 미디어 해독력 혹은 미디어 교육에 관한 시각과 차이가 나는 점은 포스트먼의 미디어 생태학이 인쇄 문자성의 성과를 중심에 놓고 있다는 것이다. 이것은 전적으로 포스트먼이 인쇄 문자성을 근대적 교육 체계 및 문명화된 근대 세계가 가진 많은 자랑거리의 토대로 생각하기 때문이다.

가장 중요한 것은 포스트먼의 생태학에서 인쇄는 모든 다른 미디어가 "측정되고, 비교되고, 대비되는" 미디어가 된다(Gencarelli, 2000, p.99). 이것은 그가 미디어에 대한 이해를 시작하고 계속해 나가도록 해주는 입장인 것이다. 미디어 생태학에서 "생태학"이란 단어는 균형, 혹은 특정 커뮤니케이션 미디어를 다른 것보다 선호하는 편향성을 문화와 문명이 저지해야 한다는 이니스의 교훈을 환기시킨다. 그렇다면 이러한 특권에 대해 다음과 같이 이야기할 수 있다. 포스트먼은 우리가 불변하는 인쇄의 약속과 가치를 인식함으로써, 전자 시대와 미래로 무분별하게 돌진해 나가는 미디어의 경향에 대해 균형을 가지길 바란다.

미디어 시각에서 본 언어

이 장이 시작하는 부분에서 지적했듯이, 포스트먼은 영어교육학과에서 공부를 하고 최종 학위를 받았다. 이전 단락에서 강조했듯이, 그는 균형 혹은 미디어 생태학을 주장하지만 인쇄 기반의 언어에 기울어져 있다.

여기서 좀 더 분명히 해야 할 점이 두 가지가 있다. 첫째는 포스트먼의 기여는 교육뿐만 아니라 언어 및 언어 교육에 기반을 둔다. 사실상 둘을 분리할 수 없다. 이런 점에서 나는 그의 연구의 두 번째 단계를 "언어와 교육"이라고 이름 붙이고, "새로운 영어"라는 이름의 교과서들을 주시했으며, 언어학이란 제목과 "교육 혁명"이란 부제를 단 책에서 이 단계의 설명을 시작했다. 두 번째로 포스트먼의 미디어 생태학을 포괄적으로 정리하려면, 모든 인간 언어(구어, 문자, 인쇄)의 역사를 인식하고 이러한 역사를 오늘날 전자 시대의 커뮤니케이션 혁명에 확장시키는 맥락으로부터 인쇄나 포스트먼의 인쇄 편향성을 봐야 한다.

언어는 기술이다. 포스트먼의 언어 연구는 언어가 인간의 발명품이라는 점을 인식하면서 시작된다.

구어는 비물질적이다. 그것은 물질로 구성되거나 만들어지지 않았다. 비록 소리로서 공기 분자에 압력을 넣어 만들어지지만, 그 자체는 실체가 있거나 우리 육체의 물리적 확장이 아니다. 하지만 그것은 도구이다. 구술성, 그리고 이후의 쓰기는 우리 인간이 발명하고 계속해서 발전시켜가거나 다듬어나가는 체계이다. 사람들이 구어를 당연한 것으로 여기며 자연 질서의 일부로 간주하는 만큼, 이러한 사실을 인식하는 것은 특별히 중요하다.

더 본질적인 문제는 언어가 인류 역사의 가장 중요하고 강력한 도구라는 점이다. 구어는 인간의 생각이라는 경험의 성찰적 내면화 과정을 허용한다. 포스트먼이 ≪교육의 종말≫에서 소크라테스를 인용했듯이, "마음이 생각할 때, 자신에게 말을 건다"(p.188). 또한 구어는 서로 간의 차이를 잇는 가교 역할을 하며 서로의 의식적, 개인적 경험을 공유할 수 있게 해주는 수단이다. 게다가 이렇게 한 번 만들어진 가교를 통해 설명, 협동, 지식 등이 물리적 도구 제작을 발전시키고 우리를 문명화시키는 첫 걸음이 될 수 있게 된다.

언어는 미디어다. 언어가 발명되었다는 것을 깨닫게 되면, 그것을 당연하게 여기지 않는 대신 낯설고 놀라워하며 그것에 대해 생각하게 된다. 여기서 언어가 미디어로 가시화되기 시작하고 우리가 그것의 작동 방식과 강점(또한 약점)에 대해 생각하기 시작하는 지점이다.

이것은 언어학 및 일반 의미론에 대한 포스트먼의 관심을 설명한다. 언어학과 일반 의미론 모두 좀 더 효과적이고 성공적인 언어의 사용을 위해, 첫째 언어 자체를, 둘째 목적에 대한 수단으로서의 언어를 이해하려고 노력한다. 이들은 언어가 어떻게 그리고 왜 작동하는지(또는 때때로 그렇지 않은지), 언어 사용의 근원적인 원리는 무엇인지, 그리고 언어가 어떻게 우리가 알 수 있는 것을 결정하고 제한하는지의 문제를 이해하려고 시도한다. 이러한 미디어에 대한 이해를 통해, 우리는 그것의 내용에 있어 가장 좋은 성과를 기대해 볼 수 있고, 그것을 필요로 하는 방식과 이유에 맞게 잘 이용할 수 있게 된다. 더 나아가 포스트먼은 코르지브스키, 존슨 등의 일반 의미론적 시각을 발견하면서, 언어학적 기획의 궁극적 접근 방식을 찾게 된다. 이것의 가장 중요한 원리는 언어가 현실을 재현하는 것이 아니라 매개하는 것, 즉 "지도가 땅은 아니다"라는 개념이다.

≪텔레비전과 영어 교육≫으로 돌아가 보면, 포스트먼은 언어를 이해하는 데 있어 또 다른 이론적 틀, 즉 커뮤니케이션에 대한 역사적 시각에서 나온 비교학적 시각에 기대고 있다. 말하자면, 구술성, 쓰기, 인쇄의 차이를 살펴봄으로써 각 미디어 형태의 특성을 드러낼 수 있다. 예를 들어, 우리가 "말하기 전에 생각한다"라는 말은 생소한 문구이다. 그렇게 하면 우리가 듣고 나서 우리의 반응을 소리 내어 표현하기 전에 생각을 해야 하기 때문에, 대화가 일시적으로 정지될 수 있다. 하지만 쓰기는 이렇게 천천히 그리고 신중하게 생각하게 하고, 우리의 생각을 성찰하며, 더 나아가 생각을 글로 표출하면서 자신 자신을 편집할 수 있도록 해준다. 마찬가지로 우리의 알파벳 글자가 어떻게 구어음을 표시하게 되는지, 그렇게 구어와 문자를 연결시키는 알파벳이 어떻게 쓰기 체계를 궁극적으로 발전시켰는지, 그리고 대조적으로 중국어와 같이 역사가 오래된 표의 문자 체계가 어떻게 그와 같은 연결을 시키지 못했는지 등을 인지하는 것이 중요하다. 표준 중국어나 광둥어를 말하는 사람은 하나의 중국어 문자를 공유한다. 하지만 중국어의 특정 문자나 문

자의 일부가 음과 억양을 나타내는 반면, 대부분의 문자는 사물에 대한 구어음과 상관이 없다. 따라서 표준어나 사투리를 말하는 사람이 글을 읽은 능력을 가졌을 때, 똑같은 언어를 읽지만, 말할 때는 반드시 서로를 이해한다고 할 수 없다.

언어는 환경이다. 이러한 서로 다른 언어 형태에 관한 논의는 각각의 형태가 커뮤니케이션이 일어나는 자기 환경을 만든다는 논의로 이어진다. 구어는 같이 있어야 하고, 순간적이다. 그것은 대부분 특정 언어를 말하는 문화 속에 살면서 비공식적으로 학습된다. 쓰기와 읽기는 이렇게 같이 있는 것을 요구하지 않기 때문에, 구어의 시공간적 편향성을 변화시킨다. 당신은 포스트먼과 아는 사이가 아니더라도 그를 읽어 볼 수 있다. 도서관이나 대서양 횡단 비행기 안에서 혼자 읽어 볼 수 있고, 지금부터 20년 후에 읽어 볼 수도 있다. 또한 쓰기와 읽기는 최소한의 기본을 습득하고 익히기 위한 정식 학습을 필요로 한다. 마지막으로 인쇄는 책을 상품화시키고, 결국 첫 번째 대중 커뮤니케이션 미디어인 책의 체계에 기초한 근대적 교육 체계를 가져옴으로써 문자를 대중화시킨다.

더 나아가, 포스트먼은 ≪미국의 언어≫, ≪정신 나간 이야기, 어리석은 이야기≫와 같은 저서에서 특정 언어의 사용 안에 다양한 환경이 존재한다고 지적한다. 그는 이것을 의미론적 환경이라고 부르는 이유는 어떻게 사람들이 서로를 분리하는지, 어떻게 어떤 사람에겐 이해되는 언어가 다른 사람에겐 이해가 되지 않는지, 또 어떻게 한 사람이 특정 목적으로 쓴 단어가 다른 사람들이 받아들이고 해석할 때 통하지 않는지 등 특정 언어 형태를 사용하는 갖가지 방식을 가리키기 위해서다. 의미론적 환경을 인지함으로써, 의미가 어떻게 해석되거나 오해되는지, 어떻게 좋거나 나쁘거나 혹은 엇갈린 목적으로 사용되는지, 어떻게 효과적으로 혹은 비효과적으로 사용되는지 등이 가시화될 수 있다. 따라서 이것은 일반 의미론과 언어 교육이 매우 중요하다는 포스트먼의 주장에 기초가 된다. 언어가 최고 잠재력을 발휘하며 우리의 상호 이익과 목적을 위해 작용하도록 하는 것은 우리에게 주어진 의무이다. 그것은 이러한 목적을 위해 우리가 가진 최고의 수단이다. 또한 우리가 가진 유일한 수단이다.

문화로서의 미디어와 기술

포스트먼은 맥루언을 따라 미디어와 기술을 어느 정도 호환성 있게 사용한다. 모든 미디어가 기술이라는 것은 말할 나위가 없다. 하지만, 모든 기술이 미디어라는 것은 이 둘 모두 인간의 확장이고, 우리 자신과 세계 그리고 그 안의 사물 사이에 놓인 것이라는 인식을 필요로 한다. 맥루언이 말했듯이, 미디어는 사실상 우리 중추 신경계의 확장이다. 진보된 또는 원시적인 두뇌, 혹은 지성 또는 본능의 확장이다.

또한 포스트먼의 글은 세 가지 형태의 언어에 집중하는 것을 넘어, 한결같이 그리고 집중적으로 텔레비전이라는 미디어를 다룬다. 그의 언어와 교육에 관한 책은 미디어를 다룬 다른 책보다 거의 두 배 많다. 반면 언어와 교육을 다루지 않은 책 가운데, 전자 커뮤니케이션 혁명의 가장 강력하고 영향력 있는 발명품인 텔레비전의 효과를 넘어서 살펴본 책은 ≪양심적인 반대≫와 ≪테크노폴리≫ 두 권뿐이다. 텔레비전에 초점을 맞춘 책은 ≪유년기의 소멸≫, ≪죽도록 즐기기≫, ≪TV 뉴스를 어떻게 볼 것인가≫ 등이다. (여기에다 나는 ≪텔레비전과 영어 교육≫이 언어, 교육, 미디어라는 세 가지 범주를 다 다루고 있다는 사실을 덧붙이고 싶다.)

이러한 점을 염두에 두면서, 이 절은 텔레비전에 대한 포스트먼의 관심과 논의에 역점을 두며, 세 가지 중심 사상을 살펴보겠다.

모든 기술은 인간이 자연의 질서에 부과시킨 것이고, 그 결과 그러한 질서를 변화시킨다. 이러한 생각은 포스트먼의 저서에 한 번 이상 등장하는 문장으로 ≪교육의 종말≫의 마지막에 등장한다. "기술적 변화는 누적적이라기보다는 생태 환경적이다"(Postman, 1996, p.192).

기술이 사람들이 가진 문제를 해결하기 위해, 혹은 우리의 삶을 어떻게든 좀 더 편하고 좋아지게 만들기 위해 발명되었다. 이것은 그것의 명시적인 목적이다. 하지만 핵무기가 인류 문명의 역사에 등장했을 때, 우리는 전쟁 역사에 있어 가장 새롭고 강력한 무기 이상의 것을 갖게 된다. 우리는 전쟁 혹은 평화의 성격을 바꿔 놓은 기술을 가지게 된다. 우리는 인류가 전멸될 가능성이 있다는 상황을 항상 그리고 영원히 갖게 된다. 현대가 기술에 의한 우리 생활의 향상과 개선을 약속한다는 특징을 가졌다면, 미국이 히로시마와 나가사키에 핵폭탄을 떨어뜨리며 이러한 약속의 파우스트적 거래가 무엇인지를 효과적으로 드러냈을 때, 우리는 포스트모던 조건의 출현을 깨닫게 되었다.

마찬가지로 쓰기가 구어의 세계에 등장했을 때, 단순히 두 가지 커뮤니케이션 수단을 갖게 되는 것으로 끝나지 않는다. 쓰기는 그러한 세계의 인식론, 혹은 아는 방식이나 아는 것의 성격을 바꾸는 이유 중 하나는 쓰기 자체가 독특한 특성을 갖고, 구어의 성격을 재정향시키기 때문이다. 구어는 쓰기의 등장으로 인해 퇴물이 되거나, 못쓰게 되거나, 사라지지는 않는다. 구어는 새로운 미디어가 발전할 때 모든 구舊미디어가 그렇듯이 적응의 시기와 과정을 거치게 된다. 소크라테스는 쓰기가 기억과 시를 파괴할 것이라고 슬퍼했다. 하지만 쓰기는 기억을 저장하고 회수할 수 있는 새로운 수단을 만들어 냈다. 그것은 시를 지면으로 확장시켜 시각적으로 만든다. 그것은 결국 구어가 더 이상 우리의 전통, 지식, 역사를 전달하는 유일한 수단이 아닌 시대, 다시 말해 구어가 이러한 목적을 위해 더 이상 필요하거나 적절하지 않은 시대로 이끌었다. 그리고 구어의 가장 중요한 기능은 관계를 갖거나 유지하기 위해 우리가 이용하고 의지하는 방법이 되었다.

텔레비전의 명시적 목적은 소리만 나오던 라디오에 영상의 차원을 첨가하는 것이었다. 하지만 그러한 과정에서 텔레비전은 가장 효과적이고 강력한 마케팅 도구가 된다. 또한 포스트먼이 ≪유년기의 소멸≫에서 논의했듯이, 텔레비전의 편재성과 사용의 편리함으로 인해 아이들이 성인의 비밀을 쉽게 접할 수 있게 되면서, 어른의 세계와 어린 시절의 세계의 구분이 붕괴되고 있다. 그가 ≪죽도록 즐기기≫에서 주장했듯이, 텔레비전의 매력적인 영상과 이야기의 힘은, 혹은 오락을 제공하고 즐겁게 해주는 막대한 능력의 힘은, 결국 그리고 필연적으로 텔레비전이 다루는 모든 문제를 오락적 목적으로 향하게 만드는 문화적 실천을 하게 된다.

모든 미디어/기술은 내재된 편향성을 가지고 있다. 모든 기술은 명시적 목적으로 가지고 발명된다. 하지만 포스트먼은 이러한 우리 자신의 확장에 감춰진 편향성을 의식하는 것, 그리고 적절하게 그것에 의존하고 사용하는 것이 우리의 의무라고 주장한다. 그러한 편향성은 대부분 예기치 못한 것이고 의도적이 것이 아니다. 그것들이 발전되고 나타나기까지 시간이 걸리는 경향이 있다. 하지만 모든 미디어와 기술은 편향성을 갖는다.

포스트먼이 그의 연구 전체에 걸쳐 여러 번 지적했고 ≪교육의 종말≫의 끝부분에 또다시 언급했듯이(p.193), 모든 미디어는 지적, 정서적 편향성, 정치적 편향성, 감각적 편향성, 사회적 편향성, 내용적 편향성을 갖는다. 예를 들어, 텔레비전의 지적 편향성은 영상이 메시지의 소리 부분을 제압하고, 이미지가 사람들을 텔레비전 앞에 소구하며, 텔레비전 전문가가 이미지에 역점을 두어 오락이나 뉴스 프로그램을 제작한다는 사실에서 생겨난다. 그 결과, 텔레비전 영상에 의해 언어의 힘과 중요성이 줄어든다. 그리고 생각이 언어에 기반하고 있기 때문에, 텔레비전의 편향성은 지적인 것에서 벗어나게 된다.

텔레비전의 정서적 편향성도 같은 이유로 생겨난다. 영상은 지적인 반응보다는 본능적인 반응을 불러일으킨다. 사람들은 텔레비전이 언어를 통해 중요한 생각을 전달하는 데 사용될 때보다는, 자신들을 흥분시키거나 흥미진진하며 눈을 뗄 수 없을 정도로 주의를 끌 때, 찬사를 보낸다. 케네디 암살이나 우주 왕복선 폭발, 9·11 비극 등에 대한 텔레비전 보도가 이러한 편향성이 작동하는 주요 사례이다.

포스트먼이 의미하는 텔레비전의 정치적 편향성은 다음과 같이 설명될 수 있다. 누가 미디어에 접근하고 무엇을 제공하는가? 누가 뒤에 남겨지고 특권을 갖지 못하는가? 지상파 텔레비전은 사용이 쉽고 사실상 미국의 99% 이상 가정이 보유하기 때문에, 가장 민주적인 매스 미디어이다. 하지만 이것을 미국 가구의 3분의 2만이 가입하고 있고 나머지 3분의 1은 대부분 지불 능력이 없어 가입하지 못하고 있는 케이블 텔레비전의 경우와 대비해 보라. 다시 이것을 HBO와 같은 '프리미엄' 케이블 서비스에 가입한 가구 및 그렇지 못한 가구 수로 대비해 보라. 약 3분의 1 가구만이 그러한 서비스에 가입했거나 가입할 능력을 가지고 있다. 마지막으로, 만일 텔레비전을 개인 컴퓨터 사용 및 온라인 서비스 가입과 대조해 본다면, 지상파 방송의 민주적 편향성은 더욱 분명해지고 컴퓨터 및 온라인 서비스 접근에 대비되는 정치적 편향성도 그렇다.

(컴퓨터 보유는 비용, 개인 컴퓨터가 상대적으로 빠르게 퇴물이 되는 속도, 사용의 상대적인 어려움 때문에 제한되어 있다. 집에서 인터넷에 접속하는 것은 추가 가입비 때문에 더욱 제한이 된다.)

텔레비전의 사회적 편향성은 계속해서 진화하고 있다. 미디어의 역사는 가족 중심적 시청이나 거실 혹은 가족실에 자리 잡은 고정물이 되면서 시작한다. 하지만 텔레비전의 확산, 케이블 및 위성 TV를 통해 접근 가능한 수많은 채널의 증가, 리모컨, VCR, DVD, 비디오 게임 등과 같은 기술의 추가 등으로 미디어의 사용이 점차 가족 중심의 경험에서 개인 혹은 좀 더 사적인 일로 변화하고 있다.

텔레비전의 내용적 편향성은 포스트먼이 ≪죽도록 즐기기≫에서 논의한 것에 그 특성이 잘 묘사되어 있다. 이러한 논의는 텔레비전에 오락 프로그램이 우세하거나 이른바 '인포테인먼트infotainment'라는 텔레비전의 회색 지대가 등장하는 원인을 설명한다. 또한 이런 논의는 ≪TV 뉴스를 어떻게 볼 것인가≫와 같은 책의 비판적 중요성을 설명한다.

미디어 기술은 환경이다. 포스트먼은 뉴욕대에 그의 동료와 함께 미디어 생태학 박사 과정을 개발할 당시 발견한 '미디어'라는 용어의 과학적 정의, 즉 "미디어는 문화가 발전하는 환경이다"를 종종 언급하고 있다. 이러한 유추에 의한 정의는 세균 배양용 접시에서 자라나는 유기체에 유효하듯이, 인간 커뮤니케이션 미디어에도 유효한 두 가지 개념을 지적한다.

첫 번째 개념은 미디어가 환경이라는 것이다. 사람들이 일반적으로 미디어로 생각하지 않는 기술도 그렇다(예를 들어, 앞에서 언급한 총이나 핵무기를 생각해 보라). 미디어와 기술이 우리가 살고 있는 세계와 그 안의 개인이나 집단이 살아가는 방식에 영향을 미치고 그 일부가 되어 스며들면서,

미디어와 기술은 환경이 된다. 다르게 말하면, 미디어는 문화 안의 모든 것을 바꿀 필요가 없지만, 문화에 관한 모든 것을 바꾸고 있다.

이것은 두 번째 개념으로 이어진다. 미디어는 단지 문화에 영향을 미치는 데에서만 머물지 않는다. 미디어는 우리의 문화가 된다. 인간이 발명한 다양한 상징 체계가 지구상의 삶을 살아가고 유지하고 발전시키는 방식과 밀접하게 관계를 맺는 방식과 정도 때문에, 문화는 커뮤니케이션으로 이루어졌다고 말하는 정의에 이를 수밖에 없다. 또한 특정 미디어가 특정 장소와 시대에 중요해지고 가장 강력하고 지배적인 미디어가 되는 방식과 정도 때문에, 포스트먼의 미디어 생태학이 말하는 최종 요지는 우리가 이러한 미디어의 편향성, 환경, 문화를 이해해야 하고 그것에 대항하거나 균형을 잡는 방법을 발견해야 한다는 것이다.

문화의 보존/보수주의

포스트먼의 미디어 생태학은 인쇄 문자성을 보전함으로써 전자 커뮤니케이션 혁명의 편향성에 대항하려고 노력한다. 이것은 위의 주제에 핵심 개념이다. 또한 닐 포스트먼의 연구과 사상이 전달하는 미디어 생태학의 마지막 요소이다.

≪텔레비전과 영어 교육≫에서 ≪18세기에 다리 놓기≫까지 그의 모든 저서와 논의를 볼 때 분명한 것은, 이러한 마지막 개념이 우리의 미디어 이해에 포스트먼이 기여한 모든 것의 기초가 된다는 점이다. 닐 포스트먼은 인쇄 문화인의 모델이다. 교육자로서 그럴 수밖에 없는 이유는, 사상이 언어에 전적으로 그리고 유일하게 기반하고 있고, 구텐베르크가 발명한 활판 인쇄술이 가져온 가장 중요한 결과가 고대 그리스와 로마의 학문과 지식을 재발견하고 확장하여 그 최고의 성과로 계

몽 사상을 제공하기 때문이다. 포스트먼은 언어 자체의 능력을 활용하는 인쇄 문자 문화의 특별한 능력에 대해, 그리고 그러한 능력이 우리의 문명인으로서의 현재 모습, 우리가 여기까지 온 방식, 우리가 미래에 나갈 방향에 어떻게 절대적으로 필요한지를 강력하게 상기시키고자 한다. 이것은 전자 커뮤니케이션 수단(아직까진 주로 텔레비전)에 의해 문자가 가져온 모든 것이 위협받고 축소되는 세상에서 포스트먼이 갖고 있는 편향성이다. 그리고 현재의 우리 위치를 고려할 때 이러한 인쇄 문화의 보존이 그의 해결책이자 균형을 위한 주장이다.

결론

요컨대, 포스트먼의 연구가 정점에 도달한 것은 많은 사람이 생각하듯이 ≪죽도록 즐기기≫에서가 아니라, ≪보존 활동으로서의 교육≫에서라고 말할 수 있다. ≪보존 활동으로서의 교육≫에서 포스트먼은 그의 미디어 생태학 이론을 세 가지 균형 이론이 교차하는 것으로 구체화하고 있다. 이러한 세 가지 이론은 (1) 자연 환경의 생태학 혹은 균형 개념, (2) 창조된 문화의 모든 면에서, 특히 우리의 커뮤니케이션/미디어/상징 체계에서, 보존과 혁신의 균형 개념(커뮤니케이션/미디어/상징 체계는 그러한 균형과 그것의 필요성에 대해 이야기하고 이해하는 열쇠가 되기 때문임), 그리고 마지막으로 (3) 그러한 균형을 찾아 내려는 관심이나 의지 혹은 그것의 부족에 따라 현대 문명의 운명이 정해진다는 이니스적 경고이다.

마지막으로 포스트먼 특유의 주된 편향성은 명백하게도 문자성을 특별하게 취급한다는 것이다. 하지만 글을 마치면서 포스트먼의 또 다른 편향성을 인정하지 않을 수 없다. 그것은 ≪양심적인 반대≫의 첫 번째 글인 "도덕 신학으로서의 사회과학"의 마지막 단락에서 나온다. 내가 이것을 포함시키고자 하는 것은 이것이 미디어 생태학의 궁극적 목적, 혹은 미디어 생태학의 '대의cause'를 품위 있게 서술하기 때문이다. 또한 이 장이 문화, 기술, 커뮤니케이션의 이해에 포스트먼이 기여한 바를 서술하기 때문에, 포스트먼(1988)의 말로 글을 마치는 것이 마땅하다고 본다.

> 미디어 생태학자가 해야 하는 이야기가 다른 학문의 이야기보다 중요하다고 내가 말할 때, 독자들이 이러한 약간의 편향성은 용서해 주리라 믿는다. 우리가 싫건 좋건, 우리는 많은 것을 요구하는 새로운 미디어 권력이 삶을 지배하는 시대에 살고 있고, 삶의 모습을 결정하는 커뮤니케이션 기술의 힘은 사람들의 의식에 쉽게 주목을 받는 문제가 아니기 때문이다. 따라서 우리는 인간 생존을 위해 어떤 종류의 낙원을 얻을 수 있고, 어떤 종류의 낙원을 잃을 수 있는지에 대해 이야기할 의무가 있다. 우리가 이러한 이야기를 전하는 첫 번째 사람들은 아닐 것이다. 하지만 우리의 이야기가 진실처럼 들리지 않는다면, 우리가 마지막 사람일 수 있다(pp.18~19).

참고 문헌

Carpenter, E. & McLuhan, M. (eds.) (1960). *Explorations in communication*. Boston: Beacon Press.

Carroll, J. B. (ed.) (1956). *Language, thought, and reality: Selected writings of Benjamin Lee Whorf*. Cambridge, MA: M.I.T. Press.

Cassirer, E. (1946). *Language and myth* (S. K. Langer, trans.). New York: Harper & Bros. (Original work published 1925)

Eisenstein, E. (1979). *The printing press as an agent of social change: Communications and cultural transformations in early-modern Europe*. Cambridge, England:

Cambridge University Press.

Ellul, J. (1964). *The technological society* (J. Wilkinson, trans.). New York: Vintage Books. (Original work published 1954)

Ellul, J. (1985). *The humiliation of the word* (J. M. Hanks, trans.). Grand Rapids, MI: William B. Eerdman's. (Original work published 1981)

Fukuyama, F. (1993). *The end of history and the last man.* New York: Avon.

Gencarelli, T. (2000). The intellectual roots of media ecology in the work and thought of Neil Postman. *The New Jersey Journal of Communication,* 8 (1), 91~103.

Gencarelli, T., Borrisoff, D., Chesebro, J. W., Drucker, S., Hahn, D. F., & Postman, N. (2001). Composing an academic life: A symposium. *The Speech Communication Annual,* XV, 114~136.

Gumpert, G. (1987). *Talking tombstones & other tales of the media age.* New York: Oxford University Press.

Havelock, E. A. (1963). *Preface to Plato.* Cambridge, MA: Harvard University Press.

Havelock, E. A. (1976). *Origins of western literacy.* Toronto, Canada: The Institute for Studies in Education.

Hayakawa, S. I. (1943). *Language in action.* New York: Harcourt, Brace.

Huxley, A. (1932). *Brave New World.* New York: Doubleday.

Innis, H. A. (1950) *Empire and communication.* New York: Oxford University Press.

Innis, H. A. (1951). *The bias of communication.* Toronto, Canada: University of Toronto Press.

Johnson, W. (1946). *People in quandaries.* New York: Harper.

Klapper, J. (1949). *The effects of mass media.* New York: Bureau of Applied Research, Columbia University.

Klapper, J. (1960). *The effects of mass communication.* Chicago: The Free Press of Glencoe, Illinois.

Korzybski, A. (1941). *Science and sanity: An introduction to non-Aristotelian systems and general semantics* (2nd ed.). Lancaster, PA: Science Press.

Langer, S. K. (1942). *Philosophy in a new key: A study in the symbolism of reason, rite, and art.* Cambridge, MA: Harvard University Press.

McLuhan, H. M. (1962). *The Gutenberg galaxy: The making of typographic man.* Toronto, Canada: University of Toronto Press.

McLuhan, H. M. (1964). *Understanding media: The extensions of man.* New York:

McGraw-Hill.

McLuhan, H. M. & Fiore, Q. (1967). *The medium is the massage*. New York: Bantam Books.

Mediaed.org.uk. (n.d.). Media education in the U.K. Retrieved November 17, 2003 from http://mediaed.org.uk/posted_documents/mediaeduk.html.

Mumford, L. (1934). *Technics and civilization*. New York: Harcourt, Brace & World.

Mumford, L. (1952). *Art and technics*. New York: Columbia University Press.

Mumford, L. (1973). Towards a science of media ecology: The formulation of integrated conceptual paradigms for the study of human communication systems. Unpublished doctoral dissertation, New York University, New York.

Ogden, C. K. & Richards, I. A. (1923). *The meaning of meaning*. New York: Harcourt, Brace.

Ong, W. J. (1967). *The presence of the word*. New Haven, CT: Yale University Press.

Orwell, G. (1949). *1984*. New York: Harcourt, Brace.

Peirce, C. S. (1932). *Collected papers of C. S. Peirce*. Cambridge, MA: Harvard University Press.

Postman, N. (1961). *Television and the teaching of English*. New York: Appleton-Century-Crofts.

Postman, N. (1963). *The new English: A forward look*. New York: Holt, Rinehart & Winston.

Postman, N. (1966a). *Exploring your language*. New York: Holt, Rinehart & Winston.

Postman, N. (1966b). *Language and reality*. New York: Holt, Rinehart & Winston.

Postman. N. (1970). The reformed English curriculum. In A. C. Eurich (ed.), *High school 1980: The shape of the future in American secondary education* (pp.160~168). New York: Pitman.

Postman. N. (1976). *Crazy talk, stupid talk: How we defeat ourselves by the way we talk and what to do about it*. New York: Delacorte Press.

Postman, N. (1979). *Teaching as a conserving activity*. New York: Delta

Postman, N. (1982). *The disappearance of childhood*. New York: Delacorte Press.

Postman, N. (1985). *Amusing ourselves to death: Public discourse in the age of show business*. New York: Viking.

Postman, N. (1988). *Conscientious objections: Stirring up trouble about language, technology, and education*. New York: Alfred A. Knopf.

Postman, N. (1992). *Technopoly: The surrender of culture to technology.* New York: Vintage Books.

Postman, N. (1996). *The end of education: Redefining the value of school.* New York: Alfred A. Knopf.

Postman, N. (1999). *Building a bridge to the 18th century: How the past can improve our future.* New York: Alfred A. Knopf.

Postman, N. & Damon, H. C. (1965a). *The languages of discovery.* New York: Holt, Rinehart & Winston.

Postman, N. & Damon, H. C. (eds.). (1965b). *The roots of fanaticism.* New York: Holt, Rinehart & Winston.

Postman, N. & Damon, H. C. (1965c). *The use of language.* New York: Holt, Rinehart & Winston.

Postman, N. & Damon, H. C. (1966). *Language and systems.* New York: Holt, Rinehart & Winston.

Postman, N. & Morine, H. & Morine, G. (1963). *Discovering your language.* New York: Holt, Rinehart & Winston.

Postman, N., Nystrom, C., Strate, L., & Weingartner, C. (1987). *Myths, men, & beer: An analysis of beer commercials on broadcast television, 1987.* Falls Church, VA: AAA Foundation for Traffic Safety.

Postman, N. & Powers, S. (1992). *How to watch TV news.* New York: Penguin Books.

Postman, N. & Weingartner, C. (1966). *Linguistics: A revolution in teaching.* New York: Delta.

Postman, N. & Weingartner, C. (1969). *Teaching as subversive activity.* New York: Delacorte Press.

Postman, N. & Weingartner, C. (1971). *The soft revolution: A student handbook for turning schools around.* New York: Delacorte Press.

Postman, N. & Weingartner, C, (1973a). *How to recognize a good school.* Bloomington, IN: Phi Delta Kappa Educational Foundation.

Postman, N. & Weingartner, C. (1973b). *The school book: For people who want to know what all the hollering is about.* New York: Delacorte Press.

Postman, N., Weingartner, C., & Moran, T. P. (eds.) (1969). *Language in America: A report on our deteriorating semantic environment.* New York: Irvington Publishers.

Russell, B. (1953). *The impact of science on society.* New York: Simon & Schuster.

Ryan, P. (1973). *Birth and death and cybernation: Cybernetics of the sacred.* Newark, NJ: Gordon & Breach.

Samuel F. B. Morse Biography. (n.d.). Retrieved July 21, 2003, form http://www.morsehistoricsite.org/morse/morse.html

Sapir, E. (1921). *Language: An introduction to the study of speech.* New York: Harcourt, Brace.

Schramm, W. (ed.). (1954). *The process and effects of mass communication.* Urbana: University of Illinois Press.

Schwartz, T. (1973). *The responsive chord.* Garden City, NY: Anchor Books.

Strate, L. (1994). Post(modern)man, or Neil Postman as postmodernist, *ETC.: A Review of General Semantics*, 51(2), 159~170.

Strate, L. (1996). Containers, computers, and the media ecology of the city. Media Ecology: A Journal of Intersections. Retrieved July 21, 2003, from http://reven.ubalt.edu/features/media_ecology/articles/96/stratel/strate_1.html

Strate, L. & Lum, C. M. K. (2000). Lewis Mumford and the ecology of technics. The *New Jersey Journal of Communication*, 8(1), 56-78.

Taylor, F. W. (1947). *The principles of scientific management.* New York: Harper & Bros. (Original work published 1911)

Waters, R. (1992). *Amused to death* [audio recording] New York: Soony Music.

Watzlawick, P., Beavin-Bavelas, J., & Jackson, D. (1967). *The pragmatics of human communication: A study of interactional patterns, pathologies, and paradoxes.* New York: W. W. Norton.

Watzlawick, P., Weakland, J. H., & Fisch, R. (1974). *Change: Principles of problem formation and problem resolution.* New York: W. W. Norton.

White, L. (1962). *Medieval technology and social change.* London: Clarendon Press.

Whitehead, A. N. (1959). *The aims of education.* New York: Macillan.

Wiener, N. (1950). *The human use of human beings: Cybernetics and society.* New York: Avon Books.

Wittgenstein, L. (1933). *Tractatus logico-philosophicus* (2nd ed.). New York: Harcourt Brace.

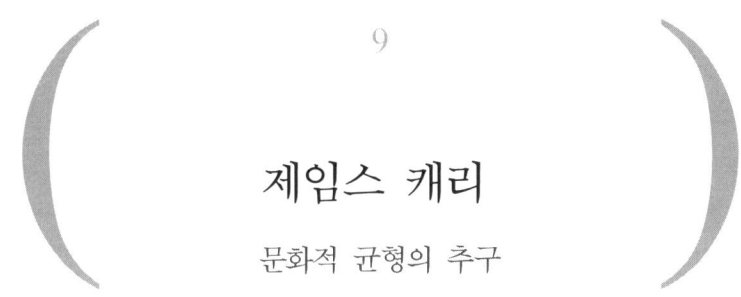

제임스 캐리

문화적 균형의 추구

프레드릭 와이저

제임스 W. 캐리James W. Carey는 약 40년 전부터 미디어 연구와 실천에 영향을 미치기 시작했다. 당시 커뮤니케이션 연구는 정말로 그렇다는 것은 아니지만 겉으로 보기엔 점점 더 고갈된 상태였다. 행정적인 연구는 오직 제한적으로 정의된 쟁점에 관해 양적 측정을 해나갔다. 비판 연구라는 새로운 전통은 이제 겨우 매스 미디어 시대의 문화를 재정의해 나가기 시작했다. 그것도 아직 환원론적인 대중 사회 패러다임과 '고급' 문화의 타락에 대한 문학 편향적 논쟁에 의존하고 있었다. 캐리는 학문 분야에서 문화로서의 커뮤니케이션 개념이 진지하게 받아들여져야 한다고 주장했다. 이러한 주장은 여러 갈래의 이론적 요소를 하나로 묶으며 교착 상태에 빠진 학문 분야를 재활성화시켰다.

그렇게 함으로써 그는 문화 연구와 미디어 생태학의 통찰력을 견고하게 다졌다. 문화 연구와 미디어 생태학의 학문적 접근 방법은 1960년대 모든 삶의 영역에 개입하는 매스 미디어를 분석하기 위해 레이먼드 윌리엄스Raymond Williams와 마셜 맥루언과 같은 사람들이 새로운 방식을 발전시켜나갈 즈음 등장했다. 그들은 이러한 현상에 대한 양적 그리고 문학적 분석을 거부한다. 영국 학자들은 그들의 접근을 문화 연구라고 부른다. 반면 북미 학자들은 자신의 학문 분야를 미디어 생태학이라고 보았다. 이러한 접근 방식들은 커뮤니케이션 연구에 대해 여러 가지 공통된 반응을 보인다.

- 문화를 취향의 위계 질서보다는 삶의 방식으로 정의하며, 문화에 대한 간학제적 관심을 갖는다.
- 미디어의 영향력에 관하여 텍스트의 해석보다는 사회 분석을 강조한다.
- 미디어 수용자와 미디어 기술의 새로운 형성 과정에 민감하다.

이것은 캐리의 글에 주안점이었고, 캐리는 문화 연구, 미디어 생태학 그리고 모든 분야에 중요 인물이 되었다. 그는 이러한 접근 방식에 공감하며 북미 실용주의 지적 전통 안에 자신을 두지만, 스스로 미디어 생태학자나 문화 연구자라고 부르지는 않았다. 미디어 생태학과 문화 연구는 좀 더 큰 목표를 위한 예비 행위에 불과했다. 캐리는 미디어 연구에 있어 간과할 수 없는 문제를 분명히 밝혀내기 전까지는 종합하는 것이 추상적인 채로 남아 있다고 본다. 그는 이러한 문제를 민주적 담론의 건강 상태라고 보았다. 담론으로서의 민주주의에 대해 이러한 주장을 펴면서, 그는 세계화를 지향하며 점점 더 공적 책임의 결핍을 드러내는 우리 세기에 사려 깊게 대응한다. 공적 담론은 1960년대 그의 초기

에세이 이후의 글이나 연설의 경력에서 나온 자연스런 결과이다. 가톨릭 노동자 전통에서 자라고 당대의 국가적 위기에 응답하면서, 그는 문화적 그리고 생태학적 접근 방식을 이용해 학계 및 미디어 업계 독자들이 대중 민주주의를 위한 커뮤니케이션의 함의를 이해하도록 요구한다.

그가 이렇게 다양한 독자를 대상으로 이야기를 하기 때문에, 개별적인 메시지에 대한 해석이나 특정한 미디어 효과에 대한 설명을 넘어선, 보다 포괄적인 인문주의적 시각을 표명하고 있다. 1960년대 이후 그는 글에서 언론인을 다루었고, 따라서 정보 기술 체계가 언론 기능에 참여하는 시민들의 능력에 어떠한 영향을 미치는지를 물었다. 캐리는 이러한 언론 기능에 대한 연구로부터 영감을 받아 커뮤니케이션의 의식적儀式的 기능이 갖는 중심 역할을 강조하게 된다. 의식ritual에 대한 분석은 단순한 서술의 교착 상태에 있는 커뮤니케이션 연구에서 벗어나, 커뮤니케이션 행위가 어떻게 민주적 공동체를 촉진시키는지를 질문한다. 실제로 캐리가 공헌한 점은 커뮤니케이션이 도덕적 책임 영역이라는 신조 있는 주장에 있다.

그가 1960년대 실증주의의 지배에 대한 대응하여 만든 통합 체계는 문화가 양극화된 오늘날 더 중요해졌다. 시장 가치가 인간의 삶이 가졌던 자율적 영역을 식민화하면서 문제는 더욱 심각해졌다. 지금의 문화에서는 신문이 독자보다 인구 통계 데이터에 전력을 쏟고, 방송이 공익에 대해 입에 발린 말도 더 이상 하지 않으며, 과거와 미래 모두가 배려되지 않는 초국가적 미디어를 추구한다.

일대기

제임스 캐리는 1934년에 태어나, 1970년대 고등 교육을 포함한 모든 기관에 정통성의 위기가 닥쳤을 때 이미 신뢰받는 위치에 올라선 학문 세대이다. 그는 로드아일랜드 주 프로비덴스에서 가톨릭을 믿으면서, 동시에 사회주의에 호의를 갖는 환경에서 자라났다. 그는 병약했지만, 지역 활동에 참여했고 노동 공동체를 단결시키는 유대 관계의 가치를 배웠다(Munson & Warren, 1997, p.xii). 그는 일리노이대에서 박사 학위를 받았고, 펜실베이니아주립대과 아이오와대에서 잠시 있다가 모교에서 교수가 되었다. 그가 가장 오랫동안 재임했던 직위는 어바나 샴페인에 있는 일리노이대 커뮤니케이션대학의 학장으로, 1979~1992년까지 일했다. 1993년 그곳을 떠나 뉴욕시에 있는 컬럼비아대의 언론대학에 교수로 일하게 된다. 이 글을 쓸 당시까지도 그는 아직 그곳에 있었다.

캐리는 일리노이대의 대학원생으로 있을 때도, 학자로서 그리고 언론인으로서 글을 썼다. 그의 글은 1960년 내내 <뉴 리퍼블릭 *The New Republic*>, <네이션 *The Nation*>, <코멘터리 *Commentary*> 등과 같은 잡지에 게재되었고, 일리노이의 초교파적인 분위기에서 이러한 글은 그의 경력을 쌓는 데 도움을 주었다(제임스 캐리, 개인적인 대화, 2002년 6월). 이 젊은 교수는 자연스럽게 언론교육학회(Association for Education in Journalism, 현재는 Association for Education in Journalism and Mass Communication [AEJMC])를 자신의 지적 터전으로 삼게 된다. 1978년 그는 AEJMC에서 선출된 회장이 되었고, 캐리는 학장이 되는 것에 앞서 학회장으로 선출된 사실을 자랑스러워했다. 이러한 학회장의 당선과 수락은 언론을 하나의 지적 추구 형태로 다루려는 그의 의도를 잘 보여 준다. 현재 그는 컬럼비아대 언론대학원에 있으면서 다른 이들에게 이와 같은 이상을 추구하도록 장려하고 있다.1 사실 이러한 이상은 그의 연구에 중심을 이루는 신조이다.

일리노이는 40여 년의 그의 경력에 많은 부분을 차지했던 중심으로서, 미국과 세계의 발전을 고찰해 보던 "장소"를 의미했다. 하지만 나는 그의 시각이 반드시 한 장소에 뿌리를 내리고 있다고 생각하진 않는다. 그의 일대기는 주변부(미국의 중서부)와 주요 도시(뉴잉글랜드와 뉴욕시) 사이를 옮겨 다녔고, 이에 따라 그는 서로 다른 장소 및 분야와 관련된 여러 전통을 통합했다.

방법론

캐리가 일리노이에 도착했을 때 그곳은 커뮤니케이션에 대해 간학제적으로 접근하고 있었고, 그는 이로부터 전문화와 분화를 강요하는 오늘날의 학계에 저항하는 법을 배웠다. 나는 그가 논쟁적인 학회 토론회에서 자신의 소견을 말하며 꺼내던 서두를 잊을 수가 없다. "당신들이 서로 의견이 다르더라도, 나는 당신 모두에게 동의합니다." 어떤 사람은 이러한 태도가 두루뭉술하다고 불평하지만, 캐리는 종합적인 접근 방식을 반反직관적으로 사용하며 자기 만족감을 예방하려고 했다. 그는 표면상 "잘못된" 여러 가지 입장을 폐기하지 않고, 그것이 조금이라고 가치가 있는지를 반드시 검토해 보았다.

이러한 방법은 가장 포괄적인 말로 역사적이라고 한다. 캐리는 사

---

1. 제임스 캐리는 이 책이 출판된 직후 2006년 5월 향년 71세의 나이로 세상을 타계했다. — 옮긴이

건과 상황이 정치적/사회적/문화적 맥락에 둘러싸여 있다고 보며, 분리나 소외 혹은 일반화하는 것을 배제시킨다. 대신 그는 문화 및 커뮤니케이션의 문제가 생겨나고 전개되어 가는 과정을 생각해 보는 이들로부터 지혜를 구한다. 이것은 강력한 실용주의류의 지적 역사이다. 캐리의 수많은 글 가운데, 기본 원칙을 언급하거나 원칙에서부터 체계적으로 진행시킨 글은 하나도 없다. 그는 현장 연구나 일차적인 자료 조사에 참여하지 않았다. 이는 캐리의 작업에 적합하지 않다. 그는 이념적 수필가이고, 자신이 논의한 사상가들에 대해 정확한 지식을 가지고 있다. 이런 경우가 커뮤니케이션 연구에 있어 매우 드물기 때문에 이런 형태를 활발하게 지속시키는 것이 무엇보다 중요하다.

    민주주의에서 커뮤니케이션 문제는 중요하다. 하지만 우리의 주요 커뮤니케이션 연구에서는 나무 때문에 숲을 보지 못한다는 느낌이 든다. 캐리의 연구는 현재 시간적 차원인 숲을 우리에게 알려주는 긴급한 과제를 떠맡을 수 있었다. 캐리의 글은 종종 새로운 열망을 과거의 지식에 대비하여 검토하려고 했다. 이러한 형태는 루퍼트 머독과 알렉시스 드 토크빌, 바츨라프 하벨과 벤저민 프랭클린을 병치시킨다. 그는 언제나 10분짜리 뉴스 주기라는 최근의 뉴스 선정주의에 반대를 하고, 대학에 대한 입신 출세주의적 압력을 비교 검토하며, 우리의 공공 기억을 침해하는 미디어를 폭로한다.

    캐리는 효과적인 구별 짓기 방식을 사용하여 현재의 미디어 논쟁을 가늠하고 무게를 실을 수 있었다. 그의 오랜 경력에 큰 변화는 없었지만, 발전시키고 정교화하는 과정은 있었다. 1960년대 이미 그는 경제적 범주를 커뮤니케이션에 적용시킨 해럴드 이니스를 간파했다. 캐리는 이니스로부터 커뮤니케이션의 물리적 특성에 관한 관심을 차용한다. 이런 점 때문에 캐리가 미디어 생태학과 기술/문화의 맥락에 관한 미디어 생태학적 관심과 밀접한 연관을 맺게 된다.

하지만 이 시기 캐리는 급진적 문화 연구 학파가 간과하는 경향을 보이던 두 가지 영향, 즉 존 듀이의 커뮤니케이션에 관한 사상과 클리포드 기어츠의 문화에 대한 접근을 재발견한다. 그는 1975년까지 듀이와 기어츠를 연구하면서, 커뮤니케이션의 '전송*transmission*' 기능과 '의식*ritual*'의 구별을 통해 커뮤니케이션과 사회 통제에 관한 기본 질문을 보다 전향적으로 해나가도록 제안한다. 이러한 구분은 언론에 대한 초점을 재조정한다. 민주주의 의식*ritual*이 바로 언론의 일상적 생산 활동 내에서 가시화되기 때문이다. 이것은 캐리가 기술과 커뮤니케이션, 경제와 커뮤니케이션, 시카고학파 사회 사상의 유산, 맥루언과 멈포드 등의 논쟁적인 결정론, 시민 감시를 돕는 새로운 미디어 개념 등에 관해 광범위하게 글을 쓰는 데 기초가 되었고, 또한 이들 개념들은 민주주의 의식을 활성화시키는 데 도움이 되는지를 물어 보기 위한 문제 의식이 되었다.

의식 기능은 캐리가 사회적 관계 전반을 보기 위해 커뮤니케이션의 물리적 특성에 관한 이니스의 주장을 확장시키고 있다는 점을 보여 준다. 캐리는 특정 장소의 역사들*histories*(그의 경우는 미국 대륙의 역사)이 문화적 분석을 뒷받침해야 한다고 요구한다. 캐리는 최근 문화 연구의 과도한 이상주의나 맥루언에 관한 가벼운 사고를 경계하기 위해 물리적인 차원을 이용한다. 이러한 역사들은 중립적이거나 필연적이지 않지만, 특정한 권력 구조의 결과인 커뮤니케이션 독점 현상을 드러낸다. 캐리는 이러한 독점에 반대하여 미디어의 균형을 추구한다.

이러한 균형은 정적이지 않고 역동적이다. 민주주의를 위해 캐리가 이상적으로 생각하는 것은 대화의 개방성과 공평한 교환 그리고 탐구의 기회이다. 역사적 과정에서 생겨난 모든 형태의 미디어 창구에는 이를 위한 여지가 있다. 하지만 불행히도 현재의 상황은 과연 다양한 형태가 역동적인 상호 작용을 하며 공존할 수 있을까라는 문제에 이의를 제기한다. 캐리의 글은 원심력과 구심력 간의 균형, 전 지구적/지역적/국가적인 것 간의 균형, 사적 삶과 공적 삶의 균형 등을 찾으려고 한다. 이 장에서는 이러한 쟁점을 차례로 다루고자 한다. 우선 커뮤니케이션에서의 문화적 변화를 살펴보고, 기술과 이데올로기 연구에 대해 이야기를 계속해 나가겠다. 마지막에는 미디어, 그리고 시장 가치와 민주주의 정신의 융합에 관한 그의 특별한 관심으로 이야기를 옮겨 가겠다.

문화의 중요성

문화 비판이 캐리의 학문적 토대이다. 그는 대중 사회 이론과 미디어 비판에서 연구를 시작한다. C. 라이트 밀즈C. Wright Mills, 드와이트 맥도널드Dwight MacDonald, 조지 셀데스George Seldes, 폴 라자스펠드, 로버트 머튼Robert Merton 등과 관련된 대중 사회 비판은 대중 사회 조직과 대중 문화 기능 간의 상호 작용을 조리 있게 표현한다. 이러한 논의에서 저자들은 대중 문화가 저급한 취향과 키치kitsch를 독점적으로 안겨 주며 모든 문화를 얼마나 저속하게 만들고 있는지를 논쟁했다. 키치는 고급 문화를 전유하여 대중화하는 대중 문화 행위(예를 들어, 클래식 교향곡에서 귀에 익은 곡조를 따오는 것 등)이기 때문에 더 불쾌한 것이었을 것이다.

캐리(1977/1988b)는 이러한 논의를 재검토하며 그것에 공감하지만(평소처럼), 거기로부터 한발짝 비켜선다(pp.37~45). 이러한 논의는 문화를 "취향"이라는 협의의 개념으로 전제하고 있기 때문에 전개되는 것이다. 캐리는 리처드 호가트Richard Hoggart와 레이먼드 윌리엄스와 연관된 문화의 개념, 다시 말해, 문화를 삶의 모든 방식으로 보는 광의의 개념을 따르고 있다. 캐리(1977/1988b)는 클리포드 기어츠의 인류학을 검토하면서 이러한 개념을 서술하고 있다. 기어츠(1977)는 발리 섬의 닭싸움에 관해 어떤 특정한 설명이 옳다고 증명하는 것은 거부했지만, 싸움의 살아 있는 텍스트로부터 의미들의 총체적인 조화를 밝히려고 했다. 여기서 나온 "두꺼운" 기술thick description은 문화의 망을 보여 주는데, 캐리는 이러한 망을 커뮤니케이션의 문제로 생각해 나간다.

캐리는 "문화의 개념이 커뮤니케이션 연구에 들어올 때, 유기체나 체계가 유지되는 환경 혹은 주체에 대한 권력의 환경으로 나타난다"고 말한다(p.65). 이렇게 그는 문화가 인간의 영역과 별개로 존재한다는 불완전한 문화 개념을 다듬어 갔다. 이러한 정교화 과정은 문화가 인간이 만드는 의미의 영역이고 인간다운 행위 자체에 내포된 것이라는 실용주의적 직관을 포용하고 있다.

환경과 관련된 질문은, 캐리가 맥루언과 가졌던 관계가 문제는 있지만 발전적이었다는 것을 보여 준다. 맥루언은 환경이란 은유를 사용해 미디어의 형상(내용)과 배경(형태)을 역전시키고자 했다. 얼핏 보기에, 캐리(1967)는 맥루언이 기술과 인간 생태의 관계를 다루는 데 있어 너무 기계적이라고 비판하고 있다(pp.24~29). 맥루언이 아직 문화주의자라고 하기엔 부족하다. 하지만 캐리는 맥루언을 결코 도외시하진 않았다(Grosswiler, 1998, pp.134~135). 캐리는 1960년 일리노이에서 맥루언을 개인적으로 만난 이후 40년 동안, 문화와 환경에 관한 맥루언의 시각을 몇 번이고 재검토했다. "마셜 맥루언: 계보와 유산"이라는 글에서 그는 커뮤니케이션의 문제를 단순히 전송의 문제로 보았던 당대의 지배적인 개념을 논쟁하는 데 맥루언이 중요한 돌파구였음을 회고한다(Carey, 1998, p.300). 우리의 모든 커뮤니케이션 행위는 정보의 전송 외에 의미를 갖는다. 우리가 친목이나 소속감을 새롭게 하기 위해 메시지를 교환하고 나눌 때처럼, 대부분의 의미는 의식 ritual이라고 부를 수 있다. 친교, 유대, 공유된 상징(언어와 같은)의 사회적 갱신 등은 모두 의식의 커뮤니케이션이다. 우리가 의식에 대해 관대하게 생각해 본다면, 매일 신문을 읽는 습관이나 최근 영화에 대해 사무실에서 잡담하는 것에도 존재한다는 것을 알 수 있다. 그것은 우리가 누구인지를 구성하는 커다란 부분이다. 그것은 영적일 뿐만 아니라 세속적이며, 성유聖油 이상의 공통의 윤활유이다.

우리가 이러한 구분에 놀라워하는 이유는 미국 내 커뮤니케이션의 실용성에 대한 청교도주의적 주장에 익숙해 있고, 전 지구적인 과학 문화의 출현을 겪고 있기 때문이다. 그런 상황에서 커뮤니케이션에 대한 이해는 경직되어 있다. 커뮤니케이션이 통제의 목적을 위한 전송으로 정의되어 사용되었다. 두 번의 세계 전쟁은 수학적으로 추진된 커뮤니케이션 이론이나 홍보 및 여타 도구적인 커뮤니케이션 프로그램의 성장을 가져다주었다. 하지만 전송의 사상가들은 신호(유도된 메시지)와 소음(모든 다른 의미)을 분리하는 데 힘을 기울이면서도, 도구적 커뮤니케이션이 다양한 미디어의 의식 기능을 대신했을 때 실질적으로 사회적 유대를 분열시키는 원인이 될 수 있다는 점을 주목하지 못했다.

캐리는 의식으로서의 커뮤니케이션에 대한 보편적인 필요성을 확인함으로써, 사실주의적인 사회적 구성 이론에 대한 학문적 인기를 높이는 데 기여한다. 그가 이렇게 기여를 할 수 있었던 것은 미국의 사상이 로크, 버클리, 데카르트 등으로부터 물려받은 개인/집단이란 지배적인 철학적 이원주의로부터 인식론적으로 단절되어 있기 때문이다. 이들 철학자는 서로가 차이는 있지만, 개인이 자신의 사회화 과정에 우선하는 이성을 가지고 있다고 가정한다. 이러한 가정은 실재가 사회적인 것,

언어, 관찰하는 사람 등과는 관계가 없다고 단정한다. 이성주의적 가정에 대해 많은 반대가 있다. 캐리의 이론異論은 존 듀이를 따른다. 20세기 이성주의가 아직 큰 위세를 떨치고 있을 때, 듀이는 적어도 한 유형의 실재, 즉 사회적 실재가 참여하는 사람과 독립적으로 존재하지 않는다고 표명한다. 이것은 "사회가 전송에 의해, 커뮤니케이션에 의해 지속해 나갈 뿐만 아니라, 전송 안에, 커뮤니케이션 안에 존재한다고 충분히 말할 수 있다"(Dewey, 1916/1961, p.4).

캐리는 "커뮤니케이션이 실재를 생산하고, 유지하고, 교정하고, 바꾸는 상징적 과정이다"라며 듀이를 확장해 간다(Carey, 1975/1988a, p.23). 커뮤니케이션, 사회적 삶, 실재라는 세 가지 범주가 독립적인 자율성이 없이 서로 깊이 의존하게 된다.

이것은 버밍엄 현대문화연구소의 스튜어트 홀Stuart Hall과 다른 연구자들이 시도했던 것과 거의 같다. 이들 집단은 인류학적 방법을 산업국가로 확대시켜 갔다. 그들은 특히 문화적 사건에서 파생될 수 있는 여러 가지 의미에 관심을 가졌다. 이러한 '다의적' 접근은 스튜어트 홀이 프랭크 파킨Frank Parkin의 문화 생산과 수용에 관한 부호화와 해독화 모델을 변용시킨 것에서 시작되었다. 이러한 접근 방식은 영화나 텔레비전 뉴스 보도 혹은 로맨스 소설 등이 하나의 의미로 환원될 수 없다는 것을 강조한다. 의미는 수용자가 문화 생산자의 의도를 받아들이거나 조절하거나 때로는 심지어 뒤집는 타협의 현장이었다.

기술과 사회

이러한 의미의 타협은 의식적인 면을 가졌고, 커뮤니케이션의 흐름에 대한 캐리의 관심을 뒷받침해 줬다. 1970년대 말 이후, 캐리는 문화 연구 운동에 관해 글을 쓰고 이를 장려했다. 그는 이데올로기 분석을 강조하는 버밍엄 학파에 큰 관심을 가져, 자신의 주요 연구의 제목을 "이데올로기와 전신에 관하여"라고 짓기도 했다(Carey, 1983/1988d). 그 다음엔 문화 운동과 관련된 영국 및 호주 학자들이 미디어의 물리적 특성에 관한 캐리의 역사적 관심에 신세를 지게 된다(Morley, 1992, pp.278~279).

이러한 관심의 상호 작용을 과장해서 설명하면 안 된다. 캐리는 이러한 운동의 참여자라기보다는 동조자이다. 그는 문화를 해석해야 할 일련의 코드로 취급하는 것에 별로 관심을 보이지 않았다. 이런 차이는 규모의 문제이다. 데이비드 몰리David Morley, 로저 실버스톤Roger Silverstone, 앤 그레이Ann Gray 및 여러 문화 연구 저자들은 기술적 문제를 미시 사회학의 쟁점으로 다룬다. 그들은 사람들이 어떻게 가정에서 텔레비전, 워크맨, VCR 등을 사용하는지의 문제를 묻는다. 이데올로기적 분석에서 문화 연구의 영역은 종종 가정家庭에 한정되어 있다. 이 점은 항상 공적인 것에 관심을 가지며, 기술, 특히 커뮤니케이션 기술이 어떻게 사회에 영향을 미치고, 멀리 떨어진 공동체를 함께 모으며, 주변부를 중심으로 예속시키고, 민주주의의 개방성을 유지하는지와 같은 거시적인 질문을 던지는 캐리와 완전히 대비된다. 이는 몰리가 캐리의 영향력을 언급하는 바로 그 단락에서 더 이상의 설명을 미루며 조수아 마이로위츠(1985)의 좀 더 미시적인 연구 관심사로 옮겨갔다는 점에서도 나타난다. 캐리는 커뮤니케이션을 국가적 문화로 이해하길 원하고 있다. 이것은 국가 발전에 덜 민감한 다른 접근 방식을 보완한다. 이것은 적어도 북미 두 나라에서 미디어가 독특한 역할을 수행하고 있다는 의견이다. 또한 미디어가 국가적 틀에서 이해될 필요가 있다는 생각을 분명히 한다.

예를 들어, 나는 캐리가 특히 1960년대와 1970년대 미국 외교 정책의 실패 이상을 의미하는 베트남전 이후의 침체에 접근했다고 생각한다. 심층적인 면에서 미국의 실패는 미국이 집단적인 지혜를 드러내고 활용하는 능력이 없다는 것을 드러냈다. 여하튼 이러한 집단적인 상식이 생겨났더라면, 실패를 피하거나 완화시켰을 것이다. 오만이 우리의 상식을 눈멀게 했으며, 이러한 오만이 특히 기술이 미국적 상상력 속에 갖는 역할 때문은 아닌지에 대해 캐리 외에도 여러 사상가가 질문했다.

이러한 기술의 역할이 기술에 대한 광범위한 이해를 근거로 전제되고 있다는 점을 언급할 필요가 있다. 그것은 단순히 특정한 기구가 아니라 문화적 체계이다. 따라서 자동차 기술은 쇼핑몰이고, 인도人道의 소멸이며, 또한 풍경이 주 간州間 고속도로 체계에 전적으로 종속되는 것이다. 커뮤니케이션 기술은 마찬가지로 하나의 기계가 아닌 환경으로서 작동한다. 텔레비전이 수용되었을 때, 우리는 텔레비전이 시청자에 미치는 직접적인 영향뿐만 아니라 그것이 인쇄, 영화, 라디오에 밀어붙인 변화에 대해 질문해야 한다. 미디어의 사회적 영향력을 조사할 때 그것을 별개의 단위로 생각하는 것을 그만두어야 한다.

1970년 캐리는 존 쿼크John Quirk와 함께 기술 철학자들이 발전시켰던 여러 가지 희망과 실망을 회고하는 글을 펴냈다. 그들은 사실상 이러한 지적 역사를 베트남 전쟁에 대한 반응 그리고 자유주의적 합의의 와해로 읽어나가도록 유도한다(Carey & Quirk, 1970/1988). 이러한 과정에 그들은 루이스 멈포드의 관심, 즉 광범위한 사회적/정치적 조직을 결정 짓는 기술의 방식에 대한 관심을 본받고 있다. 멈포드는 처음에 전기가 산업 혁명의 폐해를 개선하고 새로운 지역 및 국가 공동체 의식을 촉진시킬 것이라고 결론 내리면서, 당시 주목 받던 패트릭 게데스와 프린스 크로포트킨Prince Kropotkin과 같은 19세기 인물들의 열의를 수용했다. 루이스 멈포드는 1934년 저술한 ≪기술과 문명≫에서 이러한 희망을 언급했다. 하지만 1960년대 멈포드는 환멸을 느끼게 된다. 전기가 단지 미국 정치 체제의 중앙 권력만 확장시키고 있었다. 캐리는 멈포드의 환멸로부터 기술 결정론의 절망에 대한 교훈을 얻었다.

우리는 이렇게 완숙해 가는 캐리가 자신만의 문화적 접근을 만드는 것을 보게 된다. 그는 문화의 중심성을 설교하는 듀이로부터 영감을 받는다. 그는 기술을 국가적 체계로 생각하는 멈포드로부터, 그리고 커뮤니케이션의 문제를 과학적 범주로 환원시킬 수 있다는 명제를 거부한 맥루언으로부터 영향을 받는다. 하지만 여기서 무엇이 현대 커뮤니케이션 체계를 위해 이상적인지는 어렴풋하게만 나타나 있다. 나는 캐리가 실제로 이상적인 커뮤니케이션 체계에 관해 다차원적인 시각을 가지고 있다고 생각한다. 이러한 캐리의 이상은 듀이로부터, 그리고 토론토대에서 직장 생활을 하기 전 시카고대에서 잠시 공부를 했던 캐나다인인 해럴드 이니스로부터 영향을 받는다.

이니스는 1894년에서 1952년까지 살았다. 그는 1970년대 정치에 대해 캐리가 실망했던 것과 마찬가지로 영국 제국주의 그리고 뒤이은 미국의 냉전 태도에 대한 좌절감을 글로 썼다. 이니스는 경제학자로서 대구와 모피 같은 주요 산물의 이동을 조사했고, 이때 가장 중요한 산물이 커뮤니케이션이라는 결론을 냈다. 이러한 이해를 바탕으로 그는 커뮤니케이션이 운반되는 미디어가 사회의 권력 편향성에 중요한 열쇠가 되었다는 것을 깨달았다. 만일 미디어가 시간 편향적이라면(메시지가 세월을 걸쳐 보존된다[운송된다]), 권력 핵심들은 전통과 중앙 집권화된 이데올로기를 중심으로 사회를 조직할 것이다. 역사적 사례로 파라오의 이집트, 중세 유럽, 청대의 중국 등을 들 수 있다. 만일 미디어가 공간 편향적이라면(메시지가 쉽게 광대한 거리를 넘어 전파된다[운송된다]), 권력 핵심들은 전통에 상관없이 자신의 통제 영역을 확장시켜 갈 것이다. 우리 서구 사회가 이러한 공간 편향적 조직의 아주 대표적인 사례이다.

이니스는 근대 사회에서 구어가 몰락하는 것을 아쉬워한 그레이엄 월러스로부터 영감을 받았다(Innis, 1951/1964, p.191). 구어 커뮤니케이션은 시간과 공간의 균형을 거의 유지하기 때문에 가치가 있다. 하지만, 싸게 대량 생산된 종이에 기반한 인쇄술과 뒤이은 전자 커뮤니케이션의 발전은 공간 편향성을 과도하게 촉진한다. 이러한 편향성은 몇몇 집단만이 미디어에 자유롭게 접근할 수 있도록 해주기에, 지식의 독점화를 낳는다. 개방 사회는 커뮤니케이션이 많이 이루어지고, 면 대 면 대화의 원형적인 균형을 조금이라도 닮아야 한다.

이러한 경제 분석과 문화/정치적 역사의 결합은 캐리에게 큰 영향을 미쳤다. 하지만 이니스가 미디어에 대해 급하게 글을 쓰는 바람에, 그의 뒤를 이어 이루어져야 할 연구가 많이 남아 있다. 예를 들어, 이니스는 전신의 문화적 중요성을 가정만 하고 있기 때문에, 캐리는 이 문제를 깊이 있게 살피면서, 전신과 사회적 변화 간의 연성 결정론적 *soft deterministic* 관계를 보여 준다. 캐리는 전신의 수용으로 인해 시간에 대한 미국인의 시각이 바뀌고, 지역적 통제감이 쇠퇴했으며, 지역의 조건으로부터 시장 가격이 독립하게 되었다고 주장한다. "이데올로기와 전신"이란 글이 가치 있는 이유는 맥루언의 강성 결정론이나 버밍엄학파의 수용 현장으로 제한된 초점을 피해 가면서 기술의 문화적 차원을 밝히는 역할 모델을 하기 때문이다.

캐리는 미국 지방 전역을 돌아보면서 시작한다. 그는 강, 운하, 철로, 전신 및 전화선이 병행되고 있다는 것을 지적한다(Carey, 1983/1988d, p.203). (아마도 지금은 원거리 광섬유선을 추가했을 것이다.) 이러한 운송과 커뮤니케이션의 병행에 있어, 전신은 커뮤니케이션과 운송을 분리시키는 분기점이 되고 있다. 그 이후 메시지는 더 빨리, 인간보다 훨씬 빨리, 이동할 수 있게 되었다. 이러한 현상으로부터 처음 이득을 본 사람은 운송 회사였다. 초기 전신은 철도 시간표와 선로 배정을 위해 많이 활용되었다. 철도 체계의 공간을 통제하기 위해 사용되었던 전신은 곧 시간을 통제하기에 이른다. 1883년 철도 회사(정부가 아니라)는 네 개로 구분된 표준 시간대를 대륙에 적용하였다. 전신의 공간적 지배는 지역 시간의 몰락을 가져왔다. 이것은 철도와 전신의 결합이 경제와 정보에 대해 가졌던 독점을 징후적으로 보여 준다.

    전신은 또한 가격이 지역마다 차이난다는 것을 국민들에게 알려주었다. 그로 말미암아, 지역적 차이가 사라지기 시작했다. 전신이 등장하기 전에는 중개인이 가격이 싼 지역에서 비싼 지역으로 물건을 실어 나르며, 이러한 가격 차이로부터 이익을 얻었다. 이러한 활동은 누구나 값이 싼 지역에서 물건을 간단하게 주문할 수 있게 되면서 줄어들게 된다. 전신이 지식에 대한 경쟁을 허용하면서, 선물거래업자가 중개인을 대신하게 되었다. 선물거래업자는 먼 지역의 유리한 성장 조건에 대해 알아내고, 수확물이 많아져 가격이 떨어지기 전에 정해진 가격으로 선물 납품된 물건을 팔 수 있게 된다. 18세기 자본주의는 상품의 사용과 가치를 분리하기 시작했다. 전신과 관련된 지식의 독점은 19세기 중반 이러한 분리를 가속화시켰고, 마르크스는 이에 영감을 받아 상품화 *commodification* 이론을 만들어 낸다(Carey, 1983/1988d, p.221).

경제와 커뮤니케이션

이니스의 제자로서 문화 결정론의 패턴을 찾던 그는 전신과 19세기 경제 이론의 상관 관계를 주목하게 되었다. 캐리는 미디어의 물리적 특성에 관한 관심을 통해 마르크스에 다가가게 된다. 하지만 그는 커뮤니케이션에 대해 정치경제학적 분석을 추구하는 사람이나, 영국 문화 연구 집단과는 다르게 마르크스와 관계를 맺게 된다(Flayhan, 2001, p.37). 정치경제학자는 생산에 집중하며, 누가 미디어를 소유하고 어떻게 이들이 미디어를 자본주의 체계의 일부로 만들어 갔는지의 문제를 질문한다. 문화 연구자들은 이데올로기적 분석에 관심을 가지며 미디어의 부호화된 메시지가 무엇이고 이러한 메시지가 자본주의의 가치를 어떻게 재생산하는지의 문제를 질문한다. 캐리는 자본주의에 대한 좌파적 비판에 전적으로 동참하지만, 그의 입장은 이데올로기나 정치경제학으로 정리되진 않는다(Pauly, 1997, pp.11~12). 이 점에서 캐리는 문화 연구의 당파적 논쟁에서 무시되었던 미디어 편향성의 폐해에 주의를 기울이도록 만든다.

레이먼드 윌리엄스는 특히 토대와 상부 구조의 모델을 거부함으로써, 문화 연구를 고전적 마르크스주의와 분리시켰다. 마르크스는 지배적인 "물적 삶의 생산 양식이 사회적, 정치적, 지적 삶의 과정 전반을 조건 짓는다"고 썼다. "인간의 의식이 자신의 존재를 결정하는 것이 아니라, 도리어 인간의 사회적 실재가 의식을 결정하는 것이다"(윌리엄스의 마르크스 인용, 1977, p.75). 윌리엄스는 이것이 20세기에 와서 과도하게 환원론적으로 되어 버렸다고 생각했다. 문화를 경제의 부수 현상으로 환원시키기 때문이다. 그는 안토니오 그람시Antonio Gramsci의 헤게모니 개념을 참조하여 문화와 경제가 어떻게 함께 인간 주체의 "삶의 전 방식"에 역할을 하는지를 알아보려고 했다. 헤게모니적 가치가 여러 사회 제도에 주입되고 상식으로 받아들여지게 된다. 그람시와 윌리엄스는 사람들이 그러한 가치가 자신들의 대중 문화의 일부가 되었다고 느끼면 자신들의 경제적 이해와 상관없는 신념과 태도를 받아들일 것이라고 주장한다. 이러한 헤게모니 이론의 수용은 문화 연구의 출현에 결정적이었다.

캐리는 특히 유럽의 비판적 사고를 가진 윌리엄스의 비판에 동조를 한다. 하지만 대서양을 건너오면서 무엇인가 일어난다. 캐리는 미국 교수들이 헤게모니를 환원시키면서 "인종과 젠더가 새로운 '토대'로서의 지위를 떠맡게 되고…… 문화가 현재 이데올로기로 환원되고 다시 이데올로기가 인종과 젠더로 환원되고 있다"고 비난한다(Carey, 1992/1997c, p.276). 캐리가 인종적, 젠더적 설명을 거부하는 것이 아니라, 그러한 설명이 새로운 총체로 활용되면서 미국적 삶의 특유한 물질성, 연속성, 문제 등이 종종 무시되고 있다는 것이다. 미디어 기업이 주도권을 잡으며 미디어 시대가 시작되면서 생겨났던 약간의 공익 의식마저 잠식하는데, 인종과 젠더의 정치학은 사실상 학계의 관심을 딴 데로 돌리고 있다. 캐리가 좌파 학문 내의 반대를 염려하며 이러한 방심에 너무 점잖게 비판하는 것 같지만, 그의 우려가 암시하는 바는 분명하다.

캐리는 프랑스 후기 구조주의와 같은 현실의 사회적 구성론이나 (Carey, 1986/1988c, p.105), 헤게모니를 인종과 젠더로 환원시키는 것, 그리고 생리학적, 심리학적 미디어 변화에 대한 맥루언식 이해 등 극단적인 해석에 불편해했다. 각각의 경우마다, 그는 물리적 상황의 구체적인 정황을 무시하는 과도한 이상주의에 대해 응수를 하고 있다.

영국의 문화 연구는 현대 미디어가 발전하기 전부터 계층 구분이 있어 왔던 사회에서 생겨난다. 헤게모니 정치학은 오래 계속되어 온 제도 속에서 상식의 전통으로 나타난다. 미국이나 캐나다 같은 신흥 사회의 제도적 권위는 덜 전통적이고, 덜 확고하다. 신흥 사회에서 가치와 공동체적 유대는 매스 미디어를 통해 의식화儀式化된다. 따라서 비판적 사상가는 미디어 환경이 어떻게 편향성을 갖고 이러한 편향성이 지식을 독점하는 사람들에게 어떠한 기회를 주는지를 질문하는 것이 중요하다. 요컨대, 우리가 신세계에 헤게모니 가치와 같은 것을 밝히고자 원한다면, 기술 체계의 문제에 민감해져야 한다. 주류 커뮤니케이션 분석가나 문화 연구 민속지학자는 (현대 자본주의 사회의 이데올로기에 도전하고는 있지만) 현대 자본주의 사회가 작용하는 특성을 가정하는 경향이 있기 때문에, 수용의 현장을 강조해 왔다. 반면, 이니스와 캐리는 커뮤니케이션의 불균형이 기능 장애를 이끌어 간다고 걱정하기 때문에, 의미가 생산되고 유통되는 조건에 초점을 맞춘다.

기술 체계가 공론장을 확장하도록 만들어지고 있지 않기 때문에, 미국 미디어 학자에게 난제를 안겨 주고 있다. 이러한 체계는 사적 이익을 확실하게 지향하는 시장 안에서 만들어지고 유통되고 있다. 반대로, 커뮤니케이션은 공적이고, 공유된 언어와 모든 상징은 공동체를 만들게 해준다. 이러한 시각에서 캐리(1994/1997a)는 경제와 커뮤니케이션이 "모순적인 틀을 만들어 내고 있다…… 경제는 희소한 자원을 배분하는 행위이다. 커뮤니케이션은 의미를 만들어 내는 과정이고, 결코 희소하지 않은 자원, 사실상 매우 풍부한 자유재이다"(pp.63~64). 이들의 모순적인 구조에도 불구하고, 확대되고 있는 커뮤니케이션의 기술화는 보다 많은 사적 이익을 제공하지만, 공적 공유의 장은 축소하고 있다. 캐리는 커뮤니케이션에서 정보로, 그리고 공중公衆에서 수용자로 바뀐 우리 언어의 무의식적인 변화를 주목하면서 이 점을 포착하고 있다.

언론의 특별한 문제

캐리는 과단성 있게 커뮤니케이션을 문화로 재정의했다. 그는 커뮤니케이션을 경제와 대비시키고 그것이 이데올로기적 전송의 문제로 환원되는 것을 반대했다. 그는 미디어 연구를 미국의 기술 사상사思想史와 통합시켰다. 이러한 점은 이미 학계에 중요한 영향을 미쳤고 많은 사람들이 감사해하고 있다. 그럼에도 불구하고, 여기서 멈추는 것은 중요한 것을 놓치고 마는 것이 되고 만다. 캐리가 체계를 세우는 사람이 아니고, 각각의 글이나 진술이 독립적인 입장을 취하지만, 그를 따르는 사람이면 그의 생각을 움직였던 특수 과제, 즉 언론 교육의 일과를 탐색해 보고 싶어 한다.

캐리를 언론 자체가 아닌 언론 교육과 연결시킴으로써, 우리는 그가 미디어의 문제를 미국 민주주의의 의식儀式 안에 어떻게 위치시키고 있는지를 분명히 볼 수 있게 된다.

교육은 듀이와 이니스에서부터 맥루언과 포스트먼에 이르기까지 미디어 연구의 저명한 학자들 대부분의 출발점이 되고 있다. 언론 교육은 교육을 직업 훈련으로 정당화시키려는 압력에 저항하는 중요한 현장이 되고 있다. 대학은 미국 사회 내에 아직까지 시장에 저항해 왔던 하나의 공간이다. 전문가 양성 교육이 시장에 봉사할 필요가 없고 그렇다고 학계에 그것의 자리가 없는 것도 아니지만, 전문가 양성과 시장을 위한 직업 훈련이 쉽게 융합되고 있다. 이러한 융합을 피하기 위해서는, 지적인 임무를 가지고 미래의 언론인을 가르쳐야 하는데, 캐리가 모든 미디어 비평에서 보여 준 정신은 이러한 임무를 계발하고 있다. 문제는 민주적 담론을 위해 일하는 언론인들의 특별한 역할에 있다.

예를 들어, 1969년 캐리는 객관적 보도의 전제를 의문시하면서 인쇄술의 선형성에 대한 맥루언의 비난을 인용한다. 그는 다음과 같이 적고 있다. "객관적 보도의 전통이 다른 문화 및 사회를 보도하기 위해 발전되었는데, (그 경우) 일상적인 일이…… 간단하게 '누가 무엇을 누구에게 말했다' 식으로 묘사될 수 있다…… 그렇게 보도하면서, 무질서하고, 유동적이며, 비직선적인 [베트남] 전쟁은 기사 작성 과정에서 객관적이고 균형 잡히며 직선으로 나가는 것으로 바뀌고, 야산, 수송톤수, 사상자, 사단, 숫자 등으로 서술된다"(Carey, 1969/1997b, p.140).

커뮤니케이션의 일반적인 주제에 대한 이런 종류의 진술은 당대 미국 권력 기구의 이데올로기와 뉴스 기자의 태도 간에 유사성을 짚어내고 있기 때문에 통찰력을 준다. 두 집단 모두 베트남 전쟁을 '직선적인' 틀로 담으려고 했다. 그렇지만 이러한 캐리의 관찰은 단지 시사적인 상태로 남아 있었고, 상세한 역사는 훗날 댄 할린(1986)의 연구에서 이루어진다. 캐리는 언론대학에 개입한 가치를 살펴봄으로써, 자신의 시사점을 다른 방식으로 풀어 갔다. 이러한 가치가 거리를 두는 뉴스 보도의 잘못된 관행에 어느 정도 기여하고 있는가? 이러한 질문은 5년 뒤에 쓰여졌고, 자주 인용되고 있는 "언론 역사의 문제"라는 글에서 결실을 본다(Carey, 1974/1997b).

이 글은 뉴스의 역사가 대기자나 편집인의 이야기에 너무 빠져 있다고 한탄하는 것으로 시작한다. 언론 학교가 학생들에게 "휘그식 whig" 해석을 따르는 보도 전통을 가르치고 있었다. 이 용어는 허버트 버터필드Herbert Butterfield의 역사학 방법론으로부터 차용한다. 휘그식 역사는 마치 과거의 행위자가 역사의 목적을 알고 있다는 듯이, 과거를 현재를 향하여 착실하게 진행되는 일련의 사건으로 제시한다. 언론 역사의 경우, 사건들은 보도의 자유나 시민에게 대한 정보 유통 능력이 커져 가는 방향으로 선형적으로 전개된다. 이러한 해석에 있어, 기자의 자율성은 언제나 커져갔고 정부는 항상 악역을 맡는다.

이러한 해석에 사실인 부분이 있다. 캐리도 전형적으로 휘그식 역사를 비난하는 것을 거부한다. 그는 단지 이것이 한물갔고 더 이상 유용하지 않다고 설명한다. 진보가 가속화되면서, 이러한 진보의 이야기는 기자정신이 편협해지는 것에 신경 쓰지 않는다. 우리는 몇 초 만에 전 세계로부터 뉴스 보도를 받아 볼 수 있지만, 그렇다고 세상에 대한 이해가 이에 따라 깊어지고 있는 것은 아니다. 탐사 보도 편집자는 이제 영웅이 아니라 구시대의 유물이 되고 만다. 자율적인 기자는 여론의 승인을 받지 못하는 것뿐만 아니라, 어떤 시각을 제시하는 것을 점점 더 두려워하고 있다. 한편 방송과의 경쟁으로 인해, 인쇄물의 저자는 전문적 분석의 중립적인 입장을 채택하며 즉각성이나 영상적 묘사를 앞서 나가려 한다.

현실적인 문제는 언론대학이 변화하는 문화 구조에 충분히 주의를 기울이지 않고 있다는 것이다. 이 글은 현재 교실에서 이루어지는 사실에 입각한 교육 대신, 언론의 문화사에 대한 교육을 요구한다. 이러한 요구를 하면서 캐리는 언론 교육 과정에 커뮤니케이션의 통시대적인 의식적儀式的 유대감을 심는 것이 자신의 길이라고 느껴간다. 문화사에 호소하는 것은 학생들한테 지난 사건의 의미를 알기 위해 사건의 상상적 측면을 이해해 보도록 훈련받으라는 것이다. 점차 커뮤니케이션 학자들이 이와 같은 역사에 대한 시각을 발견해 가고 있다. 이 중 한 방식은 월터 옹과 맥루언, 혹은 지암비스타 비코와 같은 과거의 문화 철학자에 대한 맥루언의 논의를 통해서이다(McLuhan & McLuhan, 1988 참조). 다른 하나는 듀이, 이니스와 캐리를 통해서이다.

문화적 접근은 기자가 자신이 보도하는 사회 밖에 있는 과학적 관찰자로 생각할 수 없다는 의미이다. 다시 말해, 언론이 즉각적인 사실을 전달한다거나 똑같이 시끄러운 두 목소리 간의 평형적인 균형을 유지하는 것을 넘어서야 한다. 현재의 논쟁과 토론을 틀 짓는 무수한 입장들을 보여 줘야 한다. 캐리는 "누가, 무엇을, 언제, 어디서"라고 재빠르게 서술하고 나선 "왜와 어떻게"에 대해서는 많이 겁내는 언론인들을 꾸짖는다. 요점은 기자들에게 그들의 이야기가 생기 잃은 정보를 투명하게 전송하는 것이 아니라는 것을 깨닫게 하는 것이다. 또 전통적인 전문가적 의견이 언론인 스스로가 참여하는 민주적 대화의 틀이라는 것을 일깨우는 것이다.

캐리(1978)는 언론교육학회(AEJ) 회장 연설에서 "대학 전통을 위한 호소문"을 통해 자신의 주장을 실제 호소문으로 확장시켰다. 여기서 그는 종합 대학과 언론 교육의 결합에 대해 여전히 의구심을 품고 있는 선생들을 대상으로 연설을 하면서, 자신의 AEJ 회장 당선이 언론의 지적 가능성에 대한 회원들의 높아진 인식을 보여 준다고 했다. 그는 이니스의 "대학 전통을 위한 호소문"을 차용하여, 언론 교육을 종합 대학에서 분리시키는 것, 대학을 개별적인 전문학교로 파편화시키는 것, 그리고 궁극적으로 공중이 몰락하는 것에 반대하는 논의를 펼친다(Carey, 1978, pp.853~854).

캐리가 법과대학과 의과대학의 전문성에 대해 충고하지만, 그가 각별하게 대했던 대상은 언론대학이었다. 이니스에 대한 인용은 의도적이었다. 미디어 교육이 공공의 기억을 보존하는 대학의 임무에 있어 독특한 위치를 차지하고 있고, 공적인 것의 전반적인 개혁이 시작되는 곳이기 때문이다. 그는 이니스의 시간-공간 모델로 독자들에게 부담을 주고 있진 않지만, 그의 주장은 주로 이 모델을 전제로 한다. 캐리(1978)는 우리에게 다음과 같이 말한다. "미디어의 영향력 아래 언론이 즉각적인 것에 집착하니까, 여론은 자신의 정박지를 잃어버렸다. 현재에 대한 극도의 관심이 과거와 미래에 대한 흥미를 유지하기 어렵게 만들었다……"(p.847). AEJ를 위해 시간-공간 모델을 선택함으로써, 대중의 기억을 빼앗아간다고 가장 비난받아야 할 전문직이 바로 언론직이라는 것을 알려준다. 따라서 캐리가 언론에서의 문화사를 논하고 있지만, 그는 최근 전문직이 대중의 기억 상실증을 부추긴다고 말하며, 이들의 글이나 공적 담론에 시간과 기억의 감각이 복구되어야 한다고 주장한다.

교육은 무엇보다 학생들한테 언론이 정보의 전송이자 커뮤니케이션의 의식儀式이라는 것을 깨닫도록 지도해 줄 수 있다. 이러한 정신에서, 제임스 캐리(1999)는 현업인에게 공적 언론 의식을 촉진시키려고 애쓰는 제이 로젠Jay Rosen(e.g., 1994) 및 다른 학자들과 전적으로 의견을 같이 한다.

결론

나는 캐리의 글이 점차 규범적인 기반을 갖게 되는 것을 발견한다. (그의 연구에 항상 존재했던) 공적 문화를 보존하려는 지적 임무가 AEJ 연설 이후 더욱 두드러진다. 그것은 미디어 연구에서 중요한 것을 알아보는 시금석의 역할을 하고 있다. 예를 들어, 대니얼 다얀Daneil Dayan과 엘리후 카츠 Elihu Katz(1992, pp.25~53)가 미디어 사건에 관한 기술 모델을 발전시켰는데, 캐리는 연방대법원 판사로 지명된 로버트 보크Robert Bork에 대한 상원 청문회를 살펴보기 위해 이들의 모델을 가져왔다. 캐리는 미디어가 좌천과 축출의 의식에 전적으로 참여하고 있다고 보았다. 이번 미디어 사건은 정중함과 관용의 공공 문화를 해치는 영향을 미쳤다. 캐리는 미디어가 그러한 사건의 정치적 조작에 저항했어야 했다고 결론을 맺는다.

캐리의 분석에 함축된 규범에는 몇 가지 경고가 내재되어 있다. 그는 공동체를 믿지만, 대중적인 것을 열렬히 지지하지는 않는다. 다양한 지역 운동에서처럼, 대중의 분열과 파편화는 전 지구적 미디어의 획일적인 특성에 대한 현명치 못한 대응이다. 다시 말해, 캐리는 주류 미디어에 대해 대안 미디어를 만드는 사람들이나 '권능화된empowered' 수용자 개념에 관해서는 글을 별로 쓰지 않았다. 그는 주류 미디어에 대해 많은 글을 쓰며, 자신의 민주적 임무에 되돌아간다. 그는 기술 결정론에 찬성하지 않지만, 지식의 독점화를 지향하는 기술적 편향성에 저항하는 것을 지지한다. 그는 커뮤니케이션이 경제적으로 결정되는 것에 대해 우려하지만, 커뮤니케이션이 경제적 문제로 환원될 수도, 되어서도 안 된다고 생각한다. 그는 미디어가 미국에 실험되면서 처음에 내놓았던 약속으로 늘 되돌아간다.

개혁될 수 있다는 미국적 실험 개념은 아직도 급진적인 정치적 전제와 상반된다. 캐리에 대해 가장 널리 퍼져 있는 비판은 그가 개혁적 낭만주의자라는 것이다. 마이클 트레이시Michael Tracey는 캐리가 목가주의자이며 권력의 불평등한 분배를 외면한다고 비난한다(Munson & Warren, 1997, p.xv 인용). 댄 실러Dan Schiller(1996)는 캐리가 왜 모든 사람들이 언어를 함께한다고 가정하는지에 대해 의아해했다. "언어가 단순히 '공유된다shared'는 캐리의 개념이 함축하는 것을 감추긴 어렵다. 어떻게 어느 정도 영어가 공유되는가? 표준 영어가 캐리의 공유 언어의 사례인가?"(p.156). 마이클 셔드슨Michael Schudson(1998)이 캐리가 촉구했던 일종의 문화사를 제공하는 데서 시작했지만, 지금은 다른 방향으로 급선회해서, 과거 시대가 현재보다 민주적 담론을 촉진시켰다는 개념에 대해 비판한다. 이들 모두 과거에 대한 냉정한 시각이 캐리의 다원주의적 역사관을 공개적으로 혹은 암묵적으로 흔들고 있다고 말한다.

이들은 캐리의 지적 역사 방법론이 가진 전제를 놓치고 있다. 언어 공동체가 최대한의 개방적인 참여로 정의되는지를 묻는 경험주의적 질문은 아무런 의의가 없다. 실용주의의 목적은, 과거의 유산을 추구함으로써 오늘날 우리가 공동체를 만들기 위해 투쟁을 벌이는 데 유용한 시각을 가질 수 있다는 점이다. 캐리는 공동체 구축에 관한 사회사상의 역사를 살펴보고 재조명함으로써 이를 행하고 있다. 아마도 이 점에서 캐리는 멈포드나 이니스보다 맥루언과 좀 더 공통점을 갖는지 모르겠다. 맥루언은 미디어 환경에 대한 실질적 조사보다는 예술가와 다른 이들이 자신의 환경에 대해 어떻게 대응하였는지에 관심을 가졌다. 이 점은 셰익스피어의 리어왕에 대해 긴 논설을 펼친 ≪구텐베르크의 은하계≫ (McLuhan, 1962)의 첫 장에서 잘 나타난다. 캐리는 지적 선각자들을 활용해 커뮤니케이션과 사회적 장의 상호 작용을 주목하고자 했다. 그는 우리의 논의가 너무나 자주 공간적 편향성에 의해 제약을 받기 때문에, 과거의 사상을 이용해 현재의 문제를 조명해 보고자 했다. 우리는 역동적인 민주주의를 향한 과거의 희망과 열망을 잊어버리는 경향이 있다. 따라서 너무도 쉽게 자기 만족과 냉소주의라는 실수에 빠진다.

알렉시스 드 토크빌은 1830년대 미국의 참여식 토론을 감탄했다. 이러한 토론의 정도를 측정할 수 있는지의 여부는 캐리의 방식에 별로 중요하지 않다. 중요한 것은 토크빌이 새롭게 떠오른 민주주의 사회의 이상을 목격하고 있다는 점이다. 마찬가지로 링컨/더글라스의 토론은 우리 스스로를 믿게 해준다. 사례 연구보다는 지적 역사를 통해, 미디어가 어떻게 미국의 공동체 그리고(혹은) 공동체들의 성장에 기여해야 하는지가 분명히 드러난다.

트레이시와 실러의 비판이 갖는 본질은 그들이 캐리의 학문이 가진 목적을 공유하길 거부한다는 것이다. 한번은 캐리(1991/1997c)가 벤저민 프랭클린의 "공화국, 당신이 이것을 지킬 수 있다면*a republic, if you can keep it*"이라는 문구를 글 제목으로 사용했다. 이런 글 제목은 "공공 문화, 우리가 커뮤니케이션할 수 있다면*a public culture, if we can communicate*"이라는 캐리 자신의 연구 좌우명이기도 하다. 따라서 이러한 방법은 항상 커뮤니케이션의 가능성을 지시하고 있다. 이러한 규범은 우리가 가야만 하는 거리의 척도가 된다. 과거의 현실이 이상보다 어느 정도 못할 수 있는가의 문제는 별로 실용주의적 관심이 되지 못한다.

캐리는 시카고학파의 함의를 받아들이며 그것을 텔레비전 시대에 적용시켰다. 캐리는 그와 같은 광범위한 사회적 함의를 적용시킴으로써, 언론 교육의 지적 목적을 끌어올렸다. 그는 문화 연구와 미시 사회학적 민속지학에서 진행되고 있는 연구의 대부분을 인정하되, 사회 조직에서의 보다 광범위한 동향에 지속적으로 눈을 떼지 않았다는 점에서, 미디어 기술 사상에 기여한다. 이와 같은 방식 때문에, 그는 지금의 언론에 대한 비난에 간학제적 힘을 실어 줄 수 있었다. 많은 이들은 현재의 미디어 복합 기업이 뉴스를 추구하기 위해 투자를 하는 대신, 이득을 위해 뉴스를 이용함으로써, 본말을 전도시키고 있다고 본다(예를 들어 Bagdikian, 1983 참조). 다른 이들은 전 지구화가 기업의 무책임함을 가속화시키고 있다고 걱정한다(Herman & McChesney, 1997). 캐리는 문화적, 정치적, 경제적 접근을 통합하는 미디어 철학 안으로 이러한 우려를 끌어들인다. 대중은 더 나은 언론을 요구하도록 교육받아야 하고, 언론인은 그러한 교육의 일부가 되어야 하며, 이에 따른 요구에 민감해야 한다.

우리는 그를 너그러운 믿음을 가지고 읽어야 하고, 이것이 약점일 수 있다. 그는 우리를 납득시킬 수 있는 논쟁적인 스타일로 글을 쓰지 않는다. 그것은 다른 입장들을 체계적으로 분석하는 데 별로 시간을 쓰지 않는 스타일이다. 그래서 좌파의 과도한 '경제주의*economicism*' 분석에 대한 캐리의 의견은 여전히 파악하기 어렵다. 무엇보다 그는 대중 문화에 관한 질문이 의미를 생산하는 수용자의 힘에 집중하는 것에 충분히 대응하지 않았다. 물론 그는 맥루언의 미디어 결정론이 수용자에 대해 가정하는 극단적인 수동성은 반대한다. 반면, 독자/수용자가 자신만의 의미를 만드는 데 적극적으로 참여한다고 보며 경의를 표하는 문화 연구의 접근에 대해서도 긴장 상태를 유지한다. 나는 캐리가 미디어의 균형 혹은 상호 관계 및 충분한 상호 작용에 대해 이니스와 같은 주장을 하는 것에서 이와 같은 긴장 상태를 추론했다. 만일 우리가 의미 생산의 현장을 제작자에서 수용자로 바꾼다 하더라도 이와 같은 것이 가능한가? 아니다, 단지 지식의 독점이 가정의 사적 공간으로 넘어가는 것이고, 이러한 사적 공간은 의미의 공공성을 무가치하게 만든다. 이것은 캐리가 과도한 좌파 '경제주의'에 대해 언급하면서, 경제는 사적 영역이고 '나를 위해 거기에 있는 것'을 일깨울 때 이해될 수 있다고 말하는 데서 추론한 것이다. 이 두 경우 모두 사적인 것은 공적인 의미의 적이다.

캐리는 현재 후기 네트워크 시대와 미디어의 국가적 체계의 붕괴에 대해 연구를 하고 있다. 연구의 초점은 역시 언론 교육의 역할이다. 전 지구화는 시간에 대한 장기적인 시각을 소멸시키며 미디어의 불균형을 가속화시켰다. 전 세계에서 운영되는 회사들이 어디엔가 소속감 없이 운영될 수 있기 때문이다. 루퍼트 머독의 뉴스 코퍼레이션News Coporation에 속한 여러 지역국이 자신들이 고려해 봐야 할 문제에 개입하지 않고, 여러 시민의 관심을 딴 데로 돌리는 데 더 열중하고 있는 것 같다. 물론 머독만이 아니다. "MTV, VH-1과 같은 CBS와 Viacom의 여러 요소나 UPN 네트워크는, 자신이 얻는 '뉴스'에 어떠한 관여도 하지 않고 함께 뉴스를 본 공동체에 대해 어떠한 물리적 연관도 갖지 않는, 현실에서 유리된 미시적 대중에게 말한다. 이것은 마치 [캐리가] 신랄하게 말한 유럽 없이 유로를 갖는 것과 같다"(Alterman, 1999, p.10).

캐리는 국민-국가의 운명으로 관심을 돌렸다. 미국에서 세 지상파 네트워크와 같은 전국적인 미디어가 붕괴되고 유럽에서 국영 방송이 탈규제화되면서, 문화가 지역적이고 초국가적인 존재로 파편화되었다. 이것이 과거 듀이가, 그리고 현재 캐리가 희망했던 공동체의 성질을 만족시키고 있는지는 풀리지 않은 문제이다. 이들 모두 무책임에 대해 경계를 하고 있다. 지역 문화는 문화의 일원이 아닌 이웃에게 관심이나 적대감을 내보이지 않는다. 전 지구적 문화는 너무나 커서 어느 누구도 공동 책임감을 느끼지 못한다. 아마도 국가가 모두에게 서비스를 제공하면서도 진정한 민주적 대화의 뼈대를 만들 정도로 큰 단위였던 것 같다.

감사의 말
이 논문을 연구하는 데 도움을 준 센트럴 코네티컷주립대 도서관의 린 존슨 코코란과 하이디 크롭과 찰스 말로 그리고 존 루더포드에게 감사하고 싶다.

참고 문헌
Alterman, E. (1999, October 11). A Euro without a Europe. *The Nation*, p.10.
Bagdikan, B. (1983). *The media monopoly*. Boston: Beacon Press.
Carey, J. W. (1967). Harold Adams Innis and Marshall McLuhan. *Antioch Review*, 27(1), 5~39.
Carey, J. W. (1978). A plea for the university tradition. *Journalism Quarterly*, 55, 846~855.
Carey, J. W. (1988a). A cultural approach to communication. In J. W. Carey (ed.),

Communication as culture: Essays on media and society (pp.13~36). Boston, MA: Unwin Hyman. (Original work published 1975)

Carey, J. W. (1988b). Mass communication and cultural studies. In J. W. Carey (ed.), *Communication as culture: Essays on media and society* (pp.37~68). Boston: Unwin Hyman. (Original work published 1977)

Carey, J. W. (1988c). Overcoming reistance to cultural studies. Reprinted in J. W. Carey (ed.), *Communication as culture: Essays on media and society* (pp.89~112). Boston: Unwin Hyman. (Orginal work published 1986)

Carey, J. W. (1988d). Technology and ideology: The case of the telegrapy. In J. W. Carey (1988), *Communication as culture: Essays on media and society* (pp.201~231). Boston: Unwin Hyman. (Original work published 1983)

Carey, J. W. (1997a). Communications and economics. In E. S. Munson & C. A. Warren (eds.), *James Carey: A critical reader* (pp.60~75). Minneapolis: University of Minnesota Press. (Original work published 1994)

Carey, J. W. (1997b). The communications revolution and the professional communicator. In E. S. Munson & C. A. Warren (eds.) *James Carey: A critical reader* (pp.128~143). Minneapolis: University of Minnesota Press. (Original work Published 1969)

Carey, J. W. (1997c). Political correctness and cultural studies. In E. S. Munson & C. A. Warren (eds.). *James Carey: A critical reader* (pp.270~291). Minneapolis: University of Minnesota Press. (Original work published 1992).

Carey, J. W. (1997d). The problem of journalism history. In E. S. Munson & C. A. Warren (eds.), *James Carey: A critical reader* (pp.86~94). Minneapolis: University of Minnesota Press. (Original work published 1974)

Carey, J. W. (1997e). "A republic, if yor can keep it": Liberty and public life in the age of Glasnost. In E. S. Munson & C. A. Warren (eds.), *James Carey: A critical reader* (pp.207~227). Minneapolis: University of Minnesota Press. (Original work published 1991)

Carey, J. W. (1998). Marshall McLuhan: Genealogy and legacy. *Canadian Journal of Communication*, 23, 293~306.

Carey, J. W. (1999). In defense of public journalism. In T. L. Glasser (ed.), *The idea of public journalism* (pp.49~66). New York: Guilford Press.

Carey, J. W. & Quirk, J. (1988). The mythos of the electronic revolution: In J. W. Carey

(Ed.), *Communication as culture: Essays on media and society* (pp.113～141). Boston: Unwin Hyman. (Original work published 1970)

Dayan, D. & Katz, E. (1992). *Media events: The live broadcast of history*. Cambridge, MA: Harvard University Press.

Dewey, J. (1961). *Democracy and education: An introduction to the philosophy of education*. New York: Macmillan. (Original work published 1916)

Flayhan, D. P. (2001). Cultural studies and media ecology: Meyrowitz's medium theory and Carey's cultural studies. *The New Jersey Journal of Communication*, 9(1), 21～44.

Geertz, C. (1973). *The interpretation of cultures*. New York: Basic Books.

Grosswiler, P. (1998). *Method is the message: Rethinking McLuhan through critical theory*. Montreal, Canada: Black Rose Books.

Hallin, D. (1986). *The "uncensored war": The media and Vietnam*. New York: Oxford University Press.

Herman, E. S. & McChesney, R. W. (1997). *The global media: The new missionaries of corporate capitalism*. Washington, DC: Cassell.

Innis, H. A. (1964). *The bias of communication*. Toronto, Canada: University of Toronto Press. (Original work published 1951)

Lum, C. M. K. (2000). The intellectual roots of media ecology. *The New Jersey Journal of Communication*, 8(1), 1～7.

McLuhan, M. (1962). *The Gutenberg galaxy: The making of typographic man*. Toronto, Canada: University of Toronto Press.

McLuhan, M. & McLuhan, E. (1988). *Laws of media: The new science*. Toronto, Canada: University of Toronto Press.

Meyrowitz, J. (1985). *No sense of place*. New York: Oxford University Press.

Morley, D. (1992). *Television audiences and cultural studies*. New York: Routledge.

Mumford, L. (1934). *Technics and civilization*. New York: Harcourt Brace.

Munson, E. & Warren, CA, (eds.). (1997). *James Carey: A critical reader* Minneapolis: University of Minnesota Press.

Pauly, J. (1997). Introduction/ On the origins of media studies (and media scholars). In E. S. Munson & C. A. Warren, (eds.). *James Carey: A critical reader* (pp.3～13). Minneapolis: University of Minnesota Press.

Rosen, J. (1994). Marking things more public: On the political responsibility of the media intellectual. *Critical Studies in Mass Communication*, 11(4), 362~388.

Schiller, D. (1996). *Theorizing communication: A history*. New York: Oxford University Press.

Schudson, M. (1998). *The good citizen: A history of American civic life*. Cambridge, MA: Harvard University Press.

Williams, R. (1977). *Marxism and literature.* New York: Oxford University Press.

10

상징, 사고, 그리고 "실재"

벤저민 리 워프와 수잔 K. 랭어의 공헌

크리스틴 L. 나이스트롬

20세기가 시작될 무렵, 실재*reality*를 이해하기 위한 너무도 강력하고 급진적인 개념이 생겨났고, 이러한 개념은 모든 과학적 그리고 인문학적 연구의 장을 바꿔 놓았다. 이러한 개념은 대개 상대성이라는 단어로 요약될 수 있다. 특히 이것은 인간이 만나는 실재가 저 바깥에 있는 존재가 아니라, 우리의 지각, 탐구, 재현, 커뮤니케이션 등의 도구가 제공하는 실재에 대한 특정한 해석이다. 나는 이것이 20세기의 결정적 개념이자, 미디어 생태학의 토대가 된 중심 개념이라고 생각하고, 벤저민 리 워프와 수잔 K. 랭어가 어떻게 이를 미디어 생태학의 기초 개념으로 만들었는지를 논의하기에 앞서, 좀 더 이야기할 필요가 있다고 본다.

상대성의 근원

우선 상대적 실재의 개념은 20세기 인간의 지성에 대한 가장 강력한 표현이자 영향력을 갖지만, 우리 시대에 생겨난 것은 아니다. 기원적 5세기 플라톤은 아인슈타인이 1905년에 설명했던 것을 알고 있었다. 즉 인간은 실재를 직접 만나는 것이 아니라, 그것과 관련된 특정 입장, 그리고 우리의 앎을 적극적으로 구성하는 역할을 하는 지각과 인식의 도구를 통해 만난다는 것을 알고 있었던 것이다. 플라톤의 동굴 비유는 20세기 연구에서 만나볼 수 있는 실재의 상대성과 사회적 구성, 그리고 감각의 편향성을 간결하게 설명한다. 그러나 플라톤의 지식 철학에 중심을 이루는 동굴 비유는 비유 혹은 예화이지, 과학적 논문은 아니다. 계몽의 시대가 도래하면서 경험주의 과학은 플라톤의 개념 대부분과 함께, 이러한 비유가 생각의 진지한 도구로서 갖는 잠재력을 휩쓸어 버린다.

　근대 초기 계몽 시대의 과학이 거둔 성과와 이에 따른 꾸준한 기술적 진보는 뉴턴의 가정에 의존하는데, 이러한 가정은 시공간이 불변하고 절대적인 구조라고 보며 관찰자가 자연에서 읽는 것을 중립적이고 객관적으로 기록할 수 있다고 생각했다. 뉴턴의 가정이 18세기와 19세기 상대성을 암시했던 이론을 완전히 몰아내지는 못했지만,[1] 그렇다고 이러한 이론이 지배적인 과학적 객관주의라는 이론 틀을 거슬러 진전을 보이지도 않았다. 이러한 이론 틀은 도구와 절차를 통해 궁극적으로 그리고 상세하게 세계를 인식할 수 있다고 여기며, 이러한 도구와 절차가

---

1. 언어가 실재의 개념 형성에 미친 역할을 앞서 생각했던 계몽 사상가들의 인용문들을 보려면, 포스트먼(Postman, 1999)을 참조하라.

조사 대상으로서의 실재 작용에 전혀 영향을 미치지 않는다고 본다.

하지만 19세기가 끝날 무렵, 뉴턴의 이론 틀에 대한 예외가 축적되면서, 다시 말해 이러한 이론적 틀, 가정, 원리 등에 들어맞지 않는 과학적 발견이 쌓이면서, 뉴턴 물리학은 그 무게를 견디지 못하고 흔들거리기 시작했다(Kuhn, 1962). 행성이나 태양계와 같은 거시 세계와 전자 및 소립자 같은 극미極微 세계에서 발생된 예외로 인해, 20세기 초에는 과학뿐만이 아니라 인간의 지식과 실재와의 관계에 대한 인식의 혁명을 일으키는 두 가지 사상적 실험이 이루어진다. 첫 번째는 "만일 빛의 속도로 간다면 무엇을 보게 되는가?"라는 아인슈타인의 질문이다. 그는 관찰이 이루어지는 관찰자의 위치와 관찰자가 여행을 하는 속도에 따라 관찰자가 보는 것이 달라진다고 응답한다. 가설의 관찰자만 상대적인 위치 및 이동 속도에 영향을 받는 것은 아니다. 측정의 도구도 똑같이 영향을 받는다. 예를 들어, 시계는 느려지거나 빨라지고, 막대자는 여행 속도의 변화에 따라 늘어나거나 줄어든다. 시간과 공간 자체는 그 안에 있는 물체와 관찰자의 상대적 움직임의 작용으로서 변화한다. 더군다나 관찰자가 실재의 결정 요소로서 이러한 관계의 외부에서 고정적인 입장을 취할 수 있는 곳이나, 자기 자신을 포함시키지 않으며 실재를 초연하게 중립적으로 그리고 객관적으로 설명할 수 있는 위치란 없다. 요컨대, 설명될 수 있는 다수의 실재가 존재하며, 각각의 실재는 그것과 관련된 관찰자의 위치에 따라 달라진다.

두 번째 사상적 실험은 베르너 하이젠베르크의 실험으로서, 이 실험은 원자의 각에 있는 전자의 움직임을 예측하려는 데서 시작된다. 뉴턴의 이론 틀은, 물질의 가장 작은 기초 단위에서부터 점점 단위가 커져 행성, 항성, 태양계, 은하계와 같은 거대 물체계의 상호 작용에 이르기까지 물리학의 법칙을 적용시킴으로써, 세계에 대한 완성된 인식을 차곡 차곡 쌓아 올릴 수 있다고 가정한다. 이러한 가정을 유지하기 위해 물리학의 법칙은 가장 단순한 기초 단위를 아주 정확하게 설명할 수 있어야 한다. 그래서 하이젠베르크는 "자연의 가장 기초 단위인 수소의 전자가 갖는 정확한 위치와 속도를 확인하기 위해 무엇이 필요할까"라는 질문을 던진다. 그의 답변은 그러한 정보를 얻기 위해 관찰자가 어떻게 해서든지 전자를 가시화시킬 필요가 있다는 것이다. 우리는 빛이 반사하는 것만 볼 수 있기에, 광선을 전자에 반사시켜 볼 필요가 있다. 하지만 아인슈타인이 이미 설명했듯이, 빛 자체는 그것이 반사하는 것의 위치와 속도에 영향을 미치는 입자로 구성되어 있다. 전자를 가시화하는 것이 전자의 위치와 속도를 바꿔 놓을 수 있다. 따라서 하나는 거의 정확하게 계산할 수 있다 하더라도, 다른 하나는 그럴 수 없다. 간단히 말하면, 전자가 관찰하기 전 어디 있든 간에, 관찰했을 때에는 거기에 존재하지 않는다. 관찰의 조건이 충분히 설명될 수는 없지만 관찰하는 것을 변화시키기 때문이다. 이러한 사실로부터 하이젠베르크는 물리적 세계의 지식이 적어도 소립자 단계에서는 상당히 불확실하다는 결론에 다다른다. 나머지 지식은 거기에서부터 형성되기 때문에, 우리는 결코 뉴턴의 이론 틀이 약속한, 실재에 대한 완전하고 확실한 지식을 얻을 수 없다. 알 수 있는 유일한 실재는 그것의 관찰 조건이 요구하는 실재이다. 또한 관찰의 조건, 즉 감각의 작용과 그것을 확장하기 위해 사용한 기술, 혹은 정보를 위해 필요한 미디어(빛 또는 소리와 같은)의 구조가 우리가 아는 것을 제한할 뿐만 아니라, 관찰된 실재를 예측할 수 없이 바꿔 놓는다. 이에 따라 우리가 아는 것과 저 바깥에 있는 존재는 종종 미묘하게 다르거나 아주 다른 것이다.

물리학에서 말한 상대성을 간단히 설명하면서,[2] 나는 왜 이것이 미디어 생태학의 주요 기초 개념인지를 밝히고자 한다. 미디어 생태학은 인식의 도구, 즉 우리의 감각 및 중추 신경 체계, 탐구의 기술, 그것들이 필요로 하는 물리적 매체(빛, 소리, 전기와 같은), 그것이 사용되는 조건 등이 우리가 아는 것 그리고 인간이 사는 실재를 구성하거나 재구성하는 방식을 연구하는 학문이다. 그런 점에서 미디어 생태학이 기본적인 가정과 질문을 갖는 데 있어, 상대성을 현대의 결정적인 개념으로 만든 아인슈타인, 하이젠베르크, 그리고 그들의 20세기 동료 물리학자들의 덕을 크게 본다.

하지만 물리학자가 설명한 상대성이나 방금 말한 미디어 생태학의 정의에서 중요한 것이 빠져 있다. 아인슈타인과 하이젠베르크의 설명 혹은 플라톤의 동굴 비유에서 인식의 도구는 주로 우리의 감각과 이것을 확장시키는 기술이고, 지식은 그러한 수단을 통해 받은 감각의 정보이다. 하지만 감각 정보 자체는 지식의 일부에 지나지 않는다. 만일 우리가 보고, 듣고, 냄새 맡고, 맛보고, 만지는 것을 저장하고, 분류하고, 범주에 넣고, 조직하고, 회수하고, 전달하는 특정한 방법이 없다면, 지식은 우리 피부 바깥에 있는 것에 관한 한순간의 파편적인 인상들로 이루어진 것에 불과할 것이다. 감각적 경험에 대해 일관성 있는 이해를 구축하고 유지하기 위해, 우리는 우리 감각 이상의 무엇인가를 필요로 한다. 우리는 스스로에게 경험을 나타낼 필요가 있고, 그럼으로써 아는 것을 단어, 문자, 그림, 도표, 수치, 혹은 다른 약호와 상징의 체계 등으로 상기하고, 재가공하고, 명료하게 만들고, 다른 사람에게 전달할 수 있게 된다. 이러한 재현의 체계는 우리의 감각 및 그 기술적 확장만큼이나 인식의 중요한 도구이다. 또한 약호와 상징은 우리가 알거나 안다고 생

---

2. 바넷(Barnett, 1968), 하이젠베르크(Heisenberg, 1962), 맷슨(Matson, 1966) 등이 이러한 관념에 대한 포괄적이고 읽기 쉬운 설명을 제공한다.

각하는 실재를 구성하는 데 적극적인 역할을 한다. 사실 이것은 우리의 감각과 기술적 도구보다 더 중요한 역할을 수행한다. 언어에서 시작된 재현의 약호는 우리가 본 것을 기록하고 전하는 방식을 지배할 뿐만 아니라, 관찰 대상이나 이해 방식에 관한 우리의 선택을 결정하기 때문이다. 하이젠베르크는 그의 유명한 관찰에서 그랬듯이 "우리가 자연에 대해 아는 모든 것이 우리가 그것에 대해 질문한 결과"라고 암시한다. 질문은 언어의 산물이고, 이 점에서 하이젠베르크는 실재의 개념을 바꾸는 인식의 도구로서 언어의 힘을 인정하려고 했다. 아인슈타인도 시간과 공간이 하나의 현상 작용이라고 보는 자신의 이론과 관련해 가장 큰 적이 시간과 공간을 별개의 것으로 구분하는 언어라고 말하면서, 실재의 구성을 결정하는 언어의 중요한 역할을 인정했다.

하지만 우리의 실재 구성 방식과 그 실재 속에서 살아가는 방식에 있어, 언어 그리고 더 나아가 경험을 재현하는 모든 상징 체계가 중요한 역할을 한다는 개념을 상대성 이론이나 미디어 생태학의 중심에 갖다놓은 이는 하이젠베르크나 아인슈타인이 아니다. 그러한 개념은 물리학자가 아닌 벤저민 리 워프와 에드워드 사피어가 좀 더 체계적이고 효과적으로 표현했다.

벤저민 리 워프와 언어의 상대성

인간의 실재 개념을 결정하는 언어의 역할에 관한 가설, 즉 워프-사피어 가설 혹은 사피어-워프 가설이라고 알려진 이들의 명제를 언급할 때마다 워프와 사피어란 이름은 언제나 붙어 있다. 여기서 나는 가설의 이름이나 미디어 생태학의 공헌도에 있어 워프의 우위를 인정하고자 한다. 사피어가 더 잘 알려진(그리고 학문적으로 더 존경받는) 언어학자이지만, 이른바 언어의 상대성 이론과 언어 결정주의 이론을 구성하는 일련의 개념을 가장 충분하게 표명한 사람은 워프이기 때문이다. 그런데 워프와 사피어 가설을 특징짓는 두 개의 개념 중 어떤 것을 선택할지는 중요한 문제이다. 이러한 개념은 이론과 그것이 갖는 함의를 서로 다르게 읽어 내기 때문이다. 두 연구자의 가설과 그것에 대한 해석을 해나가기 전에, 먼저 이들에 대해 간단하게 살펴보겠다.

에드워드 사피어에 대해서는 별로 할 이야기가 없다. 말할 게 없어서가 아니라, 오히려 반대로 언어와 문화 연구에 광범위하고 탁월한 영향을 미쳤기 때문에, 그의 업적을 몇 줄의 문장으로 요약한다는 게 무의미하고 주제넘은 짓이다. 단지 그가 1920년대와 1930년대 프란츠 보아스Franz Boas가 설립한 인류학 중심의 학파에 대표 언어학자이자 미국 인디언어의 권위자였고, 시카고대 그리고 나중에 예일대에서 가르쳤던 훌륭한 선생이었다고만 말해 두자. 1931년 예일대에서 워프는 처음 사피어의 지도를 받게 된다(하지만 이 둘은 이전에 언어학 학회에서 몇 차례 만나고 이야기를 나눈 적이 있다).3 사피어의 주요 저서이자 널리 읽혔던 책인 ≪언어*Language*≫(Sapir, 1921)는 워프가 이미 깊이 관심을 가졌던 쟁점과 언어를 많이 다루고 있었기에 그의 관심을 끌었고, 따라서 이들의 만남이 이루어지기 훨씬 전부터 사피어는 워프의 생각과 연구에 영향을 미쳤다. 이러한 쟁점 중 하나는, 사피어가 영역이 같지 않지만*coterminus* 밀접

---

3. 워프의 전기에 대한 정보와 관련 단락은 캐롤이 ≪언어, 사고, 그리고 실재*Language, Thought and Reality*≫(Whorf, 1956)에서 쓴 서문과 광범위한 전기를 요약한 것이다. 워프의 사상과 글에 대한 참고문헌은 이 책에 수집된 논문에 기초한다.

하게 연관되어 있다고 주장했던 언어와 사고의 관계(p.15), 그리고 서로 분리시켜 생각해야 한다고 주장했던 언어와 문화의 관계이다(pp.218~219). 일반적으로 선생과 학생으로 같이 일을 했을 때, 사피어는 좀 더 급진적인 워프의 생각을 완화시키는 영향력을 행사했을 것이고, 반면 워프는 언어와 사고의 관계에 관한 좀 더 대담한 진술들을 정당화시키며 좀 더 학구적이고, 꼼꼼하며, 절도 있던 사피어를 설득했을 것이다.[4]

워프는 언어학자 중 매우 이례적인 사람이다. 대학에서 화학공학을 공부했고 직업으로 하트포드 화재 보험 회사의 화재 보험 배상금 정산 및 관리를 맡았던 워프는 1931년 예일대에서 사피어의 미국 인디언어를 수강하기 전까지 정식으로 언어학 교육을 받은 적이 없었다. 하지만 그는 언어에 대한 특별한 열정과 재능을 가진 다독가였고, 언어학과 미국 인디언 문화에 관해 대학 수준의 장서를 갖춘 박물관이나 도서관에 살다시피 하였으며, 미국 및 멕시코에 있는 북미 인디언 연구가나 언어학자와 끊임없이 편지를 주고받았다. 1920년대 말 무렵 그는 이미 북미 인디언 연구나 언어학 학회에서 톨텍의 역사와 아즈텍 언어학과 같은 주제에 관해 전문적인 논문을 발표했다 그리고 1930년대와 1940년대에는 아즈텍어, 쇼니어, 호피어에 관한 다수의 논문이 언어학 및 인류학 학술지나 해리 호이저Harry Hoijer와 같은 저명한 언어학자가 편집한 책에 실리는 등, 꾸준히 학문적인 성과를 쌓으며 명성을 얻게 된다. 죽음을 맞이하기 2년 전인 1941년 워프가 44세였을 때, 그는 MIT의 <기술

---

4. ≪언어≫(1921)는 사피어의 시각을 절도 있게 표현했지만, 1934년 워프는 다음과 같이 말하면서 그를 인용한다. "사실 '실재 세계'는 대부분 집단의 언어 습관 위에 무의식적으로 성립된다······ 우리가 지금과 같이 보고, 듣고, 경험하는 것은 우리 공동체의 언어 습관이 특정한 해석적 선택을 하게 만들기 때문이다"(Whorf, 1956, p.134).

평론 *Technology Review*>에 언어, 과학, 논리 등에 관한 세 개의 논문을 발표했고, 좀 더 광범위한 비전문 독자를 대상으로 자신의 사상을 전했다. 이 세 편의 논문은 "습관적 사고 및 행동이 언어와 갖는 관계"에 대해 1939년 재발행된 논문을 포함해, 그의 언어 상대성 명제를 가장 효과적으로 표현하고 있다.

언어의 상대성

"과학과 언어학"이라는 글에서 워프(1956)는 명제를 다음과 같이 설명한다.

> 각 언어의 배경이 되는 언어학적 체계(즉 문법)는 관념을 표현하는 재생산의 수단일 뿐 아니라, 관념의 형태를 만드는 것으로서, 개인이 정신인 활동을 하고, 인상을 분석하거나, 정신적으로 축적된 것을 종합할 때, 강령이나 안내서가 된다. 관념의 체계화는 엄격하게 이성적인 독립적 과정이 아니라, 특정 문법의 일부이고, 문법에 따라 다양한 정도의 차이를 갖는다. 우리는 모국어가 설계한 대로 자연을 분석한다. 우리가 현상의 세계로부터 분리한 범주와 유형을 거기서 발견하지는 못하는 것은 그것이 관찰자의 눈에 다가오는 것이 아니기 때문이다. 그와 반대로 세계는 변화무쌍한 인상의 흐름으로 나타나고, 이것은 우리 마음속에 주로 언어 체계에 의해 체계화되어야 한다. 우리가 자연을 재단하고 개념으로 체계화시키며 의미를 부여하는 주된 이유는 우리가 그런 방식으로 체계화하도록 약속하는 당사자이기 때문이다. 이러한 약속은 우리 언어 공동체 전반에 지켜지고 있고, 언어의 양식으로 집대성된다. 물론 약속은 함축적이고 공표되지 않은 것이지만, 그 규정은 절대 의무적이다. 우리는 약속이 정한 정보의 구조나 분류에 동의하지 않고선 말할 수가 없다. 이러한 사실은 매우 중요하다…… 왜냐하면 어떠한 개인도 아무런 편견 없이 자연을 묘사할 만큼 자유롭지 않고, 마음대로 한다고 생각하면서도 특정한 해석의 양식에 구속되어 있다…… 따라서 우리는 새로운 상대성의 원리를

알게 된다. 이러한 원리는 관찰자의 언어적 배경이 비슷하거나 어느 정도 조정될 수 없는 한, 동일한 물리적 증거가 동일한 우주의 이미지를 불러일으키지 않는다고 믿는다(pp.212~214).

내가 이 절을 통째로 인용한 것은 이것이 워프의 명제를 구성하는 대부분의 주요 개념을 담고 있기 때문이다. 그렇다고 모든 것을 담고 있지는 않다. 그의 논문을 충실하게 읽었을 때 얻는 시사점은 다음과 같다. 모든 언어는 우리의 감각을 통해 경험하는 실재를 특정하게 재단하고 재조립하는 방식이다. 예를 들어, 우리의 감각 혼자만으로는 어떤 것이 어디서 끝나고 다른 것이 어디서 시작하는지를 가르쳐 주지 않는다. 우리는 "저 컵을 봐라"라고 말할 수 있다. 하지만 누구나 컵을 볼 때 더 큰 전체의 일부로, 예를 들어, 손에 든 컵이나 식탁 위에 있는 컵, 혹은 선반위에 놓인 컵으로 보게 된다. 손이나 식탁 혹은 선반도 마찬가지다. 그렇지만 이름을 붙임으로써 우리는 결합된 것을 잘라내며, 컵을 손에서 혹은 선반에서 분리시킬 수 있다. 또한 문법적 관례에 의해 자연을 마음대로 개편할 수 있다. 예를 들면, 염소의 뿔, 사자의 갈기, 사람의 머리, 말의 다리 등을 가져와 악몽을 일으킬 만한 괴물을 상상할 수 있다. 요컨대, 우리는 언어를 통해 우리의 감각이 들어갈 수 없는 세계, 혹은 생물학이 이해할 수 없는 곳을 만들어 낼 수 있다. 또한 언어는 힘이 있지만, 생물학이 이해하는 것을 망라할 수는 없다. 언어는 경험 혹은 그것의 일부를 재현한다. 그것은 경험을 복제하는 것이 아니다. 사실상 이러한 점에서, 즉 언어가 감각을 통해 아는 세계의 복제품이 아니라 약호라는 점에서, 언어는 힘이 있다. 우리는 언어를 통해 들을 수도, 볼 수도, 만질 수도 없는 우주를 만들 수 있다. 우리는 우리 감각에 존재하지 않는 시간, 예를 들어 미래와 과거를 떠올릴 수 있고, 자연이 만들지 못하는 컵, 테이블, 일각수─角獸, 이무기돌과 같은 것을 만들어 낼 수 있다. 언어는 약호이기 때문에 규칙에 따라 움직인다. 이러한 규칙은 생물로서의 우리의 경험이나 지각─근육─생화학적 세계에 관한 규칙이 아니다. 또한 그러한 세계를 언어의 구조와 규칙 안에 들어맞게 할 수도 없다. 언어가 만든 실재는 감각 정보가 만든 실재와 근본적으로 다르다.

언어와 세계관

워프는 두 개의 언어가 실재를 정확히 동일하게 재단할 수 없다고 주장한다. 우선 각 언어는 해당 언어를 사용하는 사람들의 삶에 중요한 한두 가지 구분되는 특징을 환기시키기 위해, 어느 정도 상이한 어휘 혹은 어군語群을 가진다. 우리는 어휘가 만들어 내는 차이에 습관적으로 주목한다. 이와 같은 관찰이나, 같은 언어를 말하는 사람조차 어휘에 차이를 가질 수 있다는 사실은 놀랄 만한 일이 아니다. 예를 들어, 스키를 타는 사람은 평범한 도시인보다 여러 가지 유형의 눈을 나타내는 단어를 더 많이 사용하겠지만, 평범한 도시인에겐 포괄적인 '눈'(어쩌면, 녹은 눈)이란 단어면 충분할 것이다. 직물 관련 일을 하는 사람은 그렇지 않은 사람보다 여러 가지 짜는 법이나 직물 유형에 관해 더 많은 단어를 알고 있을 것이다. 그럼에도 불구하고, 언어가 제공하는 어휘의 구분은 자연의 차이를 무한한 단계로 반영시키지는 못한다. 예를 들어, 사람은 저마다 독특하게 성별 감정을 갖거나 표출한다. 하지만 현재 영어는 보다 광범위한 차이의 스펙트럼을 범주화면서, 몇 개의 단어만을, 즉 남성스런, 여성스런, 동성애자, 남성 동성애자, 여성 동성애자, 양성애자 등의 단어만을 제공할 뿐이다. 그렇게 함으로써 그 문화가 유의할 필요가 있다고 생각하는 차이와 (사회적 이유 때문에) 안전하게 무시해도 되는 차이를 알려준다. 더 나아가 이것이 자연을 분할하는 성별의 실제 범주임을 시사하고 있고, 이 점은 언어의 어휘 범주가 실재의 개념화 방식을 조건 짓는다는 워프의 논점이기도 하다. 워프는 언어 공동체가 사용하는 어휘 구분이 사물의 차이에 대한 주의력을 결정하고, 거꾸로 동일한 단어의 사물은 동일하게 취급하는 경향을 갖는다고 지적한다. 하지만 이 점을 제외하고는 언어 간 어휘 구분에 일시적인 관심만을 보일 뿐이다. 그의 논제에 있어 더 중요한 문제는 서로 다른 언어가 세계를 분할하는 단위의 본질, 즉 그러한 단위가 어떻게 여러 가지 현상을 분류하는 단어와 문법적 범주를 구성하고 있는가이다. 워프는 영어(그리고 대부분의 유럽어)가 실재를 수많은 별개의 독립된 사물, 예를 들어, 컵, 식탁, 의자, 고양이, 개 등으로 분할하고 있다고 지적한다. 또한 '사물'(명사)과 행위 혹은 과정이라고 생각되는 것(동사), 예를 들어 뛰기, 성장하기, 사랑하기, 가기 등을 문법적으로 구분한다. 게다가 영어는 모든 동사를 명사로 전환시킬 수 있는 일련의 문법 규칙을 가지고 있다. 따라서 사랑하기는 사랑, 성장하기는 성장, 생각하기는 생각이 될 수 있다. 이러한 영어의 문법적 특성은 영어를 말하는 사람이 실재를 별개의 사물들의 집합으로 생각하고, 전혀 사물 같지 않은 현상을 대상화하는 (즉 사물로 만드는) 경향을 갖도록 하는 데 중요한 역할을 한다고 워프는 주장한다. 예를 들어, 폭발은 사물이라기보다는 좀 더 동적인 과정일 수 있다. 영어는 과정에 명사의 형식을 부여하는 간단한 기법을 통해, 과정을 사물로 둔갑시킬 수 있다. 이로 인해 우리는 관계, 활동, 과정 등이 명사의 문법 범주에 속한 고양이, 개, 사과 같은 '사물'과 마찬가지 방식으로 물질 세계에 존재하는 것처럼 이야기하고 행동한다. 또한 우리는 사랑이나 성공 혹은 권력을 추구하거나, 불공평한 분배에 화내고, 잃어버린 것에 대해 슬퍼할 때처럼, 관계, 활동, 과정 등을 물질 세계에서 찾게 된다.

워프가 연구한 쇼니어, 아즈텍어, 호피어, 누트카어 등 근본적으로 다른 언어는 이른바 포합(抱合, polysynthesis)이라는 과정의 언어를 만들어 낸다. 이러한 언어의 단어는 개나 사과처럼 별개의 의미를 가진 단일 단위로 이루어지는 것이 아니라, 상대적으로 큰 접두사와 접미사 혹은 다른 형태소 집단에 담겨진 의미의 핵심 어근으로 이루어진다. 이러한 접두사, 접미사, 형태소 등은 특정한 상태, 관계, 세기, 관찰의 조건 등을 나타낸다. 다시 말해, 포합적 언어는 경험을 영어(그리고 다른 유럽어)보다 덜 독립적인 단위로 나누고, 감각적, 사회적, 상호 작용적 환경이란 보다 큰 부분을 단어에 포함시킨다. 영어를 말하는 사람이 실재를 독립된 실체와 행동으로 생각하는 데 비해, 이러한 문법적 구조의 양상은 관계와 우연성에 좀 더 비중을 둔 실재의 개념화 방식을 돕는다고 워프는 주장한다.

문법의 구조와 사고

워프에 따르면, 호피어와 같은 언어는 시간의 지속(시간의 경과에 대한 감각)과 같은 비공간적이고 주관적인 경험 현상이나 감정, 소망, 희망, 사고, 기대 등을 객관화시키지 않는다고 한다. 사실 이런 것들에 대해 이야기하려면, 지각 가능한 공간적 특성을 가진 사물에 사용한 문법 형식과는 전혀 다른 문법 형식이 필요하다. 그리고 우리가 영어의 동사 시제를 서로 바꿔 사용하지 않듯이, 예를 들어, 내일 일어날 무슨 일을 나타내기 위해 "그가 가게에 뛰어갔다"라고 이야기하지 않듯이, 그러한 문법 형식을 서로 바꿔 사용할 수 없을 것이다. 영어를 말하는 사람은 어떤 일이 과거에 일어났는지, 또는 현재에 일어나고 있는지, 혹은 미래에 일어날 것인지를 가리키는 동사 형식을 반드시 선택해야 한다. 그와 같이

10. 상징, 사고, 그리고 "실재"

호피어를 말하는 사람은 말하고 있는 사건/사물이 객관적 세계에 있는 것인지(즉 말하는 순간 지각될 수 있는 것), 혹은 주관적인 영역에 있는 것인지(즉 현재의 감각에 존재하지 않지만, 기억하거나, 상상하거나, 희망하는 것)를 가리키는 동사 형식을 반드시 선택해야 한다. 호피어와 같은 언어는 이렇게 객관적 영역과 주관적인 영역을 문법적으로 구분하는 것을 수를 세는 데까지 확장한다. 영어에서 기수(하나, 둘, 셋, 넷 등)는 방 안의 의자나 손에 든 분필 조각과 같이 지각 가능한 사물의 집합이나 일련의 날日과 같은 순수한 상상의 집합(어느 누구도 수많은 나무나 집처럼 이것이 한꺼번에 있는 것을 본 적이 없음)을 세는 데 사용된다. 하지만 호피어의 문법적 구조는 이런 상상의 집합을 세는 데 기수를 사용하지 않는다. 대신 기억되거나 예상되는 연속적 사건을 세기 위해 서수를 사용할 필요가 있다. 호피어를 말하는 사람은 열흘 혹은 6년을 말할 수 없지만, 열 번째 날의 도래 혹은 여섯 번째 봄의 도래를 이야기 한다. 이러한 문법적 필요 조건은, 해당 시간의 사건을 과거에서 미래로/ 뻗어 있는 상상의 선을 따라 진행되는 단위보다는, 계속적인 순환이라고 이해하는 현실 구성 방식을 강화하고 있다. 이와 같은 세계관에서는 진보 관념과 같은 서구의 개념은 표현하기가 매우 어려울 뿐만 아니라, 생각하기도 (전혀 불가능한 것은 아니지만) 어렵다. 영어를 말하는 사람이 사로잡혀 있는 시간을 아끼고, 보내고, 낭비하고, 투자하는 개념(그리고 행동의 강박 관념) 또한 그렇다. 그러한 강박 관념은 대부분 시간을 사물로 생각하는 언어에 기반 한 개념으로부터 나온다. 시간을 셀 수 있고, 모을 수 있고, 저장할 수 있고, 다른 지각 가능한 사물의 집합처럼 다룰 수 있는 단위의 집합으로 실제 세계에 존재한다고 생각하는 것이다.

  호피어의 언어 구조에 약호화된codified 순환적 시간 개념은 호피어를 말하는 사람의 문화적 역사와 밀접하게 관련된다. 호피족은 원래 농사를 짓는 사람들로서, 계절의 순환이나 파종, 수확, 경작의 순환에 가까이 의존해 왔다. 따라서 "언어 및 그것이 낳은 사고 습관과 행동, 혹은 언어의 발전을 결정하는 문화 활동 중 어느 것이 먼저인가?"라는 질문이 생긴다. 이것은 언어와 문화가 어떻게 시작되고 진화하는지에 관한 질문이고, 우리 자신을 이해하기 위해 중요하다. 워프는 언어와 문화가 서로 협조해 진화하고 서로 뗄 수 없이 얽혀 있다는 점을 강조하지만, 그는 이러한 질문을 상세하게 다루진 않는다. 현 시점에서 서로 다른 언어가 어떻게 자신의 문법 구조를 가지게 되었는지의 질문은 부적절하다. 모든 아이는 이미 발달된 언어 체계를 가진 언어 공동체에서 태어난다. 모든 아이는 언어를 배우면서, 언어의 문법 구조가 요구하는 실재의 특정한 분할 및 재조립 방식을 함께 배운다. 우리가 그런 방식을 배우고 말하고 쓰고 생각할 때마다 그것을 강화시키고, 이를 무의식적으로 실재에 투사하고 있다. 그래서 우리 모두는 어느 정도 우리의 감각이 아닌, 우리 언어에 구속되게 된다.

언어 상대성 혹은 언어 결정론?

핵심 질문은 언어가 어느 정도 사고를 구속하는가이다. 앞에서 언급했듯이, 워프의 논제를 언어 결정론적 논의라고 읽는 사람이 있다. 다시 말해, 이들은 워프가 (1) 모든 사고는 언어적이고, (2) 언어의 모든 측면이 똑같이 사고, 지각, 행동을 불가피하게 구속하며, (3) 따라서 언어는 사고와 문화에 전적으로 영향을 미친다(결정한다). 언어와 사고에 관해 글을 쓴 핀커(Pinker, 1994)는 이러한 워프의 논제를 말하면서, 그 관념이 갖는 불합리성을 비웃는다(물론 자신의 연구가 갖는 중요성을 대비적으로 강조한다). 사실 그러한 견해가 불합리적일 수 있다. 하지만 워프의 설명보다 핀커의 것이 더 그렇다. 앞에서 인용한 글에서 워프는 감각적 인상의 변화무쌍한 흐름을 '주로' 우리 마음속 언어 체계로 체계화하고, '주로' 우리가 언어의 양식으로 부호화하도록 합의하는 당사자이기 때문에 현재처럼 자연을 재단하고 체계화한다고 조심스럽게 이야기했다. '주로'라는 말은 전적으로라는 말과 같지 않다. 워프는 언어의 모든 차이에는 좀 더 근본적인 정신 과정이 있다고 본다. 워프(1956)는 다음과 같이 설명한다.

> 내 생각에 언어가 엄청나게 중요하다고 해서, 필연적으로 그 배경이 전통적으로 "정신mind"이라고 불리는 것의 본질과 관계 없다는 것을 의미하는 것은 아니다. 내 연구는 언어가 왕 역할을 하고 있음에도 불구하고 어떤 의미에서는 더 깊은 의식 과정 표면의 장식이라는 것을 보여 준다. 이러한 의식 과정은 일어날 수 있는 모든 커뮤니케이션, 신호, 혹은 상징적 표현에 앞서 필연적으로 존재한다(p.239).

워프는 이른바 비교 언어학이 일련의 보편적인 하위 언어적 혹은 상위 언어적 정신 과정을 발견할 것이라고 생각했다. 이러한 정신 과정은 여러 언어의 다양성에 따라 바뀔지 모르지만, 우리를 하나의 인류 구성원으로 묶어 주는 공통점에 대한 실마리를 제공한다. 이런 점에서 그는 인간 언어의 다양성 밑에 깔린 보편적 특성을 찾는 촘스키의 연구 과제를 앞서 논하고 있었다. 하지만 워프의 연구 과제는 다른 목적을 가졌다. 그는 매우 다른 언어군의 문법 구조가 그 언어를 말하는 사람들의 습관적 지각/개념/사고의 방식을 서로 다르게 표현하는 이미 만들어져 있는 양식을 제공한다는 것을 보여 주고자 했다.

앞에서 언급되었고 가장 자주 인용되는 절 가운데, 워프의 명제가 결정론이라고 생각하는 독자들에게 가장 신경 쓰이는 문구는 서로 다른 언어가 '절대 의무적'으로 사고를 약호화한다는 것과 관련된다. 만일 이것이 언어의 모든 면이 절대 의무적이라는 뜻이라면, 그 명제는 결정주의적일 뿐만 아니라 아주 쉽게 반박할 수 있다. 말하는 사람(혹은 쓰는 사람)은 모든 발화를 만들어 내기 위해 반드시 선택을 해야 한다는 것이 너무 확실할 수 있기 때문이다. 내가 지금 쓰고 있는 문장에서 "고르다" 혹은 "선택하다" 대신에 "이용하다"란 단어를 사용하도록 나를 속박하는 것은 없고, 나는 "~라기보다는" 대신에 "~이 아니라"란 표현을 쓸 수 있다. 사실 만일 언어의 모든 용어가 똑같이 의무적이라면, 쓰기와 말하기(생각하기는 말할 것도 없이)는 훨씬 쉬울 것이다. 하지만 워프가 말하는 것은 이것이 아니다. 그가 정교한 사고를 위해 절대 의무적이라고 단정한 것은 언어의 선택이 아니라, 언어의 문법적 구조와 범주이다. 예를 들어, 영어의 문법적 구조는 모든 동사의 형식에 그것이 언급하는 시간, 즉 과거, 현재 또는 미래를 지시할 것을 요구한다. 우리는 그렇게 할 수밖에 없다. 그와 대조적으로, 호피어의 문법은 시제를 가지고 있지 않지만, 다른 요건을 요구한다. 이러한 요건 중에는 객관적이거나 주관적인 사건과 현상을 구분하는 서로 다른 동사의 형식을 사용하는 것뿐만 아니라, 발화가 보고인지, 예상인지 혹은 개괄인지를 지시하기 위해 서로 다른 어미를 사용한다는 것이 포함된다. 영어의 문법적 구조는 생각을 명사(주어)와 술어로 구성된 문장으로 나타냄으로써, 세상이 행위자와 행위로 구성되었다고 생각하게 만든다. 심지어 합리적인 의미의 행위자가 없을 경우에도 그렇다(예를 들어, "It is raining"라는 문장에서 비가 오는 활동을 지칭하는 "it"은 도대체 무엇인가?). 호피어의 문법적 구조는 동사가 주어를 가질 것을 요구하지 않고, 따라서 실재에 대한 다른 그림을 형성한다.

  우리는 우리 언어의 문법 구조 바깥에서 생각할 수 있을까? 예를 들어, 과거, 현재, 혹은 미래가 없는 시간을 가진 또 다른 실재를 충분히 이해할 수 있을까? 장미나무와 장미나무에 대한 생각이 별개가 아니지만 한 현상의 두 가지 다른 단계라고 보는 사고 방식을, 영어 원주민은 전적으로 합리적인 실재의 구성이라고 순수하게 이해하고 받아들일 수 있을까? 아마 그렇게 생각할 수 있는 사람도 있을 것이고, 워프도 그것을 부정하지 않았을 것이다. 그게 가능하지 않았다면, 그가 호피어나 아즈텍어 혹은 누트카어가 실재를 구성하는 방식을 어떻게 이해할 수 있었겠고, 그의 독자도 이를 설명하려는 워프를 어떻게 이해할 수 있겠는가. 하지만 몇 순간이 아니라 계속해서 그렇게 생각하는 것은 매우 어렵고, 우리는 습관적으로 그렇게 생각하지 않는다.

언어와 문화

습관적 사고는 언어 구조가 제공하는 길을 따라 빠르고 쉽게 흘러간다. 만일 그렇지 않다면, 생각하고 말하기 위해 항상 고심해야 할 것이고, 사람들은 계속해서 자신의 문화와 조화를 이루지 못하는 느낌일 것이다. 언어가 약호화하는 세계관이 말뿐만 아니라, 다른 무수한 상징 체계, 문화 실천, 사회 제도 등에 표현되고 강화되기 때문이다. 예를 들어, 영어와 다른 표준 유럽어의 언어 구조적 특성을 나타내는 시간의 객관화는 기계식 시계, 달력, 디지털 시계, 근무 시간 기록표, 서머 타임, 지각에 따른 불이익, 수첩, 약속 등을 낳았고, 시간을 단위로 나누고 세어 볼 수 있는 상상의 시각 공간에 투사시킴으로써 파생된 다수의 다른 인공물과 실천 그리고 문화적 가치를 만들어 냈다. 물론 언어 구조만이 그러한 기법과 문화 실천의 원인은 아니다. 다른 미디어 생태학자들, 특히 해블록(1976), 맥루언(1964), 옹(1982) 등이 지적했듯이, 3500년 전에 시작한 문자 체계의 발달도 주관적 경험의 공간화와 객관화에 중요한 역할을 했다. 사고, 기대, 느낌의 수행과 시간의 흐름에 대한 감각은 쓰기에 의해 돌, 진흙, 종이의 흔적 같은 신체 바깥의 일정한 가시적 형식으로 남을 수 있다. 그것은 주관적 경험을 시각 공간에 투사하고 거기에 고정시킴으로써, 분석의 대상으로 만든다. 어느 누구도 일렬로 늘어선 열 그루의 나무처럼 일렬로 늘어선 열 번의 일출을 볼 수 없지만, 돌에 표시된 10개의 기호를 볼 수 있고 이러한 표시를 다른 지각 가능한 물체를 세듯이 세어 볼 수 있다. 언어 구조보다는 문자 체계를 이용할 수 있다는 것이 시간의 객관화와 주관적인 것의 공간화에 주요 요인이라고 할 수 있다. 학자들 가운데 맥루언과 옹은 워프가 언어 구조에 기인한다고 생각했던 아메리카 인디언 세계관의 특성 대부분이 자신만의 문자 체계를 발달시키지 못했거나 최근에야 문자에 의존하게 된 구어 문화에서 나왔다는데서 보다 잘 설명될 수 있다고 보았다. 워프는 그러한 제안에 답변을 할 만큼 오래 살지 못했다. 만일 그가 오래 살았다면, 구어의 구조가 쓰기의 발달 자체에 영향을 미치며, 문자가 상형 문자의 형태(수메르와 이집트)에서 음절 문화의 형태(페니키아)로, 그리고 궁극적으로 표음 문자의 형태로 진화하는 데 중요한 역할을 했다고 답변했을 것이다. 워프는 거기까지 연구를 확장시키고 있지는 않지만, 비공간적인 것을 공간적 용어와 언어 구조로 지시하는 것 대부분이 고대 언어, 특히 그리스어에 영향을 받은 라틴어에 정착되었고, 이러한 라틴어는 공간화를 하는 표준 유럽어 대부분에 영향을 미쳤다고 말했다(Whorf, 1956, pp.156~157).

여하튼 워프는 문자가 그러한 기존 언어의 공간화 편향성을 강화시키는 데 중요한 역할을 했다고 보았을 것이다. 그는 언어와 다른 재현 체계가 문화의 생태를 만들고 계속해서 변화시키기 위해 사회적, 환경적, 기술적 조건과 매우 복잡하게 상호 작용한다는 것을 알았다. 그는 서구 유럽과 북미 인디언의 세계관이 왜 그리고 어떻게 서로 다른 형태를 갖게 되었는지에 대해 짧게 답변하는 가운데 그러한 이야기를 분명히 밝힌다.

> 중세 시대, 라틴어에 이미 형성되었던 양식이 늘어난 기계 발명, 산업, 무역, 학구적이고 과학적 사고 등에 섞이기 시작했다. 산업과 무역에서의 측정법의 필요성, 각종 컨테이너에 산적한 물품, 여러 가지 상품 취급에 있어서의 규격, 치수와 무게 단위의 표준화, 시계의 발명 및 "시간"의 측정, 사실, 증거, 설명, 연대기, 역사 등의 기록, 수학의 발달, 수학과 과학의 제휴 등 모든 것이 함께 우리의 사고와 언어 세계를 현재의 형태에 이르게 했다.
> 우리가 호피족의 역사를 읽을 수 있다면, 서로 다른 유형의 언어와 서로 다른 문화적, 환경적 영향력이 함께 작용하고 있다는 것을 발견할 수 있을 것이다. 지리적 특성과 강수량이 적은 땅의 악조건으로 격리되었던 조용한 농경 사회, 극도의 인내력(따라서 지속과 반복의 가치)으로만 성공할 수 있는 불모의 농사, 협동의 불가피성(따라서 협력의 심리와 정신적 요인 일반을 강조), 주요 가치 기준으로서의 옥수수와 비, 메마른 땅과 불안정한 날씨에 수확을 보장할 수 있는 엄청난 준비와 예방책, 자연에 의존한다는 것을 예민하게 자각하며 자연의 힘을 비는 기도와 종교적 태도, 특히 항상 필요한 축복인 비를 향한 기도와 종교의 선호 등, 이 모든 것들이 호피어의 양식과 상호 작용하면서, 이러한 양식을 형성하고 다시 이러한 양식에 의해 영향을 받고, 그러면서 조금씩 호피족의 세계관을 만들어간다(Whorf, 1956, pp.157~158).

사실상 워프는 언어 결정론자가 아니다. 오히려 그는 초기 미디어 생태학자였다. 그는 인간이 오로지 객관적 세계에서만 사는 것이 아니라, 경험을 재현하는 체계 위에 세워진 사고, 커뮤니케이션, 문화 등의 상징적 환경에 살고 있다고 이해하고 설득력 있게 논의한다. 이러한 재현 체계 중 최초이고 가장 근본적인 체계가 언어이고, 워프는 끈질기게 그리고 고집스럽게 언어가 관념의 중립적 용기나 전달자가 아니라, 특유의 구조를 가진 사고의 도구이고, 서로 다른 언어 공동체의 서로 다른 구조라는 것을 주장한다. 이러한 언어의 구조는 사람과 실재 사이에 놓이고, 마치 천문학자의 망원경, 생물학자의 현미경, 물리학자의 광선처럼, 서로 다른 언어의 구조는 세상에 대한 서로 다른 개념을 구성한다. 특히 일상 언어의 구조는 형이상학, 즉 시간과 공간의 본질과 시공간 안에 있는 사물 및 사건 간의 관계에 대한 일련의 가정을 약호화한다. 이러한 개념은 다시 특정 경험의 측면에 주의를 돌리게 하고, 특정한 문제를 개념화시키며 이러한 문제를 풀어나가기 위해 상이한 사회적 배열 및 문화적 실천 그리고 발명을 제시한다. 사회적 배열, 문화적 실천, 발명은 언어 양식에 입력되고, 계속되는 언어, 사고, 문화의 변화 과정 속에 언어를 변형시킨다.

워프 자신이 이러한 미디어 생태학의 기초 원리를 모든 재현과 커뮤니케이션 체계에 일반화시키지는 않았다. 그의 열정과 학문적 관심은 언어였고, 회화, 음악, 무용, 건축과 같은 다른 상징 형식이나 라디오 매체(워프의 시대에 상대적으로 새로웠던 것)를 간단하게 언급했던 것을 제외하고는, 서로 다른 상징적 재현과 커뮤니케이션 형식이 언어와는 다른 방식으로, 즉 각 미디어 구조의 특유한 방식에 따라, 실재를 재단하고 재구성할 수 있는지의 문제는 추구하지 않았다. 하지만 워프의 연구는 그러한 문제를 연구의 중심에 옮겨놓는 중요한 역할을 했고, 따라서 미디어 생태학의 발전에 기초를 쌓았다.

수잔 K. 랭어와 경험의 상징적 변형

워프의 연구가 함축하는 보다 큰 질문의 중요성을 처음 인식하고 체계적으로 다루었던 사람 중 한 사람이 수잔 K. 랭어이다. 상징 철학과 미학에 관한 자신의 첫 번째 주요 저서인 ≪새로운 경향의 철학Philosophy in a New Key≫(1942)에서 랭어는 "새로운 경향"(즉 20세기 철학 연구의 새로운 주요 문제)이라는 책 제목이 연구 문제라고 말한다. 즉 상징적 재현의 본질이 무엇이고, 그것의 다양한 변형 그리고 인간 사고 및 반응의 구성적 과정에서 어떻게 기능하는지를 묻는다. 그녀의 일생 연구에 중심이 되었던 일련의 책, 특히 ≪새로운 경향의 철학≫과 ≪감정과 형식Feeling and Form≫(1953)에서, 랭어는 그러한 질문에 대한 답변을 내놓기 시작했다. 그러면서 그는 포괄적인 상징 이론뿐만 아니라, 추론적 언어와 회화, 조각, 건축, 문학, 음악, 무용, 드라마, 영화 등의 서로 다른 상징 구조와 기능에 대해 분석을 내놓았다. 그의 연구는 예술 철학에 세계적인 영향을 미쳤고, 여전히 미학 연구자가 읽어야 할 필독서로 생각된다. 무엇보다 미디어 생태학 연구자에게도 필독 연구서이고, 또 그래야만 한다. 특히 ≪새로운 경향의 철학≫이 여러 가지 재현의 약호와 양식 간의 차이, 그리고 인간 사고 및 반응에 대한 이것의 효과를 이해하는 데 매우 중요한 관념을 제시하기 때문이다. 이 장은 음악, 무용, 조각 등을 상세하게 분석한 ≪감정과 형식≫보다는 ≪새로운 경향의 철학≫의 주요 논점에 초점을 맞추고자 한다.

신호, 상징, 그리고 정신

랭어의 논제의 핵심은 인간의 언어 능력 혹은 의식儀式과 무용 같은 형식의 감정 표현 능력이 인간 정신의 독특한 특징이 아니고, 오히려 이러한 능력은 인간을 다른 생물과 구별 짖는 좀 더 근본적인 활동에서 생겨났다는 것이다. 이러한 인간 정신의 근본적인 활동은 경험을 추상화하고, 그것을 개념을 불러일으키는 상징, 즉 관념을 떠오르게 하는 상징으로 재현하는 과정이다. 이렇게 경험을 상징으로 변형시키는 과정은 다른 생물이 기호를 다루는 것과 근본적으로 다르다. 기호(일반적으로 어떤 생물이나 사람에게 특정한 것 혹은 더 광범위한 상태를 가리키는 사물 전체의 집합으로 정의할 수 있음)는 두 가지 매우 다른 기능을 담당한다.5 하나는 침팬지가 자기 무리한테 침입자가 다가오고 있음을 알려주기 위해 소리를 지르듯이, 어떤 상태의 존재를 신호로 알리는 것이다. 신호는 행동의 유인誘因 혹은 지시로서 역할을 한다. 이것이 조건부 반응을 자극하는 기능을 함으로써, 수신자는 침입자가 실제 있을 때 반응하는 것처럼 신호에 반응하는 행동을 한다. 이런 점에서, 신호의 의미는 그것이 유발하는 행동이라고 말할 수 있다. 신호를 알리는 기호의 기능은 모든 종류의 생물에 널리 퍼져 있고, 주로 실용과 생존을 지향한다. 우리가 소방차의 사이렌 소리를 듣고 아직 소방차를 보지 않았는데도 차를 길 한쪽에 대는 것처럼, 기호를 신호로서 반응할 수 있다. 하지만 인간은 신호를 상징적으로 반응할 수 있다. 이러한 상징적 기능에 있어, 기호는 행동 반응을 유발시

---

5. 명확한 설명을 위해, 나는 ≪새로운 경향의 철학≫에서 사용한 "기호sign"와 "신호signal"를 ≪감정과 형식≫에서 사용한 대로 수정했다. 그녀는 이렇게 사용하는 것이 좀 더 정확하다고 인정했다(Langer, 1953, p.26, n 1).

키기보다는 관념을 떠오르게 한다. 만일 어떤 이가 사이렌 소리를 듣고 차를 길옆에 대는 대신, 소방차와 그것의 색깔, 소방관의 용감한 행동, 혹은 생명을 주는 동시에 파괴하는 불의 모순 등에 대해 생각했다면, 그 관찰자는 기호(사이렌 소리)를 신호가 아닌 상징으로 반응한 것이다. 그렇게 하면서 소방차에 치일 수도 있지만, 그게 요점은 아니다. 요점은 기호가 그것이 상기하는 사물을 생각해 보는 도구로서, 인간에게 신호 혹은 상징으로 기능할 수 있다는 것이다. 상징의 의미는 행동을 불러일으키는 반응이 아니라, 그것이 상기하는 개념이다.

아직까지는 다른 생물이 기호를 상징으로 사용하지 않는다고 알려졌다. 침팬지와 고릴라가 바나나를 가리키는 특정한 기호(미국 수화나 키보드)를 사용하도록 배울 수 있다. 하지만 이들이 이러한 기호를 상징으로 사용할 수 있다고 알려진 바는 없다. 예를 들어, 바나나의 장점, 즉 생선과 같은 것에 비교했을 때 바나나가 음식으로서 갖는 상대적 가치를 생각해 본다고 알려진 바는 없다. "바나나"를 신호로 지시하는 이들의 목적은 바나나를 손에 쥐어달라는 것이지, 마음에 바나나라는 관념을 떠올리게 하는 것은 아닌 것 같다.6

랭어는 기호의 상징 기능과 신호 기능을 구분하면서, 인간 언어가 단순히 다른 생물이 사용하는 신호 체계를 복합적으로 정교화시킨 것이고 다른 체계처럼 통신과 실용적 목적을 위하는 것이라는 시각을 반박한다. 그에 따르면, 이러한 논의가 필연적으로 다른 상징적 재현 형식보다 추론적 명제 언어에 특권을 주는 이유는 이러한 언어가 논리와 과학 그리고 이것의 실용적 이익을 가능하게 하기 때문이다. 이러한 시각은

---

6. 물론 현재 이 쟁점에 대해 많은 논쟁이 벌어지고 있다. 여기서 나는 문제에 대한 랭어의 시각을(물론 내 시각을) 보여 준다.

또한 예술을 인간의 상징적 진보의 스펙트럼에서 별로 중요하지 않고 어느 정도 부수적인 것으로 분류한다. 그와 같은 시각에서 보기에 예술은 언어의 기초가 되고 필연적으로 지향하는 실용적 목적에 맞지 않기 때문이다. 랭어는 언어가 원래 실용적인 신호에서 나온 것이 아니라, 예술처럼 경험을 상징으로 바꾸려는 인간 정신의 경향이 드러나는 것이라고 주장한다. 그럼으로써, 예술과 추론적 언어를 모든 인간의 사고를 특징짓는 상징 활동의 서로 다른 활동으로 동등하게 놓는다.

랭어는 인간이 경험을 상징으로 바꾸려는 욕구는 두 가지 서로 다른 재현 양식을 낳는다고 주장한다. 둘 다 상징적이고, 정신의 고차원적 활동을 반영한다. 하지만 두 양식은 이들이 재현하는 인간의 감성이나 일으키는 반응에 있어, 그 형식이나 구조가 매우 다르다. 랭어는 이러한 상징적 재현의 두 가지 약호 양식을 추론적discursive 양식과 표상적 presentational 양식(비추론적 양식)이라고 부른다. 랭어에 따르면, 추론적 상징은 대부분 진실 혹은 명제의 언어 그리고 수학으로 구성되어 있다. 이러한 약호 체계는 형식적으로 그리고 논리적으로 표상적 상징의 양식과 다르다. 표상적 상징은 일반적으로 예술이라고 하는 것, 예를 들어, 회화, 사진, 음악, 무용, 조각, 건축, 문화, 드라마, 영화 등으로 구성된다.

디지털 상징과 추론적 형식

두 가지 양식의 논리적 차이는 주로 대상을 재현하는 방식, 즉 이들이 떠올리는 개념에서 생겨난다. 우선 명제의 언어와 수학의 추론적 형식은 재현하는 것과 자연스러운 혹은 구조적인 유사성을 갖지 않은 추상적인 단위로 관념을 나타낸다. 이러한 추상적인 단위는 때때로 디지털 상징이라고 불리기도 한다.[7] 디지털 상징은 개념과 연관되어 있고 사물과 사건을 호칭하기 위해 적용된, 순전하게 자의적인 표시 혹은 소리이다. 디지털 상징의 형식(특정한 모양, 소리, 색깔, 길이, 크기, 혹은 다른 것 등)는 그것이 상징하는 것의 구체적 특징과 상응하는 것이 없다. 예를 들어, '사람'이라는 글자를 바라보면서, 그 글자가 나타내는 대상이 큰지 혹은 작은지, 곧은지 혹은 둥그런지, 생물인지 혹은 무생물인지 말할 수 없다. 그것이 나타내는 것의 형식에 변화를 지적하기 위해, 상징의 형식을 바꾸지 않으며, 그렇다고 큰 사람을 나타내기 위해 큰 글자로 '사람'이라고 쓰지 않는다. 즉, 큰 사물에 큰 글자 혹은 작은 사물에 작은 글자를 쓰지는 않는다. 저것(개념, 사물 혹은 사건)을 나타내기 위해 이것(디지털 상징)을 사용하는 것은 순수하게 사회적 약속이자 관습의 문제이다. 워프와 다른 언어학자가 지적했듯이, 서로 다른 문화는 오랜 역사를 통해 어떤 소리와 부호가 어떠한 개념을 나타내고 어떤 사물을 지칭할지에 관한 상이한 약속과 관습을 발전시켜 왔다. 따라서 만일 러시아 여인이 자신의 고양이를 단어(디지털 상징)로 표현하려고 한다면, 혹은 독일 남자가 그의 집을 독일어로 설명한다면, 듣는 사람이 러시아어 혹은 독일어를 하지 않는 한 그들을 이해하지 못할 것이다.

  단어는 디지털 상징의 유일한 종류가 아니다. 무엇이나 디지털 상징으로 사용한다고 동의를 한다면 그와 같은 기능을 할 수 있다. 사람들은 빨간색이 정지하는 것이고 초록색이 전진하는 것을 의미하는 것이라고, 혹은 종소리가 정지하는 것 그리고 사이렌 소리가 전진하는 것을 의미하는 것이라고 동의할 수 있다. 도로 지도에서 우리는 검정색이 2차선 도로, 빨간색이 주요 고속도로, 초록색이 직진 차 우선 도로 혹은

---

7. 랭어는 표상적 상징을 "유추물*analogues*"로 부르지만, 디지털 상징과 유추 상징이란 용어를 사용하지는 않았다. 나는 좀 더 명확한 설명과 통용되기 쉬운 용어 사용을 위해 디지털과 유추라는 용어를 도입했다.

유료 도로를 의미하도록 할 수 있다. 어떻게 그것을 알 수 있는가? 디지털 상징이 나타내는 것에 대한 동의는 명시적으로 이루어질 수 있기 때문이다. 지도의 위쪽을 보면, 검정 선이 2차선 도로와 같다고 표시되어 있을 것이다. 사전은 문화에 있어 지도의 기호표와 같은 것으로, 단어가 나타내는 개념을 분명히 하고 단어가 지칭하거나 의미하는 사물이나 사건의 예를 제공한다.

그렇다면 명제적 언어와 같은 추론적 형식의 개별 단위는 임의적인 디지털 상징이다. 이러한 디지털 상징은 특정한 추상 개념을 상기시키거나 의미하고, 그러한 개념에 맞는 경험 세계의 사물(예를 들어, 네 발에, 꼬리를 흔들며, 매일 저녁 집에서 반겨 주는 차가운 코의 털북숭이)을 지칭(혹은 표시)한다. 하지만 그것은 시작에 불과하다. 추론적 형식은 경험의 재현을 구성하기 위해 구문론에 의지해야 한다.

구문론은 개별 단어가 의미하는 사물 간의 관계를 알려주는 일련의 규칙이다. 중요한 점은 이러한 규칙이 단어-상징처럼 디지털 상징의 형식으로서, 문화적 약속이나 관습의 문제라는 것이다. 서로 다른 문화는 다른 방식으로 사물 간의 관계를 나타낸다. 예를 들어, 영어에서 사물이 지칭되는 질서는 특정한 상황에서의 주어(혹은 행위자)와 목적어(혹은 행위의 수신자)를 알려준다. 일반적으로 규칙은 "행위자를 먼저 말하고, 그다음에 행동, 그다음에 행동의 대상을 말하라"는 것이다. 이러한 규칙을 통해 우리는 누가 "개가 고양이를 추격한다"고 말할 때, 그 말이 개가 고양이를 뒤쫓는 것을 의미한다고(지칭하는 순서가 그렇기 때문에) 이해하게 된다. 다른 언어에서는 단어의 순서가 별다른 차이를 만들지 않는다. 이러한 언어는 예를 들어 "주어나 목적어를 나타내기 위해 단어에 서로 다른 어미를 붙이는 것처럼" 다른 규칙을 가지고 있다. 지칭한 사물의 관계를 명시적으로 나타내는 법을 이러한 규칙으로 만들 수 있다. 내가 방금 전에 영어가 어떻게 주어와 목적어를 나타냈는지에 관해 규칙을 이야기한 것이 바로 그 예이다. 만일 교과서를 이용해 외국어를 배운다면, 교과서는 그 언어의 다양한 관계를 가리키는 명시적인 규칙을 가르쳐줄 것이다.

명제적 언어는 이러한 특성 때문에, 즉 그 의미나 관계를 나타내는 규칙을 명시화할 수 있는 디지털 상징을 사용하기 때문에, 경험을 정확히 재현하고 다른 사람한테 전달해 주는 대단한 능력을 갖게 된다. 특히 구문론은 복잡한 상황을 아주 구체적으로 그리고 개별적인 상황을 구분해서 재현하게 해준다. 구문론은 "이러한 상징 양식이 실재 세계의 특정 상황에 해당한다"고 단언할 수 있게 해준다. 우리는 다른 이가 명시적 규칙을 따라 해독하고 세상을 고찰하며 증명하거나 반박할 수 있는 진술을 만들 수 있다. 그러나 여기에 문제점이 있다.

참, 거짓, 명제 *proposition*

문제점은 모든 진술이 세상을 고찰해 봄으로써 증명할 수 있거나 반박할 수 있는 것(거짓을 입증할 수 있는 것)이 아니다. 예를 들어, 외부 세계나 거기서 일어나고 있는 일과 관계가 없는 진술이 존재한다. 세계에 일어나야만 하는 일에 관한 진술도 많다. 이러한 진술은 이른바 규범적 진술로서, 기술적記述的 진술과 대조를 이룬다. 명령문 또한 규범적 언어 형식이다. 논리학자는 규범적 진술이 명령이건, 혹은 무엇이 일어나야 한다는 진술이건 간에, 일어나고 있거나 일어났던 것을 가리키는 것이 아니고, 그렇기 때문에 세상을 고찰함으로써 증명하거나 반박할 수 없다고 지적한다. 누구도 그러한 진술이 참인지(비언어적 세계에서 일어나는 것과 정확하게 상응함) 혹은 거짓인지(바깥에서 일어나는 것과 상응하지 않음) 말할 수 없다.

둘째, 단어가 바깥 세상에서 고찰할 수 있는 아주 구체적인 것을 나타낼 만큼 그 의미가 항상 명시적이지는 않다. 다시 말해, 단어로 나타내고자 하는 것이 항상 분명하지 않다. 예를 들어, 내가 이 페이지 왼쪽 모서리에 '퍼글purgle'이 있다고 말하고 당신이 '퍼글'이라는 단어의 의미를 모른다면, 당신은 그것이 있는지 없는지를 판단할 수 없다. 무엇을 찾아야 할지, 혹은 어떻게 거기 있는지 여부를 알아야 할지 모르기 때문이다. "귀신," "영혼," "지성," "미"와 같은 일상적인 단어도 마찬가지다. 우리가 똑같은 것을 찾고 바라본다고 확신할 만큼 말하는 사람이 자신의 의미를 명확하게 말하지 않는다면, 그것이 있는지 없는지 판단할 방법이 없다. 요컨대, 진술에 사용된 단어가 의미하는 것을 정확하게 알지 못한다면, 그 진술이 참이나 거짓인지 말할 수가 없다.

마찬가지로 하나의 단위로서의 진술을 해석하는 규칙을 알기 어려울 때, 즉 진술이 문법이나 구문론의 관습적인 규칙을 따르지 않을 때도 그렇다. 어떤 사람이 두서없이 단어를 말한다면, 그가 무엇을 주장하고자 하는 것인지, 그리고 과연 주장이나 하고 있는 것인지를 말할 수 없을 것이다. 무슨 의미인지를 모른다면, 그것이 참인지 거짓인지 말할 수 없다. 영어로 무언가를 주장하기 위해서는, 주어에 대해 무엇을 단정하는 방식으로, 즉 그것에 대해 무언가를 이야기하는 방식으로 단어를 배열해야 한다.

마지막으로, 만일 그것을 검사할 만한 방법, 즉 그것을 증명하거나 반박하는 데 사용할 수 있다고 생각되는 어떤 과정이 없다면, 어떤 것이 참인지 혹은 거짓인지를 말할 수 없다. 예를 들어, 내가 "23명 이상의 천사가 핀 끝에서 동시에 춤을 출 수 있다"고 말하면서, 천사가 무슨 의미(예를 들어, 사람과 같지만, 보이지 않는 존재)이고 핀의 크기가 어떤지를 구체적으로 설명한다 하더라도, 당신은 여전히 그것이 참인지 거짓인지를 찾아 낼 수 있는 방법을 알아볼 필요가 있다. 만일 대답이 "천사는 누군가 있을 때나 어떤 기계 장치가 있을 때, 그런 행동을 하지 않기 때문에 알아 낼 방법이 없다"는 것이라면, 그 진술이 참 혹은 거짓이라고 말하는 것이 무의미하다. 그것을 증명하거나 반박할 방법이 없기 때문이다.

다른 상징 철학자의 전통에 따라, 랭어는 "명제" 혹은 "명제적 발화"라는 용어를 사용해 위에서 말한 기준에 맞는 재현을 지시하고자 했다. 명제는 참 혹은 거짓이라고 말할 수 있는 진술이다. 그것은 (1) 명시적이고 공개적인 외연$_{denotation}$을 가진 상징을 사용하고, (2) 명시화될 수 있는 구문론의 규칙을 따르고, (3) 무언가에 대해 무언가를 제안하거나 단언(즉 단정)하고, (4) 규범적이지 않고 기술적이며, (5) 원칙으로 반박과 증명을 검사하기 쉽다.

이런 것을 이해할 필요가 있는 이유는, 명제적 발화가 상징적인 형식이자 명제적 언어와 일반 추론적 상징의 임무라고 랭어가 주장했기 때문이다. 참 또는 명제의 언어와 수학으로 이루어진 상징 재현의 추론적 형식은, 사람들이 이성적인 사고와 논증을 하고 세계에 관한 과학적, 논리적 지식을 쌓아갈 수 있게 해주는 약호이다.

유추 상징과 표상적 형식

하지만 명제적 언어와 과학이 경험을 상징으로 바꾸는 인간의 욕구를 표현한 유일한 형식이 아니다. 랭어는 상징 재현의 추론적 형식이 오늘날의 모든 상징 경험에 일부에 불과하다고 주장한다. 상당 부분은 이른바 비추론적 혹은 표상적 재현 형식으로서, 이것은 여러 면에서 추론적 양식과 다르다. 우선 그림, 회화, 사진, 음악, 무용과 같은 표상적 재현 형식은 디지털 상징으로 구성되어 있지 않고, 대상(그것이 상기하는 것)을 유추적으로 재현한다. 전적으로 임의적인 디지털 상징과 달리, 유추 상징은 대상의 특징이 변할 때 상징의 형식도 변하듯이, 나타내는 대상의 주요 특징을 그 형식 안에 재현한다. 사진, 소묘, 그림 등이 유추 상징의 좋은 예이다. 만일 내가 동생에게 새 식탁을 그려서 보내려고 하고, 식탁이 원탁이라면, 내가 그리는 모양은 둥글어야 한다. 만일 식탁이 정사각형 모양이라면, 내가 종이에다 그리는 모양은 그러한 차이를 반영하기 위해 바꿔야 한다. 만일 소형 식탁과 정찬용 식탁 등 두 가지 다른 식탁을 재현할 필요가 있다면, 대상의 다리 길이와 상응하도록 소형 식탁의 다리는 짧게, 정찬용 식탁의 다리는 길게 그리게 된다. 도로 지도에 길을 재현하는 것도 유추 상징의 또 다른 좋은 예이다. 도로의 길이와 방향에 따라, 도로를 재현하는 선의 길이와 방향이 달라진다. 유추 상징은 대상을 상기하기 위해 그것의 모든 특성을 재현할 필요는 없다. 어떤 유추적 재현은 사진처럼 매우 상세하게 이루어지는 반면, 어떤 것은 도로 지도처럼 매우 추상적이며 세부적인 기술을 생략한다. 유추적 재현에 중요한 것은 상징의 어떤 특성이 상징이 상기하는 대상의 어떤 특성과 반드시 상응한다는 것이다.

좀 더 정확하게 말하면, 유추 상징은 그 형식 안에 부분의 관계 구조를 재현한다. 예를 들어, 잘 알려진 스마일의 시각적 상징이 인간의 얼굴을 상기시키는 이유는, 실제 인간의 얼굴이 세 개의 검은 점과 하나의 곡선으로 이루어졌기 때문이 아니라, 상징의 점과 곡선의 구조적 관계가 정신이 인간의 얼굴을 지각하면서 추상화하는 눈, 코, 입의 구조적 관계와 상응하기 때문이다. 그리고 상징을 구성하는 개별 점과 곡선이 아닌, 상징 요소들 간의 모든 관계 구조가 중요하고 의미 있는 것이다. 다시 말해, 유추적/표상적 상징을 구성하는 개별 단위 혹은 요소는 그것을 나타내는 특정 관계 구조를 벗어나 독자적인 의미를 갖지 않는다.

예를 들어, 스마일 얼굴은 똑같은 점 세 개로 구성되어 있다. 하지만 그림 위에 있는 두 개의 점은 눈을 상기시키는 반면, 중간에 있는 점을 코를 상기시킨다. 선과 곡선을 완전히 다르게 배치했을 때, 같은 점이 딸기의 점이나 구름에서 떨어지는 빗방울을 상기시킬 수 있다. 요컨대 그림이나 음악의 코드와 같은 표상적 상징의 요소는 하나의 맥락에서 다른 맥락으로 의미를 가져가는 단어와 같은 것이 아니다. 그림의 재현에서 점, 직선, 곡선 등이 일반적으로 갖는 의미를 말하는 것은 불가능하다. 마찬가지로, 특정 음악 작품의 다른 악기 소리나 코드와 맺는 관계의 맥락에서 벗어나, C장조의 소리, 혹은 피콜로나 작은 북 소리가 상기시키는 것을 이야기하는 것은 불가능하다. 즉 회화나 음악 작품과 같은 복잡한 표상 상징의 개별 요소는 단어처럼 독자적이고, 고정적인 의미를 갖지 않는다. 또한 무용, 회화, 혹은 심포니의 요소는 경험 세계의 특정한 사물이나 사건을 나타내는 것도 아니다. 예를 들어, 특정한 조합과 관계의 음악 소리는 특정 관념이나 느낌을 의미할 수(상기시킬 수) 있지만(예를 들어, 고조되는 흥분이나 긴장을 해결했다는 느낌), 하지만 현상 세계의 사건이나 사물을 이름을 부르듯이 이것저것 가리키지는 않는다. 특정 작품에서 특정한 사물을 지시하거나 나타내기 위해 여러 가지 음악 소리를 사용하는 경우는 있다. 예를 들어, <피터와 늑대>에서, 특정 악기 소리와 멜로디는 피터라는 등장 인물을 나타내고, 다른 소리와 멜로디는 이야기 속의 다른 등장 인물을 가리킨다. 하지만, 음악에 곁들어진 안내 프로그램의 단어로 이와 같은 것을 사람들에게 알려줘야 한다. 그러한 안내 없이, 소리 자체만으로 이들이 특정한 등장 인물이나 사건을 나타내는 것인지를 추정할 수 없다. 또한 동일한 도구가 특정 음악 작품을 벗어나서도 동일한 등장 인물이나 사건을 지시하는 것은 아니다.

마찬가지로, 예를 들어 피카소의 <게르니카> 시각적 구도는 일련의 특정한 사건을 나타내거나 지시하는 것이 아니다. 특정하게 배열된 요소는 부조화, 불균형, 파괴, 혼돈, 비탄 등의 관념/개념/느낌을 함축하거나 마음에 떠올리게 하지만, 그러한 느낌(그리고 그림의 상징적 요소)이 적용되는 특정한 사물 혹은 사건을 정확히 지칭하지는 않는다. 사실상 그림의 제목이나 함께하는 언어 텍스트 없이, 전체가 가리키거나 나타내는 것이 무엇인지를 말할 수 없다.

표상적 형식 대 진술

표상 상징의 단위는 고정적으로 내포된 의미나 명시적인 의미를 가지고 있지 않기 때문에, 점과 선과 곡선, 혹은 바이올린이나 피콜로의 소리, 혹은 무용수의 여러 가지 손의 위치가 갖는 의미를 찾아볼 만한 사전과 같은 것이 있을 수 없다. 또한 시각적 혹은 음악적 재현의 단위를 포괄적인 의미 구조로 만드는 명시적 규칙을 배울 수 있는 문법책 같은 것도 없다. 이것은 회화와 심포니와 발레가 구조를 가지지 않았다는 말이 아니다. 하지만 그것은 명제적 언어와 다른 추론적 형식의 구조와 전적으로 다른 구조이고, 고정적인 의미를 가진 개별 부분으로 분석하거나 그러한 부분을 진술로 조합하는 명시적 규칙에 적합하지 않다. 랭어는 표상적 재현 형식이 진술을 만들어 내지 않는다고 주장한다. 그것은 주제를, 혹은 개념과 느낌을 떠올리게 하는 구조화된 상징을 제시하지만, 그러한 주제에 대해 어떤 것을 단정하거나 주장하지 않는다. 예를 들어, 인상적인 풍경 사진은 여러 가지 관념, 예를 들어, 기념비적인 산 정상의 불변성과 견고함, 구름의 비실체성, 끊임없이 변하는 빛의 특성, 인류와 비교되는 자연의 지속성, 창조자의 멋있는 설계가 갖는 장엄함 등에 대해 떠올리게 할 수 있다. 하지만 사진 자체는 이런 것을 단언하지는 않는다. 이것은 워프가 지적한 대로 언어로 생각하려는 우리의 경향, 즉 회화, 사진, 음악, 무용, 조각 등이 떠올리는 말없는 개념을 문장으로 체계화하려는 경향이 갖는 힘이다. 영화의 상징 형식도 언어의 은유가 자주 쓰이지만, 진술을 만들어 내지 않는다(물론 등장 인물이 이야기할 수는 있다). 영화는 메시지, 단언, 진술, 혹은 명제를 위한 미디어는 아니다. 회화, 사진, 음악, 무용, 건축, 조각 등도 아니다. 이들의 상징 형식이 어떤 것을 단언하거나 진술하지 못하게 하는 이유는 그것의 요소가 고정적으로 내포된 의미와 명시적 의미를 갖지 않기 때문이다. 요소를 배열하는 구조적 관계는 언어의 구문론이 갖는 구조적 관계가 아니다. 이러한 이유 때문에, 랭어는 표상적 상징 형식이 참과 거짓의 언어가 적용될 수 있는 표현 영역 밖에 속한다고 주장한다. 만일 맥도널드 텔레비전 광고가 자신의 햄버거 무게가 4분의 1파운드 나간다고 말했다면, 즉 명제적 발화의 영역에 속하는 단언을 하였다면, 증명을 하거나 반박을 해 볼 수 있고, 그 결과를 토대로 진술이 참인지 거짓인지를 말할 수 있다. 하지만 아이들이 맥도널드 간판 앞에서 강아지와 같이 풀밭에 뒹굴고, 프렌치프라이를 먹으면서 미소를 지으며 부모 품에 안기는 이미지를 검토할 방법은 없다. 그러한 이미지는 "맥도널드는 같이 놀 강아지를 제공합니다" 혹은 "프렌치프라이는 아이들이 부모를 껴안게 만든다"와 같은 것을 단언하지 않는다. 이와 같이, 이미지 자체는 참인지 거짓인지를 말할 수 없다. 그것을 좋아하거나 싫어할 수 있고, 그것 때문에 감동을 받아 웃거나 눈물을 흘릴 수 있으며, 또는 그것에 좋은 감정이나 나쁜 감정을 연관시킬 수 있다. 하지만 그것과 입씨름을 벌이거나 반박할 수 없는 이유는 그것이 담론의 상징적 영역에 있지 않기 때문이다. 담론 *discourse*은 특히 명제적 언어와 수학과 같이 한정적인 약호의 집단에서 발견되는 일련의 특정한 공식적, 논리적 재현의 특성으로 정의된다. 이미지, 음악, 무용과 같은 약호를 특징짓는 상징적 변형의 양식은 담론, 논증, 추리의 형식과 기능을 갖지 않는다. 그래서 랭어는 사진, 영화, 회화, 음악, 무용 등을 가리키는 데 언어의 은유를 쓰지 말라고 경고한다. 그렇게 함으로써 이들 형식이 구조와 기능에 있어 언어와 유사하다는 뜻을 내포하고, 사실상 매우 다르다는 훨씬 더 중요한 점을 덮어 버리기 때문이다.

표상적 형식과 감정

만일 표상적 재현 형식이 언어와 유사하지 않다면, 또는 이것이 담론, 이성적인 사고, 논증, 추리 등의 기능을 하지 않는다면, 도대체 어떤 기능을 하는 것인가? 이것이 재현하는 것은 정확히 무엇이고, 왜 우리는 이것을 필요로 하는가? 이러한 질문에 대한 랭어의 답변은 ≪새로운 경향의 철학≫의 후속인 ≪감정과 형식≫(Langer, 1953)의 제목에 간결하게 제시되고 있다. 그녀의 논의를 한 문장으로 줄인다면, 상징의 표상 형식은 감정의 세상을 명료하게 표현하는 것이다. 그것은 구조상 우리의 눈이 볼 수 있는 것, 우리의 몸이 경험하는 것, 우리의 귀가 듣는 것, 그리고 우리가 복잡한 생물학적 피조물로 세계를 만나면서 생기는 모든 감각적이고 감정적인 느낌에 대한 상징적 유추물을 제공한다. 우리가 그러한 표현과 커뮤니케이션 양식을 필요로 하는 것은 언어로 세계를 재단하고 다시 모으는 방식이 우리가 감각을 통해 세상을 경험하는 방식과 다르기 때문이다. 심금의 감정은 언어나 수학적 상징의 디지털 상징 체계가 결코 적절하게 재현할 수 없는 방식으로 의미의 (그리고 신경학상의) 경계를 합치고, 연관시키고, 반향하고, 가로지르고 있다. 기술적 의미에서 약호화의 디지털 체계는 파동에 따라 변화하는 스펙트럼 전체를 재생산하기보다는 음파나 광파와 같은 특정 영역의 아날로그 신호를 디지털로 바꾼다. 명제적 언어도 마찬가지로 우리 경험의 견본을 추출하는 것으로서, 우리의 생물학적-감각적-근육 운동적 경험이라는 연속적 파동에 있어 마루와 골만을, 혹은 세상에서 생존하기 위해 우리 문화사에 필수적이라고 알려진 조각들만을 재현하는 고도로 선택적이고 압축된 약호이다. 우리 생물학적 경험의 파동에 나머지 부분이 표현되지 않는 것은 알맞은 단어를 갖지 못했기 때문이다. 중력이 어떻게 우리의 감각을 끌어당기고 무게감을 주는지, 또 어떻게 겨울과 비와 빛의 특정한 경사가 그러한 무게감을 더 느끼게 하는지, 반면 환하고 푸른 봄은 어쩐지 우리를 자유롭게 해주는지를 명제적 디지털 언어로 이야기하기가 적절하지 않다. 사라져 가고, 죽어 가고, 느려지고, 생기를 잃고, 어두워지고, 나선형으로 떨어지고, 정지해 버린 것에 대한 마음속 가을의 느낌, 혹은 빛의 변화와 함께 찾아온 갈망, 슬픔, 동경의 느낌을 표현하려고 할 때 말을 더듬게 된다. 하지만 막스 브루흐의 <콜 니드라이(신의 날)>의 첼로 음은 어느 정도 이것을 노래하고 있고, 무용은 중력과 무중력 상태, 추락과 상승, 긴장과 해방, 억압과 자유, 슬픔과 기쁨 등의 느낌을 표현한다.

요컨대, 랭어는 표상적 형식이 구조상 감각적 경험 및 감정에 대한, 혹은 빈약하고 인색한 명제적 발화 구조에 맞지 않는 모든 것에 대한 복합적인 유추물을 제공하고 있다고 주장한다. 명제적 언어는 분석적 추론과 선형적 사고, 즉 사물을 분석하고 관념을 문법에 맞게 논리적인 순서로 재구성하는 것을 발전시키는 반면, 표상적 형식은 순간적인 인식 및 전체적인 이해를 촉진한다. 그림, 음악, 무용의 의미는 전체로 이해되어야 하고, 그렇지 않으면 이해될 수가 없기 때문이다. 명제적 발화가 반응을 지연시키는 이유는 나중의 요소가 이전 요소의 의미를 수식하는 방식으로 연이은 요소들이 하나씩 전개되는 때문이기도 하지만, 그 장점의 기준이 참 혹은 거짓에 있기 때문이기도 하다. 그것은 검증하고 반박을 해보거나, 명제에 해당되는 비언어적 세계의 증거를 찾아볼 시간이 필요하다. 한편 표상적 형식이 갖는 장점의 기준은 참이나 거짓이 아니라, 우리의 감각적 경험과 감정의 구조와 조화를 이룬다는 것이다. 그것은 마음속으로 주의를 돌린다.

상징 재현의 추론적 양식과 표상적 양식은 서로를 보완한다. 이들은 함께 어느 한쪽 양식만으로 할 수 없는 것을 할 수 있도록 한다. 즉 모든 지식과 경험의 영역, 또는 사고와 감정의 영역을 상징으로 만들고, 따라서 인간 마음의 기본적인 활동을 명료하게 표현하게 해준다.

약호, 양식, 그리고 미디어 생태학

랭어는 1940년대 초 ≪새로운 경향의 철학≫을 썼고, 1953년 ≪감정과 형식≫에서 표상 상징의 여러 형식에 관한 분석을 완성한다. 그녀는 이후 텔레비전이 발달하면서 생겨난 새로운 재현 형식의 확산을 예견하지 못했고, 따라서 오늘날 미디어 생태학자가 관심을 갖는 여러 문제, 예를 들어, 사람들이 다큐멘터리 드라마나 광고성 정보와 같이 혼합된 형식을 대할 때, 추론적이고 표상적인 상징이 요구하는 여러 가지 반응과 평가 양식 가운데 어떠한 선택을 하는지와 같은 문제를 검토하지 못하고 있다. 또한 젊은이들이 표상적 형식에 점점 더 몰입하게 되면서 사고 및 반응의 습관에 변화를 가져오고, 이에 따라 추론적으로 교육 받은 선생님 세대는 논리, 추론, 논의, 증거의 정확성 등에서 어려움을 보이는 젊은이들에게 곤혹스러워하고 실망하게 되는데, 랭어는 이 문제를 숙고해 보지 못했다. 랭어는 물리학의 영역으로부터 가상 공간, 가상 시간,

가상 현실과 같은 용어를 가져와, 상징과 약호와 미디어에 관한 인문학적 연구의 일반 용어로 만들었지만, 컴퓨터의 독특한 상징 형식에 대해서는 이야기하지 않는다. ≪감정과 형식≫은 거의 대부분 가상 공간, 시간, 현실, 그리고 이들이 서로 다른 상징 형식에서 어떻게 구성되고 다뤄지는지를 이야기한다. 그녀의 분석은 전통적인 재현 형식이나 이것의 독특한 기능을 이해하기 위해서뿐만 아니라, 컴퓨터로 매개된 형식이 현실과 반응을 구성하는 역할을 이해하기 위해서도 중요하다.

내가 여기서 ≪새로운 경향의 철학≫에 초점을 둔 이유는 랭어가 말했듯이 그녀의 후기 연구를 이해하기 위한 필수 조건이기 때문이기도 하지만, 미디어 생태학 대부분이 디디고 있는 토대를 처음으로 보여 줬기 때문이다. 거기서 랭어는 언어의 상대성에 관한 워프의 통찰력을 보다 광범위한 재현의 약호 및 양식으로 확장시켰다. 그녀는 언어가 인간이 실재를 구성하는 유일한 방식이 아닌 하나의 방식으로서, 여러 가지 상징화 체계는 인간 경험의 여러 가지 양상을 약호로 만들고 있다고 주장한다. 그는 처음으로 체계적인 문제를 제기했다. 여러 가지 상징 체계의 구조는 어떻게 자기가 표현할 수 있는 것을 구속하며, 인간 반응의 성격을 결정하는가?

하이젠베르크가 말했듯이, 우리가 아는 모든 것은 우리가 질문한 것의 결과이다. 벤저민 리 워프와 수잔 랭어가 미디어 생태학의 기초가 되는 이유는 이들이 논의한 언어 및 다른 상징 형식의 분석이 적절하거나 완벽해서, 혹은 모든 면에서 정확해서가 아니다. 이들이 기초가 되는 이유는 이들이 적절한 질문을 했기 때문이다.

참고 문헌

Barnett, L. (1968). *The universe and Dr. Einstein*. New York: Bantam Books.

Havelock, E. A. (1976). *Origins of Western literacy*. Toronto, Canada: The Ontario Institute for Studies in Education.

Heisenberg, W. (1962). *Physics and philosophy*. New York: Harper & Row.

Kuhn, T. S. (1962). *The structure of scientific revolutions*. Chicago: University of Chicago Press.

Langer, S. K. (1942). *Philosophy in a new key*. Cambridge, MA : Harvard University Press.

Langer, S. K. (1953). *Feeling and form*. New York: Charles Scribner's Sons.

Matson, F. W. (1966). *The broken image: Man, science and society*. Garden City, NY: Doubleday.

McLuhan, M. (1964). *Understanding media: The extensions of man*. New York: McGraw-Hill.

Ong, W. J. (1982). *Orality and literacy*. New York: Methuen.

Pinker, S. (1994). *The language instinct*. New York: William Morrow.

Postman, N. (1999). *Building a bridge to the eighteenth century*. New York: Alfred A. Knopf.

Sapir, E. (1921). *Language*. New York: Harcourt, Brace.

Whorf, B. L. (1956). *Language, thought and reality*. Cambridge, MA: MIT Press.

11

수잔 랭어의 정신 철학
미디어 생태학을 위한 몇 가지 함의

존 파워스

미디어 생태학이 이론과 연구의 발전을 위한 체계적인 이론적 틀을 계획적으로 세우기 시작하면서(Lum, 2000), 가장 유용했던 지적 자원 중의 하나는 수잔 랭어(1895~1985)가 60년 이상의 연구 경력 동안 펴냈던 아홉 권의 책일 것이다. 랭어는 다방면의 주제에 관심을 가졌던 조직적인 사고의 소유자로서, 그녀의 주제는 상징 미디어의 본질, 다양한 미디어 안에 존재할 수 있는 있는 복잡한 관계, 그리고 인간의 마음을 특징짓는 상징 활동을 이해하는 것과 관련되어 있다. 이 장의 목적은 랭어의 사상을 소개하고, 이것이 미디어 생태학이라는 신생 학문 분야의 개념적 토대를 구성하는 데 갖는 몇 가지 함의를 탐구해 보고자 한다. 우선 그녀가 다루었던 주제의 범위와 그것이 발전해 왔던 방식을 이해해 보기 위해, 랭어의 주요 글을 훑어보는 것에서 시작하고자 한다. 그러고 나서 나는 그녀의 연구로부터 미디어 생태학의 이론과 분석의 발전을 위해 개념적으로 유용할 만한 몇 가지 원리를 끌어 내고자 한다.

랭어의 주요 저서

랭어는 ≪새로운 경향의 철학≫(1942/1957a)과 ≪감정과 형식≫(1953)으로 잘 알려져 있다. ≪새로운 경향의 철학≫에서 랭어는 인간 특유의 정신 구조를 이해하기 위한 열쇠가 일상적인 감각 경험을 다양한 상징적 형태로 바꾸는 정신의 힘을 인식하는 데 있다고 주장한다. 이러한 주장을 발전시키면서, 랭어는 우선 구조적인 견지에서 기호(동물 정신 구조의 토대)와 상징(독특한 인간 정신 구조의 토대)을 구별하는 상세한 기호학적 이론을 만들어 낸다. 그런 후 인간이 만든 두 가지 서로 다른 상징의 범주, 즉 추론적 범주(정확히 언어)와 표상적 범주(사실상 다른 모든 상징 표현)에 관한 이론을 발전시킨다. 책의 후반부에서는 체계로서의 언어의 특성에 관해 탐구하며, 세 가지 형태의 표상적 상징 표현, 즉 의식儀式, 신화, 음악을 선택해 추가적으로 검토한다.

랭어는 ≪새로운 경향의 철학≫에서 제시한 상징 표현에 관한 이론에 기초해 표상적 상징 표현의 여러 범주 중 하나인 창조적 예술에 대해 상세한 분석을 전개한다. 이는 '≪새로운 경향의 철학≫에서 발전된 예술론'이라는 부제의 ≪감정과 형식≫으로 출판된다. 세 부분으로 나뉜 ≪감정과 형식≫은 하나의 주목할 만한 상징으로서의 예술 작품 전체를 탐구하며, 그러한 상징이 예술가의 다양한 인간 감정 형태에 관한 이해와 갖는 관계를 검토한다. 예술적 창조는 이러한 인간 감정의 다양한 형태의 상징이 된다. 책의 대부분은 각각의 예술의 본질을 탐구하며, 서로 다른 유형의 예술적 매개체(음악, 회화, 건축, 무용, 문화 등)가 인간 경험의 특정 범주, 예를 들어 시간, 공간, 인종적 영역, 기억, 운명, 숙명 등을 상징적 형태로 표현하는 데 적절하다고 주장한다. 랭어에 따르면, 각각의 예술은 우리의 실제 경험의 어떤 측면을 좀 더 쉽게 성찰적으로 생각해 보고 깊이 있게 이해할 수 있도록 도와주는 또 다른 형태의 가상 경험을 만들어 낸다. 즉, 예술 상징은 어떤 인간 감정 유형의 본질에 관한 예술가의 생각을 직접적으로 제시하고 있기에, 이러한 상징적 투사를 통해 감정을 세밀히 살펴볼 수 있다. ≪감정과 형식≫의 세 번째 장은 각각의 예술에 관한 분석에서 한 발 뒤로 물러나, 이들을 표상적 상징 형태의 일반적 범주, 즉 창조적 예술에 속한 다양한 일원으로 보며, 예술로서의 예술이 갖는 공통점을 탐구한다.

랭어가 이 두 책만을 발표했더라도, 미디어 생태학을 학문 분야로 발전시키는 데 이미 중요한 역할을 했을 것이다. 그녀의 기호와 상징 이론은 여전히 이러한 인간 표현의 두 가지 유형을 구별하는 논리적 토대를 가장 잘 설명하고 있다. 그녀의 예술 이론은 다양한 종류의 예술 미디어를 이해하기 위한 통찰력 있는 접근 방식을 제공할 뿐만 아니라, 미디어의 생태를 상세히 이해하려고 할 때, 표상 미디어의 여러 가지 철학적 유형을 분석하기 위한 면밀한 사고 유형을 제시한다.

≪새로운 경향의 철학≫과 ≪감정과 형식≫은 미디어 생태학자를 위한 랭어의 주요 철학 도서로 중요하지만, 이들 책에 앞서 두 책이 있었고, 이들 책 또한 랭어의 일반 기호학 이론의 발전과 이후의 예술 이론의 발전에 개념적 토대를 이루기 때문에 중요하다. 랭어의 첫 번째 책 ≪철학의 실천 The Practice of Philosophy≫(1930)은 철학 자체를 소개한다.

여기서 랭어는 철학이 전문적 철학자가 전통적으로 다루는 문제, 예를 들어 진리, 윤리, 지식, 미 등의 본질에 의해 단정될 수 없다고 강조한다. 대신, 철학은 이러한 전통적 연구를 받쳐 주는 개념적 과정으로 이해된다. 즉 특정 주제에 관한 담론에서 사용된 용어의 의미를 탐구하는 지적 활동, 그리고 특히 그것이 주목하는 현상을 이해하기 위해 이들 의미의 함의를 끌어 내는 작업으로 이해된다. 예를 들어, 랭어의 철학적 방법을 미디어 생태학의 체계적 이론과 경험주의적 연구를 해나가기 위한 철학을 발전시키기 위해 적용시킨다면, 그러한 방법도 미디어 생태학자들에게 주요 개념의 핵심 부분을 확인하고, 이를 엄밀하게 정의해 개념적 체계를 형성하며, 이러한 용어와 정의의 지적 결과를 탐구해 이들이 이끄는 방향을 살펴보고, 만일 개념적 모순이나 경험적 예외가 있다면 용어를 재구성해 보라고 할 것이다. 랭어는 미디어 생태학과 같은 새로운 분야를 이해하는 지적 진보가 면밀하게 철학적 구성을 해나가려는 의지에 달려 있다고 본다.

랭어는 모든 연구 분야에 철학적 토대를 발전시키는 것이 중요하다고 본다. 그래서 ≪철학의 실천≫은 철학적 기법의 작동 방식에 관한 기초적인 교훈을 제공하고 있고, 왜 형식 논리의 훈련이 그녀가 옹호하는 면밀한 개념 분석을 실천하는 데 훌륭한 기초가 되는지를 설명한다. 이러한 논의 과정에서 랭어는 ≪새로운 경향의 철학≫에서 완전하게 발전하게 될 기호학 이론의 초기 해석을 내놓는다.

랭어의 철학 기법에 있어 철학적 과정의 논리적 분석이 너무 중요했기 때문에, 그녀는 다음 책 ≪상징 논리 개론 *An Introduction to Symbolic Logic*≫(1937/1967a)을 펴낸다. 현대에 상징 논리를 소개하는 글이 종종 귀납적 추론의 형태, 유효한 추론의 유형, 논리적 오류, 연역적 증거 작성의 기법 등을 성급하게 제시했다면, 랭어의 ≪상징 논리 개론≫은 우선 현대적 논리 이론과 실천에 기초가 되는 개념을 상세하게 분석하는 것에서 시작한다. 이 책은 형식과 내용, 요소와 관계, 추상과 해석, 용어와 정도, 명제, 언어, 구조, 논리적 유추, 직관, 개념, 체계, 상징, 그리고 우리의 취지에 가장 중요한 미디어의 개념과 같은 가장 일반적인 용어를 철학적으로 주의 깊게 살핀다. ≪상징 논리 개론≫의 첫 80페이지는 ≪새로운 경향의 철학≫에서 제시하는 기호학 이론과 직접적으로 관련되어 있어, 후자의 서문처럼 다뤄질 필요가 있다. ≪상징 논리 개론≫은 현대적 논리 기법에 기초가 된 이론을 논의하면서 ≪새로운 경향의 철학≫에서 별다른 설명 없이 사용하는 여러 가지 개념을 충분히 설명하고 있다.

 ≪새로운 경향의 철학≫의 개정판 서문에서 랭어는 정신 철학의 생성에 궁극적으로 관심 있고, 초기 연구는 이러한 목표를 향해 가는 단계로 볼 수 있다고 지적한다(Langer, 1942/1957a, pp.vii, ix). 이와 같은 사실은 랭어의 ≪감정과 형식≫ 이후 출판된 두 편의 소고 및 강연 모음집인 ≪예술의 문제 *Problems of Art*≫(Langer, 1957b)와 ≪철학 스케치 *Philosophical Sketches*≫(Langer, 1962)에도 적용될 수 있다. ≪예술의 문제≫는 랭어가 ≪감정과 형식≫의 쟁점으로부터 나온 주제에 관해 다양한 청중을 대상으로 강연한 것을 모은 것이다. 책의 주요 목표는 이른바 창조적 예술에서 예술가가 '창조'하는 것, 예술적 추상화의 본질, 이것과 과학의 추상화를 비교하는 방식, 예술이 인간의 감정을 다루는 방식, 예술적 창조가 성공적이기 위해 '살아 있는' 형식을 취해야 하는 이유, 예술품이 인간 감정의 본질에 관한 예술가의 생각을 표현하는 방식 등에 관해 그녀의 예술론이 제기한 쟁점을 분명히 밝힌다. 하지만 랭어의 예술 이론이 그녀의 인간 정신 구조 이론에 기초가 되기 때문에, ≪예술의 문제≫ 또한 그녀의 사상에 중심 역할을 하기 시작한 정신 철학의 쟁점 방향을

알려준다.

≪예술의 문제≫가 인간 정신 구조의 기원 및 발전에 관한 랭어의 사상을 암시만 한 것에 반해, ≪철학 스케치≫의 소고는 그녀의 정신 철학에 관한 예비적 해석을 의식적으로 담고 있다. 이러한 정신 철학은 결국 ≪정신: 인간 감정에 관한 소고 Mind: An Essay on Human Feeling≫ (Langer, 1967b, 1972, 1982)로 출판된다. 랭어는 감정의 기원과 진화를 생각해 보는 것이 그녀의 정신 철학에 출발점이라고 본다. 따라서 ≪철학 스케치≫는 인간 감정의 본질을 철학적 문제로 쉽게 설명하는 장에서 시작된다. 뒤를 이어 담화의 본질, 상징 개념의 새로운 정의, 정서와 추상화의 개념, 예술의 문화적 중요성, 도시에 사는 인간과 벌집에 사는 벌의 차이점, 인간을 개인으로 생각하는 방식, 과학적 지식의 등장 등과 같은 주제를 다룬다. 랭어의 ≪정신≫이 오랜 기간 통용되었음에도 ≪철학 스케치≫가 여전히 유용한 통찰력을 주는 이유는, 보통 사람들이 접근하기 쉽게 쓰여졌고 ≪정신≫에서 전개된 상세한 논증 과정을 건너뛰기 때문이다. ≪철학 스케치≫가 ≪정신≫에서 제시한 여러 가지 혁신적인 분석을 다루고 있지 않기 때문에 랭어의 정신 이론에 관심을 가진 학생들에겐 불충분할 수 있겠지만, 이 책은 정신과 인간 상징의 본질에 관한 랭어의 철학이 의지하는 몇 가지 주요 사상을 가장 직접적으로 설명하고 있다.

앞에서 말했듯이, 랭어의 철학 경력의 정점은 그녀가 정신 철학에 관해 저술한 세 권의 책에 있다. 상징의 논리 및 인간 감정을 통찰하는 예술적 표현에 관한 초기 이론에서 출발한 ≪정신≫은 인문학 그리고 심리학, 사회학, 인류학, 커뮤니케이션학, 그리고 미디어 생태학과 같은 사회과학 연구 분야에 새로운 개념적 토대를 제공하고자 했다. 랭어가 인간 과학에 새로운 개념적 토대를 구축하려는 동기는, 이러한 연구 분야가 너무 불확실한 토대 위에 세워져 있고, 그 기본 개념이 너무 취약해 인간 정신 구조의 본질을 포함시키지 못하고 있으며, 따라서 인간의 상징적 정신 구조를 이해하는 지적 진보를 별로 이루지 못했다고 생각했기 때문이다. 랭어는 우리 정신 생활의 생물학적 기원에서부터 상징적으로 구성된 정신의 독특한 진화에 이르기까지 모든 것이 과학의 자연론적 틀 안에서 서술될 수 있어야 하고, 궁극적으로는 이해될 수 있어야 한다고 생각한다. 물론 이러한 이론적 틀이 인간 상징 세계의 현실에 적절하다면 말이다.

≪정신≫은 인문학 분야 연구의 새로운 개념적 구조를 제공하고자 하기 때문에, 참신한 만큼 어렵고, 도전적인 만큼 중요하다. 다섯 부분(1985년 그녀가 사망하기 전, 그녀는 시력을 잃고 있어 여섯 번째 부분은 마치지 못했다)으로 나뉜 ≪정신≫은 그녀의 초기 연구에서 나온 주제를 정리하고, 새로운 의미를 부여하며, 이것이 어떻게 인간의 정신적, 사회적 현상을 이해하는 좀 더 광범위하고 통찰력 있는 접근 방식으로 엮일 수 있는지를 시사하고 있다.

≪정신≫의 처음 두 부분은 서문으로서, 1부 "문제와 원리"는 인류 출현 이전의 감각적이고 내생적內生的 경험의 기원에서부터 오늘날의 고도로 진화되고 명료한 수많은 상징 형식에 이르기까지, 인간 감정의 진화를 정신에 관한 자연주의 이론이 과학적으로 접근해야 할 핵심 문제로 제시한다. 인간 과학이 우리가 느끼는 경험을 뇌 활동의 무의미한 부수 현상으로 환원시키거나 일상적 진화 과정 바깥에 존재하는 수수께끼로 다뤄왔기 때문에, 감정의 문제는 랭어에게 핵심이 되고 있다. 다시 말해, 인간 과학은 정신/육체/뇌의 문제에서 생겨난 개념 문제, 그리고 인간의 상징적 정신 구조에 알맞은 심리학의 발전을 방해해 왔던 개념 문제를 적절하게 다루지 못해 왔다.

우리의 물질적 차원과 정신적 차원의 관계를 이해하는 랭어의 접근 방식은 감정을 유기체가 갖는 실체라기보다는 그것이 하는 활동으로 다룬다. 그림 11.1에 나타났듯이, 그녀는 우리의 정신적 감정(일반적인 의식, 지각적 인식, 논리적 직관 등)과 물질적 육체가 기저에 깔려 있는 행위 구조 과정의 따른 결과로부터 생겨난 것이라고(대폭풍우에 수반되는 물질적 특성과 전기 현상이 대기의 근원적인 활동 양식 때문에 생겨나는 것처럼) 주장한다. 따라서 우리가 느끼는 것은 항상 우리의 물질적 육체를 끊임없이 만들어 내는 유기적 활동과 같다. 게다가, 우리가 유일하게 느낄 수 있는 것은 최소한의 의식역閾을 넘어선 우리 자신의 유기적 과정이지만, 우리의 감정은 내적인 것으로 느껴지는 것(랭어는 이것을 "행위"로 느껴진다고 말한다)과 유기체 외부에서 생겨난 것으로 느껴지는 것(랭어는 이를 "영향"[impact]으로 느껴진다고

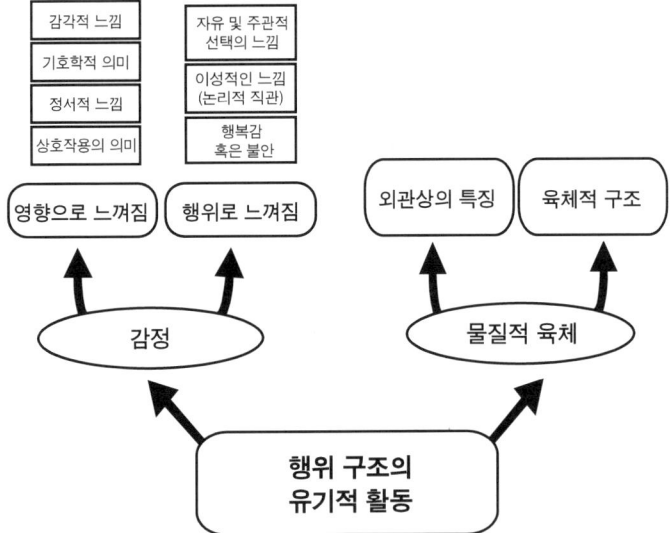

그림 11.1 정신/육체/뇌의 문제에 관한 수잔 랭어의 행위 기반 해법. 이것은 유기적 행위의 개념이 어떻게 우리가 경험하는 물질적 육체와 감정 모두를 만들어 내는지를 보여 준다.

파악한다)으로 구별할 수 있다. 이러한 구별은 우리의 경험을 주관적 감정과 이와 대비되는 객관적 감정으로 이해하는 유기적 기초를 제공한다.

1부는 랭어의 정신 철학이 풀고자 하는 핵심 문제를 소개하는 것 외에, 현대의 인간 과학이 인간 정신 구조의 본질을 생각하는 데 별다른 진전이 없는 이유를 알아본다. 이것은 인간 과학이 연구하려는 정신적 현상에 대해 적절한 개념을 개발하기도 전에 과학적으로 보이려는 데 급급했다는 문제로 요약될 수 있다. 다시 말해, 이들은 "과학적" 방법론을 개발하기 전에 철학적 숙제를 참을성 있게 하지 못했다. 1부는 예술가와 이들 작품이 왜 자연주의적인 맥락에서 인간의 감정을 생각해 보는 적절한 방법을 얻는 열쇠가 될 수 있는지를 설명하면서 끝난다. 예술가가 수천 년간 인간 감정의 이미지를 창조해 왔기 때문이다.

이러한 토대 위에, 2부 "예술의 의미"는 3부에서 발전시킬 과학적 개념 구조의 구성에 사용할 철학적 방법을 전개한다. 랭어는 예술가가 인간 감정에 대한 이해를 상징으로 나타내면서 자연스럽게 이용하는 창조적 원리로부터 인간의 정신 구조를 이해하는 열쇠를 발견하고 있다. 따라서 2부의 네 개의 장은 ≪감정과 형식≫에서 처음 제시한 생각을 좀 더 집중적이고 새롭게 해석하며 창조적 원리를 추상적으로 표현하고 있다. 만만찮은 이 네 장의 논의를 다음과 같이 정리할 수 있다.

예술가는 어떠한 매개체로 작업을 하든 간에, 우리가 겪는 경험의 본질에 대한 자신의 생각을 작업에 투사시킨다. 그와 같은 상징 활동이 성공적이기 위해, 예술 작품은 작품이 투사하려는 감정의 양상에 대해 논리적으로 적절한 유추를 제공해야 한다. 예술 작품이 논리적 유추 원리에 따라 움직이기 때문에, 예술 작품 창조에 기초가 되는 원리는 개인의 감정을 일으키는 유기적 원리에 상징적으로 대응한다. 따라서 우리가 예술이 예술로서 작동하는 원리는 적절하게 이해하는 만큼, 실제 인간의 감정과 그것의 진화를 이해하는 데 적절한 개념 구조를 구축하는 설계도를 갖게 된다. 따라서 철학적 방법은, ≪감정과 형식≫이 처음 밝히고 ≪정신≫ 2부의 네 개의 장이 일반화한 예술의 원리를 이용하여, 실제 인간의 감정을 일으키는 유기적 과정의 본질에 관한 철학적 사고를 이끌어 가는 것이다.

"Natura Naturans," 즉 생산하는 자연이라는 제목이 붙여진 ≪정신≫의 3부는 정신 철학의 주요 목표로 돌아가, 인간 정신 구조의 예술적 이미지를 정신의 생물학적 토대 밑에 깔린 원리를 발전시키기 위한 길잡이로 이용한다. 생물학적으로 정교한 논의를 담은 네 개의 장은 인간 과학 이론에 너무도 대담한 함의를 가지기 때문에 하나나 두 개의 단락으로 요약되기가 어렵다.

랭어는 본질적으로 정신 철학의 첫 번째 목표는 실제 유기적 과정의 본질을 잘 이해하는 것이어야 한다고 주장한다. 동물의 왕국에서의 감정의 생물학적 기원을 이해하는 해답은 감정이 유기적 활동 또는 과정이라는 사실에 있기 때문이다. 이런 점에서 랭어는 '과정의 행위 이론'을 발전시킨다. 이러한 이론은 유기적인 것에 기초한 모든 과정이 행위의 형태를 갖는다는 검증 가능한 주장에서 시작한다. 행위 형태는 충격, 가속, 절정, 그리고 상대적으로 비활동적인 시기로 돌아가는 감속 등의 네 단계 구조를 가진다. 그림 11.2는 행위 형태의 네 단계를 보여 준다.

모든 유기적 과정이 이와 같은 형태를 보여 준다는 것은 우리가 조사하기 위해 선택할 수 있는 모든 수준의 유기적 관찰에서 행위 형태가 경험적으로 발견될 수 있다는 것을 의미한다. 이러한 수준은 가장 기본적인 운동을 만들어 내기 위해 필요한 세포, 신경, 근육 등의 수준에서, 단어, 문장, 말투, 대화 전체 등의 발화 수준, 그리고 심지어 인간의

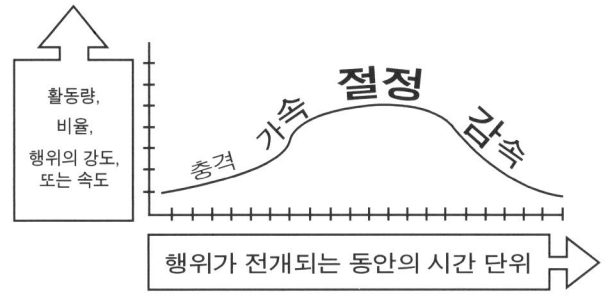

그림 11.2 모든 유기적 과정이 보여 주는 행위 형태의 네 단계

삶 전체의 수준에 이르기까지 모든 것을 포함한다.

　　모든 유기적 과정의 기본적인 단위로서 네 단계 행위 구조가 갖는 경험적 타당성을 이야기한 후, 랭어는 행위의 내적 역동성(이러한 단계가 전개되는 동안 이들이 갖는 구조적 전체와 장애물을 만났음에도 자신을 끝까지 완성시키려는 경향과 같은 것) 그리고 유기체의 행위가 서로에게 가질 수 있는 여러 유형의 관계(자극적, 동조적, 주기적)와 관련된 원리를 밝힌다. 이와 함께, 랭어는 진화의 원리, 개인의 점진적 개체화, 사회적 참여의 특성, 다른 유사한 유형의 과정에 바탕을 둔 현상 등에 관해 행위에 근거한 이론을 발전시킨다. 이 네 장에서 랭어가 한 일은 본질적으로 모든 유기적인 과정이 일어나고 진화하는 원리를 행위에 근거해 정교하게 도출해 내는 것이다. 인간의 정신 현상이 자연의 진화 과정의 일부가 되는 유기적 세계에서 있어, 모든 설명의 원리는 궁극적으로 행위의 원칙에서 추론될 수 있다는 것이 랭어의 주장이다. 커뮤니케이션 현상이 행위 개념의 과정이라면(분명히 그렇게 보이기 때문에)(Powers, 1981, 1982), 랭어가 ≪정신≫의 3부에서 제공하는 원리는 이들을 설명하려는 데 유용할 것이다.

　　인간 과학의 모든 설명 원리가 궁극적으로 행위의 원리라고 가정할 때, 문제는 우리가 어떠한 현상을 먼저 설명하길 원하는가이다. 이에 대해 랭어는 인간의 상징적 정신 구조가 가져 왔던 자연적 진화와 그것이 인류에 가져온 독특한 결과를 먼저 해야 한다고 답한다. 4부(1972)와 5부(1982)는 3부에서 전개된 개념과 원리에 기초하여 몇몇 동물 및 인간 심리학 영역의 주요 이론적 문제를 풀기 위해 행위에 근거한 철학적 체계를 적용시킨다.

"위대한 변화"라는 제목의 《정신》의 4부(2권의 전체)는 그녀의 행위 이론 구조에서 추론한 인간의 상징적 정신 구조의 진화에 대해 조사한다. 일곱 개의 장으로 나뉜 4부는 세 가지 상호 연관된 문제를 제기한다. 이러한 문제는 첫째, 동물의 비상징적 정신 구조가 인간의 정신과 어떻게 구분되는지, 둘째, 언어의 진화 과정에서 극명하게 나타나듯이, 인간의 정신 구조가 어떻게 이전의 동물 형태에서 지금의 독특한 상징적 형태로 진화될 수 있었는지, 셋째, 언어의 진화가 인간 정신의 계속되는 진화에 어떻게 영향을 미치는지 등이다.

모든 논의의 단계에서 랭어는 자신의 행위 철학에서 끌어 낸 원리를 통해 동물과 인간의 정신 구조에 대해 잘 알려져 있는 행동학적, 진화론적 주장을 새롭게 해석한다. 이러한 재해석 중 가장 눈에 띄는 것은 커뮤니케이션이 인간의 상징적 정신 구조의 진화에 의존하기 때문에 인간만이 커뮤니케이션한다는 주장일 것이다. 동물의 상호 작용이 아무리 복잡하고 상호 협조처럼 보일지라도(예를 들어 벌집에 벌을 소집할 때처럼), 비상징적 행위에 근거한 원리에 따라 이루어진다. 이러한 재해석의 목표는 동물의 지각, 가치, 동기, 본능, 행동 목록 등 동물의 정신 구조에 관한 상세한 모습을 보여 주고, 이러한 정신 구조가 인류가 진화한 상징적 정신 구조와 어떻게 다른지를 설명하고자 한다. 랭어는 동물과 인간의 정신 구조 사이에 본질적인 차이가 존재한다고 주장한 후, 인간의 정신 구조, 특히 언어가 어떻게 자연의 진화 과정 속에 진화할 수 있었는지에 관한 이론을 종합한다. 4부는 새롭게 진화된 상징적 정신 구조가 "인간 세계"라고 불릴 수 있는 것을 세우면서 만들 수 있었던 차이에 대해 생각해 보며 끝을 맺는다. "인간 세계"란 용어는 인간이 상징적으로 경험하고 있는 세계와 동물이 살며 활동을 하는 비상징적 "환경"을 구별한다. 4부의 일곱 개의 장은 주요 심리 현상에 대한 행위 근거 이론을 만들기 위해 당시 얻을 수 있는 과학적 자료를 어떻게 체계적으로 재해석할 수 있는 지를 보여 주고 있고, 그렇기 때문에 특히 중요하다.

≪정신≫의 5부인 "도덕적 구조"는 3권의 큰 부분을 차지한다. 3권은 "지식과 진리에 관하여"라는 글 대신, "수학과 과학의 지배"라는 짤막한 글로 마무리된다. 3권은 6부가 없더라도 인간 정신의 연속적 진화에 관한 이론, 그리고 언어의 기원에서부터 최근에 생겨나 모든 현대 과학의 개념적 기초가 되고 있는 "사실" 개념에 이르기까지의 가장 근본적인 사상을 개괄하는 사색적인 책이다.

랭어는 "도덕적 구조"를 다루면서 그 제목에서 기대될 수 있는 적절한 윤리적 행동에 관해 특정 이론을 전개하진 않았다. 대신, "에토스" 혹은 인간 가치의 개념에 관한 인간 정신 구조의 진화에 대해 일반 인류학적 이론을 전개해 간다. 다시 말해, 5부에서 다루었던 질문은, 인류가 처음 윤리적 혹은 도덕적 의식을 처음 어떻게 개발할 수 있었는지에 대한 것이다(한 문화의 특정 윤리 가치가 다른 문화의 그것과 아무리 달라도 말이다). 랭어는 막대한 인류학적 자료에 근거하여, 사회의 도덕 구조에 대한 현대적 개념을 이끈 여러 역사적 사상의 유기적 토대에 관해 상세하게 이론으로 엮어 낸다.

랭어는 인간 정신이 거쳐 가야 했었던 개념의 단계에 대해 다음과 같이 생각해 낸다.

1. 원시 정령 신앙 — 세계를 최선을 다해 다룰 수밖에 없는 정령으로 가득 찬 공간이라고 느낌.
2. 부족이 자신의 최선의 이익을 위해 정령을 설득함으로써 개인의 힘을 키우는 감정이입적 주문 magic.
3. 힘의 위기 — 개인의 자기 정체성 개념의 등장과 어떠한 주문도 힘을 펼 수 없는 필연적 죽음에 대한 인식.
4. 죽음의 개념을 다루는 방법으로서 종교의 등장 — 권력이 개인을 떠나, 내세에서 착한 이는 보상하고 악한 이는 벌하는 신에게 위임됨.
5. 도시의 삶이 부족적 삶을 대치 — 늘어난 개인의 중요성과 모든 종교의 신에 나타난 세계 질서의 위계적 개념을 지구상에 상징적으로 반영하는, 새로운 양식의 사회 조직으로서의 도시.
6. 종교 사상의 점진적 해체와 과학적, 기술적 사상의 등장.

미디어 생태학자가 볼 때 5부가 기여한 것 중 하나는 인간 사상의 진화와 그것을 표현하기 위해 이용 가능했던 상징적 미디어의 상호 관계를 보여 준다는 점이다. 랭어는 단계마다 현재 우리가 아는 현대 세계를 이끌어 낸 개념의 발전과 관련된 미디어를 밝히고 있다.

이렇게 ≪정신≫을 개괄한다는 것이 랭어의 논의가 갖는 풍요로움 과 상세함에 상반되지만, 그녀가 진지하게 주의를 기울이는 인간 정신 구조가 갖는 양상의 폭을 보여 준다. 만일 랭어의 접근이 옳다면, 인간 정신의 진화는 "생존의 필요성"과 같은 것에 기초한 간단한 공식으로 환원될 수 없다. 대신, 인간의 상징 정신의 역사가 우리 정신 구조의 모든 양상에 스며들어 있다. 인간의 정신은 처음 언어를 이끌어 간 우연과 분화 分化의 결과로서 생겨난 진화의 팽팽한 긴장 속에 만들어진 다. 인간의 개념적 감정의 복잡성을 피하거나 단순한 용어로 감춰 버리는 철학적 구조는 인간 정신의 신비에 대한 우리의 이해를 도울 수 없다.

특히 이러한 신비가 인간의 정신 발전과 관련해 이해하고자 하는 추론적 미디어와 표상적 미디어에 나타나고 있을 때 더욱 그렇다.

랭어의 표현 미디어 이론: 여덟 가지 함의

이 장은 랭어의 책을 통해 그녀의 논의의 전반적 발전 과정을 살펴보았고, 다음에는 랭어의 글로부터, 특히 그녀의 정신 철학의 맥락으로부터 상징 미디어의 이해를 돕는 여덟 가지 함의를 끌어 내고자 한다. 다음의 각 절들의 제목은 랭어의 책이 제시하는 주요 주장으로서, 그녀의 정신 철학에 기초한 개념적 구조를 설명하기 위한 중심 체계를 제공한다. 첫 번째 원리는 상징 미디어 자체의 본질에 관한 것이다.

상징 미디어는 개념적 형식이 표현될 수 있는 내용이다

미디어 생태학자는 언제 미디어라는 용어를 사용하는가? 이러한 용어는 라디오와 텔레비전 같은 매스 미디어나 전화, CD 플레이어, 인터넷과 같은 전자 미디어 등 다소로 산만한 용어 이상의 의미를 가질 수 있다. 랭어는 자신의 논리 이론에 따라 미디어라는 용어가 상대적으로 기술적 의미를 갖는다고 본다. 이러한 이론은 그녀의 기호학적 체계의 토대를 이룰 뿐 아니라, 행운의 부적처럼 다양한 미디어, 일상적 언어, 도시 풍경, 여러 가지 현대적 전자 미디어 등이 어떻게 상호 연관되는지를 설명해 줄 수 있다. 따라서 미디어 생태학을 위한 랭어의 통찰력을 살펴보기 전에, 그녀의 논리 이론을 먼저 검토해 보겠다.

랭어는 ≪상징 논리 개론≫(1937/1967a)에서 존재하는 모든 것의 가장 기본적인 특징이 그것의 형식이라고 주장한다. 사물의 형식은 그것의 구조, 즉 자신의 부분을 특정 양식으로 배열하는 것이다. 따라서 우리가 무엇의 형식을 말할 때, 두 가지 측면이 고려되어야 한다. 첫째 사물을 이루는 부분, 그리고 둘째 그러한 특정 사물로 이야기되기 전, 부분들 간에 존재했을 양식 혹은 배열이다. 사물이 양식을 갖게 하는 요소들 간의 결합을 그것의 관계라고 부른다. 랭어는 형식의 개념이 물질적 사물에 국한된 것이 아니라 과정, 질, 사건과 같은 것에 확대될 수 있다는 것을 강조하기 위해, 논리적 형식이란 용어를 사용하고 그럼으로써 우리가 고려하는 대상을 특징짓는 "구조" 혹은 "질서 정연함의 원칙"을 지적하고자 하였다. 행위 형식의 네 단계는 이 점을 명확히 보여 준다.

랭어는 형식에 대한 정의에 기초하여 서로 상응하는 두 개의 주요 개념, 즉 내용과 미디어를 정의한다. 랭어에 따르면, 내용은 "형식이 표현되는 미디어"(p.27)라고 말한다. 함축적으로 미디어는 특정한 경우에 따라 형식이 물질적으로 체현되거나 예시되는 것이다. 물론 물질적인 사물의 세계에서 미디어는 특정 종류의 물리적인 "재료*stuff*"이다. 따라서 컵의 형식에 있어 경사진 원통형의 측면, 평평한 바닥, 옆 부분의 손잡이 등의 요소가 포함될 수 있다. 하지만 컵의 형식은 그 형식을 여러 내용으로 나타내는 다양한 미디어, 예를 들어 고품질의 본차이나, 방수 종이, 갈색 플라스틱, 색조를 띤 유리, 투명한 크리스털 등으로 표현될 수 있다. 이러한 각각의 미디어는 형식을 지각할 수 있도록 해주기 때문에, 형식을 표현한다고 말할 수 있다.

형식과 내용의 구별은 커뮤니케이션 학자가 연구하는 과정과 같이 비물질적인 사물에도 적용할 수 있다. 예를 들어, 서로 다른 발화의 형식, 다시 말해 연설, 대화, 서술, 인사, 문답식 익살, 오행시, 수사적 표현,

매장 대화 등은 각각 다른 내용(주제, 소재, 참여자 등)을 가질 수 있으나 항상 같은 형식을 예시하는 것으로도 인식될 수 있다. 문답식 익살은 오행시와 같이 항상 똑같은 양식을 따른다. 사실상, 이들의 형식은 특정 발화를 오행시로, 다른 발화를 문답식 익살로 확인해 준다. 오행시와 문답식 익살과 같은 말은 이러한 언어 형식의 이름에 불과하다.

서로 다른 내용에 공통된 형식을 발견하는 능력은 추상화 과정을 통해 이루어진다. 여기서 개인은 형식을 표현하는 특정 미디어의 특징을 무시하고 미디어에 표현된 요소와 관계에만 집중한다. 두 개의 내용이 비슷한 형식을 공유하는 것으로 밝혀질 때, 이들은 서로 유사하다고 한다. 뒤에서 말하겠지만, 랭어는 다양한 인공적, 행위적 미디어를 이용해 논리적 유추를 의식적으로 만들어 내는 인간의 능력이 모든 상징의 양식에 토대가 된다고 믿는다. 만일 우리가 그러한 유추를 만들어 내지 못했다면, 우리의 관념을 지각할 수 있는 형식으로 표출하는 게 불가능했을 것이다.

또한 추상화는 일상적 개념 형성의 토대이다. 개념은 추상화된 형식이다. 다시 말해, 누군가 추상화 과정을 통해 형식을 발견했다면, 이에 따른 지적 공식화는 개념이다. ≪새로운 경향의 철학≫에서 랭어는 개념과 개념 작용을 구분한다. 개념 작용은 불완전하게 추상화된 지적 공식화로서, 형식을 처음 추상화하려고 했던 구체적인 사례의 흔적을 여전히 가지고 있다. ≪상징 논리 개론≫에서 랭어는 반복적으로 오가는 움직임의 유형인 "진동"의 개념과 연관시켜 이러한 구분을 설명한다. 어떤 사람은 기타 줄이 울리는 것을 보며 진동을 경험할 수 있는 반면, 다른 사람은 로키 산의 산들 바람에 흔들리는 사시나무 잎을 보며 이를 연상할 수 있다. 개념을 공유하는 두 사람이 가진 공통점은 개인적인 내용과 상관없이 완전히 추상적인 형식이다. 이들이 공유하지 않는 것은 각자 개념을 생각해 내는 개별적인 개념 작용이다.

개념의 중요성은, 일단 개념이 추상화되면 추가적인 유추, 즉 형식의 더 많은 사례를 찾아 주는 모형이 될 수 있다는 점이다. 랭어는 개념적 형식이 더 많은 사례를 발견하는 모형으로 활용되는 것을 형식의 해석이라고 부른다. 해석은 추상적인 형식을 이용해 다른 내용에서 추가적인 사례를 찾아 내는 과정이다.

앞에서 말했듯이, 랭어는 모든 상징 미디어가 논리적 유추의 원리에 따라 작동한다고 본다. 이러한 논의는 다음과 같이 전개된다. 상징의 목적은 언어, 행위 혹은 물질적 실체와 같은 지각 가능한 미디어로 우리의 관념을 표현하는 것이다. 우리의 관념이 여러 가지 다른 형식을 취할 수 있고, 이러한 형식이 중요하기 때문에, 우리가 만든 상징은 우리의 관념의 형식을 논리적인 유추로 표현할 수 있어야 한다. 다시 말해, 어떤 것이 특정한 관념의 상징으로 활용되기 위해서는, 특정한 논리적 유추의 원리를 이용하는 특정 관념의 형식을 표출할 수 있어야 한다.

물론 가장 보편적으로 인식되는 상징 미디어는 언어로서, 언어의 단어가 제공하는 어구를 통해 관념을 구성하는 개념적 요소와의 관계를 표출한다. 게다가, 언어는 문법과 구문론의 원칙을 통해 관념을 구성하는 요소와 관계의 질서를 표현한다. 랭어가 말한 대로(1937/1967a), 두 사람이 개념적 어구와 그러한 개념적 어구를 문장으로 배열하기 위한 문법을 공유하는 이상, "구문론은 간단히 우리 언어의 논리적 형식이고, 우리 관념의 논리적 형식을 가능한 가깝게 모사模寫한다"(p.31). 따라서 언어의 구문 구조가 나타내는 것은 "우리 마음속 관념의 질서와 연관성"이다(p.37). 언어는 개별 어구의 체계나 구문의 원칙을 통해 개인의 관념과 유추적으로 대응하는 것을 만들어 낸다. 언어는 언어적 자원을 사용해 유추할 수 있는 형식의 관념만을 표현할 수 있다.

건축이나 조각의 돌, 음악의 소리, 무용과 의례의 동작 등과 같은 비언어적 미디어는 표현 미디어와 같이 고유의 특성을 가지고 있기 때문에, 언어보다 다양한 관념의 종류를 유추적으로 설명하는 데 더 적합하다. 따라서 인간이 점점 더 다양한 관념을 발전시키고 그것을 표현할 수 있는 새로운 미디어가 생기면서, 사람들은 새로 발명된 미디어가 제공하는 기회를 이용해 자신을 표현하려고 한다. 하지만 중요한 점은 모든 상징 미디어가 여러 가지 개념 형식의 유형이 표현될 수 있는 지각 가능한 내용이라는 것이다. 두 사람이 같은 개념 형식을 지각하는 특정 미디어를 사용할 수 있는 한, 미디어는 표현할 관념의 형식적인 특성을 공유하기 위한 상징을 만드는 데 사용될 수 있다.

기호의 의미는 구조적으로 상징의 의미와 다를 수 있다

≪새로운 경향의 철학≫에서 랭어는 앞에서 서술한 논리적 원리를 이용해 기호와 상징의 의미가 관한 이론을 발전시킨다. 이러한 이론은 오늘날까지 커뮤니케이션 이론의 기호학적 분석을 지배하는 C. S. 퍼스C. S. Peirce의 연구에 기초한 이론들로부터 근본적으로 벗어나 있다(예를 들어, Liska, 1993). 그 차이는 미디어 생태학 이론의 발전에 기본적이고 중요하기 때문에 퍼스의 이론을 랭어의 이론과 대조하기 전에 잠깐 살펴볼 필요가 있다.

그림 11.3은 퍼스의 기호 이론의 주요 특성을 보여 준다. 퍼스에 따르면, 기호의 의미는 세 요소, 즉 첫째, 기호로 기능하는 것, 둘째, 기호인 것을 해석하는 유기체(해석자), 그리고 셋째, 특정한 방식으로 기호가 나타내는 것(대상)이 서로 관계를 맺을 때 생겨난다고 본다. 만일 한 사람이 다른 사람의 미소 짓는 얼굴의 표정을 행복의 기호로 해석했다

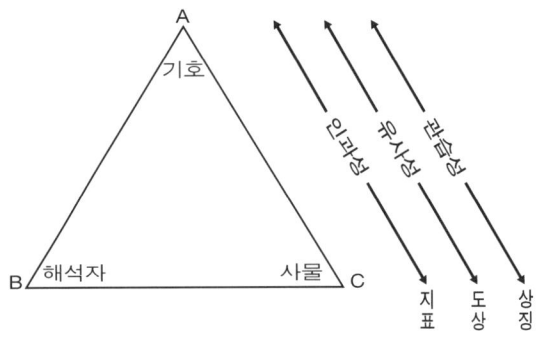

그림 11.3 기호와 그 대상의 관계에서 나타날 수 있는 세 가지 종류의 관계에 기초한 C. S. 퍼스의 기호 분류법

면, 세 요소, 즉 첫째 기호로 사용된 미소, 둘째 행동의 해석자로서의 관찰자, 그리고 셋째 해석자가 미소의 뜻이라고 생각하는 기분 상태가 동시에 관계를 맺게 된다.

퍼스는 기호의 의미가 갖는 관계의 성격을 확인할 뿐만 아니라, 다른 유형의 의미가 얼마나 있는지를 밝히고 싶어 했다. 그림 11.3이 보여 주듯이, 퍼스는 모든 의미의 형태가 삼원 관계(따라서, 삼각 모델)에 의존한다고 생각했다. 하지만 그림은 또한 전반적인 삼원 관계가 적어도 세 개의 이원(이항) 관계, 즉 AB(기호와 해석자의 관계), AC(기호와 그 대상의 관계), 그리고 BC(해석자와 대상의 관계)로 이루어져 있다는 것을 보여 준다. 퍼스는 기호와 그 대상 간에 세 개의 다른 구조적 관계 유형이 생길 수 있다는 생각을 토대로(대상이 원인이 되거나, 대상과 유사함으로써, 혹은 사회적 관습이나 동의에 의해), 주로 세 종류의 기호, 즉 지표 indexes, 도상 icons, 상징 symbols이 있다는 결론을 내린다.

랭어와 퍼스 모두 궁극적으로 의미가 특정 요소의 속성이라기보다는 일련의 요소 간의 관계라고 생각한다. 하지만 퍼스식 이론은 모든 의미 관계가 결국 삼원적이라고 여긴다. 다시 말해, 지표, 도상, 상징은 각각 다양한 의미 구조를 만들어 내기 위해 세 가지 요소와 세 가지 주요 관계만을 필요로 할 뿐이다. 따라서 퍼스식 이론은 상징의 의미를 일반적인 기호의 의미의 하위 범주로 다룬다. 지표, 도상, 상징은 분류학상 기호의 세 가지 대등한 범주로 다뤄지며, 이와 같은 범주의 구분은 각 유형의 기호와 그 대상 간에 존재하는 관계의 유형(각각 인과성, 유사성, 관습성)에 기초한다.

  랭어는 여러 가지 종류의 의미 구조와 관련된 요소와 관계를 퍼스와 다르게 분석한다. 랭어는 1942년에 이미 기호의 의미(퍼스의 지표)와 상징의 의미의 차이가 이들의 논리적 구조의 근본적인 차이에 근거한다고 제시했다. 기호의 의미는 단지 삼원三元의 (삼항의) 관계 구조를 필요로 하지만, 상징의 의미는 사원四元의 (사항의) 관계 구조를 필요로 한다고 제안했다. 따라서 기호와 상징은 같은 기본형의 하위 유형이 아니다. 이들은 너무도 다른 논리적 구조에서 생겨났기 때문에, 근본적으로 다르다. 만일 랭어가 옳다면, 기호와 상징의 의미에 필요한 관계 구조 간의 근본적 차이를 통해, 다양한 상징 미디어에 존재하는 체계적 연관성을 이해하는 새로운 접근 방식의 토대를 얻을 수 있다. 이 점은 뒤에서 더 살펴보겠다. 그러한 논의의 단계로 들어가기에 앞서, 랭어가 기호와 상징의 의미가 갖는 논리에 어떻게 접근했는지의 문제를 두 가지 추가적 원리로 살펴볼 필요가 있다.

기호의 의미는 삼원의 관계 구조에 따라 작동한다

랭어는 기호의 의미가 삼원 관계에 의존한다는 점에 있어 퍼스에 동의하지만(퍼스의 지표 기호에 한해서만), 기호와 대상 간의 관계(그림 11.3에서의 AC

관계)의 본질에 관한 그녀의 설명은 퍼스의 "인과적" 설명과 다르다. 랭어에 따르면, 기호의 의미는 항상 사물, 사건, 혹은 조건의 존재(과거, 현재 혹은 미래)를 나타내게 되어 있다. 따라서 기호는 어떤 다른 사물, 사건, 과정, 혹은 조건의 존재를 나타낼 수 있는 지각 가능한 인공물이나 행위라고 정의할 수 있다. 기호의 의미의 핵심은 첫째, 기호가 유기체의 감각기관에 경험될 수 있다는 점, 그리고 둘째, 기호 사용자가 기호를 일반적으로 쉽게 지각 가능하지 않은 다른 무언가의 존재와 연관시킨다는 점이다. 랭어는 이와 같은 의미의 양상(즉 기호와 그것이 가르키도록 되어 있는 대상 간의 관계)을 의미화*signification*라고 부른다. 따라서 기호의 의미화는 어떤 상황의 존재를 추정하는 것으로, 의미화를 통해 이러한 상황이 지각되어질 수 있다.

 기호가 의미를 갖기 위해서는 지각 가능한 기호와 보이지 않는 상황 간의 가능한 관계를 인식하는 유기체와 관련되어야 한다. 따라서 기호의 의미는 세 개의 요소, 즉 첫째, 지각 가능한 기호, 둘째, 보이지 않는 상황, 그리고 셋째, 기호가 상황의 존재를 나타낸다고 해석하는 존재(사람 혹은 다른 것) 간의 관계를 필요로 한다. 우리는 유기체가 기호와 상황 간의 관계를 인지했을 때만 기호의 의미 관계에 대한 사례를 볼 수 있다. 만일 누군가 행위 혹은 인공물을 인지했지만 그것을 직접적으로 지각되지 않은 무언가의 존재와 연관시키지 못했다면, 행위나 인공물은 기호로 해석되지 않았고, "기호의 의미"도 없을 것이다.

 랭어는 왜 어떤 것이 자신 이외의 다른 존재를 가리키는 기호로 받아들여질 수 있는지, 그 이유를 설명하면서, 기호의 해석자가 기호와 그것이 나타내는 상황 간의 구조적 관계를 가정하고 있다고 주장한다. 특히 해석자는 기호가 그것이 가리키는 어떤 상황의 실제 구성 요소라고 항상 가정하고 있다. 기호의 사용자가 기호를 그것이 의미하는 상황의 요소로 받아들이기 때문에, 기호의 존재는 상황의 또 다른 부분이 존재한다는 의미로 받아들여진다.[1] 따라서, 기호와 그 대상 간의 주요 관계는 인과성의 관계가 아니라(퍼스가 제안했듯이), 부분이 전체와 갖는 관계이다. 인과성은 어떤 기호 관계의 부수적인 특성이지, 전체를 정의하는 데 이용될 수 없다. 사회과학자는 통계적 기호를 해석하며 "상관 관계가 인과성을 증명하지 못한다"고 관찰할 때, 이러한 차이를 관례적으로 인정한다. 요컨대, 기호는 쌍pairing의 원리에 따라 작동한다. 즉 기호는 구조적으로 그것이 가리키는 의미와 결부되어 있는 이유는, 이들 모두 복잡한 상황의 구성 부분이기 때문이다.

기호의 의미에 관한 랭어의 이론은 일상적인 사회적 상호 작용을 이해하는 데 쉽게 적용해 볼 수 있다. 대화자가 관찰하는 기호는 보통 중요하지 않다(즉 예를 들어, 눈의 움직임은 눈의 움직임일 뿐이다). 하지만 사회적 행위자는 그러한 행동이 두 가지 이유에서 흥미롭다는 것을 발견한다. 첫째, 그러한 행동은 쉽게 지각 가능하다. 다른 이가 드러내는 기호는 쉽게 보거나, 냄새 맡거나, 듣거나, 맛 볼 수 있어, 이용자의 관심을 끌 수 있다. 게다가 이러한 기호는 관찰자에 의해 대개 쉽게 지각 가능하지 않지만(예를 들어, 다른 대화자의 욕구, 의도, 가치 등) 좀 더 중요한 무언가와(우리가 다른 사람의 욕구, 의도 가치가 무엇인지를 안다면, 효과적으로 커뮤니케이션 전략을 짤 수 있음) 짝을 이루게 된다. 따라서 하품, 얼굴 붉히기, 특정 방향의 시선 등은 본래 중요하지 않을 수 있지만, 관찰자에 의해 정신적 피곤함, 당혹

---

[1] 간단하게 "존재한다"란 현재 시제를 사용했다. 하지만 기호는 과거와 미래의 시간의 존재 또한 나타내고 있다는 것을 기억할 필요가 있다. 예를 들어, 화석의 기록은 먼 옛날 공룡이 존재했다는 것을 나타내는 기호로 여겨지고, 미래의 사건을 예상하는 기초가 되는 것은 그러한 사건이 이미 일어나기 시작했다는 기호로 받아들여진다.

감, 지루함 등과 짝을 이루게 될 때, 성공적인 커뮤니케이션을 위해 필요한 정보를 제공할 수 있다. 대화자는 상대적으로 중요하지 않은 표면적 기호를 찾게 되지만, 이들이 관심을 갖는 것은 기호가 짝을 이룬다고 생각하는 보이지 않는 주요 상황이다.

상징의 의미는 사원四元의 관계 구조에 따라 작동한다

구조적으로 상징의 의미는 두 가지 근본적인 면, 즉 각각의 관계 구조와 관련된 요소와 관계의 '숫자,' 그리고 각 의미 유형이 생기는 데 필요한 요소와 관계의 '성격'에 있어, 기호의 의미와 다르다. 그림 11.4는 이와 같은 점을 보여 준다.

그림이 보여 주듯이, 단순한 유형의 상징적 의미조차도 생성되기 전에는 반드시 네 가지 요소, 즉 첫째 상징의 기능을 할 수 있는 지각 가능한 무엇(단어, 몸짓, 물질적 인공물 등), 둘째, 물체를 상징으로 사용하는 사람, 셋째, 상징이 표현하는 개념, 넷째, 상징이 나타내거나 가리키고자

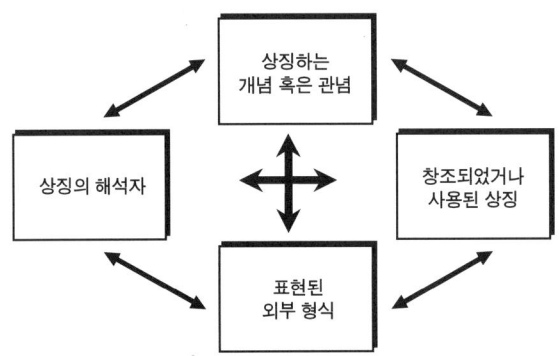

그림 11.4 상징의 의미와 관련된 요소와 관계의 논리적 구조

하는 실제 혹은 상상의 세계의 대상물 등이 동시적으로 관계를 맺어야 한다. 상징의 의미가 항상 외부의 상황보다는 상징 사용자의 개념에 좌우되기 때문에, 기호와 상징의 의미 간에 가장 근본적인 차이가 생겨난다. 기호의 의미는 기호가 구조적으로 관련되어 있는 특정 상황의 존재를 표현하는데서 생겨나는 데 반해, 상징의 의미는 상징이 구조적으로 관계되어 있는 개념을 표현하는 데서 생겨난다. 따라서 기호는 항상 그것이 의미화하려는 상황의 실제 구성 요소로 받아들여지지만, 상징은 그것이 표현하는 관념으로부터 논리적으로 떨어져 있다. 상징의 역할을 하는 표현적인 요소는 결코 그것이 상징으로 기능하는 개념적 상황의 구성 부분이 아니다.

그림 11.4는 상징의 의미와 관련된 요소 이외에 관련된 관계의 몇 가지 특징을 보여 준다. 아마도 가장 주목할 만한 것은 하나의 요소라도 더해진다면 곧 이 항 관계의 수가 세 개에서 여섯 개로 갑절이 되었다는 것이다. 이와 같은 사실은 상징의 의미 구조의 복합성에 기여하게 된다. 또한 관련된 요소가 다르기 때문에, 요소 사이의 관계도 다르다. 예를 들어, 《새로운 경향의 철학》이 제시한 이론은 언어 상징과 그것이 표현하는 개념이 갖는 관계를 내포$_{connotation}$라고 부르고, 그것이 지시 대상과 갖는 관계를 외연$_{denotation}$이라고 부른다. 다시 말해, 내포와 외연은 특정 상징 구조에서 생겨난 관계로 간주되지만 기호의 관계에서는 결코 생겨날 수 없다.

언어가 아닌 상징적 미디어의 경우, 내포와 외연이 아닌 상징적 관계 양식이 생겨날 것이다. 그러한 관계를 어떻게 부르더라도, 그러한 관계가 기호에는 존재하지 않는다. 만일 기호와 상징의 의미와 관련된 관계 구조에 관한 랭어의 해석이 맞는다면, 상징의 의미를 기호의 의미 유형에 환원시킬 수 없다. 그것은 전적으로 다른 논리적 구조에서 생겨나기 때문이다. 상징은 그것이 표현하는 것에 있어 기호와 구별된다. 상징은 그것의 단순한 물리적 실재보다는 우리의 개념, 생각, 관념을, 즉 그것의 구조가 어떻고, 무엇에 관한 것인지 등을 표현한다.

다양한 표현 요소는 기호 및 상징의 관계 구조와 연관될 수 있다

앞의 논의를 토대로 상징은 관념을 표현하기 위해 창조되거나 사용된 지각 가능한 인공물 혹은 행위라고 정의될 수 있다. 가장 간단한 상징적 의미의 경우에도 마술적으로 무언가를 상징으로 바꿔 버리는 고유의 특징은 없다. 개인이 관념을 표현하는 데 상징이 유용하다고 여기면서, 인공물이나 행위를 상징의 관계 구조에 논리적으로 참여시킬 때를 제외하고 말이다. 따라서 개인이 지각할 수 있는 거의 모든 것이 상징으로 이용될 수 있다.

무언가를 기호가 아닌 상징으로 바꾸는 상황은 그것이 현재 참여하는 관계의 구조이기 때문에, 많은 것이 상징과 기호의 기능을 동시에 할 수 있다. 하지만 그것이 기호와 상징으로 동시에 기능하더라도, 전적으로 다른 두 종류의 관계 구조 요소로 참여하는 것이다.

예를 들어, 그림 11. 5는 결혼 반지와 같은 간단한 인공물이 어떻게 누군가가 결혼했다는 것을 보여 주는 인공적인 기호인 동시에, 결혼의 문화적 개념의 상징이 될 수 있는지를 보여 준다. 해석자는 결혼 반지로부터 어떤 일이 있었는지를 직관으로 알 수 있고, 또한 관련된 사회적 제도에 대한 관념을 상기할 것이다. 한편으로, 반지는 그것이 표현하는 문화적 상황의 인공적, 관습적 구성 요소로서 삼원 관계에 관련되지만, 다른 한편으론, 결혼의 개념을 관리하는 사원 관계에 연관된다. 두 가지

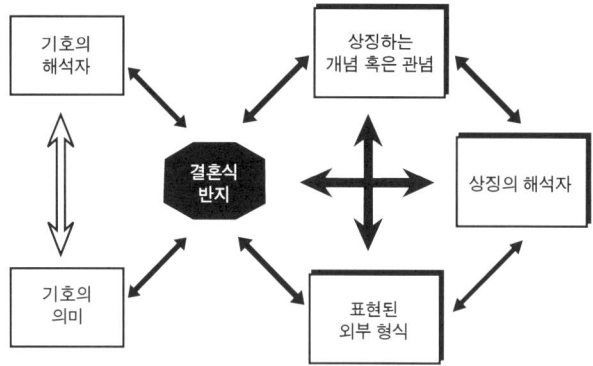

그림 11.5 인간의 여러 인공물과 행위는 기호로서의 삼원적 관계 구조와 상징으로서의 사원적 관계 구조에 동시에 참여할 수 있다.

의미의 유형은 진주빛 천처럼 연달아 반짝거릴 수 있어, 서로 다른 관계 구조를 가졌음에도 별개의 것으로 경험하기 어렵다. 하지만 가장 단순한 상징 유형의 특색에도 사물 유형 자체가 아닌, 그것이 참여하는 관계 구조의 성격을 담고 있다.

랭어의 기호학 이론이 미디어 생태학의 발전에 가장 의미 있게 기여한 것 중의 하나는 이론적 토대 위에 다양한 상징 미디어를 구별하고 이들을 체계적으로 상호 연관시키는 데 도움을 주었다는 것이다. 다음 두 가지 원리의 목적은 기호와 상징에 관한 랭어의 연구를 이용해 미디어 생태학의 통찰력 있는 분류법을 발전시킬 수 있는 몇 가지 중요한 특징을 시사하고자 한다. 첫 번째 원리는 인간의 기호 활동과 관계되어 있고, 두 번째 원리는 존재하는 다양한 상징 미디어를 이해하는 데 랭어의 이론적 분류법이 갖는 중요성을 다룬다.

기호의 의미는 여러 가지 논리적, 심리적 고려 사항을 기초로 다양한 유형으로 나눌 수 있다

기호가 자신이 연관된 상황을 직접적으로 가리키는 것으로 해석되기 때문에, 인간의 기호 활동은 기술적으로 "매개되지 않는다"고 하지만, 랭어의 기호 이론은 미디어 생태학자뿐만 아니라 다른 커뮤니케이션 전문가의 관심을 끌만한 복잡한 층위를 보여 준다. 첫 번째는 앞의 원리에서 시사했지만 명확하게 제시되진 않았다. 의미는 어떤 한 요소 고유의 성질이라기보다는 요소 간의 관계이기 때문에, 상징적으로 기능하는 매개된 요소는 그것을 만들거나 사용하는 이들의 신념, 태도, 가치, 심리적 상태, 문화적 배경, 인종적 배경 등의 기호로 기능할 수 있다. 예를 들어, 대화자가 자신의 생각을 상징화시키기 위해 선택하는 단어는 그들의 이데올로기, 편견, 공감 등의 기호로 해석될 수 있다. 모든 어휘의 선택이 다양한 사회적 문화적 차원에서 그것과 대조적인 다른 단어군로부터 이루어지지기 때문이다(Gozzi, 1999). "중국 정부"에 대해 "중국 정권"이라고 말하는 것은 베이징 지도부에 대한 매우 다른 정치적 태도를 시사하는 기호이다. 비판적 담론 분석의 방법은 그러한 대비적 분석 방법을 사용해 텍스트를 단순하게 특정 관념을 명시적으로 표현한 상징으로 이해할 뿐 아니라, 정보원의 숨겨진 이데올로기적 개입을 나타내는 기호로 해석한다.

≪정신≫에서 랭어의 유기적 과정 분석이 제시한 분류법의 두 번째 주요 특징은 기호로 기능하는 요소가 물질적인 인공물이거나 수행된 행위일 수 있다는 것이다. 인공적 기호가 다른 어떤 것의 존재를 나타낸다고 볼 때, 여기에는 돈과 시계에서 노래방 기계나 필기 도구에 이르기까지 인간의 물질 문화에서 생산된 모든 것이 포함된다. 결혼 반지의

예에서 보았듯이, 그러한 물체는 사용자가 가진 관념의 상징으로 기능할 수 있고, 또한 사용자의 개성, 목표, 심리적 요구 등의 기호로 해석될 수 있다.

　이러한 인공 기호는 시선, 얼굴 표정, 몸짓, 자세, 감촉, 대화하는 동안 만들어진 적응 환경 등의 행위 기호와 대비될 수 있다. 이런 모든 것이 대화 상대가 사회적 상호 작용을 하면서 계속해서 관찰할 수 있는 행위 기호의 범주라는 것은 물론 놀라운 일이 아니다. 모든 "비언어적" 커뮤니케이션 개론은 이들에 관한 주요 단원을 포함하고 있다.

　랭어의 시각이 새로운 것은 행위 기호의 모든 표준적 범주가 행위이지 정적인 상태는 아니라는 것이다. 다시 말해, 몸짓, 자세, 얼굴 표정, 적응 환경 등 모두가 과정에서 발전한다. 즉 행위 구조의 사건에 따라 만들어지고 사라진다. 더군다나, 이들은 ≪정신≫의 3부가 제시한 행위의 원리를 따른다. 따라서 우리는 각각의 주요 행위 기호 형식과 이들이 어떻게 관련 대화 행위 전반에 영향을 미치는지의 문제에 대한 행위 기반 이론을 만들어 낼 수 있다.

　행위 기호의 범주 중 하나라도 행위 개념으로 탐구하는 것은 지나치게 멀리 나가는 것일 수 있지만, 모든 설명의 원리가 결국 행위의 원리라는 랭어의 주장은 특히 행위 기호에 상세하게 적용될 필요가 있으며, 이런 기호의 범주가 작동하는 방식에 새로운 통찰력을 제공할 수 있다. 또한 인간 언어의 구술성이 가진 행위적 성격은 그것이 갖는 가장 두드러진 특성 중 하나이기 때문에, 월터 옹의 구술성과 문자성 이론(즉 상징 미디어로서의 말하기와 쓰기)에 관심을 가진 미디어 생태학자는 구술성을 행위 개념으로 생각함으로써 "말함"이 인간의 역사와 현대의 사회적 상호 작용에 갖는 함의를 이해하는 새로운 길이 열린다는 것을 알아야 한다(Gronbeck, 2000).

미디어 생태학자가 이론적으로 관심을 가질 만한 랭어의 또 다른 구분은 자연적인 기호와 인공적인 기호에 관한 것이다. 자연적인 기호는 의식적인 인간의 개입 없이 동시적으로 발생하는 모든 기호–대상의 쌍이다. 다시 말해, 이들은 기호로 기능할 수 있는 상황 전체에 내재된 일부로 지각된다. 따라서 봄에 나뭇잎이 생겨나는 것은 날씨가 따뜻해지고 낮이 길어진다는 자연적인 기호이다. 인공적인 기호는 기호를 사용하는 집단이 특정한 상황의 존재와 관련되도록 의식적으로 계획한 것이다. 예를 들어, 결혼 반지는 그것을 낀 사람이 결혼했다는 것을 나타내는 인공적인 기호이다. 더군다나, 인공적인 기호는 퍼스의 이론에서 상징을 정의하는 의미의 임의적이고 관습적인 성격을 갖는다. 즉 인공적인 기호는 집단이 마음대로 무언가의 존재를 지시하도록 선택한 것으로, 이러한 존재는 덜 직접적으로 지각할 수 있지만 문화적으로 중요하다. 이와 같이, 인위적인 기호는 굳이 상징이 되지 않고도 문화적으로 구성된 상황의 임의적으로 부과되거나 관습적으로 기대되는 일부가 된다.2

상징 미디어는 추론적 양식과 표상적 양식으로 나뉠 수 있다

미디어 생태학자가 보기에 랭어의 기호학 이론의 정점은 서로 다른 상징 미디어를 구별하는 본질적인 특성과 이러한 미디어가 체계적으로 상

---

2. 우리는 우유적偶有的 기호라는 현상을 구별해 볼 수 있다. 이것은 "타이밍"으로 인해 상황과 짝을 우연히 이루기 때문에 자연스럽게 보이는 인공적 기호이다. 예를 들어, 검은 고양이가 길을 지나간 후, 혹은 거울을 깨뜨리거나 사다리 밑을 지나간 후, 나쁜 일이 생기는 경우와 같다. 이러한 사례가 보여 주듯이, 우유적 기호는 종종 많은 미신의 토대가 된다.

호 관계를 맺는 방식에 관한 그녀의 상세한 분석일 것이다. 예를 들어, ≪새로운 경향의 철학≫에서 랭어는 추론적 상징과 표상적 상징을 구분하다. 추론적 상징은 세상의 모든 자연 언어에 대한 기술적인 명칭이고, 표상적 상징은 거의 모든 다른 종류의 상징을 가리킨다. 상징의 두 가지 기본 양식은 상징화하는 사람의 관념과 이를 표현하는 상징 간의 논리적 유추가 어떻게 만드는가에 따라 구분된다.

추론적 상징에 있어 유추는 다수의 독립적 의미 단위(즉 단어)를 논리적 구문법에 따라 일렬로 늘어세움으로써 만들어진다. 여기서 구분법은 단어의 특정 순서가 어떻게 특정 관념의 논리적 유추를 나타내는지를 결정한다. 추론적이라는 것은, 상징 양식으로서의 언어가 관념의 논리적 형식(즉 그것의 요소와 관계 구조)을 표준적인 범주(문장의 명사가 호칭하는 것)로 나누고 단어를 선형적으로 배열하도록 요구한다는 의미이다. 따라서 모든 자연 언어는 언어 공동체가 세상을 이야기하기 위해 전형적으로 사용하는 요소 및 관계의 표준적인 범주에 관한 단어 목록을 제공한다. 뿐만 아니라, 자연 언어는 발신자의 관념과 그 표현을 위해 사용된 언어 구조 간에 논리적 유추가 이루어지도록 단어들을 배열하는 구문법의 체계를 제공한다. 노엄 촘스키Noam Chomsky의 변형 생성 문법와 그것에서 파생된 여러 가지 접근 방법은 관념의 논리적 구조를 문장의 논리적 구조로 나타내는 구분법의 복잡한 과정을 파악하려는 지적 시도였다.

추론적 상징은 우리 관념을 객체화시키기 위한 엄청난 표현력과 다용도성을 지니고 있지만 근본적인 한계를 갖는다. 우리가 이야기하고자 하는 많은 경험이 표준적 범주의 호칭을 얻을 만큼 자주 되풀이되지 않는다. 또한 많은 경우 구조적으로 너무 복잡해(예를 들어 친구 얼굴의 독특한 이미지와 같이) 추론적 상징이 제공하는 객체화된 자원을 쉽게 압도해 버릴 수 있다. 예를 들어, 친구의 얼굴을 특유의 형태로 기술하기 위해 필요한 구조적 세부의 양이 너무 복잡해 언어가 부적절하게 된다.

복잡한 구조(예를 들어 얼굴)가 서로 간에 적지 않은 관계를 내재하고 있음을 보여 주는데 반해, 추론적 상징은 표준화된 범주와 객체화의 순차적 법칙을 이용하기 때문에 문제가 생겨난다. 어떤 점에서 우리는 단어의 긴 배열을 기억할 뿐 아니라 그렇게 확장된 문장 내에 복잡한 관계의 계열망을 분류하는 데 있어 정말 한계를 갖는다. 이러한 한계를 극복하기 위해, 사람들은 이렇게 좀 더 복잡한 관념을 전달할 수 있게 해주는 상당수의 비추론적 상징을 만들었다. 랭어는 이러한 비추론적 유형을 표상적 상징이라고 부르는 이유는 이러한 유형이 자신의 부분들을 순차적으로 명명하도록 상징 이용자에게 요구하기보다는, 직접적으로 지각할 수 있도록 관계 구조를 "나타내기" 때문이다.

표상적이라는 것은 하나의 복잡한 상징 내에 관념을 표현하기 때문에 적절한 요소와 관계 모두를 보여 준다는 것이다. 표상적 상징 형식은 관념을 구성하는 적절한 요소와 관계를 명명하기보다는, 다양한 미디어를 이용하여 요소와 관계를 물리적으로 보여 준다. 표상적 상징은 예술 작품(회화, 조각, 음악, 무용 등), 종교적 의식, 신화와 같은 상징 형태를 포함한다. 또한 문화적으로 중요한 활동(예를 들어 풋볼과 학교 교육 등), 그리고 인공물(예를 들어 돈, 장난감, 사무실 비품 등)은 누군가의 관계를 물리적으로 표현하는 것에서 생겨나기 때문에, 표상적 상징의 범주라고 확인할 수 있다.

모든 것을 하나의 독립된 범주로 가져온다는 것은 표상적 상징의 구성 요소가 추론적 상징과는 달리 관련 요소와 관계에 이름표를 붙이지 않는다는 것이다. 그렇다고 이들 구성 요소가 자신이 기초한 특정 표상적 상징 바깥에서 의미를 갖는다는 것도 아니다. 음표 C는 음악 상징의 구성 요소이지만 독립적으로 특정 개념을 의미하는 호칭은 아니다. 마찬가지로 십자가를 기독교 전통의 종교적 상징으로 생각할 수 있지만, 이것의 의미는 다른 표상적 상징과 어떻게 결합하느냐에 따라 극적으로 달라질 수 있다. 십자가라는 단어 호칭이 그것이 명명하는 개념을 의미하는 것처럼, 실제 십자가가 특정 종교적 관념을 의미하지는 않는다. 물론 이론적 문제는 이러한 차이가 무엇일 수 있는가를 규정하는 것일 것이다.

어떤 표상적 상징은 음악처럼 시간적 차원만을 갖는다. 어떤 표상적 상징은 회화나 조각처럼 관념을 객체화하는 공간적 양식에 의해서만 만들어진다. 때때로 표상적 상징은 춤과 같이 공간적, 시간적 객체화 법칙을 모두 사용한다. 또한, 표상적 상징은 가용한 모든 미디어를 이용해 개인이 나타내고자 하는 요소와 관계를 직접적으로 나타낸다. 하지만 표상적 상징은 결코 이들이 나타내는 관계 구조를 명명하지 않는다. 이들은 그것을 보여 주고, 보여 주는 방식을 통해 표상적 상징의 유일한 의미를 전달한다. 그래서 우리가 경험하는 영화나 소설이 분명 언어적 요소를 가지고 있음에도 불구하고, 이를 추론적 상징으로 이용해 기술하기란 너무 어렵다. 단어는 그것의 문자적 의미를 표현하기보다는 단지 다른 형식을 만드는 데 사용된다. 또한 표상적 상징은 이들이 나타내는 관념의 진실을 직접적으로 주장하지 않는다. 이들은 단지 조사나 숙고를 위한 관념을 제시할 뿐이지 문장과 같이 그것의 진실성을 표명하지 않는다.

표상적 상징은 자신이 객체화하는 요소와 관계를 명명하기보다는 보여 주기 때문에, 아주 복잡한 관념을 표현하는 데 언어보다 낫다. 하지만 표상적 상징은 직접적으로 진실을 주장할 수 없기 때문에, 직접적으로 명제를 전개시키거나 "진술할 수" 없다. 이 점은 왜 우리가 우리의 관념을 간단하게 그림으로 나타내거나 매듭질 수 없는 이유를 설명한다. 표상적 상징을 설명하는 데 언어 중심의 추론적 미디어가 제공하는 설명이 없다면, 보는 사람은 그림이 왜 제시되었는지, 즉 예술가가 무엇을 "말하려 했는지"를 알 수 없을 것이다.

각 상징 유형에 내재된 한계를 극복하기 위해, 사람들은 종종 표상적 미디어를 자신의 추론적 자원의 보충물로 "흡수"하는 추상적 미디어를 이용한다. 예를 들어, 회화와 같은 복잡한 표상적 상징에 모나리자와 같은 이름을 붙일 수 있고, 그러한 이름을 통해 표상적 상징은 추론적 상징 요소에 편입된다. 예술 작품의 제목을 통해 그 작품이 갖는 상징적 의미의 주요 부분을 환유적으로 나타낼 때, 우리는 추론적 목적으로 위해 표상적 상징을 흡수하고 있는 것이다. 예를 들어, 친구가 "모나리자"의 미소를 가졌다고 이야기할 때 그렇게 한다. 이러한 흡수 능력은 추론적 상징에 막대한 커뮤니케이션 능력을 부여하고 있고, 아무리 세상이 복잡해도 그것이 어떻게 우리의 커뮤니케이션 욕구를 쉽게 따라갈 수 있는지를 부분적으로 설명한다.

표상적 상징은 사용한 미디어에 내재된 표현의 기회와 한계에 따라 하위 범주로 분류될 수 있다

여러 상징 미디어에 내재된 표현의 기회와 한계에 따라, 각각의 표상적 미디어는 내부적 "논리," 즉 자신의 표현 잠재력 그리고 표현하려는 관념의 논리적 형식을 전달하기 위해 사용될 수 있는 방식을 결정하는 일련의 구조적 원리는 갖는다. 그림 11.6에 나타났듯이, 여러 가지 표상적 미디어에 대한 랭어의 접근 방법은 표상 미디어에 대한 위계적인 분류법을 전개시키고 있다. 이러한 분류법은 각 범주의 미디어가 다른 것과 어떻게 구별되는지를 확인할 뿐만 아니라, 양식의 속屬과 종種 유형에

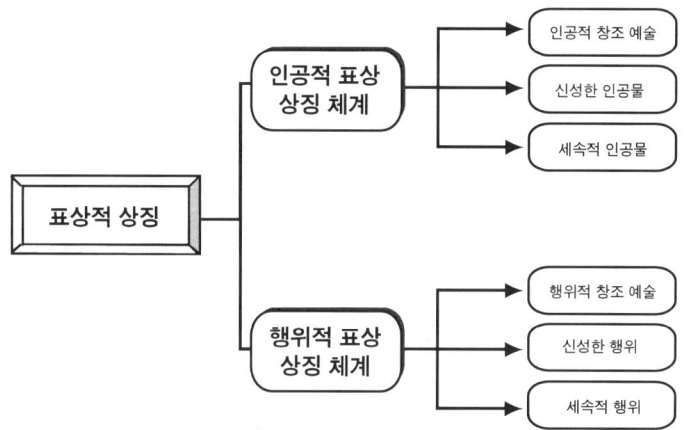

그림 11.6 수잔 랭어의 표상적 상징 이론에 의한 표상적 미디어의 분류법

서 어떻게 서로 관계되는지를 보여 준다. 전체 분류법을 상세하게 전개하려면 현재 쓴 것만큼 더 써야 하겠지만, 표상 미디어 범주의 기본적인 특징과 관계는 간단하게 적어 볼 수 있다.

  표상적 상징은 앞에서 언급한 행위적 기호와 인공적 기호의 구별을 따라 상징 과정이 물질적 형태를 갖게 되는지, 혹은 순간순간의 사건으로 전개되는지를 바탕으로 두 종류로 나뉠 수 있다. 인공적인 표상적 미디어의 범주에는 인공적 창조 예술, 신성한 인공물, 세속적 인공물 등 세 가지 하위 유형이 있다.

  인공적 창조 예술의 범주에는 조각, 회화, 건축과 같은 순수 예술이 포함될 수 있다. 이들을 하나의 종류로 구분하는 특징은 이들이 실제로 기존에 존재하지 않았던 무언가, 즉 예술적인 환영을 만들어 낸다는 것이다. 앞에서 언급했듯이, 모든 예술적 미디어는 서로 다른 유형의 환영을 만들어 낸다. 랭어는 조각이 가상적 입체를, 회화는 가상적 장면을, 그리고 건축은 가상적 종족의 영역을 만들어 낸다고 주장한다. 이러한 인공적 행위에서 본래의 물질(예를 들어, 캔버스나 물감)은 예술적 환영(예를 들어, 초원을 비추는 햇빛의 환영)이 생겨나면서 시야에서 사라진다. 성스런 인공물과 세속적 인공물의 차이는 이들이 표현하는 관념의 유형이다. 세속적인 인공물은 물질적 형식에 우리의 일상적 관념을 담아내고 종교적 인공물은 이른바 우주적 관념이라고 부를 수 있는 것을 담아낸다. 이런 인공적 상징의 모든 유형이 미디어 생태학자에게 흥미롭다. 개인이 사용 가능한 미디어에 관념이 투사되고 있기 때문이다. 따라서 새로운 미디어가 사용가능해졌을 때(예를 들어 플라스틱), 표현의 새로운 형식이 가능해지고, 과거에 표현되지 못했던 관념이 표현 가능해질 수 있다.

행위적인 표상적 미디어 밑에 유사한 세 가지 하위 유형, 즉 행위적 창조 예술, 신성한 행위, 세속적 행위 등이 만들어질 수 있다. 행위적 창조 예술, 예를 들어 무용, 음악, 연극 등은 또한 각각 주요 환영을 만들어 낸다. 랭어는 무용의 경우 주요 환영이 가상적 힘이고, 음악의 경우는 시간의 경험이며, 연극의 경우는 가상적 운명(희극)과 숙명(비극)이라고 주장한다. 신성한 행위 상징(예를 들어 깃발 행진이나 국기 경례 등)은 탄생, 성인식, 결혼 예식, 죽음의 의식 등과 같이 제시된 관념의 논리적 구조를 수행함으로써, 우주적 관념을 표현하는 신성한 의식으로 볼 수 있다. 세속적인 표상 행위는 일상적으로 반복되는 개인 혹은 집단의 활동으로, 삶을 사는 방식의 특정 양상과 관련된 관념을 표현하기 위해 수행되는 모든 활동을 포함한다.

여기서 어디로 갈 것인가

이 장은 미디어 생태학 이론과 연구의 발전을 위해 수잔 랭어의 연구가 기여할 수 있는 것을 소개하기 위해 그녀의 철학적 시각과 기호 및 상징 이론의 주요 항목을 총괄적으로 살펴보았다. 물론 랭어의 연구에서 하나의 장으로 기술할 수 있는 것보다 훨씬 더 많은 것을 끌어올 수 있다. 특히 인간 커뮤니케이션 이론을 더 일반적으로 발전시키기 위해 그녀의 행위 이론을 적용시킨다면 말이다.

    랭어의 책을 읽은 사람 모두가 계속해서 영감을 받고 흥미로운 응용을 해볼 수 있는 자원을 발견하겠지만, 수년 동안 나는 랭어의 철학을 통해 커뮤니케이션의 여러 양상 및 관심 분야를 일관성 있는 이론과 조사의 체계로 종합하기 위한 포괄적 개념 구조를 끌어 내고자 했다. 이전

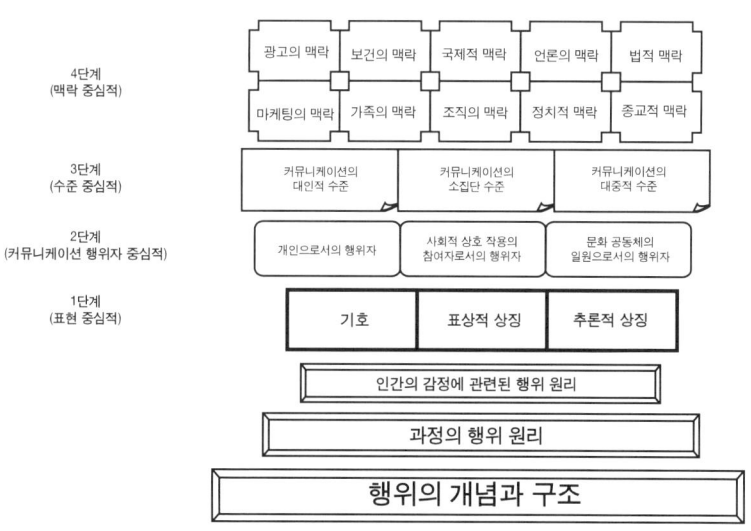

그림 11.7 수잔 랭어의 과정의 행위 이론에 비쳐 본 커뮤니케이션학의 지적 구조에 관한 파워스의 단계별 모델

논문(Powers, 1995, 2002)에서 나는 인간 커뮤니케이션학 분야의 개념적 구조를 이해하는 단계별 접근 방법을 제시했는데, 여기서는 이를 이용해 랭어의 연구가 가능하게 해준다고 생각하는 커뮤니케이션학 분야의 철학 구축 과정을 보여 주고자 한다.

그림 11.7의 윗부분이 보여 주듯이, 나는 커뮤니케이션학 분야의 이론적 추구에 깔린 고유의 지적 구조가 있다고 생각하고, 이러한 지적 구조가 네 개의 상호 연관된 단계로 층을 이룬다고 본다. 1단계는 메시지의 이론에 관한 것으로, 인간의 표현과 기호와 상징에 기초한 그 복잡성을 이해하는 데 초점을 둔다. 이 장의 대부분이 1단계의 여러 가지 현상을 이해하는 데 랭어가 기여한 점을 보여 줬다. 인간 커뮤니케이션 이론의 2단계는 커뮤니케이션하는 사람을 개인, 사회적 상호 작용의 참여자, 그리고 문화 공동체의 일원으로 조사한다. 우리가 인간의 기호와 상징 구조에 대해 아는 모든 것이 이러한 2단계의 세 차원을 이해하는 토대가 된다. 또한 2단계 현상을 탐구하면서, 아래의 메시지 관련 이론을 다시 생각해 보게 하는 점들을 발견하게 될 것이다. 인간 커뮤니케이션 이론과 조사의 3단계는 처음 두 단계 위에 구축되지만, 커뮤니케이션의 대인 간對人間, 집단적, 대중적 커뮤니케이션 수준과 같은 커뮤니케이션의 전통적 수준을 강조한다. 인간 커뮤니케이션 이론과 조사의 마지막 단계는 앞의 세 단계에서 확인된 커뮤니케이션이 특정 커뮤니케이션 맥락에 나타날 때 관련된 세부적인 것을 살펴본다. 전체 체계가 전개되는 동안 앞에서 말한 것과 같은 위아래나 한두 단계 간의 반향적 재성찰이 이루어진다.

그림 11.7의 모델은 한 걸음 더 나아가 커뮤니케이션학의 철학 개발을 위한 단계별 접근이 어떻게 랭어의 정신 철학, 특히 그녀의 행위 개념과 여기서 파생된 설명 원리의 전반적 토대 위에 세워질 수 있는지

를 보여 준다. 다시 말해, 내가 생각하는 커뮤니케이션학의 단계별 철학 구조는 인간의 예술과 과학의 모든 설명의 원리가 궁극적으로 행위의 원리에서 생겨났다는 것을 진지하게 받아들인다. 이렇게 한다는 것은 랭어의 연구에 바탕을 둔 대부분의 근본적인 개념, 원리, 설명이 사실상 행위의 개념으로 표현될 수 있다는 것을 의미한다.

위의 일반적인 단계별 모델에 기초해, 그리고 이러한 모델이 좀 더 체계적인 커뮤니케이션학(여기에 미디어 생태학은 나름대로 중요한 자리를 차지하고 있다)의 철학 구조를 발전시키기 위해 랭어의 정신 철학으로부터 주요 요소를 끌어들였다는 사실로부터, 우리는 커뮤니케이션의 이론적 쟁점을 일관되고 순차적인 방법으로 정리해 나갈 수 있다. 그림 11.8은 이론적으로 접근할 필요가 있는 커뮤니케이션 철학의 주요 연구 문제에 관해 상세한 단계별 모델을 제시함으로써, 이런 작업이 어떻게 이루어질 수 있는지를 보여 준다. 이러한 문제가 아래에서 위로 배열된 이유는 그러한 철학이 함축적인 체계이기 때문이다.

다시 말해, 랭어는 일반 철학의 행위 부분을 논의했고, 그러한 특정 개념 체계를 연구해 이차적인 이론을 만들어 가고자 하는 사람은 누구나 체계의 본질적인 개념을 고려해야 한다. 만일 우리가 랭어의 정신 철학을 심각하게 받아들인다면, 주요 개념을 단순히 우리가 원하는 대로 정의할 수 없다. 랭어가 개념 체계의 하부 수준에서 제공한 정의는 그것이 상부 수준 체계의 함의를 논의하는 데 개념적 문제를 일으킨다고 생각될 때까지, 혹은 그렇지 않은 경우에도, 우리의 생각을 안내하며 동시에 억제하는 역할을 한다.

랭어는 메시지 이론의 토대에 대한 많은 예비적 연구를 했지만, 예를 들어 행위적 기호와 상징을 이해하기 위해 그녀의 행위 이론이 갖는 함의를 끌어 내지 않았다. 그래서 1단계는 아직 연구될 필요가 있다.

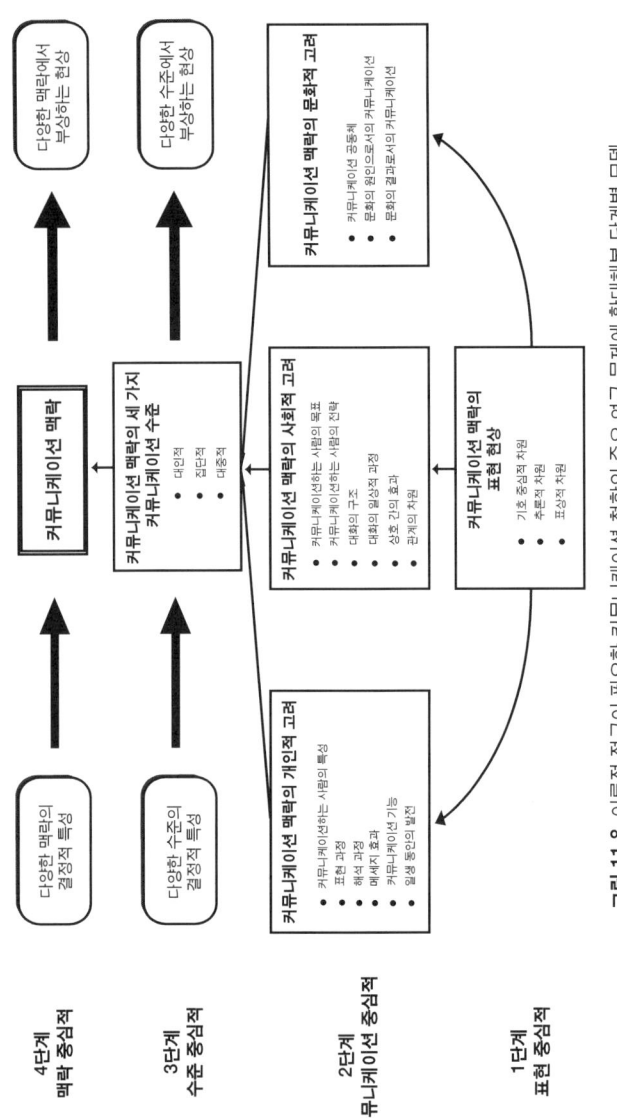

그림 11.8 이론적 접근이 필요한 커뮤니케이션 철학의 주요 연구 문제에 확대해본 단계별 모델

게다가 랭어의 정신 철학이 모든 인간 예술 및 과학 연구의 기초를 마련하고자 했지만, 그녀 자신은 특정 종류의 질문만을 추구했다. 즉 인간의 상징적 정신 구조의 진화에 관한 이론을 이끈 질문만을 했다. 그림 11.8의 세부 항목에서 보여 준 대부분의 커뮤니케이션 차원은 랭어 자신의 글에서 거의 다뤄지지 않은 상태이고, 따라서 랭어의 정신 철학에서 마련한 토대에 지적 구조를 세우려는 커뮤니케이션 학자들의 노력을 기다리고 있다.

그렇다면 수잔 랭어의 연구에 기초해 미디어 생태학의 일관적인 개념 구조를 세우는 과제는 여전히 열려 있는 분야라고 결론지을 수 있다. 우리가 추구할 수 있는 몇 가지 방향은 분명히 그려졌고, 랭어는 그 길을 보여 줬다. 하지만 대부분이 랭어의 사상이 갖는 함의를 논의할 수 있는 학자들, 그리고 미디어 생태학적 시각에서 이러한 토대를 연구하고 새로운 방식으로 인간의 정신을 생각하며 예기치 않았던 여러 가지 발견을 해나가는 학자들을 위해 남겨져 있다. 나는 이것이 언제나 흥미로운 가능성으로 남아 있다고 본다.

참고 문헌

Gozzi, R., Jr. (1999). *The power of metaphor in the age of electronic media*. Cresskill, NJ: Hampton Press.

Gronbeck, B. E. (2000). Communication media, memory, and social-political change in Eric Havelock. *The New Jersey Journal of Communication*, 8(1), 34~45.

Langer, S. K. (1930). *The practice of philosophy*. New York: Henry Holt.

Langer, S. K. (1953). *Feeling and form: A theory of art developed from Philosophy in a New Key*. New York: Charles Scribner's Sons.

Langer, S. K. (1957a). *Philosophy in a new key: A study in the symbolism of reason, rite, and art* (3rd ed). Cambridge, MA: Harvard University Press. (Original work published 1942)

Langer, S. K. (1957b). *Problems of art: Ten philosophical lectures*. New York: Charles Scribner's Sons.

Langer, S. K. (1962). *Philosophical sketches*. Baltimore: Johns Hopkins University Press.

Langer, S. K. (1967a). *An introduction to symbolic logic*, 3rd ed. New York: Dover. (Original work published 1937)

Langer, S. K. (1967b). *Mind: An essay on human feeling* (Vol. I, Parts 1~3). Baltimore: Johns Hopkins University Press.

Langer, S. K. (1972). *Mind: An essay on human feeling* (Vol. II, Parts 4). Baltimore: Johns Hopkins University Press.

Langer, S. K. (1982). *Mind: An essay on human feeling* (Vol. III, Parts 5 & 6). Baltimore: Johns Hopkins University Press.

Liska, J. (1993). Bee dances, bird songs, monkey calls, and cetanean sonar: Is speech unique? *Western Journal of Communication*, 57, 1~26.

Lum, C. M. K. (2000). Introduction: The intellectual roots of media ecology. *The New Jersey Journal of Communication*, 8, 1~7.

Powers, J. H. (1981). Conversation analysis and Susanne Langer's 'act' concept: A new approach to describing the natural 'units' of conversation. *Journal of the Linguistic Association of the Southwest*, 4, 17~29.

Powers, J. H. (1982). An 'act' based theory of communication: First principles. *Journal of Applied Communication Research*, 10, 9~20

Powers, J. H. (1995). On the intellectual structure of the human communication discipline. *Communication Education*, 44, 191~222.

Powers, J. H. (2002). Chinese communication theory and practice: A tier-based perspective. In W. Jia, X. Lu, & D. R. Heisey (eds.), *Chinese communication theory and research: Reflections, new frontiers, and new directions* (pp.37~64). Westport, CT: Ablex Publishing.

구술성-문자성 정리와 미디어 생태학

브루스 그륀벡

1986년 예일대 고전학과의 스털링 명예 교수였던 에릭 해블록은 자신이 서구 학문에 기여했다고 생각하는 주요 사항을 정리하여 책으로 완성했다. 그는 이른바 "구술성 문제"(Havelock, 1986, p.24)에 관한 본인의 생각이 진화했던 과정을 살핀 후, 우리가 "구술성-문자성 정리theorems"라고 부르는 것이 1963년 "다수의 관련 자료에 대한 놀랄 만한 인식이 넘쳐나면서"(p.24) 갑자기 나타났다고 시사한다. 1962년 봄에서 1963년 봄 사이, 3개국에서 나온 다섯 권의 책은 제1의 구술성, 혹은 특정 유형 사회의 결정적인 특징으로서의 구술성을 정의하기에 이른다. 해블록이 지적했던 연구에는 자신의 ≪플라톤 서문Preface to Plato≫(1963)을 포함해 클로드 레비스트로스Claude Lévi-Strauss(1962)의 ≪야생의 사고La Pensée Sauvage≫,

잭 구디와 이언 와트(1963/1968)의 글 "문자성의 결과The Consequence of Literacy," 마셜 맥루언(1962)의 ≪구텐베르크 은하계≫, 에른스트 마이어(1963)의 ≪동물의 종과 진화Animal Species and Evolution≫ 등이 있다. 고전학, 인류학, 문화 역사, 그리고 진화 생물학이 당시 구술성-문자성 정리를 발전시키는 데 공헌했다.

마이어의 연구는 당시 다윈의 진화론의 현황을 조사한 것이었다. 이 책에서 인간의 진화는 네 페이지의 부록에서만 유일하게 다루어졌지만, 이들 페이지는 도발적이었다. 마이어는 인간이 유전 정보와 언어 정보라는 두 가지 유형의 정보를 후속 세대에게 넘겨주며 진화한다는 주장을 내세웠다. 여기서 정보라는 단어는 인간의 상징적 코드에서 따와 생물학적 과정에 적용된 것으로, 유전적 과정과 언어적 과정이 어느 정도 함께 녹아 있다. 마이어는 인간의 뇌가 자라고 먹고 삼키는 것 외에, 표현하고 소통할 수 있게 해주는 턱, 얼굴, 후두 등을 갖게 되자, 호모 사피엔스는 진화 과정을 통해 유전 및 언어 정보를 넘겨줄 수 있는 능력을 갖게 된다고 분석한다. 구술성-문화성 정리의 학자들에게 특별히 관심을 끈 것은 마이어가 생리적인 것과 사회적인 것을 통합시켰다는 것이다. 마이어가 보기엔 변화를 통해 둘 다 진화할 수(즉 바뀌거나 발전할 수) 있다. 유전자는 부모가 자식에게 전해 준 DNA 코드를 통해, 그리고 언어 상징은 특정한 사용 언어에 새겨진 문화적 전통을 통해 진화할 수 있다.

마이어의 생각은 해블록이 구술성와 문자성의 문제를 다루기 시작한 것과 직접적인 관계가 있다. 1957년 해블록이 ≪그리스 정치의 자유주의 기질The Liberal Temper of Greek Politics≫을 쓴 이후, 그는 경구 혹은 간결한 격언에 관심을 가져왔다. 그 당시 중요한 결론에 이르게 되는데, 그것은 "원형적인 문장이 문자 이전의 구어 커뮤니케이션 시절, 즉 교리의 주입이 말에 의존하고 교리의 보존이 기억에 의존하였을 때 생겨났다"는 것이었다(Havelock, 1957, p.126). 이 문장에서 우리는 해블록이 1963년 자신의 주된 저서에서 확장시키려고 했던 주장, 예컨대, 구어 사회에서는 말하기 특유의 성격 때문에 도덕적 코드가, 즉 개인 및 대중의 옳고 그른 행위에 관한 문화 전통이 유지되고 효력을 가졌다는 주장을 발견한다. 경구는 단순히 성경과 같이 도덕성에 대해 길게 이야기한 작품의 일부가 아니라, 간결한 구어적 형태 때문에 도덕적 교시를 담아내고 기억할 수 있는 것이다.

"같은 깃털의 새는 한데 모인다*Birds of a feather flock together*"는 구어의 도덕적 교시가 갖는 힘과 암기의 용이성을 보여 주는 경구이다. 자신의 부류나 부족을 따르라는 도덕적 교훈이 쉽게 이해될 수 있는 새라는 은유로 표현되었다. 대부분은 새들이 특히 봄에 북쪽 지방으로 가거나 가을에 따뜻한 지방으로 떠날 때, 함께 무리를 짓는 것을 본 적이 있을 것이다. 경구는 새들이 무리를 지어 날아가듯이, 사람도 그래야 한다고 제안한다. 게다가 운율을 주목해 보라. 그것은 문장을 운율적으로 대충 비슷한 구(그리스어 문법에서는 kola라고 부른다)로 끊고 있다. 강-약-약-약-강-약' 악센트의 패턴을 가진 "같은 깃털의 새*Birds of a feather*"가 있고 나서, 첫 번째 구의 약 악센트 음절이 하나 빠졌지만 비슷한 패턴을 가진 "한데 모인다*flock together*"가 이어진다. 경구는 이해하기 쉽고 단조로운 가락 형태이기 때문에 기억하기도 쉽다.

왜 그것이 중요한가? 우리가 구어 사회, 즉 서로에게 혹은 후속 세대에게 정보를 전달해 줄 수 있는 어떤 형태의 문자 상징도 존재하지 않는 사회에 대해 이야기하고 있다는 것을 떠올려 보라. 만일 어떠한 생각이라도 기억되려면, 사람들 간에 전해질 수 있도록 해주는 무언가에 표현되어 저장되고 재사용될 수 있어야 한다(Havelock, 1986, p.56). 해블록은 언어의 발성을 일종의 기술로 보고, 따라서 심리적(서로의 마음을 대하는) 그리고 사회적 (인간 대 인간의) 차원을 가지고 있다고 본다. 곧 그의 연구로 되돌아가 그가 표명했던 또 다른 생각을 논의해 보겠다.

인류학자 클로드 레비스트로스의 연구는 이와 같은 구술성에 대한 시각에 있어 상대적으로 덜 중요하지만 그래도 관련은 있다. 그는 에밀 뒤르켕의 전통(Durkeim & Mauss, 1903/1963)을 따르는 구조주의 인류학자이다. 다시 말해, 그의 많은 관심 중 하나는 원시 부족이 어떻게 자신의 환경을 분류하고 처리하는 방식, 그리고 삶이 나아간다는 느낌을 개념화하는 방식이었다. 당시 레비스트로스는 신화의 구조적 측면을 다루고 있었지만, ≪야생의 사고≫는 원시적 사고의 구조적 논리와 신화를 표현하는 언어의 주요 측면이 긴요하게 연결되어 있다고 주장했다. 그는 특히 뒤르켕이 씨족의 토템이 되는 동물에 관심을 가졌던 것과 비슷하게 이름을 사용하여 신화를 강화시키는 것에 관심을 가졌다. 신화에서 한 쌍의 상반된 짝으로 이루어진 (구어) 이름을 통해, 레비스트로스는 원시 부족이 신화 속에서 풀려고 했던 걱정거리의 단서를 찾는다. 제임스 본드 영화에서 악인과 매력 있는 여성의 이름을 생각해 보라(<닥터 노>, <골드 핑거>, <옥토퍼시> 등). 그리고 백마 탄 남자, 백설 공주, 신데렐라 등 이름에 도덕적 태도를 나타내는 주인공들이 등장하는 동화를 생각해 보라.

맥루언(1962)의 ≪구텐베르크 은하계≫는 레비스트로스가 암시했던 커뮤니케이션 내용과 미디어의 관계를 다룬다. 널리 알려진 이 책의 주요 주장은 인쇄기의 발명과 함께 서구 의식의 현저한 분열이 이루어졌다는 것이다. 필사본은 구텐베르크 이전의 것이고, 인쇄술은 구텐베르크 이후의 것이다. 이 책에서 맥루언은 인쇄술의 도래에 대해 양면적인 태도를 취한다. 한편으로는, 인쇄술이 면 대 면 대화의 필요성을 없애고, 사적이고 심지어 비밀스런 사고를 촉진할 수 있다는 점에서, 비인간적이다. 하지만 다른 한편에서 맥루언은 이것이 해방적이고(성경이나 다양한 민주적 사고가 자유롭게 유통될 수 있게 함) 혁명적이라고(개인과 집단 의식을 재구성하는 매개체) 주장할 수 있다. 지금 그 책을 읽어 보면, 그가 조바심을 내며 자신의 다음 책 ≪미디어의 이해≫(McLuhan, 1964)를 향하고 있음을 알 수 있다. 맥루언은 이 책에서 전자 커뮤니케이션 기술에 좀 더 집중했고, 그의 모든 지적 과정을 확인해 볼 수 있는 "미디어는 메시지이다"라는 경구를 좀 더 구체적으로 다룰 수 있게 된다. 허나, 그는 ≪구텐베르크 갤럭시≫에서도 구술성-문자성 정리의 원대함을 보여 주며, 커뮤니케이션 미디어, 문화적 내용과 구조, 개인 및 집단 의식 간의 관계를 설명할 수 있는 공식을 발견하려고 했다.

1962년과 1963년 12개월 사이에 나오고 해블록이 선구적이라고 생각했던 다섯 번째 연구는, 잭 구디(1968)의 ≪전통 사회의 문자성 *Literacy in Traditional Societies*≫을 통해 잘 알려진 구디와 와트의 "문자성의 결과"라는 글이다.[1] 이 글은 현대 사회(문자와 전자 문화의 사회)에까지 살아남은 구어 문화의 함의를 논의하고, 그리스인의 경험에 발견되는 구어 문화와 문자 문화의 관계를 검토한다. 이 글에서 다룬 그리스 부분은 구어 문화를 유지하는 데 있어서의 기억의 역할, 그리스 알파벳(말하는 것을 기록하는 데 좀 더 유연성을 가졌다)과 그 이전 문자 간의 차이, 문자 문화의 그리스 문학 및 철학과 그 이전 시기 문학 간의 대비 등을 조사하였다. 이 세 가지 관심 모두 구술성-문자성의 정리를 다루는 학자, 특히 월터 옹과 에릭 해블록에게 중심 문제가 되었다.

---

[1] 싱가포르의 함락 후 일본군 포로였던 와트와 아프리카의 구어 문화를 연구한 인류학자였던 구디가 구어 사회를 연구한 배경을 알아보려면 해블록(1986, p.28)을 참조하라.

해블록이 1986년 전반적으로 제안하고자 했던 점은 다양한 학문 분야의 여러 계통의 사상이 1960년대 초 서로 관련을 맺기 시작했다는 것이었다. 그는 또 다른 고전학자인 하버드대의 밀만 패리Milman Parry를 자신의 연구의 선행자로 받아들였다. 하지만 해블록이 생각하기에는, 패리가 시를 만들고 기억하는 데 구어 공식이 중요하다는 것은 알았지만 그것이 전통적인 믿음과 태도를 저장하는 단위로는 즉흥적이고 내구성이 떨어진다고 보았다.2 한편 구어성-문자성 정리를 정식으로 정의했던 주요 인물인 월터 옹은 맥루언과 세인트루이스대에 함께 있을 때 그의 대학원 학생이었다(Gronbeck, Farrell, & Soukup[1991, p.xi]에서 그뢴벡의 인용 참조; 좀 더 자세한 사항은 Farrell[2000] 참조). 이미 언급했듯이, 구디와 와트는 뒤르켕의 19세기 말 연구와 1930년대 사회 인류학이 개발한 언어학 개념에 의존한다. 1962~1963년 그렇게 많은 역작의 시기가 될 수 있었던 점은 다양한 학문 분야에서 사상과 논의가 쏟아져 나와 학계의 지평 위에 떠올랐기 때문이다. 고전학, 인류학, 문학-해석학적 이론과 비판, 수사학, 진화 생물학, 그리고 기타 변형된 사회 이론 등의 학자들은 다양한 지식 기반이 커뮤니케이션과 문화와 의식 간의 관계를 이해하는 데 미친 영향에 관심을 가지며 서로의 연구를 읽기 시작했다. 그러한 공유

---

2. 패리는 호머의 시를 자세히 분석해, 구어적 구문 방법, 예를 들어 운율의 이용, 여러 운문적 특징을 가진 어구들, 그 밖에 ≪일리아드≫와 같은 장엄한 시를 낭독할 때의 틀에 박힌 언어 등을 분리해 냈다. ≪일리아드≫는 실제로 한 마디 한 마디 암기할 수 없다. 대신 고대 그리스의 구술 시인이 했던 일은 그리스 우화의 플롯이나 줄거리, 그리고 이러한 줄거리에 붙여 "시"가 될 수 있게 하는 일련의 운율적이고 기술적인 형용사구를 배우는 것이었다. 패리는 알려져 있는 (마침내 문자로 적어 둔) ≪일리아드≫가 많은 공식에 의존해 만들어졌다는 것을 보여 준다. 시를 읊는 그리스의 음유 시인*rhapsode*은 "이야기를 함께 꿰매다"라는 의미의 rhapsoidein에서 유래했다. 해블록은 자신의 연구가 구어 문장의 언어학적인 기술 특성보다는 도덕적, 문화적 특성에 좀 더 초점을 두었다고 말한다. 배경에 대해 좀 더 알아보려면 옹(1982)과 패리(1971)를 참조하라.

의 시기에 구술성-문자성 정리, 그리고 궁극적으로는 미디어 생태학 분야가 탄생하게 된다.

이 장에서 나는 세 가지 과정으로 구술성-문자성 정리를 탐구하고자 한다. (1) 이른바 구술성-문자성의 거시 이론, 즉 사회 일반을 결정하는 지배적인 미디어의 지위에 대한 이론을 살펴보고, (2) 인간의 마음이 다양한 미디어, 특히 청각, 문자, 시각 미디어를 통해 전달되는 메시지를 어떻게 처리하는지를 논의하는 미시 이론으로 초점을 좁힐 것이다. 그리고 (3) 구술성-문자성의 거시 및 미시 이론의 시각과 용어를 비교하고 대비하면서, 미디어 생태학자들이 만든 포괄적으로 광범위한 학문 유형과 엄밀하게 기술하는 학문 유형 모두에 관한 이해를 돕고자 한다.

시작하면서 정리*theorem*라는 단어에 대해 잠시 주목하고자 한다. 수학에서 정리는 공리나 다른 기존 공식으로부터 증명될 수 있는 이론적 명제를 말한다. 이 점은 논리학자가 정리를 기존에 받아들여졌거나 증명된 전제로부터 추론될 수 있는 진술로 이해하는 것과 비슷하다. 일상적인 대화에서는 대개 증명 과정이나 직접적인 증거 없이 받아들이는 진술문을 가리키기 위해 그 용어를 사용한다. 미디어 생태학자들은 수학적 정확성이나 일상적 대화에서의 비공식성과는 다른 방식으로 그 용어를 사용한다. 월터 옹(1982)이 ≪구술 문화와 문자 문화≫에서 그 용어를 이해했던 방식은 우리의 길잡이 역할을 할 수 있다. "나는 여기서 문제를 정리의 형태로, 즉 이미 설명되었던 다양한 방식을 엮어 주는 가설적인 진술로 제안할 것이다"(p.156). 따라서 우리의 목적은 이른바 구술성-문자성의 정리를 명료화하는 것이고, 그럼으로써 그 밑의 공리, 공식, 그리고(또는) 전제를 생활 세계의 인간적 개념으로 탐구하고자 한다. 즉, 여기서 정리는 다양한 종류의 근원적인(때에 따라선 진술되지 않기도 함) 가정으로 간주할 것인데, 이러한 가정은 인간 세계에 관한 주장을 담은 명제에서 나온 일련의 개념을 합리화시키고 이해하는 데 도움을 준다.

실제 정리를 진술하는 것은 어려운 일이다. 이러한 정리는 다양한 관심을 가진 학자들에 의해 만들어지기 때문이다. 대충 말하자면, 일련의 이론적 고찰은 사회 역사가*social historian* 역할을 하는 연구자가 특정 역사적 시기의 공적 커뮤니케이션 조건이 여러 종류의 집단에서 어떠한 특성을 가졌는지를 기술하려는 데서 나온다. 또 다른 이론적 고찰은 특정 커뮤니케이션 미디어나 상징 교환의 저*that* 미디어에 대비해 이*this* 미디어를 이용하는 사람들의 커뮤니케이션 실천을 연구하는 학자들로부터 나온다. 그러한 연구자는 특정 맥락에서 구성된 특정 메시지를 면밀하게 관찰한다. 거시 이론과 미시 이론이란 호칭은 각각 이와 같은 두 가지 주요 지적 경향에 적용된다. 다만 이와 같은 도식을 통해 학자를 두 무리로 분류하지 말았으면 한다. 월터 옹과 마셜 맥루언 같은 학자는 자신의 정리를 주장하기 위해 두 가지 연구를 다 했다. 물론 각 집단의 연구자는 자신들의 다양한 연구에서 여러 가지 연구 초점을 가질 수 있다. 예를 들어, 에릭 해블록이 한 논문에서는 커뮤니케이션 미디어(예를 들어, 구어 텍스트)에 대해 쓰고, 다른 곳에서는 의식(예를 들어, 그리스인의 심적 경향)에 대해, 또 다른 곳에서는 사회적 조직 또는 통합(예를 들어, 그리스 축제에서의 구어적 행위)에 대해 쓰고 있다는 것을 발견할 수 있다. 구술성-문자성 정리에 관해 대략적으로 구분해 볼 수 있는 일련의 설명을 살펴보기 위해 거시 이론과 미시 이론 두 가지로 나누고자 한다. 물론 이러한 구분은 일차적으로 생활 세계를 편리하게 재현하는 것이지, 반드시 정확하게 재현하는 것은 아니라는 점을 충분히 인지하고 있다.

거시 이론: 사회의 지배적인 미디어

학계에서는 맥루언이 처음 거시적 수준에서 사회 구조와 문화에 관한 글을 쓴 것으로 알려져 있다. 맥루언의 ≪구텐베르크 은하계≫는 기술과 사회에 관한 다른 역사가, 그중에서도 특히 멈포드(1934)의 연구를 따라가며, 기계적으로 재생산되는 문자성, 즉 인쇄기의 발명 이후 최고조에 이른 출판의 영향력을 연구한다. 그의 주요 가정은 "기술적 환경이 단순히 수동적으로 사람을 담아내는 용기가 아니라 사람이나 다른 기술 모두를 변형시키는 능동적인 과정"(p.7)이라는 것이다. 그는 인쇄술이 서구 사회에 대변혁을 일으켜, 종교 개혁, 경쟁적인 도시-국가의 출현, 민주주의의 추진, 과학의 발달, 그리고 건축의 변화까지 가능해졌다고 주장한다. 그의 제자 월터 옹(1958a)의 ≪라무스, 방법, 대화의 쇠퇴*Ramus, Method, and the Decay of Dialogue*≫와 ≪라무스와 탈롱의 조사 기록*Ramus and Talon Inventory*≫(Ong, 1958b)이 이러한 사고에 도움이 주었다. 옹의 첫 번째 책은, 활자와 더불어 유행하기 시작하고 프랑스 학자 피터 라무스에 의해 수사학적 실천으로 바뀐 의견, 시점, 의사 표현 방식들에 관한 연구이다. 독백이 학문적 글쓰기의 지배적인 양식으로서의 대화를 대체하였고, 시각형 표현 양식이 담론의 구어적 형태를 대신했으며, 또한 책의 등장으로 교수법이 바뀌었다(옹, 인쇄술, 그리고 수사학에서의 라무스주의에 대한 개요를 보려면 Palmeri[1991]를 참조).

간단히 말해, 거시적 수준에서 미디어 생태학 이론은3 종종 사회

---

3. 구술성-문자성 정리에 특별한 관심을 가진 미디어 생태학자들은 그들의 주제가 "미디어 이론"이라고 말한다(예를 들어, Deibert, 1997 참조).

전반과 자기 의식적인 혹은 자기 성찰적인 경험의 수준에서 논의되는 인간 경험의 변화에 초점을 맞추고 있다. 이러한 변화는 집단의 지배적인 미디어의 변화와 함께 생겨나거나 수반된다.

기술 결정론

만일 어떤 학자가 지배적 미디어의 변화로 인해 사회 조직 및 운명의 변화가 일어난다고 제안한다면, 그는 기술 결정론자라고 낙인찍힌다.[4] 맥루언이 앞에서 말한 그러한 학자처럼 보이고, 그의 토론토대 선임자 중 하나인 해럴드 이니스도 일반적으로 결정론자로 간주된다. ≪제국과 커뮤니케이션≫에서 이니스(1950/1972)는 자급자족하고 비교적 고립되어 있는 사회(고대 바빌론과 같이 법률을 돌에 새겨 놓는 구어 문화)는 운반되기 어려운 미디어가 지배하는 이른바 시간 편향적 사회였다고 한다. 시간 편향적 사회에서는 과거(전통)가 현재와 미래의 많은 부분을 지배한다. 관례와 법률이 돌에 새겨졌을 때, 오래 보존되고 전통에 대한 지식을 독점하고 있는 성직자 집단이나 세속적인 집단(예를 들어 법률가)등의 보호를 받는다. 반대로 쉽게 운반되는 미디어를 가진 사회(예를 들어, 파피루스와 종이 문화)는 제국을 형성하는 경향이 있고, 그래서 이니스는 이를 공간 편향적 사회라고 부른다. 들고 다닐 수 있는 미디어는 권력의 중심에서 멀리 떨어진 곳까지 헌법, 법률, 관례 등이 유통될 수 있게 한다. 또한 특히 인쇄술로 인해 법률과 관례가 쉽게 재공포될 수 있게 되면서, 헌법, 법률, 관례

---

4. 기술 결정론적 입장의 모델에 대해서는 디버트(1997, p.28)를 참조하라. 또한 대니얼 샌들러의 웹사이트 http://www.aber.ac.uk/media/Documents/tecdet/tecdet.html을 찾아보라. 물론 새로운 커뮤니케이션 미디어가 "새로운 정보 처리 요구"와 같은 인간의 요구에 의해 추진된다고 주장할 수 있다.

등은 융통성을 가지며 정기적으로 바뀐다. 공간 편향적 사회에서 지식의 독점을 유지하는 것이 불가능한 것은 아니지만 더욱 어려워졌다. 따라서 공간 편향적 사회는 시간 편향적 사회보다 좀 더 진보적인 경향이 있다. 이니스는 그리고 아마도 맥루언도 미디어 기술이 여러 사회에서 전개되는 사회 구조를 (명시적으로, 인과적으로) 결정하고 있다고 본다.[5] 이니스는 확실히 결정론자이고 맥루언 또한 그렇다는 혐의가 있다(하지만 맥루언의 후기 사상에 대한 논의, 특히 그륀벡의 글을 참조하라).[6]

기술 실용주의

만일 무엇의 '결과로서 일어나다follow'가 아닌 '수반하다accompany'라는 동사를 택한다면, 언급된 커뮤니케이션 학자를 기술 결정론자가 아니라, 기술이 어떻게 특정 시대와 장소의 사회에서 다른 세력과 상호 작용하는지에 관심을 갖는 실용주의자라고 부를 수 있다.[7] 제임스 캐리는 그러한 지식인이다. 예를 들어, ≪문화로서의 커뮤니케이션Communication as Culture≫에서 캐리(1989)는 무엇보다 "커뮤니케이션 도구화"(p.84)에 대해 경고하길 원했다. 만일 커뮤니케이션이 관계를 이어 주거나 지시나 명령을 전달하며, 공동 기관을 재구성하는 등의 일을 완수하기 위한 수단

---

[5]. 또 다른 주장은 새로운 커뮤니케이션 기술이 정신이나 의식, 혹은 에릭 데이비스(Davis, 1998)가 말한 마음이나 영혼을 결정한다는 것이다. 다시 말해, 데이비스는 신화화와 신비주의의 여러 형태가 새로운 미디어의 특정 성격에 대한 반응으로 생겨났다고 주장한다.

[6]. 하지만 크로커(Kroker, 1984)는 성급하게 판단하지 말라고 경고한다. "맥루언을 기술 결정론자로 폐기시킨다면, 그가 지적으로 공헌했던 바를 모두 놓치는 것이다"(p.548).

[7]. 디버트(1997, 특히 p.29)는 이를 사회적 구성주의 입장이라고 부른다.

에 불과하다면, 그것은 생각을 행동에서 분리시키고, 우리가 실제 일을 하는 맥락에서 행위를 떼어 놓게 된다. 기술 결정론자는 우리의 환경과 자아 개념을 재구성하는 수단을 도구적인 면에서 생각하는 경향이 있다. 캐리는 인간이 특정한 환경에서 자신의 희망과 꿈을 추구하는 것을 볼 수 있는 현장으로서 미디어를 생각해 보고자 했다(p.110). 캐리는 커뮤니케이션, 문화, 의식 간의 인과 관계를 가정할 수는 없지만 이들 모두를 통해 인간사를 연구해야 한다고 본다. 예상해 볼 수 있듯이, 커뮤니케이션 미디어 사학자 대부분이 기술 실용주의적 설명을 추구하는 경향이 있다.

19세기 말과 20세기를 통틀어 전기의 등장이나 전기 제품의 확산(컴퓨터가 정점을 이룸)을 예로 들어 보자. 기술 결정론자 맥루언이 이니스(1951/1964)의 ≪커뮤니케이션의 편향성≫ 개정판에 머리말을 쓰면서 태연하게 전자 시대가 "시간과 공간 모두를 없애는" 과정을 통해 "조화로운 인간성"과 "성령 강림절에서와 같은 보편적 소통 상황"을 만들었다고 묘사한다(Carey, 1989, p.116). 맥루언(1962)은 그러한 전자 혁명의 결과를 다음과 같이 설명한다.

> 1905년 굽어진 공간에 대한 이러한(아인슈타인의) 인식과 함께 구텐베르크 은하계는 공식적으로 와해되었다. 선형주의와 고정된 관점이 종말을 맞으면서, 부문화된 지식이 늘 부적절했던 것처럼 받아들이기 어려워졌다(p.302).

대조적으로 캐리의 시각은 이러한 이야기를 역사 속의 인과적 영향력을 기술한 것이라기보다는 과거에 관한 수사학으로 본다. 레오 막스Leo Marx(1964)와 함께 캐리(1989)는 이것을 "기술의 숭고함에 대한 수사학"이라고 부른다(pp.120~144). 캐리는 전기가 사회적 조건과 개인의 자아 의식을 변화시키는 원인이었다고 생각하지 않는다. 대신 지배적인 미디어, 사회 변화, 개인의 자아 의식의 변동이 동시에 일어나고 서로에게 복합적인 방식으로 영향을 미쳤다고 본다. 전기에 대한 공적인 이야기는 세계의 상태를 보고하는 것이 아니라, 사회에 이미 돌아다니고 있는 집단적 희망과 환상을 언어로 말해 낸 것이다. 서구의 기술 의존은 전기가 일상적으로 이용되기 이전부터 있었는데, 18세기 후반부 내내 말로 형언할 수 없는 것 혹은 숭고함의 근거가 추구되었고, 그러한 의식은 19세기 낭만주의 및 개성주의 운동에서 깊이 있게 탐색된다.

전기 이용이 삶의 외적, 내적 영역에 미치는 효력에 대해 사고하는 방식은 이전에 사고되고 행해졌던 것으로부터 영향을 받는다. 물론 전기가 서구에 깊게 미친 영향, 즉 기계화에서 전자 그리고 디지털 기계화로의 변동, 전기로 강화되고 컴퓨터로 만들어진(전자 음향 합성 장치) 음악, 세계를 특대형 마을로 만들어 버린 텔레비전 혁명(McLuhan & Fiore, 1968 참조), 사이버세상에서 몸과 마음 그리고 내면성을 전자적으로 감시하고 조절하는 것, 공업 기반에서 서비스 기반으로 바뀐 세계 경제 등등을 부인하는 것은 아니다.[8]

거시 수준의 개념 연구를 하는 미디어 생태학자가 기술 결정론자이든 기술 실용주의자이든, 이들은 특정 미디어가, 예컨대 이른바 구어 사회에서는 구어 및 면 대 면 미디어가, 문자 사회에서는 필기 및 인쇄 미디어가, 그리고 전자 사회에서는 전기에 기초한 개인 및 공공 미디어가 지배하는 사회의 작동 방식을 이해해 보고자 한다. 몇몇 학자(예를 들어, Chesebro & Bertelsen, 1996; Couch, 1996; Innis, 1950/1972; Logan, 2000)는 기록

---

8. 전기 환경이 서구 사회에 미치는 영향에 관한 결정론적 시각을 살펴보려면, 포스트먼의 ≪테크노폴리≫(1992)를 참조하라. 다른 반응을 보려면 윈스턴(Winston, 1998/2000)을 참조하라.

된 모든 서구 문화를 진지하게 개관해 보려고 했지만, 대부분은 특정 유형의 미디어가 지배하는 사회에 초점을 맞추고 있다.

구어 문화

에릭 해블록의 연구는 구어 문화의 작용을 가장 예리하게 설명한 연구 중의 하나이다. 그는 무엇보다 문화("nomoi"와 "ethea")(Havelock, 1986, p.57)가 구어 사회에서(즉 쓰지 않고 사는 사람들 속에서) 구성되고, 유지되고, 전해지는 방식을 이해해 보려고 했다. 그는 이 단어들을 각각 "관습법"과 "민간 풍습"으로 번역하면서, 연설 그리고 특히 시가 구어 사회에서의 삶을 운영하는 열쇠였다고 주장한다. 시는 오락적이고 영감을 줄 뿐 아니라 교육적이었다. 호머는 뮤즈를 선생들로 묘사하였고, 전통은 과거의 산물이자 미래의 안내자로 이해되었다. 관습법은 선조의 지혜를 담아낸 속담이자 경구였고, 민간 풍습은 다른 사람과 관계를 맺고, 환경을 개념화하며, 일상적 과제를 완수하는 일을 수행하기 위해 통상적으로 받아들여진 관례였다.

    물론 교육은 기초적인 사회화가 이루어지는 가정 안에서 말하고 생각하는 것을 배움으로써 이루어졌을 것이다. 또한 구어 사회는 축제와 같은 공적인 행사를 가졌고, 사람들은 그 속에서 자신들의 의무를 새롭게 다짐하며 세상에서의 자신의 위치에 대해 이해했던 바를 보강시켜 갔을 것이다. 고대 서구 세계의 대경기장은 극적이고 서사시적이며 음악적인 축제의 본거지였고, 때에 따라선 집단적으로 세월의 변화, 축제일, 유명한 영웅의 업적 등을 기념하기도 한다. 관습법과 민간 풍습은 시인, 예언자, 사제, 웅변가, 배우, 그리고 축제의 청중을 위해 일하는 여타의 사람들이 내는 소리의 흐름에 포착된다. 구어 사회에서 그러한 행사가 문화적 효과를 갖는 것을 해블록은 회화적 이미지*the pictorialized image*라고 부른다. 삶의 방식에 대한 조언(민간 풍습)이 해야 할 것과 하지 말아야 할 것의 목록으로 열거되는 것이 아니라, 다음과 같은 것으로 이야기된다.

> 구체적 행동은 개인의 결심을 재현하고, 행위자 역할을 하는 개인들에 의해 연기되었다. 관습법은 추상적으로 이야기되는 것이 아니라, 오히려 구체적인 행동으로 보여 준다. 그래서 해블록은 (스스로를 인용) "정직이 최선의 방책"이라는 일반화되고 추상화된 생각이 문자 문화의 전형적인 사례인 반면, "정직한 사람은 항상 잘 된다"와 같은 규범이 되는 행위는 구어 문화의 전형적인 사례라고 했다(p.76).

추상화된 추론 패턴이 "인간의 습관과 행동에 대한 연극"의 형태를 띠며 "연기하는 사람의 이미지로 전달"되면서, 말뿐만 아니라 회화적으로 표현되었다. 인과 관계와 같은 추론 패턴을 문자의 일반론이 아닌, 연기하는 사람들의 묘사를 통해 듣고 보게 되는 것이다.

따라서 구어 사회에 중요한 것은 기억이다. 기억을 통해 시적이고 음악적인 낭송과 연기가 집단 안에 위치한 사회화된 자아 혹은 개인의 정체성을 생산하거나 재생산하게 된다(기억 문제에 대한 개론으로 Yates[1966] 참조). 해블록은 낭송의 경험 속에서 인간 대 인간의 행위를 통해 가능한 여러 가지(청각적, 시각적, 서사적, 상황적, 혹은 환경적) 단서들이 개인의 기억을 살려 낸다고 개념화했다. 소리의 흐름은 고립된 것이 아니다. 또한 그것은 들려주는 이야기, 이야기하는 사람의 태도와 몸짓, 혹은 이야기가 전달되는 물리적 환경 등과 독립적으로 경험되지 않는다. 오히려 듣는 사람은 소리, 광경, 이야기 및 다른 비슷한 이야기에 대한 기억, 물리적 환경으로부터의 단서(대경기장의 거대함, 그 안에 군집한 사람들 등) 등에 휩싸이게 된다. 그렇게 자극이 퍼부어지는 상황은 과거의 공연에 대한 기억을 되살리며, 해블록이 공명의 원칙*echo-principle*이라고 부르는 것을 만들어 내게 된다.

> 공명은 행동에 대한 새로운 진술을 수반해야 하지만, 지나치게 새롭거나 창의적일 수는 없다. 기억의 필요를 수용하기 위해, 기존 진술(혹은 경험)과 유사해야 한다. 그럼으로써 마음이 다른 것으로 비약할 수 있도록 부추기거나 유혹하고, 어울리게 말하며 따라가도록 이끈다(p.15).

금발 소녀와 세 마리 곰을 셀 수 없을 만큼 들은 아이를 생각해 보라. 그 아이는 줄거리, 단어, 금발 소녀와 모든 곰들의 전형적인 목소리 특성, 그리고 이야기를 다시 들려주는 최적의 시각과 장소(즉 자러 가기 전 침대에서)를 알고 있다. 아이의 입은 "어울리는 말을 하며" 이야기해 주는 사람을 따라가고 싶어 한다. 금발 소녀 이야기가 반복될 때마다 아이는 (1) 삶의 경험을 다루는 서사 구조의 중요성, (2) 이야기의 교훈, (3) 이야기하는 사람과 듣는 사람 간의 신뢰 관계, (4) 전통적 이야기를 기억하는 것과 자러 가는 행위 사이의 관계(즉 자신의 사회적 관계에 대한 긍정적인 생각을 하며 자라가는 것이고, 이것은 사회적 유대의 경험임) 등을 강화시킨다.

아이의 참여는 모든 구어 사회의 행사와 비슷하다. 해블록(1986)이 축제를 논의하며 언급했듯이, 청중은 "노래 부르는 사람에 맞춰 박수치고, 춤추고, 집단적으로 노래"한다. 그럼으로써 구어 사회의 구성원은 "도시의 기풍과 법을 모방(모사)"하면서, "역사적으로, 윤리적으로, 정치적으로" 중요한 것을 공유하였다(p.93). 전통이 현재 반영되고 미래의 용도를 위해 정당화되면서, 개인은 노래 부르는 사람 및 연기자와 함께 사회적 코드를 행한다. 행위로 수행된 기억은 구어 사회의 부분들을 결합시킨다. 미학적 드라마(대체로 시)와 사회적 드라마(일상적 삶의 일과) 간의 명백하고 중요한 유대감이 발전되는 것이다.9

그렇다면 구어 문화는 과거의 전통에 기초하여 진화하는 현재에 살고 있고, 이러한 과거의 전통은 공적 이야기로(종종 시로, 때에 따라선 웅변의 형태로) 되풀이되면서 미래에 대한 방향을 단정하고 지시한다. 구어 문화가 생존하려면, 면 대 면 상호 작용과 개인적 힘의 행사가 필수적이다.

문자 문화

미디어 생태학자는 문자 문화의 사회 조직과 집단 의식의 상태가 구어 사회의 문화와 의식과 근본적으로 다르다고 생각한다.10 우리는 이미 맥루언의 분석을 주목한 바 있다. 필사(손으로 쓴) 문자에서 인쇄(기계적으로 재생산된) 문자로 이동하면서 종교, 정치, 교육, 과학의 대변혁이 일어났다. 다른 이들도 그러한 대변혁에 대해 적고 있다. 포스트먼과 디벌트의 연구를 생각해 보라(Eisenstein, 1983, 1979; Stock, 1983 참조).

닐 포스트먼(1985, 1999)은 문자 문화를 지키기 위해 자신의 두 책을 바친다. ≪죽도록 즐기기≫에서 그는 처음으로 "진리의 개념이 표현 형태의 편향성과 밀접하게 연관되어 있다"고 주장하며(Postman, 1985,

---

9. 빅터 터너Victor Tuner와 리처드 셰크너Richard Schechner의 글은 미학적 드라마와 사회적 드라마의 관계를 탐구했다. 칼슨의 책(Carlson, 1996, p.19~24)은 이들에 대해 유용하게 개관하고 있다.
10. 구어 문화와 문자 문화의 근본적 차이를 주장하는 입장에 관해, 데니(Denny, 1991)는 그 차이가 과장되었다고 주장하며 주목할 만한 이론異論을 제기한다. 그는 그러한 입장이 탈맥락화(구체적인 지금, 여기로부터 사상이나 관념을 추상화하는 능력)를 통해 이 구어 문화와 문자 문화를 결정적으로 구분하고 있다고 주장한다.

p.22), 사회적 인식론이, 즉 사회의 사람들이 자신과 세계를 생각하는 방식이 지배적인 미디어 형태에 기반한다고 제안한다. 따라서 한 나라에 새로운 지배적 미디어가 발전되어 갈 때, 진리에 대한 이해도 바뀔 수 있다. 이러한 가정은 "활자 문화의 미국"에 관한 그의 분석을 이끌어 낸다. 한 국가로서 미국은 메이플라워의 맹약, ≪베이 시편집≫, 토머스 페인의 ≪상식≫, 성문 헌법, 그리고 다른 문서의 흐름 등에 기반을 두었고, 공유된 사회관의 문화적 기준도 문서에 기초하였다. 17세기 후반부, 매사추세츠와 코네티컷 남자들의 약 85% 내지 90%(추측컨대 다른 식민지와 비교할 만한 숫자)가 읽고 쓸 수 있었고, "아마도 당시 세계에서 읽고 쓸 수 있는 남자가 가장 높은 비율로 모여 있었다"(Postman, 1985, p.31). 공립 학교 체계가 생겨나 읽고 쓰는 능력을 더 멀리 보급했고, 신문 산업이 번영했으며, 19세기에 회원제 대출 도서관이 번성하게 되었고, 국가의 대중 연설은 "인쇄 언어에 기초"했다(p.41). 모든 공적 사업이 문자를 통해 순환하며 "신문은 담론의 기계가 아니라 구조로서, 특정 종류의 내용을, 그리고 필연적으로 특정 종류의 수용자를, 배제시키거나 강하게 요구했다"(p.43).

그런 다음 포스트먼(1985)은 미국의 "활자 정신," 즉 연설을 들을 때조차 산문에 기초한 사고를 전개하도록 훈련되어 있는 국가의 집단 정신으로 화제를 옮긴다. 활자 문화 시대의 집단 의식에 관한 그의 정리의 핵심은 다음과 같은 인용문에서 발견할 수 있다(p.51).

> 언어가, 특히 인쇄술의 엄격함에 의해 통제된 언어가, 커뮤니케이션의 주요 미디어일 때, 사상, 사실, 혹은 주장은 필연적인 결말이다. 사상이 진부하고, 사실이 부적절하며, 주장이 틀릴 수 있다. 하지만 언어가 개인의 생각을 안내하는 도구이기에, 의미를 피할 수 없다…… 저자와 독자가 의미론적 의미에

고심할 때, 그들은 지성에 대한 가장 심각한 도전을 하게 된다…… 또한 [독서]는 본질적으로 이성적인 활동이다.

그래서 포스트먼은 활자 혁명으로부터 미국의 문화뿐만 아니라 공적인 일을 의식적으로 진행하는 방식, 즉 집단 이성이 지배하는 사상을 문자적으로 구성하는 방식을 발견한다. 그 이후 책에서 포스트먼(1999)은 그러한 종류의 문화적 이성을 오늘날의 전자 세계에서 다시 마련할 수 있는 방법을 모색했다.

닐 포스트먼을 이어 집단 의식의 세계를 연구한 이는 로널드 디버트Ronald Deibert(1997)이다. 디버트의 저서인 ≪양피지, 인쇄술, 하이퍼미디어: 세계 질서의 변화와 커뮤니케이션Parchment, Printing, and Hypermedia: Communication in the World Order Transformation≫은 기계적 문자 문화의 대변혁이 갖는 두 가지 일반적인 효과, 즉 분배의 변화와 사회적 인식론의 변화를 중심으로 구성되어 있다(p.3). 디버트는 새로운 지배 미디어가 생각지 않은 효과를 갖는 것은 그것이 "인간 행위자와 사회 집단이 상호작용을 하는 물리적 지형"의 일부가 되었기 때문이라고 주장하며, 결정론자의 결점을 피하고자 했다(p.29). 새로운 미디어는 단순한 도구라기보다는 환경으로서, 사람들의 외적, 내적 변화가 이루어지는 현장이 될 수 있다.11

분배의 변화는 사회적-정치적 토대가 어떻게 새로운 미디어의 영향을 받는지를 나타낸다. 디버트는 분배의 변화를 설명하기 위해 두 가

---

11. 맥루언은 종종 환경으로서의 미디어 개념을 대중화시켰다고 한다. 선전이나 문화적 환경에 관한 자크 엘륄(1965/1973)의 주장을 살펴보면서 그러한 개념을 발전시키기 위한 도움을 얻었을 것이다. 미디어와 환경에 관한 맥루언의 글(1966)을 살펴보기 위해, 에릭 맥루언와 징그론(McLuhan & Zingrone, 1995, pp.219~232)을 참조하라.

지 정리를 가정한다. "첫째는 미디어 이론의 가장 기본적인 명제, 즉 결정론적 의미가 아닌 특정 종류의 인간 커뮤니케이션을 '좀 더 수월하게 혹은 좀 더 어렵게 만든다'는 의미에서 특정 커뮤니케이션 환경은 특정한 '논리' 혹은 '특성'을 갖는다"(p.32, Ruggie 인용, 1986). 또한 일반적으로 다양한 관심과 목적을 가지고 새로운 기술을 받아들이며 활용하는 사회적 행위자 집단이 있다는 것이다. 물론 어느 시기나 사회에는 야심만만한 집단들이 많지만 이들 중 몇몇만이 새로운 미디어의 특성에 잘 들어맞는 목적과 조직을 갖고 있다. 따라서 인간의 야심과 욕망은 특정 미디어 환경과 상호 작용하며 사회 정치적 변화를 창조하고 퍼뜨린다.

한편, 사회 인식론적 변화는 프랑스의 사회 이론가가 집단 심성 *mentalites collectives*이라고 부르는 "사상과 사고 방식의 '내적' 세계"의 변화이다(p.33). 마르크스 이후 많은 사회 이론가들이 의식의 변화가 사회적, 정치적, 경제적 권력의 산물이라고 주장했지만, 미디어 이론은 특정한 종류의 물질적 고찰, 즉 커뮤니케이션 기술의 변화를 끌어들인다.[12]

디버트는 자신의 효과 개념을 뒷받침하는 정리를 이용해 자신의 연구 프로젝트, 즉 중세의 "세계 질서"가 근대적인 질서로 바뀌는 과정에 대한 탐구를 전개해 간다. 그가 자세하게 조사하는 것은 중세 유럽에 단일화된 영적 공동체 운동이다. 여기서 신비스런 몸*corpus mysticum*은 세속적 인간과 자연 세계를 제자리에서 엮어 주는 예수, 교회, 교황 등과 함께 존재의 대사슬*the Great Chain of Being*로 그려진다. 권력은 특별했지만, 영역별로 분할되어 있지 않다. 여기에 "조직의 비영토적*nonterritorial* 논리"가 있다(p.13). 뒤에 이어진 근대적 세계는 디버트가 보기에 주춤주춤

---

[12]. 디버트는 루이스 멈포드의 저서 ≪기술과 문명≫(1934)의 도움을 받아 기술 혁신과 사회적 인식론의 관계에 관한 논거를 세웠다.

전개되며 적지 않은 시간에 걸쳐 시작되는데, 여기서 영토성은 중요해진다. "모든 경제적, 사회적, 문화적 활동이 상호 배타적이지만 기능적으로 유사한 정치 실체, 혹은 영토의 '꾸러미'로 구획화되고 분할"된다(p.14, Elkins 인용, 1995). 그러한 변화의 도구가 인쇄술이었다. 인쇄술이 "시각적, 선형적, 획일적 공간의 재현을 지향하는 인식의 편향성"(p.204)을 가질 수 있기 때문이다. 또한 사회적 추상 개념을 계약서, 신문, 헌법 등 인쇄된 형태로 유통하는 것이 중요해졌듯이, 표준화도 가치 있는 개념이 되었다.

맥루언, 포스트먼, 디버트 등은 구술성-문자성 정리의 입장에서 사회의 문화 역사에 대해 글을 썼다. 이들의 분석에 대해서는 나중에 논평을 하도록 한다.

전자 문화

이제 우리 자신의 시대, 더들리 앤드루Dudley Andrew(1997)가 말한 논란의 이미지 시대에 이른다. 논란의 이미지는 전자 문화를 논의하는 중요한 이정표가 된다. 19세기의 사사분기에서 오늘날에 이르기까지, 기계적으로 혹은 전자적으로 재생된 이미지, 말, 소리 등에 집중한 대부분의 학문이 의심, 두려움, 노골적인 비난 등의 논의로 가득 찼다. 영국과 인도 사이에 놓이는 대양 횡단 케이블에 대해 존 러스킨이 말한 논평, 즉 "하지만 인도에 뭐라고 이야기해야 하지?"에서부터, 인터넷에서의 도용 문제를 기록한 최근의 신문 기사까지, 전자 문화는 엄청난 양의 부정적인 비평을 낳았다. 지금에서야 전자 시대에 관해 좀 더 차분하고 분석적인 연구가 쌓이기 시작하고 있다.

전신, 전화, 무성 영화/유성 영화, 텔레비전, 컴퓨터 보조 커뮤니케이션 등 각각의 새로운 전자 미디어뿐만 아니라 이러한 미디어를 전달하는 기술적 혁신(케이블에서 위성에 이르기까지)으로 인해, 그 희망과 병리 현상에 대한 수많은 공적 비판이 나오게 된다. 각각의 새로운 미디어는 생각컨대 사회의 활력과 파멸을 동시에 만들어 내고 있다. (R. Davis의 책 [1976]에서 무성 영화에 대한 대중적 논의 참조; 전신, 초기 활동 영화, 초기 라디오에 대한 공적, 학문적, 이론적 논의는 Czitrom[1982]의 책에서 찾아볼 수 있음; 전신의 일부 영향력은 Carey의 "기술과 이데올로기: 전신의 사례"[1989]에서 논의됨; Gronbeck[1988]은 텔레비전에 대한 공격을 재검토함). 전자 미디어가 사회에 대변혁을 일으켰고, 좋건 나쁘건 문화적 기반에 결정적으로 영향을 미쳤다는 점은 논쟁의 여지가 없는 것 같다.

하지만 어떻게 대변혁을 기술해야만 하는가? 맥루언(1964)의 유명 저서 ≪미디어의 이해≫는 대변혁의 힘을 책 제목의 중심 은유인 확장에서 파생된다고 묘사했다. 각각의 새로운 전자 미디어는 몸의 일부를, 예를 들어 영화와 텔레비전은 눈을, 라디오는 귀를, 철도는 사람의 발을, 그리고 컴퓨터는 중추 신경계를 확장시켰다. 각 새로운 미디어는 인간의 감각 기관 그리고 정신을 개조하였다(Nevitt, 1982의 7장.참조). 그의 기본적인 정리는 분명하다. "기술의 변화가 유기체적 진화의 특성을 갖는데(문자 그대로!), 그 이유는 모든 기술이 우리의 육체적 존재의 확장이기 때문이다"(p.164). 이른바 ≪미디어의 법칙≫이라는 그의 후기 연구는 사회적 과정을 좀 더 폭넓게 바라보며, 이러한 과정이 네 부분의 사회적 과정, 즉 확대*amplification* 혹은 강화*enhancement*, 퇴화*obsolescence*, 부활*retrieval*, 역전*reversal* 등에 의해 전개되는 것으로 설명했다. 그래서 인쇄술은 개인적인 저술을 확장시켰고, 속어와 방언을 쇠퇴시켰으며, 엘리트주의를 복구했고(읽고 쓰기를 통해), 독서 공중을 대량 생산함으로써 사회의 부족적 경향을 뒤집었다(Gronbeck[1981]이 개략적으로 살폈고, McLuhan &

McLuhan [1988] 및 McLuhan & Powers[1989]에서 상술됨). 미시 이론을 살펴보면서 인간의 감각 기관에 대한 맥루언의 사상은 다시 살펴본다. 하지만 지금 우리가 이야기할 수 있는 것은 그가 일생에 걸쳐 미디어 사용의 변화에서, 특히 전자 미디어에서 생겨난 사회 정치적-문화적 변화를 기록하는 데 역점을 두었다는 점이다.

월터 옹이 전자 문화에 관한 우리의 시각에 중요하게 공헌한 점은 제2의 구술성 개념이다. 그러한 개념은 전자 공론장이 고대 구어 문화의 특성을 어느 정도 회복시키고 있다고 제안한다. 제2의 구술성이라는 문구는 구술성이 비록 제1의 구술성 시대에서 (원래의 구어 문화에서) 가능했던 형태와는 다르지만, 전자 세계에서 다시 중심 무대를 차지하고 있다는 것을 강조하려고 한다. 실제의 구어 교류를 이야기하는 것이 아니라, 가상적 친교, 즉 영화, 라디오, 텔레비전, 전화, 인터넷을 통해 공중의 대화감각을 말-시각-청각적으로 구축하는 것을 말하는 것이다. 제2의 구술성에 관한 그의 가장 강력한 진술은 ≪구술 문화와 문자 문화: 말의 기술화≫(Ong, 1982)에서 나타난다. "제2의 구술성은 강한 집단 의식을 생기게 하는데, 그 이유는 구어를 듣는 것이 듣는 사람을 집단으로, 즉 진정한 청중으로 만들기 때문이다. …… 하지만 제2의 구술성은 제1의 구어 문화보다 헤아릴 수 없이 더 거대한 집단을 위한 의식, 즉 맥루언의 '지구촌'을 낳는다. 제2의 구술성은 또한 제1의 구술성을 특징짓는 자발성의 흔적을 가지고 있지만, 우리가 인쇄술의 분석성을 받아들인 상태이기 때문에 우리의 사건을 철저하게 자연스러운 것으로 만들기 위해 면밀히 계획한다"(p.137). 원시 사회의 논쟁 관행이 TV 방송 토론의 형태로 되돌아오지만, 이 역시 차이를 가지고 있다.

TV에서 토론을 벌이는 대통령 후보들은 과거 웅변가들이 환유적으로 공간을 소유한다고 주장하는 것처럼, 연단 주변을 돌아다니며 손을 휘두르거나 너른 장소에서 돋보이려고 하지는 않는다(1992년 클린턴 때까지는!). 이들은 연단 위아래를 걸어 다니며 서로에게 말을 내뱉는 대신, 품위 있는 말을 교환하기 위해 방탄 연단 뒤에 자리 잡으며 자제하는 이미지를 보여 준다(Ong, 1981, p.142).

옹이 제2의 구술성 개념을 지향하며 노력했던 점은 말과 인쇄술 등 과거의 지배적인 미디어가 새로운 미디어 시대에 사라지지는 않는다는 단순한 인식이다. 하지만 그러한 단순한 생각에는 과거와 현재의 관계를 개념화시키는 문제가 생겨난다. 어떻게 그들이 연관되는가? 과거는 단순히 다시 나타나는 것이 아니다. 그럴 수 없기 때문이다. 예를 들어, 휴대 전화의 교환이 실제 대화의 느낌을 살릴지라도, 그것은 면 대 면 대화가 아니고, 대화하는 사람의 완전한 현존을 수반하지 않고 있다. 오히려 제2의 구술성에서의 구술성 자체(따라서 구어 문화의 잔류)는 사실상 전자 미디어에 비해 상대적으로 중요하지 않은 이차적인 커뮤니케이션 역할을 하고 있다. 이 모든 것은 전자 커뮤니케이션이 일종의 해석적 형상을 하며, 이를 통해 과거 구어적 상호 작용의 느낌이 새로운 시대에 변화된 상태로 재출현하고 있다는 것을 의미한다.13

---

13. 과거와 현재의 관계를 개념화하는 것이 미디어 생태학자에게 어려울 수 있다. 맥루언은 새로운 미디어의 내용이 언제나 과거 미디어로부터 온 것이라고 주장하면서, 백미러의 은유에 의존한다(맥루언의 입장에 대한 개념적 분석을 위해 Theall, 1971 참조). 같은 해, 옹(1971)은 쓰기의 형태에 잔존하는 구어적 구조를 이야기하기 위해, "구어의 잔여물"이라는 개념을 대중화시켰다(Haskins[2001]은 그러한 잔존이 소크라테스 이후 수사학에 일부가 되었다고 주장했다). 해블록(1986)은 "성문화된 구술성"에 동의했지만 그러한 어구가 모순적인 말이라고 여겼다. 디버트(1997)는 하이퍼미디어라는 용어를 사용해 인쇄 및 다른 상징에 접근하는 디지털 양식뿐만 아니라, 19세기 발명의 시대에 존재했던 커뮤니케이션 기술의 경험을 기술했다. 두 가지 연구가 더 있다. 놀란(Nolan, 1990)은 문학 작품의 반영된 시각성을 검토하며 일반적인

마지막으로 두 세대의 전자 시대 논평가와 이론가를 사로잡았던 것은 스펙터클, 특히 대중적으로 공유된 이미지의 역할 혹은 사회 정치적 삶에서의 이미지의 결과이다. 영상 정치학이나 영상 수사학 영역이 확장되고 있다. 자주 인용되는 연구 중에는, 정치 뉴스의 TV 방송 재현을 분석한 머레이 에델만Murray Edelman(1988)의 ≪정치적 스펙터클의 구성Constructing the Political Spectacle≫, TV 방송용 발표를 위해 정치 연설이 재가공되는 문제에 관한 캐슬린 홀 제이미슨Kathleen Hall Jamieson(1988)의 ≪전자 시대의 수사법: 정치 연설의 변화Eloquence in the Electronic Age: The Transformation of Political Speechmaking≫, 역사적으로 매우 중요하다는 사건의 생방송에 관해 다룬 대니얼 다얀과 엘리후 카츠Elihu Katz(1992)의 ≪미디어 사건Media Events≫, O. J. 심슨 체포 및 공판전 청문회, 힐-토머스 청문회, 가족관 논쟁, LA 폭동 등의 사례 연구를 통해 "미디어" 사건이 "실제" 정치가 되는 방식을 논의한 존 피스크John Fiske의 ≪미디어 문제: 일상 문화와 정치 변화Media Matters: Everyday Culture and Political Change≫, 감정적 호소를 위해 이성적 결정 과정을 훼손하는 TV 방송 정치에 관한 로더릭 하트Roderick Hart(1994/1999)의 ≪미국을 유혹하기Seducing America≫, 특히 1990년대 공적 정치 정보를 전자적으로 매개하며 바꿔 버린 정보 편향성(개인화, 극화, 파편화, 그리고 권위의 혼란 편향성)에 대해 이론을 발전시킨 랜스 베넷Lance Bennett(1983/2001)의 ≪뉴스: 환영의 정치News: The Politics of Illusion≫ 등이 있다. 이러한 연구들은 특히 미국에 반영된 현상과 사회 정치적 삶에 관한 수많은 책 중 몇 가지 사례에 불과하다.14

관계를 뒤집었고, 메사리스(Messaris, 1994)는 시각 경험의 "읽기"를 설명하기 위해 20년 동안의 시각성 연구를 정리했다.

14. 디지털화된 사회 정치적 문화의 삶에 관한 유사한 책이 꽤 등장했는데, 대부분 라인골드의 유명한

공적 삶의 실천에 관한 연구들이 일반 출판사와 대학 출판사에서 출간되면서, 이론가들은 앞 다투어 그런 삶을 설명하였다. 사회 이론가는 현대의 이미지 지배와 이러한 이미지가 세계와 인간 혹은 인간 서로 간의 직접적인 접촉을 파괴한다는 것에 관해 고찰한 프랑스 상황주의자 기 드보르Guy Debord(1967/1983)의 유명한 ≪스펙터클의 사회Society of the Spectacle≫부터, 스티브 존스Steve Jones(1995)의 ≪사이버사회Cybersociety≫와 마이크 페더스톤Mike Featherstone과 로저 버로우Roger Burrow의 ≪사이버공간/사이버몸/사이버펑크Cyberspace/Cyberbodies/Cyberpunk≫처럼 이른바 "기술이 체화된 문화"에 대한 이상적 혹은 부정적 시각을 모은 책까지 전 영역에 걸쳐 있다. 전자 문화의 삶을 설명하기 위해 생겨난 새로운 사회 이론은 이미지 만들기 혹은 재현 이론(예를 들어, Hall, 1997)을 강조하는 최근의 문화 연구 형태뿐 아니라, 포스트모던 사회 사상, 특히 리오타르(Lyotard, 1979/1984)의 영향을 받는다. 포스트모던 연구와 문화 연구 모두가 사회 경험의 파편화뿐만 아니라 대중 이미지의 흐름에 의한 그것의 지배 혹은 통제를 강조하고 있다.15

예컨대, 구술성-문자성-영상성visuality의 정리를 통해 설명하고 추론하는 거대 이론은, 특히 서구 세계에서의 사회 정치적 삶의 변화와 순환 그리고 특정 시공간에서 작용하는 지배적인 미디어 개념을 연관시켜 밝히는 데 활용된다. 일단 미시 이론을 다룬 다음, 이러한 학문이 갖는 장점과 약점을 논의하도록 한다.

≪가상 현실Virtual Reality≫(1991)과 ≪가상 공동체The Virtual Community≫(1993)까지 거슬러 올라가고 있고, 라인골드의 책은 다시 다른 네티즌과 마찬가지로, 깁슨(Gibson, 1984)의 덕을 보았다고 한다.
15. 릴의 ≪미디어 문화 탐구Exploring Media Culture≫(Real, 1996)는 현대 미디어 문화에 관한 여러 가지 이론적 기초를 사례 연구와 함께 포착하려고 애썼다.

미시 이론: 채널로서의 소리, 문자성, 영상성

구술성-문자성 정리가 사회 전반이 아닌, 정보를 습득하고 처리하는 여러 인지적-정서적 채널에 대해 어떤 이야기를 하는지 살펴보며 우리의 시각을 정리해 볼 때, 우리는 관련성 있지만 너무도 다른 고찰 방식을 만나게 된다. "미디어가 메시지"라는 이해 방식은 인간이 서로 다른 미디어를 통해 전달되는 메시지를 어떻게 전형적으로 처리하는지를 탐구하는 것이다. 여기서 전형적이라는 단어는 중요할 수도 중요하지 않을 수도 있다. 이 문장에 쓰인 전형적이라는 단어는 미디어 이용이 문화적인 조건 하에 있다는 것을 일러 준다. 당신들은 보는 방식보다는 바라보는 방식, 즉 시각 환경에서 무엇이 바라볼 만한 가치가 있는지, 혹은 당신이 바라보는 것에 어떠한 가치가 있는지(또는 없는지)를 배운다. 다른 미디어와도 마찬가지이다. 당신은 자연스럽게 "듣지만" 귀 기울이는 방식을 배운다. 문화적 조건 때문에 촉감으로부터의 감각 자료가 특별한 방식으로 부호화되는(당신이 접촉하는 것이 무엇인지를 이해하게 되는) 경향이 있게 된다.

다시 말해, 이 절의 초점은 개인에게 다가간 매개 정보의 인지 및 정서적 과정에 있지만, 구어, 문자, 전자 문화의 사회적 구조와 그것이 사람들에게 미치는 영향력에 관한 거시 이론적 정리를 실제로 무시할 수는 없다. 앞에서 이야기했듯이, 거시/미시의 구분은 단순히 분석을 위한 것이지, 그것을 기술하는 것은 아니다. 미디어 작용에 관한 실제 역사 연구에 있어(이 책의 다른 사람들을 보라) 구분은 도움이 되지 않지만, 이론적 목적을 위해서는 도움이 된다. 따라서 지금부터는 미시 이론적 수준에서 설명한 정리를 살펴본다.

구어 자극의 처리 과정

월터 옹은 구어 문화에서의 커뮤니케이션 이론을 가장 완전하게 발전시킨 이론가이다. ≪구술 문화와 문자 문화≫(Ong, 1982) 중 제3장은 "구술성의 몇 가지 정신역학," 좀 더 정확히 말하자면 면 대 면 커뮤니케이션의 아홉 가지 특성에 초점을 맞추고 있다. 이러한 특성은 옹이 구어 문화의 지적 상태라고 생각한 것,16 즉 구어 문화에서 개인의 정신이 인지적으로 그리고 습관적으로 조직되는 방식 및 실제적으로 작용하는 방식을 보여 준다. 이러한 아홉 가지 특성은 다음과 같다(pp.37~57).

1. 종속적이기보다는 부가적이다. 구어 문화의 정신은 마치 아이가 이야기를 전할 때 설명 없이 "그리고 …… 그리고 …… 그리고 ……"로 말하는 경향이 있는 것처럼, 항목들을 위계적으로 조직하기보다는 더해 가는 경향이 있다. 읽고 쓰는 능력을 가졌을 때는 담론 구조에 전칭全稱 명제와 종속문을 갖는 경향이 있다.
2. 분석적이기보다는 집합적이다. 구어 사회에서 중요한 정보를 모으고 결합시키기 위해서는 공식이 필요하다. 이러한 공식은 상투적인 형용사의 형태("멋진 왕자," "용감한 전사," "뻔질이 윌리 클린턴")나 경구("적당할 때에 한번 꿰매 놓으면 나중에 아홉 번 꿰매는 수고를 던다")의 형태를 취할 수 있다. 경구는 상황을 분석하지 않지만, 문화의 지혜를 모으고 전수시킨다.
3. 장황하고 풍부하다. 구어 문화에서 사람들은 되풀이해서 말한다. 다시 말해 듣는 사람이 이해하고 기억하는 것을 돕는 다른 형태로 생각을 제시 한다(이 문장에서 그렇게 했듯이). 구어로 말하고 있는 동안에는 듣는 사람이 "거꾸로 되돌아갈backloop"(p.39) 방법이 없기 때문에, 명확성과 기억을 돕기 위해 반복

---

16. 옹의 초기 연구는 "정신역학" 전반에 초점을 두기보다는 의식에, 특히 의식의 진화에 특별히 관심을 쏟았다. 이 주제에 관해 토머스 패럴의 글(Farrell, 1991)과 그것을 확장시킨 책(Farrel, 2000)을 참조하라.

해서 말하게 된다.

4. 보수적이고 전통적이다. 문화의 지혜와 규칙을 적을 장치가 없기 때문에 다른 방식, 즉 반복적인 이야기, 경구, 정기적으로 암송되는 종교적 예배 등으로 보존되어야만 한다. 이렇게 함으로써 과거 혹은 전통은 구어 사회에서 엄청난 힘을 갖게 된다.

5. 인간의 생활 세계와 밀접하다. 목록을 쓸 수 없기 때문에 리듬이나 운을 가진 것으로 재생산된다("30일을 가진 달은 9월, 4월, 6월, 11월이 있다" 등Thirty days hath September, April, June, and November" etc.). 기술은 교본이 아닌 도제로 전수된다. 문자 없이 보여 주고 말하는 세계에서 지식은 구체성을 통해 오랫동안 살아남을 수 있게 된다.

6. 논쟁적인 어조를 가졌다. 의사 결정이 부족의 면 대 면 집회에서 이루어지기 때문에, 논쟁은 쉽게 인식 공격으로 흐른다. 말로 하는 지적 싸움은 구어 문화의 생활 세계에 중심이 된다. 어떤 사람에 대해 놀리고, 으르렁대고, 조롱하고, 소리를 지르며, 말로 공격하기 위해 수많은 다른 이름을 거론한다. 물론, 칭찬의 기술(아리스토텔레스의 용어로는 epainos) 또한 똑같이 잘 발달되고 의식화儀式化되어 있어, 말싸움을 통한 집단의 의사 결정에 균형을 잡는다.

7. 객관적으로 거리를 두기보다는 감정이입을 하고 참여적이다. 해블록이 이야기했듯이, 수용자 참여는 구어 문화에서 중요하다. 반응은 개인적인 것이 아니라, 집단적이고 동화력을 갖는다. 즉, 구어 사회의 사람들은 (아프리카계 미국인 교회에서 예배할 때의 응답 형태와 매우 유사하게) 메시지를 반복하고, 후렴부를 복창하거나 성가대 노래를 함께 따라 부르며, 소리치고, 손뼉을 치고, 껑충껑충 뛰거나, 커뮤니케이션 활동에 전적으로 동참하게 해주는 여타의 신체적인 행동에 참여한다. 그러면서 메시지를 내면화한다.

8. 항상성을 유지하려고 한다. 구어 사회는 새로운 경험에 맞는 새로운 언어를 찾고 더 이상 필요하지 않은 단어와 의미를 버림으로써, 커뮤니케이션의 평형 상태 혹은 항상성을 추구한다. 그곳에 언어를 정의하며 고정시키는 사전이나 역사를 열거하는 책이 없어도, 구어가 변화하는 사회에 끊임없이 적응해 가고, 유연하게 자신이나 집단 기억을 바꿔 나가기까지 한다.

9. 추상적이지 않고 상황적이다. 삶이 구체적으로, 즉 일련의 사건으로 경험된

다면, 구어 사회에서의 사람들 간의 커뮤니케이션은 전반적으로 상황에 따른다. 구어 문화의 주체는 모양을 표현하기 위해 "원" 또는 "정사각형"과 같은 단어를 발달시키는 대신, "접시," "문"과 같은 사물의 이름을 붙일 것이다. 구어 사회에서 추상적인 단어("정의," "선")가 발달할 수 있겠지만, 그것에 대한 추론은 상황에 따른다. 이 상황에서 올바른 것은 무엇인가? 지금 여기서 무엇이 선인가? 구어 세계에서는 철학의 기록이 없다.

이러한 정신역학의 특색에 관한 목록에서 옹이 시도했던 점을 주의해 보라. 그는 구어 사회에 개인의 경험이 전개될 때의 인지적-정서적 차원을 포착해 보고자 했다. 그는 고전학자와 언어인류학자의 연구에 의존했다(특히 Luria, 1976). 즉 여러 역사적-종족적 경험에서 나온 견해를 종합하여 자신의 정리에 대한 증거를 최대한 뒷받침하려고 했다. 구어 문화와 정보 처리 과정에 접근하기 위해(유일한 접근은 아니지만) 학자들은 종종 그의 연구를 거론한다.17

문자적 사고 방식

옹(1982)은 ≪구술 문화와 문자 문화≫의 4장에서 "쓰기는 의식을 재구조화한다"고 주장한다. 허시(Hirsch, 1977)의 탈맥락적 담론 개념과 올슨(Olson, 1980)의 자율적 담론 개념에 의거해, 옹은 읽고 쓰는 능력을 갖춘 상태가 구술성과 심리 문화적으로 완전히 다르다고 보았다. 그것은 인

---

17. 좀 더 주관적인 연구에 대해 알아보기 위해 해블록(1986, 특히 그륀벡[2000]이 재구성한 8장)과 비교해 보라. 소리와 언어 중심의 시각을 확대시켜, 면 대 면 커뮤니케이션 경험, 촉각학(만지기), 시각학(시선 맞추기), 향기학(냄새), 근접 공간학(공간 관계), 동작학(몸 동작), 시간학(시간의 변화), 사물학(물적 표시), 채색학(색상, 명도, 채도), 발성학(억양이나 목소리의 특성)을 포함시킨 이론을 알아보려면, 체세브로와 버텔슨(Chesebro & Bertelsen, 1996, 4장)을 참조하라.

공적인 기술로서 너무 강력해, 인간의 의식을 변화시키고 있다고 본 것이다. 그러한 변화의 기조는 쓰기가 모든 인간의 발화를 대표할 수 있게 되면서 생겨난다(1982, p.84).

> 지식의 신세계로의 유례없는 대약진은 단순한 의미론적 부호가 고안되었을 때 이루어진 것이 아니라, 시각 부호의 부호화 체계가 발명되면서, 이를 근거로 저자가 자신의 독자들이 텍스트에서 읽어 낼 단어를 명확하게 결정할 수 있게 되면서 성취된다.

그러한 변화에 쓰기의 시각성 또한 중요하다. 쓰기는 소리가 아닌 시각에 의존하면서 신체로부터 메시지를 독립시키며 인간의 커뮤니케이션 경험을 외면화外面化시킨다. 외면화로 인해 생각이 기억에서 서면으로 된 기록으로 옮겨가게 되는데, 그럼으로써 "문학"과 철학이 생겨나고, 증명이란 개념이 인간 정신의 내면에서 바깥으로 옮겨갔으며, 과학이 내면적 성찰로부터 분리하게 된다(Ong, 1982, 4장; Havelock, 1963 참조).

해블록(1986, 5장)의 충돌collisions 개념은 문자성의 경험에 관한 또다른 사고방식을 포착한다. 그가 특히 기원전 5세기 그리스에서 조사했던 것처럼, 구어-문자 미디어는 문화적 충돌을 일으켰고, 구어 문화의 사고 양식이 문자 문화의 합리성을 만나게 된다. 플라톤의 이상주의적 철학은 그러한 충돌의 결과이고, 4세기 뒤 신약의 일부도 그렇다(성경의 구어적인 부분과 문자적인 부분에 관한 연구로서 Kelber[1983] 참조). 비슷한 충돌(문자와 전자 미디어 간의)이 우리 시대에 일어나고 있다고 말할 수 있다(Postman, 1985; Ellul, 1985 참조). 물론 충돌이라고 말하지 않고, 구술성과 문자성을 서로 대조를 이루는 인지 및 담론의 실천 양식으로서 다룰 수도 있다(예를 들어, Olson & Torrance, 1991). 예를 들어, 대학 강사가 구어 강의의 보조로 문자를 이용한 오버헤드 프로젝터나 판서를 이용할 수 있다.

세 번째 분석 유형은 특히 어린 아이들이 문자 문화의 일원으로 자라나는 동안 전개되는 인지적 과정으로서의 문자성에 초점을 둔다. 언어 습득에 관한 연구 영역은 장 피아제에 기반한 연구에서 시작하여, 지금은 문자의 습득과 다양한 문화에서 쓰기가 갖는 사회적 의의를 비교 연구하는 것으로 확대되었다(Cope & Kalentzis, 2000, Barton, Hamilton, & Invanic, 2000 등의 사례 참조). 문화적으로 조건 지어진 정신이 구어 커뮤니케이션 기술의 습득과 다른 문자 커뮤니케이션 기술의 습득을 어떻게 하고 있는지를 이해하는 것은, 인쇄 혁명이 우리가 생각하는 것보다 훨씬 더 근본적이었다고 주장하는 것이다. 이 장의 서론에서 언급한 마이어의 주장으로 돌아가, 인쇄 혁명은 인류를 진화시키는 데 일조했다고 할 수 있다(이러한 입장은 포스트먼의 1999년도 책 7장에서 검토됨).

전자 세계의 멀티미디어로 매개된 인지 과정

이제 전자적으로 재생산된 자극, 특히 영상 코드의 처리 과정을 주목해 보겠다. 언급했듯이 맥루언은 서로 다른 미디어가 인간의 특정 감각이나 물리적 특성을 확장시킨다는 개념을 발전시켰다. 그는 인간의 감각 중추에 관한 시각을 통해 사람들이 (1) 동시에 여러 감각으로부터 정보를 받아들이지만, (2) 미디어를 통해 특정 감각을 확장, 심지어 "외화外化"시킨다고 설명한다. 그는 감각이 미디어에 의해 확장된다면서(예를 들어, 시각이 사진에 의해 확장되듯이), "미디어의 편향성"을 가정한다(McLuhan, 1964; Nevitte, 1982, 7장 참조).

따라서 맥루언의 이론은 감각에 기초한 미디어-정보 처리 이론이다. 그래서 이것은 이른바 영상 해독력 *visual literacy*에 관한 연구, 다시 말해 부호화되고 의미를 찾을 수 있는 영상 경험 차원에 관한 연구를 보완한다. 부호는 감각 데이터에 덧붙여지거나 부과된 의미의 집합으로 이해된다. 영상 부호에 관한 정리를 만드는 데 중요했던 ≪기호학의 요소*Elements of Semiology*≫(1968)의 롤랑 바르트Roland Barthes를 포함한 기호학자들이 이러한 연구를 크게 발전시켰다. 바르트는 여러 차원의 시각 데이터(예를 들어, 빛과 어두움, 심도, 정지 영상 대 동영상, 컬러, 그림자 등에 관한 경험)가 개인적 그리고 사회적으로 의미 있게 부호화될 수 있다는 것을 설득력 있게 보여 줬다.

하지만 미디어에 기반한 부호화 습관의 중요성을 인식하는 것은 시작에 불구하다. 더 나아가, 로저스(Rogers, 1986)가 텔레커뮤니케이션이라고 부르는 표상적인 영상 미디어와 상호 작용적인 전자 미디어 간에 근본적인 차이가 있다는 것을 기억해야만 한다.[18] 라디오, 영화, 텔레비전을 포함한 텔레커뮤니케이션 미디어는 사람들에게 부호화된 소리와 광경을 가져다주는 반면, 상호 작용적인 미디어, 특히 컴퓨터 매개 커뮤니케이션과 더불어 (좀 약하지만) 전신과 전화는 더 높은 정도의 개인적인 참여 및 개인 간의 참여를 수반한다.[19] 물론 오늘날 디지털화로 인해, 텔레커뮤니케이션 미디어는 점점 더 상호 작용적이 되어 가고 있다. 지금은 DVD 기반의 영화를 재상연할 수 있고, 음악을 재녹음하거나 잘라 넣어 나만의 CD로 구울 수 있으며, 최신 비디오 녹음 및 편집 체계를

---

18. 암스(Armes, 1988, p.213)는 표상적이고 상호 작용적인 미디어를 연속체*continuum*의 끝에 둔다. "19세기 체계의 일례로 필름 카메라와 영사기, 즉 동시 지각이 가능한 실재와의 연결이 겸비된 정확한 기계 공학을 들 수 있다."
19. 표상적 미디어와 상호 작용적 미디어의 구분은 맥루언(1964)의 핫(표상적) 미디어와 쿨(참여적) 미디어와 비슷하다.

통해 텔레비전 프로그램을 개작하거나 편집할 수 있다. 사실상, "텔레커 뮤니케이션과 컴퓨터가 혼성화된 결과"(Logan, 2000, p.42)인 디지털화는 20세기 초의 영상-전자 혁명을 뛰어넘어 우리를 이끌어 갈 것이다.

이 모든 것이 전자 문화의 개인적 경험에 어떠한 의미를 갖는지를 말하기는 어렵다. 하지만, 청취자- 시청자가 전자적으로 매개된 소리 -영상의 방송을 이해하는 훈련을 받으며 단순히 해독만 하게 된다는 수동적인 청취자- 시청자 시각(예를 들어, Winn, 1977 또는 Postman, 1985)은 해독 과정을 탐색해 보는 틀로 부적절하다. 체서브로와 버텔슨(Chesebro & Bertelsen, 1996)은 비디오 게임, CD-ROM(읽기 전용 메모리 장치) 기술, 상호 작용적인 텔레비전과 데이터베이스 등에서 텔레커뮤니케이션 (표상적인) 미디어와 상호 작용적인 미디어의 구분이 없어졌다고 주장한다. "그 결과, 사용자는 문자 문화 (그리고 전통적 커뮤니케이션) 체계가 부과한 엄격한 선형성의 제한을 받지 않는다"(p.138).

따라서 우리가 무엇을 할 수 있을까? 우리 시대의 전자 미디어에 대한 개인의 경험을 이해하기 위해, 다중적으로 매개되어 여러 감각 채널로 경험되는 사건을 다루어야 한다. 텔레비전을 보면서, 당신은 청각적, 시각적, 문자적 미디어를 하나하나의 경로가 아니라 한꺼번에 동시적으로 처리하고 있다. 초기 연구(Gronbeck, 1993, 1995, 1998; Vande Berg, Wenner, & Gronbeck, 1998)에서 나는 다중적으로 매개화된 청취자- 시청자- 독자의 경험이 정보 처리되는 과정에 갖는 몇 가지 함의를 고찰했다.

1. 그러한 경험은 어떤 하나의 채널이나 코드가 아닌, 채널이나 코드를 가로지르거나 소비자가 그것들을 융합한 상태에서 의미를 갖는다.
2. 의미가 있다는 것은 제공된 자극 및 소비자 기억의 산물이다. 텔레비전 광고는 친순한 노래나 과거의 경험을 되뇌일 수 있다. 거기에 사용된 영상은 소비자가 가진 영화에 대한 기억, 전형적인 가족의 장면, 또는 잘 알려진 풍광

등에 의존할 수 있다. 또 소비자가 과거에 경험한(매개되었거나 직접 경험한) 사건이기 때문에, 편집은 속도와 자극, 깊이와 명상을 제시할 수 있다. 실제로 광고주는 자신의 매개체 "안에" 담아낸 메시지를 채우기 위해 그러한 흔적과 기억에 의존하고 있다. 와이즈(1997)의 말로 표현하자면, "기술과 사회적 공간의 상호 작용에 습관이 있다. 습관은 기억, 즉 몸의 기억이다. 기술은 잊히는 것이 아니라, 의식의 기억에서 몸의 기억으로 옮겨 간다"(p.188).

3. 멀티미디어화된 메시지의 제작자와 소비자 간에 주요한 긴장 상태가 전개된다. 제작자가 소비자의 의미 생산 활동을 지도하거나 심지어 통제할 수 있는가? 메시지는 의미를 둘러싼 투쟁의 장이 되고 있다(Fiske[1987]가 발전한 개념; Sillars & Gronbeck, 2001, 7장 참조).

예를 들어, 당신이 자동차 광고를 어떻게 보고 경험하는지를 생각해 보자. 당신은 "여기 굽은 길을 달리는 자동차 영상이 있다," "배경 음악이 흐르면서 운전 경험에 대해 이야기하는 해설자의 목소리가 있다," "화면에 블록체의 메시지가 지나가고 있다" 등으로 생각하지 않는다. 대신 당신은 영상, 청각, 문자 부호를 동시에 경험한다. 당신은 세 가지 부호 모두로부터 정보를 얻으며 광고의 메시지("오래된 포드 프로브를 버리고 아우디 판매상한테 달려가 최신 TT를 사라!")를 구성하게 된다. 화면의 경험을 당신이 실제로 겪은 자동차 경험에 끼워 맞추게 된다. 세 가지 지배적인 부호로부터 정보 조각을 얻으면서 그것을 메시지를 만들어가는 것이다. 수신인인 당신이 정보를 생각으로(정서적인 반응, 사전에 배치된 *prepositional* 주장, 혹은 권위 있는 명령으로) 바꿔 놓는 것이다.

이러한 전자 미디어의 내면적인 처리 과정에 대한 정리가 부호화의 정신 물리학적 차원을 정확하게 포착하는지의 문제는 그리 중요하지 않다. 우리는 어쨌든 <와이어드> 잡지의 최신호마다 바뀌고 있는 상대적으로 새로운 현상들을 다루게 된다. 우리는 "우리의 삶 그리고 사회 및 문화에서의 기술의 역할에 대한 몇몇 인식론적 기반과 양식 있는 접근"을 탐구하기 위해 계속해서 노력해야만 한다(Wise, 1997, pp.189~190). 아무래도 마지막으로 "전자적 대뇌화"란 문구를 만들어 내어 전자 시대 커뮤니케이션 황홀경의 근원을 설명한 장 보드리야르(1987/1988, p.17)를 다룰 필요가 있다. 전기 회로와 뇌 회로가 너무 닮아서, 디지털 세계에서는 겉으로 보기에 매우 유사한 방식으로 기능한다.20 적어도 보드리야르의 정리는 오늘날의 가상 세계를 미시적으로 이론화시키는 데 도발적인 도입부를 제공한다.

요컨대, 구술성-문자성 정리의 미시 이론적 해석은 커뮤니케이션 참여의 한 형태, 즉 면 대 면 형태에서, 보통 거리를 두며 외면화外面化시키는 문자 문화 세계의 심리적 삶을 거쳐, 다시 하이퍼텍스트, 이메일, 영상 이미지를 디지털로 재록再錄할 수 있는 오늘날의 컴퓨터 등의 참여적인 경험을 보여 준다.

구술성 - 문자성 정리의 평가

정리를 전제, 공리 또는 여타의 기존 공식에서 추론된 혹은 파생된 진술이나 명제라고 정의했던 것을 상기해 보면서, 이 장에서 살펴본 구술성-문자성 정리의 영역을 어떻게 평가할 것인가? 그러한 정리가 가진 몇 가지 문제점이 눈에 띈다.

---

20. 뇌와 그것의 인식 과정에 대한 연구가 시각적 지성, 즉 우리 주변의 세계를 구성하고 이해하는 인식의 법칙을 이론화할 만큼 발전했다. 호프만(Hoffman, 1998)을 참조하라.

1. **진보주의**   각 지배적인 미디어의 거시적 변동을 진보적이라고, 혹은 이전 형태에 대한 개선이라고 보는 경향이 있다. 예를 들어, 구어 문화를 종종 "문자 이전의 문화"라고 말하면서 뒤에 등장한 문자에 기반해 이름을 붙인다(Ong, 1982, p.13). 포스트먼이 가정한 문자 문화의 세계와 전자 문화의 세계 간의 싸움은 하나의 커뮤니케이션 환경이 다른 것보다 우세해지려는 투쟁으로 간주된다. 변화는 항상 진보적이지 않다. 옹이 우리 시대를 제2의 구어 문화라고 표현한 것은 지배적인 미디어를 비교하는 것이 반드시 더 낫거나 더 못하다는 판단을 하는 것은 아니라는 것을 나타낸다.

2. **환원주의**   두 번째 "지배적인 미디어" 개념 자체가 조심스럽게 묘사될 필요가 있다. 지배로 생각하면서 주어진 사회에 다른 미디어가 동시에 작용하고 있다는 사실을 잊어버릴 수 있다. 그래서 전자 문화가 지배하는 시대에 문자의 중요성을 쉽게 잊어버릴 수 있다.

3. **단순화**   그리고 잊어버리기는 특정 장소에서의 사회 정치적 과정에 대한 이해를 지나치게 단순화할 수 있다. 지금이 전자 문화의 시대일 수 있지만, 애너벨 스레버니 모함마디Annabelle Sreberny-Mohammadi(1991)가 보여 주었듯이, 이란의 문화는 주로 구어의 훈계와 인쇄의 권위로 유지되고 있다. 또한 오늘날 미국에서는 사람들이 최신 전자 장치를 사기 위해 할인 매장으로 몰려가고 있지만, 나라의 문자 해독력을 개선시키기 위해 모든 노력을 기울여야 할 필요가 있고(2000년 조시 W. 부시의 주요 선거 공약이었음), 대인 간의 친교 및 커뮤니케이션 기술에 큰 관심을 갖고 있다. 거시 이론적 틀에서조차 "지배적인" 미디어에만 초점을 맞춘다면 매우 위험하다.

4. **관념적인 심리학**   미디어 생태학의 미시 이론적 측면에서 여러 미디어의 인지적-정서적 효과를 체계적인 관찰 없이 관념적인 심리학으로 고찰하는 것, 혹은 단정하는 것을 경계해야 한다. 현재의 정리가 정의나 심지어 지각 과정에 대한 증거 없는 가정으로부터 추론되고 있다는 것을 기억해야 한 한다. 호프만의 것과 같은 연구가 더 많이 필요하다. 뇌 연구를 위한 실험실은 많은 시간을 요하지만, 종종 할 만한 보람이 있다. 그러기 때문에 뇌, 느낌, 인지, 의식에 관한 다마지오(Damasio, 1994, 1999)의 연구가 여러 학문 분야를 자극하게 된 것이다.

5. **멀티미디어화**　　특히 멀티미디어화는 아직까지 잘 이해되지 못하고 있다. 아우디 광고에 대한 우리의 설명이 거칠었다. 너무 오랫동안 구어-청각적인 것, 영상적인 것, 문자적인 것을 따로 따로 분리시켜 왔고, 이들 모두를 우리의 다른 감각과 분리시켜 왔다. 정리도 이를테면 우리의 구어 경험과 영상 경험을 근본적으로 구분함으로써 분리를 더욱 심화시키는 것 같다. 우리는 인간이 실제 다중적으로 과제를 수행하게 되었다는 점을 기억할 필요가 있다. 전자 시대의 아이는 여러 감각을 통해 들어오는 다양한 종류의 정보를 동시에 이용하는 데 별 문제가 없다. 미디어를 서로 구분하며 단순화시킴으로써, 영화, 라디오, 텔레비전이 전성기였을 때 ≪조니가 읽을 수 없는 이유*Why Johnny Can't Read*≫(Flesch, 1955)가 그토록 많이 팔리게 만들었던 그런 부류의 집단 히스테리가 생겨날 수 있다.

이러한 문제에도 불구하고 구술성-문자성 정리는 인간과 인간, 인간과 세계의 상호 작용을 인지적으로, 문화적으로 조건 짓는 미디어의 역할을 잘 인식시켜 주는 지적 서비스를 훌륭하게 수행해 왔다. 미디어를 궁극적으로 환경으로 다루게 하는 정리는 미디어 생태학 이론의 중심을 대표한다고 말할 수 있다. 오늘날 특히, 도나 해러웨이Donna Haraway(1991)의 "사이버그 선언문"은 인간과 기계화된 기술의 구분을 흐리게 만든다. 미디어 환경은 우리를 둘러싸고 있을 뿐 아니라 우리 안에 살고 있다. 따라서 커뮤니케이션 기술은 문화와 의식 또는 인간 삶의 내면과 외양을 융합할 수 있을지 모른다. 구술성-문자성 정리는 미디어 생태학자들이 그러한 융합을 탐색하기 위해 필요한 개념적 도구를 제공할 수 있다.

참고 문헌

Andrew, D. (ed.). (1997). *The image in dispute: Art and cinema in the age of photography.* Austin: University of Texas Press.

Armes, R. (1988). *On video.* New York: Routledge.

Barton, D., Hamilton, M., & Ivanic, R. (eds.). (2000). *Situated literacies: Reading and writing in context.* New York: Routledge.

Barthes, R. (1968). *The elements of semiology* (A. Lavers & C. Smith, trans.). New York: Hill & Wang.

Baudrillard, J. (1987/1988). *The ecstasy of communication* (S. Lotringer, ed., B & C. Schutze, trans.). New York: Semiotext(e).

Bennett, W. L. (2001). *News: The politics of illusion* (4th ed.). New York: Addison Wesley Longman. (Original work published 1983)

Carey, J. W. (1989). *Communication as culture: Essays on media and society.* Boston, MA: Unwin Hyman.

Calson, M. (1996). *Performance: A critical introduction.* New York: Routledge.

Chesebro, J. W. & Bertelsen, D. A. (1996). *Analyzing media: Communication technologies as symbolic and cognitive systems.* New York: Guilford.

Cope, B. & Kalentzis, M. (eds.). (2000). *Multiliteracies: Literacy learning and the design of social futures.* New York: Routledge.

Couch, C. J. (1996). *Information technologies and social orders* (D. R. Maines & S. -L. Chen. eds., Introduction.). New York: Aldine de Gruyter.

Czitrom, D. J. (1982). *Media and the American mind: From Morse to McLuhan.* Chapel Hill: University of North Carolina Press.

Damasio, A. R. (1994). *Descartes' error: Emotion, reason, and the human brain.* New York: G. P. Putnam.

Damasio, A. R. (1999). *The feeling of what happens: Body and emotion in the making of consciousness.* New York: Harcourt Brace.

Davis, R. E. (1976). *Response to innovation: A study of popular argument about new mass media.* (G. S. Loweth, ed.). North Stratford, NH: Ayer.

Dayan, D. & Katz, E. (1992). *Media events: The live broadcasting of history.* Cambridge, MA: Harvard University Press.

Debord, G. (1983). *Society of the spectacle* (Anon., trans.). Detroit, MI: Black & White. (Original work published 1962)

Deilbert, R. J. (1997). *Parchment, printing, and hypermedia: Communication in world order transformation*. New York: Columbia University Press.

Denny, J. P. (1991). Rational thought in oral culture and literate decontextualization. In D. R. Olson & N. Torrance (eds.), *Literacy and orality* (pp.66~89). New York: Cambridge University Press.

Durkheim, E. & Mauss, M. (1963). *Primitive classification* (R. Needham, trans., ed., Introduction). Chicago: University of Chicago Press. (Original work published 1903)

Edelman, M. (1988). *Constructing the political spectacle*. Chicago: University of Chicago Press.

Eisenstein, E. L. (1979). *The printing press as an agent of change: Communications and cultural transformations in early modern Europe* (2 vols.). Cambridge, England: Cambridge University Press.

Eisenstein, E. L. (1983). *The printing revolution in early modern Europe*. Cambridge, England: Cambridge University Press.

Elkins, D. J. (1995). *Beyond sovereignty: Territory and political economy in the twenty-first century*. Toronto: University of Toronto Press.

Ellul, J. (1973). *Propaganda: The formation of man's attitudes*. New York: Vintage Books. (Original work published 1965)

Ellul, J. (1985). *The humiliation of the word*. Grand Rapids, MI: Eerdmans.

Farrell, T. J. (1991). Secondary orality and consciousness today. In B. E. Gronbeck, T. J. Farrell, & P. A. Soukup (eds.), *Media, consciousness, and culture: Explorations of Walter Ongs thought* (pp.194~209). Thousand Oaks, CA: Sage.

Farrell, T. J. (2000). *Walter Ong's contributions to cultural studies*. Cresskill, NJ: Hampton Press.

Featherstone, M. & Burrows, R. (1995). *Cyberspace/cyberbodies/cyberpunk: Cultures of technological embodiment*. Thousand Oaks, CA: Sage.

Fiske, J. (1987). *Television culture*. New York: Methuen.

Fiske, J. (1994). *Media matters: Everyday culture and political change*. Minneapolis: University of Minnesota Press.

Flesch, R. A. (1955). *Why Johnny can't read-and what you can do about it*. New York: Harper.

Gibson, W. (1984). *Neuromancer*. London: HarperCollins.

Goody, J. (ed.). (1968). *Literacy in traditional societies*. Cambridge, England: Cambridge University Press.

Goody, J. & Watt, I. (1968). The consequences of literacy. In J. Goody (ed.), *Literacy in traditional societies* (pp.27~68). Cambridge: Cambridge University Press.

Gronbeck, B. E. (1981). McLuhan as rhetorical theorist. *Journal of Communication*, 31, 117~128.

Gronbeck, B. E. (1988). The academic practice of television criticism. *Quarterly Journal of Speech*, 74, 334~347.

Gronbeck, B. E. (1993). The spoken and the seen: Phonocentric and ocularcentric dimensions of rhetorical discourse. In J. F. Reynolds (ed.), *Rhetorical memory and delivery: Classical concepts for contemporary composition and communication* (pp.139~155). Hillsdale, NJ: Erlbaum.

Gronbeck, B. E. (1995). Unstated propositions: Relationships among verbal, visual, and acoustic languages. In S. Jackson (ed.), *Argumentation and values: Proceedings of the nineth SCA/AFA conference on argumentation* (pp.539~542). Washington, DC: National Communication Association.

Gronbeck, B. E. (1998). Reconceptualizing the visual experience in media studies. In J. S. Trent (ed.), *Communication: Views from the helm for the 21st century* (pp.289~293). Boston: Allyn & Bacon.

Gronbeck, B. E. (2000). Communication media, memory, and social-political change in Eric Havelock. *New Jersey Journal of Communication*, 8, 34~45.

Gronbeck, B. E., Farrell, T. J., & Soukup, P. A. (eds.). (1991). *Media, consciousness, and culture: Explorations of Walter Ong's thought*. Thousand Oaks, CA: Sage.

Hall, S. (ed.). (1997). *Representation: Cultural representations and signifying practices*. Thousand Oaks, CA: Sage.

Haraway, D. (1991). *Simians, cyborgs, and women: The reinvention of nature*. New York: Routledge.

Hart, R. P. (1999). *Seducing America: How television charms the modern voter*. 2nd ed. New York: Oxford University Press. (Original work published 1994)

Haskins, E. V. (2001). Rhetoric between orality and literacy: Cultural memory and performance in Isocrates and Aristotle. *Quarterly Journal of Speech*, 87, 158~178.

Havelock, E. A. (1957). *The liberal temper of Greek politics*. New Haven, CT: Yale

University Press.

Havelock, E. A. (1963). *Preface to Plato*. Cambridge, MA: The Belknap Press of Harvard University Press.

Havelock, E. A. (1978). The alphabetization of Homer. In E. A. Havelock & J. P. Hershbell (eds.), *Communication arts in the ancient world* (pp.3~21). New York: Hastings House.

Havelock, E. A. (1982). *The literate revolution in Greece and its cultural consequences*. Princeton, NJ: Princeton University Press.

Havelock, E. A. (1986). *The muse learns to write: Reflections on orality and literacy from antiquity to the present*. New Haven, CT: Yale University Press.

Hirsch, E. D., Jr. (1977). *The philosophy of composition*. Chicago: University of Chicago Press.

Hoffman, D. D. (1998). *Visual intelligence: How we create what we see*. New York: W. W. Horton.

Innis, H. A. (1951/1964). *The bias of communication*. M. McLuhan (Intro.). Toronto, Canada: University of Toronto Press.

Innis, H. A. (1972). *Empire & communications* (M. Q. Innis, Rev., M. McLuhan. Foreword). Toronto, Canada: University of Toronto Press. (Original work published 1950)

Jamieson, K. H. (1988). *Eloquence in the electronic age: The transformation of political speechmaking*. New York: Oxford University Press.

Jones, S. G. (ed.). (1995). *Cybersociety: Computer-mediated communication and community*. Thousand Oaks, CA: Sage.

Kelber, W. H. (1983). *The oral and the written gospel: The hermeneutics of speaking and writing in the synoptic tradition, Mark, Paul, and Q*. Philadelphia: Fortress Press.

Kroker, A. (1984). Processed world: Technology and culture in the thought of Marshall McLuhan. *Philosophy of the Social Sciences*, 14, 433~459.

Levi-Strauss, C. (1962). *La Pensee Sauvage*. Paris: Plon.

Logan, R. K. (2000). *The sixth language: Learning a living in the internet age*. New York: Stoddart.

Luria, A. R. (1976). *Cognitive development: Its cultural and social foundations* (M. Cole, ed., M. Lopez-Morilla & L. Solotaroff, trans.). Cambridge, MA: Harvard University Press.

Lyotard, J.-F. (1984). *The postmodern condition: A report on knowledge* (G. Bennington & B. Massumi, trans., F. Jameson, Foreword). Minneapolis: University of Minnesota Press. (Original work published 1979)

Marx, L. (1964). *The machine in the garden*. New York: Oxford University Press.

Mayr, E. (1963). *Animal species and evolution*. Cambridge, MA: The Belknap Press of Harvard University Press.

McLuhan, E., & Zingrone, F. (eds.). (1995). *Essential McLuhan*. New York: Basic Books.

McLuhan, M. (1962). *The Gutenberg galaxy: The making of typographic man*. Toronto, Canada: University of Toronto Press.

McLuhan, M. (1964). *Understanding media: The extensions of man*. New York: McGraw-Hill.

McLuhan, M. & Fiore, Q. (1968). *War and peace in the global village*. New York: Bantam Books.

McLuhan, M. & McLuhan, E. (1988). *Laws of media: A new science*. Toronto: University of Toronto Press.

McLuhan, M. & Powers, B. R. (1989). *The global village: Transformations in world life and media in the 21st century*. New York: Oxford University Press.

Messaris, P. (1994). *Visual literacy: Image, mind, & reality*. Boulder, CO: Westview.

Mumford, L. (1934). *Technics and civilization*. New York: HBJ Books.

Nevitt, B. (1982). *The communication ecology: Re-presentation versus replica*. Toronto, Canada: Butterworths.

Nolan, E. P. (1990). *Now through a glass darkly: Specular images of being and knowing from Virgil to Chaucer*. Ann Arbor: University of Michigan Press.

Olson, D. R. (ed.). (1980). *Social foundations of language and thought*. New York: Norton.

Olson, D. R., & Torrance, N. (eds.). (1991). *Literacy and orality*. New York: Cambridge University Press.

Ong, W. J. (1958a). *Ramus, method, and the decay of dialogue: From the art of discourse to the art of reason*. Cambridge, MA: Harvard University Press.

Ong, W. J. (1958b). *Ramus and Talon inventory: A short-title inventory of the puboished works of Peter Ramus (1515~1572) and of Omar Talon (ca. 1510~1562) in their original and in their variously altered forms, with related material*. Cambridge, MA: Harvard University Press.

Ong, W. J. (1971). *Rhetoric, romance, and technology: Studies in the interaction of expression and culture.* Ithaca, NY: Cornell University Press.

Ong, W. J. (1981). *Fighting for life: Context, sexuality, and consciousness.* Ithaca, NY: Cornell University Press.

Ong, W. J. (1982). *Orality and literacy: The technologizing of the word.* London: Methuen.

Palmeri, A. J. (1991). Ramism, Ong, and modern rhetoric. In B. E. Gronbeck, T. J. Farrell, & P. A. Soukup (eds.), *Media, consciousness and culture: Explanations of Walter Ong's thought* (pp.50~63). Thousand Oaks, CA: Sage.

Parry, M. (1971). *The making of Homeric verse* (A. Parry, ed.). Oxford, UK: Clarendon Press.

Postman, N. (1985). *Amusing ourselves to death: Public discourse in the age of show business.* New York: Viking.

Postman, N. (1992). *Technopoly: The surrender of culture to technology.* New York: Alfred A. Knopf.

Postman, N. (1999). *Building a bridge to the 18th century: Ideas from the past that can improve our future.* New York: Alfred E. Knopf.

Real, M. R. (1996). *Exploring media culture: A guide.* Thousand Oaks, CA: Sage.

Rheingold, H. (1991). *Virtual reality.* New York: Summit.

Rheingold, H. (1993). *The virtual community.* New York: Addison Wesley Longman.

Rogers, E. M. (1986). *Communication technology: The new media in society.* New York: The Free Press.

Ruggie, J. G. (1986). Continuity and transformation in the world polity: Toward a neorealist synthesis. In R. O. Keohane (ed.), *Neorealism and its critics.* New York: Columbia University Press.

Sreberny-Mogammadi, A. (1991). Media integration in the third world: An Ongian look and Iran. In B. E. Gronbeck, T. J. Farrell, & P. A. Soukup (eds.), *Media, consciousness and culture: Explanations of Walter Ong's thought* (pp.133~146). Thousand Oaks, CA: Sage.

Sillars, M. O. & Gronbeck, B. E. (2001). *Communication criticism: Rhetoric, social codes, cultural studies.* Prospect Heights, IL: Waveland.

Stock, B. (1983). *The implications of literacy: Written language and models of interpretation in the eleventh and twelfth centuries.* Princeton, NJ: Princeton University Press.

Theall, D. F. (1971). *The medium is the rear view mirror: Understanding McLuhan.*

Montreal, Canada: McGill-Queen's University Press.
Vande Berg, L. R. E., Wenner, L. A., & Gronbeck, B. E. (eds.). (1998). *Critical approaches to television.* Boston: Houghton Mifflin.
Winn, M. (1977). *The plug-in drug.* New York: Viking Press.
Winston, B. (2000). *Media, technology and society: A history from the telegraphy to the internet.* New York: Routledge. (Original work published 1998)
Wise, J. M. (1997). *Exploring technology and social space.* Thousand Oaks, CA: Sage.
Yates, F. A. (1966). *The art of memory.* Chicago: University of Chicago Press.

문화와 커뮤니케이션에 미친 활판 인쇄술의 영향

몇 가지 미디어 생태학적 해석

조셉 애시크로프트

미디어는 생태학적이다. 우리는 종종 생태학이라는 용어를 생물학적 체계와 연관시키며, 광의의 생태학 개념이 유기체와 그 환경의 체계적인 관계를 연구하는 것이라는 사실을 간과한다. 실제로 그 어원은 집을 질서 정연하게 유지하는 것이 중요하다는 의미로서, 용어의 사용은 아리스토텔레스까지 거슬러 올라갈 수 있다. 19세기 독일의 과학자 에른스트 헤켈은 생물학과 관련해 이 용어를 처음 사용했다(Postman, 2000). 그러나 인간은 생물학적 환경뿐만 아니라 문화적 환경에서 사는 유기체이다. 따라서 진정한 인간 생태학은 생물계 이상의 것에 관심을 가져야 한다. 인간에게 문화는 적어도 생물학만큼이나 중요하고, 인간의 문화는 한 세대에서 다음 세대로 축적된 지식을 전달하는 것과 관련된다.

따라서 인간과 문화의 체계적 관계를 이해하기 위해 커뮤니케이션과 그것이 전달되는 수단을 연구하는 것이 중요하다. 미디어 생태학자는 커뮤니케이션 체계의 변화가 어떻게 인간과 문화의 관계에 영향을 미치는지를 이해하고자 한다.

미디어 생태학의 지적 기원은 20세기 초 패트릭 게데스의 생태학적 연구와 도시 계획, 그리고 루이스 멈포드의 기술 문명 연구에서 이미 시작되었다(Strate & Lum, 2000). 이 책에서 등장한 다양한 미디어 생태학 연구자와 저자는 학문 분야의 중요한 통찰력을 제공하고 있고, 또한 20세기 미디어 생태학의 발전에 공헌한 주요 이론가가 누구인지를 규명한다. 초기 이론가 중 스스로를 "미디어 생태학자"라고 생각한 사람은 없었다. 사실상 그들의 학문적 훈련 배경은 다양하다. 주요 이론가 가운데에는 역사가, 고전학자, 문학 연구자, 교육가 등이 있다.

이 장은 활판 인쇄술의 생태학적 효과, 특히 인쇄기의 등장 이후 유럽에서 그리고 북미에서 수세기 동안 있어 온 효과에 대해 초점을 맞출 것이다. 활판 인쇄술의 효과에 대한 연구는 아마도 미디어 생태학 분야의 등장을 이끈 가장 중요한 연구 영역일 것이다. 이 장은 활판 인쇄술 문화의 전개를 논의하는 데 특히 기여했던 학자들의 인용문을 포함시키면서, 이들의 표현을 그대로 담아내려고 노력했다.

예 비 쟁 점

활판 인쇄술의 효과에 대해 논의를 시작할 때, 주요 용어에 대해 명확히 할 필요가 있다. 인쇄*print*와 인쇄 기술*print technology*은 가끔 동의어로 사용되고 있고, 이들은 대개 특정 기술 발명품 유형에 의해 메시지를 똑같이 복제할 수 있는 문화적 수단을 의미한다. 하지만 명확한 정의를 보면, 인쇄는 종이에 찍어 낸 글로, 그리고 인쇄 기술은 종이에 글을 찍어 내기 위해 사용한 수단으로 한정된다. 인쇄기printing press는 15세기 유럽에서 발달된 특정 기술을 의미한다. 대부분의 역사가는 요하네스 구텐베르크란 독일인이 이를 발명했다고 믿는다. 그의 기술은 인쇄를 여러 번 하기 위해, 활판을 짤 때 계속해서 사용할 수 있는 주조 활자에 의존한다. 15세기 이후 첫 인쇄 기술은 인쇄기였고, 인쇄기가 거의 문서 전용(그림 이미지와는 구별이 됨)으로 이용되었기 때문에, 15세기 이후 유럽 역사를 논의할 때 이러한 용어들은 종종 바꿔서 사용된다. 아직도 이러한 개별 의미가 중요할 때가 있다는 것을 기억해 두는 것이 중요하다. 예를 들어, 중국에는 인쇄기가 발명되기 전 600년 동안 이미 인쇄 개념이 알려져 있었다. 이러한 사실은 기술이 문화에 영향을 미치는 방식을 이해하는 데 중요한 요소가 무엇인지를 보여 준다.

중국에서는 인쇄공이 재생산하고 싶어 하는 모든 이미지를 나무를 새겨 만들어 냈고, 먹으로 칠한 조각들은 이미지를 몇 배로 재생산해 주었다. 계속해서 다시 짤 수 있는 주조 활자와 달리, 목판은 한번 조각되면 나무 위의 이미지를 인쇄하는 것에만 사용될 수 있다. 이러한 목판 인쇄 기술은 문서와 책을 생산하는 데 사용되었다. 하나의 책을 완성하는 데 필요한 만큼의 많은 목판에 중국어 문자가 조각되었다. 그리고 목판은 재차 먹으로 칠해질 수 있었고, 필요할 때마다 많은 책을 생산했다. 많은 목판은 수백 년 동안 유지될 수 있어, 새로운 목판을 다시 만들지 않고도 중요한 책의 재생산이 이루어질 수 있었다(Tsien, 1985). 또한 구텐베르크 인쇄기의 기본인 주조 활자 기술은 유럽 문화에 소개되기 수백 년 전 이미 중국에 알려져 있었다. 하지만 구텐베르크 발명 이후의 유럽과는 대조적으로 중국에서 주조 활자는 광범위하게 사용되지 않았다. 대부분의 역사가는 중국 문자수가 워낙 많기 때문에 유럽에서와 같은 성공이 중국에서 이루어지지 않았다고 지적한다. 유럽의 구텐베르크는 주조 활자 기술을 훨씬 쉽게 사용할 수 있는 26개의 알파벳 상징을 이용했다. 그러나 다른 저자(He, 1994)는 주조 활자가 수용되는 것을 방해할 수 있었던 특별한 문화적 요소, 예를 들어 유교 이데올로기의 영향에 기인한 사업 동기의 부족, 그리고 유럽에는 없지만 중국에 잘 정립되어 있던 경쟁 인쇄 기술, 즉 목판 인쇄술의 존재를 지적한다. 어쨌든 이러한 문화적 차이는 새로운 기술이 특정 사회에 효과를 갖는 방식에 영향을 미친다. 기술의 효과를 충분히 이해하기 위해, 그것이 소개된 사회의 맥락 안에서 연구되어야 한다. 유럽에서 인쇄 기술은 빠르고 광범위하게 수용되었고, 따라서 유럽은 새로운 커뮤니케이션 기술이 사회에 등장하면서 전개되는 문화 대변동을 보여 주는 훌륭한 기회를 제공하고 있다.

　　미디어 생태학자들은 유럽에 인쇄기가 등장한 이후, 이러한 기술의 영향을 받아 몇 가지 중요한 문화적 발전이 이루어지고 있음을 보여 준다. 이들 중 몇 가지는 인쇄기가 등장한 이후 곧바로 생겨나기 시작했다. 예를 들어, 신생 산업인 인쇄업이 이와 관련된 파생 산업과 함께 나타났다. 초기 인쇄업자가 직면했던 문제는 자금 조달과 책 판매 시장 개발을 위한 자원이었다. 초기에는 부유한 개인 후원자가 좀 지원했지만, 많은 경우 인쇄기가 자신의 믿음을 신앙을 전달하는 데 장점이 있다고 생각한 교회가 대부분의 초기 인쇄업자를 지원했다. 의심할 여지없이 이러한 즉각적인 효과는 중요하고, 다른 저자들도 상세하게 기술하고 있지만(예를 들어, Febvre & Martin, 1976), 이 장은 주로 인쇄술이 문화에 미친 장기적인 영향에 초점을 맞추고자 한다. 이러한 발전 중 가장 중요한 것으로 민족주의의 등장, 종교 개혁, 근대 과학의 발전, 개인주의 철학과 이에 따른 민주주의와 자본주의의 등장, 유럽에서 생겨나 북미에서 본격적으로 확대된 유년기 개념의 초기 체계화 등이 포함된다. 하지만, 인쇄와 유럽 문화의 다양한 철학적, 제도적 변화의 관계를 상술하기 전에, 우선 활판 인쇄술이 유럽에 미쳤던 가장 뚜렷한 영향 가운데 하나인 대중의 문자 해독력 확대에 대해 살펴본다.

문자 해독력의 대중화

유럽에서 인쇄기가 미쳤던 영향력에 대해 학자들이 주장한 것 중 가장 논란이 적었던 주장은 아마도 인쇄의 발명이 유럽의 학교 교육 확대를 촉진했다는 점이다. 인쇄 기술이 없는 문화에서는 문서 사본이 별로 없었기 때문에 모든 사람들에게 읽고 쓰기를 가르칠 수 없었다. 엘리트만이 자식들에게 문자 해독력을 교육시켰고, 대부분의 책이 라틴어와 그리스어 등 고전 문어 중 하나로 쓰여 있기 때문에, 엘리트 집단의 교육은 이들 언어를 학습하는 데 집중되었다. 인쇄와 함께 모든 사람들이 주요 서적의 사본을 가질 수 있게 됨으로써, 보편적인 문자 해독력의 근거가 마련된다. 이 점은 분명한 것 같지만, 학교 교육의 실제 진화는 훨씬 더 복잡한 발전 과정이었다. 이 시대 유럽의 많은 권력 집단은 대중이 읽고 쓰도록 가르쳐야 한다고 생각하지 않았다. 사실상 가톨릭 교회는 처음 대중에게 교리를 전파하기 위한 방법으로 인쇄 기술을 수용한 후, 16세기 인쇄가 교회의 가르침에 반대되는 교리와 사상을 쉽게 전파해 준다는 사실이 알려지자 인쇄할 수 있는 것을 엄격히 통제하였다.

가톨릭 교회의 권위에 반항하는 운동은 하나로 통일된 게 아니었다. 사실 유럽의 신교는 여러 갈래가 있었다. 하지만 다양하게 전개되었던 기독교의 분파 대부분을 묶어 주는 영역 중 하나가 문자 해독력의 중요성에 대한 믿음이다. 마르틴 루터의 추종자는 읽기와 쓰기의 중요성을 로마 교회에 대한 불만의 메시지를 전파하는 수단으로 인식했다. 청교도인은 읽기를 무지, 신성 모독, 나태에 대항하는 무기로 생각했다. 스코틀랜드의 장로교인은 1560년 첫 번째 장로교 계율서를 통해 국가 교육 체제를 요청하면서, 보편적 문자 해독력에 대한 요구를 영어로 처음 출판했다(Postman, 1982). 이와 같이 문자 해독력의 확대를 지지하는 것이 상류 계급에 한정되지 않았다. 보편적 문자 해독력은 소작농과 군주 모두로부터 요구되었다.

　루터주의 운동이 가장 극렬했던 유럽 지역에서 교회는 지역의 정치 권력자와 종종 밀접한 관계를 가졌고, 이를 통해 젊은이들에게 루터주의의 원리를 가르치는 학교가 빠르게 발전했다. 1520년대 학교 교육을 확대시키려는 루터주의자들의 열의는 최고조에 달했다. 1520년대 말 루터주의자들은 자신이 영향력을 가진 모든 도시에 학교 교육 체제를 확립했다. 독일의 지역 및 도시에 교회 조직을 만드는 교회법은 교리 문답 수업을 통해 종교 교육을 하는 학교를 설립하게 했다(Strauss, 1976).

　16세기 영국에서도 문자 해독력과 학교 교육의 확장이 비슷하게 이루어진다. 특히 사후에 만들어진 개인의 재산 목록을 조사한 피터 클라크Peter Clark(1976)의 연구는 많은 것을 시사한다. 이러한 재산 목록은 유언 검증이 이루질 수 있기 전에 수집되고, 적당한 교회 법정에 등록해야만 했었다. 그는 1560년에서 1640년까지 켄트 주에 있는 세 도시의 기록을 연구하면서, 이러한 개인 재산의 목록에 포함된 책의 숫자를 확인했다. 그의 연구 결과는 80년 동안 책의 소유권이 꾸준히 늘었다는 것을 보여 준다. 1590년대까지 34%였던 것이, 1630년 46%가 되었다. 흥미롭게도 재산 목록의 총액에 따라 표본을 나누어 본 그는 부자들의 책 소유권이 1560년대 높고, 이후 80년 동안 별로 변하지 않았다는 것을 발견한다. 따라서 빈민층과 중산층의 목록이 앞에서 인용한 전반적인 수치의 성장을 대부분 설명해 준다. 이 도시에 빠르게 확대된 학교 교육은 이와 같은 빈민층과 중산층 사이의 책 소유권 확대를 뒷받침한다. 클라크는 1575년에서 1600년 사이에 겨우 6000명의 인구를 가졌던 켄터베리시에 적어도 25개의 학교가 운용되고 있었다는 것을 발견했다. 켄트 주의 다른 두 도시도 비슷한 연구 결과가 나왔다.

프랑스도 비슷한 이야기가 전개된다. 마리 조 메인즈Mary Jo Maynes(1985)는 누가 자신의 이름을 서명할 수 있었고 누가 없었는지를 알아보기 위해, 교구의 결혼식 기록을 조사했던 19세기 프랑스 학자 루이스 마지오로Louis Maggiolo를 인용한다. 자신의 이름을 서명할 수 있는지의 능력이 실제 문자 해독력을 완전히 증명할 수는 없지만, 1786년 프랑스 혁명 전야에 신랑 중 50% 가량과 신부 중 25%를 약간 넘는 수가 자신의 이름을 서명할 수 있다는 점은 여전히 흥미롭다. 이전 시대에 대한 프랑스 역사 연구에서는 1650년에 여성 중 10%가 안 되게, 그리고 남성 중 약 20% 만이 문자 해독력을 보여 주었다. 따라서 17, 18세기 동안 프랑스에서의 문자 해독력은 두 배 이상 늘어났다.

18세기까지 정치적, 경제적 권력의 변화는 공공 학교 교육의 표준화를 이끌기 시작했다. 유럽에 18세기가 전개되면서, 일관성 없는 학교 교육에 대한 불만이 커져갔다. 이러한 불만 중 일부는 종종 무능한 선생이 자기 자식들을 교육시킨다고 생각하는 부모로부터 나왔다. 하지만 대부분의 불만은 각 유럽 국가의 교육받은 엘리트들로부터 나왔다. 초기 학교 교육은 유럽 역사에서 귀족 지주와 상인들이 지배하는 시기에 발전한다. 하지만 18세기에 산업 자본주의 체제가 생겨나면서 정치적, 경제적 권력의 새로운 중심이 확립되게 된다. 이러한 새로운 지도 계층은 과거의 사회 권력자보다 학교를 포함한 사회 체제의 통제에 더욱 관심을 가졌다(Maynes, 1985).

처음에는 정부가 부과한 학교 교육의 표준화에 반대가 많았다. 하지만 18세기가 전개되면서, 학교 교육에 대해 좀 더 조직적인 접근을 요구하는 목소리가 공개적으로 커져 갔다. 17세기에 글을 쓴 존 로크와 같은 철학자는 인간이 글자가 쓰이지 않은 서판tabula rasa, 즉 맨 처음부터 가르칠 필요가 있는 백지 상태의 마음을 가졌다는 사상을 퍼뜨리는 데 기여한다. 로크에 영향을 받은 저자들은 젊은이들을 교육하는 것이 운에 맡겨져서는 안 된다고 주장했다. 18세기 말 학교 교육을 표준화하기 위해 무언가 조치가 필요하다는 믿음이 유럽에 큰 탄력을 받게 되었고, 혁명 이후의 미국에도 뿌리를 내리기 시작했다. 당시 미국은 정치적으로 유럽의 지배에서 자유로워졌지만, 문화 발전은 여전히 유럽의 발전에 영향을 받았다. 학교 교육이 사회적 역할에 대한 이해와 인식을 돕는다는 믿음이 널리 퍼졌다.

19세기 초반 노동 계급의 보편적 학교 교육에 대한 조직적인 반대가 여전히 강했다. 하지만 노동계의 불안이 커지고, 칼 마르크스의 철학같이 자본주의에 반대하는 새로운 철학이 퍼지면서, 노동 계급에 교육을 확대하는 것에 반대하는 의견이 약화된다. 영국에서 규제된 대중 교육이 장점을 가졌다고 보는 지배층이 늘어났다. 학교 교육에 대한 정부의 지원이 1833년 2만 파운드였는데, 1861년 80만 파운드로 늘어나게 된다(Maynes, 1985).

1789년 혁명 이후 프랑스에서는 보편적인 학교 교육에 대한 저항이 계속되었다. 하지만 이러한 반대는 1830년 혁명과 함께 막을 내린다. 1833년 프랑스는 기조법1을 포함한 각종 학교 개혁을 법제화한다(Maynes, 1985). 기조는 자신의 개혁안이 가결된 후 프랑스의 모든 선생들에게 안내장을 돌리고 교육의 역할에 대한 정부의 시각에 대해 조리 있게 설명했다. 그는 말한 일부분은 다음과 같다.

> 모든 프랑스인은 사회 생활에 필수적이고 없으면 마음의 기력을 잃게 되는 지식을 가능한 얻어야 한다…… [하지만 법은] 국가는 물론 공익을 목표로 한다. 자유는 …… 계몽이 되어 이성의 목소리를 들을 수 있는 자에게만 확보되고 일상화되기 때문이다. 보편적인 초등 교육은 따라서 질서와 사회적 안정을 가장 잘 보장해 주는 것 중 하나다(Maynes, 1985, p.54 인용).

독일은 영국이나 프랑스보다 어느 정도 일찍 학교 교육 방법을 강화해 가기 시작했다. 독일에서 가톨릭 교회와 루터파 교회, 지역 정부, 그리고 영국과 프랑스보다 덜하지만 산업 엘리트들이 함께 학교 개혁을 옹호했다. 19세기 초까지 대부분의 공동체는 법에 의해 학교를 설립하고 세금 등의 지역 자원으로 이들을 지원했다. 그리고 이러한 공동체의 아이들은 법에 의해 의무적으로 학교에 다녀야 했다(Maynes, 1985).

학교 교육에 미친 인쇄의 생태학적 효과가 완전히 나타날 때까지는 수백 년이 걸렸다. 하지만 19세기 보편적 문자 해독력의 목적은 유럽에 널리 받아들여졌다. 모든 이에게 문서 접근을 허용하는 기술이 사용되지 않았다면 그러한 목적이 나타나지 않았을 것이다. 인쇄기는 유럽에 학교 교육이 등장하기 위해 필수적인 선행 조건이었다.

유럽과 북미에서 학교 교육을 체제화시키는 운동의 결과 "어린이"에 대한 인식이 바뀐다. 17세기 전에는 유럽이나 북미 사회에 "어린이"

---

1. 프랑수아 기조(1787~1874)는 프랑스의 교육부 장관으로 재직하면서, 자신의 이름을 딴 기조법(the Guizot Law, 1833)을 제정했다. 이 법은 프랑스의 모든 남자 어린이들이 무상 초등 교육을 의무적으로 받을 수 있도록 하고, 이러한 의무 교육을 위한 초등학교 설립을 확대시켰다. — 옮긴이

라는 별개의 문화적 범주가 거의 나타나지 않았다. 하지만 어린 사람을 교육시키기 위해 가족과 일로부터 분리시킬 필요가 생기면서, "어린이"가 뿌리를 내리게 된다. 진화해 간 학교는 훈육을 크게 강조했다. 학교에 가는 사람은 "어른"이 기대할 수 있는 자유가 주어지지 않는다. 필립 아리에스(Aries, 1962)는 이것을 다음과 같이 조리 있게 요약한다. "어린이는 학교 교육 기간 동안 엄격하고 효과적인 훈육을 받게 되고, 이러한 훈육을 경험하는 어린이는 어른들이 즐기는 자유로부터 분리된다. 따라서 유년기는 거의 학교에 다니는 주기 전체로 확대되었다"(p.334). 매리 조 매인즈는 아리에스의 방법이 분석 내용을 유럽 엘리트층으로 한정시켰다고 생각하며 비판하고 있지만, 학교 교육이 유년기의 탄생에 많이 기여했고 소농 계급에서도 그러한 기여를 했다는 그의 결론에는 동의한다. 아리에스가 연구한 엘리트층에서처럼, 학교는 소작인의 아이들을 가족으로부터 분리했다.

> 학교는 점차 어린이가 어른과 다른 심리적, 사회적 욕구를 지녔다는 가정에 기초하여 조직되어 갔다. 학교는 어린이를 에워싸며 적어도 잠시 동안 평상 세계의 활동, 보상, 엄격함, 요구 등으로부터 이들을 떼어놓는다. 학교에서 어린이들은 어린이로서 가정된 능력에 맞게 설계된 활동, 그리고 현재의 타당성보다는 대개 아이의 미래를 준비하는 데 필요하다고 여겨지는 활동을 추구했다(Maynes, 1985, p.136).

"어린이"라는 범주의 발전이 유년기를 사춘기 너머로 확장시키지는 않았다. 19세기 말까지 유럽과 미국에 자리 잡은 학교는 오늘날 초등학교라고 부를 수 있는 것 이상으로 확대되지 않았다. 예를 들어, 1890년 미국의 열네 살짜리 중 7%만이 여전히 학교에 등록하고 있었다(Hines,

1999). 유년기가 사춘기 이상으로 확대된 것은 지난 100여 년간에 생겨났고, "사춘기" 개념의 등장 그리고 초등학교를 넘어 학교 교육을 확대하라는 사회적, 정치적 압력이 맞물렸던 미국에서 한층 확장되었다. 미국에서 어떻게 유년기가 확장되었는지를 살펴보는 것이 유익할 것이다.

오늘날 청소년기_adolescence_는 일반적으로 호르몬이 왕성해지고 2차 성징이 발달하는 사춘기_puberty_에 시작해, 생물학적으로 성적 성숙을 하게 되는 10대를 지나서도 계속된다고 간주된다. 청소년기는 일과 가족에 대한 성인으로서의 책임을 질 수 있거나, 지려고 하거나, 혹은 질 수밖에 없을 때 끝난다. 심리학자 G. 스탠리 홀(Hall, 1904)은 이른바 청소년기라는 발달기를 발견하고 구체화해서 인정받았다.

청소년기라는 개념이 북미에 뿌리를 내리면서, 미국에서 유년기의 확장에 기여했던 여타의 문화적 발전이 이루어진다. 홀의 이론을 지지하는 사람들은 법률 체제에서 청소년기를 다르게 취급할 것을 지지했고, 청소년을 위한 사법 체제를 확립시키는 법을 성공적으로 추진했다. 또 다른 지지자들은 팽창하는 산업 혁명에 발맞춰 세워졌던 수많은 공장에서 종종 발견되었던 가혹한 조건의 어린 노동자를 보호하는 법을 촉구했다. 이와 같은 두 가지 발전, 즉 청소년을 위한 사법 체제와 아동 노동법의 입법은 청소년기의 이론이 북미 문화 제도에 두드러지게 적용된 사례이다. 하지만 유년기가 미국에 확장된 주요 이유는 사춘기를 넘어선 의무 교육의 확립에 있다.

19세기 말 미국은 노동력의 주 기반이 점차 농업에서 제조업으로 빠르게 변화하는 산업 혁명을 겪고 있었다. 미국 경제 산업 기반은 광산이나 공장에서 일할 수 있는, 혹은 일하려는 노동자 수보다 훨씬 더 빠르게 확장되었다. 이러한 사실로 인해 결국 19세기 말 수많은 이민자가 대부분 유럽으로부터 미국에 유입된다. 대부분의 이민자는 영어를 잘 못했고, 미국 민주주의의 운영 방식에 익숙하지 않았으며, 노동 계급의 착취에 대해 글을 쓴 유럽 지식인의 좀 더 급진적인 이데올로기에 접했을 가능성도 있다. 이런 다양한 문화적 힘, 청소년기의 "문제," 미국 경제의 급진적 변화, 이민 인구의 증가 등은 미국 젊은이들에 대한 학교 교육의 확대를 요구하는 목소리가 점차 커지는 데 기여한다.

1910년까지 실업 학교가 가장 큰 탄력을 받았다. 미국 산업의 사업가와 노동자가 그것을 지지했다. 백악관이 그 뒤에 있었다. 그리고 심지어 10년 전 더 많은 "순수 학문의" 학교를 앞장서 주장했던 하버드대의 총장 찰스 엘리엇까지도 자신의 입장을 수정하며, 공공 교육 체제를 하는 수 없이 떠나야 하는 아이들을 위해 직업 학교를 옹호하기 시작했다(Krug, 1964). 실업 학교를 지지했던 사람들은 자신들의 세를 과시하며 19세기 동안 미국 전역에 확립된 공공 학교 체제와는 별도로 실업 학교가 존재해야 한다고 주장하기 시작했다. 공공 교육 체제에 있는 많은 선생과 관리자들은 모든 교육 사업을 오로지 직업을 훈련시키는 것으로 전환하는 데 반대했고, 실업 학교 지지자들은 이러한 "전통적" 교육자들에게 새로운 학교의 운영을 맡기는 것이 실패의 지름길이라고 걱정했다.

이렇게 미국 공립 고등학교의 구조와 목적에 대한 논쟁이 격하게 진행되는 동안, 학생 수가 급증하기 시작했다. 특히 도시의 고등학교는 그 수용력보다 빠르게 성장하기 시작했고, 부속 건물에 의존하거나 새로운 건물 계획을 빨리 추진해야 했다. 1912년까지 공립 고등학교의 입학자 수가 미국 역사상 처음으로 100만을 넘어섰다(Krug, 1964). 이와 같이 교육자와 정치가가 고등학교의 역할에 대해 논쟁을 벌이는 동안, 미국 가정은 고등학교가 아이들에게 도움이 된다고 더욱 확신하게 되었다.

이러한 논쟁의 결과, 1920년 이후 "실업" 교육과 "순수 학문" 교육을 결합한 포괄적인 고등학교가 생기게 된다. 1930년 미국의 14세에서

17세 인구 중 고등학교에 다니는 이들이 50%를 넘어섰다(51%). 거의 10년간의 경제 공황과 일자리 부족을 겪은 이후인 1940년까지 그 수는 73%로 증가했다(Nasaw, 1979). 2차 세계 대전 동안 젊은이들이 군대에 들어가고 많은 젊은 여성들이 전쟁에 필요한 물자를 생산하는 공장에서 일하게 되면서 입학자 수가 줄어든다. 하지만 2차 세계 대전 이후 고등학교 교육이 다시 성장하게 되고 미국 전역에서 중고교 교육이 의무화 되었다(Hines, 1999). 고등학교 의무 교육의 결과 중 하나는 성인이 사춘기가 지난 뒤 시작된다는 문화적 믿음을 강화했다는 것이다. 적어도 18세까지는 학교에 머물러 있어야 한다는 문화적 기대가 사춘기에 대한 심리학적 이론을 보다 강화시켰다. 20세기 후반까지 미국인들은 생물학적으로 재생산이 가능해져도 그 이후 4년에서 6년까지는 어른이 되지 않는다는 관념에 동의하였다.

인쇄술이 어느 정도 관계가 먼 자극제일 수 있지만, 유년기가 사춘기를 넘어 확장되는 데 관련된다. 의무적인 고등학교가 미국의 유년기를 확장하는 데 결정적이었기 때문이다. 그리고 광범위한 고등 교육 체제는 활판 인쇄술이 없다면 존재할 수 없었다.

종교 개혁

유럽 문화에 미친 활판 인쇄술의 영향력에 대한 미디어 생태학자들의 주요 주장은 16세기에 전개되기 시작한 기독교의 분열과 관련된다. 이것을 광범위하게 연구한 미디어 생태학자 중 한 명이 엘리자베스 아이젠슈타인(1979, 1983)이다. 아이젠슈타인은 1953년 래드클리프대에서 박사 학위를 받고, 1959년 미시간대에서 역사를 가르치기 시작했다. 1975

년 그는 역사학의 앨리스 프리먼 파머Alice Freeman Palmer[2] 교수라고 불렸고, 1988년 이후부터는 미시간대의 명예 교수가 되었다. 아이젠슈타인은 인쇄의 영향에 관한 맥루언의 사상을 의식했지만, 인쇄술 연구에 대한 접근 방식은 맥루언보다 훨씬 더 학구적이고 이론에 지우치지 않았다. 그녀의 ≪변화의 동력으로서의 인쇄기: 초기 근대 유럽의 커뮤니케이션과 문화의 변화≫라는 두 권의 두꺼운 책은 인쇄 기술이 유럽의 종교, 과학, 민족주의에 미쳤던 영향을 주의 깊게 기록한다. 지금까지 그녀의 책은 인쇄술이 문화에 미친 영향, 특히 인쇄와 종교 개혁의 등장과의 관계에 관한 가장 중요한 분석서로 널리 인정받고 있다.

    마르틴 루터는 16세기 저술가 집단 가운데 유명했던 신학자 중 한 명으로서, 그리스도 가르침의 유일한 해석자였던 가톨릭의 권위에 대해 반항하는 것을 이끌었다. 루터는 인쇄의 중요성을 확실히 인식했다. 그의 유명한 "95개 논제" 중 하나는 실제로 인쇄 기술을 언급한다. 그는 인쇄 기술로 인해 모든 사람이 각자 하느님의 말씀인 성서를 소유할 수 있고, 그래서 하느님의 말씀을 해석하기 위해 더 이상 로마의 중앙 권력자를 필요로 하지 않는다고 한다. 하지만 루터조차 인쇄술이 유럽을 진짜로 변화시키고 있다는 것을 충분히 인식하지 못했다. 교황청과의 관계를 완전히 끊기 전, 그는 교황에게 편지를 써서 가톨릭 교회에 대한 그의 비판이 어떻게 널리 퍼져나갔는지에 대해 놀라움을 표시했다. 그는 교황에게 자신의 생각이 독일 학계에서만 읽히도록 하였다고 말했

---

2. 앨리스 프리먼 파머(1855~1902)는 1870년대 미국에서 대학 교육을 받은 몇 안 되는 엘리트 여성 중의 하나로서, 미시간대에서 역사학으로 학위를 받고, 이후 웨슬리대의 첫 번째 여성 총장으로 그리고 시카고대의 학장으로 일한 바 있다. 미국 여성 고등 교육의 발전에 공헌한 주요 인물 중의 한 명이다. ― 옮긴이

다. 그래서 그는 그것을 라틴어로 썼던 것이다. 루터는 앞 절에서 논의했던 인쇄의 변화시키는 힘을 인식 못했던 것 같다. 인쇄는 자국어의 표준화를 강화시키면서, 문서를 지역의 언어로 번역하는 것이 수월하고 합리적으로 이루어지도록 했다. 따라서 인쇄업자가 루터의 견해나 가톨릭 교회에 대한 다른 비판을 자국어로 번역하는 것이 어렵지 않았다. 그리고 이 사실은 인쇄 문서의 휴대성과 결합하여 교황청에 반대하는 신교도의 이야기가 유포되는 것을 도왔다.

> 인쇄업자와 신교도들 간의 이해 관계가 수렴되고, 새로운 인쇄술이 기존 종교적 목적의 도구가 되는 방식을 본다면, 물질적 혹은 영적, 사회 경제적 혹은 종교적 "요인들" 중 어느 것이 서구 기독교를 변화시키는 데 더 중요했는지를 논쟁하는 것은 의미가 없다. 하지만 "요인들"을 열거하거나 원인을 분석할 때, 인쇄술을 중요하게 생각해야 한다는 주장은 결코 무의미하지 않다. 복합적인 설명 가운데 (대부분의 설명이 그러하듯이) 인쇄업자의 이익이나 전망을 고려하지 않는다면, 신교도-구교도의 분열이 유럽 사회를 변화시켰던 당대의 다른 발전과 어떻게 연관되는지를 설명할 기회를 잃는다. 인쇄가 안내한 모든 변화가 종교 개혁의 원인으로 적합한 것은 아니다. 많은 것은 그러한 원인과 관계가 없거나, 어떤 것은 그것에 맞지 않는다. 루터파와 칼뱅파가 지배했던 지역에서는 성직자와 인쇄업자가 종종 반목했다. 그럼에도 신교도와 인쇄업자는 구교도와 인쇄업자보다 더 많은 공통점을 가지고 있었다. 종교 분열이 유럽 사회의 미래 발전에 정말 중요했던 이유 중 하나는 그것이 인쇄가 해방시킨 다른 새로운 힘과 상호 작용을 하기 때문이다. 만일 신교도가 구교도보다 특정 "근대화의" 추세와 좀 더 밀접한 관계가 있었다면, 그것은 주로 종교 개혁자들이 이러한 새로운 힘을 처음에 견제하기보다 강화했기 때문이다 (Eisenstein, 1983, pp.167~168).

교황청은 곧 유럽에 새로운 사상의 유포를 촉진하는 인쇄의 힘을 인식했다. 종교 비판은 교황청의 교리가 도전 받던 유일한 영역이 아니었다. 지구가 현재 우리가 알고 있는 태양계의 중심이라는 우주론 또한 공격을 받았다. 망원경과 같은 새로운 기술의 도움으로 코페르니쿠스나 갈릴레오와 같은 과학자는 태양이 태양계의 중심이라는 생각을 지지하며 강력한 논쟁을 벌였다. 교회의 권위가 포위 공격을 당했다. 그리고 교황청은 응답했다. 출판하기 전에 교황청으로부터 "출판 허가 *imprimatur*"를 받아야 한다고 명했다. "출판 허가"는 교황청의 공식적인 인장으로 저작물이 교황청의 출판 허가를 받았다는 것을 나타냈다. 또한 교황청은 "이단자"를 열심히 추적하여 갈릴레오와 같은 비판가를 파문시키고 엄격한 종교적 처벌을 부과시켰다. 활판술과 종교 개혁의 관계를 가장 포괄적으로 분석했던 엘리자베스 아이젠슈타인은 16세기 트리엔트에서 열린 가톨릭 교회 권력층의 역사적 회의가 갖는 함의를 논의했다.

> 트리엔트 공의회에서 나온 가톨릭 정책은 (종교 개혁 효과의) 저지를 목표로 삼았다. 새로운 성서본의 허가를 막고, 평신도의 순종을 강조하며 평신도의 성서 강독을 제한하는 규정을 부가하는가 하면, 문서의 흐름이 편협하게 규정된 노선을 따라 이루어지도록 금서 목록과 출판 허가와 같은 새로운 방법을 개발함으로써, …… 교황은 결코 수용하지 않았다. 시간이 지날수록 비타협적인 태도가 점점 더 굳어졌다. 트리엔트에서의 결정은 구텐베르크의 발명이 해방시킨 새로운 힘을 억제하기 위한 일련의 방어적 주장 중 첫 번째에 불과했다(Eisenstein, 1983, p.157).

북부 유럽보다 남부 유럽의 가톨릭 교회가 정부 당국에 더 많은 영향을 미쳤다. 출판 허가와 같은 장치를 사용해 인쇄물을 통제하려는 노력이 북부 유럽보다 이탈리아, 스페인, 남부 프랑스 등에서 더 큰 영향을 미쳤다. 이에 따라 기독교의 균열은 북부 대 남부의 특성으로 전개되기 시작했다. 신교도적 반항이 유럽 북쪽에서 성공하는 반면, 교황청은 그러한 반항을 남부 유럽에서 얼마간 막아 내는 데 성공했다. 이에 따라 문자 해독력은 남부보다 북부에서 더 열렬히 확대된다. 이러한 문자 해독력에 대한 열성은 일요일 미사에서 읽어 주는 라틴어 성서 대신, 자국어로 읽고 쓰기를 배운 모든 사람이 이해할 수 있는 자국어 성서를 모든 가정마다 가질 수 있다는 생각에서 처음 생겨났다. 여기서 우리는 생태학적 효과가 강력하게 작용하고 있는 것을 보게 된다. 인쇄 기술이 유럽 문화에 도입된 것이다. 지배적인 종교의 교리와 우주론에 불평을 했던 사람들은 곧 자신의 비판을 지지하는 사람이 많아졌다는 것을 발견하게 된다. 폭넓은 지지자를 확보할 수 있다는 것을 알게 되자, 저자들은 학구적인 엘리트가 사용했던 라틴어보다, 좀 더 접근하기 쉬운 자국어로 글을 쓰기 시작한다. 그리하여 모든 젊은이들은 읽고 쓰기, 즉 성서에 직접 접근할 수 있는 능력을 갖도록 한층 더 노력하게 된다. 그리고 이 모든 것이 기독교의 분열이 전개되는 과정 중에 일어났던 것이다. 이러한 분열이 확대되면서, 유럽 남부에선 가톨릭 교회가 문자 해독력을 통제하는 반면, 유럽 북부에선 신교도가 문자 해독력을 수용하게 되었고, 종교의 차이를 넘어선 문화적 효과가 나타나기 시작했다.

민족주의

인쇄 기술은 유럽에 민족주의가 발전하는 데 이바지했다. 유럽에 인쇄 기술이 도래하기 전, 어떤 지역은 사실상 종족 중심의 정치적 통치가 이루어졌다. 다른 지역에서는 군주가 넓은 영지를 통제하고 있었다. 또한 도시-국가, 신권 정치 국가 등 여러 가지 통치 유형이 존재했다. 현대 사회의 매스 미디어는 민족주의nationalism와 종족주의tribalism란 용어를 종종 바꿔 사용하지만, 대부분의 학자가 가리키는 민족주의의 의미, 그리고 그것과 종족주의를 구별하는 방식을 분명히 할 필요가 있다. 민족주의는 인간 사회를 정치적으로 조직하는 중심 단위가 민족-국가이다. 종족주의는 유사한 인종적 배경의 사람들과 강한 일체감을 갖는 것이다. 현대의 종족주의자는 종종 종족 구성원으로만 이루어진 민족-국가를 만들려는 목적을 갖는다. 우리는 오늘날 보스니아나 세르비아와 같은 곳에서 "인종 청소"의 공포를 목격했다. 하지만 많은 종족주의자가 인종적으로 "순수한" 국민-국가를 원한다고 민족주의와 종족주의라는 단어를 서로 바꿔 쓰지는 못한다. 사실 민족주의는 종종 극단적인 종족주의에 대한 방어 수단이 될 수 있다. 티토가 통치하던 유고슬라비아가 적절한 사례이다. 유고슬라비아가 국민-국가로 있었을 때는 인종적 열망이 좀 더 억제되었다. 그것이 붕괴된 이후 종족주의적 열망이 강화되었다. 이러한 구별짓기가 중요한 이유는 종족주의가 우리 인종의 기원에까지 거슬러 올라가기 때문이다. 민족주의는 대조적으로 인쇄기가 발명된 이후 발전했다.

　　인쇄 기술은 과거보다 광범위한 지역에 정보를 보다 쉽고 빠르게 유포될 수 있도록 도우며, 적게나마 민족주의 발전에 기여했다. 인쇄가 있기 전, 문서의 복사본은 사람의 손을 거치는 길고 지루한 과정을 통해 만들어졌다. 그러한 환경에서 문서는 많은 수의 복사본을 갖기 어려웠다. 인쇄 전에도 넓은 지역을 통치하던 제국은 있었다. 로마제국이 두드러진 사례이다. 인쇄 기술이 없어 복사는 어려웠지만, 이것 때문에 도시 국가인 로마와 같은 정치적 실체가 넓은 영토를 통제하지 못했던 것은 아니다. 따라서 행정 기관의 중요한 공식 문서를 쉽게 많이 복사할 수 있는 능력은 국민 - 국가와 같이 지리적으로 보다 넓은 정치적 단위가 발전하는 데 도움을 줄 수 있지만, 민족주의의 출현에 필수 요소는 확실히 아니다.

민족주의 출현의 실제 열쇠는 일정 지역의 사람이 자신의 종족이나 살고 있는 도시와 대조적으로 국가에 대해 보다 강한 감정을 갖는가에 있다. 다시 말해, 어떻게 로마인(로마에 거주하는 사람)이 이탈리아인과 보다 강하게 동일시하게 되었는가? 또 어떻게 아테네 사람과 스파르타 사람이 그리스인이라는 정체성을 갖게 되었는가? 또 보다 적절한 사례를 중세 유럽에서 든다면, 어떻게 노르만인과 프랑크족 사람이 과거의 차이를 버리고 프랑스인이라고 생각하게 되었는가? 여기서 우리는 민족주의 발전 과정에 있어 인쇄 기술의 등장이 가졌던 중요한 역할을 발견할 수 있다.

> 활판 인쇄술의 예기치 못했던 많은 결과 가운데, 아마도 민족주의의 출현이 가장 잘 알려져 있다. 인쇄가 각각의 고유어를 광범위한 매스 미디어로 변화시키기 전에는 고유어와 언어 그룹으로 사람들이 정치적인 통일을 이룬다는 것을 생각할 수 없었다. 혈족의 확대된 형태인 부족이 인쇄에 의해 급증했고, 개인으로 동일하게 훈육된 사람들의 결합으로 대치되게 된다. 민족주의 자체는 집단의 밀도와 지위에 관한 새롭고 강력한 시각적 이미지로 다가왔고, 인쇄 전에는 알려지지 않았던 정보 이동 속도에 의존했다(McLuhan, 1964/1994, p.177).

앞에서 말했듯이, 인쇄 기술은 짧은 기간에 어느 문서의 복사본이라도 많이 만들 수 있게 해주었고, 그럼으로써 이러한 문서가 넓은 지역의 많은 사람들에게 배포될 수 있게 했다. 하지만 이러한 지역에 사는 대부분의 사람이 이 문서를 읽을 수 없다면 어찌되는가? 이들이 읽고 쓰는 능력을 갖지 못했거나 문서를 썼던 사람과 동일한 언어를 말하지 않아서가 아니라, 이들 지역에서 구어음을 철자로 쓰는 방식이 저자의 지역에서 쓰는 방식과 전혀 달랐기 때문이라면 말이다. 이렇게 고유어의 철자법이 차이를 갖는다는 것은 인쇄 전 유럽의 문서가 보통 라틴어로 그리고 간혹 그리스어로 쓰여졌기 때문이다. 읽고 쓸 줄 아는 소수의 엘리트들은 라틴어와 그리스어를 알았다. 일반 유럽인은 구어의 형태건 문어의 형태건 라틴어와 그리스어를 알지 못했다. 인쇄 전에 이러한 고유어의 철자법 차이가 대단한 요인이 되지 못했던 이유는, 문서 복사본의 한정된 수로 인해 고유어로 쓰인 문서가 그것이 작성된 작은 지역을 멀리 벗어나지 못했기 때문이다. 동일한 언어를 말하는 사람들이 약간씩 다른 방언이 존재하는 더 광범위한 지역의 철자법을 표준화해야 한다는 압력을 별로 받지 않았다.

인쇄 기술은 이러한 변화를 도왔다. 물론 인쇄술의 도입 후 하루아침이 아니라 수년에 걸쳐 천천히 이루어졌고, 프랑스어, 영어, 이탈리아어, 독일어 등의 고유어 철자법이 표준화되었다. 맥루언(1962)이 언급했듯이, "핫 미디어인 인쇄술로 인해 사람들은 처음으로 자신들의 고유어를 볼 수 있고, 고유어의 범위에서 국가적 통일성과 힘을 시각화할 수 있게 된다"(p.138).

각종 유럽 언어를 표준화하면서 라틴어 또는 그리스어로 주요 문서를 출판할 필요성이 줄어들고, 인쇄물은 점차 고유어로 생산되었다. 그 후 같은 언어를 말하고 쓰는 사람들 간의 정체성이 생겼다. 노르만인은 여전히 노르만인이지만, 프랑스인이기도 했다. 프로이센 사람은 여전히 프로이센 사람이지만, 독일인이기도 했다. 로마인은 여전히 로마인이지만, 자신이 이탈리아인이라고도 생각했다. 따라서 인쇄는 유럽 주요 지역의 각 언어를 표준화시키는 것을 도움으로써 민족주의의 기초를 쌓았다. 인쇄 기술은 민족주의의 유일한 원인은 아니다. 다른 중요한 역사적 요인들이 관련되어 있다. 하지만 인쇄는 민족주의적 감정이 진화해 나가는 토대를 놓음으로써 중요한 역할을 해냈다.

과학의 변화

또한 인쇄는 활판 인쇄술 시대 이전의 과학보다 현상에 대한 세부 관찰에 좀 더 의존하는 근대적 과학 방법의 출현을 도왔다. 예를 들어, 과학을 연역적으로 접근하던 인물로 가장 잘 알려진 아리스토텔레스는 만일 같은 시간에 서로 다른 무게의 물체를 떨어뜨리면, 무거운 쪽이 땅에 먼저 떨어질 것이라는 결론을 냈다. 그는 손에 쥔 무거운 물체가 아래로 향하는 힘이 더 클 것 같다는 가정에 기초해 이와 같은 사실을 연역한 것이다. 그는 결코 어떤 것이 먼저 떨어지는지를 알아보기 위해 물건을 떨어뜨리는 실험이나 관찰을 여러 번 하지 않았다. 근대 과학자들은 만일 물체가 같은 공기의 저항을 받는다면, 동시에 땅에 떨어질 것이라는 것을 안다. 그들이 이것을 아는 이유는 수많은 관찰과 실험을 했고, 서로 다른 무게의 물체를 같이 떨어뜨렸을 때 동시에 땅에 닿는다는 것을 보았기 때문이다. 근대 (관찰) 과학은, 제안된 법칙이 일반적으로 적용되는지를 다양한 상황의 수많은 관찰을 통해 확인해 본 이후에야 일반 법칙이나 이론을 내놓는다. 인쇄가 관찰에 의한 과학적 접근을 촉진하는 이유 중 하나는, 자연 현상에 관한 개인의 관찰이 동일 현상을 관찰하는 다른 개인과 빠르고 넓게 공유될 수 있도록 돕기 때문이다. 그리고 가장 중요한 것은 인쇄가 이전의 필사문의 재생산과는 달리, 정보의 정확한 재생산을 허용한다는 것이다. 아이젠슈타인(1983)은 필사 문화의 문서에 대해 다음과 같이 말했다.

> 필경사의 시대 내내 관찰 과학이 취약했던 이유는 단어가 계속해서 그림과 별도로 떠돌아다니고 이름표가 사물과 떨어져 있었기 때문이다. 필경사의 시대에는 해당 도표나 보고서가 지시하는 별, 식물, 혹은 인간 기관이 불확실하다는 점이 연구자를 괴롭혔다(pp.199~200).

인쇄는 여러 방식으로 관찰 과학의 출현을 지원했다. 앞에서 말했듯이, 인쇄는 철자법의 표준화와 고유어의 사용을 촉구했다. 또한 인쇄는 수학의 숫자 체계의 사용에 있어 유사한 표준화가 이루어지도록 하였다. 인쇄의 등장 이후 수년 동안 수학 언어가 유럽 전역에 표준화되었다. 그리고 흥미롭게도 로마가 유럽 역사에 깊은 영향을 미쳤음에도 불구하고, 새로이 등장한 수학은 로마 숫자 대신 사용하고 가르치기 쉬운 아라비아 숫자에 기초했다. 이러한 수학 상징의 표준화는 수학에 크게 의존하는 관찰 과학의 출현에 결정적이었다. 만일 과학자가 다양한 "수학 언어"를 사용하였다면 관찰의 결과를 공유하기가 어려웠을 것이다. 16세기 천문학자 티코 브라헤Tycho Brahe가 연구를 했던 환경을 살펴보면 이 점이 잘 드러난다.

> 티코 브라헤가 새로운 자료의 필요성에 "눈을 떴던" 이유 중 하나는 천문학의 젊은 연구자들이 이전에 가졌던 보다 오래된 자료를 더 많이 가지고 있었기 때문이다. 그는 교육을 받지 않은 10대였지만, 코페르니쿠스와 프톨레마이오스를 비교할 수 있었고, 둘로부터 끌어 낸 표를 연구할 수 있었다. 행성의 근접에 관한 상반된 예측 때문에 그는 "하늘의 문자"를 재검토하게 되었다. 또한 그는 새로운 자료를 모으기 위해 새롭게 만들어진 수학적 도구를 제공받았고,

이것은 해당 별의 위치를 확인할 때의 속도와 정확성을 증진시켰다…… 인쇄된 사인 계산표, 삼각법, 별자리 목록 등은 티코의 시대에 새로운 대상이자 수단을 나타냈다. 책에서 천문학을 터득한 독학 수학자로서 티코는 새로운 유형의 관찰자였다(Eisenstein, 1983, p.207).

인류 역사상 처음 문서에 페이지를 매기기 시작한 것은 인쇄가 발명된 지 60년 후였다. 인쇄가 있기 전에는 손으로 쓰는 것이 너무 달라서 문서 복사본의 각 장이 정확히 똑같은 단어를 가질 가능성은 별로 없었다. 페이지를 매기는 것이 무의미했다. 따라서 여러 가지 불편한 형태로 참조 사항을 달았다. 옛 참조 형태 중 오늘날 가장 잘 알려진 것은 아마도 책의 이름, 장의 숫자, 절의 숫자순으로 인용을 하던 유대-기독교 성서의 참조 형태일 것이다. 인쇄와 함께 문서의 모든 페이지는 정확히 같아졌다. 이 책의 인쇄 부수가 몇백 권이건 수만 권이건 간에 23페이지는 똑같다. 따라서 인쇄기가 발명된 후 출판업자가 페이지를 매기는 것이 도움될 것이라고 생각했던 점은 놀라운 일이 아니다. 이와 같은 발전과 함께, 알파벳 색인과 쉽게 사용할 수 있는 다른 참조 표시가 등장했다. 또한 인쇄기로 인해 지도, 자료 도표, 그래프 등이 좀 더 꼼꼼하게 준비되었다. 이러한 모든 요소가 과학적 접근 방식의 발전에 기여했다. 이러한 과학적 접근 방식은 다수의 관찰 및 관찰자에 의존하고, 인쇄 매체를 통해 공유될 수 있는 면밀하게 명시된 다양한 조건 속에서 연구를 수행하는 것이다. 아이젠슈타인은 다음과 같이 말한다.

한 세기 동안 두 개의 발전된 행성 이론이 출현했다는 것이 문화적 지체나 관성력을 가리키는 것은 아니다. 오히려 이것은 전례에 없던 인식의 획기적인 발전을 가리키고 있다.
게다가 두 이론은 천문학자가 선택을 하고 핵심 천문학적 현상에 특별히 주의하게 만드는 일련의 선택적인 목록을 동반했다. 1540년대까지 <알퐁소 목록 the Alphonsine Tables>에만 의존했는데, 1640년대 천문학자가 접한 표는 여섯 종류에 이른다는 점이 대조가 될 수 있다. 갈릴레오의 친구 리니어리 Rienieri는 1639년 <타블라 메디카Tabulae medicae>를 통해 여섯 종류 목록에 관한 상세한 사용 설명서를 제공했다. 천문에 관한 두 개의 상반된 목록을 검토했던 젊은 티코의 특유한 경험이 그 무렵이면 일반화된다. 경합하고 있는 목록의 정확성이 여러 장소에서 이루어진 관찰과 수많은 시선에 의해 검토되었다. 도전은 모든 유럽 천문학자에게 특정한 현상을 관찰하고 여러 예측에 대비해 관찰 결과를 재검토해 보라고 경고한 공개 편지의 형식으로 이루어졌다(Eisenstein, 1983, pp.222~223).

아이젠슈타인이 분명하게 지적했듯이, 인쇄 기술이 발전한 후 출현한 유럽의 문화는, 과거보다 정보의 참조를 훨씬 수월하게 해주는 표준화된 수학 상징과 확실하게 준비된 목록과 도표, 그리고 색인을 가진 문화였다.

개인주의와 민주주의

인쇄 기술이 영향을 미친 것처럼 보이는 또 다른 주요 영역은 개인주의 개념과 민주 사회의 토대인 자유주의 철학의 발전이다. 인간이 근대 기술로 매개되지 않은 상태로 말을 할 때는 보통 가까이에 있는 사람들과 이야기를 하게 된다. 물론 개인은 종종 스스로에게 큰 소리로 말을 하기도 하지만, 발화 행위의 본질은 함께한다는 데 있다. 반면, 읽기와 쓰기는 보통 혼자서 하는 행위이다. 사람들이 무언가 중요한 것을 읽고 쓸 때, 조용하고 사적인 공간을 찾는다. 물론 부모가 자식들에게 종종 큰 소리로 읽어 주기도 하지만, 읽기와 쓰기 활동은 혼자서 이루어진다. 우리는 여기서 잠재적 수용자 규모가 아닌, 실제로 말하고, 읽고, 쓰는 행동을 이야기하고 있다는 점을 강조할 필요가 있다. 베스트셀러 작가는 100만 명의 독자를 가질 수 있지만, 미디어 없이 이야기하는 사람은 1000명에 다다르는 수용자를 갖기 힘들 것이다. 하지만 말하는 사람과 듣는 사람 모두가 말하는 것을 동시에 경험하게 된다. 따라서 수용자 규모에 상관없이 함께한 집단은 공동의 경험을 갖게 된다. 하지만 베스트셀러 작가는 혼자서 책을 쓰고, 100만 이상의 독자는 그 책을 혼자 읽게 된다. 읽고 쓰는 것은 고독한 행위이다.

공동 행위로서의 말과 고독한 행위로서의 읽기와 쓰기를 구분하는 것은 커뮤니케이션 학자만이 관심을 갖는 기술적 구분일 수 있다. 하지만 역사적 기록은 구분이 중요하다. 쓰기와 읽기는 5000년 전부터 있었지만, 대부분의 초기 문자 해독력은 관련 문화의 극히 작은 부분에 한정되어 있었고, 쓰기는 문화의 주요 서사를 보존하거나 기록하기 위해 사용되었다. 전문 필경사나 고대 이집트의 성직자와 같은 소수의 엘리트는 종종 이런 초기 문자 문화에서 읽고 쓸 줄 아는 유일한 사람들이었다. 알파벳은 아직 발명되기 전이었고, 대부분의 문자 체계는 일반 사람들이 일생의 노력을 들이지 않고 배우기에는 너무 많은 상징을 가지고 있었다. 월터 옹(1982), 잭 구디(1968), 해럴드 이니스(1951), 에릭 해블록(1963, 1982)과 같은 미디어 생태학의 사상가들은 이러한 초기 문화의 문자 해독력이 제한적이었지만, 문자의 존재가 인간 문화와 의식에 중요한 변화를 가져왔다고 지적한다. 이 책의 다른 장에서 이들의 주장을 다루고 있다. 초기 문자 문화로부터, 문자 해독력 자체가 개인주의 개념이나 개인의 자아 정체성 발전과 관련 있다는 주장을 지지하거나 반박할 만한 증거를 찾아 내기란 어렵다. 그렇지만, 인쇄 기술은 유럽에 문자 해독력이 널리 퍼지는 데 기여했고, 따라서 많은 커뮤니케이션 학자들은 인쇄기의 발명이 개인주의의 철학적 개념이 출현하는 기폭제가 되었다고 시사한다. 옹(1982)에 따르면,

> 인쇄는 또한 근대 사회를 특징짓는 사생활 개념을 발전시키는 주요 요소였다. 그것은 필사 문화의 일반 책보다 더 작고, 더 휴대하기 편한 책을 생산함으로써, 조용한 구석에서 혼자 책을 읽거나 마침내 전혀 소리 내지 않고 읽는 심리적 조건을 마련했다. 필사 문화와 초기 인쇄 문화에서 읽기는 한 사람이 집단의 다른 사람에게 읽어 주는 사회적 활동이기 쉽다.
> 활판술은 말을 일용품으로 만들었다. 이전의 공동체적 구어 세계를 사적인 보유를 주장하는 점유지로 나눈다. 인쇄는 인간 의식이 좀 더 개인주의로 흘러가는 것에 이바지했다……
> 인쇄는 인간의 교류 속에서 처음 생겨난 소리의 세계에서 말을 떼어 내어, 시각적 표면에 한정시켜 통제하고, 지식의 관리를 위해 시각적 공간을 이용함으로써, 인간이 자기 내부의 의식적 혹은 무의식적 자원을 좀 더 비인격적인 사물이나 종교적으로 중립적인 사물 같은 것으로 생각하게 만든다. 인쇄는 마음의 소유물이 일종의 내적 정신의 공간에 보유되고 있다고 생각하게 만든다(pp.130~132).

인쇄기가 발명되기 전, 유럽에 쓰기 문화가 있었지만, 대부분 부유한 엘리트나 교회학자에 한정되어 있었다. 사실 에릭 해블록(Havelock, 1982)과 바버라 터크먼(Tuchman, 1978)은 로마 제국의 멸망 후 거의 1000년 동안 유럽인의 일상 생활에서 문자 해독력이 대부분 사라졌다는 것을 보여 준다. 인쇄가 등장하기까지 수세기 동안 일반 유럽인은 문자를 전혀 모르는 문화에 사는 사람과 마찬가지의 삶을 살았다. 앞에서 보았듯이, 수월한 재생산을 약속한 인쇄 기술의 등장은 결국 보편적 문자 해독력이 유럽 사회의 이상일 수 있게 만든다. 인쇄가 등장한 후 처음 몇

100년 동안 쓰기와 읽기 기술이 이전 어느 문자 문화보다 훨씬 더 깊숙이 유럽 문화에 침투했다.

인쇄가 등장하고부터 학교 체제가 자리를 잡아 문자 해독력의 대중적 전파를 도울 때까지 어느 정도 시간이 걸렸지만, 인쇄가 등장하고 200년 이내에 궁극적으로 미국과 프랑스 혁명을 이끈 철학이 등장하게 된다. 이러한 혁명은 인간의 권리가 통치권의 근원인 개인으로부터 나온다는 믿음에 기초했다. 이러한 믿음은 인쇄 이전 유럽의 통치권의 토대를 이루었던 믿음과 확실히 다르다. 인쇄 이전 많은 유럽 문화에서 신은 여러 왕과 여왕에게 신성 통치권을 부여했던 궁극적인 권력의 원천이었다. 어떻게, 그리고, 왜 이러한 철학의 변화가 일어났는가? 우리는 앞서 읽기와 쓰기 행위에 관해 말했던 것으로 되돌아가 볼 필요가 있다. 이러한 행위는 혼자서, 그리고 종종 사적으로 있을 때 효과적으로 이루지는 행동이다. 이러한 인간 커뮤니케이션 수단이 전 대륙의 대중에게 퍼짐으로써, 사적 시간과 공간 혹은 자기 성찰 능력의 진가를 점차 인정하게 되었다고 생각된다. "나는 생각한다, 고로 존재 한다"는 데카르트의 결론은 존재의 증거로 자아 성찰을 이야기한다. 분명 사적 시간과 공간은 읽고 쓰지 못했던 이들의 집단에 별로 필요하지도 요구되지도 않았을 것이다. 역사적 기록은 인쇄 이전의 유럽에 대한 이런 결론을 뒷받침한다. 하지만 읽기와 쓰기가 문화에 보편적으로 자리 잡으면서, 사생활이 필요했다. 사생활의 필요성을 더욱 절실히 느끼게 되면서, 토머스 홉스와 존 로크와 같은 저자가 말한 개인의 권리 개념을 발전시킬 토대가 마련된다. 이들의 철학은 사람들이 스스로를 통치하는 수단으로서의 민주주의 개념에 대해 토대를 닦았다. 또한 이러한 환경에서, 부와 사적 재산을 축적하는 개인의 권리를 주장한 애덤 스미스와 같은 저자의 경제 개념이 번성하게 된다. 따라서 유럽에서의 활판술의 등장과,

민주주의의 이상과 잘 융합된 지배 경제 체계로서의 자본주의의 궁극적인 발전이 서로 연관되어 있다.

결론

이 장에서 미디어 생태학은 광범위한 간학제적 연구 분야라는 것을 밝힐 필요가 있다. 그것은 거의 질적 방법론, 즉 이론을 검증하기보다는 이론을 만드는 방법론을 가졌다. 미디어 생태학자는 미디어의 개별 효과보다는, 광범위한 문화적 효과에 관심을 갖는다. 사람들이 미디어에 영향을 받는 방식을 주로 사람들이 살고 있는 문화적 환경의 맥락에서 연구한다.

    이 장은 주로 서구 문화에 미친 인쇄의 영향력을 다루었다. 하지만 모든 미디어는 생태학적이다. 텔레비전, 라디오, 전화, 컴퓨터와 같은 현대적 전자 미디어 형태는 현재와 미래의 문화에 큰 영향을 미칠 것이다. 이들 미디어는 빛의 속도로 메시지를 전달한다. 다시 말해, 순간적으로 메시지가 전달된다. 지구 주위에는 현재 위성이 돌며, 이러한 메시지를 수신할 수 있는 장비를 갖춘 지구상의 장소라면 어디든지 이것을 전달할 수 있다. 따라서 지구상 어디서나 다른 이와 즉각적으로 의사 소통을 할 수 있다. 이러한 현실은 틀림없이 현대인에게 광범위한 생태학적 영향력을 미칠 것이다. 또한 이러한 현대적 미디어 대부분이 문자성보다는 구술성에 의존하고 있다. 이메일, 메신저, 채팅방 등의 전자 미디어에 사용된 문자성은 전통적 문자성의 형태보다는 구술성에 뿌리를 두고 있다. "see you" 대신 "C U" 혹은 "How are you" 대신 "How R U"와 같은 구어에 기반한 축약어는 현재 생기고 있는 구술성과 문자성의 혼종어에 관한 작은 사례이다. 미디어를 거치지 않은 구술성과 달리, 이렇게 매개된 구술성은 기록될 수 있다는 점을 주목할 필요가 있다. 여기서 다시 이러한 발전은 중요한 문화적 효과를 가질 것이다. 미디어 생태학자는 여기서 제안한 것과 같은 질문에 관심을 가지고 있다.

하지만 이 장에서 했던 것처럼 문화에 미친 활판술의 영향력을 검토했던 저자는, 현대의 전자 미디어 문제를 검토하는 미디어 생태학자보다 장점을 가지고 있다. 인쇄술은 지금 550년 정도 존속된 반면, 텔레비전과 인터넷과 같은 주요 전자 형태는 상대적으로 최근에 발전되었다. 활판술의 영향을 연구했던 우리들은 확실하게 기록될 수 있었던 문화적 발전을 되돌아보는 호사로움을 누리며, 활판술이 이러한 발전에 이바지했는지 여부를 질문한다. 바꾸어 말하면, 정교한 공립 학교 체제는 인쇄 기술이 등장한 이후 대부분의 유럽 문화에서 발전했다. 국민 국가가 조직 통치의 주요 형태라는 개념은 인쇄 이후 등장했다. 기독교 내부에 큰 분열이 일어났다. 관찰 과학이 발전했다. 개인주의 철학의 출현과 이후 민주주의와 자본주의의 출현이 이루어졌다. 사춘기를 넘어서 확장된 유년기가 오늘날 존재한다. 유일한 질문은 "공통의 기폭제가 있었는가?"이다.

이러한 상호 작용적 효과를 분석하는 미디어 생태학자는 이러한 발전이 단지 우연의 일치에 의한 것이 아니라는 것을 보여 준다. 인쇄 기술의 등장은 이러한 주요 문화적 발전 모두에서 암시되고 있다. 이 장은 이러한 논의를 정리해 보았다. 만일 미디어 생태학자가 활판술의 효과에 대해 옳았다면, 현대의 전자 미디어 형태가 문화적 영향력 면에서 중립적이라고 가정하는 것은 순진한 생각일 것이다. 사실상 이들은 21세기 문화에 광범위한 생태학적 영향을 미치고 있다.

미디어 생태학자가 해야 할 일이 여전히 많다. 새로운 커뮤니케이션 기술은 계속해서 생겨나고 있고 분석을 필요로 한다. 그리고 인쇄와 같은 이전 기술이 주로 유럽 문화의 맥락에서 연구되었다. 미디어 생태학은 미래의 미디어 생태학자가 다룰 때 필요한 일련의 다양한 질문을 제공하는 역동적인 학문 분야이다.

참고 문헌

Aries, P. (1962). *Centuries of childhood: A social history of family life* (R. Baldick, trans.). New York: Knopf.

Clark, P. (1976). The ownership of books in England, 1560~1640: The example of some Kentish townfolk. In L. Stone (td.), *Schooling and society: Studies in the history of education* (pp.95~111). Baltimore: Johns Hopkins University Press.

Eisenstein, E. (1979). *The printing press as an agent of change: Communications and cultural transformations in early modern Europe*. Cambridge, England: Cambridge University Press.

Eisenstein, E. (1983). *The printing revolution in early modern Europe*. Cambridge, England: Press Syndicate of the University of Cambridge.

Febvre, L., & Martin, H. (1976). *The coming of the book: The impact of printing 1450~1800* (D. Gerard, trans.). London & Atlantic Highlands: Humanities Press.

Goody, J. (ed.). (1968). *Literacy in traditional societies*. Cambridge, England: Cambridge University Press.

Hall, G. S. (1904). *Adolescence: Its psychology and its relations to anthropology, sociology, sex, crim, religion, and education*. New York: Appleton.

Havelock, E. (1963). *Preface to Plato*. Cambridge, MA: The Belknap Press of Harvard University Press.

Havelock, E. (1982) *The literate revolution in Greece and its cultural consequences*. Princeton, NJ: Princeton University Press.

He, Z. (1994). Diffusion of movable type in China and Europe: Why were there two fates? *Gazette*, 53, 153~173.

Hines, T. (1999). *The rise and fall of the American teenager*. New York: Avon Books.
Innis, H. (1950). *Empire and communication*. Oxford, England: Clarendon Press.
Innis, H. (1951). *The bias of communication*. Toronto, Canada: University of Toronto Press.
Krug, E. (1964). *The shaping of the American high school*. New York: Harper & Row.
Maynes, M. (1985). *Schooling in western Europe*. Albany: State University of New York Press.
McLuhan, M. (1962). *The Gutenberg galaxy: The making of typographic man*. Toronto, Canada: University of Toronto Press.
McLuhan, M. (1994). *Understanding media: The extensions of man*. New York: McGraw-Hill (Original work published 1964).
Nasaw, D. (1979). *Schooled to order: A social history of public schooling in the United States*. New York: Oxford University Press.
Ong, W. (1982). *Orality and literacy: The technologizing of the word*. London: Methuen.
Postman, N. (1982). *The disappearance of childhood*. New York: Delacorte Press.
Postman, N. (2000). The humanism of media ecology. Proceedings of the Media Ecology Association Convention, 1. (http://www.media-ecology.org/publications/proceedigs.html)
Strate, L. & Lum, C. (2000). Lewis Mumford and the ecology of technics. *The New Jersey Journal of Communication*, 8(1), 56~78.
Strauss, G. (1976). The state of pedagogical theory c. 1530: What Protestant reformers knew about education. In L. Stone (ed.), *Schooling and society: Studies in the history of education* (pp.69~94). Baltimore: Johns Hopkins University Press.
Tsien, T-H. (1985). Paper and printing. In J. Needham (ed.), *Science and civilization in Chin*: Vol. 5, Chemistry and chemical technology: Part I. Cambridge, England: Cambridge University Press.
Tuchman, B. (1978). *A distant mirror: The calamitous 14th century*. New York: Knopf.

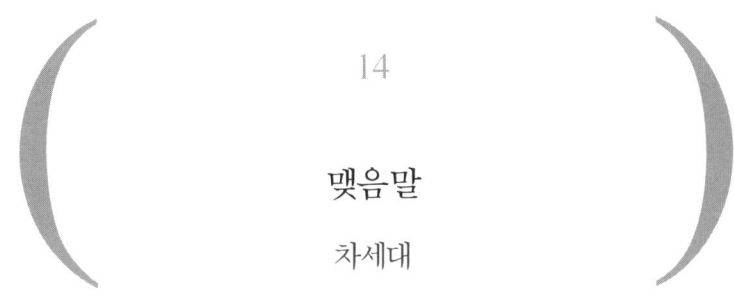

맺음말
차세대

캐이시 맨 콩 럼

앞의 장들은 문화와 기술 그리고 커뮤니케이션에 관한 여러 가지 미디어 생태학적 시각을 분석했다. 이러한 다학제적 시각은 미디어 생태학이 일관성을 가진 이론 집단이자 지적 전통으로서 이론적 틀을 갖추어 가는 것을 도왔다. 맺음말은 차세대 미디어 생태학자가 직면한 과제와 도전을 생각해 본다.

미디어 생태학회의 창립

1992년 톰 젠카렐리와 랜스 스트레이트 그리고 나는 뉴욕시에서 모임을 갖고 미디어 생태학을 발전시키기 위해 독립적인 전문 학회를 창립해야 한다는 생각을 처음 논의해 보았다. 우리 모임의 일차적 목적은 다가오는 제50회 뉴욕 주 스피치 커뮤니케이션학회(나중에 뉴욕 주 커뮤니케이션 학회로 바뀜)에 토론 패널을 구성하는 것이었다. 패널을 구성하고 나서, 대화는 다른 문제, 즉 미디어 생태학자들이 커뮤니케이션학 분야의 보다 많은 학자들에게 다가갈 수 있는 전문 학회를 설립하는 문제로 흘러갔다.

당시 우리는 미디어 생태학이 학과로 만들어졌던 뉴욕대의 학문적 초점이 앞으로 바뀔 것이라는 것을 확실히 예상하지 못했다. 1990년 중반 이후 이루어진 교수 임용은 포스트먼의 미디어 생태학 프로그램이 가졌던 전반적인 지적 시각 및 특성, 그리고 미디어 생태학 프로그램이 속해 있던 학과를 다시 정의하기 시작했다. 뉴욕대의 다양한 구성원들이 다른 지적 추구를 하는 학위 프로그램으로 다변화시켜야겠다고 결론을 내린 것 같은데, 당시 우리는 변화를 추구하는 차원에서 미디어 생태학이 하나의 학문 분야로서 일개 학위 프로그램이라는 제도적 한계를 넘어설 때라고 생각했다. 직접적으로는, 미디어 생태학이 여전히 엄밀한 의미의 커뮤니케이션학 분야의 주변부에 위치해 있으면서 인정받지 못한 이론 집단이었기에, 미디어 생태학에 대해 전국 토론회를 갖는 전문 학회를 갖는 것이 현명한 일이라고 생각했다.

하지만 우리가 계획했던 독립적인 전문 미디어 생태학회의 창립은 1998년 9월 4일이 되어서야 이루어지게 된다. 그날 우리는 포담대에서 미디어 생태학자인 수잔 반즈와 폴 레빈슨을 만났다. 스트레이트는 미디어 생태학회(Media Ecology Association, 이후 MEA로 표기)를 창립하는 이 모임을 주도했다. 스트레이트는 MEA의 초대 학회장으로 선출되었다. 또한 부회장(저자), 사무국장(반즈), 회계 이사(젠카렐리) 등으로 이루어진

MEA의 초대 집행부가 구성되었다. 레빈슨은 초대 집행부의 자문위원으로 일하기로 했다.

MEA의 주요 성과

스트레이트의 조직 통솔력, 그의 동료들의 협력, 그리고 늘어나는 회원들의 지지 하에, MEA는 1998년 창립 이후 왕성하게 발전하게 된다. 이틀에 걸친 첫 번째 연례 학술 대회가 2000년 포담대의 링컨센터 캠퍼스에서 이루어졌다. 2004년 뉴욕주 로체스터 공과대에서 다섯 번째 연례 학술 대회가 열릴 무렵, 학술 대회는 나흘 행사로 커졌고, 등록한 참가자도 평균 100~120명에 이르렀다. 이러한 학술 대회는 MEA가 미디어 생태학 연구를 촉진하기 위해 조직한 가장 크고, 가장 중요하며, 자신을 정의해 나가는 연례 행사가 되었다.

이와 함께, 1999년 MEA는 전미커뮤니케이션학회(National Communication Association: 이후 NCA로 표기)와 제휴하는 학회로서의 지위를 갖게 된다. 2000년 시애틀에서 열린 NCA 학술 대회에서 NCA의 제휴 조직으로서 첫 선을 보인 후, 매년 평균 일곱 개의 논문 발표나 토론 패널을 가져왔다. MEA는 NCA라는 가장 큰 커뮤니케이션학회의 연례 학술 대회이자 국제적인 커뮤니케이션학 토론회에 참여하면서 미디어 생태학 연구를 보여 주고 발전시키게 된다. 그 이후 MEA는 2002년에는 동부커뮤니케이션학회Eastern Communication Association와, 그리고 2003년에는 국제커뮤니케이션학회International Communication Association와 제휴 학회로서의 관계를 갖게 된다.

MEA의 성과 중 또 하나 중요한 것은 <미디어 생태학 탐구 Explorations in Media Ecology>(이후 EME 표기)라는 심사 과정이 있는 계간 학술지를 햄턴사에서 출판하는 것이었다. EME의 창간호는 2002년 하반기에 출판되었다. EME는 미디어 생태학 연구의 차세대를 활성화하고 정당화하는 중요한 역할을 하리라고 기대한다.1

흩어진 미디어 생태학자들을 위한 MEA의 역할

MEA는 최근 미디어 생태학이 이론 집단으로 발전하는 데 중요한 힘이 되고 있다. 그것은 미디어 생태학 연구를 발전시키는 데 있어 특정 대학 프로그램이나 학위 프로그램과 상관없는 공식 기구를 제공한다. 다양한 학문적 배경과 관심을 가졌지만, 문화, 기술, 커뮤니케이션에 관한 미디어 생태학적 시각에 이끌리거나 흥미를 갖고 있고, 뜻이 맞는 학자들과 학생들이 여기에서 만나고 있다. 그것은 대부분 지리적으로나 제도적으로 널리 퍼져 있는 미디어 생태학의 이산離散 학자들이 연결되어 있다는 것을 보여 준다.

하지만 긴 안목으로 볼 때 이론 집단으로서의 미디어 생태학이 MEA의 후원으로 어떻게 발전할지는 여전히 살펴봐야 한다. 즉 MEA는 박사 학위 수여 프로그램이 아니고, 공식적인 프로그램이나 교육 과정으로 미디어 생태학자를 훈련시키도록 위임 받은 것도 아니다. 한편, 미디어 생태학이 체계를 갖추고 성장할 수 있는 이론 집단이 어떻게 잘 될 수 있는지의 문제는 대체로 그것의 핵심적인 이론 체계가 계속해서 훌륭한 생각들을 만들어 낼 수 있는지에 달려 있다.2

---

1. MEA는 연 2회 *In Medias Res*("사물의 중간에"란 의미의 라틴어)라는 회보를 발행하고, 또한 회원 및 비회원 간의 정보 공유와 토론 진행을 위해 메일링 리스트 서비스를 하고 있다. MEA 활동에 관한 정보는 그 웹사이트(http://www.media-ecology.org)에서 얻을 수 있다.

미디어 생태학자는 무엇을 해야 하나

나는 이 책을 로버트 블레크먼의 비디오 시 "모범적인 미디어 생태학자"로 시작했다. 블레크먼은 닐 포스트먼의 초기 박사 과정 학생 중 한 명(76학번)으로서 그의 시가 노래한 "모델"은 사실 다른 사람이 아닌 포스트먼으로부터 영감을 받았다. 1975년 포스트먼이 미디어 생태학 대학원생들에게 연설을 하면서, "훌륭한 미디어 생태학자의 모습을 보여주는 최고의 모델"로 루이스 멈포드, 해럴드 이니스, 마셜 맥루언 등을 언급하며 자신의 의견을 밝혔다.

> 미디어 생태학자는 어느 정도 과학 철학자이다. 이유는 자신의 용어와 연구 방법론을 만들어 내야 하기 때문이다. 그는 어느 정도 도덕 철학자이다. 이유는 기술적 현실 속에 사람이 그리워할 수 있는 윤리를 발견하거나 재확인해야 하기 때문이다. 그는 어느 정도 기호학자이고, 어느 정도 예술 비평가이고, 어느 정도 문학 비평가이고, 어느 정도 사회심리학자이고, 어느 정도 역사가이다. 만일 여러분이 이보다 간단한 것, 혹은 좀 더 정확하고 엄밀한 것을 찾으려고 한다면, 내 생각에 여러분은 실망할 것이다. 미디어 생태학은 반反학제적 학문 분야로서, 전문 기술을 찬양하는 것에서 벗어나 그것을 탈신화화하는 운동이다. 다시 말해, 미디어 생태학자는 전문가가 아니라, 다방면의 지식을 가진 사람이자 연결시키는 사람이다(Postman, 1975, p.4).

---

2. MEA의 역사가 아직 짧기 때문에 이론 집단으로서의 미디어 생태학 발전에 어떠한 장기적 영향력을 가질지를 생각해 보기는 어렵다. 하지만 이론 집단의 형성과 변화에 있어 전문 학회가 갖는 역할을 이해하기 위해, 이들 활동에 대한 연구가 앞으로 더 이루어져야 한다고 제안한다.

포스트먼이 보여 준 경력을 볼 때, 미디어 상태학자는 또한 어느 정도 교육자이고, 어느 정도 활동가이고, 어느 정도 의식적 반대자라는 것을 이러한 목록에 추가할 수 있다고 생각된다.

지난 20년간 나는 흩어져 있는 선배 미디어 생태학자들로부터 그들이 생각하는 미디어 생태학자의 모습에 대해, 그리고 그들이 해야 한다고 생각하는 것에 대해 탄복할 만한 수많은 이야기를 들었다. 그들은 1970년대 미디어 생태학 박사 과정을 밟았을 때, 미디어 생태학자로서 자신이 아는 것으로 세계를 바꾸길 원했다. 학력은 이들이 생각했던 여러 목적 가운데 하나에 불과했다. 사실, 어떤 이들은 미디어 제작자나 예술가 혹은 사회 평론가가 되길 열망했다. 학교와 대학의 운영 방식을 바꾸고자 학교 행정에 들어가는 것도 또 다른 선택이었다. 아직도 어떤 사람들은 자신이 미디어 산업에 변화를 가져옴으로써 주변을 변화시킬 수 있으리라 믿었다. 그리고 이러한 목록은 길다.3 그들이 바꾸길 원했던 세계는 1960년대와 1970년대 이들이 물려받았던 세계이다. 그리고 이들이 생각했던 미디어 생태학자로서의 사명감이나 여러 가지 역할은, 자신들의 스승이었던 닐 포스트먼(1975)과 공유했던 관찰의 결과일 수 있다.

> 벅민스터 풀러가 반복해서 말했듯이, 현재 세계의 비이성적이고 기능적으로 미쳐 버린 상황은 대부분 전문가 정신에서 비롯된다. 미디어 생태학은 그러한 정신에 대한 소규모의 반작용이다. 하지만 전문주의의 반대가 무지가 아니라

---

3. 이 책은 미디어 생태학의 기본 사상가들의 연구에 초점을 두었다. 이들 사상가들의 연구, 개념, 혹은 이론이 어떻게 세상에 변화를 가져왔는지의 문제도 흥미로운 연구 주제일 것이다. 예를 들어, 미디어 생태학이 뉴욕대에서 교육받은 첫 번째 미디어 생태학자 집단의 연구와 삶에서, 예를 들어 커뮤니케이션 연구에서, 미디어 교육에서, 사회 운동에서, 정치에서, 미디어 예술에서, 미디어 산업에서 등등 어떻게 나타났는가?

는 것을 명심해라. 그것은 뚜렷한 범주에 스스로를 한정시키는 것을 거부하는 광범위한 지식으로서, 모든 사회적 삶의 형태에 응용 가능성을 찾고 있다(p.4).

우리가 현재 물려받은 세계는 30년 전 포스트먼이 위와 같은 관찰을 했던 미디어 생태학의 초기의 세계와 많이 달라졌다. 중요한 것은 세계의 미디어 환경이 좀 더 복잡하고, 상호 연관되어 있으며, 전보다 훨씬 유동적이고 예측할 수 없다는 점이다. 상승 효과를 위해, 올드 미디어건 뉴 미디어건, 모든 종류의 미디어가 점점 더 소수의 대기업에 의해 통합되고 있다. 1960년대와 1970년대에 초기 단계에 머물렀던 인터넷이 이제는 세계의 정보 및 커뮤니케이션 인프라의 멀티미디어 중추가 되었다. 새로운 소비자 전자 제품(디지털 카메라에서 개인의 텔레커뮤니케이션에 이르기까지)의 등장과 전 지구적 미디어의 광범위한 확산으로 세계는 맥루언이 수십 년 전에 예언했던, 상호 연관된 "지구촌"이 되어 가고 있다.

세계가 점점 더 "전 지구적 사건"을 목격하게 되었다. 우리는 냉전이라는 20세기의 결정적인 전 지구적 이데올로기, 정치, 기술의 대립이 베를린 장벽의 붕괴와 함께 무너지는 것을 보았다. 우리는 1989년 봄 북경의 천안문 광장에서 민주화 운동이 전개되는 것을 보았고, 중국 정부의 권위주의에 항의하는 표시로 인민군의 중무장한 탱크 앞에 홀로 서있었던 노동자에 관해 집단 기억을 공유한다. 2001년 9월 11일 테러리스트가 세계 무역 센터의 쌍둥이 빌딩을 공격하는 것을 세계의 미디어는 여러 카메라의 각도로 다시 보여 줬다. 이것은 개인 캠코더와 전 지구적 미디어가 바로 가까이 있었기에 가능했던 전 지구적 정치 사건이다.

물론 우리가 현재 물려받은 상호 연관된 세계가 미디어 생태학의 창시자들이 자신들의 연구와 비판에서 언급했던 세계보다 덜 불합리적이지는 않은 것 같다. 만일 전 지구적 갈등을 기준으로 이 점을 생각해 본다면, 이른바 "전 지구적 테러 행위"나 "테러에 대한 전쟁"이 냉전, 베트남 전쟁, 또는 이와 유사한 전쟁보다 덜 불합리한가? 마찬가지로, 세 번째 천년대로 접어든 오늘날의 세계 상황이 기능적으로 덜 이상한 것 같지는 않다.

그렇다면 미디어 생태학자는 무엇을 할 수 있고 무엇을 해야 하는가? 이론적 시각으로서 미디어 생태학을 통해, 우리는 전 지구적 미디어의 등장, 전 세계의 정치적 구조 변경, 그리고 이 둘의 상호 작용 등으로 이른바 "새로운 세계 질서"에 무슨 일이 일어나는지를 어떻게 이해할 수 있는가? 미디어 생태학의 미디어 시대에 관한 역사 기술은, 인터넷이나 개인 텔레커뮤니케이션과 같은 새로운 디지털 기술의 복잡하고 역동적인 성격이 인간 커뮤니케이션을 재정의 하는 방식에 관한 우리의 이해를 도울 수 있는가? 새로운 디지털 미디어 생태학에서 인간 행위자는 어떻게 나타나는가? 이 책에서 다룬 학자와 같이 미디어 생태학의 전형적인 사상가가 발전시킨 이론은 21세기 멀티미디어 환경의 심리적 습관, 사회적 조직, 정치적 역동성, 문화적 신념과 가치 등을 밝히는 데 어떻게 도움을 줄 수 있는가?

나는 미디어 생태학이 문화/기술/커뮤니케이션 연구의 성장 가능한 이론 집단 및 지적 전통으로 잘 존속할 수 있는지의 문제가, 차세대 미디어 생태학자들이 이와 같은 혹은 이와 관련된 질문을 어느 정도 잘 다룰 수 있는지에 달려 있다고 생각한다. 또한 포스트먼의 말을 빌려 말하자면, 그것은 이들이 자신들의 심리적, 사회적, 경제적, 정치적, 문화적 삶의 방식에서 미디어 생태학의 적합성과 적용 가능성을 얼마나 잘 찾을 수 있는지에 달려 있다.

참고 문헌

Postman, N. (1975). Unpublished remarks to new graduate students at New York University.

찾아보기

검포트, 개리 Gumpert, Gary 134, 325
게데스, 패트릭 Geddes, Patrick 78, 94, 96, 137~140, 147, 150, 152, 161, 414, 562
고프만, 어빙 Goffman, Erving 73, 82, 263
구디, 잭 Goody, Jack 88, 103, 147, 263, 516, 519~520, 585
그람시, 안토니오 Gramsci, Antonio 417~418
그레이, 앤 Gray, Ann 412
그로스먼, 로렌스 Grossman, Lawrence 128
그리피스, 벨버 Griffith, Belver 40, 45
기디온, 지그프리트 Giedion, Sigfried 56, 59, 146, 259, 261, 272
기틀린, 토드 Gitlin, Todd 55, 62, 74

나이스트롬, 크리스틴 L. Nystrom, Christine L. 29, 32, 57, 66~68, 74, 76~77, 84, 101, 120, 133~134, 433
네이더, 랠프 Nader, Ralph 343
넬슨, 데오도르 홈 Nelson, Theodor Holm 282
니버, 라인홀드 Niebuhr, Reinhold 211

다얀, 대니얼 Dayan, Daniel 424, 539
다이슨, 에스터 Dyson, Esther 131
더투조스, 마이클 Michael Dertouzos 316
데이먼, 하워드 Damon, Howard 327
뒤르켐, 에밀 Durkheim, Emile 518, 520
듀이, 존 Dewey, John 101, 138, 141, 221, 224, 262, 340, 407, 411, 414, 420, 422, 429
드보르, 기 Debord, Guy 540

라이언, 폴 Ryan, Paul 325
라자스펠드, 폴 Lazarsfeld, Paul 262, 408
랜섬, 존 크로 Ransom, John Crowe 272
랭어, 수잔 K. Langer, Susanne K. 17, 32, 42, 68, 78, 94, 101~102,

120, 333, 433, 454~458, 462, 465~470, 473~495, 497, 499~502, 504, 506~511, 513
러너, 대니얼 Lerner, Daniel   190
레비스트로스, 클로드 Lévi-Strauss, Claude   35, 102, 515, 518
로빈슨, 거트루드 J. Robinson, Gertrude, J.   44, 52
로젠, 제이 Rosen, Jay   424
루스, 클래어 부스 Luce, Clare Booth   48, 49, 125~126
루이스, 윈덤 Lewis, Wyndham   272
리, 도로시 Lee, Dorothy   273
리비스, F. R. Leavis, F. R.   284
리스먼, 데이비드 Riesman, David   127
리즈허위츠, 웬디 Leeds-Hurwitz, Wendy   41
리처즈, I. A. Richards, I. A.   65, 284, 333

마르탱, 앙리 장 Martin, Henri-Jean   103
마이로위츠, 조수아 Meyrowitz, Joshua   73~74, 93, 99, 147, 262~263, 412
마이어, 에른스트 Mayr, Ernst   102, 516, 546
막스, 레오 Marx, Leo   526
매카니, 휴 McCarney, Hugh   31, 70
매켄지, 로드릭 D. McKenzie, Roderick D.   139
맥도널드, 드와이트 MacDonald, Dwright   408

맥루언, 허버트 마셜 McLuhan, Herbert Marshall   17, 20, 22~23, 29, 35, 39~44, 48~51, 56~60, 64, 71~79, 91~94, 98~103, 120, 122, 125, 134, 139, 147~153, 158, 160, 184~187, 205, 231, 239~240, 248, 251, 260~263, 269~291, 293~296, 300, 303~308, 311~317, 324~325, 339~341, 344~346, 349, 362, 364, 369~372, 382~383, 388, 402, 407, 409, 414~415, 418, 420, 422, 426, 428, 450~451, 516, 518, 520, 522~526, 531, 535~537, 546, 574, 580, 597, 599
맥파일, 토머스 L. McPhail, Thomas L.   60
머레이, 스티븐 O. Murray, Steven O.   45~47, 63, 75, 77
머튼, 로버트 Merton, Robert   408
멀린스, 니콜라스 C. Mullins, Nicholas C.   40, 45
멈포드, 루이스 Mumford, Lewis   17, 22~23, 29, 35, 40, 42, 44, 56, 59, 62, 77~78, 87, 94, 96, 98, 100~101, 123, 133~162, 184, 186, 205, 218~220, 231, 253, 259, 261, 272, 324, 355, 358, 370~371, 407, 413~414, 426, 523~

534, 562, 597
메인즈, 마리 조 Maynes, Mary Jo　567
모란, 테렌스 Moran, Terrence　29, 66~68, 70, 74, 76~77, 120, 331
모스, 새뮤얼 핀리 브리스 Morse, Samuel Finley Bresse　53, 323
모제스, 로버트 Moses, Robert　140, 142
몬태규, 재클린 Montagu, Jacqueline　273
몰리, 데이비드 Morley, David　412
밀즈, C. 라이트 Mills, C. Wright　408

바르트, 롤랑 Barthes, Roland　201~202, 547
바르트, 칼 Barth, Karl　98, 206, 211~215, 234
버로우, 로저 Burrow, Roger　540
버제스, 어니스트 W. Burgess, Earnest W.　139
버터필드, 허버트 Butterfield, Herbert　421
벌트만, 루돌프 Bultmann, Rudolf　211
베넷, 랜스 Bennett, Lance　539
베버, 막스 Weber, Max　215, 221~222, 226, 255
베블린, 토스타인 Veblen, Thorstein　138, 140~141
보드리야르, 장 Baudrillard, Jean　379, 550
보아스, 프란츠 Boas, Franz　439
볼터, 데이비드 Bolter, David　70, 93, 146~147, 315
부어스틴, 대니얼 Boorstin, Daniel　61, 92, 188, 279

브로마일리, G. W. Bromiley, G. W.　233
브루너, 제롬 S. Bruner, Jerome S.　70
브룩스, 클리언스 Brooks, Cleanth　272, 284
비코, 지암바티스타 Vico, Giambattista　309, 422

사피르, 에드워드 Sapir, Edward　65, 68, 88
섀넌, 클로드 Shannon, Claude　307
서프, 베네트 Cerf, Bennett　271
셀데스, 조지 Seldes, George　65, 408
셔드슨, 마이클 Schudson, Michael　425
소로, 헨리 데이비드 Thoreau, Henry David　128
슈만트 베세라트, 데니스 Schmandt-Besserat, Denise　88
슈와르츠, 토니 Schwartz, Tony　134, 299, 303, 325
스레버니 모함마디, 애나벨 Sreberny-Mohammadi, Annabelle　551
스머츠, 잰 Smuts, Jan　152
스트레이트, 랜스 Strate, Lance　15, 30, 32, 40, 44, 93, 96, 133, 327, 373, 593~595
시엘, 도널드 Theall, Donald　31, 60
시켈, 리처드 Schickel, Richard　271
시트롬, 대니얼 Czitrom, Daniel　98, 240, 262, 282
실러, 댄 Schiller, Dan　425
실버스톤, 로저 Silverstone, Roger　412

605

아이젠슈타인, 엘리자베스 Eisenstein, Elizabeth   17, 42, 70, 91, 94, 103, 147, 158, 277, 330, 358, 573, 576, 582~584

애담스, 제인 Addams, Jane   138

앤드루, 더들리 Andrew, Dudley   535

에델만, 머레이 Edelman, Murray   539

엘룰, 자크 Ellul, Jacques   17, 22~23, 26, 35, 40, 42, 56, 59, 67, 77, 94, 96~98, 101, 120, 123, 146, 160, 169~179, 181~196, 201~212, 214~222, 224, 226~235, 259, 261, 355, 361, 364, 370, 372, 533

영, 로버트 Young, Robert   70

옹, 월터 Ong, Walter   17, 23, 40, 58, 88~89, 94, 102~103, 147, 187~188, 254, 263, 330, 422, 450~451, 501, 519~523, 537~538, 542, 544, 551, 585, 586

와이젠바움, 조셉 Weizenbaum, Joseph   70, 92

와인가트너, 찰스 Weingartner, Charles   50~51, 134, 327, 331~334, 339, 341, 343, 345~346

와츠라위크, 폴 Watzlawick, Paul   35, 70, 348

와트, 이언 Watt, Ian   103, 516, 519, 520

워런, 로버트 펜 Warren, Robert Penn   272

워프, 벤저민 L. Whorf, Benjamin L.   17,

32, 42, 65, 68, 78, 88, 94, 101, 333, 433, 438, 440, 442~445, 447~448, 450~453, 458, 466, 470

월러스, 그레이엄 Wallas, Graham   259, 415

위너, 노버트 Weiner, Norbert   56, 59, 65, 92, 94, 261, 352~353

위버, 워런 Weaver, Warren   307

윌리엄스, 레이먼드 Williams, Raymond   402, 408, 417

이니스, 해럴드 A. Innis, Harold A.   17, 22~23, 32, 40, 42, 44, 56~57, 59, 90~92, 94, 98, 100~101, 125, 134, 139, 140, 147, 158, 160, 185, 232, 239~241, 243~259, 261~264, 274, 293, 335, 354, 358, 384, 394, 406, 414~415, 417, 419~420, 422~423, 426, 428, 524~526, 585, 597

제이미슨, 캐슬린 홀 Jamieson, Kathleen Hall   539

제인스, 줄리안 Jaynes, Julian   70

젠카렐리, 토머스 F. Gencarelli, Thomas F.   31, 49, 65, 94, 99, 323, 593~594

조이스, 마이클 Joyce, Michael   315

존스, 스티브 Jones, Steve   540

존슨, 웬델 Johnson, Wendell   348, 386

촘스키, 노엄 Chomsky, Noam   448, 503

카슨, 레이첼 Carson, Rachel 283~284
카츠, 엘리후 Katz, Elihu 424, 539
카펜터, 에드먼드 Carpenter, Edmund 60
~61, 65, 82, 134, 263, 273
~274, 309, 324
캐리, 제임스 W. Carey, James W. 17,
42~44, 70, 93, 98, 100~
101, 139, 148, 150~151,
240, 258, 260~261, 401~
411, 413~416, 418~429,
525~526
캠벨, 제레미 Campbell, Jeremy 41
컬킨, 존 Culkin, John 64, 134, 324, 345
코르지브스키, 알프레드 Korzybski, Alfred
36, 94, 334~335, 386
쿤스, 윌리엄 Kuhns, Willam 43, 56~
59, 62, 69, 133, 261
쿨리, 찰스 호튼 Cooley, Charles Horton
262
쿼크, 존 Quirk, John 413
크레그, 로버트 T. Craig, Robert T. 54
크레인, 다이애나 Crane, Diana 40
크로포트킨, 표트르 Kropotkin, Petr 140
크로포트킨, 프린스 Kropotkin, Prince
414
클라크, 피터 Clark, Peter 566~567

터클, 셰리 Turkle, Sherry 70
테이트, 앨런 Tate, Alan 272
토크빌, 알렉시스 드 Toqueville, Alexis de
101, 127, 258, 406, 426
트레이시, 마이클 Tracey, Michael 425,
427
트로터, 로버트 H. Trotter, Robert H. 309
틸리히, 폴 Tillich, Paul 209, 211

파우어, 브루스 Powe, Bruce 280
파크, 로버트 E. Park, Robert E. 139,
262
파킨, 프랭크 Parkin, Frank 411
패디맨, 클립튼 Fadiman, Clifton 271
패리, 밀만 Parry, Milman 330, 520
패싱, 대릴 Fasching, Darrell 211
퍼스, C. S. Peirce, C. S. 491~493, 502
페더스톤, 마이크 Featherstone, Mike
540
페브르, 뤼시엥 Febvre, Lucien 103
포스데일, 루이스 Forsdale, Louis 50,
134, 299, 324~325, 328,
331
포스트먼, 닐 Postman, Neil 15, 17, 22~
23, 29~32, 38, 40, 42, 44,
48~51, 57, 61, 63~69, 71
~74, 76, 77, 82, 88, 91~95,
98~100, 103, 119, 134, 146,
153, 161, 185~186, 205,
232, 239~240, 262~263,
293, 323, 325~326, 328~
337, 339, 343~344, 346,
348~358, 360~388, 390,
392~394, 420, 531~532,
535, 546, 551, 594, 597~
600
폴라니, 칼 Polanyi, Karl 273
풀러, R. 벅민스터 Fuller, R. Buckminster

56~57, 59, 261, 598
피스크, 존 Fiske, John   539

하우스도르프, 돈 Hausdorff, Don   57, 69
하트, 로더릭 Hart, Roderick   539
해러웨이, 도나 Haraway, Donna   552
해러토닉, 피터 L. Haratonik, Peter L.   26, 30~31, 74
해블록, 에릭 Havelock, Eric   17, 42, 60, 70, 88, 94, 102~103, 134, 147, 241, 248, 263, 302, 330, 450, 515~517, 519~520, 522, 528~530, 538, 543~545, 585~586
호가트, 리처드 Hoggart, Richard   408
홀, 스튜어트 Hall, Stuart   411
화이트, 린 White Jr., Lynn   358

가상 현실   315~316, 470
가톨릭 교회   123, 565, 569, 574~577
가톨릭과 개신교 간의 분쟁   123
감각 기관   36, 78~79, 125, 151, 261, 290, 301~303, 315, 494, 536~537
감각 데이터   547
감각 비율   291
감각 중추   290~291, 293~294, 546
감각의 편향성   434
감정   78
개념적 틀   22, 264, 326, 380
개념적 형식   487, 490
개인주의   103, 127, 178, 226, 252, 254, 296, 299, 564, 584~586, 589
거대 기계   155
거시 이론   521~523, 541, 551
결정 기술   147, 158, 254
경구   39, 71, 79, 287~288, 317, 340~341, 362, 374, 516~517, 519, 528, 542~543
경련 상황   295
계몽   161, 223, 377~379, 393, 434, 569
고유어   579~580, 582
공간 편향성   98, 241, 251, 254, 264, 415
공간 편향적 미디어   254
공감각   290, 295, 315
공명의 원칙   530
공적 지식인   58, 72, 77, 96, 161, 325, 338, 346
관념적인 심리학   551
관습법   528, 529
광고   52, 184, 195, 246~247, 325
광고 산업   184
교회의 통제   257
구기술   144~147, 150, 158
구문론   459~462, 466, 490
구술성과 문자성   87, 103, 187, 501, 545, 589

구술성의　542
구술성-문사성 정리　515∼516, 519, 521
　　　∼522, 535, 541, 550, 552
구어 커뮤니케이션　205, 259, 296, 415,
　　　516, 546
구텐베르크의 인쇄기　91
국제커뮤니케이션학회International
　　　Communication Association
　　　74, 291, 595
균형　125, 145, 150, 162, 183, 251, 257,
　　　259, 352, 394, 407, 423
그래픽 혁명　61
그리스인　255, 290, 356, 357, 519, 522,
　　　579
근대성　219, 254, 256
기계 이데올로기　153, 155, 157∼159,
　　　161
기계식 시계　151, 157∼158, 370∼371,
　　　450
기계의 신화　151
기독교　98, 212, 566, 573, 577, 589
기술 결정론　17, 192∼193, 414, 425, 524
기술 도시　210
기술 문명　216, 231, 562
기술 문화　41, 139, 217
기술 복합체　144, 153
기술 비판　143, 259
≪기술 사회*The Technological Society*≫
　　　98, 174, 178, 191, 195,
　　　207, 216∼218
기술 실용주의　525
기술 유기체론　136, 148, 150∼152
기술 의식　190, 195

기술 전문가　228
기술 질서　97, 231
기술의 명제　355, 370
기술의 영향력　263, 324
기술적 해결　191
기호의 의미　491∼497, 499

내포　208, 380, 409, 465∼467, 497
냉전　160, 414, 599
뉴욕학파　134, 139, 140
뉴턴 물리학　435

데카르트 철학　218
데카르트의 영적 세계　218
도구 사용　146, 370
도덕 신학　95, 365, 395
도덕적 감수성　24, 224
도덕적 상대주의　124
도시 개발　161
도시의 의미　207
동부커뮤니케이션학회Eastern
　　　Communication Association
　　　595
디지털 상징　83, 457∼460, 462∼463,
　　　467
디지털화　547∼548

로마 숫자　582
르네상스　91, 135

마르크스주의 연구　55
멀티미디어　81, 92, 315
모피 무역　245

목판 인쇄 563
문법 형식 445
문자 문화의 편향성 329
문자 해독력 184, 187, 256~257, 551, 565~567, 577, 585~586
문자성 61~62, 87, 89, 94, 103, 184, 187, 317, 329~330, 339, 345, 357~358, 383, 393~394, 501, 523, 541, 545~546, 588
문자적 사고 방식 544
문화 연구 42, 44, 52, 75, 88, 240, 378, 402, 407, 412, 417~418, 427~428, 439, 540
문화/기술 공생론 86
문화로서의 커뮤니케이션 401
문화적 편향성 354
문화적 환경 104, 561, 588
물질적 형식 508
미국 광고 258
미국 문화 연구 100
미국 자본주의 258
미국의 남북 전쟁 248
미국지역계획협회 138, 140~141
미디어 522
미디어 교육 30, 339, 351~352, 369, 380, 381, 383, 423
<미디어 생태학 탐구Explorations in Media Ecology> 43, 595
미디어 생태학회(Media Ecology Association, MEA) 43, 48, 119~120, 593, 594
미디어 정치경제학 55~56

미디어 해독력 339, 344, 383
미디어는 메시지다 71, 79, 92, 294, 362
미디어의 시대적 역사 87, 89, 103
미디어의 편향성 22, 36, 251, 355, 393, 546
미시 이론 521~522, 537, 540~541, 550, 551
민간 풍습 528, 529
민족주의 103, 251, 296, 564, 574, 577~581
민주적 담론 402, 420, 425
민주주의 101, 103, 127, 172, 179~181, 379, 402, 406~407, 412, 426, 523, 565, 584, 587~588
민주주의 의식 407

발화된 것 286
버밍엄 현대문화연구소 411
버밍엄학파 415
베트남 전쟁 62, 342, 413, 421, 600
변증법적 과정 189, 202
보드리야르의 정리 550
부족주의 295~296, 375
부호 80, 83, 314, 458, 545, 547, 549
부호화 79, 83~84, 88, 292, 335, 376, 411, 417, 448, 541, 545, 547, 549
비가시적인 집단 40
비선형적 인과성 305
비인간화 161, 172~173, 231
비판 커뮤니케이션 연구 54~55

≪사이버네틱스≫ 352
사이버네틱스 16, 152, 352~353
사진 128, 137, 182, 303, 362~363, 457, 462~463, 465~467, 546
사회 환경 61, 261
사회적 인식론 21, 532~533
사회학적 결정 213
사회학적 분석 189, 206
사회학적 시각 329
산업 혁명 122, 413, 571
상징 구조 80, 82, 454, 497, 510
상징 세계 80, 370, 479
상징 정신 486
상징 형식 453, 466, 470, 479, 504
상징적 미디어 486, 497
상징주의 102, 288
선전 41, 53, 55, 66~67, 76, 97, 170~172, 174~185, 188, 190, 194, 196, 204, 208, 221, 231, 258, 533
선형성 291, 293, 305, 341, 421, 548
성서 37, 203, 206~208, 210~211, 214~215, 306, 574, 577
성서적 206
성서적 변증법 214
세계 무역 센터 599
수학 언어 582
시각성 300, 545
시각적 편향성 287, 309
시간 편향성 98, 241, 251, 264
시대사 65, 87, 89, 91, 94, 96, 103, 136, 144
시대적 역사 기술 144

시카고학파 42, 52, 100, 139, 261~262, 407, 427
신기계화 반대주의자 193
신기술 144~147, 150~151
신정교주의 206, 211, 215, 234
신체 언어 88, 297
신체적인 행동 543
실제 비평 284, 317

아동 노동법 571
아라비아 숫자 582
아리스토텔레스 121, 221, 306, 352, 561, 581
알파벳 252, 255~256, 286, 295~296, 301~302, 330, 341, 386, 564, 583, 585
약호 437, 442~443, 454, 457, 462, 466~470
언론 교육 101, 420, 422~423, 427~428
언론교육학회(Association for Education in Journalism, Association for Education in Journalism and Mass Communication [AEJMC]) 404, 423
언론의 자유 127, 247
언어 16~17, 36, 45, 65, 67~68, 74, 78, 101, 122, 182, 186~187, 285
언어 결정론 447
언어 상징 497, 516
언어와 교육 73, 330, 384, 388
연역적인 논리 289

611

연출 방식 분석　73
영상 미디어　177, 183, 547
영상 이미지　355, 550
영적 갈등　209
영적 실재　226, 230
영적 실현　210
영적 자유　96
영적 토대　224
외연　462, 497
용기 기술　152~153, 156
원근법　254, 300~301, 305
원시 기술　144~145, 147, 152
월드 와이드 웹　92, 270, 281~282
유년기　103, 351, 356~359, 565, 570~571, 573, 589
유럽 자본주의　222
유추 상징　458, 462~463
은유로서의 텔레비전　362
음절 문자　301
의미론적 환경　387
의미화　302, 494, 497
의사 사건　188
이니스의 정치경제학　239
이데올로기 의식　195
이데올로기 차원　186
이데올로기적 쟁점　76
이데올로기적 편향성　153
이론 집단의 개념　45, 77
2차 세계 대전　53, 55, 142, 146, 160, 175, 246, 298, 379, 573
<ETC: 일반 의미론 평론 *A Review of General Semantics*>　71
인간 행위자　161, 533, 600

인간성　22, 192, 216, 222, 231~232, 287, 331, 371~372, 380, 526
인간의 자유　181, 211~212, 219
인간의 통제　162
인공물　135, 216, 283, 286, 291, 309~310, 450, 494, 496, 498, 500, 504, 507
인공적인 기호　498, 501~502
인권 운동　62
인식론적 편향성　85, 363
인지적-정서적 채널　541
인터넷　54, 81, 92, 127, 129, 270, 281~282, 339, 392, 487, 535, 537, 589, 599~600
일반 의미론　36, 41, 88, 333~334, 346, 383, 385~386, 388
1차 세계 대전　159, 242~243, 247~248
입체파　301, 305

자기-절단　294
자동 온도 조절 장치 시각　352~353
자본주의　141, 151, 158, 160, 216, 222, 258, 416~417, 419, 565, 567~568, 588~589
자연 언어　502~503
자연 환경　15, 121, 139, 145, 217, 336, 352, 394
장로교인　566
재현의 약호　438, 470
전기　37, 138~139, 145, 151, 159, 242, 262, 278, 296, 314, 341, 413~414, 437, 439, 480, 526~

527, 550
전미커뮤니케이션학회National
　　Communication Association
　　595
전신　　53~54, 91, 126, 128, 137, 160,
　　243, 247~248, 262, 295,
　　323, 362~363, 415~416,
　　535, 547
전자 문화　345, 519, 535, 537, 540~541,
　　548, 551
전자 미디어　87, 92, 254, 358, 487, 545,
　　547, 588~589
전자 커뮤니케이션　53, 61, 87, 91~92,
　　99, 287, 289, 299, 313, 388,
　　538
전자 혁명　54, 60, 151, 323, 362, 526
전체론적인 관점　18
정보 편향성　354, 539
정보 환경　56, 354~355
정보의 전송　409, 424
정상 과학　45, 47, 285
정신역학　89, 542, 544
제1의 구술성　515, 537
제2의 구술성　537~538
종교 개혁　91, 103, 523, 564, 573~576
주요 산물　245~246, 414
중세 문화　253
지각 환경　294
지구촌　185, 273, 313, 537, 599
지배 미디어　533
지식의 독점　22, 90, 98, 156, 241, 252,
　　255~258, 264, 415~416,
　　428, 525

지역 환경　162
진보주의　551
집단 기억　543, 599
집단 의식　35, 175, 317, 519, 531~532,
　　537

채널　36, 71, 103, 172, 174, 177, 180~
　　181, 299, 307, 392, 541, 548
천안문 광장　599
청각적　103, 289, 298~300, 303, 305,
　　529, 548
"청각적-촉각적" 미디어　289, 300
청교도인　566
청소년기*adolescence*　571~572
체계 이론　36, 41, 152
촉각성　297
추론적 상징　457, 462, 502~506
추론적 형식　457, 459, 462, 465

커뮤니케이션 분야의 동요　39, 54
커뮤니케이션 역사　41, 101, 123, 240,
　　243, 249, 264, 330
커뮤니케이션 혁명　330, 336~338, 384
커뮤니케이션 형태　177, 252, 255, 329,
　　381
<커뮤니케이션 탐구*Explorations in*
　　Communication>　60
커뮤니케이션학파　39, 54
컴퓨터 매개 커뮤니케이션　315, 547

탈육화　299
탐침　39, 251, 288~289, 293~294, 305,
　　315~316, 325, 340

613

테크노크라시　146
테크노폴리　146, 363, 369, 371~372
테크닉　16, 97~98, 169~174, 177, 179, 181~182, 186, 193, 204, 207~209, 211, 216, 219~220, 222, 225, 227~231, 372
테트라드　305, 309~311, 315~317
텔레커뮤니케이션　270, 295, 299, 547~548, 599~600
토론토학파　134~135, 139

퍼스의 기호 이론　491
포스트모더니즘　373, 378
포스트모던 문화　92, 148
표상적 상징　457~458, 463~464, 474~475, 502, 504~507
표상적 형식　462, 465, 467~469
프랑스 혁명　224, 567, 587
플라톤의 동굴 비유　434, 437
피카소의 <게르니카>　464
필사 문화　87, 278, 295, 297, 582, 586
필사본　252, 276, 518

하느님의 자유　211, 214
하이퍼미디어　315, 538
하이퍼텍스트　282, 315, 550
핫 미디어와 쿨 미디어　296
항상성　147, 291, 543
해독화　79, 83
행위　86, 483
행위 이론　482, 484, 509, 511
행위 형식　488
행정적　54
행정적 커뮤니케이션학파　39
형상　305~306, 308, 409
형식과 내용　477, 488
호피족　446, 452
혼돈 이론　308
환경 운동　62, 284
환경으로서의 미디어　16, 24, 51, 77~83, 283
환원주의　371, 551
활판 인쇄술　41, 103, 257, 358, 371, 393, 562, 565, 573, 579, 581
활판술　576, 586~587, 589
후기 산업 사회의 예언자　57, 59
힐-토머스 청문회　539